भारतीय नवजागरण

एक असमाप्त सफर

भारतीय नवजागरण

एक असमाप्त सफर

शंभुनाथ

वाणी
प्रकाशन

प्रकाशन के उत्कृष्टतम 62 वर्ष

सजिल्द पहला संस्करण : 2022
सजिल्द दूसरा संस्करण : 2025

vaniprakashan.com

वाणी प्रकाशन
4695, 21-ए, दरियागंज, नयी दिल्ली-110 002
फ़ोन : + 91 11 23273167, 23275710
शाखाएँ
अशोक राजपथ, पटना-800 004, बिहार
कॉफ़ी हाउस कैम्पस, महात्मा गांधी मार्ग, प्रयागराज-211 001, उत्तर प्रदेश
महात्मा गांधी अन्तरराष्ट्रीय हिन्दी विश्वविद्यालय, वर्धा-442 001, महाराष्ट्र
sales@vaniprakashan.in
vaniprakashan@gmail.com

Bhartiya Navjagaran : Ek Asamapt Safar
by Shambhunath

ISBN : 978-93-5518-164-0
Criticism

मूल्य : ₹ 995

आर. टेक. ऑफ़सेट प्रिंटर्स, दिल्ली-110032 में मुद्रित

वाणी प्रकाशन का लोगो मक़बूल फ़िदा हुसैन की कूची से

भूमिका

हमें भारत के प्राचीन इतिहास, मुगल काल तथा उत्तर-1947 के बारे में बहुत कुछ बताया जाता है, लेकिन 19वीं सदी के नवजागरण की घटनाओं से प्रायः अनभिज्ञ रखा जाता है, जबकि इस महान सदी के बारे में अधिक जानने की जरूरत है। इसी सदी में भारत का नवनिर्माण शुरू हुआ था।

भारतीय नवजागरण वेदांत, बौद्ध धर्म और भक्ति आंदोलन के बाद चौथी बड़ी घटना है, जिसने इस देश के भविष्य को दूर तक प्रभावित किया। उसके इंद्रधनुष की तरह कई रंग हैं। उसके सम्मिलित सार में एशिया की गहराई है। उसका सबसे बड़ा अवदान बुद्धिसम्मत आलोचनात्मक सोच है, जिसकी वजह से अतीत और पश्चिम को अलग तरह से देखने की दृष्टियां मिलीं। नवजागरण ने लौकिकता, स्वतंत्रता, बौद्धिक खुलापन, आत्मनिर्भरता, सह-अस्तित्व, लोकोपकार जैसे मूल्य दिए और धार्मिक-सामाजिक सुधारों का सिलसिला बनाया। 19वीं सदी के दूसरे दशक से लेकर 20वीं सदी के आरंभिक दशकों का वह समय बौद्धिक हलचलों से ही नहीं, एक व्यापक सांस्कृतिक उथल-पुथल से भी भरा हुआ था।

नवजागरण को कई तरह से परखने की कोशिश हुई है। उसे क्या कहा जाए—औपनिवेशिक आधुनिकता का असर, उदारवादी आंदोलन, सांस्कृतिक सुधार, संरक्षणशील राष्ट्रीय पुनर्निर्माण —इनमें से कोई एक या एक साथ सब? सामुदायिक आत्मपहचान के संघर्षों को 'राष्ट्र के विकल्प' के तौर पर देखा जाए या 'राष्ट्र के सहयात्री' के तौर पर? उस दौर में बुद्धिपरक आलोचनात्मक सोच का निर्माण किस तरह हुआ? दलित और स्त्री प्रश्न किस तरह उठे? नवजागरण के 'टुकड़ों' में विशिष्टता के साथ अखंडता के सूत्र हैं या नहीं

और उनमें ब्रिटिश उपनिवेशवाद को लेकर कैसी समझ है? आज जब हर तरफ सामाजिक भेदभाव, धार्मिक असहिष्णुता और तर्क पर उत्तर-सत्य की प्रधानता के दृश्य हैं, क्या कहा जाए लगभग सवा सौ सालों की उन महान घटनाओं के बारे में—एक टूटा इंद्रधनुष या एक असमाप्त सफर? यह पुस्तक इन्हीं वैचारिक चिंताओं की देन है।

नवजागरण काल के बुद्धिदीप्त लोग आत्मग्रस्त नहीं थे। वे प्रचलित धारणाओं को चुनौती दे रहे थे। उनके मन में प्रश्न थे, जिज्ञासा थी और समाज सुधार की हार्दिक बेचैनी थी। वे एक अनोखी मानवता से भरे थे। धर्म, शिक्षा, जातीय भाषा, स्त्री प्रश्न और जाति व्यवस्था पर खुलकर तर्क-वितर्क होते थे। दलित बोल रहे थे। स्त्रियां मुखर हो रही थीं। उत्साह से भरे बुद्धिजीवी पत्र-पत्रिकाएं निकाल रहे थे। पूरे देश में ऐसे लेखकों और विचारकों की जमात पैदा हो रही थी जो लोभ या भय के आगे झुके बगैर अपने समय के अन्यायों और निर्बुद्धिपरकताओं पर सवाल खड़े कर रहे थे। देश में संवाद था, थोथे आरोप-प्रत्यारोप न थे। ऐसा नहीं है कि इतिहास में पहली बार ऐसे व्यक्ति आए थे। यह जरूर है कि वे सभी नवजागरणकालीन व्यक्तित्व अपने देश की महान विरासत से आलोचनात्मक संबंध रखते हुए इतिहास की उस क्रूरतम व्यवस्था से टकरा रहे थे, जो धर्म और सभ्यता के मुखौटे में थी।

यह सभ्यतागत विपर्यय का समय है, जब हर तरफ निर्बुद्धिपरकता छाई है और तथ्यों को दबाने का नेटवर्क पहले से काफी ताकतवर है। अब उच्च तकनीक से 'निर्मित अज्ञानता' में भारी शक्ति है। अब 'ज्ञान' में शक्ति नहीं है, जैसा कभी कहा जाता था। नवजागरण के महापुरुषों का राजनीतिक आत्मसातीकरण हुआ है, वे पोस्टर-मानव बना दिए गए हैं। इन विडंबनाओं के बीच भारतीय नवजागरण पर फिर से सोचने की जरूरत है।

उत्तर-आधुनिक परिदृश्य में नवजागरण की उपलब्धियों का अवमूल्यन कई तरह से हुआ है। कई बार कुछ तथ्यों को प्रधान बनाकर कुछ तथ्यों को कुचल दिया गया। कई बार यूरोपीय 'रिनेसां' के मॉडल को एकमात्र आदर्श मान लिया गया। बांग्ला नवजागरण के कई अध्ययन ऐसे हैं। इसके अलावा, समूचे भारतीय नवजागरण का परिप्रेक्ष्य बनाने की जगह प्रदेशगत या समुदायगत

अध्ययन ज्यादा सामने आए। ऐसी चर्चाओं में उन औपनिवेशिक रणनीतियों पर विचार नहीं होता, जिनका बुरा असर नवजागरण के आंदोलनों पर पड़ा, सामाजिक खाइयां बनी रह गईं और 21वीं सदी में वे फिर चौड़ी कर दी गईं। 19वीं सदी की मतांधता से प्रेरित प्रति-नवजागरण की घटनाओं का इतिहास तो लिखा ही नहीं गया।

दरअसल नवजागरण के संबंध में सुशोभन सरकार, रामविलास शर्मा, के.एन. पणिक्कर आदि के महत्वपूर्ण कार्यों के बावजूद एक ऊहापोह बना रहा है। ऐसी स्थिति में भारत के विभिन्न प्रदेशों में घटित नवजागरण की एक विस्तृत समझ बनाना, उसकी विविधता और अखंडता को पहचानना जरूरी लग सकता है और यह काम बड़ा चुनौतीपूर्ण है।

यह एक घटना है कि बौद्धिक उपनिवेशवाद से आक्रांत एलीट बुद्धिजीवियों ने नवजागरण के बारे में नकारात्मक दृष्टिकोण अपनाया और उस काल के कई उदारवादी व्यक्तित्वों को खलनायक बना दिया। इस मतैक्य में वे धार्मिक कट्टरवादियों से होड़ लेते हैं। ऐसे लेखक नवजागरण को निरंतरता और विकास में न देखकर अंध-राष्ट्रवाद की गंगोत्री सिद्ध करते हैं तथा हिंदू धार्मिक सुधारों को नकारते हैं। कुछ विचारकों को बांग्ला नवजागरण के राजा राममोहन राय के धार्मिक झुकावों पर आपत्ति नहीं है, पर उन्हें हिंदी नवजागरण हिंदू नवजागरण लगता है। कुछ ऐसे विद्वान हैं जो अपने प्रदेश के जातीय नवजागरण के बाहर कुछ भी देखना नहीं चाहते। ऐसी बौद्धिक संकीर्णताओं के बुरे नतीजे सामने आए। उत्तर-आधुनिकतावाद ने नवजागरण के नकार को चरम पर पहुँचा दिया। निश्चय ही नायक पूजा भी कम आत्मघातक सिद्ध नहीं हुई। इस रोशनी में जरूरत महसूस हो सकती है कि नवजागरण की भारतीय अंतर्धाराओं की खूबियों और अंतःसंबंधों को एक समावेशी आलोचनात्मक भूमि पर देखा जाए। यह पीछे लौटने के लिए नहीं, भविष्य के पुनर्गठन के लिए जरूरी है।

19वीं सदी एक संक्रमण का समय था, जब पुराने जीर्ण-शीर्ण आदर्श विदा ले रहे थे और नए आदर्श बन रहे थे। 21वीं सदी में वे जीर्ण-शीर्ण आदर्श कारपोरेट चमक के साथ लौट रहे हैं, एक उल्टी दिशा में संक्रमण है!

सामान्यतः अब किसी के पास सिद्धांत नहीं बचे हैं। समाज में तर्क का स्थान उन्माद ने ले लिया है। उच्च मूल्य पर उपभोग का मजा हावी है। मानवीय संवेदना की जगह स्वार्थपरता छा गई है। इन सबका नतीजा है, नई तकनीक पर आश्रित आधुनिक जीवन-शैली और कूपमंडूकता की जुगलबंदी चल रही है।

मनुष्य का स्वभाव है कि पतन की घड़ियों में कुछ नहीं तो चीखता है! क्या वह चीखना भी भूलता जा रहा है? एक भयानक स्मृति-ध्वंस की स्थिति है। स्मृतियों को वस्तुओं ने ढक लिया है। इन घटनाओं के बीच नवजागरण की भारतीय स्मृतियां अधिक अर्थवान हो जाती हैं। उस जमाने के शिक्षित लोग प्राचीन क्लासिकल साहित्य और धर्म के बारे में बुद्धिपरक ढंग से सोचते थे। वे प्रचलित व्याख्याओं से संतुष्ट नहीं होते थे। वे घटनाओं में न बहकर कारण खोजते थे। किसी गलत धारणा के पीछे जितनी बड़ी राजनीतिक ताकत हो या आस्थावान जनता का समर्थन हो, वे साधारणतः झुकते नहीं थे। वे विद्रोही, स्वाधीन चिंतन के समर्थक और सही अर्थों में बुद्धिजीवी थे।

निस्संदेह भारतीय नवजागरण बंगाल, मद्रास और बंबई प्रेसिडेंसी के महानगरों से शुरू हुआ। लेकिन उस समय बड़े शहरों के अलावा कई छोटे शहरों का भी बौद्धिक गौरव निर्मित हो रहा था, जैसे-पूना, इरोड, कोयंबटूर, राजामंडी, विजयनगरम, बंगानूर, वायकोम, मैसूर, बैंगलोर, सूरत, अहमदाबाद, लाहौर, बनारस, इलाहाबाद आदि। ये भी साहित्यिक-सांस्कृतिक गहमागहमी से भरे थे। आज महानगर ही बुद्धि और सत्ता के केंद्र हैं, पर ये बौद्धिक रूप से खंडहर होते जा रहे हैं। ये प्रतिभाओं को चुंबक की तरह खींचते हैं, इस्तेमाल करते हैं और चूसकर छोड़ देते हैं। कभी शहर इतनी अमानवीय जगह नहीं थे, जितने अब हैं। वे बौद्धिक उत्कर्ष के केंद्र थे।

बांग्ला नवजागरण कलकत्ता में घटित हुआ। इसे भारतीय नवजागरण की जन्मभूमि कहा गया। यह महानगर हिंदी की साहित्यिक गतिविधियों का भी एक महत्वपूर्ण केंद्र था। फिर बनारस और इलाहाबाद हिंदी नवजागरण के बड़े केंद्र बने। दिल्ली के अलावा अलीगढ़ उर्दू नवजागरण का केंद्र बना। शहरों में चल रही जीवंत बहसों का असर यह था कि देश में एक प्रबुद्ध नागरिक परिसर अस्तित्व में आ रहा था। शिक्षित लोग धर्म, भाषा, जाति और

क्षेत्रीयता से ऊपर उठकर एक ऐसा 'कॉमन प्लेस' बना रहे थे जिसमें जिज्ञासा से भरे गांव के लोग भी शामिल हो रहे थे। वे एक नई मानवता रच रहे थे।

आज जब हम एक खास किस्म की सांस्कृतिक महामारी से गुजर रहे हैं, भारतीय नवजागरण के अग्रदूतों के काम विस्मय-से लग सकते हैं। यह पुस्तक एक प्रदेश के नवजागरण तक सीमित न रहकर यथासंभव पूरे भारतीय नवजागरण की उपलब्धियों, विडंबनाओं और संभावनाओं को समझने की कोशिश है। यह एक जारी बौद्धिक सफर का हिस्सा है। हम यदि नवजागरण काल के विचारों, आंदोलनों और करवट बदलते भारतीय जीवन के सामने खड़े हों तो उस युग के यथार्थों के अलावा हमें उन स्वप्नों और आशाओं को भी समझने का अवसर मिल सकता है, जो अधूरी रह गईं। शायद यह पुस्तक पाठकों को सांस्कृतिक पुनर्निर्माण का आत्मबल दे।

—शंभुनाथ

अनुक्रम

खंड-1

खंड-2

खंड-3

खंड-4

खंड-5

खंड-1

- भारतीय नवजागरण : बुनियादी मुद्दे
- बांग्ला नवजागरण की लहरें
- रामकृष्ण परमहंस का धार्मिक महाभाव
- विवेकानंद का धर्मबोध
- बंकिम चंद्र : राष्ट्रवाद और धार्मिक पुनरुत्थान
- रवींद्रनाथ टैगोर : बांग्ला नवजागरण का शिखर

भारतीय नवजागरण : बुनियादी मुद्दे

भारतीय नवजागरण आमतौर पर 19वीं सदी में राजा राममोहन राय के समय से लेकर 1920-21 के राष्ट्रीय असहयोग आंदोलन तक के दौर को कहा जाता है। इस बौद्धिक हलचल का संबंध मुख्यतः नए युग के संगठित धार्मिक-सांस्कृतिक सुधारों से है। इस युग में बुद्धिवाद की नींव पर नई मानवता का निर्माण शुरू हुआ। इसके अलावा, देश की राष्ट्रीय भाषाओं की उन्नति 19वीं सदी की देन है। प्रिंट मीडिया ने ज्ञान पर एक खास समुदाय का एकाधिकार खत्म कर उसे सर्वसुलभ बना दिया। सभी जातीय भाषाओं में पत्र-पत्रिकाएं निकलने लगीं, विभिन्न प्रांतों में बहसें होने लगीं और तथ्य उपस्थित कर प्रश्न खड़े किए जाने लगे। तर्क के तूफान आए। कलाओं और साहित्य की उन्नति हुई। विज्ञान का महत्व बढ़ा। शहर में नागरिक वृत्त बनने लगे। इतिहास की समझ बढ़ी। आज आमतौर पर लोगों की स्मृति से नवजागरण की ये घटनाएं बाहर हैं।

कहना न होगा कि भारतीय नवजागरण यूरोपीय 'रिनेसां' से एक भिन्न मामला है। यह भिन्नता स्वाभाविक है, क्योंकि एक तो यूरोपीय रिनेसां की तरह इसे चार-पांच सौ सालों का लंबा समय नहीं मिला। दूसरे, भारतीय नवजागरण दमनमूलक औपनिवेशिक माहौल में आया जब देशी उद्योग-धंधे ही उजाड़े नहीं गए, अभिव्यक्ति की स्वतंत्रता पर भी भारी पाबंदी थी। इसलिए इस देश के नवजागरण में सामाजिक सुधारों के साथ राष्ट्रीय जागरण भी एक मुद्दा है। इसे कुछ बुद्धिजीवी स्वीकार नहीं करते। नवजागरण के अध्येता के.एन. पणिक्कर का मानना है कि नवजागरण धार्मिक-सांस्कृतिक सुधारों तक सीमित है। (औपनिवेशिक भारत में सांस्कृतिक और विचारधारात्मक संघर्ष)।

मेरी धारणा है कि औपनिवेशिक संदर्भ को देखते हुए नवजागरण को राष्ट्रीय जागरण से अलग करके देखना उचित नहीं है। इसके अलावा, 1857 को नवजागरण का हिस्सा न मानना भी यूरोपीय कसौटी पर भारतीय नवजागरण को जांचना है। दरअसल राजा राममोहन राय के युग में देशप्रेम की जिस भावना का जन्म हो चुका था, उसे राजनीतिक चेतना न समझना एक भूल है।

नवजागरण ने आमतौर पर मानवतावाद की लौकिक धारणा का प्रचार किया। उसकी एक प्रमुख धुरी बुद्धिवाद है जिसकी प्रेरणा से आधुनिक शिक्षा, प्राचीन ज्ञान के नए उपयोग और संगठित सामाजिक सुधारों के बल पर 19वीं सदी में भारत की सभ्यता में एक मोड़ आना शुरू हो गया। यह अभूतपूर्व था। यह जरूर है कि प्रादेशिक विशिष्टता और सामाजिक विषमता की वजह से भारतीय नवजागरण में विविधता है। इसके किसी एक रूप को सर्वोपरि या अंतिम नहीं माना जा सकता।

एक समय बांग्ला नवजागरण के मूल्यांकन के आधार पर भारतीय नवजागरण को समझने की दृष्टि बनी थी। वह लंबे समय तक प्रचलित रही है, जबकि उसकी अपनी सीमाएं हैं। निःसंदेह रामविलास शर्मा ने नवजागरण संबंधी चिंतन में सुशोभन सरकार के बाद बहुत कुछ मूल्यवान जोड़ा है। नवजागरण की व्याख्याएं कई अन्य कोनों से हुई हैं, जिनमें कई नकारात्मक हैं। इस मामले में देखा जाए तो अधिकांश अंग्रेजी-दां बुद्धिजीवी औपनिवेशिक आधुनिकता के शिकार रहे हैं। वे भारत के धार्मिक सुधार आंदोलनों को नकारने में धार्मिक कट्टरवादियों से होड़ लेते दिखते हैं। कई हिंदी बुद्धिजीवियों की सोच पर औपनिवेशिक आधुनिकता का असर रहा है।

भारतीय नवजागरण के संबंध में एक उल्लेखनीय बात यह है कि इसकी अवधि लगभग सौ-सवा सौ वर्षों की है, जबकि यूरोपीय नवजागरण की अवधि 'ज्ञानोदय' को समेटते हुए लगभग चार-पांच सौ वर्षों की थी। भारत के कई क्षेत्रों में उसे पचास सालों से भी कम अवधि मिली। बंगाल में 19वीं सदी के दूसरे दशक में नवजागरण का बिगुल बजा तो हिंदी प्रदेश और महाराष्ट्र में छठे-सातवें दशक में। आंध्र प्रदेश-केरल-तमिलनाडु आदि में इसके कुछ बाद नवजागरण का पदार्पण हुआ। एक तो यह नवजागरण बहुरंगा था।

दूसरे, औपनिवेशिक माहौल में घटित होने के कारण, स्वाभाविक है कि इसमें वैसी सघनता और तीव्रता दिखाई नहीं दे सकती है, जैसी यूरोपीय देशों में थी। कई भारतीय क्षेत्रों में नवजागरण अब तक नहीं पहुँचा!

इधर कई जगहों पर नवजागरण के अग्रदूतों की मूर्तियाँ तोड़ी गई हैं या उनके विचारों का राजनीतिक दुरुपयोग होता रहा है। राममोहन राय से लेकर ज्योतिबा फुले-रवींद्रनाथ-गांधी-प्रेमचंद-सुब्रह्मण्य स्वामी तक के अनोखे सिलसिले को जैसे इतिहास से मिटा देने के अभियान चल रहे हैं। दरअसल वर्तमान की समस्याओं का सामना जब रूढ़ि-जर्जरित अतीत के हथियारों से किया जाने लगता है, अतीत और वर्तमान दोनों घायल होते हैं। संपूर्ण राष्ट्रीय जीवन उलझ जाता है।

औपनिवेशिक आधुनिकता अंग्रेजी राज की देन है और यह नवजागरण काल की एक खास घटना है। मुश्किल यह है कि उस जमाने के बौद्धिक उपनिवेशवाद का असर जीवन-शैली और चिंतन पर आज तक है। इसलिए यदि एलीट बुद्धिजीवियों द्वारा नवजागरण के कई मूल्यांकनों में भारतीय परंपराओं के मानवीय रुझानों की उपेक्षा हुई, आधुनिकता के राष्ट्रीयकरण की घटनाओं की अनदेखी की गई और नवजागरण की विस्तृत उपलब्धियों की उपेक्षा करते हुए उसके संकीर्ण मूल्यांकन हुए तो इसमें कुछ भी आश्चर्यजनक नहीं है। इसी का नतीजा है कि बंकिमचंद्र, रामकृष्ण परमहंस, दयानंद सरस्वती, विवेकानंद, श्री अरविंद आदि के राजनीतिक दुरुपयोग होने लगे। कई बार भारतेंदु हरिश्चंद्र, रामचंद्र शुक्ल, प्रसाद, निराला आदि को कट्टर हिंदुत्व की झोली में डालने की कोशिश हुई। इसका अर्थ है नवजागरण के संदर्भ में बनी-बनाई सार्वभौम धारणा या इकहरी कसौटी हमेशा दिग्भ्रमित करेगी।

लोकजागरण और 18वीं सदी

भारतीय नवजागरण का एक बड़ा मुद्दा यह है कि इसकी मुख्य प्रेरणा क्या है—पश्चिमी शिक्षा या भारतीय परंपराएं या एक साथ दोनों प्रेरणाएं हैं? कहा जाता रहा है कि ब्रिटिश हुकूमत ने इस देश पर सिर्फ राजनीतिक विजय हासिल नहीं की, इसने नए विचारों, धार्मिक सुधारों और आधुनिक शिक्षा

का मार्ग भी खोल दिया। कुछ इतिहासकारों ने भारत में नवजागरण को, जो सबसे पहले बांग्ला नवजागरण के रूप में घटित हुआ, ईसाई मिशनरियों की देन माना। सुशोभन सरकार ने कुछ उसी प्रभाव में लिखा था, 'ब्रिटिश शासन का प्रभाव, बूर्जुआ अर्थव्यवस्था एवं आधुनिक पाश्चात्य संस्कृति का अनुभव सर्वप्रथम बंगाल को हुआ। इसके फलस्वरूप वहां नवीन चेतना आई।' (बांग्ला नवजागरण)। इस तरह के विचार ब्रिटिश शासन का औचित्य सिद्ध करते थे और भारतीय परंपराओं के प्रति उच्छेदवादी दृष्टि पैदा करते थे।

निश्चय ही जिन गैर-यूरोपीय समाजों में पहले से उच्च परंपराएं मौजूद रही हैं और भारत एक ऐसा ही देश है, उनमें आक्रामक यूरोपीय शक्तियों और उनकी सभ्यता से बहुस्तरीय रिश्ता बना है। भारतीय नवजागरण के संबंध में एक महत्वपूर्ण तथ्य यह है कि यह रिश्ता टकराहट और संपर्क दोनों का है।

भारतीय नवजागरण में इस देश की परंपराओं का बड़ा योगदान है। यदि वेदांत का अद्वैतवाद प्रेरणा बना तो जातिवाद और कर्मकांड-विरोधी बौद्ध धर्म भी। महाराष्ट्र के रानाडे और फुले दोनों ने शिवाजी से प्रेरणा ली। फुले ने शिवाजी के राज्य को 'शूद्रों का राज्य' कहा था। वे बुद्ध से प्रभावित थे।

यह भी कहा जा सकता है कि भक्ति आंदोलन का आत्मपरिष्कार नवजागरण में सामाजिक सुधार बना, हालांकि नवजागरण के दौर में भक्ति आंदोलन के कवि मुख्य प्रेरणा नहीं थे। इस जमाने के शिखर व्यक्तित्वों का मुख्य प्रेरणास्रोत प्राचीन भारतीय साहित्य है या आधुनिक पश्चिमी साहित्य या एक साथ दोनों हैं। फिर भी नवजागरण में भक्ति आंदोलन के कई आदर्श नए बौद्धिक विन्यास में पुनःप्रतिष्ठित हुए। भक्ति आंदोलन में धार्मिक रूढ़ियों, पाखंडों और भेदभावों से मुक्ति, वैश्विक प्रेम, आत्मविवेक, निर्वैर, सदाचरण, निर्भयता और सादगी के आदर्श थे। नवजागरण काल के मनीषियों ने इन आदर्शों को समाज में प्रतिष्ठित करने के लिए प्रत्यक्ष संघर्ष किया। उन्होंने नई प्रयुक्तियों से अपने को जोड़ा और सामाजिक संगठन बनाए जो भक्त कवियों द्वारा संभव नहीं हो पाया था। भक्त कवियों ने घोड़े को गाड़ी के पीछे बांध रखा था। नवजागरण के अग्रदूतों ने उसे गाड़ी के सामने लगा दिया।

भक्ति आंदोलन और नवजागरण को एक-दूसरे से विच्छिन्न करके नहीं, बल्कि निरंतरता में देखा जाना चाहिए। दोनों की समझ आपस में जुड़ी हुई है। धार्मिक आडंबरों के विरोधी कबीर जब कहते हैं, 'संतो भाई आई ज्ञान की आंधी रे' या जब तुलसी आपसी वैर छोड़ने का आह्वान करते हुए कहते हैं, 'बयरु न कर काहू सन कोई' या धार्मिक विशेषाधिकार-प्राप्त वर्ग की आलोचना करते हुए वे कहते हैं, 'पंडित सोइ जो गाल बजावा', तब ये सभी कवि लोकजागरण के दृष्टांत उपस्थित कर रहे होते हैं। रामविलास शर्मा ने इनका मूल्यांकन 'लोकजागरण और हिंदी साहित्य' (1985) में किया है। उन कवियों की भक्ति में आध्यात्मिक अनुभूति के साथ मानव-प्रेम की नई कल्पना, वैयक्तिक आत्मपरिष्कार और सामाजिक सुधार की प्रवृत्तियां थीं।

यह भी ध्यान में रखा जाना चाहिए कि भक्ति आंदोलन की परंपरा में आगे चलकर 18वीं सदी में ऐसे कई सुधारक कवि हुए, जो छोटे-छोटे स्थानों पर पिछड़ी जातियों के बीच सामाजिक चेतना फैला रहे थे। उदाहरण के तौर पर हिंदी क्षेत्र के सतनामी संप्रदाय ने एक महत्वपूर्ण भूमिका निभाई थी। कहा जाता है कि इस संप्रदाय के लोगों ने औरंगजेब के अत्याचार का विरोध किया था। छत्तीसगढ़ के गुरु घासीदास ने निचले तबकों में समाज सुधार के काम किए थे। उनका कहना था—'मन के भीतर ही मंदिर है' और 'अपन घट ही के देवला मनाबो/मंदिरवा में का करे जाबो।' इसी तरह राजस्थान में चरणदास (जन्म 1703) के संप्रदाय का उदय हुआ, जिससे सहजोबाई (1800) आदि कई स्त्री-भक्त जुड़ी थीं। उस समय ऐसे कई कवि और कलाकार थे, जो अपनी सीमा में भेदभाव और पाखंड से अपने समाज को मुक्त करने में लगे हुए थे।

दक्षिण के वीर शैवों में स्वबोध जगा था। बंगाल में मतुआ संप्रदाय (1860) था। मतुआ अंग्रेजों से नहीं लड़ते थे, लेकिन एक खास वंश ने नामशूद्र लोगों के बीच आत्मसम्मान और शिक्षा के विचारों का प्रचार किया। उड़ीसा में महिमा धर्म (भीमा भोई) चला। ऐसी कई छोटी-छोटी घटनाएं हैं जिनमें लोकजागरण की निरंतरता देखने को मिलती है।

18वीं सदी के भारत के बारे में कहा जाता है कि यह अज्ञानता, नादिरशाही लूट, अराजकता, बिखराव और राजनीतिक पतन से गुजर रहा था,

हालांकि यह भी बताया जाता है कि यह कलाओं और साहित्य के उत्कर्ष का काल भी था। इस काल में मुगल काल की राजनीतिक और सामाजिक संरचनाएं टूट रही थीं और नई चेतना के बीज पड़ने लगे थे। देखा जा सकता है कि 19वीं सदी के नवजागरण को 18वीं सदी की सांस्कृतिक गतिविधियों से सामान्यतः जोड़ा नहीं जाता, क्योंकि उस काल को राजनीतिक-आर्थिक तौर पर 'अंधकार काल' कहा जाता है। 18वीं सदी के लोकजागरण के छोटे-छोटे उभारों को इसलिए भी मान्यता नहीं दी जाती कि इससे नवजागरण को अंग्रेजी राज के वरदान के रूप में देखने की दृष्टि खंडित हो जाती।

हरमन गेज ने माना है कि राजनीतिक पतन अनिवार्यतः सांस्कृतिक पतन की ओर नहीं ले जाता, 'अठारहवीं सदी और उन्नीसवीं सदी का पूर्वार्ध केवल राजनीतिक और आर्थिक ह्रास का काल नहीं रहा है, बल्कि वह भारतीय संस्कृति के परिष्कार का युग भी रहा है।' (दि क्राइसिस ऑफ इंडियन सिविलाइजेशन इन एटींथ एंड अर्ली नाइनटींथ सेंचुरीज, 1938)। निश्चय ही निम्न-पिछड़ी जातियों के बीच धार्मिक-सामाजिक सुधारों की छोटी संगठित कोशिशों के भीतर से बौद्धिक परिष्कार की घटनाएं लक्षित की जा सकती हैं। 18वीं सदी में तेलुगु के वेमना, उर्दू के मीर, सौदा और नजीर अकबराबादी, हिंदी में पद्माकर और घाघ कवि तथा कई निर्गुण भक्त-सुधारक और बांग्ला में भरतचंद्र राय आदि हुए थे। इस तरह नए सामाजिक परिवर्तन की नींव तैयार होने लगी थी।

निश्चय ही औपचारिक शिक्षा के मामले में 18वीं सदी एक ठहरी हुई सदी है, क्योंकि राजनीतिक अराजकता और ह्रास का असर पेशे और रोजगार के साथ-साथ शिक्षा पर भी पड़ा था।

इसमें संदेह नहीं कि 18वीं सदी में प्रातिष्ठानिक शिक्षा कठमुल्ले ढांचे में थी। लेकिन देश में सामाजिक चेतना, विज्ञानबोध और मानवीय सौहार्द नदारद था, यह कहना अतिरंजना है। कुछ साक्ष्यों के आधार पर के. एन. पणिक्कर ने लिखा है, 'अठारहवीं सदी का भारतीय समाज अपनी शिक्षा-संबंधी आवश्यकताओं के प्रति उदासीन नहीं था। ...टीपू सुल्तान द्वारा फ्रांस से वैज्ञानिक कौशल प्राप्त करने की कोशिश और जयसिंह द्वारा यूरोपीय

नक्षत्र-वैज्ञानिकों के साथ किए गए आदान-प्रदान से लगता है कि भारतीय लोग अन्य समाजों द्वारा विकसित ज्ञान को ग्रहण करने के प्रति उदासीन न थे। लेकिन औपनिवेशिक हस्तक्षेप के बाद चयन उनके हाथ में नहीं रह गया था। ...यदि बीच में औपनिवेशिक प्रभुत्व न आ गया होता तो पूरब और पश्चिम का संवाद, उनका आदान-प्रदान अधिक सार्थक और रचनात्मक होता। तब भारतीयों में आधुनिकता, राष्ट्रीय आत्मविश्वास और अपने सांस्कृतिक मूल्यों से जुड़े रहने का भाव होता।' (औपनिवेशिक भारत में सांस्कृतिक और विचारधारात्मक संघर्ष)। कहना न होगा कि रामविलास शर्मा ने 'भारत में अंग्रेजी राज और मार्क्सवाद' पुस्तक में उपनिवेशवाद को आर्थिक और राजनीतिक तौर पर ही नहीं, सांस्कृतिक तौर पर भी भारत के लिए विध्वंसक बताया है। 18वीं-19वीं सदी की यही कहानी है जिसे अब और अधिक उद्घाटित करने की जरूरत है।

भारतीय नवजागरण के संबंध में हमेशा यह बात ध्यान में रखने की है कि यह औपनिवेशिक माहौल में आया था, जब प्रायः समूची पृथ्वी पर यूरोपीय शक्तियाँ और उनकी सभ्यता छा रही थी। उल्लेखनीय है कि अंग्रेजी शासन में भारत की आर्थिक-औद्योगिक प्रगति रुक गई थी। इसके अलावा, विज्ञान की शिक्षा का अभाव था जिसे अंग्रेजी राज के प्रशंसक बुद्धिजीवी भी इस शासन का एक प्रमुख दोष मानते हैं।

भारतेंदु ने अपने पत्रों में यंत्र कला और विज्ञान की शिक्षा पर बार-बार जोर दिया था। रामकृष्ण परमहंस के चिकित्सक महेंद्रलाल सरकार का कथन है, 'सरकार ने इस देश के नेटिव लोगों को वैज्ञानिक शिक्षा पाने का कोई अवसर सुलभ नहीं कराया और न इसके लिए कोई प्रोत्साहन दिया।' (द प्रोजेक्टेड साइंस एसोसिएशन फार द नेटिव्स)। ऐसे लोग भारतीय भाषाओं में विज्ञान की शिक्षा पर जोर देते थे, जबकि अंग्रेजों की दिलचस्पी भारतीयों को वैज्ञानिक बनाने में नहीं थी। वे अपने शासन के लिए क्लर्क बनाते थे, बहुत हुआ तो वकील। शिक्षा का यह लक्ष्य आजादी के बाद भी लंबे समय तक बना रह गया। यही वजह है कि भारत में लड़ाई-झगड़े ज्यादा हैं, और वकील ज्यादा हैं। पहले के ज्यादातर राष्ट्रीय नेता वकील ही थे!

बौद्धिक उपनिवेशवाद : यूरोपीय रिनेसां का सम्मोहन

यूरोप में नवजागरण को 'रिनेसां', अर्थात —पुनर्जन्म कहा गया और इसे बहुवचन माना गया। 'पुनर्जन्म' कहने के पीछे वजह यह थी कि 5वीं सदी में जर्मनों द्वारा रोमन सभ्यता के ध्वंस के बाद 15वीं सदी में इटली के फ्लोरेंस नगर में प्राचीन ग्रीक दर्शन, साहित्य और कलाओं पर नए सिरे से चर्चा शुरू हुई। प्राचीन क्लासिकल उपलब्धियों पर गर्व व्यक्त करते हुए अपने समय की धार्मिक रूढ़ियों और जड़ता की आलोचना भी होने लगी। नतीजा यह निकला कि इटली और धीरे-धीरे अन्य यूरोपीय देशों में धार्मिक-प्रशासनिक सुधार, काव्य तथा कलाओं की उन्नति और उदारवादी विचारों का प्रचार होने लगा, साथ-साथ व्यापार में भी प्रगति हुई। भारत में उस जमाने में कबीर, तुलसी, अकबर जैसे व्यक्ति थे और सामान्यतः एक निरंकुश शासन व्यवस्था थी।

यूरोप में रिनेसां को उदारवादी विचारों के उत्थान के अलावा जातीय निर्माण और देशप्रेम का युग भी माना जाता है। इस युग में लिओनार्दो द विंची (1452-1519) जैसे महान कलाकार हुए। उन्होंने लौकिक मानव-सौंदर्य (मोनालिसा का चित्र) को प्रतिष्ठा दी। उसी रिनेसां ने वास्को-ड-गामा (1460-1524) जैसे उपनिवेशवाद का मार्ग प्रशस्त करने वाला जांबाज खोजी-व्यापारी यात्री भी दिया। उस युग के पश्चिमी कवि, कलाकार और दार्शनिक सामान्यतः रूढ़िभंजक थे, जबकि व्यापारी यात्री चालाक और क्रूर थे। अपने देश में 'सुधारों' की चर्चा करनेवाले कई यूरोपीय लोग जिनमें पुर्तगीज, डच, फ्रांसीसी, अंग्रेज सभी थे, अफ्रीका और एशिया के देशों को जीत लेने के बाद 'सभ्यता के मिशन' के नाम पर गुलाम बना कर रखना जरूरी समझते थे। औपनिवेशिक प्रभुत्व के लिए वे भयंकर आपसी युद्ध में लिप्त हुए, जिसका एक लंबा इतिहास है। वे सभी व्यापारी बर्बर और लालची थे। उनके हाथ में ईसाइयत का झंडा था। इसी तरह हमने 300-400 ई. पू. में भी देखा है कि विश्व विजयी सिकंदर के पीछे सुकरात, प्लेटो और अरस्तू की महान दार्शनिक परंपरा थी।

समुद्री रास्ते से भारत आनेवाला पहला यूरोपीय था पुर्तगाल का वास्को-ड-गामा। यह 1498 में कालीकट के मालाबार तट पर उतरा था।

इसके लगभग 75 साल बाद अकबर के दरबार में कुछ पुर्तगीज अपने मुल्क के दुर्लभ उपहारों के साथ पहुंचे। ईस्ट इंडिया कंपनी का थामस रो जहांगीर के दरबार में आया। उसने अनेक उपहार देकर सूरत में कारबार का अधिकार प्राप्त किया। उस समय मुगलों और अंग्रेजों के बीच जानकारियों का आदान-प्रदान हुआ था। यह मुगलों के दिमाग का खुलापन था कि कुछ बादशाह पश्चिम की जानकारियां चाहते थे। अकबर सर्वत्र शांति, 'सुलहेकुल' का प्रवक्ता और विज्ञान का प्रशंसक था। उसके उदारवाद के बारे में अबुल फजल ने 'अकबरनामा' में बहुत कुछ लिखा है। कहा जाए तो भारतीय खुलेपन के कारण यूरोपीय सौदागरों ने कभी भुलावा देकर और कभी बर्बर हिंसा के बल पर इस देश पर अपना आधिपत्य जमाया।

हर जमाने में बर्बरता और सभ्यता जुड़वां की तरह रही हैं। बर्बरता के जितने रूप पूर्व की सभ्यता में थे, पश्चिमी सभ्यता में भी थे। इसी तरह पूर्व की उच्च परंपराओं की तरह पश्चिम में भी बहुत कुछ ऐसा था, जो श्रेष्ठ और ग्राह्य था। भारत में यूरोपीय ताकतों—पुर्तगीज, डच, फ्रांसीसी और अंग्रेजों की आपसी टकराहटों और लंबे समय तक उनके भारतीय संपर्कों की कहानी वस्तुतः बर्बरता की कहानी है। उनके द्वारा एशिया का उपनिवेशन यूरोपीय ज्ञानोदय का एक काला हिस्सा है।

इसका विस्तार से अध्ययन किया जाना चाहिए कि यूरोप में जिसे 'रिनेसां' का युग कहा जाता है, उसने साम्राज्यवादी व्यापारी किस तरह तैयार किए। रिनेसां की प्रगति की अवधारणा में उपनिवेशवाद का दुश्चक्र भी निहित था। इस पर काफी बहस चली है—क्या यूरोपीय रिनेसां और ज्ञानोदय ने ही उपनिवेशवाद के बौद्धिक और सांस्कृतिक औजार निर्मित किए? एक तथ्य यह है कि रिनेसां के पश्चिमवादी बुद्धिजीवियों ने पूर्व की संस्कृतियों के बारे में बिल्कुल नकारात्मक धारणा बनाई। साथ ही, उन्होंने पूर्व के देशों से धन-संपत्ति के दोहन का वैचारिक आधार दिया। इससे सांस्कृतिक और आर्थिक दोनों स्तरों पर भारत तथा एशिया-अफ्रीका और दक्षिण अमेरिका के उपनिवेशित देश आगे बढ़ने के बजाय पीछे ठेल दिए गए। वे प्रगति की जगह अवनति के शिकार हुए। वे ज्यादा से ज्यादा पश्चिम की जरूरतों की पूर्ति के

साधन होकर रह गए। उनका आत्मविश्वास टूट गया और अंधानुकरण बढ़ा। एक समय भारतीयों के लिए चाय और सिगरेट पीना आधुनिकता का चिह्न बन गया था। भारतीय नवजागरण के मार्ग की औपनिवेशिक जटिलताओं को देखना जरूरी है, तभी इसके अंतर्विरोधों को सही परिप्रेक्ष्य में समझना संभव है। लंबे समय तक अंग्रेजी राज की प्रगतिशीलता के गुणगान ने औपनिवेशिक जटिलताओं को ढक दिया था।

भारत में यूरोपीय रिनेसां के प्रमुख केंद्र फ्लोरेंस के शान-शौकत से भरे बुद्धिदीप्त नवजागरण जैसी चहल-पहल नहीं हो सकती थी। यह देश एक उपनिवेश था। ब्रिटेन में भारत के मामलों की देख-देख करनेवाले एक उदारवादी अंग्रेज जॉन स्टुअर्ट मिल (1806-73) ने 'स्वतंत्रता' और 'प्रातिनिधिक सरकार' शीर्षक दो महत्वपूर्ण लेख लिखे थे। उन्होंने इन लेखों में बिल्कुल साफ कर दिया था कि स्वतंत्रता और लोकतंत्र के विचार भारत पर लागू नहीं होते, क्योंकि नस्ल की दृष्टि से उच्च होते हुए भी भारत के लोग सभ्यता की दृष्टि से निम्न हैं। रुडयार्ड किपलिंग को भारत 'सभ्य बनाने के एक औपनिवेशिक बोझ'-सा दिखता था। ऐसे यूरोपीय विचारों के असर में कुछ भारतीय बुद्धिजीवियों को अतीत का भारत हमेशा पिछड़ा, अंधकार-भरा और बर्बर दिखाई देता था। उन्हें भारत में अंग्रेजी राज की भूमिका प्रगतिशील लगती थी।

इसमें संदेह नहीं कि एक समय कलकत्ता के अंग्रेज शासकों की राजधानी होने की वजह से यह शहर न केवल औपनिवेशिक हलचलों का केंद्र था, बल्कि नवजागरण की चिनगारियां सर्वप्रथम यहीं फूटी थीं। बंगाल के बुद्धिजीवी यूरोपीय देशों की ओर आकर्षित थे। यूरोपीय नवजागरण की चार सौ सालों की प्रमुख उपलब्धियां, मसलन—बुद्धिवाद, धार्मिक सुधार और ज्ञान-विज्ञान की नई खोजें बांग्ला नवजागरण को प्रेरित कर रही थीं। खासकर कलकत्ता शहर में पश्चिमी तर्ज का नवजागरण सामाजिक गतिशीलता ला रहा था, और औपनिवेशिक हितों के पोषण में भी प्रवृत्त कर रहा था। अंग्रेजी शिक्षा पाए बुद्धिजीवी एक काल तक यूरोपीय रिनेसां को ही भारत के लिए आदर्श मानते थे।

कहने की जरूरत है कि नवजागरण के पश्चिमी मॉडल को सार्वभौम मान लेने की वजह से भारत जैसे गैर-यूरोपीय देश में आए नवजागरण को

सही परिप्रेक्ष्य में देखा नहीं जाता। कई बार इसे हीन कहते हुए उतना ही सारवान बताया जाता है, जितना उसका मेल पश्चिमी शिक्षा, जीवन-शैली और विचारधाराओं से है।

18वीं सदी में एडमंड बर्क, एडम फर्गुसन तथा आगे चलकर कई अन्य दार्शनिकों और इतिहासकारों ने यह प्रचारित किया कि यूरोप ने मानव जाति के विकास में अग्राधिकार हासिल कर लिया है। यूरोपीय सभ्यता ही मानव सभ्यता का शीर्ष है। यूरोप-केंद्रिक सोच के एक दार्शनिक हीगेल भी मानते थे कि दुनिया के दूसरे देशों के लोग तभी स्वाधीन होंगे, जब उपनिवेशों में यूरोपीय सभ्यता आ जाएगी। कुछ समय तक मार्क्स ने भी ऐसा ही माना, पर 1857 की घटना के बाद उनके विचार बदल गए।

यूरोपीय श्रेष्ठता की धारणा ने सर्वप्रथम 'हम-वे' के विभाजन की नींव डाली। दुनिया को देखने का यूरोपीय परिप्रेक्ष्य सर्वप्रचलित होता गया। इसका असर भारतीय नवजागरण को समझने की दृष्टियों पर पड़ा, जैसे—बांग्ला नवजागरण को यूरोपीय रिनेसां के कोण से देखा गया। भारत की जातीय-सामाजिक विविधताएं 'हम-वे' की छाया में आ गईं। इसका असर यह पड़ा है कि आगे चलकर एक प्रांत में दूसरे प्रांत के लोगों को 'हम-वे' की नजर से देखा जाने लगा है, जो एक विपर्यय है।

यूरोपीय ज्ञानोदय (इनलाइटेन्मेंट) और साम्राज्यवाद के बीच संबंध फ्रेंच क्रांति के दौर में भी व्यक्त हुआ था। मांटेस्क्यू और रूसो ने यूरोप के लिए जनतांत्रिक क्रांति के नारे दिए, लेकिन उन्होंने भी उपनिवेशवाद को जरूरी माना था और साम्राज्यवाद का संबंध 'सभ्यता के मिशन' से जोड़ा था। फ्रांसीसी क्रांति के बाद बदले लोकतांत्रिक कानून फ्रांस के उपनिवेशों पर लागू नहीं किए गए, बल्कि गुलामों पर श्वेत मालिकों का औचित्य स्थापित किया गया। यह अपने 'बंधुत्व, स्वाधीनता और समानता' के सार्वभौम विचारों का मखौल उड़ाने जैसा था।

निश्चय ही यूरोप में उपनिवेशवाद और इसके अत्याचारों के विरोध में आवाजें थीं। दार्शनिक इमैनुएल कांट (1724-1804) सार्वभौम नैतिक नियमों और बुद्धिपरकता के पक्ष में होते हुए भी उपनिवेशवाद के विरोधी थे। वे बौद्धिक स्वतंत्रता के पक्षधर थे। अंग्रेजी के रोमांटिक कवि शेली ने विशेषाधिकारों,

विलासिता, पूर्वग्रहों और वंचनाओं के बारे में जो लिखा है, वह उन्हें उपनिवेशवाद-विरोधी कवि का दर्जा देता है। उस जमाने में नेपोलियन बोनापार्ट का उदय हो रहा था और दहशत फैली हुई थी। कवि शेली ने अपने देश में देशद्रोही होने का खतरा मोल लेते हुए कहा था, 'मनुष्यों को राजतंत्र से अपनी स्वाधीनता हासिल कर लेनी चाहिए।' उन्होंने भारत में उपनिवेशवादी शासन का विरोध किया, 'अपने खेतों में भारत के लोग मूर्च्छित हो गए हैं / हत्यारी प्रभुसत्ता के अनगिनत अत्याचारों को सहते-सहते।' कविता के पक्ष में बोलते हुए उन्होंने ही कहा था, 'कवि बिना मान्यता के भी दुनिया का मुखर सांसद है।'

रोमांटिसिज्म के इस पहलू को देखना चाहिए कि शेली प्रेम, प्रकृति और सौंदर्य का स्वच्छंदतावादी कवि होने के साथ किस तरह वंचना और अत्याचारों के भी विरोध में थे। उनकी अंतरराष्ट्रीयता का संबंध उपनिवेशवाद से न होकर शोषित मानवता से है। उनमें नवजागरण और स्वच्छंदतावाद का स्वाभाविक सह-अस्तित्व है। इसी तरह इंग्लैंड के जान ब्राइट जैसे कई बुद्धिजीवी भारत में 1857 को कुचलने के लिए अंग्रेजों द्वारा किए गए अत्याचारों के विरुद्ध थे। इसका अर्थ है, पश्चिम इकहरा नहीं था।

17वीं सदी में भारत के पूर्वी और पश्चिमी किनारों पर व्यापारिक काम-काज शुरू करने के बाद ईस्ट इंडिया कंपनी ने 19वीं सदी में अपना काफी साम्राज्यवादी विस्तार कर लिया। उसने भारत को गुलाम बनाया, जो इतिहास में पश्चिमी क्रूरता और चालाकी का एक अनोखा दृष्टांत है। इसके साथ, एक धारणा यह भी है कि अंग्रेजी राज ने इस देश में उभरते हुए पूंजीवाद को रोका और इस देश में मुख्यतः रूढ़िवाद का संरक्षण किया। यह तो राजभक्त शिक्षित वर्गों का दबाव था, जिसकी वजह से उसे कुछ सुधारवादी कदम उठाने पड़े।

नवजागरण काल में अंग्रेजी राज के प्रति दृष्टिकोण हमेशा एक-सा नहीं था। उपनिवेशवाद से भारतीय बुद्धिवाद का आरंभिक संबंध आशा का था। इसे औपनिवेशिक बुद्धिवाद कहा जा सकता है। मुख्य समस्या थी संवैधानिक शासन प्रणाली पर आधारित स्वतंत्र ब्रिटिश राष्ट्र और भारत पर ईस्ट इंडिया कंपनी के शासन के बीच फर्क न देख पाने और देख पाने को लेकर।

शिक्षित और प्रबुद्ध देशवासी अपने को आमतौर पर ब्रिटिश प्रजा और ब्रिटिश नागरिक समझने लगे थे। उन्हें मुगलों और देशी राजाओं के निरंकुश शासन की तुलना में ब्रिटिश राज कानून के शासन, सुरक्षा, और आधुनिक शिक्षा के अवसर की दृष्टि से सुखद लगता था। उन्हें अंग्रेज अचंभित करते थे। वे आधुनिक दिखाई देते थे। इन नागरिकों का बुद्धिवाद उस समय सो जाता था, जब वे अंग्रेजी राज को बार-बार ईश्वरीय इच्छा का नतीजा बताते थे।

राजा राममोहन राय इस तरीके से सोचते थे, 'हमारा सौभाग्य है कि हमें संपूर्ण ब्रिटिश राष्ट्र का संरक्षण प्राप्त है। इंग्लैंड के राजा हमारे राजा और उनकी हाउस ऑफ लार्ड्स तथा हाउस ऑफ कॉमंस ही हमारी संसद है। हम इस संबंध में आश्वस्त हैं कि हमें वे ही नागरिक और धार्मिक सुविधाएं प्राप्त हैं जिनके हकदार इंग्लैंड में अंग्रेज लोग हैं।' (राममोहन रचनावली)। 18वीं सदी से अंग्रेजों की चालाकियों और बर्बरताओं को देखते हुए, राममोहन राय की उपर्युक्त आशाओं को भोली कल्पना कहा जाए या अंग्रेजों में सद्‌बुद्धि लाने की एक विवशता-भरी राजनीति, इस पर मतभेद हो सकता है। महाराष्ट्र के गोपाल हरि देशमुख अंग्रेजी राज को ईश्वरीय वरदान कहते थे। केशवचंद्र सेन ने इंग्लैंड में भाषण देते हुए कहा, 'ईश्वर ने भारत को उसकी दयनीय दशा से उबारने के लिए अंग्रेजों को नियुक्त किया है।' राममोहन राय और केशवचंद्र सेन के बुद्धिवाद में 'अंग्रेजी राज के दैवी विधान' के लिए पूरी जगह थी। उपनिवेशवाद से उनकी शिकायत प्रशासन में छोटी-मोटी नौकरियों के लिए थी, कोई बड़ा मतभेद न था। 19वीं सदी के ज्यादातर अंग्रेजी-शिक्षित बुद्धिजीवी पश्चिमी देशों के ज्ञान-विज्ञान के अलावा उनकी सैन्य शक्ति, प्रशासनिक-व्यापारिक क्षमता और जीवन-शैली पर मुग्ध थे।

आधुनिक बौद्धिक संसार में अंग्रेजी राज के बारे में लंबे समय तक दुविधा का भाव रहा है, जिस तरह वैश्वीकरण के प्रति है। एक अद्‌भुत आकर्षण और भय से भरी नई दुनिया जिस तरह पिछले दशकों से भारतीय जीवन-संसार में घुसती गई है, 19वीं सदी में भी एक नई दुनिया ने चढ़ाई की थी। बांग्ला नवजागरण के अग्रदूत अंग्रेजी राज के प्रति सम्मोहित थे और उसे प्रगति का द्वार समझते थे। इसलिए नवजागरण के बारे में एक महत्वपूर्ण तथ्य यह है

कि इसका अनुभव काफी मिश्रित है—'औपनिवेशिक', 'आधुनिक', 'राष्ट्रीय' और 'धार्मिक' के बीच तनावपूर्ण संबंधों से भरा हुआ।

उस जमाने में कला, साहित्य, शिक्षा, इतिहास लेखन और संस्कृति में उन्नति हो रही थी। स्वाभाविक कारणों से उनमें औपनिवेशिक उपकरणों की प्रधानता थी और उनका गहरा प्रभाव था। यही वजह है कि आज के चिंतन में उपनिवेशवाद बार-बार प्रतिध्वनित होता है, जिस तरह अतीत का सामंती अंधेरा और पुराने भेदभाव भी अक्सर अपना भीषण रूप दिखाते हैं।

क्या भारतीय नवजागरण हिंदू पुनरुत्थानवाद है

इसमें संदेह नहीं कि भारत में नवजागरण धर्म के परिसर से बाहर नहीं निकल पाया। इस देश के लोग शुरू से धार्मिक रहे हैं। निश्चय ही धार्मिक होने और धर्मांध होने में फर्क है। औपनिवेशिक-सामंती गठबंधन के दौर में धर्म का महत्व बना हुआ था। किसी भी युग में धर्म के खिलाफ बोलना आसान है लेकिन आम लोगों को धार्मिक कुप्रथाओं, भेदभावों और अंधविश्वासों से मुक्त करना हर युग में चुनौतीपूर्ण रहा है। 21वीं सदी में सभ्यता के शिखर पर हम अनुभव कर सकते हैं कि यह कार्य कितना दुष्कर है। इस समय भी जब बड़े स्तर पर लोगों के दिमाग में धर्म और जाति का गोला-बारूद भरा हुआ है, 19वीं सदी में हिंदू धर्मक्षेत्र को तर्कक्षेत्र बनाना कितना मुश्किल रहा होगा।

राममोहन राय के दौर से ही नवजागरण धर्म के परिसर में घटित हुआ। उस दौर से महात्मा गांधी के राजनीतिक आंदोलनों के समय तक हम धार्मिक सुधार के कई रूप पाते हैं। यह भी देखते हैं कि बड़ी संख्या में समर्थकों के बावजूद उस युग के रूढ़िवादी धर्मध्वजधारी धीरे-धीरे कोने में जा रहे थे। निश्चय ही देशहित की चिंता करनेवाले सुधारवादियों के धार्मिक परिसर अंग्रेजी राज के प्रति एकनिष्ठ भक्ति रखनेवाले संरक्षणवादियों के धर्मलोक से भिन्न थे।

भारत में धर्म यूरोपीय चर्च की तरह राजसत्ता से सीधे संबंधित नहीं था। इसका वहां की तरह एक केंद्र न था। इसलिए धर्म की भूमि से उस आकार के विद्रोह की गुंजाइश नहीं थी। एक तरफ नवजागरण को नकारने के लिए यह कहा जाता है कि राममोहन राय ने सब कुछ सिर्फ उच्च समाजों के लिए किया।

हालांकि सती प्रथा कितने भयंकर रूप में थी, इसका अंदाजा इस तथ्य से हो जाता है कि शासकीय अभिलेखों के अनुसार, '1817-28 के बीच करीब 8,000 स्त्रियां सती बनाई जा चुकी थीं।' दूसरी तरफ नवजागरण को गतिशीलता और विविधता में न देखकर उसका चरमोत्कर्ष राममोहन राय में ही मान लिया जाता है। उनकी परंपरा सिर्फ डिरोजियो, विद्यासागर और रवींद्रनाथ तक सीमित कर दी जाती है। बांग्ला नवजागरण के एक प्रमुख व्याख्याता मोहितलाल मजुमदार कहते हैं, 'राममोहन के प्रयत्न और अभिप्राय (लक्ष्य) उभरते हुए राष्ट्रवाद के ज्वार की उत्ताल लहरों में खो गए।' (भारतीय नवजागरण और पुनरुत्थानवादी चेतना)। यह नवजागरण के मूल्यांकन की औपनिवेशिक बुद्धिवादी कसौटी का उदाहरण है।

भारतीय नवजागरण से जुड़े चिंतकों और सुधारकों को लगता था कि ईश्वर के बिना मनुष्य में नैतिकता को बचा कर रखा नहीं जा सकता और हिंदू धार्मिक आस्था का ध्वंस किए बिना भी उसकी विकृत और रूढ़िवादी धारणाओं को मिटाया जा सकता है। वे बताना चाहते थे कि धर्म कुएं में रहने के लिए नहीं, अपने हृदय और बुद्धि की उन्नति के लिए है। कई व्यक्ति ऐसे थे जो अपना धर्म बदले बिना सामाजिक सुधार चाहते थे। भारतीय नवजागरण के अधिकांश सुधारक ऐसे ही थे जो ईश्वरीय बोध और तार्किक सोच दोनों को साथ लेकर चल रहे थे। उनके 'विरुद्धों में सामंजस्य' बना हुआ था और समाज औपनिवेशिक अवरोधों के बावजूद धीरे-धीरे बदल रहा था। निश्चय ही नवजागरण शहरों के बाहर निकल नहीं पाया। हिंदी क्षेत्र के शहरों में यह गहरी जड़ें नहीं पकड़ सका, मामला ज्यादातर साहित्यिक था।

सवाल उठ सकता है, क्या एक साथ धार्मिक और तार्किक होना संभव है? लेकिन 19वीं सदी के भारतीय नवजागरण को दोनों के सह-अस्तित्व में ही समझा जा सकता है। उस जमाने की एक बड़ी खूबी है बौद्धिक स्वतंत्रता। लोग सोच के पुराने दायरे को तोड़कर बाहर निकल रहे थे। अपने विचार स्वतंत्र रूप से व्यक्त करने के लिए एक लोकतांत्रिक परिसर बन रहा था। भारतीय समाज में कभी भी बौद्धिक स्वतंत्रता पर प्रतिबंध न था। इस देश में वैचारिक टकराहटों की एक दीर्घ परंपरा है और नए विचारों का स्वागत होता रहा है।

ऋग्वेद में कहा गया है, 'आ नो भद्रा क्रतवो यन्तु विश्वतोदब्धासो अपरितासउद्भिदः'। अर्थात—हमारे पास सभी दिशाओं से कल्याणकारी विचार आते हैं। वे किसी से न दबें और उन्हें कभी रोका न जाए ताकि अज्ञात विषय भी प्रकट हो सकें।

नवजागरण काल के चिंतक और सुधारक ऐतिहासिक प्रमाण, निरीक्षण-परीक्षण, तार्किकता और अवधारणात्मक पुनर्गठन की तरफ जितना बढ़ रहे थे, वे भारत की उतनी पुनर्खोज भी कर रहे थे। निश्चय ही यह नहीं कहा जा सकता कि वे पूरी तरह विश्लेषणपरक, बुद्धिवादी या वैज्ञानिक सोच-निर्भर बन गए थे। लेकिन 21वीं सदी में तो 19वीं सदी जितनी 'आलोचनात्मक सोच' भी दुर्लभ है। आज धार्मिक और तार्किक का सह-अस्तित्व मुश्किल है। अब हर मामले में अंधभक्ति ज्यादा है, कट्टरता का पोषण आम दृश्य है!

सचाई यह है कि जब राजनीति तर्क द्वारा संचालित नहीं हो पा रही हो और उसमें विश्लेषणपरक आलोचनात्मक सोच के लिए स्पेस सिकुड़ चुका हो, तब लोग धार्मिक आस्था या एक न एक तरह के अंध-राष्ट्रवाद का शार्ट कट खोजेंगे। सामान्यतः 19वीं सदी में परंपरागत धार्मिक ज्ञान पर निर्भरता की जगह आलोचनात्मक सोच, जो नवजागरण की बौद्धिक रीढ़ है, विकसित हो रही थी। दरअसल दुनिया के किसी भी देश में आलोचनात्मक सोच कभी इतनी विकसित नहीं हो पाई कि धार्मिक आस्था या नायक-पूजा का विलोप हो जाए। देखा जाता है कि समाज में जब निराशा और असुरक्षा बढ़ जाती है, धार्मिक अंधविश्वास फैलता है। 21वीं सदी में एलीट वर्गों में आध्यात्मिकता और आध्यात्मिक गुरुओं के प्रति रुझान बढ़ा हुआ है तो साधारण वर्गों को पूजा-पाठ, गुरु-स्वामी, प्रवचन, अंध-विश्वास और पुराने रीति-रिवाज आकर्षित कर ही सकते हैं।

धर्म के दुरुपयोग का एक इतिहास है। राजनीति में कभी धर्म का सदुपयोग हुआ और कभी दुरुपयोग हुआ। 1857 के पहले स्वाधीता संग्राम और गांधी के अहिंसक सत्याग्रह में धर्म सद्प्रेरणा बना था। वह भारतीय ही नहीं दुनिया के कई देशों में उत्पीड़ितों के आंदोलन में प्रेरणा बना था। ऐसे दौर में धर्म को साथ लेने का अर्थ कुछ मूल्यों को साथ लेना है, न कि धार्मिक विद्वेष

और घृणा को अपनाना। उत्पीड़ितों की धार्मिकता उत्पीड़कों की धार्मिकता से अलग होती है।

निश्चय ही इतिहास में धर्म के दुरुपयोग ज्यादा हुए, खास कर यूरोप के चर्च और राजसत्ता की एकता ने अत्याचारों का जाल बिछा दिया था। इसलिए 1879 की फ्रांसीसी क्रांति का एक बड़ा निशाना ईसाइयत है, चर्च है। उस क्रांति ने धर्म और राजनीति के संबंध-विच्छेद का दर्शन दिया। भारत में कई बार धर्म को सामाजिक बुराइयों की जड़ कहा गया है। लेकिन विकल्प के अभाव में धर्म आत्मबोध, सामाजिकता, पर्व-उत्सव के आनंद, दुख में शरण और आशा का साधन बना रहा है। इसलिए भारत की भिन्न स्थितियों में यदि नवजागरण काल के सुधारकों ने धार्मिक आस्था के ध्वंस की जगह यथासंभव बुद्धिवादीकरण का रास्ता अपनाया और सामाजिक सुधारों के लिए आंदोलन किया तो उसे हिंदू पुनरुत्थान में सीमित नहीं किया जा सकता। इस वजह से भी भारतीय नवजागरण का मूल्यांकन एक नए परिप्रेक्ष्य की मांग करता है।

19वीं सदी के भारतीय नवजागरण में 20वीं सदी की सेकुलर राष्ट्रीयता, रोमांटिसिज्म और वामपंथी आंदोलनों के बीज हैं। यदि उस काल के आंदोलन सामाजिक गतिशीलता नहीं लाते, ये नई घटनाएं सामने नहीं आतीं। प्रगतिशीलता का कोई तत्व नवजागरण में नहीं ढूंढ़ना और संकीर्णताओं तथा भटकावों को 1947 के बाद के राजनीतिक संघर्षों में लक्षित न करना सही समझ नहीं है। यह अपने ऐतिहासिक समय का अधूरा विश्लेषण है। यह आलोचनात्मक आत्मनिरीक्षण के अभाव का चिह्न है।

21वीं सदी में भारतीय आत्मा को विकृत करते हुए आखिरकार धार्मिक राष्ट्रवाद को ताकत कहां से मिली—19वीं सदी के नवजागरण से या 20वीं सदी में लोकतंत्र के दुरुपयोगों, भटकावों और स्वार्थपरताओं से? 21वीं सदी में तर्क ने धीरे-धीरे काम करना बंद क्यों कर दिया? उस पर धर्मोन्माद और सतही मनोरंजन भारी क्यों पड़ गए? वस्तुतः कारपोरेट सभ्यता ने चतुराई और लोभ का एक विस्तृत जाल बिछा दिया। इसके अलावा, उच्च तकनीक की ताकत से समाज को सांस्कृतिक कचरे से भर दिया गया। इन वजहों से समाज में निर्बुद्धिपरक तत्वों का पनपना स्वाभाविक था।

निर्बुद्धिपरकता की जितनी व्यापक मौजूदगी उपभोक्ता संस्कृति में है, उससे कम धर्म में नहीं है। धार्मिक कट्टरता तो ऐसी विषवेलि है जो सामंतवाद को जीवन के छोटे-छोटे आचार-व्यवहार तक पहुँचा देती है। उसके सबसे ज्यादा शिकार दलित, स्त्रियां और युवा होते हैं।

फिलहाल हमारी एक बड़ी चिंता एकेडेमिक इलाके में औपनिवेशिक बौद्धिकता के खेल को लेकर है, जिसके कारण एलीट बुद्धिजीवी लोक से बुरी तरह कट गए। वे 'हिंदू परंपराओं के राष्ट्रीयकरण' के खाने में भारतेंदु और रामचंद्र शुक्ल को ही नहीं, प्रसाद, निराला, रामविलास शर्मा तक को फेंकने लगे थे। हम जानते हैं कि वे सभी हिंदी रचनाकार और चिंतक अपने-अपने समय में न सिर्फ साम्राज्यवाद-विरोधी थे, बल्कि उन्होंने अपने युग की सीमा में जाति और लिंग-विषमता का विरोध किया था। औपनिवेशिक बौद्धिकता से आक्रांत लेखकों से कोई पूछे कि साम्राज्यवाद का विरोध किस हिंदू परंपरा का अंग है। भारतेंदु हरिश्चंद्र ने साम्राज्यवाद का विरोध करने के अलावा यह भी कहा था, 'हिंदुओं का शास्त्र पंसारी की दुकान है।' ऐसे कथन किस युग की हिंदू परंपरा में मिलते हैं? निःसंदेह उपर्युक्त लेखकों ने भारतीय संस्कृति और हिंदी साहित्य के विकास में बहुमूल्य योगदान किया है। लेकिन कुछ अंग्रेजी-दां लेखकों ने हिंदी को हिंदू राष्ट्रवाद से जोड़ दिया!

हिंदी को जिन लोगों ने विकसित किया, वे सिर्फ हिंदू न थे। वे पत्रकार थे, कवि थे, शिक्षक थे, इतिहासकार थे और सबसे बढ़कर वे नागरिक थे। हिंदू धर्म और हिंदू रूढ़िवाद एक चीज नहीं है। 19वीं सदी के हिंदू बुद्धिजीवियों के प्रयास से हिंदू रूढ़िवाद के दुर्ग ढहने लगे थे। नवजागरण के लोगों ने भक्ति आंदोलन का अधूरा कार्य संगठित होकर अपने हाथ में लिया था। इसके विपरीत, वसुधा डालमिया हिंदू धर्म को नस्ल से जोड़ते हुए कहती हैं, 'हिंदू धर्म ने उन्नीसवीं सदी के आखिरी हिस्से में खुद को जिस तरह सूत्रबद्ध किया, उसमें 'प्राचीन' हिंदुओं की एक नस्ल की पूर्व-मान्यता निहित थी। ...हरिश्चंद्र पहले वैष्णव से हिंदू तक जाते हैं और फिर वहीं से और अधिक समावेशी आर्य जाति तक। ...हरिश्चंद्र की प्रतिक्रिया को उत्तर भारत में हिंदू धार्मिक परंपरा की निर्मिति में शामिल माना जा सकता है।' (हिंदू परंपराओं का राष्ट्रीयकरण)।

हिंदू तो दविड़ लोग भी हैं! डालमिया मोहितलाल मजुमदार के दृष्टिकोण को आगे बढ़ाते हुए हिंदी को हिंदू से जोड़ने में संकोच नहीं करतीं, मानो भारतेंदु ने नाटक 'भारत दुर्दशा' न लिख कर 'हिंदू दुर्दशा' लिखा हो!

हिंदू धर्म की 'भीतर से आलोचना' का महत्व बाहर से की गई 'छींटाकशी' से ज्यादा है। 19वीं सदी में देश के विभिन्न प्रदेशों में बनीं संरक्षणवादी धर्म सभाओं की न राममोहन राय के जमाने में ज्यादा चल पाई थी, न विद्यासागर के जमाने में और न रवींद्रनाथ-गांधी के जमाने में। भारतेंदु भी न काशी के पंडितों से प्रभावित थे और न राजभक्ति के कुछ उदाहरणों के बावजूद उन्होंने अंग्रेजी राज के आगे घुटने टेके थे। भारतेंदु के व्यंग्य को समझे बिना उनके साहित्य को समझना मुश्किल है। वसुधा डालमिया उनके साहित्य को धार्मिक पोथियों की तरह पढ़ती हैं। उनकी बौद्धिक विडंबना तब व्यापक हो जाती है, जब वे 19वीं सदी के उत्तरकाल के नवजागरण में सनातन धर्म का ही नया रूप या 'हिंदूवाद का समायोजन' देखती हैं।

नवजागरण के एकांगी मूल्यांकनों की कमी नहीं है। इन मूल्यांकनों से एक भ्रामक धारणा यह बनती है कि जो सुधारवादी थे उनमें पुनरुत्थान के तत्व नहीं थे और जिनमें पुनरुत्थान के तत्व थे, वे धार्मिक सुधार नहीं चाहते थे। वसुधा डालमिया ने 'हिंदू परंपराओं के दृढ़ीकरण/राष्ट्रीयकरण' का मसाला पहले पका लिया, फिर उसमें भारतेंदु हरिश्चंद्र के अधपढ़े साहित्य को भून दिया। ऐसे अध्ययन नवजागरण की वस्तुनिष्ठ समझ में रुकावट बनते हैं, धर्मनिरपेक्षता की परियोजना को भी आघात लगता है।

नवजागरण के कई समाजवैज्ञानिक अध्ययन बहुत यांत्रिक किस्म के हैं। वे दिग्भ्रमित करते हैं। इसमें दोष लेखकों का नहीं है। यह वस्तुतः बौद्धिक-राष्ट्रीय आत्मविश्वास की कमी का चिह्न है। इसकी वजह से पश्चिमी प्रेरणाओं वाले 'पौर्वात्यवाद' और 'सबाल्टर्नवाद' हावी हो जाते हैं। फलस्वरूप कुछ बुद्धिजीवियों का काम हो जाता है हमेशा बाल से खाल निकालते हुए 'अभेद में भेद' देखना। यदि कोशिश की जाए तो 'भेद में अभेद' भी दिख सकता है। यह ज्यादा जरूरी है।

भारतीय नवजागरण के विभिन्न रूपभेदों में अभेद दिख सकता है। उसमें जो सामान्य तत्व नजर आता है, वह है 'आलोचनात्मक सोच का पुनर्जन्म'। यह चाहे बांग्ला नवजागरण के बुद्धिवाद का मामला हो, हिंदी प्रदेश का राष्ट्रीय जागरण हो या महाराष्ट्र-केरल की दलित चेतना हो। आज उत्तर-सत्य के युग में जरूरत हर जगह आलोचनात्मक सोच के विकास की है।

राममोहन राय और केशवचंद्र सेन अपने को ब्राह्म कहते थे, सैयद अहमद खां अपने को मुसलमान कहते थे और भारतेंदु हरिश्चंद्र अपने को मूर्तिपूजक वैष्णव समझते थे। यह चीज महत्वपूर्ण नहीं है। महत्व इसका है कि वे सभी लोग धर्म को कूपमंडूकता से किस हद तक बाहर निकालना चाहते थे और कैसी वैकल्पिक संस्कृति प्रस्तावित कर रहे थे। उनका 'दूसरों' के प्रति नजरिया बहिष्कारपरक था या समावेशी और किस हद तक समावेशी था? अंग्रेजों के शासन में उनका मुख्य स्वर राजभक्ति का था या देशप्रेम, भारतीय राष्ट्रीयता के बोध और राष्ट्रीय पुनर्निर्माण का? एक बिंदु पर भारतेंदु 'हिंदुस्तानी' और 'भारत' की बात करते थे। वे सभी को जागने के लिए कहते थे, 'तासों अब लौं करी, करी सों, पै अब जागिय'! (अंधेर नगरी)। उस समय के हिंदुस्तान की वास्तविक दशा, उनके शब्दों में यह थी, 'हमारे हिंदुस्तानी लोग तो रेल की गाड़ी हैं। उन्हें इंजिन चाहिए—सही नेतृत्व चाहिए!'

कुछ बुद्धिजीवी ऐसे हैं जो भारतीय नवजागरण को बहुत घटा कर देखते हैं। उन्हें इसे हिंदू पुनरुत्थानवाद कहने में हिचक नहीं होती। ऐसे बुद्धिजीवी हमेशा शर्म में डूबे रहते हैं। कुछ विचारक इसे बढ़ा-चढ़ाकर देखते हैं। उनको भारतीय नवजागरण अत्यधिक विकसित नजर आता है। वे इसे अंग्रेजी राज की देन कह कर इस पर गर्व करते हैं। कुछ ऐसे भी हैं जो नवजागरण को ऐतिहासिक घटना नहीं मानते। उनकी सहानुभूति धार्मिक रूढ़ियों और इनके पोषक वर्गों से होती है। वे राममोहन राय, विद्यासागर, भारतेंदु हरिश्चंद्र, महादेव गोविंद रानाडे, ज्योतिबा फुले, दुर्गाराम मेहता, नर्मद, वीरेश लिंगम, नारायण गुरु, अय्यनकलि, यहाँ तक कि रवींद्रनाथ और गांधी-प्रेमचंद तक में कोई आकर्षण नहीं पाते।

भारतीय नवजागरण की विविधता

भारतीय नवजागरण ब्रिटिश साम्राज्य का सुरक्षा कवच नहीं था, बल्कि इसने अपनी हलचलों से अंततः साम्राज्य की कब्र खोदने का काम किया। इसके अलावा, धार्मिक-सामंती व्यवस्था का सुख भोगनेवाले धर्माचार्यों, महंतों और पुरोहितों के हितों पर करारी चोट की। 19वीं सदी के धार्मिक सुधारों की हवा जब सैयद अहमद खां के जरिए मुसलमानों तक पहुँची, कठमुल्ले मौलवी खफा हुए, जिस तरह अकबर के समय हुए थे। यह स्वाभाविक था, क्योंकि राममोहन राय, विद्यासागर या सैयद अहमद खां—ये सभी पुरानी शिक्षा पद्धति के विरोधी थे। धर्म के ठेकेदारों ने अपने आहत दर्प के साथ सुधारकों का जमकर मुकाबला किया, लेकिन उनका विरोध नवजागरण की आंधी में पतंग उड़ाने जैसा था।

नवजागरण ने शिक्षा की नई राहों से मानवतावादी और बुद्धिवादी आदर्शों को समाज के सामने ला खड़ा किया और पतनशील सामंती व्यवस्था को उसका चेहरा दिखाना शुरू कर दिया। निश्चय ही इसने करारा झटका नहीं दिया। फिर भी भारतीय समाज के खासकर शहरी हिस्से का सांस्कृतिक रूपांतरण होने लगा। वह तर्क, बहसों और सुधारों का एक महान युग बन गया। अनोखी बात यह है कि रूढ़ियों से जर्जरित धार्मिक-सामंती व्यवस्था पर चोट मुख्यतः उन्होंने की जो खुद उस व्यवस्था की संतान थे। हालांकि वे भारत की बौद्धिक परंपराओं से चेतना ग्रहण कर रहे थे और पश्चिमी शिक्षा तथा सभ्यता के भी उपकरण ले रहे थे। उनका मानवता-उन्मुख बुद्धिवाद जिस हद तक औपनिवेशिक अवधारणाओं से प्रभावित था, उस हद तक वह औपनिवेशिक बुद्धिवाद था और जिस हद तक राष्ट्रीय जागरण से प्रेरित था वह राष्ट्रीय बुद्धिवाद था।

नवजागरण ने सामान्यतः मनुष्य को धर्म के परंपरागत चौखटे में बंद न रख कर नए लौकिक विषयों की और मोड़ा था, जैसे—आधुनिक शिक्षा, समाज सुधार, विज्ञान, इतिहास, व्यापार, देशभक्ति, लोकतंत्र, कला, राष्ट्रीय भाषाओं और साहित्य की उन्नति की और। इसने धर्मनिरपेक्षता की नींव रखी,

क्योंकि धर्म के ढाँचे में अब न शिक्षा को सीमित करना संभव था, न इतिहास, विज्ञान, राष्ट्रीयता, साहित्य, लोकतंत्र या किसी अन्य सामाजिक विषय को। नवजागरण ने बौद्धिक प्रेरणा दी कि शिक्षित लोग धर्म से ऊपर उठकर सोचने की आदत डालें। शुरू में औपनिवेशिक घेरेबंदी से बाहर निकल कर सोचना संभव नहीं था। धीरे-धीरे नवजागरण ने औपनिवेशिक स्थितियों में राष्ट्रीय प्रेरणा देना भी शुरू किया—वह देश की स्वतंत्रता की ओर बढ़ा!

यह नहीं कहा जा सकता कि दुनिया में नवजागरण का एक ही मार्ग रहा है। एक बहुभाषिक, बहुसांस्कृतिक और बहुत-सी जातियोंवाले भारत में नवजागरण का एक रूप संभव न था। इस देश में ऋतुओं और वनस्पतियों से लेकर खानपान, आस्थाओं और सामाजिक जीवन की जैसी विविधता है, विश्व के किसी दूसरे देश में वह दुर्लभ है। यही वजह है कि भारतीय नवजागरण में विविधता है। कहना होगा कि बांग्ला नवजागरण भारतीय नवजागरण का एक महत्वपूर्ण रूप होते हुए भी एकमात्र रूप नहीं है। इस देश का नवजागरण बहुवचनात्मक है। यहां एक नहीं, कई नवजागरण घटित हुए जिनको एक ही तराजू पर तौलकर किसी को श्रेष्ठ और किसी को साधारण घोषित नहीं किया जा सकता।

भारतीय नवजागरण की विविधता उसका एक खास गुण है। इसका यह अर्थ नहीं है कि उसके विभिन्न आदर्शों के बीच कठोर दीवार है। उनमें जो सामान्य तत्व है, वह है भारतीय अतीत और पश्चिम को देखने के आलोचनात्मक विवेक का विकास।

बांग्ला नवजागरण के विचारक मोहितलाल मजुमदार ने लिखा है, 'आधुनिक भारत को राममोहन राय की युग चेतना में अपनी जड़ें खोजनी होंगी।' (भारतीय नवजागरण और पुनरुत्थानवादी चेतना)। वे अति-स्थानीयतावादी रुझान की वजह से बांग्ला नवजागरण को, वह भी राममोहन राय की विचारधारा तक सीमित रिनेसां को भारतीय नवजागरण का पर्याय बना देते हैं, जबकि स्थानीय स्थितियों में भिन्नता की वजह से भारतीय नवजागरण की कई अंतर्धाराएं हैं। उसे एक ही प्रदेश या एक ही महापुरुष तक सीमित करके नहीं देखा जा सकता।

भारतीय नवजागरण में कई विचारधाराएं काम कर रही थीं। एक ही समय जब बंगाल बुद्धिवाद से उद्दीप्त था, वहाँ धार्मिक सुधार का जोश था। हिंदी क्षेत्र में सांप्रदायिक भाईचारे को मजबूत बनाते हुए अंग्रेजी राज के खिलाफ 1857 का पहला स्वाधीनता संग्राम चला। इसी समय महाराष्ट्र में बंगाल के तर्ज पर सामाजिक सुधार के अलावा एक दूसरा नजारा था। यहाँ नवजागरण का एक मुख्य तत्व ब्राह्मणवाद से विद्रोह था, दलितों का जागरण नवजागरण था। हिंदी प्रदेश में जब 1857 घटित हो रहा था, बंगाल और महाराष्ट्र दोनों जगहों पर अलग-अलग कारण बता कर उसका विरोध हुआ।

उल्लेखनीय है कि भारत के धन के विदेश जाने, अर्थात 'ड्रेन ऑफ वेल्थ' का विचार बंबई में पैदा हुआ, कलकत्ता में नहीं और दक्षिणी राज्यों में भी नहीं। बंबई एक बड़ा व्यापारिक केंद्र था। दादा भाई नौरोजी एक बड़े व्यापारी थे। उनका 'ड्रेन ऑफ वेल्थ' के लिए चिंतित होना स्वाभाविक है। केरल और तमिलनाडु में देर से नवजागरण आया। यहाँ ब्राह्मणवाद निशाने पर था। आंध्र प्रदेश में शिक्षा और धार्मिक सुधार और गुजरात में व्यापारिक सुधार पर ज्यादा बल था। इन सभी में एक समानता यह थी कि इन सभी जगहों पर किसी न किसी वर्चस्व या दमन के खिलाफ प्रतिवाद की आवाज थी और राष्ट्रीय जागरण के तत्व थे। साथ ही आलोचनात्मक सोच, अर्थात 'क्रिटिकल थिंकिंग' का विकास हो रहा था।

भारतीय स्थितियों में विविधता के कारण नवजागरण में बहुरूपता स्वाभाविक है। यह भी देखा जा सकता है कि राष्ट्रीय आत्मपहचान के संघर्ष में केंद्रवाद के लिए कोई जगह नहीं है।

इस पर विचार नहीं किया जाता कि भारतीय नवजागरण के सामने बहुभाषिकता, बहुधार्मिकता, बहुजातीयता या अलग-अलग क्षेत्र की भिन्न सामाजिक पृष्ठभूमि किस तरह एक बड़ी समस्या रही है। खास कर हिंदी समाज ब्रिटिश उपनिवेशवाद के अत्याचारों से सबसे ज्यादा आहत एक ऐसा बहुपरतदार समाज है, जिसके कई हिस्सों में जातीयता के विकास के मार्ग में भीषण रुकावटें रही हैं। देश के कई हिस्से आज भी भीषण रूप से अशांत हैं। हिंदी समाज में आज भी वे समस्याएं हैं जो भारत के कुछ दूसरे राज्यों में नहीं हैं या कम हैं।

हिंदी समाज नवजागरण से अप्रभावित रहने का या कम प्रभावित रहने का पूरा खमियाजा भुगत रहा है। सबसे ज्यादा संहारक जातिवाद हिंदी क्षेत्र में है। सबसे अधिक धर्मोन्माद हिंदी क्षेत्र में है। स्त्रियों पर सबसे ज्यादा बंधन और अत्याचार हिंदी क्षेत्र में हैं। देश में सबसे ज्यादा भय हिदी प्रदेशों में है। सबसे कम नवजागरण हिंदी प्रदेशों में आया।

जाहिर है, भारत के परंपरागत समाजों में सुधार आंदोलन जटिलताओं से भरा था। फिर भी धार्मिक कुरीतियों को दूर करने तथा स्त्रियों और शूद्रों की स्थिति को बदलने के लिए संघर्ष हुए, राष्ट्रीय जागरण के चिह्न उभरे। कहीं उग्र स्वर में और कहीं धीमे। कहीं ज्यादा असर पड़ा, कहीं कम। समग्रतः सामाजिक सुधार के प्रयासों का मुख्य मकसद था सामाजिक पुनर्गठन और राष्ट्रीय जागरण। राष्ट्रीय जागरण के लक्ष्य थे देश की आजादी और आर्थिक पुनर्निर्माण। लेकिन इन राहों पर बड़ी बाधाएं थीं।

राष्ट्रीय कांग्रेस की स्थापना (1885) के बाद सामाजिक सुधार आंदोलन को एक झटका लगा, जबकि स्पष्ट है कि राष्ट्रीय भावना का विकास सामाजिक सुधारों के बिना संभव नहीं है। वस्तुतः सत्ता विमर्श में राजनीतिक सुधारों को प्रधानता मिली, सामाजिक सुधार पृष्ठभूमि में चले गए। कांग्रेस के दूसरे राष्ट्रीय महाधिवेशन (1886) में दादाभाई नौरोजी ने अध्यक्ष पद से दिए गए अपने भाषण में साफ कहा था, 'हम लोग इस राजनीतिक सभा में अपने अंग्रेज शासकों के सामने अपनी राजनीतिक आकांक्षाएं व्यक्त करने के लिए इकट्ठे हुए हैं, सामाजिक सुधार पर विचार करने के लिए नहीं। यहाँ भिन्न-भिन्न मतों, संप्रदायों और जातियों के हिंदू जिनमें कितने ही फिरके हैं—पारसी, सिख, ब्राह्मण आदि सभी तरह के भारतवासी आकर जमा हुए हैं। इस तरह के विभिन्न जातियों से भरे हुए जलसे में भिन्न-भिन्न जातियो और संप्रदायों के दोषों पर कहाँ तक विचार किया जा सकता है? राष्ट्रीय महासभा को केवल उन्हीं प्रश्नों पर विचार करना चाहिए, जिनमें सारा राष्ट्र प्रत्यक्ष रूप से भाग ले सके। समाज सुधार के कामों को तो संप्रदायों और जातियों पर ही छोड़ देना चाहिए, वे ही इन्हें निपटा देंगी।' स्पष्ट है कि औपनिवेशिक सत्ता में भागीदारी के लिए बने राजनीतिक मंच

से ऐसे सुधारक कठमुल्लेपन या कु-प्रथाओं के खिलाफ आवाज उठाना नहीं चाहते थे। यह पलायनवाद था।

यूरोपीय नवजागरण के समय समाज सुधार को राजनीतिक चेतना का बल मिला था। फ्रांसीसी क्रांति (1789) ने मनुष्य को भेदभावों से मुक्त होकर बंधुत्व, स्वतंत्रता और समानता की ओर बढ़ने का आह्वान किया था। एक राजनीतिक क्रांति होने के बावजूद उसमें सामाजिक संदेश था। भारत में राजनीतिक महत्वाकांक्षाएं सामाजिक सुधार में बाधक बनीं। राष्ट्रीय कांग्रेस के आठवें महाधिवेशन (1892) में भाषण देते हुए डब्ल्यू. सी. बनर्जी ने इलाहाबाद में कहा, 'राजनीतिक सुधार और सामाजिक सुधार में कोई संबंध नहीं है। क्या हम राजनीतिक सुधार के इसलिए काबिल नहीं हैं कि हमारी विधवाओं का पुनर्विवाह नहीं होता, हमारी लड़कियां छोटी उम्र में ब्याह दी जाती हैं?' राजनीतिक सुधारों का लक्ष्य मुट्ठी भर अंग्रेजी शिक्षित लोगों और जमींदारों का हित साधन था। निश्चय ही कांग्रेस के राष्ट्रीय अधिवेशन खत्म होने के बाद उसी जगह कॉन्फ्रेंस के मंच पर समाज सुधार पर बहस की अनुमति थी।

बुद्धिवाद और भारतीय पुनरुत्थान

बांग्ला नवजागरण के केंद्र कलकत्ता में एक समय तर्क, बुद्धिपरकता और सुधारवाद की दुंदुभी बज रही थी। राममोहन राय ने सवाल उठाया, 'जो बुद्धिवाद से मेल नहीं खाता, उसे बुद्धिदीप्त व्यक्ति कैसे ग्रहण कर सकता है?' यंग बंगाल के नौजवानों का मत था, 'जो बुद्धि से काम नहीं लेता, वह गुलाम है।' क्या भारत के प्राचीन दर्शन, लोकायत परंपरा और भक्ति साहित्य में तर्क करने की परंपरा नहीं है? इस देश में पहले भी पुराने विश्वासों पर संदेह व्यक्त किए गए थे। भारत में धार्मिक कुरीतियों, अंधविश्वासों और पाखंडों की आलोचना की एक दीर्घ परंपरा है।

बुद्धिवाद महज पश्चिमी देन न होकर, भारतीय परंपराओं से भी जुड़ा मामला है। नवजागरण के अग्रदूत यह समझते थे। राममोहन राय हों या महादेव गोविंद रानाडे, उन्होंने उपनिषद् को महत्व दिया था। दयानंद सरस्वती ने वेदों को महत्व दिया था। नवजागरण के आंदोलन में एक प्रेरणा गौतम बुद्ध थे।

भारतीय नवजागरण के भारतीय संपर्कों की उपेक्षा नहीं की जा सकती, पश्चिमी शिक्षा का भले ज्यादा असर हो।

रामविलास शर्मा ने भारतीय नवजागरण को निरंतरता में देखा है, जिसमें बाधाएं उत्पन्न हुईं और 'स्पीड ब्रेकर' आए। उन्होंने प्राचीन नवजागरण को ऋग्वैदिक काल की श्रम-संस्कृति से जुड़े विचारों के रूप में देखा। वेदों और उपनिषदों के बीच पुरोहितों के कर्मकांड का विस्तार करनेवाला ब्राह्मण ग्रंथों का काल आया था, यह विपर्यय था। वेद, ब्राह्मण ग्रंथ और उपनिषदों को एक ही परंपरा में देखने का विरोध करते हुए रामविलास शर्मा कहते हैं, 'सबको वैदिक साहित्य मान लेने से एक दीर्घ काल की विचारधारा के उतार-चढ़ाव का बोध नहीं होता था।' वे अपनी पुस्तक 'भारतीय नवजागरण और यूरोप' में भारत के प्राचीन साहित्य, ग्रीक दर्शन और यूरोपीय रिनेसां के बीच संबंध तलाशते हैं। इसका अर्थ है, प्राचीन भारत में भी जागरण के अलावा विपर्यय की दशाएं थीं। यूरोप में ग्रीक और रोमन सभ्यता के पतन के बाद 'अंधकार काल' (500-1500 ईसवी) माना जाता है, जिसमें गणतंत्र और बुद्धिवाद का बिल्कुल ध्वंस हो गया था तथा अराजकता और अंधविश्वास छा गए थे। आश्चर्यजनक नहीं है, यदि दुनिया भर में ऐसी दशाएं 21वीं सदी में भी पैदा हुईं और कूपमंडूकता लौटी। इस तरह जागरण और विपर्यय सार्वकालिक मामले हैं।

भारतीय नवजागरण को उत्प्रेरित करने में ऋग्वेद और उपनिषदों की एक बड़ी भूमिका रही है, लेकिन दोनों के बीच ब्राह्मण ग्रंथों ने कैसी प्रतिगामी भूमिका निभाई, इस पर मराठी नवजागरण के एक प्रमुख अग्रदूत महादेव गोविंद रानाडे के विचार हैं, 'यह बात समझ में नहीं आती कि ऋग्वेद की मंत्र संहिता की मूल पवित्रता ब्राह्मण ग्रंथों के युग में इतनी दूषित कैसे हो गई। ये ग्रंथ वेद की मंत्र-संहिता पर निरर्थक कर्मकांड थोपने के प्रयास मात्र हैं। वे अपने काम के लिए वेदों के कुछ अंश छांट लेते हैं और उनका उपयोग यजमान के उस जीवन के समर्थन के लिए करते हैं जो बहुत गौरवशाली नहीं है। दूसरी ओर, जहाँ-तहाँ कुछ अपवादों को छोड़कर उपनिषदों की भावना ब्राह्मण ग्रंथों के यज्ञ सिद्धांत की पूर्णतः विरोधी है।' (ए कंस्ट्रक्टिव सर्वे ऑफ उपनिषदिक फिलॉसफी)। 19वीं सदी के भारतीय नवजागरण में धार्मिक पाखंड

और कर्मकांड के विरोध की प्रेरणा कहाँ से हासिल की जा रही है, यह देखा जा सकता है।

भारतीय परंपराओं से संपर्क बनाते हुए राममोहन राय ने 'ईश्वर एक है' की धारणा का प्रचार करने के उद्देश्य से चार उपनिषद ग्रंथों (मंडूक, केन, कठ और ईशा) का अंग्रेजी और बांग्ला अनुवाद किया था। उनका उद्देश्य यूरोपीय और अपनी जातीय भाषा में बुनियादी भारतीय धारणाओं को रखना था। महादेव गोविंद रानाडे के विचार राममोहन राय की सोच को आगे बढ़ाते हैं। इस तरह भारतीय नवजागरण में बुद्धिवाद का पश्चिम के अलावा भारतीय संपर्क भी कायम होता है।

भारतीय नवजागरण बुद्धिवादी जागरूकता के अलावा राष्ट्रीय आत्मपहचान का संघर्ष भी है। यही वजह है कि वह पश्चिमी सभ्यता से संपर्क के अलावा जातीय अतीत से भी आलोचनात्मक संवाद है। पश्चिम या अतीत से उसका संबंध आलोचनात्मक है। आलोचनात्मकता की एक सीमा हो सकती है, पर यह जैसे भारतीय नवजागरण की केंद्रीय प्रवृत्ति है। उस युग में भारतीय अतीत के गौरव की तरफ दृष्टि जाती थी। यह यूरोपीय गुलामी के विरुद्ध एक स्वाभाविक राष्ट्रीय प्रतिक्रिया थी।

प्राचीन भारतीय अतीत से संवाद के दो मकसद थे—उसकी रोशनी में भेदभावपूर्ण सामंती तत्वों की आलोचना और उदार मानवीय तत्वों की पुनर्रचना। इसका अर्थ है आलोचनात्मक पुनर्रचना, इसे ध्यान में रखना चाहिए। यूरोपीय रिनेसां-चिंतकों की तरह भारत के सुधारकों की दृष्टि भी प्राचीन युगों के क्लासिकल साहित्य की तरफ गई थी। राममोहन राय से गांधी तक सभी ने क्लासिकल साहित्य के महत्व को समझा था। उन्होंने वेद, उपनिषद् या गीता में जो सारवान देखा, उसे चुना। उन्होंने सामान्यतः अतीत की आलोचनात्मक पुनर्रचना की, न अंध-आलोचना (सांस्कृतिक उच्छेदवाद) की और न अंध-पुनर्रचना (धार्मिक पुनरुत्थानवाद) की।

राममोहन राय ने मूर्तिपूजा, बलि तथा दूसरे कर्मकांडों का विरोध करते हुए कहा, 'वैदिक साहित्य से स्पष्ट है कि इन चीजों के बिना भी ईश्वर का ज्ञान पाया जा सकता है। ...सर्वशक्तिमान ईश्वर के प्रति विश्वास ही प्रत्येक धर्म का मूल सूत्र है।' (राममोहन रचनावली)। उन्होंने ईसाइयत से प्रभावित होते

हुए भी वेदांत कॉलेज की स्थापना की। इसके अलावा, उन्होंने वर्ण-व्यवस्था विरोधी 'बज्रसूची' नामक बौद्ध ग्रंथ का अनुवाद किया और स्पष्ट किया कि जातिवादी भेदभाव के कारण ही लोग देशप्रेम की भावना से दूर हैं।

पश्चिम और अतीत से क्या ग्रहण किया जाए और क्या छोड़ा जाए, नवजागरण के दौर में इसे लेकर एक विकासशील भारतीय विवेक बन रहा था। निश्चय ही किसी एक खास विवेक या दृष्टिकोण को अंतिम नहीं कहा जा सकता। आधुनिकीकरण की तरह परंपरा के प्रति दृष्टिकोण को लेकर भी नवजागरण के हर दौर की समझ को विकासशील अवस्था में मानना चाहिए।

नवजागरण कर्मियों में निश्चय ही अंतर्विरोध हो सकते हैं। सिर्फ शव में अंतर्विरोध नहीं होता। हर जीवित समाज में, जीवंत चेतना में अंतर्विरोध होता है। सिर्फ इस वजह से नवजागरण में हिंदू पुनरुत्थानवाद की प्रबलता देखना और उस जमाने के साहित्यकारों-चिंतकों के संदर्भ में 'भेड़िया आया-भेड़िया आया' चिल्लाना सांस्कृतिक आत्महनन है। यह सांस्कृतिक आत्महनन तब असहाय कर देता है, जब सचमुच भेड़िया आ जाता है!

राममोहन राय और भारतेंदु से लेकर रवींद्रनाथ और जयशंकर प्रसाद तक ने आधुनिक और राष्ट्रीय उद्देश्यों से अतीत को देखा। निश्चय ही यह पुनरुत्थानवाद न था। उपर्युक्त सांस्कृतिक पुनःसृजन पुनरुत्थानवाद में सिर्फ वहीं सीमित हुआ, जहां अतीत को लेकर महज दंभ और वर्तमान को लेकर महज शोक था और दृष्टि आलोचनात्मक नहीं थी।

धर्म क्षेत्रे-तर्क क्षेत्रे

19वीं सदी के नवजागरण-कर्मियों के सामने दो मुख्य चुनौतियां थीं —भारतीय परंपराओं के बारे में पश्चिमी दुष्प्रचारों का खंडन करना और हिंदू कूपमंडूकता का विरोध करना। नवजागरण-कर्मियों ने अपने समय की धार्मिक कुरीतियों और पाखंडों का ऐसा धार्मिक विकल्प देना चाहा जो अपनी परंपराओं से जुड़े भारतीय लोगों को स्वीकार्य हो। वे देश की धार्मिक जनता को नास्तिक नहीं बना सकते थे। कई सुधारक मूर्तिपूजा नहीं मानते थे, पर वे नास्तिक न थे। वे हिंदुओं के दिमाग में इतनी बुद्धिपरकता विकसित कर देना चाहते थे कि

लोग धार्मिक अंधविश्वास और भेदभाव से ऊपर उठकर 'प्रेम भाव' से साथ रहें, 'ईश्वर की एकता' में विश्वास करें और 'अपने उस नैतिक आधार को पुनर्गठित करें जिसे खोकर वे वस्तुतः जीवन की अच्छी चीजों के बारे में कभी सोच ही नहीं पाएंगे।' (राममोहन रचनावली)।

धर्म के संदर्भ में नवजागरण का मुख्य एजेंडा उसकी रूढ़ियों, अंधविश्वासों और कट्टरता का विरोध है। उसका लक्ष्य मनुष्य को धार्मिक सत्ता के कठोर नियंत्रण, सामाजिक कुप्रथाओं और वर्ण व्यवस्था के अत्याचारों से छुटकारा दिलाना है, ताकि मनुष्य स्वतंत्रता, भाईचारा और अपने युग की आधुनिकताओं के साथ जी सके। वह मोक्ष की चिंता छोड़ कर भौतिक जीवन के महत्व को समझे। भारत जैसे धार्मिक दृष्टि से संवेदनशील देश में धर्म का पूर्ण विरोध नवजागरण का मुख्य मकसद नहीं हो सकता था।

नवजागरण काल के धार्मिक रुझानवाले व्यक्तित्व ऐसे थे, जो अंतर्विरोधों से भरे होकर भी सामाजिक सुधार में जी-जान से लगे रहते थे। वे स्त्रियों और दलितों के आत्मसम्मान के लिए लड़ रहे थे। वे राष्ट्रीय गौरवबोध से भरे थे, पर कठमुल्ले न थे। कहना न होगा कि 19वीं सदी में जब नवजागरण का सूर्योदय हुआ, समाज सुधारकों को सबसे पहले धार्मिक कठमुल्लों से निपटना पड़ा। समाज सुधारक बुद्धिवाद की ओर बढ़ते हुए धर्म को छोड़ नहीं सकते थे, क्योंकि वे जनता से कट जाते। हम देखते हैं कि सामाजिक बुराइयों से लड़ते हुए वे बार-बार धार्मिक पाखंडों की भी आलोचना करते थे। वे भारतीय अतीत में जाते हों, पर उनका बुनियादी लक्ष्य था समाज को प्रगति की तरफ ले जाना। उनका लक्ष्य जनता को धर्मविहीन करना न था, क्योंकि यह उनकी ऐतिहासिक ताकत के बाहर था। जब 21वीं सदी में जनता धर्मविहीन नहीं है, हम 19वीं सदी के लोगों से यह मांग कैसे कर सकते हैं? नवजागरण-कर्मी सामाजिक विकास की सीमाओं में रहते हुए धार्मिक सुधार करके ही धर्म को बुद्धिसम्मत बना सकते थे।

हम भारतेंदु हरिश्चंद्र में देखते हैं कि वे वेदांत की जगह पौराणिक हिंदू परंपरा से प्रेरणा लेते हैं। वे राधा-कृष्ण के आराधक थे। राममोहन राय और दयानंद सरस्वती के विपरीत वे मूर्ति पूजा के समर्थक थे। गौर करने की बात है

कि वे 'कविवचनसुधा' में कबीर और जायसी की रचनाएं भी छापते हैं। उन पर पर्याप्त सूफी रंग चढ़ा रहा है। यह भारतेंदु हैं जिन्होंने 'कुरान शरीफ' का अनुवाद शुरू किया और पैगंबर साहब की जीवनी लिखी। उन्होंने स्पष्ट कहा, 'झूठा झगड़ा, झूठा टंटा, झूठा सभी गरूर'। उन्होंने अपने बलिया वाले भाषण में हिंदू-मुसलमान एकता की बात कही। एक हिंदू लेखक के इतने आयामों को देखते हुए नहीं कहा जा सकता कि वह पुनरुत्थानवादी या हिंदुत्ववादी है। वस्तुतः उदारवाद नवजागरण की एक प्रमुख कसौटी है। वे सभी लोग लिबरल थे।

भारतेंदु आधुनिक शिक्षा, उद्योगीकरण, वैज्ञानिक प्रगति और समाज सुधार का महत्व बताते हुए यदि क्लासिकल साहित्य पढ़ने की जरूरत और इसके साथ-साथ अपनी मातृभाषा में शिक्षा, अपनी भाषा की उन्नति की जरूरत बता रहे थे तो यह राष्ट्रीय जागरण का चिह्न है और एक प्रगतिशील चिह्न है।

नवजागरण के अग्रदूतों के संदर्भ में ऐसे सवाल उठाए गए हैं कि वे सिर्फ हिंदू नागरिक वृत्त को संबोधित करके रह जाते हैं। हिंदू सुधारक निश्चय ही ऐसा करते हैं, क्योंकि अपने-अपने धार्मिक नागरिक-वृत्त में ही सुधार आंदोलन संभव थे। यह भी देखने की जरूरत है कि इन आंदोलनों ने सामाजिक गतिशीलता लाकर एक सामान्य राजनीतिक स्पेस पैदा किया। उनकी वजह से अंग्रेजी राज के खिलाफ राष्ट्रीय जागरण एक लोकोन्मुख, धर्मनिरपेक्ष और बहुआयामी मामला बना। वे सुधारक निश्चय ही पूर्ण व्यक्तित्व नहीं थे। उनके काम अधूरे रह गए। लेकिन इतिहास कभी पूर्ण व्यक्तित्व का इंतजार नहीं करता। वह अपूर्ण व्यक्तित्वों के हाथों ही गढ़ा जाता रहा है और खुद हमेशा अधूरा रहा है। उसमें दबी आवाजें और खाइयां होती हैं, लेकिन देखना होगा कि इनके लिए उपनिवेशवाद कितना जिम्मेदार है।

भारतीय नवजागरण के अग्रदूत किसी न किसी रूप में प्राचीन अतीत से 'इंटरैक्शन' करते थे। फिर भी उनकी पुनरुत्थान-चेतना को 'फंडामेंट लिज्म' नहीं कहा जा सकता। उनके परिप्रेक्ष्य में केवल प्राचीन तत्व नहीं थे, अपने समय और भविष्य को लेकर एक विकासशील दृष्टि भी थी। उनकी पुनरुत्थान-चेतना आमतौर पर धर्म के उच्च आशय से जुड़ने के लिए थी,

धार्मिक कूपमंडूकता के लिए नहीं थी। हम यह रामकृष्ण परमहंस, विवेकानंद, श्री अरविंद जैसे धार्मिक व्यक्तियों के विचारों में लक्षित कर सकते हैं। उनकी पुनरुत्थान-चेतना में एक खुलापन था, तर्क के लिए 'स्पेस' था।

ऐसे मत भी आए हैं कि 20वीं सदी के उत्तरार्ध में जो पुनरुत्थानवाद आया, उसके बीज नवजागरणकालीन पुनरुत्थान में थे। ऐसे मतों से सहमत होना कठिन है। 19वीं सदी का भारतीय पुनरुत्थान उपनिवेशवाद-विरोध का हिस्सा था। वह नवजागरण का एक साधन था, लक्ष्य नहीं था। वह राष्ट्रीय जागरण तथा आत्मपहचान के संघर्ष को वरीयता देते हुए भी आमतौर पर सामाजिक सुधारों से जुड़ा था और भविष्योन्मुख था—ज्ञान-विज्ञान की ओर उन्मुख था।

बुद्धि के सामाजिक धमाके

भारतीय नवजागरण ने पश्चिमी ज्ञान से बहुत कुछ लेते हुए तर्क, संदेह और आलोचना की प्राचीन भारतीय परंपराओं को व्यापक जमीन दी। समाज सुधार के दौरान प्राचीन संस्कृत ग्रंथों से हवाले दिए जाते थे। उनसे उदाहरण लेकर सामाजिक कुप्रथाओं पर चोट की गई थी। उस दौर की केंद्रीय आवाज़ थी—सोचो, हर चीज पर संदेह करो और तर्क, बुद्धि और विज्ञान की कसौटी पर कसे बिना कुछ भी स्वीकार न करो। मनुष्य के मन में नए प्रश्न जन्म लेने लगे थे। बहसें होने लगी थीं। 19वीं सदी में सामाजिक सुधार के लिए ब्रह्म समाज, सत्यशोधक समाज, आर्य समाज, प्रार्थना समाज, वेद समाज, थियोसोफिकल सोसाइटी, नारायण धर्म परिपालन योगम (1903) जैसे संगठन बनने लगे थे। देश के सांस्कृतिक इतिहास में ये नई घटनाएं थीं। उच्च शिक्षित वर्गों से शुरू हुआ सुधारवाद अपने राष्ट्रीय तत्वों के साथ निचले वर्गों की लोकभूमि तक पहुंच रहा था।

नवजागरणकालीन बुद्धिजीवियों के लिए वह न एकांत चिंतन का दौर था और न यूरोपीय विचारों-वस्तुओं के बीच पूरी तरह आत्मविसर्जन का। हम नवजागरण के लोगों को कदम-कदम पर स्वतंत्र मत व्यक्त करते, एक-दूसरे से तर्क करते और वैचारिक मुठभेड़ करते हुए ही नहीं पाते, सक्रिय होकर सामाजिक संगठन बनाते हुए भी देखते हैं। इसके अलावा, साहित्य के संसार

में दरबारी, शृंगारिक और अलंकृत शैलियों से बाहर आकर अपनी जातीय भाषा को राष्ट्रीय-आधुनिक तत्वों से समृद्ध करने के प्रयास भी देखते हैं। जो चीज ज्यादा आकर्षित करती है, वह है सभी चिंतकों और लेखकों का अपने-अपने तरीके से सामाजिक-सांस्कृतिक सुधार में उतरना, अर्थात—बहुआयामी सक्रियता। वे घर में बैठे-बैठे व्हाट्सऐप के कुएं में क्रांति लानेवाले लोग नहीं थे। वे कोई विचार हवा में छोड़कर घर में घुसे नहीं रहते थे। वे राजनीतिक दास भी नहीं थे। वे सामूहिक हस्ताक्षर अभियान चलाते थे, सरकार को मांग पत्र देते थे और सड़क पर सभाएं करते थे। वे शिक्षण-संस्थान खोलते थे, पत्र-पत्रिकाएं निकालते थे। उस युग के चिंतक, लेखक और सुधारक 'जड़ पुरातन' की जगह ऐसा 'नवीन' लाने के लिए बेचैन थे जो समाज को गति दे। वे सामाजिक बुराइयों की निर्मम आलोचना करते थे। वे शब्द और समय के महत्व को समझते थे। उनके मन में भय नहीं था।

अब सैकड़ों साल की सामाजिक कुप्रथाओं के टूटने का पक्का वक्त मानो आ गया था। यह बुद्धिमत्ता के, विवेक के धमाके का युग था। भूलना नहीं चाहिए कि निरंकुश राजाओं-बादशाहों के लंबे दमनमूलक शासन से गुजरने के बाद एक लगभग वैसे ही क्रूर औपनिवेशिक शासन में, बिना उद्योगीकरण के भी कला, साहित्य, संस्कृति, शिक्षा, देशप्रेम और सामाजिक चेतना में जो गतिशीलता आई, वह भारत जैसे विशाल देश में अधूरी होते हुए भी अर्थवान थी। उसके असर से पूरे देश की सोच, उसकी अतंरात्मा नई करवट ले रही थी।

औपनिवेशिक चालबाजियां और ओरियंटलिज्म

भारतीय नवजागरण पर होनेवाली कई चर्चाओं में धर्म, जाति और नस्ल के प्रश्नों पर उन औपनिवेशिक चालाकियों पर विचार नहीं किया जाता, जिनका बुरा असर नवजागरण पर पड़ा था। इस तरह ऐतिहासिक स्थितियों में न देख कर उसे हाल के अंध-राष्ट्रवाद का स्रोत मान लिया जाता है और अपने दोषों से हाथ झाड़ लिया जाता है।

उपनिवेशकों ने अंग्रेजी शिक्षा, ईसाइयत और पश्चिमी सभ्यता का तेजी से प्रचार ही नहीं किया था, वे अपने प्राच्यवाद (ओरियंटलिज्म) के जरिए भारत

के आत्मज्ञान को ही रूपांतरित कर रहे थे। मैकाले के इस कथन से अंग्रेजी शिक्षा के प्रचार का उद्देश्य समझ में आ सकता है, 'कोई भी हिंदू ऐसा नहीं है जिसने अंग्रेजी पढ़कर अपने धर्म से सच्चा लगाव रखा हो। मेरा विश्वास है कि यदि मेरी शिक्षा नीति सफल हो जाती है तो तीस वर्ष के भीतर बंगाल के भद्र घरानों में एक भी हिंदू नहीं रह जाएगा। यह सब कुछ बिना धर्म प्रचार के किंचित भी हस्तक्षेप से दूर रहकर केवल स्वाभाविक ढंग से ज्ञान और विचारों के प्रसार से हो जाएगा।' (पिता को पत्र, 1836)। गौर करने की चीज है कि अंग्रेजी राज में आधुनिकीकरण की प्रक्रिया बिना आर्थिक-औद्योगिक विकास के चल रही थी।

चार्ल्स ट्रैवेलियन के संसदीय कमेटी के सामने दिए गए इस वक्तव्य (1853) से भी समझा जा सकता है कि एक खास दौर में भारतीय नवजागरण पर उपनिवेशवाद का कितना ज्यादा असर था, 'अंग्रेजी साहित्य का प्रभाव अंग्रेजी राज के लिए हितकर हुए बिना नहीं रह सकता। जो भारतीय युवक हमारे साहित्य द्वारा हमसे परिचित हो जाते हैं, वे हमें विदेशी समझना बंद कर देते हैं। भारतीय राष्ट्र के विचारों को दूसरी तरफ मोड़ने का केवल एक ही उपाय है कि उनके अंदर पश्चिमी विचार पैदा कर दिए जाएं। हम भारतवासियों को यूरोपीय ढंग की उन्नति में लगा दें। इससे भारत पर अपना साम्राज्य कायम रखना लंबे काल के लिए असंदिग्ध हो जाएगा। शिक्षित भारतवासी स्वभावतः हमसे चिपके रहेंगे। पाश्चात्य शिक्षा पाए हुए युवक स्वाधीनता के प्रयत्न करना बंद कर देते हैं।' (भारत में अंग्रेजी राज, सुंदरलाल)। हम जानते हैं कि एक दौर में यही घटित हुआ। उपर्युक्त विचार की रोशनी में समझा जा सकता है कि राष्ट्रीय जागरण और राष्ट्रवाद के आरंभिक संरक्षणशील उभारों में पाश्चात्य सभ्यता का विरोध और धार्मिक झुकाव क्यों थे।

अंग्रेजों ने अपने उपनिवेश में धन-हरण के अलावा इसे सामाजिक दृष्टि से विभाजित करने के उद्देश्य से 1776 में हिंदू कोड और 1781 में इस्लामी कोड बनाया। वारेन हेस्टिंग्स ने अंग्रेजी शासन की सुरक्षा के लिए ब्राह्मणों की सामाजिक शक्ति में इजाफा किया जिससे वर्ण व्यवस्था में कठोरता आई। हिंदू कोड ने सती प्रथा, बहुविवाह, बाल विवाह आदि को कानूनी मान्यता दी और

विधवा विवाह का निषेध किया। 1780 में 'कलकत्ता मदरसा' की स्थापना में सहायता दी गई, जिसका उद्देश्य मुसलमानों को संतुष्ट करना था। 1791 में बनारस में संस्कृत कॉलेज खोला गया, क्योंकि 'इससे हमारी सरकार की हिंदुओं में लोकप्रियता बढ़ेगी।' (जोनाथन डंकन)। यह धारणा गलत है कि अंग्रेजी राज भारतीय समाज को सेकुलर ढांचा देना चाहता था। मैकाले के प्रयास से अंग्रेजी और पश्चिमी ढंग के आधुनिकीकरण की जो नई औपनिवेशिक योजना बनी, उसमें भी 'सेकुलरिज्म' पर कोई जोर न था।

एक ब्रिटिश मेजर जनरल थे जॉन मेलकम (1769-1833), जो गुजरात में सहजानंद स्वामी से मिले थे। उन्होंने ब्रिटिश पार्लियामेंट की जांच कमेटी के सामने कहा, 'इस समय हमारा साम्राज्य इतनी दूर तक फैला है कि जो असाधारण ढंग की हुकूमत हमने उस देश में कायम की है, इसके बने रहने के लिए केवल एक बात का हमें सहारा है, वह यह कि जो बड़ी-बड़ी जातियां इस समय अंग्रेज सरकार के अधीन हैं वे सब एक-दूसरे से अलग हैं और जातियों में भी फिर अनेक जातियां और उपजातियां हैं। जब तक ये लोग एक-दूसरे से बँटे रहेंगे, तब तक कोई भी बलवा हमारी सत्ता को नहीं हिला सकता।' (भारत में अंग्रेजी राज)। यहां जाति, उपजाति, जातीयता आदि विभाजनों का उल्लेख है।

भारतीय नवजागरण का लक्ष्य धर्म, जाति, जातीयता और पुराजातीयता के आधार पर विभाजनों को मिटाना था, भेदभावों को खत्म करना था। अंग्रेजी राज इन्हें बनाए रखने में लगा हुआ था। वह भाषा (उर्दू-हिंदी) और नस्ल (आर्य-द्रविड़) के आधार पर भी तरह-तरह से शत्रुता बढ़ा रहा था। पहले जाति प्रथा को ईसाई धर्म प्रचार में बाधक के रूप में देखा जाता था। बाद में अंग्रेजों ने इसे ही अपना मजबूत औपनिवेशिक हथियार बना लिया। उन्होंने 1871, 1881 और 1891 में जो जनसर्वेक्षण कराए, उनमें जाति (कास्ट) के मुद्दों को अहम बना दिया गया। यह जाति का औपनिवेशिक आधुनिकीकरण था। इसका असर यह हुआ कि अब लोग तेजी से अपने जाति-सूचक नाम रखने शुरू कर दिए। जाति-संगठन बनने लगे। कई जाति-आधारित पत्र निकलने लगे, जैसे कायस्थ समाचार (1878), क्षत्रिय पत्रिका (1881), गुर्जर समाचार (1887),

ब्राह्मण समाचार (1890), कायस्थ पंच (1890), वैश्य हितकारी (1895) आदि। यह अंग्रेजों द्वारा कराए जा रहे कूटनीतिक जनसर्वेक्षण का असर था। इससे भारतीय समाज में श्रेष्ठता दंभ, हम-वे और ऊंच-नीच की भावना मजबूत हुई, नई दूरियां पैदा हुईं। इन सबकी वजह से सामाजिक समरसता में गत्यावरोध पैदा हुआ।

अंग्रेजी राज में धर्म के आधार पर औपनिवेशिक कारीगरी कम दूरदर्शितापूर्ण नहीं थी। एक दौर था, जब अंग्रेज शासक मुसलमानों को निकट समझते थे और मुगलों की रईसी की नकल करते थे। कुछ अंग्रेजों ने देखादेखी अपने हरम बनाए। 1857 के बाद वे मुसलमानों के प्रति संदेह से भर गए। उन्होंने इस संग्राम में सामने आई हिंदू-मुस्लिम एकता को तोड़ने के तरह-तरह के उपाय किए, जिनमें एक है उर्दू-हिंदी विवाद को उकसाना। सैयद अहमद खां का कांग्रेस से बाहर रहना एक तरह से अंग्रेजों की औपनिवेशिक कारीगरी की सफलता है। इसका अगला चरण है जिन्ना को समानांतर खड़ा करना। इस विषय पर कई अध्ययन सामने आए हैं जिनसे खुलासा होता है कि मुस्लिम समाज में नवजागरण अंततः पनप न सका। खुद सैयद अहमद खां ने रुख बदलकर धार्मिक सुधारों पर सामान्य चर्चा भी बंद कर दी। उल्लेखनीय है कि उनके औपनिवेशिक आधुनिकीकरण की प्रतिक्रिया में कट्टर इस्लामी संरक्षणवाद उभरा।

भारत के सामाजिक विभाजन की औपनिवेशिक कारीगरी अध्ययन का एक रोचक विषय है, लेकिन इस तरफ बुद्धिजीवियों ने कम ध्यान दिया है। इसकी वजह यह है कि जो औपनिवेशिक थे, वे लंबे समय तक बौद्धिक सहयात्री भी थे। यूरोपीय चिंतक भारत को 'प्राच्य' (पूर्व) कहते थे और चाहते थे कि यह देश अपने बारे में सिर्फ वही जाने जो वे प्राच्यवाद के तहत बताते हैं। कहना न होगा कि प्राच्यवादी लेखन में यूरोपीय श्रेष्ठता-दंभ का औपनिवेशिक दमन से चोली-दामन का संबंध है।

एडवर्ड सईद ने ज्ञान और सत्ता के संबंध को खोलते हुए बताया है, 'प्राच्य का प्राच्यीकरण केवल इसलिए ही नहीं हुआ कि इसे प्राच्य के रूप में खोजा गया था ...बल्कि इसलिए भी हुआ कि यह संभव था कि अधीन

बनाकर प्राच्य निर्मित किया जा सकता था। ...यदि हम 19वीं और 20वीं सदी के प्राच्यविदों का लेखा-जोखा तैयार करें तो हमें मालूम हो जाएगा कि प्राच्यवाद कितनी बेरहमी से प्राच्य को अलग-अलग खानों में बाँट रहा था।' (ओरियंटलिज्म)। भारतीय नवजागरण की कई धारणाओं पर उस ओरियंट लिज्म का असर है जो औपनिवेशिक चालाकियों का हिस्सा रहा है। जाहिर है कि पश्चिम जब एक बौद्धिक सहयात्री के रूप में है, भारत के नवजागरण-संबंधी अध्ययनों पर ओरियंटलिज्म का असर पड़ना स्वाभाविक है। उल्लेखनीय है कि पहले ही नहीं इन दिनों भी वे भारतीय लेखक ही देश में प्रतिष्ठित होते हैं या अंतरराष्ट्रीय ख्याति के माने जाते हैं जो पुराने या नए ओरियंटलिस्टों की भाषा में बोलते हैं।

काफी पहले रामचंद्र शुक्ल ने ओरियंटलिज्म या प्राच्यवाद की विशिष्ट शब्दावली का प्रयोग न करते हुए भी 'यूरोप के अत्युक्त मत', 'उनकी वाणी', 'यूरोप ने कहा' जैसी सामान्य शब्दावलियों का इस्तेमाल किया था। वे चिंता व्यक्त करते हैं, 'विदेशी लोग जैसा हमें बताएंगे, वैसा ही अपने को मानकर हम उसके प्रमाण उनके सामने रखेंगे।' (काव्य में रहस्यवाद)। रामचंद्र शुक्ल और रामविलास शर्मा हिंदी के दो ऐसे आलोचक हैं जिन्होंने प्राच्यवाद का विरोध किया, लेकिन परंपरा का पुनर्मूल्यांकन करते हुए संरक्षणवाद का महिमामंडन नहीं किया, जिस तरह एडवर्ड सईद ने आगे चलकर मुस्लिम संरक्षणवाद का किया।

रामचंद्र शुक्ल आधुनिक काल में हिंदी गद्य के प्रादुर्भाव को रेखांकित करते हुए प्राच्यवाद-विरोधी दृष्टिकोण से भारतेंदु युग के बारे में बताते हैं, 'सबसे महत्वपूर्ण बात यह है कि उन पुराने लेखकों के हृदय का मार्मिक संबंध भारतीय जीवन के विविध रूपों के साथ पूरा-पूरा बना था। ...विदेशी अंधड़ों ने उनकी आँखों में इतनी धूल नहीं झोंकी थी कि अपने देश के रूप-रंग उन्हें सुझाई ही न पड़ते। काल की गति वे देखते थे, सुधार के मार्ग भी उन्हें सूझते थे, पर पश्चिम की एक-एक बात के अभिनय को ही वे उन्नति का पर्याय नहीं समझते थे। प्राचीन और नवीन के संधिस्थल पर खड़े होकर वे दोनों का जोड़ इस प्रकार मिलाना चाहते थे कि नवीन प्राचीन का प्रवर्धित रूप प्रतीत हो,

न कि ऊपर से लपेटी हुई वस्तु।' (हिंदी साहित्य का इतिहास)। आचार्य शुक्ल नवजागरण के मुहावरे का उपयोग न करते हुए भी भारतीय जनमानस के डि-कोलोनाइजेशन का मुद्दा उठाते हैं। कहना न होगा कि रामविलास शर्मा 'भारत में अंग्रेजी राज और मार्क्सवाद' में तथ्य देकर प्राच्यवाद का विरोध ज्यादा विस्तार से करते हैं।

भारत के लोगों के लिए औपनिवेशिक शासन राजनीतिक-आर्थिक के साथ-साथ एक सांस्कृतिक आघात भी था। फिर भी वे 19वीं सदी में भारतीय राष्ट्र की मुक्ति के बारे में सोचना शुरू कर चुके थे। दुर्भाग्यजनक यह है कि उन्हें कुछेक बार सुधारवाद के परिसर के बाहर निकलना पड़ा और संरक्षणवाद उनकी प्रेरणा बन गया। फिर भी लोगों के मन में यह प्रश्न पैदा हो चुका था—अंग्रेज सभ्यता के दूत हैं या लुटेरे? 20वीं सदी में कई भारतीय बुद्धिजीवियों को वे 'सभ्यता के दूत' दिखाई पड़ रहे थे। 19वीं सदी में बंगाल के माइकेल मधुसूदन दत्त से लेकर 20वीं सदी में नीरद चौधरी (एन ऑटोबायोग्राफी ऑफ एन अननोन इंडियन) आदि तक यह दृश्य है।

बांग्ला नवजागरण के अध्येता मोहितलाल मजुमदार के इस कथन को भी उदाहरण बनाया जा सकता है, '19वीं सदी में भारत के राजनीतिक राष्ट्रवाद का उत्थान पश्चिम के प्रभाव का परिणाम था। यह स्वाभाविक ही है क्योंकि भारत में जितने राष्ट्रवादी हुए उन सबकी शिक्षा पश्चिम में हुई थी। ...यहाँ तक कि एक राजनीतिक अवधारणा के रूप में भारत की अवधारणा भी अंग्रेजी राज का ही परिणाम थी।' (भारतीय नवजागरण और पुनरुत्थानवादी चेतना)। पश्चिम में जाकर शिक्षा लेने भर से सभी पश्चिमी नहीं हो गए, इसका एक बड़ा उदाहरण गांधी हैं। दरअसल भारत के कई अंग्रेजी दां बुद्धिजीवी उपर्युक्त लाइन पर ही सोच रहे थे। वे इस तथ्य से इनकार करते हैं कि भारत की अवधारणा पहले थी और 19वीं सदी में इस अवधारणा के राष्ट्रीय पुनर्गठन में वस्तुतः अंग्रेजी राज से राजनीतिक-बौद्धिक टकराहटों की एक बड़ी महत्वपूर्ण भूमिका थी।

आधुनिक युग के कई बुद्धिजीवियों की एक बड़ी विडंबना हिंदू परंपराओं को विविधता और विकास में न देखना है और इन परंपराओं के प्रति

अभिजात शर्म से भरे होना है। इस प्रवृत्ति ने उदार हिंदू परंपराओं को भी अंध-राष्ट्रवाद के हवाले कर दिया। अतः जरूरत महसूस हो सकती है कि नवजागरण की विभिन्न अंतर्धाराओं की मानवतावादी राष्ट्रीय विशिष्टताओं को फिर से समझा जाए।

नवजागरण के अध्ययन में सावधानियां

भारतीय नवजागरण का अध्ययन करते समय कई सावधानियाँ जरूरी हैं। प्रमुख सावधानी यह बरतनी है कि बौद्धिक उपनिवेशवाद से मुक्त होकर नवजागरण काल की औपनिवेशिक रणनीतियों को समझा जाए। यह भी ध्यान में रखना होगा कि भारतीय नवजागरण का आरंभ से लेकर अंतिम मोड़ तक न एक स्तर है और न वह एक ही धारा या मॉडल में सीमाबद्ध है। उसमें भारतीय समाज की बहुलता प्रतिबिंबित हुई है।

एक तरह से, अपनी इंद्रधनुषी विविधता के साथ भारतीय नवजागरण का केंद्रीय अवदान आलोचनात्मक अंतर्दृष्टि का विकास करते हुए धर्मनिरपेक्ष राष्ट्रीय जागरण है। इसके अंतर्गत स्त्री, दलित और वंचित वर्गों की मुक्ति की आवाजें भी हैं जिनकी उपेक्षा नहीं की जा सकती। दरअसल एक धर्मनिरपेक्ष राष्ट्रीय उभार के ढांचे में ही 'भारत की प्रकृति' और 'भारत की पहचान' की सुरक्षा ही नहीं, 'वंचितों की वास्तविक मुक्ति' भी संभव है। निश्चय ही विच्छिन्नता में कुछ भी जो 'अच्छा' है वह असंभव है।

हम जानते हैं कि सैकड़ों साल से भारत की आत्मा के निर्माता शासक वर्गों के लोग नहीं रहे हैं, बल्कि वैसे ही रचनाकार, चिंतक, बुद्धिजीवी और लेखक रहे हैं जैसे 19वीं सदी और 20वीं सदी के पूर्वार्ध में थे। क्षमतावान शासकों ने सत्ता की लड़ाई में भारत की आत्मा को तरह-तरह से विकृत किया है, तोड़ा है। आज हम भारत को टुकड़े-टुकड़े में, एक 'फ्रैग्मेंटेड सोल' के रूप में देख रहे हैं। इसलिए भारतीय नवजागरण के दौर में विविध तरह से भारत की जो खोज हुई, राष्ट्र और हाशिया के बीच जो संवाद हुआ और एक खुली वैश्विक दृष्टि के साथ समावेशी राष्ट्रीयता की नींव डाली गई, उन सब घटनाओं का पुनरावलोकन जरूरी है।

यह समस्या हमेशा रही है कि भारत के विभिन्न प्रांतों में घटित नवजागरण की आवाजों और विद्रोहों को किस दृष्टि से देखा जाए। उन्हें यूरोपकेंद्रिक सोच से प्रभावित होकर प्रतिस्पर्धी राष्ट्रीयताओं के रूप में देखा जाए, परस्पर विच्छिन्न आवाजों या उप-संस्कृतियों के रूप में देखा जाए या भारतीय राष्ट्रीयता, भारतीय पुनर्निर्माण और एक महान देश भारत की समावेशी मानवीय खोज के रूप में देखा जाए? उस युग के जातीय या सामुदायिक आत्मपहचान के संघर्ष को 'राष्ट्र के विकल्प' के रूप में देखा जाए या 'राष्ट्र के सहयात्री' के रूप में? निश्चय ही भारत जैसे देश में विशिष्टता और अखंडता के बीच अंतर्विरोध नहीं हो सकता। फिर भी कइयों की बौद्धिक-सांस्कृतिक यात्रा तंग और बंद गलियों में अटक गई और राष्ट्र देशी-विदेशी बड़ी आर्थिक ताकतों का क्रीड़ांगन बन गया।

आज समूची दुनिया विभिन्न किस्म की कट्टरताओं और भेदभावों में फिर जा फँसी है। इस देश में संकीर्ण बातों, यहां तक कि अपशब्दों पर जनता की तालियां बजती हैं। मिथ्या प्रलाप का जैसे एक ताकतवर प्रवाह है। अ-विज्ञान ही विज्ञान है। अब ज्ञान शक्ति नहीं है। हर युग में धर्मांध लोग रहे हैं, जातिवादी भी रहे हैं। लेकिन वर्तमान युग में संगठित ढंग से हिंसक धर्मांधता बढ़ाई जाती है। जातिवाद और प्रांतीयतावाद के बाहर जैसे अब कुछ नहीं बचा है! सिर्फ धार्मिक आस्था ही नहीं, खाने-पीने से लेकर पोशाक, बोलने-चलने-फिरने तक भिन्नता की लक्ष्मण रेखाएं खींची गई हैं। आम नागरिकों के लिए इस युग के भेदभाव, हिंसा और संवेदनहीनता का सामना करना कठिन होता जा रहा है। कट्टरतावाद ने अपनी पसंद का मानवीय गरिमा से भरपूर शांतिपूर्ण जीवन चुनना मुश्किल कर दिया है। एक खास तरह की आर्थिक लूट अलग से जारी है। हमारा देश 'आर्थिक उदारीकरण-सामाजिक अनुदारता' का शिकार है।

ऐसे वक्त में 19वीं सदी के दूसरे दशक से शुरू हुए भारतीय नवजागरण और उसकी विविधता की समावेशी आलोचनात्मक व्याख्या जरूरी हो गई है। वह एक बौद्धिक उथल-पुथल की सदी थी। हर तरफ तर्क का बोलबाला था और बहसें थीं। नवजागरण ने सैकड़ों साल की धार्मिक कूपमंडूकता, भेदभाव और असहिष्णुता की जड़ें खोदनी शुरू कर दीं थी। उस दौर में समाज की

कुप्रथाओं, अंध-विश्वासों और भेदभावों को राष्ट्रीय जागरण में बाधक माना जा रहा था। पत्र-पत्रिकाओं के जरिए शालीनता के साथ नए विचारों का प्रचार हो रहा था। कहीं अपशब्द न थे। उस युग के नए बौद्धिक सफर को देखते हुए उसे सांस्कृतिक सुधार का युग कहा जाता है। अंग्रेजी राज के औपनिवेशिक अवरोधों के बावजूद वह ऐसा समय था, जब आधुनिकता के औपनिवेशिक और राष्ट्रीय दोनों किस्म के महाख्यान जन्म ले रहे थे। वह जमाना सभ्यताओं के टकराव का न होकर सभ्यताओं के आत्मनिरीक्षण और संवाद का था।

आज जब हम साहित्य, इतिहास और विज्ञान से दूर होते जा रहे हैं और हमारा समय उपभोक्तावादी और कट्टरवादी विभीषिकाओं से जकड़ा है, 19वीं सदी का नवजागरण अपने अंतर्विरोधों के बावजूद एक आलोकस्तंभ के रूप में दिखता है। भारत ने एक बड़ा मन लेकर अपना नया सफर शुरू किया था। कहना होगा कि वह सफर असमाप्त है, अभी पूरा होना बाकी है।

बांग्ला नवजागरण की लहरें

बांग्ला नवजागरण भारतीय जीवन और संस्कृति की एक बड़ी घटना है। इसका असर पूरे देश पर न सिर्फ पड़ा, बल्कि नव-शिक्षित लोगों ने एक नई सभ्यता का अनुभव करना शुरू किया। 19वीं सदी के बांग्ला इतिहासकारों और दूसरे लेखकों ने आमतौर पर इस घटना को अंधकार से प्रकाश में आना कहा है। यह धारणा बनाई गई कि मध्ययुग का अंत हुआ और आधुनिक युग की शुरुआत हुई। अंग्रेजों ने स्वाभाविक रूप से यही जताया कि भारत में नवजागरण 'ह्वाइट मेन्स बर्डेन' है। वे भारत में सभ्यता ला रहे हैं, सिर्फ शासन नहीं कर रहे हैं।

अंग्रेजों ने यूरोपीय देशों के मध्ययुग की तरह इस देश में भी अंधकार युग की कल्पना की थी और प्रचारित किया गया था कि अंग्रेजी राज इस देश को अशिक्षा, सामाजिक कुप्रथाओं, विश्रृंखलता और यहां की हिंदू प्रजा को अत्याचारी मुस्लिम शासन से मुक्त करने के लिए है। इस राज में स्थायी भूमि बंदोबस्त से कई संपन्न बंगालियों को जमींदार बनने का अवसर मिला। विदेशी वस्तुओं के व्यापार के लिए परिवेश तैयार हुआ। अधिक व्यक्तियों को दीवान, मुंशी, सरकारी कर्मचारी होने का अवसर मिला। कुछ खास वर्गों की उन्नति होने लगी। लोग देख रहे थे कि इस राज में सती प्रथा, गंगासागर में जीवित संतान का विसर्जन जैसी कुप्रथाओं का अंत हुआ है। चोरी-डकैती कम हुई है। सड़कें-रेलगाड़ी, भाप के इंजिन आदि के कारण यातायात और व्यापार की सुविधाएं बढ़ी हैं। स्कूल-कॉलेज खुले हैं। अदालतें चल रही हैं, जहां अलग तरीके से न्याय होता है। इन सबके साथ यह भी लग रहा था कि शांति है।

समाज सुधार के साथ बांग्ला भाषा और साहित्य की उन्नति हो रही है। इन घटनाओं के बीच यह धारणा निर्मित करना आसान हो जाता है कि आधुनिक युग अंग्रेजी राज की देन है।

राजा राममोहन राय (1774-1833) ने कहा था, 'ईश्वर ने असीम दया करके दमन के शिकार बंगाल के लोगों को अत्याचारों के जुए से मुक्त करने के लिए अंग्रेजों को भेजा।' (कौंसिल में राजा से अपील, 1823)। बंगाल पूर्ववर्ती सिराजुद्दौला के राज में उत्पीड़नों और अनिश्चितताओं का शिकार था। इस प्रकार भारत के लोगों में मुस्लिम शासकों के संदर्भ में यह धारणा बैठा दी गई कि अंग्रेजी राज से पहले सिर्फ अत्याचारियों का राज था और अंग्रेज वस्तुतः मुक्तिदाता हैं। इतिहासकार यदुनाथ सरकार ने अति उत्साह में घोषित ही कर दिया कि 1757 के पलासी युद्ध में अंग्रेजों की विजय से मध्ययुग का अंत हो गया और आधुनिक युग की शुरुआत हो गई।

कहना न होगा कि भारत में प्राचीन-मध्य-आधुनिक युगों का विभाजन असंगत है। अब यूरोप में भी 'मध्य युग' की अंधकारवादी धारणा का खंडन शुरू हो गया है। भारत में अंग्रेजों के आने के पहले भी उच्च धार्मिक भाव, मानवतावाद, लौकिकता, उदारवाद और बौद्धिक स्वतंत्रता के उदाहरण थे। मिथ्या सामाजिक विभाजन के समानांतर प्रेम की कमी नहीं थी। वह सांस्कृतिक एकता उल्लेखनीय है जिसकी कल्पना कबीर ने रामानंद की प्रेरणा से की। भक्ति साहित्य में धार्मिक पाखंडों का विरोध सर्वविदित है। इस तरह मध्ययुग के अंत के संदर्भ में नवजागरण की जो अवधारणा 19वीं सदी में बनी और भारतीय जनमानस में रोपी गई, उसे नए अध्ययनों और नई समझ में चुनौती मिली है।

बांग्ला नवजागरण को लेकर बंगाल और इस प्रांत के बाहर लंबे समय तक बहस चली है। कई मत बने हैं। इससे उसके महत्व का बोध होता है। उस सांस्कृतिक घटना के लंबे समय बाद 1947 में सुशोभन सरकार की 'द बेंगाल रिनेसां' शीर्षक से पहली सुचिंतित पुस्तक अंग्रेजी में आई और आगे चलकर इस विषय पर नई खोजों का विस्तार होता गया। उन्होंने बांग्ला नवजागरण का महत्व बताते हुए लिखा, 'ब्रिटिश शासन का प्रभाव, बूर्जुआ अर्थव्यवस्था और आधुनिक पश्चिमी संस्कृति का अनुभव सर्वप्रथम बंगाल को हुआ।

इसके फलस्वरूप यहां नवीन चेतना आई, जिसे साधारणतया बांग्ला नवजागरण कहा जाता है। लगभग एक सदी तक बदली हुई आधुनिक दुनिया के प्रति जागरूकता शेष भारत की अपेक्षा बंगाल में अधिक थी और यह शेष भारत से पहले विकसित हुई। भारत की आधुनिक जागृति में बंगाल ने जो भूमिका निभाई, उसकी तुलना यूरोपीय रिनेसां के परिप्रेक्ष्य में इटली से की जा सकती है।' इस घटना ने यह धारणा दी कि बंगाल जो आज सोचता है, भारत एक दिन बाद सोचता है।

सुशोभन सरकार ने बांग्ला नवजागरण की जो धारणा दी और इसका 'मॉडल' खड़ा किया उसमें 'सार्वभौमता' पर जोर और नवजागरण की 'विविधता' तथा 'स्थानीय विशिष्टता' की उपेक्षा स्पष्ट है। उन्होंने एक और बात कही जो ज्यादा महत्वपूर्ण है, 'आज हमारे प्रत्येक पक्ष में विघटन की आशंका है, तब यह और भी आवश्यक हो जाता है कि हम अपनी प्राचीन विरासत पर इस दृष्टि से विचार करें कि किन संघर्षों और उपलब्धियों से हम उस गौरवमयी परंपरा का निर्माण कर सके हैं जिसके अब विस्मृति के गर्भ में जाने का खतरा है।' (वही)। इसमें संदेह नहीं 19वीं सदी की विरासत की विविधता की पहचान करते हुए हमें बांग्ला नवजागरण की विशिष्टताओं को बारीकी से देखना होगा।

बांग्ला नवजागरण एक तरह से हिंदुओं का जागरण था। जमींदार हिंदू थे, महाजन और व्यापारी हिंदू थे। कर वसूलनेवाले ज्यादातर लोग हिंदू थे। बंगाल के मुसलमान मुख्यतः कृषक, दस्तकार, दुकानदार या छोटे जमींदार थे। कलकत्ता के हिंदू स्कूल (1817) में सिर्फ हिंदुओं का प्रवेश संभव था। मुसलमानों की आमतौर पर अंग्रेजी शिक्षा में दिलचस्पी नहीं थी। अंग्रेज भी मुसलमानों को संदेह से देखने लगे थे और उन्हें पसंद नहीं करते थे। फारसी-उर्दू पर अंग्रेजी हावी हो रही थी, हालांकि इनका महत्व था। बांग्ला नवजागरण उदारवादी था। इसलिए सामान्यतः उसमें मुस्लिम-विद्वेष नहीं है, पर मुख्य स्वर हिंदुओं के जीवन में सुधार का है।

सुशोभन सरकार ने बांग्ला नवजागरण के संपूर्ण काल को 5 खंडों में विभाजित किया है : (1) 1814-33 का, राजा राममोहन राय का कलकत्ता

में रहने से लेकर इंग्लैंड में 1833 में उनकी मृत्यु तक, (2) 1833-57 का, राजा राममोहन राय की मृत्यु से 1857 के 'भारतीय गदर' के प्रारंभ तक, (3) 1857-85 का, 'गदर' से भारतीय राष्ट्रीय कांग्रेस की स्थापना तक, (4) 1885-1905 का, कांग्रेस की स्थापना से बंग-भंग तक और (5) 1905-1920 का, स्वदेशी आंदोलन से असहयोग आंदोलन और गांधी के नेतृत्व में आने तक। बांग्ला नवजागरण के काल विभाजन से लगभग 100 साल के एक खास सांस्कृतिक-राजनीतिक आलोड़न की झलक मिल सकती है, लेकिन इससे विभिन्न अंतर्धाराओं में टकराहट, निरंतरता तथा विकास का बोध नहीं होता।

राममोहन राय : नवजागरण की शुरुआत

नवजागरण पर लंबी बहसों के बीच, इस आम सहमति से ज्यादा हटना कभी संभव नहीं हुआ कि राजा राममोहन राय से आधुनिक युग की शुरुआत होती है। राममोहन राय काफी समय तक अंग्रेजी राज की चाकरी में थे और अंग्रेजी शिक्षा के समर्थक थे। 19वीं सदी में पश्चिमी सभ्यता के आकर्षण से बचना संभव नहीं था। यहां तक कि विद्यासागर और बंकिमचंद्र भी अंग्रेजी राज का ऋण स्वीकार करते थे। फिर भी उस काल के बुद्धिजीवियों की सामाजिक चिंताएं सिर्फ अंग्रेजी शिक्षा और पश्चिम के प्रभाव का नतीजा थीं, यह नहीं कहा जा सकता। राममोहन राय जब अंग्रेजी नहीं जानते थे और पश्चिमी प्रभाव में नहीं थे, तब भी उन्होंने बहुत छोटी उम्र में मूर्ति पूजा को पाखंड माना था। वे तब फारसी पढ़ रहे थे, संस्कृत साहित्य से परिचय बढ़ा रहे थे और बिहार में रहते थे।

'एकेश्वरवादियों को उपहार' (1804) शीर्षक अपने लेख में राममोहन राय बता चुके थे कि सभी धर्मों की स्वाभाविक प्रवृत्ति एक ईश्वर की ओर है, लेकिन दुर्भाग्यवश लोगों ने हमेशा अपने विशिष्ट संप्रदाय, उपासना विधि और कर्मकांड पर अधिक बल दिया। इसके कारण एक धर्म दूसरे धर्म से अलग हो गया। 1815-17 के बीच उन्होंने वेदांत के विचारों का संस्कृत से बांग्ला में अनुवाद किया था और उसका सार प्रकाशित किया था। उन्होंने 5 उपनिषदों का भी अनुवाद किया, ताकि लोग जान सकें कि भारतीय परंपरा में

एक ईश्वर की धारणा है। उन्हें अपने ऐसे विचारों के चलते कट्टरपंथी ब्राह्मणों से लगातार वाद-विवाद में रहना पड़ा। राममोहन राय की यह धारणा पुष्ट हो चली थी कि विवेकहीन मूर्ति पूजा से आम लोगों का चारित्रिक पतन होता है, वे धर्म के सार से विच्छिन्न हो जाते हैं।

राममोहन राय निश्चय ही भारत के इतिहास की समझ के मामले में उन यूरोपीय इतिहासकारों से प्रभावित थे, जिन्होंने अंग्रेजी राज से पहले के शासन को अत्याचारों से भरे मुस्लिम शासन के रूप में दिखाया था। इसके बावजूद, राममोहन राय अपने खानदानी पेशा के चलते न सिर्फ तत्कालीन मुगल शासक का पक्ष लेकर अंग्रेजी शासकों से न्याय के लिए लड़ते थे, बल्कि मुसलमान कवियों और गायकों से भी उनके संपर्क थे। इसके अलावा, अंग्रेजी शिक्षा का समर्थन करते हुए वे वस्तुतः गणित, विज्ञान, भौतिक ज्ञान का प्रचार करना चाहते थे। वे धार्मिक जिज्ञासा के साथ इहलौकिकता और मानव-केंद्रित सोच के पक्षधर थे।

राममोहन राय ने 32 साल की उम्र में लिखी अपनी रचना 'एकेश्वरवादियों को उपहार' से एक ईश्वर की धारणा का प्रचार शुरू कर दिया था लेकिन वे पैगंबर की अवधारणा से सहमत न थे। इसी तरह वे अलौकिक चमत्कार और अंधविश्वास को नहीं मानते थे। उनमें उच्च नैतिकता से प्रेरित एक अनोखी उदारता, सहिष्णुता और सामाजिक सुधार की भावना थी। वे उच्च ब्राह्मण परिवार के थे, पर वस्तुतः विद्रोही थे। उन्होंने विज्ञान को महत्व दिया और फ्रांसीसी क्रांति के आदर्शों के प्रति रुझान व्यक्त किया। वैचारिक स्वतंत्रता के रास्ते में पारिवारिक रिश्ते-नाते, जाति और धर्म को न आने देना और अपने देश की उच्च परंपराओं से नाता न तोड़ते हुए पश्चिमी संसार से संवाद उनकी खूबियां हैं। उन्होंने देश में सामाजिक सुधार के एक लंबे सिलसिले की शुरुआत की।

राममोहन राय 1815 में बिहार से आकर स्थायी रूप से कलकत्ता रहने लगे थे। उन्होंने इस बात का निरंतर प्रचार किया, 'अपनी बुद्धि और अपने अर्जित ज्ञान द्वारा, क्या अच्छा है और क्या बुरा, इसका विचार करना चाहिए ताकि ईश्वर द्वारा दी हुई यह अमूल्य बौद्धिक क्षमता व्यर्थ न जाए।' (राममोहन रचनावली)। वे कहते थे कि सिर्फ धर्मशास्त्र पर निर्भर होकर कुछ

भी तय करने में नुकसान है। धर्म की हानि होती है, यदि किसी विचार का तार्किक आधार न हो। इसके अलावा वे कॉमन सेंस से सोचने पर जोर देते थे। निश्चय ही वे ईश्वर में विश्वास रखते थे और डिरोजियो के नास्तिकता-प्रधान विचारों से उनका मेल नहीं हो सकता था। उन्होंने यह भी बताया, 'कोई विशेष अंतर न करते हुए कहा जा सकता है कि प्रायः सभी धर्मों में कुछ न कुछ भ्रांतियां हैं।' (वही)। उन्होंने नवजागरण के मुख्य तत्व संदेह और तर्क को महत्व दिया और सिर्फ विश्वास को पर्याप्त नहीं माना। राममोहन राय के सभी सुधारवादी कथन धर्म के ढांचे में हैं, पर उनका आधार मुख्यतः तर्क है। उन्हें अपने युग के धार्मिक वातावरण को देखकर लगता था, 'धार्मिक नेताओं ने अधिकतर लोगों को अपने आकर्षण में इस तरह जकड़ लिया है कि ये असहाय लोग वस्तुतः दासता और बंधन में हैं। ये अपनी दृष्टि और अपना हृदय पूर्णरूपेण खो चुके हैं।' (वही)। हालांकि नवजागरण के लोग यह भी मानते थे कि सिर्फ तर्क के आधार पर कर्तव्य का निर्धारण कर देने भर से लोग उसे कभी स्वीकार नहीं करेंगे। यदि शास्त्रों से भी उदाहरण दिए जाएं तो सुधारों की स्वीकार्यता बढ़ेगी। इसलिए राममोहन राय, विद्यासागर जैसे व्यक्तियों ने प्राचीन ग्रंथों को महत्व दिया।

राममोहन राय विश्व की मानवजाति को कृत्रिम विभाजनों में बँटा पाते थे। उनकी बुनियादी दृष्टि राष्ट्रवादी न होकर अंतरराष्ट्रीयतावादी थी। वे वैश्विक मानव स्वातंत्र्य का स्वप्न देखते थे और इसके लिए शिक्षा को बुनियादी ज़रूरत बताते थे।

19वीं सदी का एक प्रमुख विषय धर्म था। राममोहन राय की धर्म भावना मुख्यतः उपनिषदों के ज्ञान पर आधारित थी। उनका बुद्धिवाद और विज्ञान के प्रति आकर्षण धर्म भावना से विच्छिन्न नहीं था। उस जमाने में यह सोच बन रही थी कि धार्मिक सुधार से भारत में एक व्यापक परिवर्तन आ सकता है। राममोहन राय ने कहा, 'मेरी समझ से हिंदू धर्म में सुधार जरूरी है, यदि हम नए शासन में राजनीतिक लाभ और सामाजिक सुव्यवस्था चाहते हैं।' (राममोहन रचनावली)। उनके अलावा देवेंद्रनाथ टैगोर, रवींद्रनाथ ठाकुर और एक तरह से पूरा टैगोर परिवार इस मत को लेकर चला।

इसका बांग्ला समाज पर असर पड़ा। ईश्वरचंद्र विद्यासागर ने राममोहन राय की प्रशंसा में लिखा है, 'वे विलक्षण बुद्धिसंपन्न थे। उन्होंने स्वदेशी लोगों को देवताओं-देवियों से विमुख करके वेदांत द्वारा प्रतिपादित ब्रह्म की उपासना करने के लिए प्रेरित किया। कई मामलों में उनसे जो सहमत नहीं होते थे, वे भी उनकी बुद्धिमत्ता की प्रशंसा करते थे। इसमें संदेह नहीं कि वे देश के एक असाधारण व्यक्तित्व थे।' (विद्यासागर रचनावली)। गांधी ने विद्यासागर की प्रशंसा की, लेकिन राममोहन राय को पसंद नहीं किया। इसके बावजूद, इन सभी को 'नवजागरण व्यक्तित्व' मानना चाहिए। उन्होंने अपने-अपने ढंग से सांस्कृतिक सुधार को गति दी।

राममोहन राय पश्चिमी साहित्य के साथ-साथ भारत की धार्मिक-दार्शनिक परंपराओं से परिचित थे। वे आधुनिक सरोकारों वाले पहले व्यक्ति थे, जिनका ध्यान पश्चिमी दार्शनिकों के अलावा वैदिक साहित्य की ओर भी गया था, खासकर वेदांत की ओर। लगभग चालीस साल बाद दयानंद सरस्वती ने वेदों को प्रधानता दी। इस तरह आधुनिक ज्ञान-विज्ञान के आकर्षणों के बीच प्राचीन क्लासिकल साहित्य भी नवजागरण की एक प्रेरणा था। नवजागरणकालीन व्यक्तित्व पश्चिमी शिक्षा का समर्थन करते हुए भारतीय क्लासिक कृतियों के अध्ययन की आवश्यकता बताते थे और इन्हें त्याज्य नहीं मानते थे।

19वीं सदी के कई बांग्ला बुद्धिजीवियों को लगता था कि बंगाल यूरोपीय नवजागरण के एथेंस के समान हो उठा है। जिस तरह यूरोपीय रिनेसां के दौर में एथेंस ग्रीक शिल्प और दर्शन के 'पुनर्जन्म' का एक बड़ा केंद्र हो गया था, उसी तरह बंगाल ने भारत में नए युग की शुरुआत कर दी है। इसी समय शिक्षित बंगाली लोग सरकारी नौकरियों के कारण या भ्रमण के उद्देश्य से देश भर में जाने लगे थे। उनके साथ अंग्रेजी शिक्षा, देशप्रेम और नए सांस्कृतिक आदर्शों का प्रचार भी बढ़ रहा था। हालांकि नवजागरण-संबंधी चर्चा में कई बार यह भी स्पष्ट किया गया है कि यूरोपीय रिनेसां से बांग्ला नवजागरण की कोई समानता नहीं है।

यूरोपीय नवजागरण में प्राचीन ग्रीक साहित्य को महत्व मिला था, प्राचीन ग्रंथों का पुनरुद्धार हुआ था और इन ग्रंथों की व्याख्या होने लगी थी।

इसके साथ, संसार के बारे में दृष्टिकोण बदल रहा था। रिनेसां के काल में संपूर्ण चिंतन लौकिक के साथ-साथ मानव-केंद्रित हो रहा था। इस चिंतन के आधार पर व्यक्ति स्वातंत्र्य और बहुमुखी व्यक्तित्व की भावना का भी जन्म हो रहा था। मनुष्य अपने को विश्व मानव समझने लगा था। ये प्रवृत्तियां राजा राममोहन राय में लक्षित की जा सकती हैं। उन्हें 'विश्व मानव' कहा गया है। वे एक तरफ वेदांत को कई भाषाओं में सर्वसुलभ करवाने वाले गृहस्थ ब्राह्म थे और सेकुलर थे तो दूसरी तरफ विश्वमानवतावादी भी थे। उन्होंने वेदांत का सार अंग्रेजी में बतलाते हुए लिखा था, 'इसका यह मतलब नहीं निकाला जाना चाहिए कि मैं दूसरी आस्थाओं से इसे प्रधानता दे रहा हूँ।' वे अधिक जोर देकर सिर्फ यह कहना चाहते थे कि हमारी वैचारिक पहुँच और धारणाओं के बाहर भी बहुत कुछ है, लोगों को अपनी तर्कशीलता और 'कॉमन सेंस' का सहारा लेना चाहिए। वे बौद्धिक चर्चा को प्रोत्साहन देते थे ताकि तर्क शक्ति बढ़े जो विभिन्न प्रकार के पुराने विश्वासों और संस्कारों से जर्जरित या सीमाबद्ध है।

यह भी उल्लेखनीय है कि राममोहन राय ईसाई धर्म के प्रति श्रद्धा रखते थे। वे ईसाइयत से प्रभावित थे। लेकिन जब उन्होंने न्यू टेस्टामेंट के आधार पर 'द प्रास्पेक्ट ऑफ जीसस' (1820) के नाम से नीति-प्रधान उपदेशों का एक संचयन निकाला तो इससे ईसाई पादरी नाराज हो गए। उन्होंने इस पुस्तक की निंदा करते हुए राममोहन राय को एक धर्महीन असभ्य मनुष्य कहा। राममोहन ने उन ईसाई पादरियों से लिखकर धार्मिक बहस की और अपने विशद ज्ञान का परिचय दिया। इतना ही नहीं, अलेक्जेंडर डफ के मन में हिंदू धर्म के संबंध में कई भ्रमपूर्ण धारणाएं थीं, जिनका उन्होंने 1821 की एक पुस्तिका में खंडन किया। इन चर्चाओं में उन्होंने धर्मशास्त्रों का सहारा लिया। वे ईसाई पादरियों की सारी बातें मानने के लिए राजी नहीं हुए। इसका अर्थ है, वे कहीं अंध-समर्पण करना नहीं चाहते थे। वे बौद्धिक स्वतंत्रता के समर्थक थे।

राममोहन राय ने अतीत के गौरव और आधुनिक उपलब्धियों को जोड़ा। उनकी धारणा थी कि हर मनुष्य में विवेक की अंतःशक्ति होती है, जिसके आधार पर वह अच्छे-बुरे और सत्य-असत्य का निर्णय कर सकता है।

वह बिना किसी मसीहा या देवमूर्ति की आराधना के ऐसा कर सकता है। उन्होंने धार्मिक सुधार का काम मूर्तिपूजा के विरोध से शुरू किया, 'मैं यह दिखाने के लिए प्रतिज्ञाबद्ध था कि ब्राह्मणों की मूर्तिपूजा धार्मिक पद्धति के विरुद्ध है।' (आत्मजीवनीपरक टिप्पणी)। उनका दूसरा महत्वपूर्ण काम परंपरागत धार्मिक शिक्षा की जगह आधुनिक शिक्षा और पश्चिमी कला-कौशल का समर्थन है। राममोहन राय का सबसे महत्वपूर्ण काम माना जाता है सती प्रथा का विरोध जो स्त्रियों पर अत्याचार के विरोध का प्रतीक बन गया।

धार्मिक बंधनों से जकड़ी भारतीय स्त्री की आजादी शुरू से एक कठिन मामला रही है। अतः यह बांग्ला नवजागरण का एक प्रमुख मुद्दा बना। भारत के पितृसत्तात्मक समाजों में आदर्शवादी जमीन पर स्त्री की पूजा की बात कही जाती है, पर आमतौर पर उसका दर्जा बंधुआ मजदूर से ज्यादा नहीं रहा है। इसमें संदेह नहीं कि 19वीं सदी में स्त्री को केंद्र में रख कर हुए सामाजिक सुधार स्त्री के प्रति की जा रही कुछ बड़ी क्रूरताओं के विरोध तक सीमित है। ये क्रूरताएं संपन्न और सवर्ण घरानों में ज्यादा थीं, लेकिन यह कहकर कई बार बांग्ला नवजागरण की उपलब्धियों को नकारने की कोशिश होती है जो घटनाओं को ऐतिहासिक परिप्रेक्ष्य में नहीं देखना है।

बंगाल में सुधार आंदोलन भले सवर्ण और मध्यवर्गीय स्त्री को केंद्र में रखकर शुरू किया गया हो, उसका असर पूरे समाज पर पड़ रहा था। इस आंदोलन से धर्मसत्ता, पुरोहित वर्ग और समाज के सामंती ढांचे पर जबर्दस्त चोट पड़ी थी। इसने साधारण वर्गों के जीवन को भी प्रभावित किया था।

निश्चय ही भारतीय नवजागरण को सवर्ण आंदोलन कहना उतना ही गलत है, जितना उसे यूरोपीय छाया से बांध देना। धार्मिक ढांचे में हुए उस युग के सामाजिक सुधारों पर कोई सरलीकृत निर्णय नहीं किया जा सकता, क्योंकि उन्हीं सुधारों से राष्ट्रीय स्वाधीनता संघर्ष और श्रमिक आंदोलनों की पृष्ठभूमि बनी। धार्मिक ढांचे में चिंतन करनेवाले राममोहन राय, केशवचंद्र सेन, रामकृष्ण परमहंस, दयानंद सरस्वती, विवेकानंद आदि को पुनरुत्थानवादी कहकर नकारना गलत होगा। इनमें कोई वेदांत, कोई ईसाइयत, कोई पुराण और कोई वेद से विशेष प्रेरणा ले रहा था। नवजागरण की रोशनी में उपर्युक्त

भारतीय बुद्धिजीवियों ने अपनी परंपराओं का विविध तरह से पुनर्निर्माण किया था।

राममोहन राय के भाई की मृत्यु के बाद चिता पर भाभी को सभी ब्राह्मण रिश्तेदार और भाई बाँस से ठेल-ठेल कर आग में जबर्दस्ती धकेल रहे थे। ढोलक-मंजीरे की आवाज में भाभी की चीख धीरे-धीरे गुम हो रही थी। यह कल्पना करना मुश्किल नहीं है कि पढ़े-लिखे और संवेदनशील राममोहन पर तब क्या बीत रही होगी। वे सिर्फ बुद्धि नहीं, भावनाओं से भी भरे व्यक्तित्व थे। उसी समय उन्होंने संकल्प लिया कि सती प्रथा का अंत करना है।

राममोहन राय ने सती प्रथा के विरुद्ध आंदोलन किया और इसे बंद करा के धार्मिक कट्टरवाद को पहली जबर्दस्त शिकस्त दी। उन्होंने सती प्रथा के बारे में अपने विचारों को 'समर्थक और विरोधी के संवाद' के रूप में प्रस्तुत किया है। इस संवाद में वे धर्मशास्त्र के विकृत पाठ या भ्रांत व्याख्याओं का जवाब तर्क से देते हैं। वे मिथ्या प्रचार से सावधान करते हैं। समर्थक कहता है, 'स्त्री जाति जन्म से ही मंद बुद्धि होती है'। विरोधी जवाब देता है, 'पुरुष समुदाय स्त्री की शारीरिक दुर्बलता का फायदा उठाकर प्रकृति-प्रदत्त अधिकारों से भी उसे वंचित करता आया है। उसने परवर्ती काल में यह प्रमाणित करना चाहा कि स्त्री इन अधिकारों के योग्य ही नहीं। परंतु यदि हम ध्यान दें तो यह बात सहज ही स्पष्ट हो जाएगी कि स्त्री के ऊपर लगाए गए लांछन में कितना न्याय है। जहां तक स्त्रियों की विचार-बुद्धि में कमी की बात है, तो उन्हें आपने इसके लिए उचित अवसर ही कब प्रदान किया है कि वे अपनी प्रतिभा का परिचय दें।' (राममोहन रचनावली)। राममोहन कर्नाटक के राजकुमार की पत्नी लीलावती, के अलावा कालिदास की पत्नी भानुमती और याज्ञवल्क्य की पत्नी मैत्रेयी की विद्वत्ता के उदाहरण देते हैं। इस तरह उन्होंने सती प्रथा के विरोध के मामले को स्त्री के आत्मसम्मान और जीने की स्वतंत्रता से जोड़ा।

ईसाई मिशनरी भी इस प्रथा के विरोधी थे। वे कंपनी सरकार पर इस प्रथा को हटाने के लिए एक अलग स्तर से दबाव बना रहे थे। निरंजन धर ने अपनी किताब 'वेदांत और बांग्ला नवजागरण' में कुछ उद्धरणों से साबित करने की कोशिश की कि राममोहन राय स्वैच्छिक सती के विरुद्ध नहीं थे,

हालांकि वे मानते थे कि कोई महिला अपनी मर्जी से सती नहीं होती, बल्कि वह जबरन सती बनाई जाती है। राममोहन राय को कठोर और धर्मोन्मादी ब्राह्मण समाज का लगातार विरोध झेलना पड़ रहा था, पर कई लोग उनके समर्थन में खड़े थे। धार्मिक संरक्षणवादियों के बहुमत के बावजूद अंग्रेजी शासन ने इस प्रथा को 1829 में कानूनी रूप से बंद करने का निर्णय लिया। विलियम बैंटिक को राममोहन राय की पहलकदमी से जागरूक हिंदुओं का समर्थन मिल गया था। उन्हें निर्णय लेने में आसानी हुई।

राममोहन राय ने 1823 में 'नारी जाति के प्राचीन अधिकार' पुस्तिका में पारिवारिक संपत्ति में स्त्रियों के अधिकार की मांग की थी। यह स्त्री मुक्ति के बंद दरवाजा का टूटना था जिसका व्यापक असर हुआ।

उल्लेखनीय है कि राममोहन राय बहस या तर्क में कभी उत्तेजित नहीं होते थे, तर्क का बल वाक-संयम देता है। एक बार जब वे अपने लेखन के चलते अपशब्दों के शिकार हुए, उन्होंने कहा, 'मेरे बारे में जो व्यंग्य-विद्रूपपूर्ण अपशब्द कहे गए हैं, उसका उत्तर न देने के कारण हैं। एक तो धर्म-परमार्थ जैसे विषय पर चर्चा करते समय अपशब्द सर्वथा अनुचित है और दूसरे, हम लोगों का तरीका ऐसा नहीं है कि अपशब्दों के बल पर इस संसार में जीत हासिल करें।' बहस में दुर्भावना का प्रदर्शन इन दिनों आम बात है।

राममोहन राय और उनके साथियों ने मिलकर जो ब्राह्म-मत चलाया, उस पर ईसाई धर्म का प्रभाव था। मुख्य बात यह है कि इसने अपना दरवाजे सभी वर्णों, जातियों, धर्मों और देशों के लिए खोल दिया। ब्रह्म समाज में किसी भी धर्म की निंदा, उपहास या अवहेलना वर्जित थी।

राममोहन राय ने 1828 में देवेंद्रनाथ टैगोर के साथ मिलकर ब्रह्म समाज की स्थापना की थी और 'एक ईश्वर' (ब्रह्म) की धारणा का प्रचार किया था। इसका भारतीय नवजागरण पर असर पड़ा और धार्मिक सुधारों में विस्तार आया। इन घटनाओं से सनातनपंथी हिंदू भी सक्रिय और संगठित हो उठे। उन्होंने 1829 में एक कट्टरवादी संस्था 'धर्म सभा' बनाई। उनके नेता थे एक पढ़े-लिखे हिंदू जमींदार राधाकांत देव, जिन्होंने सती प्रथा के समर्थन में अभियान चलाया था। दूसरी तरफ, देखा जाना चाहिए कि इन्हीं राधाकांत

देव का पश्चिमी शिक्षा के विकास, खासकर स्त्री शिक्षा में एक बड़ा योगदान था। इससे उस संक्रमणकालीन युग की दुविधाओं का पता चल सकता है।

एक कट्टर ब्राह्मण परिवार से आकर राममोहन राय का धर्म, शिक्षा और समाज की रूढ़ियों के प्रति विद्रोह का आह्वान करना साधारण घटना नहीं है। वे कहते थे, 'मेरा विरोध ब्राह्मणवाद से नहीं है, बल्कि उसकी विकृतियों से है।' (आत्मजीवनीपरक टिप्पणी)। उन्होंने दो उद्देश्यों से सुधारों पर जोर दिया था—भारत में सामाजिक गतिशीलता और अंग्रेजी राज का फायदा उठाना। उन्होंने 1823 के प्रेस एक्ट का विरोध किया और प्रेस की स्वतंत्रता के लिए ब्रिटिश सम्राट के पास याचिका भेजी। यह भी उल्लेखनीय है कि उन्होंने बांग्ला गद्य को बोधगम्यता के साथ एक ऊँचाई दी। उन्होंने 'बंगदूत' (1829) पत्र निकाला था। यह अंग्रेजी, फारसी, बांग्ला के अलावा हिंदी में भी था। इससे उनकी बहुलतावादी भाषा-दृष्टि का बोध होता है।

राममोहन राय में पश्चिम की जनतांत्रिक क्रांतियों के प्रति तीव्र उत्सुकता थी। उनमें यूरोपीय यात्रा की तीव्र ललक थी, क्योंकि उन्हें वहाँ लोकतंत्र और मानवता का नया सूर्योदय नजर आता था। वे 1830 में यूरोपीय जागरण का जायजा लेने और अपने कार्यों के सिलसिले में इंग्लैंड यात्रा पर निकले थे। समुद्र यात्रा के निषेध की अवहेलना करके वे इंग्लैंड, फ्रांस, हालैंड आदि देशों में गए। उन्होंने लिखा है, 'अपनी गहरी पर्यवेक्षण शक्ति से मैं वहाँ की स्थितियों को समझने में सफल हुआ। मैं इस विचार से अत्यंत प्रभावित हुआ कि यूरोप में साहित्य सृजन को उत्साहपूर्वक समझा जाता है और ज्ञान का व्यापक ढंग से प्रचार-प्रसार किया जाता है।' (राममोहन रचनावली)।

1830 में राजतंत्र के पतन के साथ फ्रांस की दूसरी क्रांति (जुलाई क्रांति) हुई थी और लोकतंत्र का आलोक फूटा था। इंग्लैंड के मार्ग में जब उन्होंने दो फ्रांसीसी जहाज देखे जिन पर तीन रंगों का स्वाधीनता निशान था, तब वे उछल पड़े —'ओह फ्रांस, तुम धन्य हो!' उन्हें फ्रांस में लोकतंत्र के उदय ने आकर्षित किया था। वे समझ रहे थे कि पूरी दुनिया इसी द्वार पर खड़ी है।

यूरोप यात्रा में वहाँ के देशों में लोकतंत्र तथा स्वाधीनता के प्रति उत्साह देखकर राममोहन राय के भीतर दबाए गए वंचित वर्गों को लेकर चिंता ने

आकार लेना शुरू कर दिया। उन्होंने अपनी मृत्यु से कुछ पहले 1831 में इंग्लैंड के हाउस ऑफ कामंस की सिलेक्ट कमेटी के सामने ईस्ट इंडिया कंपनी के शासन में आम भारतीय जनता की दुर्दशा की ओर अंग्रेजों का ध्यान आकर्षित किया, 'जमींदारों को छोड़कर बहुत कम लोग ऐसे हैं जिनके पास थोड़ी-सी संपत्ति या स्वाधीनता हो। बल्कि उनके पास जीवन की न्यूनतम स्वच्छंदता भी नहीं है। ...कृषकों और श्रमिकों की दशा इसी प्रकार करुण है। इनकी तकलीफों का उल्लेख करते हुए मुझे असीम कष्ट हो रहा है। ...भारत के कृषकों की वर्तमान चिंताजनक दशा से मुक्ति के लिए रास्ता निकाला जाए, मैं इसके लिए सरकारी अधिकारियों के पास निवेदन कर रहा हूँ।' उनके विचार एक पुस्तिका के रूप में 1832 में इंग्लैंड में ही छपे। इसमें राममोहन राय ने ईस्ट इंडिया कंपनी की न्याय व्यवस्था की सामान्यतः आलोचना की। इस तरह बांग्ला नवजागरण के विस्तार को हम शिक्षा, सामाजिक सुधार, बांग्ला भाषा और साहित्य की उन्नति, ज्ञान-विज्ञान की ओर आकर्षण तथा धर्म के संबंध में नई धारणाओं से आगे बढ़कर प्रेस की स्वतंत्रता और गरीब भारतीय जनता के लिए चिंता तक रेखांकित कर सकते हैं।

राममोहन राय चाहते थे कि अंग्रेज शासन शिक्षा पर जो व्यय कर रहा है, वह व्यय सुयोग्य अंग्रेजों द्वारा भारतीयों को गणित, प्राकृतिक विज्ञान, दर्शन, रसायनशास्त्र और अन्य उपयोगी विज्ञानों की शिक्षा पर खर्च हो, सिर्फ अंग्रेजी प्रशासन में चाकरी योग्य क्लर्क बनाने के लिए नहीं।

राममोहन राय की मृत्यु विदेश यात्रा के दौरान इंग्लैंड के ब्रिस्टल शहर में हुई। वहीं उनकी समाधि है, जिस पर लिखा है, 'ईश्वर की एकता में दृढ़ विश्वास रखनेवाला एक सच्चा व्यक्ति'। उन्होंने दुनिया की नई रीति-गति और एक हद तक भारतीय आकांक्षाओं को समझा था। उनका फ्रांसीसी क्रांति के मूल्यों—बंधुत्व, स्वतंत्रता और समानता पर अगाध विश्वास था। अंग्रेजी राज और पश्चिमी सभ्यता के प्रति उनका आकर्षण विकल्प के अभाव में स्वाभाविक था। इसके बावजूद, उन्होंने अंधकार में खो गए भारतीय सभ्यता के गौरव को पहचाना था और दुनिया के लिए उच्च मूल्यों पर आधारित एक आदर्श अंतरराष्ट्रीय संस्कृति का स्वप्न देखा था।

डिरोजियो और यंग बंगाल

19वीं सदी में कलकत्ता अंग्रेजों की राजधानी थी। यह शहर अंग्रेजी शिक्षा के एक प्रमुख केंद्र के रूप में उभर रहा था। उच्च बंगाली घराने के लोग आधुनिक शिक्षा और दार्शनिक बहसों की तरफ आकर्षित थे। राममोहन राय ने 1815 में 'आत्मीय सभा' के नाम से बौद्धिक चर्चा का एक केंद्र स्थापित किया था। 1817 में डेविड हेयर ने हिंदू कॉलेज की स्थापना की, जिसमें हेनरी लुइस विवियन डिरोजियो (1809-1831) 17 साल की उम्र में शिक्षक नियुक्त हुए। उनका बाल्यकाल भागलपुर में बीता था। वे फ्रांस की क्रांति से प्रभावित थे। डिरोजियो को जीवन के सिर्फ 22 साल मिले, लेकिन इतनी छोटी उम्र में ही वे कलकत्ता के शैक्षिक-सांस्कृतिक परिवेश में तर्क का तूफान बनकर उभरे।

कलकत्ता में बुद्धिवाद की दुदुंभी बज उठी थी। राममोहन राय के जीवन काल में ही 'यंग बंगाल' के पश्चिमी शिक्षा पाए नौजवान उग्र बुद्धिवाद का दृष्टिकोण लेकर सामने आ गए थे। उनके आंदोलन का केंद्र हिंदू कॉलेज था जो बाद में प्रेसिडेंसी कॉलेज बना। अमेरिका के 'स्वाधीनता के घोषणापत्र' के एक प्रमुख रचनाकार और उस देश के तीसरे राष्ट्रपति जेफरसन 1819 में स्थापित वर्जीनिया यूनिवर्सिटी को एक बौद्धिक कीर्ति स्तंभ मानते थे। इस विश्वविद्यालय में धर्म की जगह गणित, रसायनशास्त्र, प्रशासन की शिक्षा विशेष रूप से दी जाती थी। हिंदू कॉलेज एक ऐसा ही केंद्र बन रहा था।

हिंदू कॉलेज सिर्फ नाम के लिए हिंदू कॉलेज था। यह शुरू में सिर्फ हिंदुओं के लिए था, पर इसमें विशेष रूप से गणित और अंग्रेजी साहित्य की शिक्षा दी जाती थी। इन विषयों के अलावा बांग्ला की भी शिक्षा दी जाती थी। डिरोजियो ने तर्क और स्वतंत्र चिंतन के लिए अपने विद्यार्थियों को उत्साहित किया और अपने शिष्यों को सिखाया —'सत्य की पूजा करो, वह सर्वशक्तिमान है।' दशकों तक लोग उनके विचारों की तरफ आकर्षित होते रहे। मनुष्य के लिए बौद्धिक स्वतंत्रता उसकी बुनियादी जरूरत है, डिरोजियो यह मानते थे। उनके शिष्यों और मित्रों के ग्रुप को 'यंग बंगाल' के नाम से जाना जाता है।

डिरोजियो राजा राममोहन राय के समय में कलकत्ता के अंग्रेजी शिक्षा पाए नौजवानों की बौद्धिक प्रेरणा बन चुके थे। वे देशी शिक्षा पद्धति से असंतुष्ट थे

और चाहते थे कि भारत के लोग आधुनिक शिक्षा पाएं। राममोहन राय की तरह वे भी सती प्रथा के विरोधी थे। उन्होंने हिंदू विधवाओं के बारे में लिखा, 'सती प्रथा दुख का ही एक तरह से तमाशा है जो अंततः अंधविश्वासों और पुरोहितों के नानाविध कर्मकांड के आगे सरपरस्त होने को बाध्य करता है। धर्म के ठेकेदार बेचारी विधवाओं को स्वर्ग में स्थान और करोड़ों वर्षों की काल्पनिक खुशी का झांसा देकर इस अमानवीय कृत्य के लिए प्रेरित करते हैं।' (कंप्लीट वर्क्स ऑफ हेनरी लुइस विवियन डिरोजियो)।

डिरोजियो ने अपने 'आत्मवक्तव्य' में अपने को दूसरे अंग्रेजों से अलग करते हुए लिखा है, 'मैं भारत में पैदा हुआ हूँ। यहीं मेरा लालन-पालन हुआ है। मैं इसे साभिमान अपना देश मानता हूँ। इसकी सेवा में मुझसे जो भी बन पड़ेगा, वह करने के लिए प्रस्तुत रहूँगा। (वही)। डिरोजियो के संबंध में यह जानना बेहद दिलचस्प है कि वे ब्रिटिश उपनिवेशवाद के विरोधी थे, सिर्फ हिंदू रूढ़िवादी धार्मिक व्यवस्था के नहीं। उन्होंने 'आत्मवक्तव्य' में आगे लिखा, 'कुछ लोगों का विचार है कि उपनिवेशीकरण से हमारे देश की कई बुराइयों को प्रभावी तरीके से खत्म करने में सहायता मिलेगी, परंतु यह देखना है कि ऐसा प्रयास कब होता है। मुझे इस पर विश्वास नहीं है और यह धारणा कि अन्य प्रयासों की जगह उपनिवेशीकरण में ही भारत का फायदा है, सत्य की अपेक्षा लफ्फाजी अधिक है।' (वही)। उस युग के संदर्भ में यह साधारण कथन नहीं है। यह अंग्रेजी राज की पोल खोलता है। डिरोजियो अपने समय के एक अनोखे उपनिवेशवाद-विरोधी व्यक्तित्व थे। वे अपनी छोटी उम्र में ही सांस्कृतिक विद्रोही बन गए थे। वे बौद्धिक स्वतंत्रता के दीवाने थे। उल्लेखनीय है कि प्रबंधकों द्वारा आरोप लगा कर उन्हें हिंदू कॉलेज से निकाल दिया गया।

डिरोजियो भारतीय निवासियों पर उपनिवेशीकरण के पड़नेवाले प्रभाव के बारे में कहते हैं, 'यूरोपियनों का देशी लोगों के प्रति दुर्व्यवहार उनमें अ-लगाव की भावना उत्पन्न कर रहा है। इसके गंभीर नतीजे होंगे। ...यदि हम देशी लोगों के प्रति हिकारत का भाव रखेंगे तो क्या वे हमसे ऐसा नहीं करेंगे?' उनमें सत्यनिष्ठा के साथ मानवीय संवेदनशीलता थी। उन्हें पता था कि भारत में 'रिनेसां' शिक्षा द्वारा ही संभव है। वे इस मुद्दे पर ईस्ट इंडिया कंपनी पर

आरोप लगाते हैं, 'यूरोपीय कला और विज्ञान का प्रचार और तत्संबंधी संस्थाओं की स्थापना से उपनिवेशीकरण के फायदे हो सकते हैं। लेकिन कंपनी ने देशी लोगों में शिक्षा प्रसार के साधनों में वृद्धि का कोई प्रयास ही नहीं किया। ...हिंदू कॉलेज से शिक्षित हिंदुओं का मानस ज्ञानोदय से परिपूर्ण और विस्तारित हुआ है। वे अंधविश्वासों का खंडन करने तथा नैतिक-बौद्धिक चरित्रोत्थान के फलस्वरूप अपनी स्थिति में सुधार कर सकने में सक्षम हुए हैं। सरकार को ऐसा कॉलेज प्रत्येक कस्बे में खोलना चाहिए।' (वही)। डिरोजियो 'ज्ञान वृद्धि' को नैतिक चरित्रोत्थान और सदाचरण के लिए जरूरी समझते थे। धार्मिक कर्मकांड कभी उसका विकल्प नहीं हो सकता था। डिरोजियो ने 1829 की लंबी छुट्टियों के पहले अपने छात्रों को संबोधित करते हुए कहा था, 'दुनिया का सामना बुद्धिमत्ता से करो, मानव मात्र में प्रेम का अंकुर उपजाओ और मनुष्य मात्र की शांति के लिए प्रयत्नरत रहो।' (वही)। नौजवानों को दी जा रही शिक्षा का यह एक नया रूप था।

डिरोजियो 1789 और 1830 की फ्रांसीसी क्रांति तथा उस दौर के यूरोपीय ज्ञानोदय की भारतीय छवि थे। वे मानते थे, 'जीवन का विवेक ही मेरा कवच है।' हिंदू कॉलेज के प्रबंधकों ने उन पर कक्षा में नास्तिकता का प्रचार करने का आरोप लगाया। इस पर डिरोजियो ने एच. एच. विल्सन के समक्ष अपना पक्ष रखते हुए विचार की स्वतंत्रता का जो सवाल उठाया, वह आज भी महत्वपूर्ण है। डिरोजियो ने पत्र में लिखा, 'मैंने किसी व्यक्ति के सामने कभी ईश्वर के अस्तित्व का निषेध नहीं किया है। लेकिन मुझे यह स्वीकार करने में तनिक भी भय या लज्जा नहीं है कि इस बारे में अन्य दार्शनिकों के संदेहवाद का जिक्र मैंने जरूर किया है। ...क्या ऐसे विषयों पर तर्क करना गलत है? ...किसी विषय पर एक ही दृष्टिकोण रखना सत्य के प्रति जागरूकता नहीं है। विरोधी विचारों के प्रति आँख-कान बंद करना उचित नहीं है। ...मुझे एक प्रश्न करने की अनुमति प्रदान करें। क्या लोकप्रिय धारणाओं पर सवाल उठाने को हिंदू कॉलेज के देशी प्रबंधन द्वारा मेरे वहाँ से हटाए जाने का उचित आधार ठहराया जा सकता है? ...यदि उन्होंने मेरी नैतिक दृढ़ता और मेरी धार्मिकता की जांच की होती तो मेरे खिलाफ कार्रवाई करने के लिए उनके पास कोई आधार न होता।'

दरअसल डिरोजियो का सामना राधाकांत देव जैसे विशिष्टवर्गी हिंदू नेताओं से हुआ था, जिन्होंने सती प्रथा का समर्थन किया था। डिरोजियो कवि भी थे। उनकी एक कविता है, 'पराधीनों की स्वतंत्रता'। इसकी पंक्तियाँ हैं:

कैसा महसूस किया होगा उसने
जब उसे कहा गया होगा पहली बार
उसकी गुलामी खत्म हुई अब
कैसे गर्व से धड़कने लगा होगा उसका हृदय सहसा
जब जाना होगा उसने पहली बार
वह भी आजाद है जैसे 'वे' हैं
उसकी आत्मा की पवित्रतम भावना चमक उठी होगी सहसा
कि उसे झुकना नहीं पड़ेगा अब
कि वह भी मनुष्य है अब उसकी तरह

डिरोजियो अंग्रेज नौजवान होते हुए भी पराधीन लोगों के दर्द को कितनी तल्खी से महसूस कर रहे थे, यह ऊपर की पंक्तियों से स्पष्ट है। उन्होंने हिंदू कॉलेज में अपने साथ हुए अन्याय के विरुद्ध यह कह कर अपील नहीं की, 'उनके अन्याय के खिलाफ अपील करना उनके लिए पारितोषिक के समान होगा।' वे एक स्वाभिमानी और स्वतंत्रचेता बुद्धिजीवी थे।

19वीं सदी में बौद्धिक स्वाभिमान एक बड़ा मूल्य था। बांग्ला नवजागरण के अधिकांश विशेषज्ञों ने डिरोजियो के उपनिवेशवाद-विरोधी तेवर को उजागर नहीं किया, क्योंकि वे अंग्रेजी राज की प्रगतिशील भूमिका दिखाने में ज्यादा दिलचस्पी लेते थे।

डिरोजियो के नौजवान शिष्यों ने सांस्कृतिक सुधार की जगह सांस्कृतिक विद्रोह का मार्ग चुना। लेकिन डिरोजियो की तरह उपनिवेशवाद का विरोध करने की जगह वे अंग्रेजी राज के प्रति सम्मोहित थे। 'यंग बंगाल' के ऐसे कई अंग्रेजी-शिक्षित नौजवान हिंदू धर्म के ही नहीं, ब्रह्म समाज के भी कटु आलोचक थे। ऐसे रैडिकल नौजवान राममोहन राय को 'आधा उदारवादी' मानते थे। उन्होंने हिंदू धार्मिक व्यवस्था की रूढ़ियों पर सवाल उठाया, नैतिकता का मार्ग चुना और व्यक्ति स्वतंत्रता की मांग की। यंग बंगाल के प्रमुख सदस्यों में थे—

ताराचांद चक्रवर्ती, रसिक वरण मल्लिक, राधानाथ सिकदर, रामतनु लाहिड़ी, प्यारीचांद मित्र, दक्षिणारंजन मुखोपाध्याय, रामगोपाल घोष आदि। ये 'डिरोजियन्स' कहे जाते थे। उनमें से कुछ व्यक्तियों के विचारों में उग्रता और उत्तेजना ज्यादा थी। कुछेक हिंदू धर्म छोड़कर ईसाई हो गए थे। वे पश्चिमी जीवन-शैली की तरफ आकर्षित थे। वे सभी शिक्षित नौजवान व्यक्तिगत तौर पर ईमानदार और सदाचारी थे। वे कुशल वक्ता, लेखक और सुधारक थे। उन्होंने कला-साहित्य और न्यायिक अधिकार के क्षेत्र में कई महत्वपूर्ण कार्य किए, प्रेस की स्वतंत्रता के लिए आवाज उठाई। उनमें से कई व्यक्ति अंग्रेजी राज की चाकरी में थे। उन्होंने अंग्रेजी शिक्षा पाने का फायदा उठाया। कुछ व्यवसाय में थे और कुछ शिक्षक थे। उन सभी ने 1857 के राष्ट्रीय विद्रोह का विरोध किया था, धर्मस्थलों पर अंग्रेजों की जीत के लिए प्रार्थनाएं की थीं और अंग्रेजों की दमन नीति का समर्थन किया था। उन्हें लगता था कि अंग्रेजों की हार से भारत पश्चिमी सभ्यता से वंचित होता और पिछड़ जाता। जाहिर है, नवजागरण के ऐसे कई बुद्धिजीवियों पर यूरोपीय जनतांत्रिक क्रांति का अधकचरा असर था।

डिरोजियो के अनुयायियों ने पश्चिमी आदर्शों को अपनाया। कई शराब पीने और गोमांस खाने को ही नवजागरण समझते थे। राजा राममोहन राय ने ईसाइयत के प्रति सिर्फ आकर्षण व्यक्त किया था। डिरोजियो के कुछ आधुनिक शिष्य आगे बढ़कर हिंदू धर्म से नफरत करते हुए ईसाई धर्म को ही मुक्ति का द्वार समझने लगे। 'यंग बंगाल' के रसिक कृष्ण मल्लिक ने विद्रोह स्वरूप अदालत में गंगा जल लेकर सौगंध खाने से इनकार कर दिया। माइकेल मधुसूदन दत्त ने 1843 में ईसाई धर्म अपना लिया। वे शुरू में अंग्रेजी में लिखते थे। बांग्ला नवजागरण का एक आयाम यह भी था। निश्चय ही डिरोजियो के शिष्यों में प्रतिभा, देशप्रेम और जनकल्याण की भावना की कमी नहीं थी। वे हिंदू धर्म की कूपमंडूकता से नाराज थे। दूसरी और, वे जितनी तेजी से पश्चिमी शिक्षा और जीवन-शैली अपना रहे थे, उतनी ही तेजी से भारतीय परंपराओं से दूर भी होते जा रहे थे और ब्रिटिश साम्राज्यवाद के प्रति निष्ठावान होते जा रहे थे।

डिरोजियो के शिष्यों में रामतनु लाहिड़ी ने काफी ख्याति अर्जित की थी, वे शिक्षक थे। उनका जितना प्रेम विद्यासागर से था उतना ही वे ब्रह्म समाजी देवेंद्रनाथ टैगोर, केशवचंद्र सेन और शिवनाथ शास्त्री से भी स्नेह करते थे। वे एक तरह से यंग बंगाल और ब्रह्म समाज के बीच पुल की तरह थे। वृद्धावस्था में उन्होंने ब्रह्म समाज के संदर्भ में एक बार कहा था, 'हाय! रसिक कृष्ण, रामगोपाल, यदि आज तुम लोग जिंदा होते तब तुमसे मैं कहता कि देख लो तुम लोग देश में जिस अग्रगामी संगठन की कामना कर रहे थे, वह संगठन यही है।' मैक्समूलर ने उनके बारे में लिखा है, 'रामतनु सबसे उन्नत थे। उनमें ईमानदारी थी और यदि कुछ गलत करते थे तो उन्हें सच्चा पछतावा होता था। वे हिपोक्रेसी से दूर थे।' यह टिप्पणी नवजागरणकालीन व्यक्तित्वों के गुणों की ओर इशारा करती है।

ब्रह्म समाज और केशवचंद्र सेन

ब्रह्म समाज की स्थापना 20 अगस्त 1828 को राजा राममोहन राय और देवेंद्रनाथ टैगोर ने सर्वप्रथम 'ब्रह्म सभा' के रूप में की थी। इसका बंगाल के धार्मिक सुधार तथा शिक्षा के प्रसार में काफी योगदान रहा है। इसके मंदिरों में कोई मूर्ति नहीं होती। सभी भक्त एक ब्रह्म या ईश्वर की उपासना करते हैं। दरअसल नए युग में मूर्तिपूजा का विरोध सर्वप्रथम राममोहन राय ने किया था। उन्होंने वेदांत, ईसाई धर्म और इस्लाम से प्रेरणा लेकर एक स्वतंत्र ब्रह्म धर्म या ब्राह्मो धर्म का प्रवर्तन किया। आगे चलकर जिस आर्य समाज की स्थापना दयानंद सरस्वती ने की, उसमें भी मूर्ति पूजा का निषेध है। लेकिन आर्य समाज में वैदिक कर्मकांड का महत्व है। ब्रह्म समाज वैदिक कर्मकांड से भी मुक्त है। इसमें एक ऐसे विशेष प्रकार की ईश्वरीय भक्ति की प्रधानता है, जो एक तरह से औपनिषदिक और ईसाई दर्शन के मेल से बनी है। इसे टैगोर परिवार के अलावा यदि किसी ने अधिक लोकप्रिय बनाया और आचारबद्ध किया तो वे केशवचंद्र सेन (1838-1884) थे। आम बांग्ला समाज के आचार-विचार पर ब्रह्म समाज के दर्शन का व्यापक असर पड़ा था। उसके असर से बांग्ला समाज जातिभेद, सांप्रदायिकता और कुरीतियों से बड़े पैमाने पर मुक्त हो सका था, इसमें संदेह नहीं।

ब्रह्म समाज की 'ब्रह्म दृष्टि' उदारवादी थी। हिंदू धर्म के नियमों ब्राह्मणों के यज्ञोपवीत, विवाह पद्धति, खान-पान, श्राद्ध-संस्कार आदि को न मानने की वजह से इसके समर्थकों को समाज से बहिष्कृत होना पड़ता था। देवेंद्रनाथ टैगोर ने जब विवाह-संबंधी कई परंपरागत नियम और अपने पिता की मृत्यु पर श्राद्ध के नियम नहीं माने तो उन्हें बहिष्कार झेलना पड़ा। लेकिन वे ब्रह्म समाज में गायत्री मंत्र में आस्था, यज्ञोपवीत संस्कार तथा ब्राह्मण-अब्राह्मण का भेद चला रहे थे। रवींद्रनाथ के यज्ञोपवीत संस्कार के समय जोड़ासांको की ठाकुरबाड़ी में जो अनुष्ठान हुआ, उसमें अब्राह्मण राजनारायण बसु को बैठने नहीं दिया गया था। आगे चलकर रवींद्रनाथ के सांस्कृतिक बोध में ये रूढ़ियां मिट गईं। लेकिन आम बांग्ला समाज ब्राह्मण-अब्राह्मण या जातीय-विजातीय भेदभाव से आज भी पूरी तरह उबरा है, यह नहीं कहा जा सकता।

1860-70 का दौर ब्रह्म समाज के नए उत्थान का दौर माना जाता है। केशवचंद्र सेन ने देवेंद्रनाथ टैगोर से कई मुद्दों पर असहमत होकर 1866 में ब्रह्म समाज को नया जीवन दिया। वे अपने योगदान के कारण अब्राह्मण होते हुए भी ब्रह्म समाज के आचार्य पद पर बैठाए गए। इससे बांग्ला समाज में जातिभेद शिथिल हुआ। देवेंद्रनाथ टैगोर किसी अब्राह्मण को कभी इस पद पर बैठाना नहीं चाहते थे। इससे सुधार आंदोलन के अंतर्विरोधों पर रोशनी पड़ती है। उपर्युक्त घटना के बाद ब्रह्म समाज दो भागों में बंट गया। यह भी उल्लेखनीय है कि केशवचंद्र सेन नए ब्राह्मवादियों को हिंदू धर्म से लगभग बाहर निकाल ले गए। वे पश्चिमी सम्मोहन में ईसाइयत की तरफ न झुककर यदि हिंदू धर्म के भीतर ही जनेऊ, जातिवाद, अंतरजातीय विवाह और विवाह की पुरानी जड़ रीतियों का निषेध करते तो शायद बांग्ला समाज में सामाजिक सुधार का अधिक विस्तार होता। औपनिवेशिक आधुनिकता की प्रधानता के दौर में यह मुश्किल था।

19वीं सदी की वैचारिक हलचलों से कोलकाता का नागरिक समाज आंदोलित था। शिक्षित लोग पुरानी रूढ़ियों को तोड़ रहे थे। वे पुरानी धार्मिक रीतियों को न मानकर नव विधान पर चलते थे। उन्हें घर और इलाके के लोग त्याग देते थे, लांछित भी करते थे। उन्हें गाली-गलौज और शारीरिक

उत्पीड़न सहना पड़ता था। उन्हें अपनी संतान का मुंह देखने नहीं दिया जाता था। कइयों को घर में नजरबंदी की दशा में रहना पड़ा। ऐसे ही एक जाति-बहिष्कृत व्यक्ति शिवनाथ शास्त्री (1849-1919) थे जिन्होंने ब्रह्म समाज का इतिहास लिखा। नवजागरण के उस दौर में कई लोग साहस करते थे और अपने नए विचारों पर दृढ़ रहते थे। उल्लेखनीय है कि ब्रह्म समाज की सभाओं में नए विचारों को सुनने के लिए दूसरे लोग भी आते थे।

केशवचंद्र सेन का जातिवाद के विरोध और स्त्री-अधिकार के मामलों में बड़ा योगदान है। उन्होंने 1869 में ब्रह्म मंदिर की स्थापना करके आपसी कलह दूर करने की कोशिश की। ब्रह्म समाज में मुसलमान भी आ सकते थे। केशवचंद्र सेन मनुष्य जाति में भाईचारा के प्रबल समर्थक थे। वे ईश्वर को ईसाइयों की तरह पिता के रूप में देखते थे। उन्होंने जो उपदेश दिया है, उसकी प्रधान बातें हैं— (एक) किसी जाति और संप्रदाय से घृणा न करना, (दो) जनेऊ धारण न करना, (तीन) जातिभेद पर आधारित किसी अनुष्ठान में न जाना और (चार) जिससे सभी जातियां एक परिवार बन कर रहें, ऐसी कोशिश करना। उन्होंने ब्रह्म समाज में एक विशेष ब्रह्म विवाह पद्धति प्रस्तावित की और अंग्रेज सरकार से इस पद्धति का अनुमोदन कराया। इससे अंतरजातीय और अंतरधार्मिक विवाह को सर्वप्रथम कानूनी स्वीकृति (1872 की 3 धारा) मिली। देवेंद्रनाथ टैगोर के मन में विधवा पुनर्विवाह को लेकर दुविधा थी, लेकिन केशवचंद्र सेन इसके प्रबल समर्थक थे।

केशवचंद्र सेन ने जो ब्रह्म विवाह पद्धति चलाई, उससे कई अनावश्यक हिंदू रीतियों को निकाल बाहर किया। यह पद्धति उन बंगालियों के बीच भी लोकप्रिय होती गई जो ब्रह्म समाजी नहीं थे। ब्रह्म समाज के प्रयत्न से असवर्ण से विवाह को मान्यता मिली। इतना ही नहीं विधवा विवाह, अंतरप्रदेशीय विवाह और अंतरधर्मीय विवाह को भी मान्यता मिली। यह भारतीय समाज की कठोरता को देखते हुए एक बड़ी सामाजिक क्रांति थी। ब्रह्म विवाह पद्धति पर उस दौर में काफी बहस चली थी।

केशवचंद्र सेन ने बाल विवाह के सवाल पर डाक्टरों से परामर्श करके एक वक्तव्य दिया, 'कलकत्ता के चिकित्सा अधिकारियों ने सर्वसम्मति से कहा है

कि लड़कियों के विवाह की न्यूनतम उम्र 16 होनी चाहिए। डॉ. चार्ल्स कहते हैं कि 14 साल की उम्र में लड़कियां ऋतुमती हो जाती हैं। इसलिए गांवों की लड़कियों को 14 साल की उम्र में विवाह की अनुमति दी जा सकती है। इन परामर्शों से हम इस निष्कर्ष पर पहुँचते हैं कि देश में लड़कियों की विवाह योग्य न्यूनतम उम्र 14 साल होनी चाहिए। आगे चलकर धीरे-धीरे यह उम्र बढ़ाई जाती रहेगी।' (शिवनाथ शास्त्री, ब्रह्म समाज का इतिहास)। यह नियम सिर्फ हिंदुओं के लिए नहीं सभी धर्मावलंबियों के लिए प्रस्तावित था। 1873 में 'बाल विवाह निवारिणी सभा' की स्थापना हुई। केशवचंद्र सेन इस मुद्दे पर मुखर थे। लेकिन इस नियम को आदि ब्रह्म समाज और सामान्यतः हिंदुओं ने नहीं माना। केशवचंद्र सेन के इस आंदोलन का व्यापक विरोध हुआ। विधवा पुनर्विवाह के मुद्दे पर पुराने विचार के हिंदू पहले से असंतुष्ट थे। जब बाल विवाह रोकने का मुद्दा सामने आया, उनको संगठित होने का एक और अवसर मिल गया।

केशवचंद्र सेन 1870 में इंग्लैंड से लौटे, तब उन्होंने 'भारतीय सुधार सभा' के नाम से एक संगठन बनाया। इसका लक्ष्य समाज सुधार था। वे इसमें ब्रह्म समाज तक सीमित नहीं थे। उनके सामने भारतवासियों में फैला कलह, जाति-अहंकार और धार्मिक विद्वेष बड़ी समस्याएं थीं। उन्होंने 1869 में जब ब्रह्म मंदिर की स्थापना की तो स्पष्ट कहा, 'इस मंदिर में जातिभेद नहीं होगा। हिंदू और मुसलमान दोनों आकर इस मंदिर में एक ईश्वर की उपासना कर सकते हैं।' यह बड़ी बात थी।

केशवचंद्र सेन जितने सहृदय थे उतने ही स्वाभिमानी भी थे, 'मैंने चिर काल से स्वाधीनता का आदर किया है, लेकिन ईश्वर-भक्तिविहीन स्वाधीनता आदरणीय नहीं है। दुनिया के बाजार में मैंने अपना स्वाभिमान कभी बेचा नहीं। बड़ा होने के लिए, उच्च पद पाने के लिए स्वाधीनता नहीं बेची। जो स्वाधीनता नरक की स्वेच्छाचारिता है उसे मैं स्वाधीनता नहीं कहता।' (स्वाधीनता)। वे जिस स्वाधीनता की बात कह रहे थे, उसमें अंग्रेजी राज से स्वाधीनता के विचार का प्रवेश नहीं था।

केशवचंद्र सेन का युग धार्मिक कट्टरता पर जोर नहीं देता था। उस युग में जो प्रचलित रूढ़ियां थीं, उन्हें तोड़ने की प्रवृत्ति उदितावस्था में थी।

आधुनिकता का इस रूप में अभी प्रादुर्भाव हो रहा था। केशवचंद्र सेन ने कहा, 'एक अच्छे मत का अंधा बनकर अनुसरण नहीं करना चाहिए। मैं अंधा होकर अंधे को नहीं चलाऊंगा। स्वाधीनता महामंत्र है। इतनी दूर तक यदि स्वाधीनता पहुंच जाए तो वह स्वेच्छाचार नहीं होगी। ...मैंने यहां तक किया है कि धर्म के क्षेत्र में भी स्वाधीन रहने का व्रत लिया है।' (वही)। वे स्वाधीनता और स्वेच्छाचारिता में फर्क करते हैं। वे प्रेम और भ्रातृत्व को सर्वोपरि मानते हैं। वे कुशल वक्ता थे, विचार व्यक्त करते-करते भावविह्वल हो जाते थे। इसलिए समझने की जरूरत है कि नवजागरण की धुरी बुद्धिवाद जरूर है, लेकिन इसका अर्थ यह नहीं है कि बुद्धिवादी नागरिक हृदयहीन होगा और वह भावविह्वल नहीं हो सकता। एक अच्छा बुद्धिवादी भावनाओं के महत्व को समझता है।

केशवचंद्र सेन ईसाइयत की तरफ झुके थे, लेकिन उनके हृदय में इतनी उदारता थी कि उन्होंने ब्रह्म समाज के मंदिर में चैतन्य महाप्रभु की भक्ति का प्रवेश कराया। वे रामकृष्ण परमहंस के पास समाधि का ज्ञान पाने के लिए जाया करते थे। एक शिक्षित व्यक्ति के इतने परस्पर विरोधी झुकावों और अपने से लगातार बहस को कोई विभ्रम की दशा कह सकता है। केशवचंद्र सेन का कहना था, 'ईसा मेरी इच्छाशक्ति है, सुकरात मेरा मस्तिष्क है, चैतन्य महाप्रभु मेरा हृदय है, हिंदू ऋषि मेरी आत्मा है, मानव-प्रेमी हावर्ड मेरा दायां हाथ है।'

ये वही केशवचंद्र सेन हैं जिन्होंने अपने से भिन्न मत के गुजरात से आए दयानंद सरस्वती को सलाह दी थी कि वे हिंदी में अपना धार्मिक प्रचार करें। उन्होंने ही सबसे पहले हिंदी को भारतीय एकता का सूत्र कहा और इसे राष्ट्रभाषा कह कर मान्यता दी। उन्होंने अपने देश में मातृभाषा में शिक्षा दिए जाने का सवाल महारानी विक्टोरिया के समक्ष उठाया था। ब्रह्म समाजी होते हुए भी वे अपनी मृत्यु से एक सप्ताह पहले एक काली मंदिर का उद्घाटन करने गए थे। उनकी मृत्यु शय्या के निकट देवेंद्रनाथ टैगोर और रामकृष्ण परमहंस दोनों थे। उन्होंने मरते समय अपने शिष्य को बाइबिल की पंक्तियाँ पढ़ने को कहा और मुँह से निकला—'माँ'! क्या कहा जाए ऐसे लोगों को—विभ्रांत, अराजक?

नवजागरण के दौर में ऐसे ही लोग थे, जिन्हें सामाजिक बुराइयां बेचैन किए रहती थीं। उनका अंतःकरण दहकता रहता था और हमेशा अपना विस्तार चाहता था। एक कट्टर धर्मगुरु या महंत का संप्रदायवाद उनमें नहीं था। वे विभिन्न धर्मों में संगति खोजते थे और धार्मिक ढाँचे में वस्तुतः सामाजिक क्रांति के काम को आगे बढ़ा रहे थे।

केशवचंद्र सेन ने राममोहन राय के समय स्थापित ब्रह्म समाज में निश्चय ही ईसाइयत और पश्चिमी शैली का प्रवेश कराया, जो अंग्रेजी राज को भारत के लिए स्वाभाविक मान लेने जैसा था। रामकृष्ण परमहंस की हिंदू छवि से उनकी एक भिन्न छवि थी। उन्होंने 1870 में इंग्लैंड जाकर देखा था कि ईसाइयत ने यूरोपीय जीवन में कितनी गतिशीलता पैदा कर रखी है। फिर भी, केशवचंद्र सेन हिंदू दर्शन से अपने को पूरी तरह अलग कर चुके थे, ऐसा नहीं कहा जा सकता। उन्होंने 'स्वाधीनता' शीर्षक उसी लेख में कहा है, 'पराधीनता इस पृथ्वी के लिए जहर है। ...स्वाधीनता से ही अनेक गुरुतर कार्य संपन्न हुए हैं...। (स्वाधीनता पाने का अर्थ है) किसी के पैरों के नीचे नहीं रहना पड़ेगा। पुस्तक विशेष का दास बन कर उसकी वंदना नहीं करनी पड़ेगी। किसी एक संप्रदाय का ही होकर उसका यशगान नहीं करना पड़ेगा। ...अहंकार के अधीन नहीं होना पड़ेगा। ...स्वाधीनता के भाव का जितना विकास हुआ पतनशीलता, जातिभेद जैसे तत्वों का उतना ही प्रभुत्व मिटा। ...ईश्वर ने मनुष्य को स्वाधीनता दी है। फिर मनुष्य ही बाजार में अपनी स्वाधीनता बेच कर पृथ्वी के पापों से दब जाने के कारण चीखता है। गुलाम होने की इतनी इच्छा! ...स्वाधीनता का मैंने चिर काल से आदर किया है। मैंने अपने को सब मायाओं से दूर रखा। किसी एक पुस्तक को मैं क्यों निर्भांत मानूंगा? क्यों एक मनुष्य के पीछे चलूंगा? मैं महामान्य ईसा, गौरांग चैतन्य के प्रति भी यथेष्ट भक्ति रखता हूँ, किंतु उनको जीवन का आदर्श नहीं मानता। कौन गुरु! कौन ब्रह्म समाज! कौन मेरा ब्राह्म दल! किसी विषय के प्रति आसक्ति नहीं। ...हम ईश्वर के अधीन हैं, इसलिए संपूर्ण रूप से स्वाधीन हैं।' इस चिंतन से केशवचंद्र सेन के मन-मस्तिष्क को समझा जा सकता है। उन्होंने ब्रह्म समाजी देवेंद्रनाथ टैगोर से अलग रास्ता चुन कर 'नव विधान' की रचना की।

इसके जवाब में पुराने ब्रह्म समाजियों ने 'आदि समाज' के रूप में अपने को पुनःसंगठित किया।

केशवचंद्र सेन बाल विवाह के विरोधी थे। हालांकि उन्होंने अपनी कम उम्र की बेटी का विवाह कूचविहार महाराज के बेटे से करा दिया था। सुधारकों के विचार और कर्म के बीच कई मामलों में दूरी सामने आई है। उपर्युक्त प्रसंग पर ब्रह्म समाजियों के एक गुट ने केशवचंद्र सेन का विरोध किया और 1878 में 'साधारण ब्रह्म समाज' के नाम से एक अलग संगठन बना लिया। भारतीय ब्रह्म समाज का नाम 'नवविधान ब्रह्म समाज' हो गया। लगता है, मतभेद और टुकड़ों में विभाजन भारतीय प्रकृति है।

इन घटनाओं के बावजूद उस युग में नए विचार तेजी से फैल रहे थे। अविभाजित बंगाल में सुधार आंदोलन को व्यापक करने में ब्रह्म समाज की एक बड़ी भूमिका है। इसने शिक्षा प्रतिष्ठानों का एक सिलसिला शुरू कर दिया। खासकर स्त्री शिक्षा का व्यापक प्रचार हुआ। हिंदू-मुसलमान एक साथ बैठकर खाने लगे, जबकि यह वर्जना कठोर थी। विरोधों के बावजूद विधवा विवाह भी छिटपुट हुए।

सुधार आंदोलन का यह पहलू कम महत्वपूर्ण नहीं है कि एक ब्रह्म समाजी द्वारकानाथ गांगुली ने असम के कुलियों की दुर्दशा और उनके उत्पीड़न पर अपने लेखन के जरिए सभी का ध्यान आकर्षित किया। फलस्वरूप सरकार ने कुलियों के संबंध में कुछ कानूनी सुधार किए। जमींदारों के बहु-विवाह का विरोध विद्यासागर ने किया था। ब्रह्म समाज के नौजवानों ने इस आंदोलन को आगे बढ़ाया। स्त्रियां बिना पर्दे के सार्वजनिक जगहों पर बैठने लगीं। इसके अलावा, 'सुरापान निवारण सभा' (1868) बनी और शराब पीने का विरोध हुआ। हिंदी क्षेत्र में भारतेंदु ने यह मुद्दा उठाया।

बांग्ला पत्रकारिता में जो उभार आया, वह भी इस युग की एक विशेष घटना है। इसने आमतौर पर नए विचारों का साथ दिया। बांग्ला समाज में शिक्षा के प्रसार, सामाजिक सुधार और पत्रकारिता के कामों का जो सिलसिला राममोहन राय ने शुरू किया था वह देवेंद्रनाथ टैगोर, अक्षय कुमार दत्त, केशवचंद्र सेन, राजनारायण बसु आदि ने आगे बढ़ाया। यही वजह है कि

बांग्ला समाज कई धार्मिक रूढ़ियों और बंधनों से एक हद तक मुक्त हो सका और जातीय आत्मपहचान अर्जित करने के साथ आधुनिकीकरण की तरफ बेहिचक बढ़ सका।

ईश्वरचंद्र विद्यासागर और बांग्ला नवजागरण

ईश्वरचंद्र विद्यासागर (1820-1891) भारतेंदु हरिश्चंद्र (1850-1885) की तरह अपनी जातीय भाषा में आधुनिक गद्य के प्रवर्तक कहे जाते हैं। वे संस्कृत के पंडित थे और अंग्रेजी पढ़ना जरूरी मानते थे। पर उन्होंने अपने ज्ञान का उपयोग अपनी मातृभाषा बांग्ला के विकास के लिए किया। भारतेंदु ने अंग्रेजी माध्यम के क्वींस कॉलेज में शिक्षा पाई थी, पर वे अंग्रेजी छोड़कर हिंदी की सेवा में प्रवृत्त हुए थे। दोनों महापुरुषों की यह समानता मातृभाषा के प्रति निष्ठा की सामान्य नवजागरणकालीन प्रवृत्ति की और संकेत करती है। विद्यासागर ने मौलिक साहित्य की रचना नहीं की। उन्होंने सिर्फ शिक्षा के उद्देश्य से स्कूल-कॉलेज के लिए कुछ ग्रंथों की रचना की। उन्हें जीवन भर अपने काम में बाधाओं का सामना करना पड़ा, पर वे युगांतरकारी काम करते गए। इन कामों में नए ढंग से शिक्षा के अलावा पश्चिमी दर्शनों के प्रति खुला रुख और समाज सुधार भी हैं।

उल्लेखनीय है कि विद्यासागर-भारतेंदु के युग में राममोहन राय और मैकाले की भाषा-दृष्टि से प्रस्थान घटित हुआ। अंग्रेजी के समानांतर अब राष्ट्रीय भाषाओं के महत्व का बोध होने लगा था, राष्ट्रीय जागरण दस्तक दे रहा था। यह नवजागरण की दोपहर थी। विद्यासागर ने बांग्ला माध्यम के कई स्कूल खोले। उन्होंने स्कूलों को उन नए आदर्शों और लक्ष्यों के अनुरूप ढालने की कोशिश की जिनके अनुसार उसी समय इंग्लैंड में मॉडल स्कूल बन रहे थे और प्राथमिक शिक्षा, जन शिक्षा दी जा रही थी। अंग्रेज पदाधिकारियों से उनके अच्छे संबंध थे। उनसे जानकारियां मिलती रहती थीं। विद्यासागर पाश्चात्य शिक्षा-आदर्शों के अनुरूप अपने देश की शिक्षा में सुधार करना चाहते थे। यह महत्वपूर्ण है कि उन्होंने अपनी पुस्तक 'वर्ण परिचय' में बांग्ला अक्षरों का मानक रूप तैयार किया। रवींद्रनाथ ने बांग्ला पर विद्यासागर का ऋण स्वीकार किया है।

इधर हिंदी माध्यम के ही नहीं, प्रायः सभी भारतीय भाषाओं के कई स्कूल जातीय भाषा में उच्च मान के स्कूल बनने की जगह अंग्रेजी माध्यम के स्कूल में बदलते जा रहे हैं, जबकि 19वीं सदी में एक भिन्न हवा थी।

बच्चों के वर्ण परिचय के पाठ में आमतौर पर होता रहा है— 'झूठ बोलना पाप है।' विद्यासागर ने अपने बांग्ला पाठ में रखा— 'झूठ बोलना अपराध है।' यह 19वीं सदी की चेतना है। पाप है तो परलोक में दंड है, अपराध है तो इसी लोक में। नवजागरण युग की शिक्षण दृष्टि से समझा जा सकता है कि संस्कृत का शिक्षक होते हुए भी किस तरह विद्यासागर शिक्षा को कूपमंडूकता से बाहर निकालने का माध्यम मानते थे। वे पुरातनपंथी पंडितों की संख्या बढ़ाने की जगह चाहते थे कि देश के लोग अपनी मातृभाषा में शिक्षा पाएं। शिक्षक ऐसे हों जो विभिन्न विषयों का ज्ञान रखें। वे कुरीतियों, पुनर्जन्म जैसी धारणाओं, धार्मिक पाखंड और गंवारपन को छोड़ें।

संस्कृत साहित्य की परंपरा से आकर विद्यासागर पर्याप्त आधुनिक और सचमुच विद्यासागर थे, जबकि आज अंग्रेजी पढ़े-लिखे और कंप्यूटर का ज्ञान हासिल किए ज्यादातर लोग विद्याकूप होते हैं। महात्मा गांधी ने बांग्ला नवजागरण के महापुरुषों में विद्यासागर को सर्वश्रेष्ठ बताया है। इनका विपुल ज्ञान इन्हें 'दया का सागर' बनाता था, आज का ज्ञान व्यक्तियों को भले निर्दय और धूर्त्त बनाए। कहना चाहिए, 19वीं सदी के नवजागरण में ज्ञान की प्रमुख भूमिका है। उस युग में ज्ञानार्जन का उद्देश्य स्वार्थपूर्ति न होकर लोक की सेवा रहा है।

विद्यासागर कलकत्ता के फोर्ट विलियम कॉलेज में 6 साल (1841-1846) तक संस्कृत के हेड पंडित थे। उन्होंने यहाँ काम करते हुए हिंदी और अंग्रेजी सीखी। वे इंग्लैंड से प्रशासन के लिए भारत में आए अंग्रेजों को इस कॉलेज में संस्कृत और बांग्ला पढ़ाते थे तथा हिंदी के भी परीक्षक थे। उन्होंने 'वैताल पचीसी' का हिंदी से बांग्ला में साहित्यिक अनुवाद किया था। विद्यासागर का हिंदी से संबंध प्रायः अविदित है।

फोर्ट विलियम कॉलेज से वे संस्कृत कॉलेज में सेक्रेटरी बन कर आ गए। यहाँ वे सात साल तक थे। उन्होंने संस्कृत पढ़नेवाले विद्यार्थियों के लिए

चाहा कि वे पश्चिमी दर्शनों का भी ज्ञान हासिल करें, भले वे हिंदू दर्शन से भिन्न हैं। स्पष्ट है कि वे संस्कृत अध्ययन की पुरानी परिपाटी को बदलना चाहते थे। उन्होंने 'सर्वदर्शन संग्रह' का बांग्ला में संपादन किया था, जिसमें चार्वाक का दर्शन भी है। इसके अलावा, संस्कृत के अनेक ग्रंथों का भावानुवाद किया जिसे ट्रांस-क्रिएशन कहा जा सकता है। वे संस्कृत और अंग्रेजी पर जोर देते हुए भी बांग्ला के प्रति समर्पित थे। उनकी धारणा थी, 'जिनके ऊपर शिक्षा का दायित्व है उनका प्रधान लक्ष्य बांग्ला साहित्य का सृजन करना होना चाहिए।' इसके लिए वे अंग्रेजी के अलावा संस्कृत का ज्ञान जरूरी मानते थे।

विद्यासागर ने संस्कृत कॉलेज में रहते हुए यहाँ पढ़ने के लिए शूद्रों के प्रवेश का प्रस्ताव रखा। उस समय के कट्टरवादी माहौल में वे सफल न हो सके, फिर भी बुद्धि और न्याय के पक्ष में वे टकरा रहे थे! विद्यासागर ने फोर्ट विलियम के शिक्षा सचिव को 28 मार्च को एक पत्र लिखा, 'मैं यह कहने की छूट चाहूंगा कि संस्कृत कॉलेज में मुझे ब्राह्मणों और वैश्यों के अलावा दूसरी जातियों के, यहाँ तक कि शूद्र के प्रवेश पर भी कोई आपत्ति नहीं है।' हालांकि वे स्त्री के मामले में जितने विद्रोही थे, जाति के मामले में उतने नहीं थे। जाति के मामले में वे वर्ण व्यवस्था के समर्थक थे। वे संस्कृत कॉलेज के अन्य लोगों के दबाव में थे, इसलिए इस संदर्भ में उन्होंने सिफारिश सिर्फ कायस्थों के प्रवेशाधिकार के लिए की।

विद्यासागर स्त्रियों की शिक्षा के घनघोर पक्षधर थे। उन्होंने 1 अक्टूबर 1867 को विलियम ग्रे को पत्र लिखा था कि स्त्रियों के शिक्षा केंद्र बेथुन कॉलेज भले लाभ में नहीं चल रहा है और इसमें लड़कियां कम हैं, पर इसे बंद न किया जाए। उनके सामने स्पष्ट था कि हिंदू मानसिकता लड़कियों को पढ़ाने के मामले में खिलाफ है। शिक्षिकाएं भी नहीं मिलती थीं। उन्होंने तर्क दिया, 'इस विद्यालय ने निकटवर्ती जिलों में नारी शिक्षा के प्रचार-प्रसार को प्रभावित किया है।' भारतेंदु ने बेथुन कॉलेज की उत्तीर्ण छात्राओं के लिए बनारस से साड़ियां भेजी थीं!

ईश्वरचंद्र विद्यासागर का भारतेंदु से खास संबंध था। हिंदी और बांग्ला के लोग तब एक-दूसरे से जुड़े हुए थे, दोनों जगहों पर खुलापन था।

विद्यासागर जब दूसरी बार कालिदास के 'अभिज्ञान शाकुंतलम्' का संपादन अधिक सटीक ढंग से कर रहे थे, भारतेंदु ने उन्हें अपने ग्रंथालय से इसका एक प्राचीन पाठ सुलभ कराया था। मैंने देखा कि इसका उल्लेख उपर्युक्त संस्कृत ग्रंथ के पहले संस्करण की भूमिका में है, पर पाया कि बाद के संस्करणों से यह उल्लेख गायब है।

विद्यासागर की विधवा माँ जब बनारस में थीं, भारतेंदु उनकी देखभाल करते थे। उन्होंने विधवा पुनर्विवाह आंदोलन में सहयोग देते हुए संस्कृत ग्रंथों से कुछ प्रमाण विद्यासागर के पास भेजे थे। विद्यासागर के समर्थन में उन्होंने एक मुकरी लिखी थी, 'सुंदर बानी कहै समुझावै/विधवागन सो नेह बढ़ावै।/दयानिधान परम गुन आगर/सखि सज्जन नहिं विद्यासागर।' भारतेंदु की मृत्यु पर विद्यासागर ने कहा था, 'आज मुझे पुत्र खोने जैसा दुख है' और एक दिन का उपवास रखा था।

1855 में विद्यासागर ने अपने माता-पिता से अनुमति लेकर विधवा पुनर्विवाह के पक्ष में पहली बार अपना लेख प्रकाशित कराया। 19वीं सदी में नवजागरण के ऐसे अग्रदूत उच्छेदवादी न थे। वे धर्म और संस्कृति में पहले कही गई मानवीय बातों का अपने युग की सामाजिक बुराइयों से लड़ने के लिए रचनात्मक इस्तेमाल करते थे। इस तरह वे जनता से 'कनेक्ट' होते थे। इससे रूढ़िवादी निरुत्तर हो जाते थे।

विधवा पुनर्विवाह के प्रश्न पर विद्यासागर सबसे पहले कट्टरपंथी हिंदुओं की धर्म सभा के नेता राधाकांत देव से मिले और एक सभा में उनके समक्ष 'पराशर संहिता' से उद्धरण देकर अपने मत के समर्थन में विचार रखा। उनके तर्कों से प्रभावित होकर राधाकांत देव ने उन्हें एक शॉल भेंट की और प्रशंसा में कहा, 'विद्यासागर में तर्क करने की बेमिसाल शक्ति है।' इस टिप्पणी से रूढ़िवादी ब्राह्मणों के बीच हलचल मच गई। हालांकि राधाकांत ने जिस तरह सती प्रथा के संदर्भ में राममोहन राय के प्रस्ताव का विरोध किया था, वे विधवा पुनर्विवाह के भी न सिर्फ विरोध में थे, बल्कि दोनों ही मौकों पर उन्होंने विरोध में रूढ़िवादियों के सैकड़ों हस्ताक्षर सहित एक विस्तृत मांग पत्र भी अंग्रेज अधिकारियों को सौंपा था।

उस काल में विधवा पुनर्विवाह न होने से ऐसी स्त्रियों की बड़ी दुर्दशा थी। उन्हें कई बार कुपथ चुनना पड़ता था। हिंदू समाज धर्मशास्त्र में स्वीकृत विधवा विवाह की परंपरा से कटकर निर्दयी हो चुका था। विधवाओं को वस्त्र-भोजन आदि पर कठोर प्रतिबंध झेलना पड़ता था। यह कष्ट अभी भी बहुत-सी जगहों पर है। विद्यासागर ने इस विकृत लोकाचार को हटाने के लिए धर्मशास्त्रों का हवाला देते हुए लिखा, 'विधवा पुनर्विवाह की प्रथा प्रचलित न होने के कारण जो अनिष्ट हो रहा है, वह सभी को मालूम है। ...लोकाचार के प्रभाव से लोग शास्त्र को अशास्त्र और धर्म को अधर्म मानने लगे हैं। क्या उचित है-क्या अनुचित, यह सोचने की शक्ति तक को इसने पंगु कर दिया है। न्याय-अन्याय के विवेक का रास्ता रोककर यह खड़ा है। ...हाय रे धर्म! तुम्हारा रहस्य जानना दुष्कर है। किससे तुम्हारी रक्षा होती है और किससे तुम्हारा लोप हो जाता है, यह केवल तुम्हीं बता सकते हो। ...इस पुण्य भूमि भारत में पाप की जो धारा अबाध गति से बह रही है, उसे देखकर तुम्हारे प्रति अनादर और घृणा के अलावा कोई भाव नहीं जगता। ...हाय भारत के लोग! कितने अभागे हो तुम! ...कब तुम्हारी हालत सुधरेगी? मैं किंकर्तव्यविमूढ़ हो गया हूँ। हाय क्या होगा? एक बार ज्ञान चक्षु खोलकर देखो...। बहुत हो गया, उठो, जागो। ...कुछ करो ताकि स्वदेश के कलंक को धोया जा सके। तुम्हारा विवेक, तुम्हारी बुद्धि और धार्मिक दृष्टि सब कलुषित हो गई है। तुम्हारी मानसिकता इतनी जड़ हो गई है कि हतभाग्य विधवाओं की ओर तुम्हारी दृष्टि नहीं जाती। ...हाय रे अबलागण! किस पाप के कारण तुम्हें इस देश भारतवर्ष में जन्म ग्रहण करना पड़ा है, मैं बता नहीं सकता।' (विद्यासागर रचनावली)। विद्यासागर के इन विचारों में उनकी बेचैनी, पीड़ा और जड़ता पर आक्रमण को समझा जा सकता है।

ईश्वरचंद्र विद्यासागर के संघर्ष का ही नतीजा है कि अंग्रेज सरकार ने 1856 में विधवा पुनर्विवाह को कानूनी रूप दिया। उनके द्वारा 987 लोगों की हस्ताक्षरित याचिका के जवाब में राधाकांत देव ने 36,763 लोगों का विरोध पत्र भेजा था। इसके बावजूद, विद्यासागर ने डलहौजी के शासन में अंग्रेजों के सहयोग से यह लड़ाई जीत ली। विद्यासागर के विधवा विवाह के मुद्दे ने कई

अंग्रेजी-शिक्षित बांग्ला बुद्धिजीवियों की कूपमंडूकता को उजागर कर दिया था। इससे बांग्ला नवजागरण के अंतर्विरोधों का पता चलता है। एशियाटिक सोसाइटी के राजेंद्रलाल मित्र विद्यासागर के मित्र थे। उन्होंने सरकार में विधवा विवाह का कानून बनाने के विरोध में अपना मत दिया। 'हिंदू मेला' के प्रवर्तक नवगोपाल मित्र ने अपनी पत्रिका 'नेशनल पेपर' में विद्यासागर पर व्यंग्य करते हुए लिखा, 'उन्हें समाज सुधार के काम में माथापच्ची न करके साहित्य पर ही ध्यान देना चाहिए।' बंकिमचंद्र ने 1874 के 'बंगदर्शन' में विद्यासागर पर तीव्र हमला करते हुए लिखा, 'विद्यासागर जैसे कहना चाहते हैं कि तुम लोग कुछ नहीं जानते हो, धर्मशास्त्र सिर्फ मैं जानता हूँ।' ये विचार नवजागरण के आंतरिक अवरोधों को उजागर करते हैं।

1868 की बांग्ला पत्रिका 'सोमप्रकाश' से पता चलता है कि लगभग 60 विधवाओं का विवाह संपन्न कराने पर विद्यासागर पर 35 हजार रुपये का कर्ज हो गया था। यह कर्ज चुकाने के लिए विद्यासागर अपने एक मित्र और काफी अमीर सज्जन के पास गए, पर उन्होंने धन देने से इनकार कर दिया। कई मित्रों ने उनको समर्थन देने का वचन देकर भी उनसे मुँह फेर लिया। इससे अंदाजा लगाया जा सकता है कि उस जमाने में विधवा पुनर्विवाह को मंजूरी दिलाना और कई विधवाओं का विवाह संपन्न कराना कितना चुनौतीपूर्ण काम था।

गौर करने की बात यह भी है कि विद्यासागर ने अंग्रेजी राज की दबे स्वर में भी कभी आलोचना नहीं की और बंकिमचंद्र (1838-1894) ने भी नहीं की। दोनों को समान रूप से अंग्रेज साहबों का समर्थन हासिल था। इस धरातल पर देखें तो अपेक्षाकृत छोटी उम्र के भारतेंदु का व्यक्तित्व अधिक प्रखर था। फिर भी हिंदी भाषी लोगों ने भारतेंदु को उस तरह नहीं अपनाया, जिस तरह बंगाल में विद्यासागर और बंकिमचंद्र अपनाए गए।

विद्यासागर ने बहुविवाह और बाल विवाह का भी विरोध किया था। उन्होंने हुगली जिले और आसपास के सौ से ज्यादा ऐसे हिंदू जमींदारों की एक सूची बनाई थी, जिन्होंने 10 से लेकर 70-80 शादियां कर रखी थीं। ये जमींदार किसानों की गरीबी का फायदा उठा कर किशोर लड़कियों से शादी कर लेते थे। यह उस युग में स्त्री पर अत्याचार का एक और उदाहरण था।

इसलिए 19वीं सदी में स्त्री के सम्मान में जो आवाजें उठीं, उनका महत्व है। 1855 में अंग्रेज सरकार के सामने एक समिति ने एक रिपोर्ट पेश की थी कि बहु विवाह शास्त्रसम्मत प्रथा है। दशरथ, अर्जुन कई पौराणिक उदाहरण थे। इसके समानांतर, इस प्रथा के विरोध में कई अपीलें की गईं। इस प्रथा को मिटाने के लिए संरक्षणवादी संस्था 'सनातन धर्म सभा' भी सक्रिय थी। विद्यासागर इस प्रथा की समाप्ति के लिए आगे आए, 'बहु विवाह की प्रथा से जहाँ स्त्रियां उत्पीड़ित हो रही हैं, वहीं समाज में तरह-तरह की बुराइयां फैल रही हैं।' (वही)।

विद्यासागर सामाजिक बुराइयों को मिटाना चाहते थे। वे धर्म को मानवता के उच्च आदर्शों से जोड़ना चाहते थे। उनकी तरह आंध्र प्रदेश में कंदुकूरी वीरेशलिंगम (1848-1919) ने विधवा पुनर्विवाह का काम किया था और बहुविवाह का विरोध किया था।

ईश्वरचंद्र विद्यासागर धार्मिक पाखंडों के विरोधी थे। उन्होंने काशी के पंडों को लताड़ा था, जब इन्होंने उनके वंश-इतिहास की पोथी सामने रखी और दबाव देकर उन्हें विश्वनाथ मंदिर ले जाना चाहा। विद्यासागर ने कहा, 'उनके पिता ही बाबा विश्वनाथ और उनकी मां ही देवी अन्नपूर्णा हैं।' दरअसल वे धर्म को मानते थे, पर पाखंडों से उनका विरोध था। उन्होंने घोषणा की—'मैं कुरीतियों का गुलाम नहीं हूँ। समाज की भलाई के लिए जो करना तर्कसंगत है, मैं वही करूँगा, भले मेरे संबंधी या दूसरे लोग नाराज हो जाएं।' वे पुनर्जन्म नहीं मानते थे।

देखने की जरूरत है कि 19वीं सदी की औपनिवेशिक-सामंती व्यवस्था के भीतर संस्कृत के एक शिक्षक का बौद्धिक मन रूढ़ियों से किस तरह टकरा रहा था। वह कूपमंडूक नहीं था। नवजागरण के ऐसे बुद्धिजीवी भारतीय अतीत की हर चीज की निंदा करनेवालों में नहीं थे तो हर नई चीज का गौरव गान करनेवालों में भी नहीं थे।

दूसरी बात, विद्यासागर बांग्ला नवजागरण के व्यक्तित्व थे, पर उनकी नजर के दायरे में संपूर्ण भारतवासी थे। उनका संबोधन है, 'भारतवासियो, तुम सब चिरसंचित कुसंस्कार के वश में हो और विधि-विधानों के दास बने हुए हो।

तुम रूढ़ियों की रक्षा में जिस तरह कटिबद्ध हो, यह देख कर थोड़ी भी आशा नहीं जगती कि तुम आसानी से कुसंस्कारों, रूढ़ियों और अंधविश्वासों की रक्षा करना छोड़ कर सत्य के पथ पर चलोगे।' (वही)। इस निराशा के बावजूद वे प्रयत्न कर रहे थे।

अंधविश्वास की मां है अज्ञानता। इसलिए विद्यासागर समाज में अधिक से अधिक ज्ञान फैलाना चाहते थे। वे ऐसा ज्ञानोदय चाहते थे जिसमें पश्चिम की काम आनेवाली शिक्षाओं के साथ भारतीय अतीत की उच्च प्रेरणाएं भी हों। उनके शिक्षाव्रत का अर्थ बच्चों को मनुष्य बनाना था।

धार्मिक कट्टरपंथी लोग नवजागरण के कुछ व्यक्तित्वों —बंकिमचंद्र, दयानंद सरस्वती, विवेकानंद आदि का दुरुपयोग कर सके, पर वे विद्यासागर का कभी दुरुपयोग नहीं कर पाए। इस जमाने का तरीका है, जिसका दुरुपयोग न कर सको उसकी मूर्ति तोड़ दो —प्रत्यक्ष नहीं तो अप्रत्यक्ष तरीकों से।

रामकृष्ण परमहंस ने विद्यासागर के घर जाकर उनसे मुलाकात की थी, यद्यपि वे जानते थे कि विद्यासागर मूर्तिपूजक नहीं हैं। राधाकांत देव ने भी विरोध करने के बावजूद विद्यासागर को सम्मानित किया था। उस जमाने में विरोधी व्यक्ति की योग्यता को स्वीकार करने की प्रवृत्ति थी, जबकि वर्तमान युग में योग्यता की जगह अंध-वफादारी ही हर मामले में मुख्य कसौटी है। जो असहमत है, उसे शत्रु समझा जाता है। यह लोकतांत्रिक सहिष्णुता का पतन है, जो भ्रष्टाचार की तरह ही अब सार्वभौम स्वीकृति पा चला है। एक बूढ़ी सभ्यता ही विरोध में कुछ सुनना नहीं चाहती!

कुछ निष्कर्ष

बांग्ला नवजागरण के लोग बुद्धिवाद में आगे थे। वे जातीय बोध से भरे थे, पत्र-पत्रिकाएं निकालते थे, किताबें छपवाते थे और शिक्षा का प्रचार करते थे। उन सब लेखकों में 'सोशल एक्टिविज्म' था। वे घरघुसरे या महज सेमिनार-प्रवण नहीं थे। वे धर्म को एक नई दृष्टि से देख रहे थे।

19वीं सदी के नवजागरण का मिजाज अनोखा था। उन सभी व्यक्तियों के बीच आपसी मतभेदों के बावजूद संवाद था। उस युग के समान रूप

से कुछ ये लक्ष्य थे—(1) सबसे ऊपर मनुष्यत्व की प्रतिष्ठा, (2) धार्मिक सुधार, (3) राष्ट्रीय-सामाजिक-धार्मिक भेदभाव से छुटकारा तथा भारतीय आत्मपहचान पर बल, (4) अतीत और अतीत के साहित्य से मोह की जगह उससे आलोचनात्मक संबंध, (5) नए ज्ञान-विज्ञान और कला-कौशल के प्रति आकर्षण (6) अपनी राष्ट्रीय भाषा की उन्नति और (7) जो दीन, आर्त्त या निस्सहाय हैं उनकी दशा में परिवर्तन के लिए सामाजिक कार्य। तर्क से हो या धार्मिक भावना से, नवजागरण से जुड़े सभी लोग भारत की सामाजिक दशा को बदलना चाहते थे। कोई बुद्धिपरकता और सुधारों की राह पर थोड़ा आगे था, कोई थोड़ा पीछे। इस पर सोचने की जरूरत है कि हम नवजागरण के उपर्युक्त लक्ष्यों को कितना हासिल कर सके हैं और कितना खो चुके हैं और खोकर फिर किस तरह ढूंढ़ रहे हैं!

19वीं सदी की अनोखी घटनाओं को समझने के लिए प्राचीन शुद्धतावादी और उत्तर-आधुनिक उच्छेदवादी दृष्टियों की जगह आलोचनात्मक समावेशी दृष्टि की जरूरत है, समावेशी बुद्धिपरकता की जरूरत है। हम विद्यासागर के जीवन से इस चीज को समझ सकते हैं। वे सांस्कृतिक आधुनिकीकरण के साथ संस्कृत की उच्च परंपराओं से भी संबंध रखते हैं।

पिछले कई दशकों से 19वीं सदी की सुधारवादी-राष्ट्रीय उपलब्धियों को न सिर्फ प्राचीन शुद्धतावादी दृष्टि से नकाराने की प्रवृत्ति रही है, बल्कि बौद्धिक उपनिवेशन का शिकार होने के कारण अपने को प्रगतिशील कहनेवाले कई अंग्रेजी-दां बुद्धिजीवियों द्वारा भी उन उपलब्धियों को नकारा गया है। उस युग के नवजागरण पर मनमाने आरोप लगाए गए हैं। देखा जा सकता है कि नवजागरण के मनीषियों के बारे में उपर्युक्त दोनों तरह के विद्वान अलग कोणों के बावजूद समान प्रतिगामी राय बनाते हैं। इसकी वजह यह है कि दोनों की ही सोच की जड़ें भारतीय मिट्टी में नहीं रही हैं। वे भारत की आत्मा को नहीं पहचान सके।

यदि 19वीं सदी के बुद्धिजीवी-समाज की संरचना पर गौर करें तो मुख्य रूप से चार श्रेणियां नजर आती हैं। पहली श्रेणी ऐसे बुद्धिजीवियों की है जो कट्टर ब्राह्मणों के असर में थे। वे हर सुधार और पश्चिम से आए ज्ञान का

विरोध करते थे। वे जातिवादी-लैंगिक विषमता के समर्थक, शुद्धतावादी और पुनरुत्थानवादी थे। दूसरी श्रेणी अंग्रेजी पढ़े-लिखे ऐसे आधुनिक लोगों की है, जो पश्चिमी जीवन-शैली की और आकर्षित होने के बावजूद धार्मिक सुधारों के पक्ष में नहीं थे। वे भीतर से रूढ़िवादी थे और सिर्फ बाहर से आधुनिक थे, जैसा आज आमतौर पर लोग होते हैं।

तीसरी श्रेणी ऐसे अंग्रेजी पढ़े-लिखे बुद्धिजीवियों की है जो यूरोपीय औपनिवेशिक आधुनिकता में आकंठ डूबे थे। उन्हें अपने देश के साहित्य और संस्कृति का सब कुछ निरर्थक लगता था। उन्हें यहाँ के लोग असभ्य नजर आते थे। उनके विचारों और रंग-ढंग के स्रोत पश्चिमी थे। वे पश्चिम का अंधानुकरण और अंग्रेज शासकों की चापलूसी करते थे और बौद्धिक उपनिवेशवाद के शिकार थे। चौथी श्रेणी के बुद्धिजीवियों का अतीत और पश्चिम दोनों से आलोचनात्मक संबंध था। वे सुधारों के साथ संरक्षण के भी पक्षधर थे और वे लिबरल थे।

यदि हम गौर करें तो वर्तमान समय में भी उपर्युक्त किस्म के (1) पुनरुत्थानवादी, (2) बाहर से आधुनिक—भीतर से रूढ़िवादी और (3) औपनिवेशिक बुद्धिवाद से जकड़े जड़विहीन, पश्चिमोन्मुख बुद्धिवादी और जुगाड़ू बुद्धिजीवी मिल जाएंगे। यदि कम दिखाई देंगे तो वस्तुतः विद्यासागर-भारतेंदु, रवींद्रनाथ-गांधी और प्रेमचंद की परंपराओं के लोग। अब ऐसे बुद्धिजीवी कम मिलेंगे जिनमें नवजागरण के आदर्श थोड़े-बहुत बचे हों, जबकि उन आदर्शों का महत्व बना हुआ है।

रामकृष्ण परमहंस का धार्मिक महाभाव

रामकृष्ण परमहंस (1836-1886) बांग्ला नवजागरण के अनोखे व्यक्तित्व थे। ईश्वरचंद्र विद्यासागर के विपरीत, वे अल्प शिक्षित थे और धर्मशास्त्र में पारंगत नहीं थे। महज रोजगार पाने के लिए ली गई शिक्षा की जगह वे अपने धार्मिक अनुभवों की राह से नवजागरणकालीन आदर्शों—बंधुत्व, स्वतंत्रता और समानता तक पहुँचे थे।

रामकृष्ण मूर्तिपूजा के विरोधी न थे, लेकिन मुख्यतः ईश्वर के साधक थे। वे देवी काली के भक्त थे, तांत्रिक उपासना की तरफ भी मुड़े थे। उनका काली के मातृ रूप से निरंतर अधिक तादात्म्य स्थापित होता गया। हालांकि वे भावोन्मत्त दशा में सिर्फ देवी काली में ही नहीं डूबे होते थे। देखा गया कि वे हजरत मुहम्मद और ईसा मसीह को भी अपनी आंखों से देखने लगते थे। उन्होंने यदु मल्लिक के बैठकखाने में जब मरियम की गोद में शिशु ईसा का चित्र देखा, वे ईसा मसीह के ध्यान में ऐसा लीन हुए कि उन्होंने एक दिन महसूस किया कि ईसा ने उन्हें अपने आलिंगन में बांध लिया है। एक सूफी फकीर गोबिंद राय से इस्लाम की दीक्षा लेकर उन्होंने अल्लाह का मंत्र जपना आरंभ कर दिया। वह दिन में पाँच बार नमाज पढ़ने लगे। वे भावावस्था में ऐसा करते थे।

रामकृष्ण परमहंस अपने आस-पास के मनुष्यों में भी देवता का दर्शन करने लगे थे। उन्होंने एक वेश्या में सीता को देखा, एक अंग्रेज में श्रीकृष्ण को। लगभग छह महीने तक वह राधा बने रहे और कृष्ण-कृष्ण भजते रहे। हनुमान से आरंभ करके वे कुछ समय तक अपने को राम तक समझते रहे!

मनुष्य में ईश्वर की खोज

भक्ति आंदोलन ने ईश्वर में मनुष्य की तलाश की थी। नवजागरण ने मनुष्य में ईश्वर को तलाशा। यह अपने भीतर ही ईश्वर को देखना और उसके गुणों को पढ़ना है। रामकृष्ण परमहंस के ईश्वर-दर्शन को आदर्शवादी दिवास्वप्न कहा जा सकता है। उनके बारे में कहा जाता है, 'उन्होंने दुनिया की ओस की हर बूंद में एक ही सूर्य की झिलमिलाहट देखी।' उनके शिष्य विवेकानंद उन्हें ऊपर से भक्त और भीतर से ज्ञानी मानते थे। रामकृष्ण परमहंस को हिंदू, मुस्लिम, ईसाई सभी धर्मों के ईश्वरों से प्रबल तादात्म्य भाव के जो दौरे पड़ते थे, उनमें न जाने कितने सालों के बदसूरत सांप्रदायिक विद्वेष मानो अपनी चरम विश्रांति पा रहे थे। यह भारतीय अखंडता की आध्यात्मिक प्रसव पीड़ा थी।

एक बार रामकृष्ण परमहंस तीर्थयात्रा (1868) पर निकले। काशी के मार्ग में पहले वैद्यनाथ धाम पहुँचे। वहाँ रास्ते में दोनों और खड़े नंगे-गरीब आदिवासियों की हालत देखी तो उनका मन करुणा से भर गया। उन्होंने अपने संभ्रांत बंधु मथुरा मोहन से कहा, तुम तो माँ की संतान हो। माँ की इन दुखी संतानों की दशा देख रहे हो। पहले तुम इन्हें सिर में लगाने के लिए तेल, एक-एक नई धोती और भरपेट भोजन देने का बंदोबस्त करो। उनकी संख्या सैकड़ों में थी। मथुरा मोहन ने आपत्ति की। रामकृष्ण ने कहा–मूर्ख, मुझे काशीधाम नहीं जाना है। मैं इन्हीं लोगों के साथ रहूँगा। वह उन्हीं के बीच जा बैठे। अंततः मथुरा मोहन ने उन आदिवासियों के लिए कही गई सारी व्यवस्था की। काशी पहुँचे तो मणिकर्णिका घाट पर अचानक पहले-सी भावविभोरता में उन्हें शिव के दर्शन हुए। उन्हें लगा कि स्वयं विश्वनाथ उनमें विराज रहे हैं। (रोम्यां रोला द्वारा लिखित रामकृष्ण की जीवनी से उपर्युक्त विवरण)।

रामकृष्ण परमहंस ने स्त्री को मर्यादा दी, 'मैंने हर स्त्री में विश्व की माँ का रूप देखा।' बंगालियों में छोटी बच्ची को भी माँ कहने की परंपरा है। रामकृष्ण ने अपनी 'आत्मकथा' में कहा है, 'व्यक्ति मन से ही गुलाम होता है और मन से ही आजाद। मैं चाहे यहाँ रहूं या जंगल में, यदि मैं सोचूं कि मैं आजाद हूँ तो मुझे कौन बांध सकता है? सांप के काटने के बाद भी अगर

तुम दृढ़ता से कह सको –मुझमें कोई जहर नहीं है, तुम ठीक हो जाओगे।' रामकृष्ण परमहंस की यह बात अवैज्ञानिक लगेगी और अवैज्ञानिक है भी। लेकिन उनका मुख्यतः कहना यह है कि मनुष्य यह न सोचे कि वह पापी है। वह बुराइयों से अपना ध्यान हटा ले तो वह जीवन का आनंद पा सकता है। यह आनंद पाना ईश्वर को पाना है। वे बुराइयों में अहंकार को सबसे ऊपर और इसे सारी बुराइयों की जड़ कहते थे।

प्रसिद्ध होम्योपैथ डॉक्टर महेंद्रलाल सरकार रामकृष्ण परमहंस के कैंसर का इलाज करते थे। इस इलाज के प्रति वह खुद वस्तुतः निस्पृह थे। डॉ. सरकार ने 'भारतीय विज्ञान प्रवर्धन संघ' की स्थापना की थी। उस जमाने के वैज्ञानिक, डॉक्टर और शोधकर्ता सामाजिक दायित्वबोध का अनुभव करते थे। महेंद्रलाल सरकार की रामकृष्ण परमहंस से धर्म के सवाल पर अक्सर टकराहट होती थी, जब वे परमहंस के अस्वस्थ होने पर उन्हें देखने जाते थे। रामकृष्ण परमहंस विज्ञान की बातों से सहमत नहीं होते थे। वे आध्यात्मिक आदमी थे, लेकिन उनका अध्यात्म भ्रातृत्व की बुनियाद पर खड़ा था, 'मैं जिधर भी दृष्टि डालता हूँ उधर ही हिंदू, मुसलमान, ब्राह्मण, वैष्णव और सभी संप्रदायवादियों को धर्म के नाम पर परस्पर लड़ते देखता हूँ। वे कभी इस बात पर विचार नहीं करते कि जिसे हम कृष्ण के नाम से पुकारते हैं वे ही शिव हैं, वही आद्या शक्ति है, वही ईसा है, वही अल्लाह है। ये सब उसी के नाम हैं। एक ही राम के सहस्रों नाम हैं। एक तालाब के अनेक घाट हैं।' (वही)। रामकृष्ण का शिष्य होते हुए भी विवेकानंद में कई गुणों के बावजूद एक किस्म की धार्मिक अहमन्यता थी। संभव है, यह पश्चिमी अहंमन्यता की प्रतिक्रिया हो। लेकिन रामकृष्ण परमहंस ऐसी किसी अहंमन्यता से दूर थे। वे एक अनोखे भ्रातृत्व की भावदशा में डूबे रहते थे।

डॉ. महेंद्रलाल सरकार और रामकृष्ण परमहंस विपरीत ध्रुव पर थे, जिस तरह विज्ञान और अध्यात्म हैं। महेंद्रलाल ने एक बार सांत्वना देते हुए परमहंस से एक बात कही थी, 'हम ईश्वर की गोद में खेलते हैं, अपनी बीमारी के बारे में उससे नहीं कहेंगे तो किससे कहेंगे!' अपनी मृत्यु से साल भर पहले रामकृष्ण परमहंस ने उनकी बात दुहरा कर रुग्णावस्था में पास बैठे महेंद्रलाल

सरकार की गोद में अपना पैर डाल दिया था, जैसे उस समय ईश्वर विज्ञान की गोद हो! डॉ. सरकार रामकृष्ण के कंठ से यह गीत सुन कर भावनिमग्न हो जाते थे—'मैं साधारण सुरा नहीं पीता/मैं पीता शाश्वत सुख का प्याला/ जपता हूँ जब मैं मां काली।'

रामकृष्ण मिशन नवजागरण की उपज है। इसका अर्थ है, नवजागरण की एक प्रेरणा वेदांत और वेद के अलावा पुराण भी है। 19वीं सदी में पौराणिक विश्वास का मौजूद होना अचरज नहीं है। महत्वपूर्ण यह है कि इस तरह का विश्वास तब भेदभाव की ओर नहीं ले जाता था, बल्कि मानव-अखंडता के बोध का द्वार खोल देता था। महेंद्रलाल सरकार ने उनकी मृत्यु के बाद का चित्र खींचा है, 'रात्रि के लगभग 1 बजे उनकी मृत्यु हुई थी। वे बाईं ओर पड़े थे। उनके पैर फैले हुए, आंखें पूरी खुलीं और मुंह आंशिक रूप से खुला था। उनके भक्तों में से कुछ का विश्वास था कि वे अभी समाधिस्थ हैं। मैंने उनसे कहा कि वे परमहंस का चित्र खिंचवा लें। मैंने इसके लिए उन्हें अपनी ओर से 10 रुपये दिए।' (सामाजिक क्रांति के दस्तावेज, सं शंभुनाथ)।

धार्मिक अहंकार को अलविदा

रामकृष्ण परमहंस की औपचारिक शिक्षा ज्यादा नहीं थी। वे धर्मशास्त्र के पंडित नहीं थे। कहते थे—'पढ़ने की अपेक्षा सुनना अच्छा है, सुनने से देखना अच्छा है। ...देखने पर सब संदेह मिट जाते हैं!' उन्होंने संन्यासियों की संगति और संसार के अनुभवों से, जो व्यापक और विविध थे, शिक्षा ली थी। उनके विचार अपने भक्तों से हुए उनके संवाद और उनके सुने उपदेशों से मालूम होते हैं। उन्होंने अपने बारे में अपने भक्तों से बहुत कुछ कहा है जिससे उनकी गरीबी, साधना, उदात्त समावेशी दृष्टि और निश्छल जीवन का पता चलता है। 'श्री श्रीरामकृष्ण कथामृत' में उनके जीवन और विचार से संबंधित बातें हैं।

रामकृष्ण 21 वर्ष की उम्र में दक्षिणेश्वर काली मंदिर में पुरोहित (1856) नियुक्त हुए थे। वे काली को नए दृष्टिकोण, सृष्टि की माता के रूप में देखते थे— हिंसा के बिंब में नहीं। उनकी आध्यात्मिक साधना तभी से शुरू हो गई थी। उन्हें शुरू से विश्वास था कि ईश्वर के दर्शन हो सकते हैं।

वे मानवता की उज्ज्वल लहरों के रूप में ईश्वर को देखते थे और धार्मिक अहंकार से काफी दूर थे। उनके भावातिरेक को संसारी लोगों ने उन्माद समझा।

मथुरा बाबू एक समृद्ध व्यक्ति थे। वे रानी रासमणि के दामाद थे और रामकृष्ण के शिष्य थे। वे अक्सर इनकी यात्राओं में साथ रहते और इनकी देखभाल करते। एक दिन रामकृष्ण परमहंस ने उनसे ब्रह्म समाजी देवेंद्रनाथ टैगोर से मिलने की इच्छा व्यक्त की। देवेंद्रनाथ धनी और प्रतिष्ठित होने के अलावा ईश्वर के प्रति बड़े आस्थावान थे। रवींद्रनाथ टैगोर इन्हीं देवेंद्रनाथ के सबसे छोटे, चौदहवें बेटे थे। मथुरा मोहन ने कहा, 'अच्छा बाबा, मैं आपको उनके पास ले चलूंगा। वह मेरा सहपाठी था।' एक दिन दोनों देवेंद्रनाथ टैगोर के पास पहुंचे। मथुरा मोहन ने इनका परिचय कराया, 'ये पवित्र व्यक्ति तुमसे मिलना चाहते हैं। ये ईश्वर के प्रति पागल हैं।' दोनों के बीच बातचीत हुई। रामकृष्ण ने बताया है, 'मैंने उनमें थोड़ा-सा अभिमान और अहं देखा।' उन्होंने मथुरा बाबू से कहा—"जो ब्रह्म का सर्वोच्च ज्ञान प्राप्त करता है, उसमें अहंकार नहीं हो सकता। वह 'मैं शिक्षित हूँ', 'मैं बुद्धिमान हूँ', 'मैं धनी हूँ' नहीं कहता।" रामकृष्ण परमहंस को देवेंद्रनाथ टैगोर से मिलकर मिश्रित अनुभव हुआ। देवेंद्रनाथ आध्यात्मिक थे और प्रचंड सांसारिक भी। आमतौर पर रामकृष्ण संपन्न शिक्षित व्यक्तियों के बारे में कहते थे, 'जब मैं ऐसे विद्वानों को देखता, जिनमें न कोई विवेक है और न अनासक्ति, वे मुझे घास-फूस के समान लगते। मुझे ऐसा लगता कि ये उस गिद्ध के समान हैं जो ऊंची उड़ान तो भरता है पर उसकी नजर धरती के उन गड्ढों पर होती है, जहाँ मुर्दे दबे होते हैं।' वे शिक्षित व्यक्तियों में बुद्धि के साथ-साथ त्याग की भावना खोजते थे जो उन्हें वस्तुतः विवेकानंद में मिली थी।

रामकृष्ण की आध्यात्मिकता में न मानव बुद्धि की कमी थी और न उनकी सेवा भावना कभी मंद पड़ी। उन्होंने आध्यात्मिकता और सांसारिकता में अंतर्विरोध नहीं देखा। परम ज्ञानियों की तरह संसार को 'धोखे की टट्टी' नहीं माना, बल्कि इसे उन्होंने 'आनंद की कुटिया' कहा। वे कहते थे, 'शास्त्रों को पढ़कर क्या होगा? लंबी-लंबी बातों से क्या होता है? ...पहले साकार (मूर्ति) में मन स्थिर करना चाहिए, फिर नित्य में।' उनका नित्य से आशय है ईश्वर।

वे एक खास दौर में शिव भक्ति में ज्यादा डूबे हुए थे। उन्होंने धर्म में तीन विषयों को महत्वपूर्ण माना था— नाम जप में रुचि, वैष्णव आराधना और जीव के प्रति दया। शिव की कल्पना में वैष्णव आराधना एक तरह का हिंदू सामंजस्यवाद है। मुख्य मामला यह है कि रामकृष्ण में भावातिरेक के साथ-साथ बुद्धि भी प्रचुर थी। वे अपने ही कथन 'जीव के प्रति दया' को काटते हुए कहते हैं, 'जीव पर दया? धत् तेरेक्कि, कीटाणु-कीट समान होकर तू जीव पर दया करेगा! दया करनेवाला तू कौन है? नहीं...नहीं, जीव पर दया नहीं, शिव-ज्ञान से जीव की सेवा।' यह थी बड़े-छोटे, ऊंच-नीच के पुराने संस्कार से लड़ते हुए मानवीय उदात्तता की चेतना। यह विवेकानंद (उस समय नरेंद्र) के सामने की घटना है। उन्हें लगा था कि उनके सामने जैसे एक महान सत्य प्रगट हुआ है—सेवा ही ईश्वर है! ईश्वर जीव और जगत के रूप में प्रगट है। संन्यास का अर्थ संसार का त्याग नहीं, संसार की सेवा के लिए अपना जीवन अर्पित करना है। जीव की सेवा ही, परोपकार ही सबसे बड़ी भक्ति है। मूल तत्व प्रेम है, दया नहीं। 19वीं सदी की यह धार्मिक दृष्टि नैतिकता के पुराने आधार पर एक बड़ी चोट है।

रामकृष्ण परमहंस को हजार सालों के भक्ति आंदोलन की निरंतरता में देखना उचित होगा। वे काली के आराधक थे। जिस तरह किसी भक्त ने शिव, किसी भक्त ने कृष्ण, किसी भक्त ने राम की राह से और कई भक्तों ने निर्गुण राहों से ईश्वर को देखा, रामकृष्ण ने काली की राह से ईश्वर को देखा। वे कहते थे, 'भक्त का हृदय ही भगवान का बैठकखाना है। ...ज्ञानी जिसे ब्रह्म कहते हैं, योगी जिसे आत्मा कहते हैं, भक्त उसे ही भगवान कहते हैं। ...भक्त कहते हैं कि यह संसार भगवान का ही ऐश्वर्य है। वह हृदय में भी है और बाहर संसार में भी।' रामकृष्ण परमहंस की भक्ति की एक नवीनता यह है कि पहली बार उन्होंने स्त्री में ईश्वर को देखा और अपने को 'मां की संतान' कहकर स्त्री को सम्मान दिया। दूसरी नवीनता यह है कि उन्होंने भक्ति को सक्रिय रूप से सामाजिक परोपकार से जोड़ा। उन्होंने गरीबों की सेवा में भक्ति की पराकाष्ठा देखी। यह भी कहा जा सकता है कि उन्होंने भक्ति को अंतरधार्मिक स्तर पर प्रतिष्ठित किया। उनकी वजह से ही ब्रह्म समाज में भक्ति को प्रतिष्ठा मिली।

उन्होंने खुद अपना इतना अधिक आत्मप्रसार कर लिया था कि वे अपने को कुछ समय तक ईसाई और कुछ समय तक मुसलमान समझते रहे। यह है भिन्नता के दौर में मानव जाति की एकात्मता का स्वप्न!

रामकृष्ण इसलिए परमहंस कहे जा रहे थे कि उनमें नीर-क्षीर विवेक अपने उच्च धरातल पर था। नवजागरण के हर अग्रदूत में विवेक कम या ज्यादा मात्रा में था। यह एक ही रास्ते से नहीं, कई रास्तों से पैदा हो रहा था। उसका लक्ष्य एक था—समाज सुधार, देशोन्नति, जातीयता (नेशनलिटी) की उन्नति, बौद्धिक आत्मप्रसार और लोककल्याण! रामकृष्ण ने भक्ति की राह से ज्ञान प्राप्त किया। उन्होंने मनुष्यता को विभाजन, सीमाओं और रूढ़ियों से बाहर निकाला। वे कवि नहीं थे, शास्त्रज्ञ नहीं थे, एक साधक धर्मोपदेशक थे। वे सारे बंधनों, रूढ़ियों और संप्रदायवादी मान्यताओं को तोड़कर एक उदात्त भावदशा में चले जाते थे, जिसे किसी ने 'समाधिस्थ होना' और किसी ने 'ईश्वर को देखने के लिए पागल हो जाना' कहा। इसे सूफियों की मूर्च्छा ('हाल') की दशा भी कहा जा सकता है। दरअसल भारत में सामाजिक बंधन, धार्मिक रूढ़ियां और बौद्धिक गुलामी जितनी ज्यादा थी, रामकृष्ण में उतने वेग से इन दीवारों को ढाहते हुए आवेगमय महान ईश्वरीय साक्षात्कर के दौरे पड़ते थे।

रामकृष्ण ने पंजाब से आए तोतापुरी से लगभग 11 महीने तक दक्षिणेश्वर मंदिर (स्थापित 1855) में वेदांत दर्शन की बातें सुनी थीं। तोतापुरी लगभग नंगे रहते थे। इसलिए रामकृष्ण उन्हें 'न्यांगटा' (नंगा) कहते थे। कहते हैं कि तोतापुरी ने ही युवा ब्राह्मण गदाधर को रामकृष्ण नाम दिया और शिष्यों ने आगे चलकर उन्हें परमहंस कहना शुरू कर दिया।

रामकृष्ण एक बार चैतन्य सभा में गए और भावाविष्ट होकर चैतन्य देव के खाली सिंहासन पर बैठ गए और चैतन्य में ही खो गए। वे कई-कई दिन तक 'मां...मां' कह कर रोते रहते। कहते—'मां तुम्हारी बात सुनूंगा। मैं शास्त्र नहीं जानता। पंडितों को भी नहीं जानता। तुम समझा दोगी, तभी विश्वास करूंगा। उनकी यह 'मां' उनकी नई बौद्धिक अंतरात्मा थी। रामकृष्ण बताते, जगतमाता ने मुझसे कहा है—'तुम और मैं एक हैं। तुम भक्ति में ही निमग्न रहो और जीव का कल्याण करो।' (श्री श्रीरामकृष्ण कथामृत)।

उनके जीवन कल्याण का अर्थ है धार्मिक सुधार। जाहिर है, रामकृष्ण की भावावेगमय दशा ने उन्हें अंग्रेजी-शिक्षित धार्मिक प्रवक्ताओं की तुलना में अधिक लोकप्रिय और श्रद्धावान बना दिया। उनकी अनोखी आस्था की प्रसिद्धि दूर-दूर तक फैल गई।

रामकृष्ण का ईश्वर पर विश्वास था, इसका यह अर्थ भी है कि उनका संसार पर विश्वास था और सांसारिक मनुष्य पर विश्वास था। वे आध्यात्मिक समाधि से स्वाभाविक दशा में आते ही भूख-प्यास की बातें करने लगते थे—'मैं जलेबी खाऊंगा, जल पीऊंगा।' उन्होंने रामकथा के वसिष्ठ के हवाले से कहा है, 'तुम हमें समझा दो कि संसार ईश्वर से अलग वस्तु है।' वे संसार को ईश्वर का प्रतिरूप समझते थे। यह इहलौकिकता नवजागरण युग की खास देन है, जब संन्यासी भी कहने लगे थे कि संसार 'है', इसमें कर्म करो। भोग में लिप्त न हो जाओ, अपनी आत्मा को, चेतना को ऊंचा उठाओ!

महेंद्रनाथ गुप्त को रामकृष्ण परमहंस का सान्निध्य मिला था। उन्होंने अपनी महत्वपूर्ण कृति 'श्री श्रीरामकृष्ण कथामृत' में संस्मरण और संवाद के रूप में ऐसे कई प्रसंग दिए गए हैं, जिनसे रामकृष्ण की उच्च आध्यात्मिक साधना के साथ उनकी मानवतावादी अवधारणाएं उजागर होती हैं। रामकृष्ण पर लिखने वाले कुछ लेखकों ने उन्हें रहस्यदर्शी साधक के रूप में देखा है, कुछ ने तांत्रिक योगी के रूप में। जातिवाद से प्रेरित एकाध लेखक ने उन्हें श्रेष्ठ गुणों वाले 'ब्राह्मण' के रूप में भी देख लिया। रामकृष्ण के शिष्य विवेकानंद ने उन्हें सबसे पहले सही रूप में पहचाना था, 'हमारे चित्त का प्रसार तब होता है, जब हम आस्तिक, सर्वेश्वरवादी, अद्वैतवादी, बहुदेववादी, अज्ञेयवादी या नास्तिक किसी के भी मतवाद के प्रति निषेधात्मक रुख नहीं रखते—श्रीरामकृष्ण के शिष्य होने की एकमात्र शर्त है अपने हृदय को उदारता और गहराई से परिपूर्ण करना।' (विवेकानंद रचनावली-5)। यह उदारवादी गहराई ब्राह्मण-शूद्र के भेद से ऊपर उठे बिना संभव नहीं है।

विवेकानंद ने आगे यह भी बताया है, 'शिक्षित हिंदुओं के बीच जिस तरह के जाति-विद्वेषी, कुसंस्कारग्रस्त, हृदयहीन, पाखंडी, नास्तिक और कायर व्यक्ति मिलते हैं, मैंने उनकी तरह जीवन यापन करके उनकी तरह मरने के

लिए जन्म नहीं लिया है।' उन्होंने पश्चिम और पूर्व के बीच रचनात्मक संबंध की बात करते हुए खुलेपन के साथ कहा है, 'विजातीय (पश्चिम) और प्राचीन स्वजातीय के बीच भाव संघर्ष से लंबे समय से सोई जाति अब धीरे-धीरे जाग रही है।' रामकृष्ण परमहंस के काम को भारतीय नवजागरण की एक खास अंतर्धारा के ऐसे 'पूर्व पक्ष' के रूप में देखना चाहिए जो पौराणिक और विभिन्न धार्मिक स्रोतों से प्रेरणा पाकर आत्मिक स्वतंत्रता, लौकिकता और एक नई मानवता की नींव रख रहा था। विवेकानंद को इसका 'उत्तर पक्ष' समझना चाहिए।

रामकृष्ण परमहंस के उदारवाद का सबसे बड़ा चिह्न 'सर्व धर्म समन्वय' है। यह धार्मिक शुद्धतावाद की जगह धार्मिक भेदभाव के अंत, धार्मिक सद्भाव और संवाद के लिए है। परमहंस ने कहा, "सभी धर्मों के भीतर से ईश्वर मिल सकता है। वैष्णव भी पाएंगे, शाक्त भी पाएंगे, वेदांतवादी भी पाएंगे और ब्रह्मसमाजी भी पाएंगे। इनके अलावा मुसलमान, ईसाई भी पाएंगे। यदि भीतर से, दिल से खोजा जाए तो सभी ईश्वर को पाएंगे। कोई-कोई लड़ बैठता है। कहता है-'कृष्ण की पूजा किए बिना कुछ नहीं होगा, मां काली का भजन किए बिना कुछ नहीं होगा, ईसाई हुए बिना कुछ नहीं होगा।' यह दुर्बुद्धि है—मेरा धर्म सच है बाकी धर्म मिथ्या है। वस्तुतः ईश्वर के पास विभिन्न राहों से जाया जा सकता है।" (श्री श्रीरामकृष्ण कथामृत)। यदि देखा जाए तो 19वीं सदी में सिर्फ रामकृष्ण परमहंस ने इस तरह से सोचा और एक धार्मिक महाभाव रखा। इस तरह की सोच कूपमंडूकता से बाहर निकलना है, धर्म के भीतर रह कर धर्म के विषदंत तोड़ना है।

धार्मिक रूढ़िवाद का विपक्ष

यह बात कम महत्वपूर्ण नहीं है कि रामकृष्ण परमहंस ने अपने धार्मिक महाभाव और आंतरिक सचाई के बल पर अपने युग के पाखंड और अहंकार से जमकर लोहा लिया। दक्षिणेश्वर मंदिर में उनके निवास के ठीक सामने एक ब्रह्मज्ञानी वेदांती प्रतापचंद्र हाजरा रहते थे। वे भी ध्यान करते थे। परमहंस उन्हें पाखंडी कहते थे, हालांकि पौराणिक आस्था— काली की भक्ति के बावजूद वे वेदांत को मानते थे।

एक बार बंकिम चंद्र रामकृष्ण के निकट आए। कभी वे निरीश्वरवादी थे, पश्चिमी दर्शनों से प्रभावित होने की वजह से एक हद तक भौतिकवादी भी। वे तब मानते थे, 'प्रत्यक्ष का ज्ञान ही ज्ञान है और सभी प्रमाणों का मूल है।' रामकृष्ण परमहंस ने उनको पसंद नहीं किया। उनका कहना था कि कुत्ता भी भौतिकवादी है, मनुष्य का उद्देश्य आहार, निद्रा और मैथुन से कुछ अधिक होना चाहिए। बंकिम अपने जीवन में कभी एक विचार लेकर नहीं चले। 1882 के बाद उन्होंने कहना शुरू किया कि ईश्वरीय भक्ति के बिना मनुष्यत्व नहीं है। उन्होंने अपने हिंदू धर्म विषयक लेखों और पत्रों में भारत के नकारात्मक पश्चिमी मूल्यांकनों का तीव्र विरोध किया। हिंदू कुसंस्कारों का विरोध करते हुए कृष्ण-चरित्र को उन्होंने अपने धर्मतत्व के केंद्र में रखा और एक अतिवाद पकड़ लिया, 'हिंदू धर्म सभी धर्मों में श्रेष्ठ है।' हालांकि उनकी यह जिज्ञासा भी थी—हिंदू धर्म क्या है? वे अंधविश्वासों का विरोध करते हुए कहते थे—'छींक आने से पैर आगे न बढ़ाना, अमुक दिशा में पैर रखकर न सोना, खाली बर्तन देखकर यात्रा पर न निकलना, अमुक दिन अमुक काम नहीं करना—क्या यही सब हिंदू धर्म है? ये सब मूर्खों के आचरण हैं।'

बंकिम चंद्र बांग्ला साहित्य में अपने विपुल अवदान के बावजूद रामकृष्ण के बोध तक नहीं पहुंच पाए। रामकृष्ण परमहंस बांग्ला नाटककार गिरीशचंद्र घोष को ही नहीं, युवा नरेंद्रनाथ (विवेकानंद) को भी विपथ पर चलते हुए देख रहे थे। उन्हें ज्यादा संभावना नरेंद्रनाथ में नजर आ रही थी। 'अरे मैं कब से तेरी ही प्रतीक्षा कर रहा हूँ।' विवेकानंद से पहली बार मिलने पर उनसे रामकृष्ण ने यह कहा। पढ़ने के दौरान पहली बार वे अपने एक शिक्षक के कहने से रामकृष्ण के पास यह देखने आए थे कि समाधि की दशा कैसी होती है। रामकृष्ण को सारी संभावनाएं युवाओं में नजर आती थीं। वे आंखें बिछाकर नरेंद्रनाथ, ब्रह्मानंद (राखाल), गिरीशचंद्र घोष आदि का इंतजार करते थे, केशवचंद्र सेन का भी। उनका मन ऐसे ही व्यक्तियों से बात करने के लिए छटपटाता रहता था।

रामकृष्ण परमहंस जिन दो धार्मिक व्यक्तियों के प्रति ज्यादा आकर्षित थे, उनमें एक थे गाजीपुर के पवहारी बाबा और कोलकाता के ईश्वरचंद्र विद्यासागर।

एक की वेदांतिक आस्था से जन्मी उच्च आध्यात्मिक भावदशा से वे अभिभूत थे। दूसरे की और वे उनके अहंकार-मुक्त ज्ञान और सुधारवादी कर्मों से प्रभावित होकर आकर्षित हुए। दोनों से वे खुद जाकर मिले थे।

पवहारी बाबा भी रामकृष्ण परमहंस की तरह समाधिस्थ रहते थे। वे एकांत पसंद करते थे, जबकि रामकृष्ण सामाजिक थे। विद्यासागर से मिलकर लौटते समय रामकृष्ण उनसे कहते हैं, 'अब तक ताल-पोखर, नदी देखे थे, आज मां ने सागर किनारे पहुंचा दिया।' विद्यासागर ने विनोद में कहा, 'सागर से नमक ले जाइए।' रामकृष्ण का भी सहास जवाब था, 'मिश्री के पहाड़ पर नमक कहां होता है।' वह जो समाधिस्थ होता था, वह दिल्लगी भी करता था!

रामकृष्ण परमहंस और ब्रह्म समाजी केशवचंद्र सेन विपरीत मत के होकर भी एक-दूसरे से मिलते थे। रामकृष्ण कहते थे, 'केशव जिसे तू ब्रह्म कहता है, उसे ही मैं काली कहता हूँ।' वे भक्ति में भेदभाव के लिए जगह नहीं छोड़ते।

19वीं सदी में नवजागरण का मुख्य क्षेत्र धर्म है। बंगाल में हिंदू धर्म को लेकर कई चिंताएं और बहसें सामने आईं। एक तरफ, शिक्षित मानस पर ईसाइयत का असर बढ़ा हुआ था, हालांकि ब्रह्म समाज का प्रभाव कम हो रहा था। दूसरी तरफ, हिंदू धर्म कूपमंडूकता से आक्रांत था। हिंदू धर्म की रक्षा के नाम पर रूढ़ियों और भेदभाव के समर्थक अधिक सक्रिय थे। वे धार्मिक अहंकार से भरे रूढ़िपोषक संरक्षणवादी थे।

दरअसल एक खास समय तक जो सुधार हो रहे थे या आधुनिकता आ रही थी, वह एक न एक तरह से प्रतिपादित की जा रही 'उपनिवेशवाद की श्रेष्ठता' के वृत्त से बाहर नहीं निकल पा रही थी। सुधारों की दूसरी सीमा यह थी कि वे अंग्रेजी-शिक्षित मध्यवर्गीय जीवन को ही थोड़ा-बहुत बदल पा रहे थे। यह भी बाहर ज्यादा, भीतर कम। सभी सुधारवादी अंग्रेजी राज के प्रति वफादार थे। ब्रह्म समाज के नेताओं में स्वदेश-चेतना की तुलना में कल्पित सार्वभौमता ज्यादा थी। बंकिम जैसे बुद्धिजीवियों की स्वदेश चेतना में हिंदुत्व ज्यादा था। उस दौर में हिंदू धर्म के परंपरागत रूप का प्रचार करनेवाले कई संगठन और रूढ़िपोषक धार्मिक नेता उठ खड़े हुए थे। 1880-82 में अध्यात्म और ब्रह्मविद्या पर चर्चा के लिए कलकत्ता और लंदन में संगठन बने थे।

उसी समय अमेरिका में थियोसोफिकल सोसाइटी बनी थी। इससे एनी बेसेंट जुड़ीं और वे भारत आईं। इस दौर में धार्मिक बहसें होती थीं और मतभेद व्यक्त किए जाते थे। इसी दौर में रामकृष्ण परमहंस का उदय हुआ था।

बंगाली बुद्धिजीवियों में 19वीं सदी के अंतिम दो-तीन दशकों में धर्म चर्चा बढ़ गई थी। इसे इकहरे हिंदू पुनरुत्थानवाद के रूप में देखना भूल है। उस युग की हिंदू धर्म-चर्चा जिस स्वदेशी भावना से प्रेरित थी वह दो तरह की थी। रूढ़िपोषक स्वदेशी भावना और बुद्धिपोषक स्वदेशी भावना। एक दल रूढ़िपोषक धर्मशास्त्र-ज्ञानियों का था जो वर्णभेद, शुद्धतावाद और कूपमंडूकता के लिए तर्क बनाता था। वह अचानक एक नया उभार पा गया था जो सुधारवादी आंदोलन की एक कुंठित प्रतिक्रिया थी। इसके समानांतर, उदात्त और बुद्धिपोषक स्वदेशी भावनावाले हिंदू बुद्धिजीवी भी थे जो आध्यात्मिकता को महत्व दे रहे थे, लेकिन शुद्ध ब्रह्मज्ञान चर्चा की जगह वे हिंदू धर्म को सुधार, लोकोपकार और नई शिक्षा-उन्मुख बना रहे थे। उनका अध्यात्म वाग्विलास न होकर मूल्योन्मुख था। वह एलीट-केंद्रिक न होकर लोकोन्मुख था। वह नवजागरण की उन अंतर्धाराओं से जुड़ा था जो मनुष्य चित्त को उदार और बड़ा बना रही थीं। कहना न होगा कि भारत के समावेशी राष्ट्रवाद और लोकतांत्रिक चेतना के विकास के लिए 'आदर्शवादी क्रांति' जरूरी थी। निश्चय ही यह बहुत सीमित स्तर पर घटित हुई।

कहने का आशय है कि 19वीं सदी के अंतिम दो-तीन दशकों की हिंदू धर्म-चर्चा में कई प्रवृत्तियां थीं। वह इकहरी नहीं थी। उस पर कोई राय बनाने के पहले दूसरे धर्मों में उस समय चल रही चर्चाओं को भी ध्यान में रखना होगा। परिदृश्य यह था कि पश्चिम-पूर्व समन्वय पर आधारित ब्रह्म समाज का प्रभाव घट रहा था। सैयद अहमद खां का इस्लामी सुधारवाद आधुनिक शिक्षा को महत्व देने के बावजूद राजनीतिक वर्चस्व के लिए सांप्रदायिक विद्वेष फैलाने में अन्य कट्टरवादियों से पीछे नहीं था। विस्मयजनक है कि उस समय देश की राजधानी कलकत्ता में एक भी मुस्लिम सुधारक नहीं हुआ। अंग्रेजी राज की 'फूट डालो और राज करो' की नीति सफल हो चली थी। उस युग की हिंदू धर्म-चर्चा को इन घटनाओं से विच्छिन्न करके देखना उचित नहीं होगा, यदि उसके अंतर्विरोधों को ऐतिहासिक परिप्रेक्ष्य में समझना हो।

रामकृष्ण परमहंस को हिंदू पुनरुत्थानवाद के एकरेखीय परिप्रेक्ष्य में देखना इसलिए भी उचित नहीं है कि वे हिंदू-हिंदू नहीं रटते थे। उनमें एक अनोखा धार्मिक महाभाव था, जो न ब्राह्मण-चांडाल का भेद मानता था और न लैंगिक वर्चस्व। उनकी चेतना में धार्मिक दीवारें नहीं थीं।

रामकृष्ण ने कभी नहीं माना कि उन्होंने कभी कोई ईश्वरीय लीला की या कोई चमत्कार किया। उन्होंने एक ऐसे निश्छल शिशु की तरह अपना पूरा जीवन जिया जो भेदभाव नहीं जानता, पाखंड करना नहीं जानता और यह भी नहीं जानता कि घृणा क्या होती है। उनके लिए यह संसार एक महाभाव से खेलने के लिए सुंदर गेंद की तरह था। हम रामकृष्ण परमहंस के धार्मिक आत्मबोध में बदलते भारतीय मानस का एक खास बिंब पा सकते हैं।

भारत सदियों से एक धार्मिक देश रहा है। इस देश में नवजागरण का अर्थ धर्म का विरोध नहीं हो सकता था। इसलिए इस देश में परंपराओं की एक नवोन्मेषी भूमिका थी, जो कई तरह से सामने आई। इस परिघट ना को विविधता में देखने की जरूरत है। इस संबंध में महाराष्ट्र के एक समाज सुधारक गोपाल कृष्ण आगरकर (1856-1895) का एक दृष्टिकोण यहाँ प्रस्तुत किया जा रहा है। वे उसी युग में थे, जिस युग में रामकृष्ण-विवेकानंद थे। वे शुरू में बालगंगाधर तिलक के सहयोगी थे, बाद में वैचारिक मतभेद के कारण उनसे अलग हो गए। वे एक पत्रिका 'सुधारक' के संपादक थे और बुद्धिवाद की मानवीय परंपरा के उन्नायक थे। आगरकर लिखते हैं, 'समाज-सुधार सही माने में किन बातों में निहित है, इसे बहुत ही सोच-समझकर तय करना होगा। क्योंकि अक्सर होता यह है कि किसी विशिष्ट विचार-प्रवाह में बह जानेवाले या किसी मत-प्रणाली के अधीन होकर उसका अंधानुकरण करनेवाले मनुष्य को, वास्तविक अर्थ में 'समाज सुधार' किस बात में है यह भलीभांति समझ न पाने से, उसे हर पुरानी बात को निकाल फेंकने तथा किसी भी नई बात को अपनाने में कोई बहुत बड़ा समाज सुधार का काम करने का भ्रम हो जाता है। ऐसे लोगों को सुधारक के बजाय, 'दुधारक' अर्थात समाज का अहित करनेवाला या समाजविघातक कहना ही ठीक होगा।

'उदाहरण के लिए हिंदू धर्म में बहुत सारी बुराइयां हैं। सिर्फ इसीलिए यहूदी, मुस्लिम, ईसाई या ऐसे ही अन्य किसी धर्म को अपनानेवाले व्यक्ति को विचारशील कहना ठीक नहीं होगा। जिस देश में हमारे सैकड़ों पूर्वज पैदा हुए, पले, बढ़े और जिंदगी जीकर सिधार गए, जिस देश में हजारों पीढ़ियों के महत प्रयासों, कष्टों का फल हमें एक थाती के रूप में अनायास ही प्राप्त हुआ, ऐसे देश के धर्म, रीतिरिवाज और लोगों का पूरी तरह त्याग करनेवाले मनुष्य को सुधारक का सम्मान शोभा नहीं देता। स्वदेश और स्व-भूमि में, स्वजनों के साथ, स्वधर्म में अपने सत्यशील आचरण पर अडिग रहकर, अपने देशवासियों के अज्ञान और अविचार से डरे बिना, उनसे कभी लड़-झगड़ कर, कभी युक्तिवाद की चतुराई से, कभी लाड़-प्यार-दुलार के हुनर से या कभी अपने में दमखम हो तो डांट-डपट कर उनकी दकियानूसी बातों में सुधार करने में ही सच्ची देशभक्ति, सही भाईचारा, सच्चा देशाभिमान, उचित समझ-बूझ और सत्यशील पुरुषार्थ है। इसके उलटे जो लोग विपरीत बर्ताव करते हैं, वे समाज-सुधार का कोई काम तो नहीं करते, बल्कि एक प्रकार की बेड़ियां तोड़कर दूसरे प्रकार की बेड़ियों में जकड़ जाते हैं।' (सुधारक)।

हम देख सकते हैं कि 19वीं सदी में समाज सुधार के कई रूप हैं। रामकृष्ण परमहंस आध्यात्मिक राह से समाज सुधार कर रहे थे। उनका अध्यात्म आज के अध्यात्म की तरह मूल्य-तटस्थ न होकर मूल्य-उन्मुख था। वे अपने पीछे एक सांस्कृतिक विरासत छोड़ गए हैं जिसे खासकर बंगाल के काफी लोगों ने आज भी अपने जीवन से अलग नहीं किया है। यह दक्षिणेश्वर मंदिर की महत्ता से स्पष्ट है। निश्चय ही विवेकानंद उनके 'उत्तर-पक्ष' के रूप में उदित होकर उनके काम को आगे बढ़ा गए।

विवेकानंद का धर्मबोध

रामकृष्ण परमहंस की तरह विवेकानंद (1863-1902) स्कूल-कॉलेज से वंचित नहीं थे। वे ब्रह्म समाजी परिवेश में पले-बढ़े थे और बी.ए. पास थे तो कहा जा सकता है कि उन्होंने उच्च शिक्षा पाई थी। उन दिनों शिक्षा और ज्ञानार्जन का लक्ष्य आमतौर पर धनार्जन था, अंग्रेजी राज की चाकरी और सुख-सुविधाएं जुटाना। विवेकानंद (मूल नाम नरेंद्रनाथ) शुरू से भिन्न प्रकृति के थे। उनकी रुचि बचपन से आध्यात्मिक ध्यान और योग में थी। वे हृष्ट-पुष्ट और महत्वाकांक्षी थे। उन्हें नौजवानी में मुक्केबाजी, घुड़सवारी, नाव खेने जैसे शौक थे, अर्थात उनमें शुरू से शौर्य भाव था। उनमें दोनों गुणों के मिलने से आध्यात्मिक शौर्य पैदा हुआ, जो आगे चलकर इतिहास, धर्म, दर्शन, शिक्षा और संगीत की दिशाओं में व्यापकता से प्रस्फुटित हुआ। वह नवजागरण के खास मोड़ पर एक महान संदेश दे गया। वह संदेश है— लोकप्रिय सत्य से उच्च सत्य की ओर बढ़ो, सत्य की बहुलता में अखंडता!

विवेकानंद कलकत्ता के जिस स्कॉटिश चर्च कॉलेज में पढ़ते थे, वह 1830 में देशी स्कॉटिश और रोमन वास्तु कलाओं के योग से बना था। लंबी सीढ़ियों से ऊपर जाते ही एक बड़ा और ऊँचा प्रार्थना गृह मिलता है। हर तरफ विराटता और खुलापन के साथ बड़े-बड़े गोल खंभे ऊंचा भाव जगाते हैं। स्कॉटिश मिशनरियों द्वारा कलकत्ता में स्थापित यह पहला कॉलेज था। नवजागरण काल के ऐसे भवन क्लासिक भव्यता के साथ नवोन्मेषों के लिए प्रेरित करनेवाले थे। वे अपनी प्राचीन परंपराओं से जोड़े रखकर चित्त को विराट बनाते थे। मुर्गे के दरबों जैसे स्मार्ट कक्षाओं वाले आज के चिकने भवनों से वे भिन्न थे। उस जमाने में ऐसे विशेष भवनों का निर्माण फैशन में

नहीं बल्कि इसलिए हो रहा था कि वे उच्च भावना और तर्क दोनों के लिए प्रेरित करें। वे प्राचीनता और नवीनता के बीच सामंजस्य की प्रवृत्ति जगाएं, साथ ही सौंदर्यबोध में स्वच्छंदता के लिए जगह बनाएं। स्कॉटिश चर्च कॉलेज, जहां विवेकानंद पढ़ते थे, इंग्लैंड की मिशनरियों के कॉलेज से भिन्न प्रकृति का था। दूसरे, इस जगह इतिहास, धर्म और दर्शन की चर्चाओं में अधिक खुलापन था और आत्मसम्मान का अधिक अवसर था।

धर्म में दार्शनिक तर्कशक्ति की वापसी

नवजागरण के दौर के लोगों में सत्य के प्रति गहरी जिज्ञासा थी। इसके लिए दार्शनिक बहसें होती थीं। दर्शन की तब उसी तरह एक बड़ी भूमिका थी, जिस तरह लोकतांत्रिक आंदोलनों के दौर में समाज विज्ञान की हो गई। दर्शन का आधार तर्क है, 'रीजनिंग' है। इसलिए जिस-जिस युग में दर्शन का उत्थान हुआ, उस-उस युग में तर्क को प्रधानता मिलने से मानव संवेदना, सौंदर्यबोध और मूल्य-चेतना का विकास हुआ। विवेकानंद ऐसे युग में हुए थे जिसे गौतम बुद्ध, शंकराचार्य और रामानुज-रामानंद के युगों की तरह दार्शनिक बहसों का युग कहा जा सकता है। 19वीं सदी में पूरी दुनिया दार्शनिक तर्कों से आलोड़ित थी। बड़े-बड़े दार्शनिक उभर रहे थे। ज्ञान को भौतिक विकास ही नहीं बौद्धिक परिवर्तन की भी शक्ति माना जा रहा था। दर्शन और लोकतांत्रिक चेतना का संबंध बन रहा था। लोकतांत्रिक चेतना जैसे-जैसे विकसित होती है, दार्शनिक तर्क को नया आधार मिलता है। इसी तरह दार्शनिक तर्क जितना लोकप्रिय होता है, लोकतंत्र का उतना अधिक प्रसार होता है। हम देख सकते हैं कि दुनिया में नए दार्शनिक विचारों की रोशनी में स्त्रियों, वंचितों, दलितों ने विद्रोह या सुधार के जरिए कई अधिकार हासिल किए और भेदभावों का खात्मा होने लगा।

यह भी एक ऐतिहासिक तथ्य है, किसी भी देश में भौतिक विकास अंततः अपने समय के उपलब्ध दार्शनिक ज्ञान से जुड़कर नहीं चल सका, बल्कि स्वार्थ पोषण की प्रवृत्तियों को प्रश्रय देने की वजह से भौतिक विकास ने नैतिक-बौद्धिक विकास के रास्ते में अवरोध पैदा किया। आमतौर पर यही

दृश्य बना–भौतिक विकास और नैतिक-बौद्धिक ह्रास ! इससे दर्शनों का महत्व कम नहीं हो जाता। निश्चय ही दर्शन आज जीवन से बाहर हो चुके हैं, कोने में पड़े कुछ धुनी-जुनूनी व्यक्तियों तक सीमित। मठों, आश्रमों या प्रतिस्पर्धी गुटों के बीच दम तोड़ते हुए। आज जीवन दर्शन पर नहीं, जीने की कला पर चर्चा होती है। दार्शनिक विचारधारा का संकट अंततः तर्क का संकट पैदा करता है। इसके बावजूद, आदमी है तो वह सोचता भी है।

विवेकानंद शुरू में ब्रह्म समाज की दार्शनिक तर्कशक्ति से लैस थे, बल्कि उन्हें इस शक्ति का दंभ था। उनके समय में ब्रह्म समाज दो धड़ों में बंटा हुआ था। एक तरफ देवेंद्र नाथ टैगोर थे, दूसरी तरफ ईसाइयत की तरफ झुके केशवचंद्र सेन थे। विवेकानंद पहले वेदांत को माननेवाले देवेंद्र नाथ टैगोर के संपर्क में आए, फिर देवोपासक रामकृष्ण परमहंस के। वे अच्छे गायक थे, इसलिए हर जगह ही विशेष पसंद किए जाते थे। रामकृष्ण परमहंस ने जब पहली बार उनका गाना सुना तो उनका हाथ पकड़कर बोले, 'अरे तू इतने दिन कहां रहा, मैं कब से तेरी बाट देख रहा था !' विवेकानंद अवाक हुए और काली के इस उपासक को पागल समझने लगे। उन्होंने शुरू में रामकृष्ण परमहंस की मूर्तिपूजा और अद्वैतवाद दोनों में एक साथ विश्वास का मजाक उड़ाया।

रामकृष्ण ने विवेकानंद को शिक्षा दी कि आदमी अनेक कमजोरियों और क्षमताओं से भरा है, उसे उच्च आदर्शों की रोशनी में देखो। हिंदू जनता को देवी-देवताओं से अलग करना संभव न था। इसलिए नवजागरण की अंतर्धाराओं में धार्मिक आस्था के भीतर रहकर ही रूढ़ियों और कुरीतियों की आलोचना होती थी। एक जमाने में भक्त कवियों ने रूढ़िवादी धार्मिक व्यवस्था की आलोचना धर्म के भीतर रहकर की थी। नवजागरण के धार्मिक सुधारक भी ऐसे ही थे। इन्होंने भीतर से आलोचना की। उन्होंने 'धर्म के लिए मनुष्य' की जगह 'मनुष्य के लिए धर्म' की प्रस्तावना की, ईश्वर की अखंडता को तरह-तरह से सामने लाकर धर्म के सार्वभौम सार पर जोर दिया। उस जमाने में धर्म पर तीखी बौद्धिक बहसें हुईं, धर्म की राजनीति नहीं हुई। धर्म बाजार का माल भी न था।

विवेकानंद कुछ समय बाद रामकृष्ण को समझ पाए। फिर वे इतने प्रभावित हुए कि उनके धार्मिक महाभाव में गोते लगाने लगे, उनके शिष्य बन गए। उन्हें समझ में आया कि दार्शनिक विचार का हृदयगत भावना का रूप लेना जरूरी है। दर्शन का रिश्ता जीवन से होना चाहिए, अन्यथा वह विचारों का सूखा बंडल है।

विवेकानंद ने अंततः देवोपासना और वेदांत के अद्वैतवाद में अंतर्विरोध देखना छोड़ दिया। उन्होंने रूप और रूपहीनता दोनों को मान्यता दी। इसे निम्न (लोकप्रिय) सत्य से उच्च सत्य की ओर जाना कहा, 'तुम हमेशा कह सकते हो कि मूर्ति ही ईश्वर है, लेकिन ईश्वर को मूर्ति समझ बैठना भारी भूल होगी। ...मूर्ति पूजा करते हुए भी मूर्ति दरअसल लक्ष्य वस्तु का चिंतन करने के लिए एक सहारा है और कुछ नहीं।' हिंदू धर्म के पाखंड का सबसे बड़ा रूप यह है कि धीरे-धीरे 20वीं-21वीं सदी में मूर्ति ही प्रधान हो गई और ईश्वर का सच्चा विचार गायब हो गया। इतना ही नहीं धार्मिक सत्यान्वेषण राजनीतिक स्वार्थपरता का शिकार हुआ।

रामकृष्ण परमहंस और विवेकानंद दोनों में से किसी के सत्यान्वेषण का संबंध स्वार्थपरता और सुखभोग से न था। इसका संबंध परमार्थ और त्याग से था। यही वह मुख्य चीज है जो दोनों को आम धर्मध्वजधारियों से भिन्न करती है। विवेकानंद कहते थे, 'हमारा सबसे बड़ा पाप जनसाधारण की उपेक्षा है।' उन्हें लगता था कि यूरोप और भारत दोनों महान प्रयोगों से गुजर रहे हैं, पर दोनों अपूर्ण हैं। इसलिए पश्चिम और पूर्व में सामंजस्य की जरूरत है। यह वस्तुतः वैज्ञानिक-भौतिक प्रगति और परमार्थ-उन्मुख आध्यात्मिक उत्कर्ष के सामंजस्य से ही संभव है। वे दर्शन और आधुनिक कर्मों के बीच संबंध चाहते थे, निष्क्रिय दर्शन नहीं। भगिनी निवेदिता ने लिखा है, 'भारत के अतीत का केवल पुनरुज्जीवन या पुनःसंस्थापन स्वामी जी का अभिप्रेत बिल्कुल नहीं था। ...उनकी आकांक्षा थी डायनेमिक रिलीजन अर्थात एक प्रचंड गतिशील धर्म देखने की। धर्म में मौजूद नीचता, अधःपतन और प्रतिक्रियावाद के तत्वों को छांटकर...।' (मेरे गुरु स्वामी विवेकानंद)। भारत के धार्मिक सुधार आंदोलनों को पुनरुत्थानवाद कहकर गलत परिप्रेक्ष्य में देखा गया है।

उन्हें आत्मीय आलोचनात्मकता के साथ देखने की जरूरत है। एक कठोर सामंती-साम्राज्यवादी व्यवस्था में घटित संरक्षणशील सुधारवाद को संवेदनशीलता के साथ समझना होगा।

विवेकानंद एक आदर्शवादी दार्शनिक थे। उन्होंने भौतिक विकास और नैतिक-बौद्धिक विकास में सामंजस्य बैठाना चाहा। वे सभी किस्म के सामाजिक भेदभाव मिटा देना चाहते थे। उन्होंने पश्चिम और पूर्व का विभाजन भी मिटा देना चाहा था, ताकि विश्वबंधुत्व कायम हो सके। इसका आधार उन्होंने आध्यात्मिक उत्कर्ष को बनाया। वे भारत को 'संसार का गुरु' नहीं बना सके। भारत सिर्फ अच्छे शारीरिक स्वास्थ्य के लिए योग का निर्यातक होकर रह गया। 21वीं सदी में 19वीं सदी के धार्मिक सुधारों की मिट्टी पलीद करते हुए विपर्यय घटा, लेकिन क्या किसी के प्रयास की असफलता को उसके दर्शन, सोच और स्वप्न की निरर्थकता के रूप में देखना चाहिए?

विवेकानंद को कुल 39 साल की जिंदगी मिली। वे पश्चिमी शिक्षा की पृष्ठभूमि लेकर भी पूर्व के दर्शनों की और आकर्षित हुए। अंग्रेजी पढ़कर भी वे देश के गरीब लोगों के कल्याण के बारे में सोचते थे। संभव है, उनकी सोच की विशिष्टता ही उनकी सीमा हो। फिर भी यह देखना जरूरी लग सकता है कि उनकी वह विशिष्टता क्या थी जिसने दुनिया को आकर्षित किया और अपने देश में भी उन्हें किसी भी अन्य सुधारक नवजागरण-कर्मी से अधिक लोकप्रिय बनाया। हो सकता है, ऐसी खोजों में मानवता की भावी यात्रा के कुछ मूल्यवान सूत्र मिलें।

हम उन राजनेताओं की बातें सुनते हैं जो प्रत्यक्ष या परोक्ष भोग के रास्ते से अपनी जिंदगी बिताते रहे हैं। उनकी नहीं सुनते जिन्होंने त्याग का रास्ता चुना। हम देख सकते हैं कि सैकड़ों साल से सत्ता-भोगियों ने हमेशा विभाजन और हिंसा का रास्ता चुना, जबकि त्याग पर चलनेवालों ने हमेशा अहिंसा, एकता और समता की बातें कीं। विवेकानंद के गुरु रामकृष्ण परमहंस से किसी ने पूछा—गीता का अर्थ क्या है? उन्होंने जवाब दिया, 'इसका अर्थ मिल जाएगा, बस तुम गीता...गीता बार-बार कहो।' 'गीता' बार-बार कहिए तो भीतर से ध्वनि निकलती है—त्यागी...त्यागी...त्यागी!

रामकृष्ण ने कहा—गीता की शिक्षा है कर्म करते हुए त्याग करो, निःस्वार्थी बनो। दुनिया में इतनी हिंसा इसलिए है कि त्याग की भावना मिटती गई है।

नवजागरण का युग विवेकपूर्ण तर्क का था। उस समय धार्मिक रूढ़ियों, अंधविश्वासों और पाखंडों को चुनौती दी जा रही थी। ऐसे ही युग में राममोहन राय, विद्यासागर की परंपरा में विवेकानंद हुए थे। विवेकानंद का अर्थ है—विवेक का आनंद। विवेक के इन रूपों को मनुष्य में विकसित करना जरूरी है—आत्म विवेक, धर्म विवेक, समाज विवेक, देश विवेक और विश्व विवेक। विवेकानंद के काम का संबंध उनके समय में बन रहे नए-नए धार्मिक संगठनों—आर्य समाज, ब्रह्म समाज, प्रार्थना समाज आदि के समानांतर हिंदू धर्म के आलोचनात्मक नवनिर्माण से है। 'क्या तोड़ा जा रहा है' से कम महत्वपूर्ण नहीं है—'क्या बनाया जा रहा है'। विवेकानंद के धार्मिक चिंतन में दोनों तत्व हैं—'आलोचना' और 'निर्माण'। वे कुछ अन्य सुधारकों की तरह हिंदू धर्म से बाहर नहीं निकलते, उपर्युक्त दोनों काम इसके भीतर रहकर करते हैं।

विवेकानंद के धार्मिक पुनरुत्थान का उद्देश्य धार्मिक जनता को धर्म की रूढ़ियों और पाखंडों से मुक्त करना था। उनका उद्देश्य न धर्म की राजनीति करना था और न उसका बाजार बनाना। रामकृष्ण परमहंस का संदेश था, 'जितने मत उतने पथ'। विवेकानंद इस बिंदु पर वैदिक महावाक्य 'एकं सद्विप्रा बहुधा वदंति' की रोशनी में मानते थे कि जिस तरह विभिन्न नदियां विभिन्न पर्वतों से निकल कर अंततः समुद्र में मिलती हैं, उसी तरह सभी मत अंततः एक ही सत्य तक, एक ही ईश्वर तक ले जाते हैं।

विवेकानंद भारतीय चित्त को एक तरफ अतीत के सामाजिक भेदभावों और धार्मिक संकीर्णताओं से मुक्त कर देना चाहते थे। दूसरी तरफ, वे पश्चिमवाद से टकराते थे, 'अन्य देशों के लोग नाक-भौं सिकोड़ कर हमारे धर्म को मूर्तिपूजक कहते और समझते हैं, पर वे कभी स्थिर चित्त होकर यह नहीं सोचते कि उनका खुद का मस्तिष्क कैसे कुसंस्कारों से परिपूर्ण है। आज भी सर्वत्र घनघोर सांप्रदायिकता है, मन में घोर संकीर्णता है। उनका अपना जो है, मानो संसार में वही सबसे अधिक मूल्यवान है। अर्थोपासना ही उनकी राय में सच्चा जीवन निर्वाह है। ...इस जगत में अब भी असली शिक्षा की

आवश्यकता है और सभ्यता—सच पूछो तो सभ्यता का अभी तक कहीं आरंभ ही नहीं हुआ है।' (भारत का संसार को संदेश)। पश्चिम में नस्लभेद कभी मिट न सका, जबकि हिंदू धर्म में कभी नस्लभेद पैदा नहीं हुआ।

विवेकानंद ने सद्भावना की भारतीय परंपरा का उल्लेख करते हुए कहा, 'संसार को भारतवर्ष से दूसरों के धर्म के प्रति सहिष्णुता की ही नहीं, दूसरों के धर्म के साथ सहानुभूति रखने की शिक्षा भी ग्रहण करनी होगी।' (वही)। वे वेदांत के समर्थक थे, इसलिए कहते थे, 'वे ही यथार्थ में साधु हैं, वे ही सच्चे हरिभक्त हैं, जो हरि को सब जीवों में तथा सब भूतों में देखा करते हैं। यदि तुम शिव के यथार्थ भक्त हो तो तुम्हें इस देश को सब जीवों में तथा सब भूतों में देखना चाहिए। चाहे कोई काबा की ओर मुंह करके घुटने टेककर उपासना करे या गिरजाघर में अथवा बौद्ध मंदिर में करे, वह जाने-अनजाने उसी परमात्मा की उपासना कर रहा है। ...संसार में अनंत प्रकार के परस्पर विरोधी भाव विद्यमान रहेंगे और जरूर रहेंगे, परंतु इसी के लिए एक-दूसरे को घृणा की दृष्टि से देखें अथवा परस्पर लड़ें, यह आवश्यक नहीं है।' (वही)। साधु का संस्कृत में अर्थ है सज्जन व्यक्ति, जबकि इसका अर्थ निरंतर बिगड़ता गया। विवेकानंद का मुख्य संदेश—शांति, सहिष्णुता, अभेद, सदाचरण और वैज्ञानिक प्रगति का है। वे दार्शनिक तौर पर आध्यात्मिक मानवतावाद के प्रचारक थे।

विवेकानंद ने पश्चिम की अच्छी चीजों और भारत की अच्छी चीजों को जोड़ना चाहा था। मानवता को नुकसान पहुंचानेवाली दोनों जगहों की बुरी चीजों को हटाना चाहा था। आज का युग उल्टा है। यह दोनों जगहों की बुरी चीजों को ग्रहण कर रहा है और अच्छी चीजों को छोड़ता जा रहा है। विवेकानंद ने चाहा था कि मानव-मन विद्वेष, घृणा और इनसे जन्मे क्रोध की डस्टबिन न बने। वह प्रेम और अच्छी स्मृतियों की जगह बने। उन्होंने जो सोचा और किया, उसे एक व्यापक परिप्रेक्ष्य में देखने की जरूरत है। मुश्किल यह है कि विवेकानंद को महान बताना और विवेक की राह पर न चलना, अर्थात—तर्क से भागना आज की खूबी है।

सत्य की बहुलता से उच्चतर सत्य की ओर

19वीं सदी में हर तरफ बुद्धिसम्मत धर्म की चर्चा थी, रूढ़िवादी पुनरुत्थान की जगह धार्मिक सुधार की प्रवृत्ति थी। इसके लिए कोई वेदांत को एकमात्र स्रोत बना रहा था, कोई वेद को। एक बात में समानता थी, सभी मोर्चों पर हिंदू धर्म के भीतरी भेदभावों और पुरोहितों के पाखंड की आलोचना हो रही थी। अंग्रेजी राज के प्रभाव में कई लोग ईसाइयत की शरण में भी जा रहे थे। राममोहन राय और केशवचंद्र सेन जैसे ब्रह्म समाजी वेदांत और ईसाइयत के बीच सामंजस्य बैठाने में लगे थे। देश के सभी नए शिक्षित और समृद्ध लोग अपने को उपनिवेशवाद के अनुकूल ढाल रहे थे और पश्चिमी सभ्यता की श्रेष्ठता स्वीकार कर रहे थे। यंग बंगाल के शिष्यों ने हिंदू धर्म से विद्रोह कर दिया था, हालांकि वे देशप्रेमी थे। महादेव गोविंद रानाडे ने महाराष्ट्र में प्रार्थना समाज (1869) बनाया था।

दयानंद सरस्वती ब्रह्म समाजियों और प्रार्थना समाजियों की तरह मूर्ति पूजा और पुराणों के विरोधी थे, पर वैदिक कर्मकांड पर जोर देते थे। पश्चिमी देशों से आकर थियोसोफिकल सोसाइटी रहस्यात्मक मातृशक्ति-केंद्रिक ब्रह्म ज्ञान का प्रचार कर रही थी। उसी समय बंगाल हिंदू धर्म के अंध-राष्ट्रवादी रुझान का केंद्र बन रहा था। विवेकानंद के सामने एक चुनौती यह भी थी। ज्योतिबा फुले ने महाराष्ट्र में गौतम बुद्ध की 'शूद्र किसानों के मुक्तिदाता' के रूप में सराहना की थी, लेकिन बुद्ध काफी विलंब से बी.आर. अंबेडकर के समय 20वीं सदी में नवजागरण के वैचारिक स्रोत बने। कहा जा सकता है कि 19वीं सदी में धार्मिक विश्वास 'रैशनल' हो रहे थे, लेकिन हर सुधारक भारत की दीर्घ दार्शनिक परंपरा की जगह एक ही ग्रंथ, एक ही वैचारिक स्रोत और अपने ही धार्मिक मतवाद को सत्य घोषित कर रहा था। प्रायः सुधारक अंग्रेजी राज के प्रति आकर्षित थे।

विवेकानंद की अंग्रेज शिष्या भगिनी निवेदिता ने उन पर एक पुस्तक लिखी है, 'द मास्टर एज आइ सा हिम' (अवधेश प्रधान द्वारा हिंदी अनुवाद 'मेरे गुरु स्वामी विवेकानंद जैसा उन्हें देखा')। इसमें ऐसी कई जानकारियां हैं

जिनसे विवेकानंद की विशिष्ट भूमिका अधिक निकटता से स्पष्ट होती है। इस पुस्तक से कुछ उल्लेखनीय बातें यहाँ दी जा रही हैं। भगिनी निवेदिता महत्वपूर्ण सूचना देती हैं, 'वे कहा करते थे कि अकबर के भारत की तुलना में एलिजाबेथ का इंग्लैंड क्या था? और विक्टोरिया के इंग्लैंड का ही क्या हुआ होता यदि उसके पीछे भारत की संपत्ति न होती? उनके मुख से उनके स्वदेश का धर्म, इतिहास, भूगोल, नृतत्व विज्ञान अविरल धारा के रूप में निर्गत होता रहता।' इसके बावजूद, "न वे 'राष्ट्रीयता' शब्द का व्यवहार करते थे और न तो 'राष्ट्र निर्माण' के युग की घोषणा करते थे। वे कहते थे उनका काम है— मनुष्य का निर्माण। वे प्रेमी का हृदय लेकर पैदा हुए थे और उनकी आराधना देवी थी मातृभूमि।" इन कथनों के आधार पर कहा जा सकता है कि विवेकानंद राष्ट्रवादी न थे, पर देशप्रेमी थे। वे उपनिवेशवाद की आर्थिक लूट से वाकिफ थे। वे इसका मुकाबला अपने तरीके से और एक धार्मिक विश्वदृष्टि के साथ करना चाहते थे।

विवेकानंद अपने मठ में निरंतर श्रमरत रहते थे। उनके मन में कितनी ही चीजें होती थीं। भगिनी निवेदिता ने इसका चित्र खींचा है, 'तड़के भोर में, अंधेरा रहते वे उठ जाते और 'जागो जागो सकले, अमृतेर अधिकारी' यह गान गाते-गाते, सबको उठा देते। उसके बाद सभी एक साथ बैठकर ध्यान करते। इसके बाद अनजाने ही भजन और सत्प्रसंगों के प्रवाह में बह जाते। दोपहर तक और इसके बाद तक यही सब चलता रहता। स्रोत पाठ और भजन से फिर इतिहास की चर्चा चल पड़ती। कभी इग्नेशियस लायेला के संत (जेसुइट संप्रदाय के स्पेनिश प्रवर्तक) बनने की कहानी, कभी जॉन ऑफ आर्क (आध्यात्मिक प्रवृत्ति की फ्रांसीसी युवती जो अंग्रेज आक्रमणकारियों से लड़ी और निरंकुश चर्च द्वारा जिंदा जला दी गई) की अथवा झांसी की रानी की कहानी होती। फिर स्वामी जी कार्लाइल की फ्रांसीसी क्रांति से कोई लंबा अंश पढ़ते और सभी मानो स्वप्नाविष्ट के समान आगे-पीछे झूमते हुए बार-बार दुहराते –'गणतंत्र की जय हो! गणतंत्र की जय हो!' इन विवरणों से बोध हो सकता है कि विवेकानंद की नजर में धर्म क्या है। वे ऐसा धर्म चाहते थे जो गणतंत्र को समाप्त न करे, उसे मजबूत करे। यूरोप में जो गणतांत्रिक

क्रांति एक यथार्थ बन चुकी थी, वह पराधीन भारत में एक आदर्शवादी स्वप्न थी। भारत के लोग स्वप्न देख तो रहे थे, चाहे जैसे!

रामकृष्ण परमहंस को धार्मिक पाखंडियों को देखकर पीड़ा होती थी। वे ऐसे व्यक्तियों को 'बाह्याडंबरों के बावजूद चुनाकली की हुई कब्र' कहते थे। विवेकानंद ने भारत की धार्मिक व्यवस्था को 'पांच हजार साल पुरानी ममी' कहा था। वे हिंदू धर्म के 'भीतर से आलोचक' थे। उन्होंने एक बार कहा था, 'तुम में से प्रत्येक व्यक्ति कुप्रभाव से भरा मूर्ख होने के बदले यदि नास्तिक हो जाए तो मुझे पसंद है।' (विवेकानंद साहित्य-5)। एक बार उन्होंने भगिनी निवेदिता से कहा, 'स्वार्थ न होता तो संसार में कोई धर्म मत न होता। मनुष्य अपने लिए यदि कुछ नहीं चाहता तो तुम क्या समझती हो, वह कभी प्रार्थना, पूजा, आराधना वगैरह करता? कभी नहीं। वह ईश्वर के बारे में कभी नहीं सोचता।' (मेरे गुरु स्वामी विवेकानंद)।

विवेकानंद का धर्म-विवेक सत्य की बहुलता से एक उच्चतर सत्य की ओर यात्रा से संबंधित है। भारत के संदर्भ में यही कहा जाना चाहिए, बहुलता भी सत्य है और अखंडता भी। दोनों में अंतर्विरोध नहीं है। विवेकानंद कहते हैं, 'मनुष्य सत्य से सत्य की ओर अग्रसर होता है, मिथ्या से सत्य की ओर नहीं।' दूसरे की आस्था को मिथ्या न मानना उदारवाद का लक्षण है, जबकि अपनी आस्था को सर्वोच्च कहना धार्मिक अहंकार है। विवेकानंद एक कहावत उद्धृत करते थे, 'किसी संप्रदाय में जन्म लेना ठीक है, लेकिन उसी के दायरे में मर जाना भयंकर है।' इसका अर्थ है, वे धार्मिक आस्था को युगानुसार सुधार, समावेशी विकास और वैश्विक अखंडता की भूमि पर देखते थे।

विवेकानंद ने खुद को कभी एक सत्य या एक धार्मिक विचारधारा का बंदी बना कर नहीं रखा। वेद, उपनिषद, बौद्ध दर्शन और गीता चारों को महत्व दिया। इन सभी की सीमाओं को समझा और संभावनाओं को भी। उन्हें जिस तरह आधुनिक युग का कुछ भी पर्याप्त नहीं लगा, उसी तरह अतीत का भी कुछ भी पूर्ण नहीं लगा। इसके अलावा, वे रामकृष्ण परमहंस की इस बुनियादी बात को मानते थे, 'जितने मत-उतने पथ'। वे ब्रह्म समाज, आर्य समाज, प्रार्थना समाज, थियोसोफिकल सोसाइटी या अंध-राष्ट्रवादियों की तरह एक ही मत और एक ही पथ को अंतिम नहीं कहते थे।

विवेकानंद 19वीं सदी के कई नवजागरण व्यक्तियों से इस अर्थ में भी भिन्न थे कि उन्होंने बुद्ध, शंकराचार्य और रामानंद की तरह ही लंबी यात्राएं कीं। इन यात्राओं से उनको आम जनता की हालत और ताकत का अंदाजा हुआ। कलकत्ता से मथुरा-वृंदावन, पंजाब और हिमालय तक गए। बौद्ध गया और वाराणसी गए। कश्मीर से कन्याकुमारी तक घूमे। विदेशों में यात्राएं कीं। इससे उनकी दृष्टि के विस्तार का बोध होता है। उस जमाने में यात्रा के लिए कितना कष्ट उठाना पड़ता था, इसका सिर्फ अनुमान लगाया जा सकता है। बुद्ध, शंकराचार्य और रामानंद के समय और ज्यादा दिक्कतें थीं। हम विवेकानंद के बाद गांधी में देखते हैं कि किस तरह उन्होंने ड्राइंग रूम में बैठकर नहीं, हर दिशा में घूम-घूम कर देश को जाना, अपने संघर्ष को व्यापक बनाया। कहना न होगा कि गांधी को भी जनता के दिलों में अपने विचारों को पहुंचाने के लिए धर्म का आश्रय लेना पड़ा। इन सबने नए युग में धर्म का दुरुपयोग नहीं, सदुपयोग किया।

विवेकानंद जैसे दार्शनिक सुधारक दोनों तरफ से गलत समझे गए। सेकुलर उच्छेदवादियों ने उन्हें हिंदू सांप्रदायिकता के प्रचारक के रूप में देखा तो अंध-राष्ट्रवादी महिमामंडन करनेवालों ने उनका रूढ़िवादी आत्मसातीकरण करना चाहा। विवेकानंद को उग्र हिंदुत्व का प्रचारक समझना नवजागरण में उनकी ऐतिहासिक भूमिका को सही परिप्रेक्ष्य में नहीं देखना है। धर्म और राजनीति के मिश्रण के वर्तमान युग में जरूरी है कि विवेकानंद के धर्म प्रचार के सामाजिक अभिप्राय को समझा जाए। उन्होंने रामकृष्ण मिशन को राजनीति से दूर रखा था। उनका विश्वास मुख्यतः वेदांत पर था। वे कहते थे कि वेदांत की दृष्टि एक हिंदू को बेहतर हिंदू बनाती है। धर्म का काम वस्तुतः मनुष्य के भीतरी देवत्व को जगाना और इसके विकास की राह बताना है। कहना न होगा कि धर्म जब राजनीति का झंडा बन जाता है तो वह देवत्व की जगह दानवता को जगाता है।

1900 में जब विवेकानंद दुबारा अमेरिका में थे, उन्होंने एक भाषण में कहा था, 'प्राचीनतम काल में मनुष्य आधुनिक काल की तरह सभ्य नहीं था, लेकिन वह साधारण धार्मिक भिन्नता के कारण एक-दूसरे का गला नहीं काट डालता था।

उसने धर्म के लिए धरती पर खून की नदी बहाना नहीं सीखा था या वह अपने पड़ोसी से पिशाच जैसा व्यवहार नहीं करता था। उस युग के मनुष्य ने मानवता का नाम ले-लेकर मानव जाति का ध्वंस करने की शिक्षा नहीं पाई थी। ...हमें इस युग में सीखना होगा कि सभी धर्म ही—हिंदू, बौद्ध, इस्लाम, ईसाई—जिस नाम से भी हों, सभी एक ही ईश्वर की आराधना करते हैं और जो व्यक्ति दूसरे धर्मावलंबी से घृणा करता है, वह वस्तुतः अपने भगवान से घृणा करता है।' उनका प्रधान लक्ष्य हिंदू धर्म के भीतर के भेदभावों को दूर करना, हिंदू धर्म और अन्य धर्मों की दूरियों को पाटना तथा भारत और विश्व मानवता के बीच संबंध को मजबूत करना था। वे कहते थे, 'संप्रदाय हों, पर सांप्रदायिकता न हो।'

धार्मिक कठमुल्लेपन का विरोध

विवेकानंद ईश्वर को मानते थे। वे वेदों को ईश्वर-प्रणीत बताते थे। उनके ईश्वर का अर्थ था—एक उच्च मूल्य-सत्ता। उन्होंने मुगल शासन में हिंदुओं के साथ भेदभाव और अंग्रेजी राज में पादरियों द्वारा लोभ देकर कराए गए धर्मांतरण का विरोध किया, किंतु उनके मन में इस्लाम और ईसाई धर्मों के प्रति आदर था। उन्होंने पैगंबर मुहम्मद को सभ्य और भाईचारा का प्रचारक कहा था। उन्हें कुरान के अलावा अन्य किसी धर्मग्रंथ में साम्य की धारणा नहीं मिली। वे धार्मिक प्रयोग की विकृति को धर्म की विकृति नहीं मानते थे। उनकी धारणा थी कि राजनीति ही आदमी को अत्याचार और अन्याय के लिए प्रेरित करती है, धर्म ऐसा करने के लिए कभी नहीं कहता। यदि कोई गले के जोर से कहता है कि उसका ही धर्म सत्य है तो वह वस्तुतः धर्म को नहीं जानता। वे आगे बढ़ कर यह भी कहते थे, 'मैं किसी राष्ट्र विशेष से विद्वेष नहीं रखता। मैं जिस तरह भारत का हूँ, उसी तरह समूचे जगत का हूँ।'

विवेकानंद ने देश-विदेश में हिंदू धर्म का प्रचार किया। उनका हिंदू धर्म कठमुल्लेपन और बाह्याडंबर से दूर है। निश्चय ही वह अंध-राष्ट्रवादियों के हिंदुत्व से भिन्न है, क्योंकि 'रैशनल' और 'इन्क्लुसिव' है। उनके धर्म का मुख्य स्वर विद्वेष की जगह सामंजस्य है। वह विकृत की जगह सुसंस्कृत और

विज्ञान-उन्मुख है। विवेकानंद को विकृत, बहिष्कारवादी और रूढ़िवाद-उन्मुख हिंदुत्व का हथियार बनाने की कोशिशें हुई हैं। उनको पढ़े और जाने बिना हुई हैं। वास्तविकता यह है कि विवेकानंद की वेदांत चेतना में 'अदर' का निर्माण नहीं है। उनका हिंदू धर्म 'जगत माता' के हृदय के समान उदार है, उसमें भेदभाव का स्थान नहीं है।

विवेकानंद ब्राह्मण नहीं थे और धर्म-प्रचार कर रहे थे। यह उनके निंदकों को अखरा। वे विवेकानंद को शूद्र तक कहते थे। इसके जवाब में विवेकानंद ने कहा, 'वे मुझे शूद्र कहते हैं। इसकी मुझे थोड़ी भी पीड़ा नहीं है। मेरे (कायस्थ) पूर्वजों ने गरीबों पर जो अत्याचार किया था, इससे उसका कुछ परिशोध हो जाएगा।' यदि मैं चांडाल होता तो मुझे और भी आनंद होता, क्योंकि मैं उस महापुरुष का शिष्य हूँ जिन्होंने ब्राह्मण होते हुए भी एक परिया (चांडाल) का घर साफ करने की इच्छा व्यक्त की थी।' (विवेकानंद साहित्य-5)। बांग्ला नवजागरण के एक मुख्य वाहक ब्रह्म समाज और काली के आराधक रामकृष्ण परमहंस की चेतना में भी जातिभेद के लिए कोई स्थान नहीं था। यह दृष्टि कोण इसलिए महत्वपूर्ण है कि ठीक उसी दौर में अंग्रेजों ने जनसर्वेक्षण (1871, 1881) में जाति पहचान को एक मुख्य जगह दी थी। प्याज की तरह से जाति के भीतर से जाति निकलने लगी थी!

मनुष्य के लिए अपने पुराने संस्कारों से लड़ना किस तरह जरूरी है और सिर्फ एक नई विचारधारा में विश्वास भर काफी नहीं है, यह विवेकानंद की बनारस-आगरा होते हुए, वृंदावन की ओर यात्रा की एक घटना से देखा जा सकता है। वृंदावन के मार्ग में जब उन्होंने एक व्यक्ति को तंबाकू पीते देखा, उन्होंने चिलम मांगी। व्यक्ति ने कहा, 'मैं भंगी हूँ।' विवेकानंद आगे बढ़ गए, पर थोड़ी दूर जाते ही उनके मन ने धिक्कारा, 'तूने जाति, कुल, मान सभी को त्याग कर संन्यास लिया है, फिर भंगी से घृणा क्यों? इतना जाति अभिमान किस लिए?' वे उल्टे पांव लौट आए। वे भंगियों और निम्न जाति के व्यक्तियों के झोपड़ों में कई रात टिके और छुआछूत का विचार हमेशा के लिए निकाल दिया।

महाराष्ट्र में ज्योतिबा फुले के आंदोलन ने एक नई चेतना पैदा कर दी थी, जिसका असर विवेकानंद पर था। समूचे भारत की लंबी यात्राओं ने

विवेकानंद को बृहत्तर संसार की विविधता और इसके दुख-दर्द से परिचित कराया था। वे लद्दाख तक गए थ। वे कुछ अन्य लोगों की तरह यात्रा-भीरु न थे। एक बार विवेकानंद कलकत्ता में किसी व्यक्ति के भूख से मरने पर रो-रोकर चीखे—'मेरा देश, मेरा देश!' ऐसे पागलपन के बिना कोई मनुष्य महान काम नहीं कर सकता। उन्होंने सवाल उठाया, 'क्या संन्यासी के पास हृदय नहीं होता, वह शोकार्त्त नहीं हो सकता?'

धर्म का अर्थ सिर्फ देवोपासना, उत्सव और भजन-भोजन नहीं है, सिर्फ धर्म स्थल बनाना नहीं है। इसका लक्ष्य कभी राजनीतिक सैन्यीकरण नहीं हो सकता और अंधविश्वास कतई नहीं। इसका अर्थ अच्छे रास्तों से भौतिक उन्नति करते हुए आत्मिक विकास और लोकोपकार ही हो सकता है। विवेकानंद ने यह दृष्टि सामने रखी थी। इसलिए सामाजिक प्रश्न भी उठाए थे। उन्हें लगा था, 'धर्म इस समय केवल प्राणविहीन आचार-नियमों की समष्टि और कुसंस्कारों की लीलाभूमि है। इसका नतीजा यह है कि भारत आशा, उद्यम, आनंद और उत्साह के बिखरे हुए ध्वंसावशेषों से पूरी तरह श्मशान बना हुआ है।'

पहली अमेरिका यात्रा : धर्म का अर्थ

विवेकानंद भारत की लंबी-लंबी यात्राएं करके जब 1892 में कन्याकुमारी की शिला पर साधना में बैठे, वे काफी रूपांतरित हो चुके थे। उन्होंने 1893 में अमेरिका जाने से पहले संदेश दिया, 'मैं समस्त भारत की प्रदक्षिणा कर चुका हूँ—मेरे बंधु, अपनी आंखों से जन साधारण की भयंकर दरिद्रता और पीड़ा का मैंने अनुभव किया है। मैं आंसू संभाल नहीं सका हूँ और दृढ़ता से कह सकता हूँ कि जनता का क्लेश और उसकी कठिनाइयां दूर करने का प्रयास किए बिना उसको धर्म शिक्षा देना सर्वथा व्यर्थ है।' आज जब जनता की पीड़ा और कठिनाइयों को किनारे करके धर्म को आगे किया जा रहा है, विवेकानंद का कथन याद किया जा सकता है।

विवेकानंद ने अपने शिकागो भाषण (11, सितंबर 1893) में धर्म की जो परिभाषा दी, वह हर धार्मिक मतांधता का अतिक्रमण करती है। उन्होंने भारत के गर्व को इन शब्दों में व्यक्त किया था, 'मैं एक ऐसे धर्म का अनुयायी होने

में गर्व का अनुभव करता हूँ जिसने संसार को सहिष्णुता तथा सार्वभौमता की शिक्षा दी है। हम सिर्फ सार्वभौम सहिष्णुता में ही विश्वास नहीं रखते, बल्कि हम विश्व के सभी धर्मों को सत्य के रूप में स्वीकार करते हैं। मुझे एक ऐसे देश का व्यक्ति होने का अभिमान है जिसने इस पृथ्वी के सभी धर्मों और सभी देशों के उत्पीड़ितों और शरणार्थियों को आश्रय दिया है।' वे धर्म को एक सामूहिक संगीत (आरकेस्ट्रा) की तरह देखते थे।

दुनिया के नए भविष्य के संदर्भ में विवकानंद अपने शिकागो भाषण में कहते हैं, 'सांप्रदायिकताओं, कट्टरताओं और वंशवाद के बीभत्स हठ ने लंबे समय से पृथ्वी को जकड़ रखा है। कितनी ही बार यह धरती खून से लाल हुई है। कितनी ही सभ्यताओं का विनाश हुआ है और न जाने कितने देश नष्ट हुए हैं। यदि ये भयानक राक्षस नहीं होते तो आज मानव समाज ज्यादा उन्नत होता। मुझे पूरी उम्मीद है कि इस धर्म महासभा का घंटानाद सभी किस्म की धार्मिक कट्टरताओं, सभी तरह की पीड़ाओं – चाहे वे तलवार से हों या कलम से और मनुष्य-मनुष्य के बीच सभी तरह के विद्वेषों को समाप्त करेगा।' विवेकानंद के उपर्युक्त भाषण से 21वीं सदी के धार्मिक कट्टरवादी सहमत नहीं होंगे। दरअसल कैंटरबरी के आर्कविशप सहित कई कट्टरवादी ईसाई शिकागो में धर्म महासभा के पूरे आयोजन को ईसाइयत की उच्चता को चुनौती के रूप में देख रहे थे। विवेकानंद का भाषण हर किस्म के धार्मिक अहंकार को चुनौती था। कहा जाए तो, धर्म महासभा के उद्देश्यों को व्यक्त करनेवाला था।

शिकागो की धर्म महासभा 17 दिनों तक चली थी। इसमें विवेकानंद ने कई भाषण दिए थे, भले मशहूर पहले दिन का भाषण हुआ। उनके ईसाई धर्म के बारे में विचारों से विवाद हुआ था, कटुता भी पैदा हुई थी। ईसाई धर्म में पापबोध एक प्रमुख तत्व है –मनुष्य पापी होता है! इसलिए उसे ईसा को मध्यस्थ बनाने और गिरजा जाने की जरूरत होती है। विवेकानंद ने 19 सितंबर 1893 के भाषण की शुरुआत 'अमृत की संतानों' से की और कहा, 'हिंदू आपको पापी मानने से अस्वीकार करता है। आप ईश्वर की संतान हैं, अमर आनंद के भागी हैं, पवित्र और पूर्ण आत्मा हैं। इस मर्त्यभूमि पर आप देवता हैं। आप भला पापी! मनुष्य को पापी कहना महापाप है।

...उठो, हे सिंहो! आप हैं अमर आत्मा, मुक्त आत्मा, आनंदमय और नित्य आत्मा। आप महज शरीर नहीं हैं। शरीर (जड़) तो आपका दास है, न कि आप दास हैं शरीर (जड़) के!' इस बात पर कट्टर ईसाइयों का कोप उन्हें झेलना पड़ा, पर यह भी स्थापित हुआ कि सिर्फ साम्राज्यवादी विजयों और दुनिया के कई देशों में शासन करने के कारण ईसाई धर्म की सर्वोच्चता का दावा गलत है।

उपर्युक्त मुद्दे पर अमेरिका के 'हेरल्ड' अखबार ने लिखा, 'उनका भाषण सुनने के बाद मालूम हुआ कि इस ज्ञानदीप्त राष्ट्र (भारत) को (ईसाई) धर्मोपदेशक भेजना मूर्खता है।' पश्चिम के लोग औपनिवेशिक देशों में ईसाई धर्म प्रचार को 'सभ्यता का मिशन' कहते थे। पश्चिम के कई बुद्धिजीवियों को लगा कि विवेकानंद के भाषणों से पूर्व को देखने की जैसे एक नई खिड़की खुली हो।

विवेकानंद की विद्यार्थी जीवन से ही ख्वाहिश थी कि वे केशवचंद्र सेन से ज्यादा अच्छे वक्ता बनें। 19वीं सदी में भाषण कला की अनोखी गरिमा थी। विवेकानंद में अद्भुत वाग्मिता थी। उसमें अतिवाद भी होता था। विवेकानंद का साहित्य मुख्यतः उनके भाषण ही हैं।

विवेकानंद ने कहा है कि उनका अमेरिका जाने का मकसद सिर्फ धर्म महासभा में भाग लेना नहीं था। वे अपने देश के दुखी-गरीब जनों की सेवा करने के लिए वहाँ से प्रचुर पैसा लाना चाहते थे। उन्होंने सुन रखा था कि अमेरिका एक धनी देश है। संयोग से धर्म महासभा के भाषणों के बाद एक अमेरिकी कंपनी ने उनसे अनुबंध कर लिया। वह जगह-जगह उनके भाषण आयोजित करने लगी। उनका भाषण सुनने के लिए दर्शकों की भीड़ लग जाती थी। उनमें वाक्पटुता थी, साथ ही एक तेजस्वी व्यक्तित्व था। वे सभी से मुख्यतः अपने-अपने धर्म की रूढ़ियों और सीमाओं को तोड़ने की बात कहते थे और धर्मों की एकता का संदेश देते थे। वे यह भी कहते थे, 'अंधविश्वास मनुष्य का महान शत्रु है, पर धर्मांधता उससे भी बढ़कर है।'

एक उल्लेखनीय घटना है, 1897 के फरवरी महीने में गोरक्षिणी सभा का एक प्रचारक उनसे गोरक्षा के लिए आर्थिक सहयोग लेने के लिए आया।

उस समय अकाल आया हुआ था। हैजा महामारी का रूप ले रहा था। विवेकानंद ने उस प्रचारक से पूछा कि अकाल पीड़ितों के लिए उनकी सभा क्या कर रही है। गोरक्षा के प्रचारक ने जवाब दिया कि मनुष्य चूंकि अपने कर्मों का फल भोग रहा है, इसलिए उसके लिए कुछ करने का नहीं है। विवेकानंद ने तब क्रुद्ध और दुखी होकर कहा, 'जो सभा-समिति मनुष्य के प्रति सहानुभूति नहीं रखती, भाई भूख से जान दे रहा है, यह देखकर उसे अन्न न देकर पशु-पक्षी के लिए खाद्यान्न जुटा रही है, उससे मेरी कोई सहानुभूति नहीं है।' प्रचारक ने हिम्मत नहीं हारी, 'शास्त्र कहते हैं— गाय हमारी माता है।' विवेकानंद ने व्यंग्य करते हुए कहा, 'हाँ, नहीं होने से आप लोगों जैसी यशस्वी संतान कैसे जन्म लेती!' यह चोट प्रचारक बर्दाश्त नहीं कर सका और उल्टे पैर लौट गया।

विवेकानंद पूछते थे, 'ईश्वर सार्वभौम है या उसका कोई भौगोलिक क्षेत्रफल है?' इसका अर्थ है, हिंदू धर्म का ईश्वर, देवी-देवता अमेरिका-अफ्रीका में क्या करते हैं—वहां के लोग कैसे तरेंगे? धर्म के ढांचे में उस युग की ऐसी चिंताएं और ऐसे प्रश्नों को सामाजिक परिवर्तन का भावात्मक आह्वान समझना चाहिए।

विवेकानंद के व्यक्तित्व की यह बात आकर्षित करती है कि वे अमेरिका जाकर धनोपार्जन इसलिए नहीं करना चाहते थे कि उन्हें वहाँ भौतिक सुख-सुविधाएं बटोर कर बस जाना है। वे पैसा लाकर अपने देश के दुखी-गरीब लोगों की शिक्षा, स्वास्थ्य और अन्य उपायों से सेवा करना चहाते थे। उन्होंने कहा है, 'एक सत्य जिसका मैंने अनुभव किया है, वह यह है कि निःस्वार्थ सेवा ही धर्म है।'

यह भी जानना चाहिए कि विवेकानंद धर्म महासभा में भाग लेने के लिए बड़ी मुश्किल से काफी कष्ट उठाकर अमेरिका पहुँचे थे। वहाँ उनके पैसे खत्म हो गए, उन्हें कई दिनों तक भूखों रहना पड़ा। उनके उद्देश्य की महानता ने उन्हें मुश्किलों को पार करने का साहस दिया।

विवेकानंद कभी नहीं चाहते थे कि ईसाई लोग हिंदू या बौद्ध हो जाएं या हिंदू और बौद्ध ईसाई हो जाएं या मुसलमान ईसाई हो जाएं। वे धर्मों के मामले में आततायी औपनिवेशिक सार्वभौमता की जगह शांतिकामी मानवता

की एकता और धर्मों के सम्मिलन की बात करते थे, ताकि हर मनुष्य को गरिमा और बौद्धिक स्वतंत्रता के साथ प्रगति करने का अवसर मिले।

नवजागरण का जोर इस पर था कि हर धर्म के लोग अपनी विशिष्टता की रक्षा करते हुए (क) अधिकाधिक बुद्धिपरक हों और (ख) दूसरे धर्मों के सार को आत्मसात करें। विवेकानंद के धार्मिक चिंतन के प्रमुख तत्व थे— मनुष्य की महानता पर भरोसा करना, व्यक्ति की जगह सिद्धांत को महत्व देना, ऐसा बुद्धिपरक दृष्टिकोण अपनाना जो नए विचारों की ओर ले जाए, लोकोपकार में ही ईश्वर की सेवा देखना और हर तरह के धार्मिक उन्माद और संकीर्णता से मुक्त होना। उन्हें ऐसे धर्म में विश्वास नहीं था जो अनाथों को रोटी नहीं दे सकता या ऊँच-नीच का भेद करता है। वे इस दृष्टि से खुद हिंदू धर्म की प्राचीन रूढ़ियों और सीमाओं के प्रति उतने ही 'क्रिटिकल' थे, जितने कुछ अन्य धर्मों के।

उनकी सीमा यह थी कि वे अन्य धर्मों में प्राचीन रूढ़ियों के समानांतर मौजूद उदारवादी परंपराओं को नहीं देख पाते थे और वहाँ से उदाहरण नहीं चुन पाते थे।

विवेकानंद की नजर में शिक्षा का अर्थ व्यक्ति की आंतरिक पूर्णता का प्रकाश है। उन्होंने उस पश्चिमी शिक्षा पद्धति की आलोचना की, जिससे वे खुद पढ़कर निकले थे, 'पश्चिमी शिक्षा केवल तथा संपूर्णतः निषेधात्मक है। ...ऐसी शिक्षा मृत्यु से भी भयानक है। कोमल मति बालक को पहली बात जो सिखाई जाती है, वह यह कि तुम्हारा बाप मूर्ख है। दूसरी बात वह यह सीखता है कि तुम्हारा दादा पागल है। तीसरी बात यह है कि तुम्हारे जितने शिक्षक और धर्माचार्य रहे हैं, वे पाखंडी हैं। चौथी बात यह कि तुम्हारे जितने धार्मिक ग्रंथ हैं, उनमें झूठी और कल्पित बातें भरी हैं। इस प्रकार शिक्षार्थी निषेधों की खान बन जाता है, उसमें न जान रहती है और न रीढ़।' (भारत का भविष्य)। 3 जनवरी 1895 को विवेकानंद ने शिकागो से एक खत लिखा था, 'भारत के शिक्षित समाज से मैं इस बात पर सहमत हूँ कि समाज का आमूल परिवर्तन करना आवश्यक है। पर यह किया किस तरह जाए? सुधारकों की (अतीत का) सब कुछ नष्ट कर डालने की नीति व्यर्थ सिद्ध हो चुकी है।

...मैं केवल चाहता हूँ कि अब तक जो तुमने किया सो अच्छा ही किया, अब इस समय और अच्छा करने का मौका आ गया है।' विवेकानंद 'और अच्छा करने' के लिए कुछ जगहों पर अतीत की जाति व्यवस्था जैसी बुराई को 'माया का मूल' कहते हुए भी उसका औचित्य बताते हैं, तो कुछ जगहों पर वे अतीत की बौद्धिक खाइयों के बीच सांस्कृतिक पुल बनाते दिखते हैं और कभी पश्चिम से संवाद करते हुए आध्यात्मिक पुनर्निर्माण की परियोजना पेश करने लगते हैं।

विवेकानंद अपने ऐतिहासिक युग की सीमा में आलोचनात्मक समावेशिकता का परिचय देते हैं, 'स्मृति और पुराण सीमित बुद्धिवाले व्यक्तियों की रचनाएं हैं। वे भ्रम, त्रुटि, प्रमाद, विभेद और द्वेष भाव से परिपूर्ण हैं। उनके केवल कुछ अंश, जिनमें आत्मा की व्यापकता और प्रेम की भावना विद्यमान है, ग्रहण करने योग्य हैं। शेष सबका त्याग कर देना चाहिए। उपनिषद और गीता सच्चे शास्त्र हैं। राम, कृष्ण, बुद्ध, चैतन्य, गुरु नानक, कबीर सच्चे अवतार हैं, क्योंकि उनके हृदय आकाश के समान विशाल थे। इन सबमें श्रेष्ठ हैं रामकृष्ण परमहंस। शंकर, रामानुज इत्यादि संकीर्ण हृदय वाले पंडित मालूम होते हैं। उनमें वह प्रेम कहाँ है जो दूसरों का दुख देखकर द्रवित करे।' यह सूची उस सूची से कुछ उदार है जो पुराणों के अंध-विरोधी दयानंद सरस्वती ने बनाई थी। दयानंद की नजर में उपर्युक्त सभी त्याज्य थे। विवेकानंद के प्रहार और चयन में अपेक्षाकृत अधिक व्यापकता है। मुख्य बात है, 'दूसरों के दुख को देखकर द्रवित होने', अर्थात 'परदुखकातरता' को जीवन की अर्थवत्ता की प्रमुख कसौटी बना देना। विवेकानंद प्रेम की भावभूमि पर पहुँचकर दर्शन का अतिक्रमण करते हैं।

1897 में हैजा फैला था, इसने महामारी का रूप ले लिया था। इस समय विवेकानंद के ब्राह्मण शिष्य निम्न जातियों के हैजा पीड़ित रोगियों की सेवा कर रहे थे। यह देखकर विवेकानंद ने कहा था, 'पहले बुद्ध के समय जो घटित हुआ था, उसे फिर घटित होते हुए देख रहा हूँ।'

विवेकानंद यह प्रेरक वाक्य बार-बार कहते थे—'उठो, जागो और तब तक न रुकना जब तक लक्ष्य हासिल न हो जाए?' वे बताते थे, भारत तभी

जागेगा जब विशाल हृदयवाले सैकड़ों स्त्री-पुरुष भोग-विलास और सुख की इच्छाओं को विसर्जित कर मन, वचन और शरीर से उन करोड़ों भारतीयों के कल्याण के लिए सचेष्ट होंगे जो दरिद्रता और मूर्खता के अगाध सागर में निरंतर नीचे डूबते जा रहे हैं।' (विवेकानंद साहित्य-6)। उनका मूर्खता से अभिप्राय है कूपमंडूकता। वे गरीबी और कूपमंडूकता दोनों से मुक्ति का स्वप्न देखते थे, पर वे सुख के पीछे दौड़ को रोकने में असमर्थ थे।

अंग्रेजी राज और विवेकानंद

विवेकानंद का धार्मिक चिंतन भारतीय यथार्थों से विमुख नहीं है, 'अब भारत राजनीतिक शक्ति नहीं है। आज वह दासता में बंधी हुई जाति हैं। भारतीयों की अपने देश के प्रशासन में कोई जगह नहीं है। उनकी कोई आवाज नहीं है। वे हें सिर्फ 30 करोड़ गुलाम। भारतवासियों की औसत आय डेढ़ रुपये महीने है। अधिकांश लोगों का जीवन अनाहार की कहानी है। ...इसलिए जब मेरी दृष्टि उनकी ओर जाती है तो मुझे दिखाई देता है नाश, असाध्य नाश।' उन्होंने अंग्रेजों के अत्याचार के बारे में अपनी एक अमेरिकी शिष्या मेरी हेल को एक खत में लिखा, 'भारत में कई सालों से संत्रास का राज चल रहा है। ब्रिटिश सेना हमारे लोगों का खून कर रही है। स्त्रियों की मर्यादा नष्ट कर रही है। इसके बदले वे इंग्लैंड लौटकर हमारे ही पैसे से पेंशन पाते हैं।' उन्होंने यह भी लिखा कि यदि मेरा यह पत्र प्रकाशित हो गया तो अंग्रेजी शासक बिना विचार किए मेरी हत्या कर देंगे। यह सही है कि विवेकानंद ने अंग्रेजी राज का विरोध नहीं किया, पर उनमें राजनीतिक सचेतनता थी।

19वीं सदी में भारत की दशा औपनिवेशिक विध्वंस के कारण इतनी बिगड़ चुकी थी कि सामाजिक सुधार आंदोलनों से देश की दशा में बड़ा बदलाव नहीं आ पा रहा था। सब ऊपर ही ऊपर घटित हो रहा था। इसलिए विवेकानंद ने कहा, 'भारत खंडहरों में ढेर हुई एक विशाल इमारत सदृश है। शुरू में देखने से आशा की कोई किरण नहीं मिलती। वह एक विगत और भग्नावशिष्ट राष्ट्र है। पर थोड़ा रुको और रुक कर देखो। जान पड़ेगा कि वह इसके परे भी कुछ है...।' (मेरा जीवन मेरा ध्येय)।

विवेकानंद औपनिवेशिक विध्वंस से देश की बची आत्मशक्ति का संधान करके उसे नवजीवन देना चाहते थे। उनमें जोश था और दृष्टि थी। वह धार्मिक दृष्टि थी। वे कहते थे, 'हमारे लिए धर्म की पृष्ठभूमि लेकर कार्य करने के सिवाय कोई उपाय नहीं है।' उनका धर्म तोड़नेवाला नहीं था, जोड़नेवाला था। वह मां का हृदय रखनेवाला धर्म था और करुणा-भरा था। उसका केंद्रीय तत्व था सेवाभाव, कर्मकांड नहीं। सबसे महत्वपूर्ण बात है, उनका धर्म अंधविश्वासों और कूपमंडूकता का पोषक नहीं था, जिस तरह बाद में बना दिया गया।

नवजागरण काल के दार्शनिकों और सुधारकों में अंग्रेजी राज से लड़ने की क्षमता नहीं थी, क्योंकि आम लोगों की बौद्धिक दशा काफी पिछड़ी थी। चेतना का अभाव था। आधुनिक शिक्षित वर्ग उपनिवेशवाद के असर की वजह से दुविधा-मुक्त नहीं हो पा रहे थे। विवेकानंद लिखते हैं, 'विदेशी (अंग्रेज) लोग इस देश का यथार्थ कल्याण करने के मामले में दक्ष हैं। ...परदेशियों के संपर्क से भारत धीरे-धीरे जग रहा है। इस थोड़ी-सी जागृति के फलस्वरूप स्वतंत्र विचारों का थोड़ा बहुत उदय होने लगा है। एक और आधुनिक पाश्चात्य विज्ञान है, ...दूसरी और हमारे पूर्वजों का अपूर्व वीर्य, असाधारण प्रतिभा और देव-दुर्लभ आध्यात्मिक तत्व...।' (विवेकानंद साहित्य-9)। वे उपनिवेशवाद और भारतीय अतीत दोनों में दोषों के साथ गुण देख रहे थे।

विवेकानंद को अंग्रेजी राज की यह बुराई साफ नजर आ रही थी, 'व्यावसायिक अधिकार की जिस चेष्टा से एक देश का माल दूसरे देश में लाया जाता है, उसी चेष्टा से विदेशी भाव भी भारत की अस्थि-मज्जा में बलपूर्वक प्रवेश पा रहे हैं। इन भावों में कुछ तो बहुत लाभदायक और कुछ हानिकारक हैं।' (वही)। विवेकानंद ने लाभदायक विचारों को कभी रेखांकित नहीं किया। वे इस तथ्य से परिचित थे, 'अंग्रेजों के मन में यह धारणा होने लगी है कि भारत-साम्राज्य यदि उनके हाथों से निकल गया तो अंग्रेज जाति का विनाश हो जाएगा। इसलिए भारत पर इंग्लैंड का अधिकार किसी न किसी प्रकार जमाए रखना होगा।' विवेकानंद की ये राजनीतिक टिप्पणियां उनकी सचेतनता को दर्शाती हैं।

आमूलचूल परिवर्तन के पक्षधर

विवेकानंद ने राजनीतिक रास्ता न चुनते हुए धर्म के भीतर से भारतीय जाति के बौद्धिक उत्थान का मार्ग दिखाया। सामंतवाद और उपनिवेशवाद से आक्रांत समाजों में धर्म के रास्ते से विक्षोभ और पुनर्गठन के उदाहरण दुनिया भर में मिलते हैं। विवेकानंद ने खासकर उन दुखी-गरीबों को उत्प्रेरित करने का काम किया जिन्हें उपेक्षित किया गया था। उन्हें इसकी प्रेरणा रामकृष्ण परमहंस से मिली थी। 4 साल विदेश में रहने के बाद विवेकानंद ने 1 मई 1897 को उपर्युक्त उद्देश्य से देश में 'रामकृष्ण मिशन' की स्थापना की। इसका काम सेवा भाव से स्कूल, कॉलेज, हॉस्टल, हास्पिटल आदि खोलना और आपदाओं के समय राहत कार्य करना था। 1898 में उन्होंने गंगा किनारे हावड़ा के बेलूर इलाके में एक बड़ी जगह ली जो बेलूर मठ के नाम से प्रसिद्ध है।

दरअसल भक्ति आंदोलन अपने धार्मिक-सामाजिक सुधार के विचारों का संस्थानीकरण नहीं कर पाया था। यह काम 19वीं सदी के नवजागरण काल में बंगाल, महाराष्ट्र, पंजाब और दक्षिण भारत की कुछ जगहों पर धार्मिक सुधारकों द्वारा नए सामाजिक संगठन बनाकर हुआ। यह भी सही है कि अधिकांश संगठन समय बीतने पर राजनीतिक अखाड़े बन गए या रूढ़िवादी व्यवस्था ने उन्हें आत्मसात कर लिया।

19वीं सदी में बने सामाजिक संगठनों में अब उन उच्च लक्ष्यों, त्याग और बौद्धिक गतिशीलता की कमी है जिनका स्वप्न विवेकानंद ने देखा था। 1896 में मेरी हेल को लिखे एक पत्र में विवेकानंद ने कहा था, 'मैं सब कुछ नवीन देखना चाहता हूँ। पुराने ध्वंसावशेषों के चारों और आलसी की तरह चक्कर लगाना, अतीत के इतिहास को लेकर सारा जीवन हाय-हाय करना और प्राचीन काल के लोगों की बातों का चिंतन कर निराशा के दीर्घ श्वास छोड़ने के लिए मैं कतई तैयार नहीं हूँ। ...मैं आमूलचूल परिवर्तन का घोर पक्षधर हो चुका हूँ। ...मैं प्राचीन संस्कारों को मिटाकर सब कुछ नवीन रूप में प्रारंभ करना चाहता हूँ।' विवेकानंद के वेदांत चिंतन ने उनका आत्मप्रसार ही संभव नहीं किया, उन्हें धन जुटाकर सामाजिक कार्य करने के लिए भी प्रेरित किया।

उन्हें लगता था कि हर मनुष्य में दिव्यता है, ईश्वर है और वह अपने धर्म को उच्च भावों से पूरित कर दुनिया से असामंजस्य मिटा सकता है। उन्हें लगा, इसके लिए युक्ति और निर्भयता जरूरी है।

विवेकानंद ने अपनी छोटी-सी जिंदगी में भारतीय संस्कृति की जड़ता और नकारात्मक तत्वों से डटकर संघर्ष किया। उन्होंने विज्ञान और आधुनिक शिक्षा का पक्ष लिया, समाज में रचनात्मक और सेवामूलक कार्य किए और चेतावनी देते हुए कहा, 'भारत में धर्म का जबर्दस्त पुनरुत्थान हुआ है। इसमें आगे खतरा भी है और गौरव भी, क्योंकि पुनरुत्थान कभी-कभी धर्मांधता को जन्म देता है।' विवेकानंद का लक्ष्य था मनुष्य को मिथ्या भेदभावों से मुक्त करके उसकी गरिमा और स्वाभिमान का अहसास कराना। उन्होंने शंकर के 'अहं ब्रह्मास्मि' को माना, लेकिन उनके वर्णवाद को नहीं माना। उन्होंने आलोचनात्मक रुख के साथ यह भी कहा, 'पृथ्वी पर ऐसा कोई धर्म नहीं है जो हिंदू धर्म के समान इतने ऊँचे स्वर से मानवता के गौरव का उपदेश देता हो और गरीबों तथा नीची जाति वालों का इतनी क्रूरता से गला घोंटता हो।' (जाति, संस्कृति और समाजवाद)। वे भारतीय मनुष्य में वेदांती अध्यात्म, बौद्ध करुणा, ईसाई सक्रियतावाद और इस्लामी समतावाद का संयोग देखना चाहते थे। वे सभी स्रोतों से विचार लेकर एक 'तार्किक भारतीय आत्म' का निर्माण करना चाहते थे।

विवेकानंद के धार्मिक पुनरुत्थान का उद्देश्य साधारण लोगों को धार्मिक रूढ़ियों और पाखंडों की जकड़न से मुक्त करना था। वे बिना आधुनिक उच्छेदवादी दंभ के समाज सुधार का काम कर रहे थे। उनका इरादा एक अखंड ईश्वर की ओर बढ़ना था। ईश्वर की अखंडता भारतीय परंपरा की अमूल्य थाती है, जो मानवीय अखंडता का संदेश देती है। इसके आधार पर विवेकानंद ने पूर्व की ओर से पश्चिम को चुनौती दी और स्वाभिमानी भारतीय मध्य वर्ग, खासकर बंगाली मध्यवर्ग का दिल जीत लिया।

विवेकानंद ने वेदांत दर्शन को नया आयाम दिया। उन्होंने वेदांत और ईसाइयत का ब्रह्मसमाजी गठबंधन तोड़ कर वेदांत की स्वतंत्र व्याख्या की। उनके अनुसार, 'प्रत्येक जीवात्मा उस विश्वात्मा का, जो अनंत है, एक अंश है।

अतः अपने पड़ोसी को हानि पहुँचा कर मनुष्य वस्तुतः अपने आपको हानि पहुँचाता है। इस दृष्टिकोण के कारण ही हिंदुओं ने कभी धार्मिक उत्पीड़न का आश्रय नहीं लिया। यहाँ तक कि आज एक मुस्लिम संत की दरगाह, जिसे मुसलमानों द्वारा निरादृत और विस्मृत कर दी गई है, वह हिंदुओं द्वारा पूजी जाती है। ऐसी सहिष्णुता के कई उदाहरण हैं।' (वेदांत)। वेदांत की एक दूसरी खूबी की और उन्होंने इशारा किया, 'हम लोगों को धार्मिक विचारों की अनंत विविधता को स्वीकार करना चाहिए और सभी को एक ही विचारधारा के अंतर्गत लाने का प्रयत्न नहीं करना चाहिए। वेदांत के अच्छे प्रभावों में से एक यह है कि इसमें धार्मिक विचारों की स्वतंत्रता रही है, जिसका उपभोग भारत ने अपने इतिहास के सभी कालों में किया है।' (वही)। विवेकानंद ने हिंदू धर्म को वेदांत के ढांचे में देखा। उन्होंने एक महत्वपूर्ण निष्कर्ष यह निकाला, 'इसकी उत्पत्ति किसी धर्मगुरु से नहीं हुई।' (वही)।

उन्होंने शंकर को इसलिए माना कि उन्होंने हर मनुष्य में ईश्वर को देखा था। विवेकानंद ने मानवीय गरिमा का सवाल उठाते हुए शंकर के दर्शन के संदर्भ में कहा, 'यदि तुम जगदीश्वर प्रभु हो तो मैं भी जगदीश्वर प्रभु हूँ।' शंकर के मायावाद को उन्होंने आधुनिक भौतिकवाद से जोड़कर ग्राह्य बनाने की कोशिश की, जबकि उनके विभेदकारी वर्णवादी दृष्टिकोण को तिरस्कृत कर दिया, 'वेदांती नैतिकता का यही सारांश है, सबके प्रति साम्य'!

उन्होंने व्यंग्य भरे लहजे में एक बार कहा, "यदि मैं भारत के किसी पुरोहित से पूछूं कि क्या वेदांत में तुम्हें विश्वास है, तो वह जवाब देगा, 'वह तो मेरा धर्म है, मैं जरूर विश्वास क़रता हूँ। वह मेरा प्राण है।' 'बहुत ठीक, तो क्या तुम प्राणी मात्र की समता और प्रत्येक वस्तु की अनन्य एकता को स्वीकार करते हो?' 'निश्चय ही करता हूँ।' परंतु दूसरे ही क्षण जब एक नीच जाति का आदमी पुरोहित के पास पहुँचता है, तो उसकी छूत से बचने के लिए वह छलांग मारकर सड़क के दूसरे किनारे चला जाता है। 'कूदते क्यों हो?' 'क्योंकि उसके स्पर्श मात्र से मैं अपवित्र हो जाता।' 'परंतु तुम तो अभी-अभी कह रहे थे कि हम सब एक ही हैं और तुम स्वीकार करते हो कि प्राणियों में कोई भेद नहीं है।' वह जवाब देता है—'अरे भाई, गृहस्थों के लिए तो यह

केवल सिद्धांत का विषय है, जब मैं संन्यास लेकर वन चला जाऊंगा तब समदर्शी बनूंगा।" दार्शनिक स्तर पर अद्वैतवाद की व्यापक स्वीकृति के बावजूद सामाजिक व्यवहार में उसके लक्षण क्यों नहीं दिखाई पड़े, यह विवेकानंद ने समझा था। इसके बीज कहीं न कहीं धार्मिक कर्मकांड के अलावा दर्शन में भी थे, शंकर के वेदांत में भी थे। इसलिए उन्होंने शंकर के दर्शन के एक खास पहलू—वर्ण भेदभाव का विरोध किया।

उस युग में जनता अंधविश्वासों, कुरीतियों तथा हिंसक संघर्षों से इतनी ऊब गई थी कि वह धर्म के बुद्धिसम्मत नवोन्मेषों की और आकर्षित होने लगी। विवेकानंद ने भारतीय संस्कृति के नकारात्मक और मृत तत्वों से दुर्द्धर्ष संघर्ष किया। उन्होंने कहा, 'हिंदुत्व की परंपरा में कोई धर्मगुरु नहीं होता', जबकि पिछले कुछ दशकों से स्वघोषित धर्मगुरुओं, धर्माचार्यों, मंडलेश्वरों, महंतों और बापुओं-साध्वियों का जाल ज्यादा फैला है। क्या विवेकानंद ने ऐसे धर्मगुरुओं और पुरोहितों को कभी मान्यता दी? उनका कहना है, 'पुरोहित भारतवर्ष के लिए अभिशाप स्वरूप हैं।' (जाति, संस्कृति और समाजवाद)। विवेकानंद के नाम का सांप्रदायिक इस्तेमाल होता है, पर उनको वहां से नहीं उठाते जहां वे पहुँचे। वहां से उठाते हैं जहां से उन्होंने चलना शुरू किया, अर्थात गिलास की पेंदी ऊपर करके वे विवेकानंद के विचारों का अमृत छकते हैं!

भारतीय नवजागरण के किसी अग्रदूत को न पूर्ण बुद्धिवादी कहा जा सकता है और न पूर्ण संरक्षणवादी। यह भी लक्षित किया जा सकता है कि सभी सुधारकों का बुद्धिवाद उपनिवेशवाद में पूर्ण विसर्जनशील नहीं था। इसी तरह किसी का संरक्षणवाद ऐसा न था जिसे धार्मिक रूढ़िवाद से अलगाया न जा सके, उसमें विज्ञान और व्यापारिक-औद्योगिक विकास के प्रति खुला रुख न हो और अपनी सीमा में 'दूसरे' के लिए स्थान न हो।

भारतीय नवजागरण में आमतौर पर यूरोपीय रिनेसां की तरह 'हम' और 'वे' की भावना पैदा नहीं हुई। उपनिवेशवाद की आलोचना धीरे-धीरे जितनी कटु होती गई हो, पश्चिम के प्रति खुला रुख था। यह भी देखा जा सकता है कि एक मामले में जो व्यक्ति अनुदार है, दूसरे मामले में प्रगतिशील है। नवजागरण के लोगों में अंतर्विरोध थे, यह स्वाभाविक है।

लेकिन वे अपने को बदलते सामाजिक परिदृश्य के साथ विकसित कर रहे थे। निस्संदेह कुछ व्यक्ति विपर्यय के शिकार हो गए या उनमें वैचारिक थकावट आ गई।

भारत की सामाजिक गतिशीलता, आत्मपहचान के संघर्ष और राष्ट्रीय जागरण में 19वीं सदी के सुधार आंदोलनों की एक बड़ी भूमिका है। उन आंदोलनों में जाति और लिंग के मुद्दे प्रधान थे। विवेकानंद ने सुधारवाद की सीमाओं की और संकेत किया है, '19वीं सदी में जो भी सुधार आंदोलन हुए हैं, उनमें से अधिकांश केवल ऊपरी दिखावा मात्र हैं। उन्होंने केवल प्रथम दो उच्च वर्णों से ही संबंध रखा है, शेष दो से नहीं। विधवा विवाह के प्रश्न से 70 प्रतिशत भारतीय स्त्रियों का कोई संबंध नहीं है। देखो, मेरी बात पर ध्यान दो, इस तरह के सभी आंदोलनों का संबंध उन उच्च वर्णों से ही रहा है जो साधारण जन का तिरस्कार करके शिक्षित हुए हैं। इन लोगों ने अपने-अपने घर को साफ करने तथा अंग्रेजों की नजर में अपने को सुंदर दिखाने में कोई कसर बाकी नहीं रखी। पर यह तो सुधार नहीं कहा जा सकता। सुधार करने के लिए हमें चीजों की जड़ तक पहुंचना होता है। आग जड़ में लगाओ और उसे क्रमशः ऊपर उठने दो और एक अखंड भारतीय राष्ट्र संगठित करो।' (विवेकानंद साहित्य-5)। विवेकानंद भी ब्रह्म समाजियों सहित अन्य सुधारवादियों की तरह भारतीय राष्ट्र गठन के लिए जमीन तैयार कर रहे थे, पर वे अपने को बाकी से विशिष्ट समझ रहे थे, हालांकि उनके अधिकांश समर्थक मध्यवर्ग से ही आ रहे थे! निश्चय ही उन्होंने वेदांत के साथ-साथ पौराणिक आस्था को आधार बनाकर साधारण वर्गों को आकर्षित करना चाहा था, लेकिन उनके जनसमर्थन का आधार ज्यादा विस्तृत नहीं हो सका, आम कृषकों-श्रमजीवियों तक तो पहुंच ही नहीं पाया।

भगिनी निवेदिता ने विवेकानंद का यह कथन उद्धृत किया है, 'कभी मत भूलना कि नारी जाति और निम्न श्रेणी के मनुष्यों की उन्नति ही हमारा मूल मंत्र है।' इसका अर्थ है कि विवेकानंद पर नवजागरण की विभिन्न अंतर्धाराओं का असर है। वे इस हद तक आगे बढ़ गए थे कि जाति भेदभाव का विरोध कर सके थे। उल्लेखनीय है कि उन्होंने अन्य सुधारकों की तरह जाति भेदभाव

के विरोध तक ही अपनी दृष्टि सीमित रखी। वे जाति प्रथा के विनाश की बात नहीं करते। विवेकानंद ने कहा, 'प्रत्येक व्यक्ति को ब्राह्मण बनाया जाए।' वे हिंदू धर्म में छुआछूत का विरोध करते हैं, 'मुझे नीच जातिवालों के प्रति उच्च जातिवालों के अत्याचारों के कैसे-कैसे अनुभव मिले हैं। क्या वह धर्म है जो गरीबों के दुख दूर नहीं कर सकता? क्या तुम समझते हो कि हमारा धर्म धर्म कहलाने लायक है? हमारा धर्म तो केवल 'छुओ मत' में है। वे 1894 में न्यूयॉर्क से एक तमिल शूद्र अलासिंगा पेरुमल को लिखते हैं, 'भारत को उठाना होगा, गरीबों को खिलाना होगा, शिक्षा का विस्तार करना होगा और पौरोहित्य की बुराइयों को ऐसा धक्का देना होगा कि वे चकराती हुई एकदम अटलांटिक महासागर में जा गिरें।' वे आगे बढ़कर यहाँ तक कहते थे, 'आगे आनेवाला जमाना शूद्रों का होगा।' उन्होंने 3 मई 1897 को काशी के एक संरक्षणवादी पंडित को लिखा था, 'मेरी दिन-दिन यह धारणा पक्की होती जा रही है कि जातिवाद महाविभेदकारी और माया का मूल है।' विवेकानंद में कुछ बिंदुओं पर दुविधा थी। उस दौर में शिक्षित लोग इस तरह भी बहुम कम सोचते थे।

विवेकानंद अपने गुरु रामकृष्ण की तरह टैगोर परिवार को पसंद नहीं करते थे। वे आमतौर पर आधुनिक सुधारकों के प्रति क्रिटिकल थे, हालांकि भगिनी निवेदिता के अनुसार वे विद्यासागर के विधवा पुनर्विवाह के लिए किए गए कामों और बहुविवाह के विरोध के साथ थे। उन्होंने लिखा है, 'उनको आशा थी कि विधवाओं के बीच से शिक्षिकाओं का पहला दल तैयार होगा। ...प्रत्येक स्त्री के लिए दृढ़ और सबल चरित्र, बुद्धिशील और सच्चे मार्ग पर परिचालित होकर अपने को उच्चतम आदर्शों के यंत्र-स्वरूप बना लेना क्यों संभव नहीं हो सकता, इसका कारण उनकी जानकारी में न था। ...(नारी की) स्वाधीनता के विकास का उनका जो सपना था, वह किसी प्रकार के कोलाहलपूर्ण और मूर्तिभंजक आंदोलन का परिणाम न था। ... शुरू में स्त्रियों को समाज में प्रचलित आदर्शों को स्वीकार करना होगा। उसके बाद उनकी योग्यता और अनुभव का जितना ही विकास होगा, उतना ही वे राष्ट्रीय जीवन के विशिष्ट आदर्शों और सुअवसरों को यथार्थ रूप से समझने में समर्थ होंगी।' (मेरे गुरु स्वामी विवेकानंद)। विवेकानंद की स्त्री के प्रति

दृष्टि अति-मर्यादावादी थी, हालांकि वे चाहते थे कि स्त्रियां शिक्षा पाकर उद्योग करें। वे कहा करते थे, 'पांच सौ पुरुषों की सहायता से भारत को जीतने में पचास वर्ष लग सकते हैं, लेकिन पांच सौ स्त्रियों के द्वारा कुछ सप्ताह में ही यह संभव है।' वे स्वाभाविक वजहों से पश्चिमी स्त्रियों के समान स्त्री-स्वाधीनता के पक्ष में नहीं थे।

विवेकानंद ने संन्यासी को गृहस्थ से श्रेष्ठ बताया, हालांकि यह भी कहा, 'हिंदू धर्म की महिमा यह है कि इसमें विभिन्न आदर्शों के निर्देश मौजूद हैं। लेकिन हिंदू धर्म ने कभी यह कहने का साहस नहीं किया कि इन आदर्शों में से कोई एक ही एकमात्र सत्य है।' निश्चय ही पश्चिम और भारत के बीच आदान-प्रदान के पक्ष में बोलते हुए विवेकानंद पश्चिम से उन्नत वैज्ञानिक-भौतिक संसाधन लेने की बात करते हैं। वे 'इस्लामी देह-वेदांतिक मस्तिष्क' तक भी बढ़ जाते हैं, हालांकि दार्शनिक-सांस्कृतिक स्रोतों के लिए वे आत्मनिर्भरता पर जोर देते हैं। इस मामले में बाहर से कुछ नहीं चाहते, मानो पश्चिम में कोई दार्शनिक-सांस्कृतिक प्रगति न हुई हो।

विवेकानंद एक मामले में रामकृष्ण परमहंस से काफी भिन्न थे, उनमें धार्मिक गर्व ज्यादा था। वे भारत को संसार का गुरु समझते थे और राजनीतिक अधिकार मानो धर्म के रास्ते से ही हासिल कर लेना चाहते थे। उन्हें लगता था कि पश्चिम भौतिक दृष्टि से उन्नत है। यदि भारत आध्यात्मिक दृष्टि से उन्नत हो जाए तो पश्चिमी भौतिक प्रगति और भारतीय आध्यात्मिकता के मेल से विश्व विनाश से बच सकता है और भारत भी बदल सकता है। अभी तो पश्चिम देश 'शायलाकों' (क्रूर व्यापारियों) के अत्याचार से और पूर्वी देश 'पुरोहितों' के अत्याचार से जर्जरित हैं। उन्हें यह भी लगता था कि अंग्रेज शासकों ने भारत के लोगों में हीनता ग्रंथि पैदा कर दी है, इन्हें पश्चिमी भौतिकवादी सभ्यता से जकड़ दिया है। वे समझते थे कि पश्चिमी सभ्यता और पूर्वी पुरोहित वर्गों से जकड़े भारत की मुक्ति सिर्फ आध्यात्मिक क्रांति से ही संभव है।

विवेकानंद धर्म को एक बड़े अर्थ में लेते थे, 'हम लोग मानव जाति को उस जगह ले जाना चाहते हैं, जहां वेद भी नहीं, बाइबिल भी नहीं, कुरान भी नहीं,

बल्कि वेद, बाइबिल और कुरान का समन्वय मौजूद हो। मनुष्य को शिक्षा देनी होगी कि सभी धर्म वस्तुतः एक मूल धर्म के ही विविध प्रकाश हैं। निश्चय ही जिसे जो सबसे उपयोगी लगे उसे चुन सकता है। ...हमारी मातृभूमि में हिंदू और इस्लाम इन दो महान धर्मों का समन्वय-वेदांती मस्तिष्क और इस्लामी देह ही एकमात्र आशा है।' इसका अर्थ है अद्वैत के बोध के साथ सामाजिक सक्रियता। इसके कई उदाहरण हैं कि विवेकानंद ने राममोहन राय की परंपरा का विकास करते हुए हिंदू और मुसलमान दोनों से प्रेम रखा। लेकिन वे जैसा सामाजिक परिवर्तन और लोगों का आत्मिक विस्तार चाहते थे, उसे हिंदू और इस्लाम धर्म के अनुयायियों की दीर्घस्थायी कूपमंडूकता से बड़े आघात लगे। यह एक महत्वपूर्ण बात है। इससे बोध हो सकता है कि नवजागरण का अधूरा कार्य अभी पूरा करना है।

प्रथम विश्व युद्ध (1914-1919) के समय रिनेसां के उद्देश्यों को बड़ा झटका लगा था, अंध-राष्ट्रवाद फैलता गया। लगभग सौ साल बाद 21वीं सदी में एक बार फिर दुनिया भर में अंध-राष्ट्रवाद छा गया। समाज में उदारता के चिह्न कम होने लगे। अतीत की रूढ़ियों, सामाजिक भेदभाव और धार्मिक आडंबर बढ़ गए। अंध-राष्ट्रवाद का भूमंडलीकरण हुआ। यह यूरोप तक सीमित मामला नहीं रह गया। इसका यह अर्थ नहीं है कि लोगों के मन से उदारवादी विचारों की छाप मिट चुकी है या अब सामाजिक परिवर्तन की कोई संभावना नहीं है। वस्तुतः नए युग में उदारवाद का आलोचनात्मक पुनर्निर्माण होना है। वे कई लोग जो विवेकानंद को अपनी धार्मिक कूपमंडूकता में शामिल करना चाहते हैं, उन्हें समझ कर रखना चाहिए कि रामकृष्ण परमहंस ने विवेकानंद को 'ज्ञान की आग' कहा था। नवजागरण की यही शक्ति है— ज्ञान की आग!

बुद्ध और ईसा के बारे में विवेकानंद

धर्म यदि राजनीतिक अभियान या व्यापारिक वस्तु न होकर एक आध्यात्मिक प्रेरणा है तो यह अंततः अहंकार से मुक्त कर बुद्धिपरक समावेशिकता की तरफ ले जाता है। विवेकानंद बुद्ध और ईसा के प्रति बार-बार आदर व्यक्त करते हैं। वे अपनी अंतिम भारत यात्रा में काशी से पहले बोधगया गए थे।

एक बार उनके गेरुआ वस्त्र को देखकर किसी सज्जन ने उन्हें बौद्ध कह दिया। वे बोले, 'बौद्ध! मैं बुद्ध के दासानुदास का दास हूँ।' बुद्ध के प्रति उनमें श्रद्धा थी, 'बुद्ध कोई व्यक्ति विशेष नहीं हैं। वह एक उच्च अवस्था विशेष हैं, कोई उस अवस्था को प्राप्त कर सकता है।' वे अपने वार्तालाप में बुद्ध की आलोचनात्मक सराहना करते रहते थे।

विवेकानंद ने वेदांत को चुना था, लेकिन बुद्ध के बारे में कहा था, 'जिस समय बुद्ध का जन्म हुआ था, उस समय भारत को एक ऐसे ही धर्म की जरूरत थी। एक ऐसे ही धार्मिक नेता की, मसीहा की जरूरत थी। बुद्ध का अंतःकरण निर्भयता, साहस और असीम करुणा से भरा था। वे मनुष्य जाति की भलाई के लिए आए थे। वे लोगों के दुख को देख रहे थे। उन्होंने अपने तरीके से सोचा कि उनकी कैसे मदद की जाए। वे कभी नहीं झुके–न वेदों के आगे, न वर्ण व्यवस्था के आगे, न पुरोहितों और कर्मकांड के आगे। सत्य की खोज में इतना साहस और इतनी करुणा दुनिया ने इससे पहले कभी नहीं देखी थी।' यह सब कहा था विवेकानंद ने उनके बारे में, जिनसे वे असहमत थे। विवेकानंद ईश्वर को मानते थे। बुद्ध ईश्वर को नहीं मानते थे, आत्मा को नहीं मानते थे।

एक बार एक अमेरिकी वैज्ञानिक ने विवेकानंद से कहा—'यह क्या' 80 साल के बुद्ध एक साधारण वृद्ध की तरह मर गए। उन्हें सलीब पर टांगने की तरह मारा नहीं गया। विवेकानंद ने इस पर कहा, 'कितना गलत विचार है यह। यदि कोई व्यक्ति महान है, तो उसकी हत्या होनी ही चाहिए।' भारत में जिस तरह दूसरे देशों पर हमला करने की परंपरा नहीं है, उसी तरह महान उपदेशक की हत्या भी कभी नहीं हुई, भले वे भिन्न विचार के हों। इस देश में बुद्ध, कबीर, रवींद्रनाथ और प्रेमचंद की हत्या नहीं हुई। लेकिन गांधी की हत्या हुई। गांधी की हत्या एक व्यक्ति ने नहीं की, एक विचारधारा ने की जो हिटलर के देश से आई थी। निश्चय ही विवेकानंद ऐसे अंध-राष्ट्रवादी नहीं थे। बुद्ध, कबीर, विवेकानंद और गांधी—ये सभी व्यक्ति एक मनुष्यता में विश्वास करते थे। चारों ने हिंसा का विरोध किया, निर्भयता का संदेश दिया। विवेकानंद के मन में ईसा के प्रति भी आदर था, 'महाशयो, यदि मैं नाजरेथवासी

ईसा के समय जूडिया में होता तो मैं उनके दोनों पैरों को आंखों के आंसुओं से नहीं, हृदय के रक्त से धो देता।' उनकी दृष्टि सामान्यतः 'आलोचनात्मक' थी, लेकिन किसी धार्मिक सत्य पर तीखा आक्रमण उनके स्वभाव में नहीं था। बस जहां जो विवेकपूर्ण लगता था, उसे चुन लिया। वस्तुतः 'सामंजस्य' ही उनका मुख्य धर्म था। भारत की ही यह मांग नहीं थी, विश्व के दमनमूलक परिवेश में यह पूरी मानवता की अभिलाषा थी। रोमां रोला जैसे लेखकों का रामकृष्ण और विवेकानंद की तरफ आकर्षण की मुख्य वजह यही थी।

विवेकानंद की अंतिम घड़ी आ रही थी। मृत्यु के दो दिन पहले उन्होंने अपने एक शिष्य को उपवास के बाद खुद जिद करके अपने हाथ से भोजन परोसा। उसके खा लेने के बाद खुद उसके हाथ पर जल ढाल कर तौलिया से उसका हाथ पोंछा। शिष्य ने प्रतिवाद किया, 'यह तो मुझे आपके लिए अपने हाथ से करना चाहिए।' विवेकानंद ने उत्तर दिया, 'ईसा ने अपने शिष्यों के पैर धोए थे!' यह था ईसा से उनका प्रेम और नए लोगों के प्रति उनका आदर! विवेकानंद देश के भावी निर्माण के लिए धर्म को सीमा बनाना नहीं चाहते थे। भगिनी निवेदिता ने लिखा है, 'काशी से लौटने के बाद पहली ही बातचीत में उन्होंने कहा—जो लोग उनके पास रहते हैं, उन लोगों को स्वतंत्र ढंग से काम करने देने के लिए उनका कुछ दिन दूर हट जाना आवश्यक है।' विवेकानंद की पंक्ति है, 'कई बार देखा जाता है कि एक आदमी दिन-रात अपने शिष्यों के पास रहकर उनको नष्ट कर डालता है।' इसके कुछ दिनों बाद ही वे दुनिया से चले गए थे।

बंकिम चंद्र : राष्ट्रवाद और धार्मिक पुनरुत्थान

बंकिम चंद्र (1838-1894) को उनके विरोधी और समर्थक दोनों ही हिंदू राष्ट्रवाद से जोड़ते हैं। साथ ही, उन्हें देश के क्रांतिकारियों तथा बालगंगाधर तिलक जैसे राष्ट्रवादियों की प्रेरणा बताते हैं। विवेकानंद (1863-1902) को भी बंकिम से जोड़कर देखा जाता है, जबकि शायद ही दोनों ने एक-दूसरे के बारे में कभी कुछ विशेष कहा हो। उपनिवेशवाद-विरोधी क्रांतिकारी शायद ही बंकिम चंद्र के लोकप्रिय आविष्कार 'वंदे मातरम्' के नारे से ज्यादा उनका कुछ मानते रहे हों या तिलक ने शायद ही उनका साहित्य पढ़ा हो या उनकी तारीफ में कुछ कहा हो। बंकिम हिंदू ऋषि थे, लेकिन वे राष्ट्रवादी भी थे, यह एक भ्रम है। भारत में राष्ट्रीय भावना के लिए सामाजिक विविधता के समावेशन और उपनिवेशवाद-विरोधी दृष्टि चाहिए जो 19वीं सदी में अविकसित दशा में थी। वस्तुतः बंकिम को हिंदू राष्ट्रवादी कहना एक परवर्ती राजनीतिक निर्मिति है।

बांग्ला जातीयता : हिंदू झुकाव

रवींद्रनाथ बंकिम के प्रशंसक ही नहीं होते यदि वे राष्ट्रवादी होते। उन्होंने एक बार बंकिम का अंध-विरोध होने पर कहा था, 'बंकिम ने बांग्ला भाषा और साहित्य को समृद्ध किया है। उन्होंने भगीरथ की तरह साधना करके, बांग्ला साहित्य में भाव-गंगा का अवतरण किया है। उस पुण्य प्रवाह के स्पर्श से हम जड़ता के अभिशाप से मुक्त होते हैं और हमारी प्राचीन ज्ञान-राशि जीवंत हो जाती है। ...इसका ऐतिहासिक महत्व है।' आवश्यकता बंकिम चंद्र के इस ऐतिहासिक महत्व को समझने की है।

राष्ट्रवादी जिस तरह का हो, वह उपनिवेशवाद-विरोधी होगा। बंकिम चंद्र अंग्रेजी राज के विरोधी नहीं थे। उन्होंने पराधीनता स्वीकार कर ली थी, 'अंग्रेज विजेता हैं और हम विजित हैं' (1873)। उन्होंने कभी भी उपनिवेशवाद का विरोध नहीं किया। उन्होंने अपने एक लेख 'भारतवर्ष की स्वाधीनता और पराधीनता' (1872) में लिखा, 'बहुतेरे भड़क उठेंगे...। उनसे हमारा यही निवेदन है कि ...हम पराधीन जाति हैं— बहुत दिनों तक पराधीन रहेंगे। इस समस्या में ज्यादा सिर खपाने की जरूरत नहीं है। वस्तुतः हम यह जानना चाहते हैं कि प्राचीन भारत में स्वाधीन भारतवासी क्या आज से ज्यादा सुखी थे? हम अंततः इस निष्कर्ष पर पहुँचते हैं कि वर्तमान भारत में ब्राह्मण-क्षत्रिय, अर्थात उच्च श्रेणी के अल्पसंख्यक लोग ही पतनोन्मुख हुए हैं, अन्यथा साधारण लोगों की, शूद्रों की कुछ उन्नति ही हुई है। वे आगे बढ़े हैं।' (बंकिम रचनावली-2)। स्पष्ट है कि बंकिम की दृष्टि में स्वतंत्रता का अर्थ राजनीतिक स्वाधीनता नहीं है। वे राष्ट्रवादी राजनीति के पचड़े में न पड़कर अंग्रेजों-सी जीवन-शैलीवाले एक भद्र और स्वाभिमानी बंगाली बाबू थे। वे अंग्रेजी प्रशासन में एक उच्च शिक्षित, पुश्तैनी पदाधिकारी थे और एक बड़े साहित्यकार थे। स्वाभाविक है कि वे सामाजिक सुधार में अग्रणी ईश्वरचंद्र विद्यासागर और परोपकार में ईश्वर को देखनेवाले रामकृष्ण परमहंस दोनों से भिन्न होंगे।

बंकिम चंद्र अंग्रेजों की गुलामी का विरोध नहीं करते, पर वे यह जरूर बताते हैं कि भारतवासी क्यों गुलाम हुए। वे निश्चय ही जलवायु जैसी भौगोलिक वजह से भिन्न वजह चुनते हुए गैर-राजनीतिक दृष्टि से बताते हैं, 'हिंदुओं की वर्तमान स्थिति अति-पारलौकिकता का परिणाम है। काम के प्रति श्रद्धा की कमी होना (आलस्य) ...और एक कारण भाग्यवाद है जो सांख्य की पारलौकिकता का ही एक रूप है। ...यही कारण है कि भारत आज तक एक अधीन देश है। यही कारण है कि इस देश में सामाजिक विकास बहुत पहले धीमा हो गया था। अब अंततः पूरी तरह रुक गया है।' बंकिम जब बंगालियों में शक्ति की कमी होने की धारणा पर विचार करते हैं तो उनकी दृष्टि उद्यम, जातीय एकजुटता, साहस और दृढ़ता की कमी पर जाती है। वे यह भी कहते हैं कि इन सांस्कृतिक गुणों को अर्जित किया जा सकता है।

समाज विज्ञानी पार्थ चटर्जी बंकिम को राष्ट्रवाद के राजनीतिक ढांचे में बैठाते हुए भी इस बिंदु पर मानते हैं, 'यह स्पष्टीकरण संस्कृति के बारे में है।' (आधुनिक भारत में राजनीतिक विचार)। बंकिम भारतीय दर्शन की मुख्य विशेषता वैराग्य बता रहे थे, जिसकी वजह से भारत सात सौ सालों तक एक 'अधीन' देश बना रहा है। क्या भारतीय दर्शन या गुलामी का यह विश्लेषण सही है?

19वीं सदी में पराधीनता और स्वाधीनता की धारणाएं 20वीं सदी की तरह स्पष्ट नहीं थीं। 19वीं सदी में सभी धारणाओं पर एक न एक हद तक प्राचीन रूढ़िवाद और औपनिवेशिक बौद्धिकता का असर था। जब महाराष्ट्र में 1867 में दादाभाई नौरोजी कह रहे थे कि भारत 'ड्रेन ऑफ वेल्थ' बन गया है, बंकिम के विचार थे, 'जब से ब्रिटिश राज की स्थापना हुई है, इस देश के व्यापार में बढ़ोतरी हुई है, जिसके कारण निर्यात करने लायक कृषि वस्तुओं की मांग बढ़ी है और कृषि का विस्तार हुआ है।' (बंकिम रचनावली-2)। उनका कहना था कि बुनकर जरूर तबाह हुए, पर कृषक नहीं। क्या इसे किसी भी अर्थ में राष्ट्रवादी राजनीतिक विचार कहा जाना चाहिए?

बंकिम चंद्र की नजर में 'स्वजाति' का अर्थ स्पष्ट नहीं था। वे अपने एक निबंध 'भारत पराधीन क्यों है' (भारत कलंक) में 'जाति' को नेशन के पश्चिमी अर्थ में लेते हुए यह भी कहते हैं, 'इस तरह की भ्रांति जन्म लेती है कि पर—जाति के मंगल से स्व-जाति का अमंगल है और पर-जाति के अमंगल में ही स्व-जाति का मंगल है। इस कुसंस्कार के वश में आकर यूरोपवासियों ने अनेक दुख उठाए हैं।' (वही)। बंकिम चंद्र के लिए 'स्वजाति' का अर्थ कभी 'बंगाली' तक सीमित है और कभी हिंदू जाति तक। वे कहते हैं, 'अगर ये तीन करोड़ बंगाली हठात तीन करोड़ अंग्रेजों में परिवर्तित हो जाते तो बुरा न था।' फिर शिकायत भी करते हैं, 'बंगालियों में बंगाली जाति की एकता का बोध नहीं है।' उनकी जाति की धारणा सामान्यतः भाषा और धर्म के बीच आवाजाही करती रहती है, 'स्वजाति की प्रतिष्ठा अच्छी हो या बुरी, जिस जाति में यह बलवती होती है, वह जाति अन्य जातियों की अपेक्षा प्रबल होती है। बंगाली, पंजाबी, तेलंगी, मराठी, राजपूत, जाट, हिंदू, मुसलमान इत्यादि कई जातियां हैं। इनमें परस्पर एकता का अभाव भारतवर्ष की

राष्ट्रीय प्रतिष्ठा को बाधित करता है। ये जो भिन्न-भिन्न जातियां हैं, इनमें से कौन किसके संग एकजुट होगी? धर्मगत ऐक्य है तो वर्णगत ऐक्य नहीं है। वर्णगत ऐक्य है तो भाषागत ऐक्य नहीं है। भाषागत ऐक्य है तो निवासगत ऐक्य नहीं है। यह अनेकता ही भारतवर्ष की दुर्बलता का बड़ा कारण है।' बंकिम भारत की विविधता की शक्ति को दुर्बलता के रूप में देख रहे थे, 'यदि भारत एक समुदाय, एक जाति (नेशन) में बंधा होता तो क्या नहीं हो सकता था!' लक्षित किया जा सकता है कि बंकिम चंद्र 'नेशन' की पश्चिमी इकहरी धारणा के प्रभाव में एक अन-ऐतिहासिक कल्पना कर रहे थे।

बंकिम चंद्र अपनी सदी के भारतीय समाधान ब्रह्म समाज, आर्य समाज, सुधार आंदोलन या अपने समय के व्यक्तित्वों-विद्यासागर, रामकृष्ण परमहंस, विवेकानंद आदि से संतुष्ट नहीं थे। उनकी ब्रिटिश राज से दूरी की तुलना में आत्मीयता ज्यादा थी। उन्हें पश्चिमी साहित्य और दर्शन में ज्ञान का भंडार नजर आता था। उन्हें अंग्रेज बहुत महत्वपूर्ण और जरूरी लगते थे। उन्हें अपने देश में थोड़ी आशा बंगालियों से थी, 'सभी बंगालियों की उन्नति नहीं होगी तो देश की भी उन्नति नहीं होगी।' (बंग दर्शन का घोषणापत्र)। सुशिक्षित बंगालियों में अंग्रेजी-प्रेम इस कदर भरा था कि वे इसे अपनी दूसरी मातृभाषा समझते थे। बंकिम ने बंगालियों पर ऐसी टिप्पणी भी की, 'हमारे यहाँ उच्च वर्ग और निम्न वर्ग के लोगों के बीच परस्पर सहृदयता लेशमात्र नहीं है। उच्च वर्ग के सुशिक्षित जन मूर्ख समझे जाने वाले दरिद्र लोगों के किसी भी दुख से दुखी नहीं होते।' (वही)। निश्चय ही उनके बांग्ला लेखन में साहित्यिक वैभव के साथ बांग्ला जातीय जागरण की ऊर्जा मौजूद है।

बंकिम चंद्र ने बांग्ला नवजागरण में पूरी साहित्यिक दक्षता से हिस्सा लेते हुए 'बंग दर्शन' पत्र निकाला था। वे अंग्रेजी में 'राज मोहन्स वाइफ' (1872) लिखकर धक्का खा चुके थे। अब वे चाहते थे, 'बंगाली समाज को (बांग्ला में) उनकी विद्या, कल्पना, लिपि कौशल और चित्तोत्कर्ष का परिचय मिले।' बंकिम चंद्र को हिंदू राष्ट्रवाद के चौखटे में फिट करने में ज्यादा उलझ जाने की वजह से बांग्ला नवजागरण में उनके महत्व को समझा नहीं जा सका।

देशप्रेम की धार्मिक राह

बंकिम चंद्र अपने समय में औपनिवेशिक आधुनिकता से प्रभावित बंगाली भद्रलोक को संबोधित करके लिख रहे थे। उन्होंने बंगाल के कृषकों पर अपने एक परित्यक्त लेख में कार्नवालिस के शासन काल में शक्तिशाली हो उठे जमींदारों द्वारा कृषकों पर हुए अत्याचारों का उल्लेख किया था, लेकिन सामान्यतः उनका ध्यान साधारण वर्गों की तरफ न था। हालांकि उन्होंने राज-भक्ति के साथ कई जगहों पर अंग्रेजी राज पर व्यंग्य भी किया। 19वीं सदी में 'दुविधा' भारतीय औपनिवेशिक परिवेश में नवजागरण का एक प्रमुख तत्व है। बंकिम अपने पूर्ववर्ती लेखन में ज्यादा उदारवादी थे तथा बुद्ध, ईसा और रूसो को मानवता के निर्माता के रूप में देखते थे। वे अपने उत्तर काल में हिंदू धार्मिक दर्शन की तरफ झुक गए।

उस जमाने में देशभक्ति जितने रूपों में व्यक्त हो रही थी, उनमें एक 'भारतमाता' का बिंब है। यह आम देशवासियों के मानस में तेजी से जगह बनाता जा रहा था। इसका साहित्यिक उल्लेख सबसे पहले भूदेव मुखर्जी ने अपनी एक रचना में 1966 में किया था। बंकिम ने 'वंदे मातरम्' गान 1875 में लिखा। भारतेंदु हरिश्चंद्र 'भारत जननी' (नाटक) के प्रति आकर्षित थे, लेकिन उनकी भारत जननी को हिंदू बिंब नहीं कहा जा सकता। बंकिम चंद्र को एक काल तक मातृशक्तियां दुर्गा (शक्ति), लक्ष्मी (धन) और सरस्वती (ज्ञान) प्रिय थीं, जबकि भारतेंदु को राधा-कृष्ण से अनुराग था। यह जरूर है कि दोनों लेखकों के बीच संवाद था।

रवींद्रनाथ ने जब 1896 के कांग्रेस अधिवेशन में 'वंदे मातरम्' गान प्रस्तुत किया, तब इसका कोई सांप्रदायिक संदर्भ नहीं था। यह धार्मिक रास्ते से आम लोगों के मन में देशप्रेम की भावना प्रज्वलित करने का प्रयास था। भारतमाता की धार्मिक छवि 1905 में बनी अवनींद्र नाथ ठाकुर की एक पेंटिंग में है। इसमें भारतमाता अपने चार हाथों में धान की बाली, पुस्तक, वस्त्र और धर्म पथ के संकेतक के रूप में चार चीजें—एक माला धारण की हुई हैं। यह बंग-भंग का समय था। भारतमाता चार हाथों वाली हिंदू देवी बन गई थी

लेकिन वह आजकल की तरह सिंह पर सवार न थी। 1906 में 'वंदे मातरम्' नाम से एक पत्र का प्रकाशन श्री अरविंद ने किया। इन सबके बावजूद, कोलकाता की सड़कों पर बंग-भंग के विरोध में 'वंदे मातरम्' नारा लेकर हिंदू-मुसलमान दोनों साथ उतरे थे। नारा सांप्रदायिक अभिप्राय से अलग था।

'वंदे मातरम्' गान में हिंदू बिंब का होना सिर्फ इसका लक्षण है कि भारत में राष्ट्रीय चेतना का विकास आरंभिक मंजिल पर था। उस समय देशप्रेम की धारणा धर्म से जुड़ी थी। देशप्रेम का अर्थ इस पर निर्भर करता है कि देश का क्या अर्थ निश्चित किया जाता है। दरअसल साम्राज्यवाद-विरोधी संघर्ष में व्यापकता आने पर ही देशप्रेम में समावेशिकता आती और यह उत्तरोत्तर ऊंची मंजिल तक पहुंचता।

फिर भी बंकिम ने लिखा था, 'यदि भारत राष्ट्रवाद और मानव-प्रेम को एकाकार कर सके तो वह दुनिया का महानतम देश बन सकता है।' उनका राष्ट्रवाद अस्पष्ट है, उसमें हिंदुत्व और मानव-प्रेम का तनाव है। यह भी देखने की जरूरत है कि उनकी हिंदू अस्मिता में निर्बुद्धिपरकता और बुद्धिपरकता के बीच तनाव है।

उनका उपन्यास 'आनंदमठ' (1882) लेख 'साम्य' (1879) के बाद आया। निश्चय ही उन्होंने 'साम्य' पुस्तिका वापस ले ली थी। यह उनके दुचित्तेपन का लक्षण है।

'साम्य' में नवजागरण के एक प्रमुख विषय स्त्री को लेकर चिंताएं हैं, 'स्त्रीगण भी मनुष्य जाति हैं। अतएव स्त्रीगण को भी पुरुषों जैसे अधिकार मिलने चाहिए। ...यथार्थतः स्त्री-पुरुष के बीच प्रकृतिगत वैषम्य नहीं है। ये सब समाज के नियमों के दोष हैं। इन सब नियमों में संशोधन ही साम्य नीति का उद्देश्य है।' उन्होंने जॉन स्टुअर्ट मिल के स्त्री स्वाधीनता संबंधी विचारों का उल्लेख करते हुए कहा, 'स्त्रियां सभी देशों में पुरुषों की दासी हैं।' लेकिन यह भी कहा, 'हमारे देश में स्त्रियां जिस मात्रा में पुरुषों के अधीन हैं, यूरोप और अमेरिका में उसका शतांश भी नहीं हैं।' (वही)। उन्होंने इस पुस्तिका में स्त्री शिक्षा, विधवा पुनर्विवाह और स्त्री स्वाधीनता का समर्थन किया था।

बांग्ला नवजागरण के अग्रदूतों में सबसे अधिक विवादास्पद बंकिम चंद्र हैं। उनके गान 'वंदे मातरम्' (1875-82) और उपन्यास 'आनंदमठ' (1882)

पर हाल के वर्षों तक विवाद होता रहा है। उनको लेकर चले विवाद का मुख्य मुद्दा यह रहा है कि वे 'हिंदू राष्ट्रवाद के जनक' हैं या 'मानवतावादी' हैं। नीरद सी. चौधरी ने उन्हें दोनों माना है और उनकी प्रशंसा अपनी पुस्तक 'एक अज्ञात भारतीय की आत्मकथा' में की है। बंकिम के बारे में आजादी से पहले शायद उतने नकारात्मक ढंग से नहीं सोचा जाता था, जितना 1990 के बाद सोचा जाना शुरू हुआ। सुशोभन सरकार 'बांग्ला नवजागरण' (1946) में बंकिम के बारे में विवाद खड़ा नहीं करते। वे उन्हें 'साहित्य में राष्ट्रीयता के मसीहा' कहने के साथ 'हिंदुत्व के पुनरुज्जीवन' के संदर्भ में देखते हैं। उन पर कोई आरोप नहीं लगाते।

सवाल है, बंकिम चंद्र के हिंदू झुकावों को किस दृष्टि से समझा जाए, क्या उसे हिंदू पुनरुत्थानवाद कहा जा सकता है? पुनरुत्थानवाद का अर्थ है वर्तमान पर अतीत का कब्जा जो बंकिम शायद ही चाहते हों। वे अन्य नवजागरण चिंतकों की तरह भारत के इतिहास, प्राचीन धर्मग्रंथों और दर्शनों में जाते हैं। उस युग के नवजागरण-चिंतक अपने को राजनीतिक की जगह सांस्कृतिक ढांचे में ज्यादा पुनःआविष्कृत कर रहे थे। बंकिम चंद्र पूर्ववर्तियों से कुछ भिन्न थे। वे इतिहास में ज्यादा घुसते हैं, क्योंकि यूरोपीय इतिहासकार भारत के अतीत को पिछड़ा, परिवर्तनविहीन और हास्यास्पद बता रहे थे। पश्चिमी ज्ञान की तरफ झुकाव रखते हुए भी बंकिम यूरोपीय इतिहास-दृष्टि के आलोचक थे। वे कहते थे, 'ऐसे व्यक्ति को जिसके पूर्वज अभी तक जर्मनी के जंगलों में बर्बर तरीके से घूमते रहे हों, उसके लिए भारत के गौरवशाली अतीत की सचाई को स्वीकार करना असंभव है। इसके फलस्वरूप वे हमेशा यह साबित करने के लिए उत्सुक रहते हैं कि भारत में सभ्यता अभी हाल ही में आई है।' (बंकिम रचनावली-2)। भारत का राष्ट्रीय इतिहास तब तक व्यवस्थित ढंग से लिखा नहीं गया था। अतः भारतीय इतिहास के औपनिवेशिक विवरणों से नवजागरण के लोगों का संतुष्ट न होना स्वाभाविक था।

बंकिम चंद्र भारतीयों को अपना सच्चा इतिहास खोजने के लिए प्रोत्साहित करते हैं। वे खुद भी साहित्यिक कोशिश करते हैं, लेकिन मिथक और इतिहास के मिश्रण में उलझ जाते हैं या इतिहास और कल्पना का मिश्रण करने लगते हैं

जो साहित्यिक कृति में स्वाभाविक है। उनके उपन्यास 'राज सिंह', 'आनंद मठ' और 'देवी चौधुरानी' में इतिहास और कल्पना का मिश्रण औपनिवेशिक दबावों से मुक्त नहीं है। वे जब मिथकशास्त्र में अपना नायक खोजते हैं तो उन्हें कृष्ण मिलते हैं। जब वे इतिहास में अपने नायक खोजते हैं तो शिवाजी और रणजीत सिंह के अलावा कुछ सोच नहीं पाते। वे अशोक को महत्व नहीं दे पाते और अकबर को खैर दे ही नहीं सकते थे। भारत जब एक राष्ट्र के रूप में भरपूर ढंग से आविष्कृत नहीं हो पाया था और एक अस्पष्ट 'राष्ट्र' था जिस पर उपनिवेशवाद थोप दिया गया था तो ऐसे युग में बंकिम के मूल्यांकन को उस युग के अंतर्द्वंद्वों से काटकर देखना ठीक नहीं होगा।

बंकिम चंद्र यदि अपने को हिंदू समझ रहे थे, जो वे थे तो इसमें कुछ अनोखा न था। सवाल है, कैसे हिंदू थे? क्या वे हिंदू धर्म का नाम लेकर 21वीं सदी की तरह दूसरों में भय की सृष्टि कर रहे थे और रूढ़िवाद का प्रचार करना चाहते थे? हम उस समय के एक ऐसे असहाय और भयाक्रांत हिंदू जनमानस का अनुमान कर सकते हैं, जिस पर बुरे मुगल शासन की स्मृतियों का दबाव मिटा नहीं था। ऊपर से उसके दिमाग में हजारों साल का धार्मिक कचरा जमा था। बंकिम के रचना काल में मुस्लिम कट्टरवाद की आवाज कम गरम नहीं थी, जिसका असर हिंदू मानस पर पड़ रहा था।

बंकिम चंद्र ने साहित्य संसार में रहते हुए भी राजनीति में रुचि ली और अपने समकालीन अन्य नवजागरणकालीन साहित्यकारों की तुलना में ज्यादा रुचि ली। उनकी राजनीतिक चेतना अविकसित थी। उन्होंने इतिहास और धर्म पर जो टिप्पणियां कीं, उन पर मुस्लिम वंशों के पिछले शासनों के प्रति हिंदुओं के मन में जमी सैकड़ों साल की तकलीफों की छाया थी, जिस तरह उनकी अविकसित राष्ट्रीय भावना पर अंग्रेजी राज के प्रति औपनिवेशिक आकर्षण की छाप थी।

बंकिम चंद्र के मुस्लिम सिंड्रोम की आलोचना सही है, लेकिन हिंदू धर्म के भीतर रहकर उन्होंने जिस 'आलोचनात्मकता' का परिचय दिया, उसे उपेक्षित कर दिया जाता है जो सही नहीं है। बंकिम चंद्र ने धार्मिक कूपमंडूकता का विरोध करते हुए लिखा था, 'हिंदू धर्म में जो भी असत्य है, जो भी अशुद्ध है,

लोगों या देश में जो कुरीतियां हैं, जो भी मनगढ़ंत है उससे घृणा की जानी चाहिए। ...जो मनुष्य की वास्तविक प्रगति में सहायक है ...वह धर्म है।' (हिंदू धर्म)। वे विश्व प्रीति का भी संदेश देते हैं, 'प्रीति संसार में सर्वव्यापिनी है—ईश्वर ही प्रीति है। ...मनुष्य जाति के ऊपर यदि प्रीति है तो मैं अन्य सुख नहीं चाहता।' (एका, 1823)। वे 1885 में अपने इस मत का विकास करते हैं, 'देशप्रेम प्रीति–वृद्धि की स्फूर्ति की चरम सीमा नहीं है। उसके ऊपर भी एक सोपान है जहां प्रीति समस्त जगत के प्रति है।' (प्रीति)। नवजागरण का एक महत्वपूर्ण आयाम है विश्वप्रेम।

सामान्यतः 19वीं सदी में परंपरागत धार्मिक ज्ञान के प्रति अंध-समर्पण की जगह उसके प्रति आलोचनात्मक सोच लगातार विकसित हो रही थी। निश्चय ही यह सोच इस हद तक विकसित नहीं हो पाई कि धार्मिक आस्था का विलोप हो जाए, बल्कि उस दौर की आम निराशा में धार्मिक पाखंड काफी फले-फूले। ऐसा इसलिए हुआ कि राजनीति, कई बार दावे के बावजूद, खुद पूरी तरह कभी वैज्ञानिक विश्लेषण-आधारित मानवीय सोच पर आधारित नहीं हो सकी। वह सामान्यतः निजी, दलगत या सांप्रदायिक स्वार्थ पर आधारित रही है। राजनीति ने धार्मिक आस्था का सदुपयोग से ज्यादा दुरुपयोग किया है। देखा जा सकता है कि उपनिवेशवाद-विरोधी राष्ट्रीय स्वाधीनता संग्राम में धार्मिक आस्था का एक हद तक बुद्धिवादीकरण संभव हुआ, साथ ही, धर्म का उतना राजनीतिक सदुपयोग भी हुआ।

बंकिम चंद्र के एक प्रमुख अध्येता मोहितलाल मजुमदार का कथन है, 'बंकिम ने अपनी शानदार लेखनी, अपनी पैनी विश्लेषण शक्ति और अपनी विद्वत्ता का इस्तेमाल हिंदू धर्म को बुद्धिग्राह्य बनाने के लिए किया।' (भारतीय नवजागरण और पुनरुत्थानवादी चेतना)। नवजागरण के कई चिंतकों और सुधारकों को लगता था कि ईश्वर की नई धारणा के बिना मनुष्य में नैतिकता बचा कर नहीं रखी जा सकती। वे मानते थे कि धार्मिक आस्था का ध्वंस किए बिना ही विकृत और रूढ़िवादी धारणाओं को बदला जा सकता है। भारतीय नवजागरण के अधिकांश सुधारवादी चिंतक ऐसे ही थे जो धार्मिक अंतर्ज्ञान और विश्लेषणात्मक सोच दोनों को साथ लेकर चल रहे थे।

सवाल उठ सकता है कि क्या एक साथ धार्मिक और विश्लेषणशील दोनों होना संभव है, लेकिन 19वीं सदी के नवजागरण को इन दोनों के सह-अस्तित्व में ही समझा जा सकता है। राममोहन राय, विद्यासागर, बंकिम चंद्र, भारतेंदु हरिश्चंद्र, विवेकानंद जैसे व्यक्ति इसी कोटि में आते हैं। वे सामाजिक अनुभव, ऐतिहासिक प्रमाण, निरीक्षण-परीक्षण और तार्किकता के बल पर हिंदू धर्म के अवधारणात्मक पुनर्गठन की तरफ बढ़े थे। ऐसा नहीं है कि वे पूरी तरह बुद्धिवादी या वैज्ञानिक सोच-निर्भर बन गए थे। इस तरह के बुद्धिवादी या वैज्ञानिक सोच-निर्भर तो आज भी मुश्किल से दिखेंगे, बल्कि अब तो 19वीं सदी जैसी आलोचनात्मक सोच भी विरल है।

एक वास्तविकता यह है कि राजनीति जिस दौर में तर्क (रीजन) द्वारा संचालित नहीं हो पाती या विश्लेषणात्मक सोच को व्यापक राजनीतिक राह नहीं मिलती, उस दौर में मनुष्य धार्मिक ज्ञान का शार्ट कट निकालता है। इसलिए बंकिम चंद्र हों या नवजागरण का कोई अन्य व्यक्तित्व उसका धर्म से जुड़ा रहना आश्चर्यजनक नहीं है।

रवींद्रनाथ के एक शिक्षक, श्री अरविंद के पितामह और नवगोपाल मित्र द्वारा शुरू किए गए हिंदू मेला के उद्‌घाटनकर्ता राजनारायण बोस (1826-1899) को 19वीं सदी के राष्ट्रवाद के प्रतिष्ठापकों में गिना जाता है। उन्होंने 1874 में बंगाल के नव-शिक्षितों को जब अंग्रेजी जीवन-शैली का अनुकरण करने के लिए फटकारा तो बंकिम चंद्र ने उसका जवाब दिया, 'अनुकरण किए बिना कोई सीख नहीं सकता। ...बंगाली लोगों द्वारा अंग्रेजों का अनुकरण करना वाजिब और तर्कसंगत है।' बंकिम के पास यदि हिंदू राष्ट्रवाद होता, वे ऐसा नहीं कहते। वे पुनरुत्थानवाद चाहते। उल्टे, बंकिम मानते थे कि भारतीयों के पिछड़ेपन की वजहें उनकी संस्कृति में मौजूद हैं। अतः कूपमंडूकता से मुक्त होने के लिए पश्चिमी सभ्यता से संवाद रखना होगा। वे चाहते थे, 'यूरोपीय उद्योग-विज्ञान' तथा 'भारतीय धर्म' का मिलन हो। वे हिंदुओं का इसी रास्ते से उत्थान चाहते थे। हम जानते हैं कि बंकिम चंद्र का पश्चिम से संवाद अंग्रेजी राज के समर्थन तक विस्तृत था। उन्हें अंग्रेज हिंदुओं के मुक्तिदाता के रूप में नजर आए और सभ्यता के दूत लगे। वास्तविकता यह है कि 19वीं सदी के बांग्ला

नवजागरण में औपनिवेशिक सम्मोहन की वजह से राष्ट्रवाद अपनी बड़ी जगह बना नहीं पाया। विडंबना यह है कि बंकिम की स्वदेश-चिंता को राष्ट्रवाद समझ लिया गया। उसे कुछ ने सांस्कृतिक राष्ट्रवाद तो किसी ने हिंदू राष्ट्रवाद कहा!

बंकिम चंद्र को राष्ट्रवादी नहीं, बल्कि हिंदू स्वदेश-चिंतक कहा जाना चाहिए। हिंदू अपने धर्म के साथ अपने देश की चिंता करे, यह नई बात थी। बंकिम की हिंदू चेतना में कई विरोधी तत्व एक साथ हैं, जैसे— ज्योतिष और विज्ञान। दोनों से एक साथ लगाव आज भी बना हुआ है!

बंकिम शिक्षा पर भरोसा करते हैं। वे अंग्रेजी-शिक्षित बंगालियों से ज्यादा आशा रखते हैं। वे राष्ट्रवादी राजनीतिक कार्यक्रम देने की जगह हिंदुओं को आलस्य, रूढ़िवाद और कूपमंडूकता से ऊपर उठने की धार्मिक प्रेरणा देते हैं। बंकिम चंद्र की खूबी है, वे 'युक्तिसंगत' और 'नैतिक' के बीच, 'भौतिक विकास' और 'आध्यात्मिक उन्नति' के बीच संबंध बनाते हैं। उस जमाने के बुद्धिजीवियों को भारतीय श्रेष्ठता के लिए आध्यात्मिकता के अलावा दूसरी कोई चीज नहीं दिखती थी। बंकिम मानते हैं कि पश्चिम की भौतिक सभ्यता श्रेष्ठ है, लेकिन आध्यात्मिक स्तर पर भारत अधिक श्रेष्ठ है। वे समाज सुधारकों का समर्थन नहीं करते, क्योंकि वे उच्चवर्ग केंद्रित थे। बंकिम आम सहमति से पश्चिमी औपनिवेशिकता और पूर्व की नैतिक-आध्यात्मिक उच्चता के द्विभाजन को मिटाना चाहते थे। उनकी दृष्टि में सांस्कृतिक पिछड़ापन सामाजिक सुधारों से नहीं मिटेगा। इसके लिए चाहिए आम धार्मिक-नैतिक उत्थान। यह सब काल्पनिक आदर्शवाद से अधिक न था। स्पष्ट है, बंकिम ने अंग्रेजी राज को हटाने या इससे विद्रोह का स्वप्न नहीं देखा, निश्चय ही अंग्रेजी राज की जगह हिंदू राज स्थापित करने का स्वप्न भी नहीं देखा। अंग्रेजी राज से कुछ असंतोषों के बावजूद वे वस्तुतः राष्ट्रवादी सरोकारों से बचनेवाले एक देशभक्त बांग्ला साहित्यकार थे।

अनसुलझी समस्याएं

बंकिम चंद्र ने धर्म को इस कोण से भी परिभाषित किया, 'छोटी चोरी के खिलाफ आत्मरक्षा का अंग्रेजी नाम न्याय है, जबकि बड़े लुटेरे के खिलाफ

बचाव को देशभक्ति कहते हैं। दोनों का ही भारतीय नाम धर्म है।' बंकिम चंद्र के साहित्य में देशभक्ति का धार्मिक आधार ही प्रधान है। उसका राष्ट्रवादी आधार स्वाभाविक वजहों से अविकसित है।

बंकिम चंद्र वस्तुतः राममोहन राय, विद्यासागर और विवेकानंद की तरह सोशल एक्टिविस्ट नहीं थे, सिर्फ एक चिंतनशील साहित्यकार थे। वे विद्रोही विचारों से इतना ज्यादा घबराते थे कि उन्होंने अपने 'साम्य' और 'बंगदेश के कृषक' लेख वापस ले लिए थे। वे सत्ता के भूखे नहीं थे, पर उससे डरते थे।

मोहितलाल मजुमदार के बाद पार्थ चटर्जी ने बंकिम का सार्थक अध्ययन किया है। इन्होंने बंकिम चंद्र के चिंतन में 'आधुनिकता की विशिष्टता' और 'राष्ट्रीयता की विशिष्टता' को उजागर किया है। 'आधुनिकता की विशिष्टता' को उजागर करते हुए उन्होंने लिखा, 'लंबे समय तक इसका मतलब था— औपनिवेशिक शासन की निरंतरता, औपनिवेशिक अधिकारियों और आधुनिक अभिजात वर्ग के बीच सत्ता की साझेदारी और परंपरागत संस्कारों में सुधार करने और 'आधुनिक' को अस्तित्व में लाने के लिए राज्य की कार्रवाई पर जोर देना। उनका यह भी मतलब था पश्चिम की स्वीकार्यता की एक अबाध अवधि।' (आधुनिक भारत में राजनीतिक विचार)। बंकिम का इस संदर्भ में विश्लेषण सही है। पार्थ चटर्जी दूसरे मामले में कहते हैं, 'जो भी प्रत्यक्ष रूप से राष्ट्रीय है, यानी 'पश्चिमी' और 'आधुनिक' से सांस्कृतिक रूप से भिन्न है, उस पर बंकिम वैचारिक जोर डालते हैं। इसे आमतौर पर पुनरुत्थानवादी या कट्टरपंथी सांस्कृतिक आंदोलनों, विशेषतः धार्मिक-सांप्रदायिक प्रकृति के आंदोलनों की विशेषता के तौर पर देखा जा सकता है। बंकिम चंद्र की अनसुलझी समस्या में उपर्युक्त दोनों ही संभावनाएं निहित हैं।' (वही)। बंकिम का राष्ट्रीयता के संदर्भ में यह विश्लेषण गलत है, क्योंकि बंकिम चंद्र में राष्ट्रीयता की समझ थी ही नहीं। उनमें धार्मिकता थी, जिसकी विशिष्टता को समझना ज्यादा जरूरी है।

बंकिम चंद्र की 'आधुनिकता' और 'धार्मिकता' संबंधी दृष्टियों में जो आलोचनात्मक तत्व हैं, पार्थ चटर्जी अपने निष्कर्ष में उनकी उपेक्षा करते हैं। दूसरे, उनकी धर्म-संबंधी दृष्टि में राजनीतिक तत्वों को बढ़ा-चढ़ाकर अन्वेषित करते हैं। बंकिम चंद्र का वस्तुतः हिंदू पुनरुत्थानवाद से, जो एक

बाद की निर्मिति है, कोई लेना-देना नहीं है और न उनका उपनिवेशवाद-विरोधी राष्ट्रवाद से कोई लेना-देना है। 20वीं सदी के पूर्वार्द्ध में बंकिम चंद्र का जरा भी कट्टरवादी इस्तेमाल नहीं हुआ। इसका सबसे बड़ा प्रमाण यह है कि 'वंदे मातरम्' उस दौर में एक प्रभावशाली धर्मनिरपेक्ष राष्ट्रीय नारा था। 'आनंद मठ' मुद्दा ही न था, उसकी अविकसित इतिहास-दृष्टि पीछे छूट गई थी। उस दौर के भारतीय राष्ट्रीय जागरण में यदि कुछ हिंदू प्रतीक मौजूद हैं तो वे अपने धर्मनिरपेक्ष सार के साथ मौजूद हैं।

इसमें संदेह है कि 19वीं सदी के भारतीय नवजागरण को ब्राह्म राष्ट्रवाद (राममोहन राय) इस्लामी राष्ट्रवाद (सैयद अहमद खां) या हिंदू राष्ट्रवाद (बंकिम चंद्र, विवेकानंद) के मुहावरे से कभी ठीक से समझा जा सकता है। उस जमाने के देशप्रेम, देशोन्नति और स्वदेश की चिंताओं को 'राष्ट्रवाद' या 'सत्ता' के प्रश्न से कठोरतापूर्वक जोड़कर देखना ठीक नहीं है। वह सांस्कृतिक पुनराविष्कार का युग था। सब कुछ 'सत्ता' के लिए नहीं था। उस युग में देशप्रेम वस्तुतः शिक्षा के प्रसार, अपनी जातीय भाषा से प्रेम, धार्मिक सुधार, परोपकार के सामाजिक कार्य और आत्मपहचान के लिए संघर्ष के विविध रूपों में दिखेगा। देशप्रेम का एक ही रूप नहीं है। देशप्रेम और राष्ट्रीय भावना दो चीजें हैं।

वह समय समग्रतः प्राचीन भारतीय रूढ़ियों और औपनिवेशिक आकर्षणों से धीरे-धीरे बाहर निकलने का था, बौद्धिक स्वतंत्रता की ओर बढ़ने का था। कोई चिंतक ज्यादा आगे था, कोई ज्यादा पीछे। लेकिन 'आलोचनात्मकता' या 'आलोचनात्मक परीक्षण' की प्रवृत्ति उस युग के सभी नवजागरण चिंतकों में थी।

19वीं सदी की भारतीय विविधता को समझने में कई मुश्किलें रही हैं। हमें उस समय के इस्लाम और हिंदू धर्मों दोनों के भीतर हुए उत्तेजक सांप्रदायिक प्रचार से आंखें नहीं मूंदनी चाहिए। अंग्रेजों की 'फूट डालो' की नीति अपने पूरे प्रभाव के साथ मौजूद थी। इसलिए 19वीं सदी के सुधारकों और चिंतकों से राष्ट्रीयता की किसी परिपक्व समावेशी धारणा की आशा करना गलत है। ऐसी धारणा जब 21वीं सदी में भी संकट में है और अविकसित है, तो हम 19वीं सदी में एक भरी-पूरी बुद्धिपरक राष्ट्रीयता की मांग कैसे कर सकते हैं!

बंकिम चंद्र अन्य नवजागरण-चिंतकों की तरह नए विचारों की खोज में थे। वे समाज सुधारक न होकर एक सुशिक्षित बंगाली बुद्धिजीवी थे। उनसे बड़ा उपन्यासकार उस समय भारत में दूसरा नहीं था। वे दार्शनिक विचार व्यक्त करते थे, लेकिन जब स्थिर मत के ही नहीं थे तो सुव्यवस्थित चिंतन कैसे करते। वे नवजागरण के लोगों में सबसे अधिक अस्थिर मत वाले थे, सबसे अधिक दुचित्तापन से भरे। उस युग में शायद ही किसी दूसरे लेखक ने नई दृष्टि पर आधारित अपनी रचनाएं छपा कर वापस ली हों।

बंकिम चंद्र दुनिया की बहुत-सी चीजों को समेट कर किसी अलक्ष्य को पाना चाहते थे, किसी दुर्लभ और काल्पनिक भावना को। वे जान स्टुअर्ट मिल और हर्बर्ट स्पेंसर से प्रभावित थे। वे ईसाइयत से प्रभावित थे, लेकिन उनके उपास्य थे कृष्ण। बंकिम का सगुण ईश्वर में विश्वास था। यह भी जरूर कहा जाना चाहिए कि वे हिंदू धर्म को सर्वश्रेष्ठ कहते हुए भी आज के समान धार्मिक विद्वेष के प्रचारक न थे। वे मानव चित्त के सांस्कृतिक उत्कर्ष को धर्म का सार मानते थे। कहते थे, 'मनुष्यत्व को समझ लेने पर धर्म को समझ लोगे।' उन्होंने 'मनुष्यत्व क्या है' शीर्षक से ग्रीक शैली में लिखे गए अपने संवादपरक लेख में कृष्ण को सर्वव्यापी मनुष्यता के चिह्न के रूप में देखा, 'उन्होंने वेद-प्रबल देश में, वेद-प्रबल समय में कहा था—वेदों में धर्म नहीं है—लोकहित में धर्म है। कृष्ण ईश्वर हों या न हों, मैं उन्हें नमस्कार करता हूँ। जो एक साथ शाक्य सिंह (बौद्ध), धर्म प्रचारक यीशू, पैगंबर मोहम्मद और रामचंद्र हैं जो सर्वबलाधार हैं, सर्वगुणाधार और सर्वधर्मवेत्ता हैं, जो सर्वत्र प्रेममय हैं, वे ईश्वर हों या न हों, मैं उन्हें नमस्कार करता हूँ।' इसी परंपरा में गांधी ने राम में अल्लाह और ईश्वर दोनों को देखा था। आज कौन हिंदू इस तरह देख सकता है? बंकिम का उपर्युक्त कथन आदर्शवाद है, भले ही काल्पनिक! बंकिम को सिर्फ 'आनंद मठ' से बांध कर नहीं समझा जा सकता।

पहले बंकिम चंद्र भौतिकवाद को ज्यादा महत्व देते थे। कहते थे, 'प्रत्यक्ष ही ज्ञान का मूल है, प्रत्यक्ष प्रमाण ही सब कुछ है।' बाद में उन्होंने यह विचार त्याग दिया। वे देशी-विदेशी साहित्य का अध्ययन करते गए और अपना मत बदलते गए। उन्होंने इस संबंध में लिखा है, 'मैंने अपने जीवन में कई विषयों

पर अपने विचार बदले हैं। कौन नहीं करता है? कृष्ण के संबंध में मेरा वैचारिक परिवर्तन एक अनोखा उदाहरण है। बंगदर्शन में मैंने कृष्ण के चरित्र के बारे में जो बताया है और अब जो लिखा है उसमें उतनी ही दूरी है जितनी अंधेरे और रोशनी के बीच होती है।' बंकिम धार्मिक पुनरुत्थान का अंग बनते हुए अपने जीवन के अंतिम दौर में ईश्वर की भक्ति और उच्च धर्म-तत्वों में मनुष्यता का स्रोत ढूंढ़ने लगते हैं। यही परिणति जीवन के अंतिम दौर में जॉन स्टुअर्ट मिल सहित कई पश्चिमी भौतिकवादियों की हुई थी। बंकिम ऋषि कहे जाने लगे, तो इसके मूल में यही बात थी!

रवींद्रनाथ : बांग्ला नवजागरण का शिखर

बंगाल एक ऐसी जगह है, जहां अभी भी लाखों लोग ऐसे हैं जो रवींद्रनाथ टैगोर (1861-1941) को बड़ी भावुकता से याद करते हैं। उन्हें मां के दूध के समान जीवन में जरूरी मानते हैं। बंगाली घरों में उनका चित्र टंगा होना आम बात है। रवींद्र संगीत बंगालियों के सांस्कृतिक जीवन का हिस्सा है। साहित्य-प्रेम या संस्कृति-प्रेम दिखाने के लिए रवींद्रनाथ का राजनीतिक इस्तेमाल भी होता है, इससे उनके प्रभाव का बोध होता है। वे बांग्ला नवजागरण की उत्कृष्टतम देन माने गए हैं, बांग्ला के सबसे बड़े जातीय कवि के रूप में देखे गए हैं और अंतरराष्ट्रीयतावाद के एक बड़े प्रचारक के रूप में सामने आते हैं। लगता है, वे 'विश्व-बांग्ला' के पहले प्रवक्ता थे, जिनके चिंतन में कभी-कभी ही भारत आता था। पूर्व और पश्चिम, वेदांत और यूरोपीय रिनेसां, परंपरा और आधुनिकता जैसी भिन्न दिखनेवाली चीजों के बीच सामंजस्य स्थापित करनेवाले कवि-चिंतक के रूप में उनके मूल्यांकनों का एक बड़ा अंबार है। सबसे महत्वपूर्ण बात यह है कि वे अब भले विश्व कवि न हों, बंगालियों के मन-प्राण को आज भी स्पंदित करते हैं। बांग्ला नवजागरण के अन्य किसी व्यक्तित्व का आम लोगों के जीवन पर उतना अक्षुण्ण प्रभाव नहीं पड़ा, जितना रवींद्रनाथ का।

राजा राममोहन राय ने जिन विचार-भूमियों पर नवजागरण का सूत्रपात किया था, उन्हें साहित्यिक और दार्शनिक परिपक्वता के साथ रवींद्रनाथ ने विकसित किया। दोनों ने आध्यात्मिकता को खास महत्व देते हुए मूर्ति पूजा का विरोध किया था, बुद्धिवादी और वैज्ञानिक दृष्टि पर जोर दिया था, यूरोपीय रिनेसां के सार्वभौम संदेशों का प्रचार करते हुए अंतरराष्ट्रीयतावाद में विश्वास

व्यक्त किया था और अपने को राष्ट्रवाद से अलग रखा था। रवींद्रनाथ की खूबी यह है कि बांग्ला नवजागरण के धार्मिक-सामाजिक सुधार आंदोलन को उन्होंने एक विराट सांस्कृतिक फलक दिया और बांग्ला भाषा को कई अमर साहित्यिक कृतियां दीं।

रवींद्रनाथ ने युवावस्था में राष्ट्रीय भावना के साथ बंकिमचंद्र का 'वंदेमातरम्' गाया था। यह स्वाभाविक है कि आगे दोनों के विचारों के बीच दूरियां स्पष्ट होती गईं। रवींद्रनाथ और विवेकानंद के बीच भी अच्छे संबंध नहीं थे। अमेरिका से लौटने के बाद विवेकानंद का रवींद्रनाथ से शाम एक की चाय पार्टी में थोड़ी देर के लिए आमना-सामना हुआ भी तो किसी ने एक-दूसरे से बात नहीं की। विवेकानंद ने सिस्टर निवेदिता को सलाह दी थी कि वह रवींद्रनाथ और उनके परिवार के किसी भी सदस्य से संबंध न रखे, 'उस परिवार ने बंगाल को श्रृंगार रस की बाढ़ से जहरीला बना दिया है।' हालांकि विवेकानंद की कम उम्र में मृत्यु के बाद रवींद्रनाथ ने कहा था, 'यदि भारत को जानना है तो विवेकानंद को पढ़ो। उसमें सकारात्मक और नकारात्मक सब कुछ है।' यह वैचारिक मतभेद के बावजूद दूसरे के महत्व की स्वीकृति की गौरवशाली परंपरा है। नवजागरण सांस्कृतिक सुधार ही नहीं मानवीय संबंधों के उत्कर्ष का भी युग था।

रवींद्रनाथ के साहित्य में आमतौर पर डि-डिफरेंसिएशन है, अभिन्नता का गान है। आज भूमंडलीकरण के जमाने की जीवन-शैली में भी हम डि-डिफरेंसिएशन, अभिन्नता देख सकते हैं। हमारी बोल-चाल, नाच-गान, खान-पान, मनोरंजन, हमारे जश्न और आम सामाजिक आचरण सभी बड़ी तेजी से अभिन्न होते गए हैं। एक बार फिर जैसे लग रहा है, पश्चिम से अभिन्नता असह्य है। सवाल है, रवींद्रनाथ के समय की 'अभिन्नता' और आज की 'अभिन्नता' में क्या भिन्नता है?

रवींद्रनाथ ने भारत में एक बड़ी खतरनाक चीज देखी थी— शुद्धतावाद का अहं। एक विभाजन पैदा किया जा रहा था—यह भारतीय है और यह भारतीय नहीं है। रवींद्रनाथ एक अविशुद्ध साहित्यकार हैं। उनकी कविता, उनके संगीत, उनके गद्य, उनके चोंगा जैसे पहनावे और सबसे अधिक उनकी

दृष्टि—इन सभी में बड़ी अ-विशुद्धता है, मिश्रण है! आजकल पुराने फिल्मी गानों में पॉप संगीत मिलाकर, आइपीएल के क्रिकेट खेल में चीअर लीडर्स की तड़क-भड़क दिखाकर फ्यूसन लाया जाता है। आम जीवन में कूपमंडूकता और अति-आधुनिकता का फ्यूसन चल रहा है। निश्चय ही रवींद्रनाथ में इन सबसे भिन्न ढंग का मिश्रण है, एक भिन्न ढंग की अ-विशुद्धता है।

रवींद्रनाथ एक बड़े जमींदार परिवार के थे जो लंबे समय से एक तरफ अंग्रेजी राज, अंग्रेजी शिक्षा, ईसाई धर्म और औपनिवेशिक आधुनिकता के गहरे संपर्क में था, दूसरी तरफ इस परिवार में उपनिषद बड़ी श्रद्धा से पढ़ी जाती थी। रवींद्रनाथ ने अपने को बुद्ध, कबीर और बाउल गान की लोकपरंपरा से भी जोड़ा। उपनिषद का आत्मवाद और बुद्ध का अनात्मवाद एक साथ कुछ विचित्र लग सकता है। 'घरे बाइरे' में रवींद्रनाथ ने लिखा है, 'बुद्ध ही विश्व विजयी हैं, सिकंदर नहीं।' उन्होंने स्वतंत्र रूप से भी 'बुद्धदेव' शीर्षक से काफी लिखा है। उनके नाटक 'चंडालिका' में एक बौद्ध भिक्षु अछूत कन्या के हाथ से जल पीता है और उस कन्या में आत्मसम्मान का भाव पैदा करता है। जयशंकर प्रसाद ने भी गौतम बुद्ध पर कविता लिखी है। रोमांटिसिज्म का बुद्ध-संपर्क बड़ा तात्पर्यपूर्ण है।

रवींद्रनाथ ने उपनिषद, बुद्ध, कबीर और लोक परंपरा की टूटी हुई कड़ियों को अपनी चेतना में जोड़कर अखंड मनुष्यत्व का महावृत्तांत रचा था। उनका परंपरा से संघर्ष 'आत्मीय संघर्ष' इस अर्थ में है कि परंपरा की रूढ़ियों-संकीर्णताओं से संघर्ष है तो कई उदात्त बिंदुओं पर उससे आत्मीयता है। इसी तरह का आत्मीय संघर्ष आधुनिकता से भी है। रवींद्रनाथ के साहित्य में परंपरा और आधुनिकता से एक बड़ा यादगार आत्मीय संघर्ष है। हमें उसे उसकी जटिलताओं के साथ समझना होगा। रवींद्रनाथ की विशिष्टता यह है कि वे खुलकर आधुनिकता को परंपरा और परंपरा को आधुनिकता से जोड़ते हैं।

विश्व मन का भारतीय कवि

नवजागरणकालीन उदारवाद ने सर्वत्र 'विश्व मानव' की धारणा दी थी। यह एक मनोकामना है—बल्कि यूटोपिया है, यथार्थ नहीं है। इसके पीछे आदर्शवादी अंतरराष्ट्रीयतावाद है, जो अंततः आदर्शवादी नहीं रह गया और गैर-यूरोपीय

देशों में सभ्यता का औपनिवेशिक जाल बन गया। उस जमाने में औपनिवेशिक झुकाववाले अंतरराष्ट्रीयतावादी बुद्धिजीवियों को राष्ट्रवादी लोग संकीर्ण और विनाशकारी दिखते थे। प्रथम विश्व युद्ध जब संकीर्ण राष्ट्रवाद के नतीजे के रूप में सामने आया, अंतरराष्ट्रीयतावाद के छद्म आदर्शवाद का ढोल फट गया, लेकिन विश्व-मानवता की जरूरत उतनी बढ़ती गई।

उस जमाने में निश्चय ही राष्ट्रवादियों को अंतरराष्ट्रीयतावादी लोग साम्राज्यवाद-विरोध के फौरी कर्तव्य से उदासीन, जोखिम से बचने वाले और पश्चिमोन्मुख नजर आए। रवींद्रनाथ और गांधी के अच्छे संबंध के बावजूद यह एक महत्वपूर्ण वैचारिक दरार थी। रवींद्रनाथ का मामला उनके जमाने में ठीक से नहीं समझा जा रहा था। रवींद्रनाथ भारत के लोगों को पश्चिम की महत्ता बताना चाहते थे और पश्चिम के लोगों को पूर्व की महत्ता बताना चाहते थे। पूर्व के लोगों को पश्चिम की आधुनिक और वैज्ञानिक प्रगति चाहिए थी, जबकि पश्चिम को पूर्व के दर्शन से आध्यात्मिक मानवतावाद सीखना था—मानव और मानव की अभिन्नता का ज्ञान पाना था।

ऐसा नहीं है कि रवींद्रनाथ प्राचीन भारत को ही सब कुछ समझते हों, उन्हें आधुनिक भारत अग्राह्य हो। वे आधुनिक मानव जाति के कवि थे। उन्होंने कहा था, 'पश्चिम आज खुलियाछे द्वार'। वे यांत्रिकता के जरूर विरोधी थे, यंत्र के नहीं। गांधी से उनका इस बिंदु पर भी मतभेद था। रवींद्रनाथ कहते थे, 'चरखा' भी यंत्र है और मानव जाति प्रौद्योगिक विकास की इसी मंजिल पर ठहर नहीं सकती। वे यह स्वीकार करने के लिए तैयार नहीं थे कि पश्चिम का अर्थ सिर्फ भौतिकवाद, बुद्धिवाद है और भारत का अर्थ सिर्फ अध्यात्मवाद है। वे आत्मनिर्भरता चाहते थे, पर 'इंटरैक्शन' भी!

हम कह सकते हैं, रवींद्रनाथ पश्चिम और पूर्व की सिंथीसिस थे। इस परिघटना की विडंबना यह है कि रवींद्रनाथ के जरिए पूर्व या भारत पश्चिम को वह देने चला था जो खुद उसके हजारों साल के सामाजिक इतिहास में कभी यथार्थ नहीं हो सका था और जिसे खुद पश्चिम सिर्फ प्रतीकात्मक स्तर पर ही ग्रहण कर सकता था। इसके अलावा, पश्चिम में पूर्व के देशों को सुनने की परंपरा थम चुकी थी।

दरअसल गांधी के आंदोलन रवींद्रनाथ और 19वीं सदी की उनकी उदारवादी-बुद्धिवादी परंपरा में वहां हस्तक्षेप है, जहां एक 'सोची-समझी चुप्पी' थी। निश्चय ही कुछ बिंदुओं पर मतभेद के बावजूद रवींद्रनाथ और गांधी के बीच संवाद था, क्योंकि दोनों उस जमाने के भारतीय मानस के दो पक्ष थे, एक ही नदी के दो किनारों की तरह!

रवींद्रनाथ को दो-तीन बार राष्ट्रीय पराधीनता की व्यथा हुई थी। उन्होंने देश के स्वाधीनता संघर्ष में भाग नहीं लिया, पर जलियांवाला बाग की घटना के प्रतिवाद में नाइटहुड की उपाधि त्यागी थी। उन्होंने घटना (13 अप्रैल) के तुरंत बाद नहीं, लगभग डेढ़ महीने बाद (31 मई 1919) नाइटहुड लौटाया। वे बंगभंग विरोधी आंदोलन (1905) में शामिल हुए थे, पर 1908 में इससे अलग हो गए थे। उन्होंने स्वदेशी आंदोलन में विदेशी वस्त्रों के बहिष्कार का समर्थन किया था। निश्चय ही उन्होंने 'क्या नहीं किया' से ज्यादा महत्वपूर्ण है कि उन्होंने क्या किया। उन्होंने एक भिन्न शिक्षा पद्धति प्रस्तावित करते हुए बंगाल भारती नहीं 'विश्व भारती' दी, जहां हिंदी के प्रसिद्ध लेखक हजारी प्रसाद द्विवेदी कई साल शिक्षक थे।

रवींद्रनाथ ने बहुत पढ़ा, बहुत लिखा, बहुत विदेश भ्रमण किया। यह भी बड़ा महत्वपूर्ण है कि उन्होंने शिक्षा का एक समानांतर आदर्श खड़ा किया। वे सिर्फ कविता लिखकर संतुष्ट न थे। उन्होंने 1921 में जब 'विश्वभारती' शुरू की, गांधी के नेतृत्व में सत्याग्रह चल रहा था। यह शिक्षा के अन-उपनिवेशन के लिए संघर्ष था। यह गांधी की लड़ाई से जुड़ी एक लड़ाई थी, हालांकि शरतचंद्र जैसे कई लेखकों ने ऐसी घड़ी में 'विश्वभारती' खोलने का विरोध किया था। रवींद्रनाथ 'तात्कालिक' की जगह 'दीर्घकालिक' के बारे में सोचते थे। वे शब्द जगत के ही नहीं कर्म जगत के भी प्राणी थे। उनकी दृष्टि में शिक्षा का काम महज सूचना देना न था, 'हम शिक्षा का आदर्श भूल गए हैं। शिक्षा सिर्फ सूचना देना नहीं है। मनुष्य का जन्म सूचनाओं का भार ढोने के लिए नहीं हुआ है। जीवन के मूल में जो लक्ष्य है हमें उस और बढ़ना होगा। मनुष्य जीवन के समग्र आदर्श को अपने ज्ञान और कर्म में उपलब्ध कराना ही शिक्षा का उद्देश्य है। जीवन का लक्ष्य क्या है, इस प्रश्न का समाधान शिक्षा के जरिए ही पाना होगा।' यदि जीवन का लक्ष्य मानवता की जगह महज पैसा कमाना हो जाए, शिक्षा कैसी होगी?

रवींद्रनाथ ने शांतिनिकेतन में बंगाल भारती स्थापित नहीं की, भारत भारती भी स्थापित नहीं की, विश्वभारती स्थापित की। यह है उनके बौद्धिक चित्त का स्तर! उस जमाने का विश्वबोध आज के भूमंडलीकरण से भिन्न था। उसमें कृत्रिमता की जगह सादगी थी, दीवारों की जगह पुल थे, चालाकी की जगह ज्ञान था, लोभ की जगह त्याग था और घृणा की जगह सहिष्णुता थी। उनका विश्व भारती का जो स्वप्न यथार्थ बना था, वह आज खंडहर की तरह दिख सकता है। पहले मुक्त मानवता थी, अब मुक्त बाजार है। इस बाजार में जिस तर्ज पर शिक्षा सुधार जारी है, वह रवींद्रनाथ के शिक्षा दर्शन का विपर्यय है।

निश्चय ही रवींद्रनाथ की काव्यात्मक और बौद्धिक संरचना में अंतरराष्ट्रीयता, सार्वभौम मनुष्यता या कहें विश्व मानव की चेतना प्रधान है। उनकी दृष्टि में साहित्य का अर्थ है—'ऐसी रचना जो विश्व मानव की चेतना से मिलन करा दे।' (साहित्य का तात्पर्य)। उनकी दृष्टि में 'पूर्ण मनुष्यत्व का अर्थ है एक ऐसी चेतना जो राष्ट्र, जाति या देशकाल से खंडित नहीं हुई।' (बुद्धदेव)। उन्हें लगता था कि भारत के लोगों को बाहर से ज्यादा अपने भीतर देखने की, सांस्कृतिक आत्मनिरीक्षण की जरूरत है।

एक निबंध 'मानव सत्य' में रवींद्रनाथ कहते हैं, 'किसी का चित्त संकीर्ण दायरे में आबद्ध है, किसी के चित्त में विकृति है, लेकिन एक व्यापक चित्त भी है जो विश्वगत है व्यक्तिगत नहीं।' रवींद्रनाथ विश्व चित्त के भारतीय कवि हैं। हम उन्हें मैथिलीशरण गुप्त की तरह राष्ट्रकवि नहीं कह सकते, पर क्या रवींद्रनाथ ने अपने निबंधों में राष्ट्रीय चिंताएं व्यक्त नहीं कीं? रवींद्रनाथ के साहित्य में राष्ट्रीय चिंताएं शैक्षिक, सामाजिक और सांस्कृतिक चिंताओं के रूप में व्यक्त हुई हैं। उसमें अंग्रेजी राज का विरोध न हो, पर उस मनुष्यत्व का गान है, जिसके बिना राष्ट्रवाद समावेशी नहीं हो पाता।

एक बार लोकमान्य तिलक ने रवींद्रनाथ के पास किसी दूत के जरिए पचास हजार रुपए भेजे और कहलवाया कि उन्हें यूरोप जाना होगा। रवींद्रनाथ ने रुपए लौटाते हुए कहा, 'राष्ट्रीय आंदोलन का काम लेकर मैं यूरोप न जा सकूंगा।' (पश्चिम यात्री की डायरी)। तिलक ने रवींद्रनाथ की गलतफहमी दूर की। रवींद्रनाथ अंततः समझ गए कि तिलक उन्हें इसलिए यूरोप नहीं भेजना

चाहते कि वे वहां जाकर भारतीय राष्ट्रवाद का पक्ष रखें, बल्कि इसकी जगह वह चाहते हैं, 'भारतवर्ष की जो वाणी मैं प्रचारित कर सकता हूँ, उस वाणी को ले जाना ही मेरे लिए असली काम है और उसी सच्चे काम के द्वारा मैं भारत की सच्ची सेवा कर सकता हूँ।' (वही)। भारत की वाणी क्या है? रवींद्रनाथ को लगता था कि सार्वभौम मनुष्यता ही भारत की मुख्य वाणी है। उन्हें विश्व से मनुष्य का जरा-सा विच्छेद भी कष्ट देता था।

आधुनिक युग में मानव चित्त का परिष्कार और वैश्विक विस्तार एक बुनियादी जरूरत रही है। इसी चिंता के तहत रवींद्रनाथ का सारा लेखन है जो मनुष्य की सार्वकालिक प्रकृति का पुनराविष्कार है। हम जानते हैं कि कई सौ वर्षों बाद रवींद्रनाथ इसी वजह से याद किए जाएंगे। वे मुनष्य के भीतर मौजूद एक नए मनुष्य की कल्पना करते हैं, 'आंधी के आसमान के ऊपर जैसे एक शांत आकाश है, तूफान से आलोड़ित समुद्र के नीचे जैसे एक शांत समुद्र है, ...वैसे ही मनुष्य के हृदय के भीतर और उससे ऊंचा उसी तरह का एक विराट शांत पुरुष है।' (जापान यात्री)। यह सही है कि सुख-सुविधा से भरे जीवन में ही कोई आदमी अपने भीतर एक विराट शांत जगह खोज सकता है। रवींद्रनाथ ने 'गीतांजलि' में खेत के किसानों और मजदूरों में देवता देखा जरूर था, पर इनके जीवन के अभाव और अशांति का कोई वास्तविक समाधान उनके पास नहीं था।

यूरोपीय प्राच्यविदों ने अक्सर कहा है कि भारत एक राष्ट्र नहीं है, यह बिखरे टुकड़ों का बंडल है। यह भेदभाव और हिंसा से भरा देश है। रवींद्रनाथ ने इसके जवाब में यही कहना चाहा कि भारत के अंतःकरण में अद्वैत का, ऐक्य का, मानवीय अखंडता का, संपूर्णता का कैसा भाव छिपा है। रवींद्रनाथ विश्व कवि हों या नहीं, उन्होंने पश्चिम को दिखा दिया कि भारत क्या है, भारत का 'मैं' क्या है, भारत के बोध में कैसे 'हम' और 'वे' का विभाजन नहीं है। विश्व कवि जैसी कोई चीज न होती है और न हो सकती है, जिस तरह विश्व संगीत जैसी कोई चीज नहीं है। यदि रवींद्रनाथ ने भारत के भीतरी हृदय को खोलने, अनावृत करने में थोड़ी भी सफलता पाई है और वह भारतीय कवि बन पाए हों, जैसा कि वह हो सके हैं, तो यह इस देश के नवजागरण की एक

बड़ी उपलब्धि है। रवींद्रनाथ को विश्व कवि के रूप में देखना उन्हें सीमित करना है। आज कितने देश उन्हें विश्व कवि मानते हैं? इसलिए ज्यादा जरूरी है कि हम उन्हें विश्व मन के भारतीय कवि के रूप में देखें।

मैं बंदी नहीं मेरा द्वार खुला है!

रवींद्रनाथ ने दुनिया के लगभग 30 देशों की यात्रा की थी। वे श्रीनगर से श्रीलंका के कैंडी तक गए थे। पूना-मुंबई से शिलांग तक गए थे। अल्मोड़ा-दार्जिलिंग के पहाड़ों से लेकर मद्रास के समुद्र तक गए। वह काशी, गया और प्रयाग जैसे तीर्थों में भी गए। उन्होंने पूरे भारत की यात्रा की। भारत उनमें बसा हुआ था—'मैं बंदी नहीं, मेरा द्वार खुला है।' उनका भारत एक बंद देश न था।

रवींद्रनाथ ने समुद्र के रास्ते से दुनिया के कई देशों का भ्रमण किया। जहाज से उन्होंने नीले समुद्र और आसमान का अनंत विस्तार एकटक देखा होगा। उन्होंने लिखा है, 'मैं देख पा रहा हूँ, यह जो नीले आसमान और नीले समुद्र के बीच एक विराट जगह है, यह मानो अमृत से भरा घड़ा है।' प्रकृति की ऐसी अनगिनत वस्तुओं के बीच वे अपने विश्व मन को प्रस्फुटित करते थे। वे अद्‌भुत-अद्‌भुत कल्पना करते थे। मानो किसी पिंजड़े से मुक्त होकर संपूर्ण प्रकृति और दुनिया के सभी देशों तक अपने मन का विस्तार कर रहे हों। उस जमाने के आधुनिक मन में उदारता आ रही थी। इसलिए पश्चिम से भिन्नता असह्य थी और विश्व मानवता की कल्पनाएं की जा रही थीं। यह रोमांटिसिज्म था, जो दुनिया भर में मानवता को विभाजित करनेवाली दीवारों को तोड़ रहा था और स्वच्छंदता-प्रेमी मनुष्य का एक उन्मुक्त मन बन रहा था।

रवींद्रनाथ ने अपने जीवन के समाप्ति-पर्व पर आशा की थी, 'मुझको अपनाकर देश यदि किसी भी रूप में अपने आप को उपलब्ध न कर पाए तो आज का उत्सव निरर्थक है।' (अवतरणिका)। भारत का अपने को पाना क्या है, वह अपने को कितना पा सका, वह अपने को कैसे उपलब्ध या पुनरुपलब्ध कर सकता है? रवींद्रनाथ पर बड़े भव्य उत्सव होते हैं। क्या वे सार्थक होंगे, यदि उत्सव में डूबे लोग सामुदायिक संकीर्णताओं में फँसे रह जाएं, अपने जातीय 'मैं-पन' में डूबे रहें और खुदगर्जी से बाहर न निकलें।

विश्व बाजार में आज हजारों लोग ग्लोबल हैं। वे अपने को विश्व मानव समझते हैं, पर उनका मन विश्व मानव का मन नहीं है। रवींद्रनाथ कहते थे, 'अपने भीतर देखो, अपने देश को जानो, अपने भीतर की आवाज सुनो और मन के छोटे दायरों से ऊपर उठो।' वे सिर्फ बंगाल को देखने की बात नहीं कर रहे थे, देश की बात कर रहे थे। आज रवींद्रनाथ को पढ़ने का अर्थ है विश्व बाजार में अपनी मानवता को फिर से पहचानना, जबकि भूमंडलीकरण उच्च मानवताबोध की जगह सिर्फ मुनाफे का दर्शन लेकर चल रहा है।

रवींद्रनाथ का कहना है, 'केवल एक ही इतिहास है, वह है मनुष्य का इतिहास। सभी राष्ट्रीय इतिहास उसी इतिहास के विभिन्न अध्याय हैं।' इस तरह की धारणाओं की काफी आलोचना हुई है, किंतु यह समझने की कोशिश करनी चाहिए कि इस कथन के पीछे अंध-राष्ट्रवाद की मारक विभीषिका का विरोध है। रवींद्रनाथ ने राष्ट्रवाद पर लेख लिखकर इस विभीषिका से सावधान किया था। दूसरी तरफ, उन्होंने एशिया की दुर्दशा पर विशेष रूप से चिंता व्यक्त की थी। सिर्फ बीस वर्ष की अवस्था में रवींद्रनाथ ने 'चीने मरणेर व्यवसाय' लेख लिखा था, 'चीन रो-रो कर बोला, मुझे अफीम नहीं खाना है। अंग्रेज व्यवसायी ने कहा, यह भी कभी होता है! उसने चीन के दोनों हाथ बांधकर मुंह में अफीम ठूंस दी और कहा – जो अफीम खाया उसका पैसा दो!'

रवींद्रनाथ ईरान गए, मुसलमानों के साथ बैठकर रोटी खाई और उस देश पर मुग्ध होकर लिखा। उनकी कविता है, 'एहार चेये हतेम यदि अरब बेदुइन'। वह लिखते हैं, 'मेरा हृदय बेदुइन-हृदय के बहुत पास आ गया है। सचमुच मैंने मन के भीतर उनके साथ एक ही अन्न खाया है।' (ईरान में)। रवींद्रनाथ को किसी भी धर्म से मोह नहीं था और न शत्रुता थी। वह मनुष्य धर्म की बात करते थे। वे हिंदू-मुसलमान के बीच प्रेम चाहते थे। वह जावा गए। बांग्लादेश उनका घर था। 1932 में उन्होंने अफ्रीका पर कविता लिखी 'अपिरिचित था तुम्हारा मानव रूप/उपेक्षा के शिकार थे तुम/वे आए लोहे की हथकड़ी लेकर/उनका नाखून बड़ा तेज था/आए मनुष्य को पकड़ कर ले जानेवाले कई दल/अभिमान में अंधे थे वे/अपने घने जंगलों में तुम सूर्य-विहीन थे/सभ्य लोगों के बर्बर लोभ के शिकार हुए तुम/ नंगा रूप दिखा

दिया उन्होंने अपनी अमानवीयताओं का।' रवींद्रनाथ ने गोरे-काले के रंगभेद का, पश्चिमी नस्लवाद का स्पष्ट रूप से कभी विरोध किया था या नहीं, यह खोज का विषय है। लेकिन उन्होंने अफ्रीका के दुख-क्रंदन पर लिखा था।

क्या आज एशिया में कोई समावेशी आत्मचेतना दिखाई दे रही है, क्या एशिया के लोगों में 'यूरोपीय समुदाय' की तरह एशियाई गरिमाबोध नजर आ रहा है? रवींद्रनाथ ने एशियाई देशों की दुर्दशा पर बार-बार चिंता व्यक्त की। वह एशियाई जागरण के पहले स्वप्नद्रष्टा थे। इस विश्व मानव को एशिया की चिंता विशेष रूप से थी।

रवींद्रनाथ 1931 में रूस गए। उन्होंने इस देश की शिक्षा, स्वास्थ्य और श्रमजीवियों के संबंध में अपनी 'रूस की चिट्ठी' में बहुत कुछ प्रशंसात्मक लिखा है। यहां तक लिखा है कि वह अब तक जो स्वप्न देखते आ रहे थे, वह रूस में यथार्थ है। उन्होंने उसी चिट्ठी में सावधान भी किया है, 'एक दिन रूस पर विपत्ति आएगी। एक विशाल पेड़ को छोटे टब में रखकर यदि हम निश्चिंत हो जाते हैं तो यह बेवकूफी है। एक दिन यह टब फट जाएगा और फैलती जड़ें बाहर निकल जाएंगी और अपना रास्ता ढूंढ़ लेंगी।' यह एक कवि की अंतर्दृष्टि की गहनता है, 1991 में सोवियत रूस खंड-खंड हुआ!

हिंदी के बड़े साहित्यकारों पर नजर डालें। भारतेंदु हरिश्चंद्र स्वप्न ही देखते रह गए कि वे ब्रिटेन, फ्रांस आदि देशों की यात्रा करेंगे, जबकि रवींद्रनाथ 16 वर्ष की उम्र में, 1877 में इंग्लैंड गए थे। प्रेमचंद, प्रसाद या निराला किसी को विदेश जाने का अवसर नहीं मिला। ये अपने देश-प्रदेश से बंधे थे। वे देशाटन भी ज्यादा नहीं कर सके थे। उस जमाने के 'स्वच्छंदतावादी अंतरराष्ट्रीयतावाद' से जुड़े होने के बावजूद हिंदी साहित्यकारों के लेखन में राष्ट्रवाद की प्रभावशाली उपस्थिति है। निराला का 'जागो फिर एक बार' रवींद्रनाथ के 'विश्व मानव' से एक भिन्न संदर्भ लेकर आता है, जो राष्ट्रीय जागरण का संदर्भ है। हम नहीं कह सकते कि भारत के औपनिवेशिक वातावरण में 'राष्ट्रीय जागरण' पश्चिमी रोमांटिसिज्म के असर में विश्व मानव होने से कम महत्वपूर्ण था। निश्चय ही राष्ट्रवाद के जिस तरह खतरे हैं, महज अंतरराष्ट्रीयतावादी होने के भी, आज के अर्थ में महज ग्लोबल होने के भी वैसे ही खतरे हैं।

दुख ही मानवीय विजन की जन्मभूमि है

रवींद्रनाथ 'दुख' निबंध में कहते हैं, 'यदि मानव ईश्वर को कुछ भेंट देना चाहे तो वह क्या देगा, क्या दे सकता है? ईश्वर का धन उसी को समर्पित करने में हमें तृप्ति नहीं मिल सकती। हम केवल दुख-धन ही दे सकते हैं जो कि हमारी निजी संपत्ति है। इस दुख को ईश्वर पूर्ण करता है—आनंद देकर, अपने आपको देकर।' रवींद्रनाथ एक-एक समय एक-एक तरह से ईश्वर की बात करते हैं। उनका ईश्वर कहीं उनकी मां काली हैं और कहीं वह अरूप रतन है। कभी कहते हैं, 'प्रकृति ही ईश्वर है।' अंततः ईश्वर क्या है? एक पेन किलर है, आध्यात्मिक कैपसूल! फिर भी रवींद्रनाथ की सबसे अधिक आस्था मनुष्य में है। उन्होंने कहा, 'मनुष्य ने जो कुछ रचा है, दुख की सहायता से रचा है।' ईश्वर की सहायता से नहीं!

रवींद्रनाथ का दुख के प्रति दृष्टिकोण वही है, जो रोमांटिसिज्म से प्रभावित साहित्यकारों का हो सकता है। भारत में दुख ज्यादा है। प्रेम दुख ही ज्यादा देता है। रोमांटिसिज्म की एक खूबी है, वह दुख सहने की ताकत देता है। रवींद्रनाथ इस चेतना से भरे थे, 'प्रेम में क्षमा करने और दुख स्वीकार करने का जो सुख है, वैसा सुख अपनी इच्छाओं की पूर्ति और आत्मतृप्ति में नहीं है।' (पत्नी मृणालिनी को पत्र, जून 1898)। रोमांटिक मिजाज ऐसी ही सोच की और ले जाता है।

अर्जेंटीना की एक लेखिका वित्तोरिया ओकांपो से रवींद्रनाथ की अंतरंगता थी। उसके एक वेदना भरे पत्र के जवाब में 1924 में उन्होंने लिखा था, 'तुम्हारे लिए यह समझना बहुत मुश्किल है कि कितने गहरे अकेलेपन से भरा हूँ। ...मेरा बाजार मूल्य काफी बढ़ गया है, पर निजी मूल्य कम हो गया है।' आज रवींद्रनाथ यदि कहीं मिल पाते, वे सचमुच कुछ ज्यादा अकेले मिलते, क्योंकि खुद बंगाल में रवींद्रनाथ की पूजा जितनी बढ़ी हो, उदात्त टैगोरीय मिजाज का व्यापक क्षय हुआ है।

कुछ साल पहले बांग्ला के एक प्रसिद्ध लेखक सुनील गंगोपाध्याय को कोलकाता की सड़कों पर लगे होर्डिंग्स के एक विज्ञापन में रोता हुआ दिखा कर सवाल था, 'बांगालीर चोखे जल केनो?' बंगालियों की आंखों में पानी क्यों है?

पहले लगा, राजनीतिक हिंसा और गाली-गलौज से या चारों तरफ बढ़ते दुख-कष्ट से इस कवि-कथाकर को दुख है, पर ऐसा नहीं था। उसकी आंखों में पानी इमामी ब्रांड के शुद्ध सरसों तेल की झांझ की वजह से था! बाजार ने तेल तक को बंगाली बना दिया। बाजार के आगे कलाकारों-लेखकों के एक-एक कर झुकते सिर देखकर दुख होना स्वाभाविक है। ऐसे में रवींद्रनाथ यदि आज कहीं बिल्कुल अकेले दिखाई दें, आश्चर्य की बात नहीं होगी।

आज के बाजार ने सौंदर्य को सीमित कर दिया है। आज के जमाने का सारा सौंदर्य स्त्री की भौतिक देह और इसके सैकड़ों यौनिक कोणों में सीमित है। रवींद्रनाथ ने स्त्री का अंतर्बाह्य सौंदर्य कम नहीं दिखाया, पर उन्होंने नदी, आंधी, वर्षा, फूल, संध्या, सरोवर, पर्वत, मेघ, गांव की हरीतिमा तथा सृष्टि की अनगिनत जगहों के सौंदर्य का अपनी तरह से वास्तव में आनंद लेते हुए वस्तुतः कहना चाहा, 'सुंदरता का एक अपार संसार है, उसे देखो।' उनकी एक पंक्ति है, 'गुलाब की तरफ देखकर कहा 'सुंदर'/ वह सुंदर हो उठा।' उन्हें कृत्रिम सौंदर्य की और आकर्षण मानव-मन की रिक्तता का चिह्न लगता था।

रवींद्रनाथ अपने जीवन में अकेलेपन का अनुभव करते थे। क्या उन्होंने खुद कभी कोई दुख झेला था? पत्नी मृणालिनी की मृत्यु, एक बेटे और एक बेटी की मृत्यु, पर उन्हें सबसे अधिक दुख था विश्व वीणा के संगीत के अधूरा रह जाने का। मानव चित्त से संकीर्णता और विकृति के न मिटने का। उन्हें दुख था आधुनिक संसार में बढ़ती हिंसा, बर्बरता और खुदगर्जी को लेकर। वे चाहते थे मनुष्य का चित्त भयशून्य हो और उसका माथा हमेशा ऊंचा रहे। हम जानते हैं कि उनके समाधान बड़े आदर्शवादी हैं, आध्यात्मिक हैं, पर मुख्य सवाल है—उनका साहित्य हमारे मनुष्यत्व को जगाता है या नहीं? उनका साहित्य एक बाउल गीत की तरह कहता है, 'मनेर मानुष मनेर माझे, करो अनुसंधान।' रवींद्रनाथ की अंतरराष्ट्रीयतावादी सोच में रोमांटिक अतिरंजनाएं हैं, पर उसमें बहुत कुछ है, जो प्रेरणादायी है।

कोलकाता के सदर स्ट्रीट में आपस में हिलेमिले एक-दूसरे से बतियाते कुली-मजदूरों को बरामदे से देखते हुए रवींद्रनाथ ने पहली बार जाना कि 'अंतर्दृष्टि' क्या होती है, 'मैं बचपन से केवल आंख से देखने का अभ्यस्त था,

आज जैसे मैंने एकाएक पूरी चेतना से देखना शुरू किया।' (जीवन स्मृति)। पूरी चेतना से देखना क्या है? रवींद्रनाथ कहते हैं, 'हृदय आजि मोर केमने गेल खुलि/जगत आसि सेथा करिछे कोलाकुलि'। दुनिया के सारे लोग एक दूसरे से गले मिल रहे हैं, मेरे हृदय-कपाट खुल गए हैं। पश्चिमी उदारवाद के अलावा उस स्थानीय प्रेरणास्रोत को भी समझना चाहिए जिसकी वजह से एक संभ्रांत जमींदार परिवार का व्यक्ति गरीबों और वंचितों को समवेदना से देख रहा था। ऐसे प्रेरणास्रोतों ने भी रवींद्रनाथ को वैश्विक आदर्शवाद की ओर अग्रसर किया।

साहित्य क्या है? यह सबसे पहले अनुभूति का खेल है। रवींद्रनाथ ने 'जीवन स्मृति' में लिखा है, मैं गंगा किनारे बैठकर 'संध्या-संगीत' के अलावा कुछ-कुछ गद्य भी लिखता। पर वह कुछ बंधा हुआ लिखना नहीं था। बच्चे जिस तरह खेल में पतंग उड़ाते हैं, यह भी कुछ वैसा ही था।, उन्होंने गद्य हो या पद्य, अनुभूति के कैसे-कैसे खेल नहीं दिखाए। इस खेल में स्थानीयता और विश्व-दोनों अंतरक्रीड़ारत हो जाते हैं। रवींद्रनाथ के मन में स्थानीय दुख भी एक गहरा मानवीय दुख बनकर उपस्थित होता है। उन्होंने बड़े मुक्त मन और आनंदपूर्ण मिजाज से सबकुछ लिखा।

रवींद्रनाथ से जो असहमत होते हैं, उन्हें भी उनकी काव्य शक्ति और अंतर्दृष्टि का लोहा मानना पड़ता है। उनसे गुजरे बिना जैसे भारत के अंतःकरण की व्यापक झलक नहीं मिल पाती। उन्हें भारत के करोड़ों लोगों ने अपने हृदय में ऐसे ही स्थान नहीं दिया। निश्चय ही उन्हें सनातनपंथियों और नए लेखकों दोनों की आलोचना का शिकार होना पड़ा था। उनके रोमांटिसिज्म में अतिरंजना, वायवीयता और रहस्यमयता है। इसलिए 'सबूज पत्र' और 'कल्लोल' साहित्यिक ग्रुप के बांग्ला लेखकों ने उनकी आलोचना की। फिर भी मानना चाहिए कि उनका विश्व मानव का दिवास्वप्न नवजागरण काल की एक स्वाभाविक घट ना है। यह परंपरा और आधुनिकता के आत्मसंघर्ष का नतीजा है।

रवींद्रनाथ ने 'राष्ट्र' को लेकर चिंता नहीं की, पर उनका विश्वमानवतावादी लेखन 'राष्ट्रवाद' को समावेशी बनाने के लिए एक बड़ी प्रेरणा है। यह मनुष्य के प्रेम और बंधुत्व की भावनाओं को उद्वेलित करता है। साहित्य के समाजवैज्ञानिक

गणित में न फँसकर देखना होगा कि रवींद्रनाथ सृष्टि के व्यापक सौंदर्य के समक्ष सदा ही अकेले कैसे रह गए। उन्होंने अपना अकेलापन कभी नहीं छिपाया। वह अकेले थे, पर उन्होंने साहित्य लिखा सभी लोगों के लिए!

उस जमाने की सार्वभौम मनुष्यता आज के ग्लोबल बाजार से इस अर्थ में भिन्न है कि तब का मनुष्य सिर्फ उपभोक्ता नहीं है। वह दुख-सुख, आकांक्षाओं से स्पंदित एक शांतिकामी, सौंदर्य का प्यासा और साहित्यिक आनंद का भूखा मनुष्य है, क्योंकि तभी वह मनुष्य है। रवींद्रनाथ अपनी कविता में हों, कथा में हों या प्रबंध में हों, उनकी एक महत्वपूर्ण खूबी यह है कि वे उदार आधुनिक जीवन के एक आत्मजागरूक शिल्पी हैं। उनमें आवेग है, संशय है, भावुकता है, बौद्धिक स्वातंत्र्य की उत्कट आकांक्षा है और विश्व प्रकृति के सौंदर्य की अनवरत खोज है। वे तर्क में बहुत नहीं उलझते, सिद्धांत की तरफ नहीं जाते, वे बहुत कुछ ऐसे लिखते हैं जैसे यह उनका स्वच्छंद आत्मबोध या आत्मसंबोधन हो।

आदमी क्या लोहे की मशीन है

रवींद्रनाथ ने अपने लेख 'जीवन स्मृति' में बताया है कि मौन खड़े होकर देखते-देखते कैसे उन्होंने दृष्टि प्राप्त की—बाहरी 'मैं' के भीतर छिपे भीतरी 'मैं' को जानने की, 'व्यक्ति और विश्व के रिश्ते को समझने की'। यह वैयक्तिकता में मनुष्यता का बोध है। रवींद्रनाथ और उनके संपूर्ण युग के साहित्य से मुख्यतः यही आवाज निकलती है 'मनुष्यता सबसे ऊपर है।' उनका देशप्रेम और मनुष्यता सहोदर हैं। आज के समय में देशभक्ति का मामला हो, विकास का, जनतंत्र का या वामपंथ का मामला हो, सामाजिक आचरण के स्तर पर मनुष्यत्व की कमी लक्षित की जा सकती है। व्यक्ति वैश्वीकरण के जमाने में उदार की जगह समीकरणवादी, खुदगर्ज और कट्टर हुआ है। इन स्थितियों में रवींद्रनाथ और उनके युग के साहित्य का महत्व बढ़ जाता है।

रवींद्रनाथ जिस तरह राष्ट्रवाद के बंधन से मुक्त थे, उसी तरह तार्किक विश्लेषण, खंडन-मनन, सिद्धांत-प्रतिपादन से भी दूर थे। वे आंदोलनों से भी दूर हो चुके थे और सांस्कृतिक सुधार और बौद्धिक उन्नति के सिर्फ साहित्यिक प्रचारक थे। वे कभी नहीं भूलते थे कि वे एक कवि हैं। वे अपने निबंधों और

भाषणों में स्वच्छंद होते थे। वे हर जगह कला-निर्माता हैं। उन्होंने 'छिन्न पत्र' में लिखा है, 'आदमी क्या लोहे की मशीन है जो ठीक नियम से चलेगा? उसे इधर-उधर होना पड़ेगा, यही जीवन का लक्षण है। उसके मनुष्यत्व का चिह्न है जड़ता का प्रतिवाद।' वे निश्चय ही सामाजिक यथास्थितिवाद के समर्थक नहीं थे, लेकिन समाज कैसे बदलेगा इसका कोई ठोस नक्शा उनके पास नहीं था। आज भी किसके पास है? रवींद्रनाथ सिर्फ इतना जानते थे कि मनुष्यत्व को पाए बिना अंततः कुछ नहीं बदलेगा।

कई बार प्रकृति में अपने मन को रमाते हुए अपने 'मैं' को जानने का अवसर मिलता है। यही वजह है कि रवींद्रनाथ का मन राजनीति में नहीं प्रकृति में रमा। उनके साहित्य में प्रकृति की व्यापक उपस्थिति है। वह कहते हैं, 'इस संपूर्ण सृष्टि की बुनियाद में एक पागल है!' आदमी अक्सर अपने 'मैं' को संकुचित स्वार्थ-वृत्त में बंद कर देता है। इसलिए उसकी दृष्टि में विस्तार नहीं आ पाता। वह समुद्र-पहाड़ पर पर्यटन करते हुए भी विश्व प्रकृति में अपना सुर नहीं मिला पाता। वह सृष्टि में उस पागल को देख नहीं पाता, अपने को भी जान नहीं पाता। यह हर युग की समस्या है कि मनुष्य अपने संकुचित 'मैं' से निकल कर अपने प्रकृत, वास्तविक और उदार 'मैं' का कैसे बोध करे। वह संकीर्णताओं से बाहर निकल कर उन्हें भी समझने की कैसे कोशिश करे, जिनसे उसका विरोध है या दूरी है।

एक बार इटली के मिलान शहर में उन्हें भाषण देना था। आयोजकों ने बार-बार पूछा, विषय क्या होगा? उनकी इच्छा थी कि भाषण का सारांश मिल जाए। रवींद्रनाथ ने कहा, 'सर्वनाश, फल लगने के पहले ही गुठली कैसे मिले!' (पश्चिम यात्री की डायरी)। रवींद्रनाथ ने बताया, 'मैं सोचकर नहीं बोल सकता। बोलते-बोलते सोचता हूँ, वैसे ही जैसे मधुमक्खी के पंख उड़ते-उड़ते गुनगुन करते हैं।' (वही)। रवींद्रनाथ ने पहले से कोई योजना बनाकर, सिद्धांत को ध्यान में रखकर या तथ्यों का भंडार लेकर कभी कुछ नहीं लिखा। उन्होंने जिस विषय पर विचार किया, कुछ इस तरह लिखा कि उन्हें सारी चीजों से वैराग्य हो सिर्फ 'विश्व मानव' से राग हो। वे हजारों रचनाओं और रास्तों से चलकर जिस जगह पहुंचते हैं, वह वस्तुतः 'रिनेसां' के विश्व-मानव की मनोभूमि है।

राष्ट्रवाद की आलोचना

रवींद्रनाथ बांग्ला के जातीय कवि हैं, और भारत के दूसरे प्रांतों में जातीय चेतना के निर्माण के संदर्भ में भी वे पथप्रदर्शक कहे जा सकते हैं। भारत के किसी भी प्रांत में जातीयता का आदर्श रूप क्या होना चाहिए, उसमें भारतीयताबोध और विश्वबोध के लिए कितना स्पेस होना चाहिए, यह रवींद्रनाथ के साहित्य को पढ़कर ज्ञात होता है। उन्होंने सदा मनुष्यता का गान किया, पर उनके वैचारिक विकास में हम 'भारतीय राष्ट्र' को लेकर भी सामाजिक चिंता पाते हैं।

भारत की जातीय बहुलता महज मानवता से संभलनेवाली चीज नहीं है, इसके लिए महामानवता चाहिए। हर भारतवासी को एक बड़े दिल की जरूरत आज भी है। रवींद्रनाथ की 'गीतांजलि' की एक कविता की पंक्तियां हैं, 'आओ हे आर्य, आओ अनार्य, हिंदू-मुसलमान! आओ ब्राह्मण, मन को करें साफ, सबका हाथ थामें! आओ पतित, अपने सारे अपमान के बोझ से मुक्त होओ। भारतमाता के अभिषेक के लिए तेजी से आओ। सभी के स्पर्श से पवित्र हुए इस तीर्थजल से मंगलघट अभी पूरा भर नहीं पाया है। आओ आज, भारत के महामानव के सागर तट पर।' इस पाठ में एक महत्वपूर्ण संकेत यह है कि भारतीय महामानवता या भारतीय महाजातीयता अभी विकासशील दशा में है। यह विकसित नहीं हो पाई है।

दूसरा महत्वपूर्ण संकेत है कि तीर्थजल अभी दलितों के स्पर्श से पवित्र होना बाकी है। जो गंगा जल सदा पवित्र माना जाता है उसे ही पवित्र करने का आह्वान साधारण विखंडन नहीं है। यह बात तब कही गई थी, जब अछूतोद्धार और शुद्धीकरण के लिए दलितों-मुसलमानों को गंगाजल से नहलाने के आयोजन हो रहे थे। यहां अछूतों से ही आह्वान है कि वे आगे बढ़कर तीर्थजल को पवित्र करें। साफ खुद ब्राह्मणों या द्विजों को होना है। रवींद्रनाथ ब्राह्मण थे!

रवींद्रनाथ क्रांति की बात नहीं सोचते थे। उनके लिए प्रधान था मनुष्य होना। आज भी बंगाली परिवार में माता-पिता अपनी संतान के बारे में कहते हैं—'आमि संतान के मानुष कोरबो।' व्यापारी बनाऊंगा, डॉक्टर बनाऊंगा, नेता बनाऊंगा, बंगाली बनाऊंगा? नहीं, मनुष्य बनाऊंगा। रवींद्रनाथ ने परवर्ती काल के अपने एक नाटक 'रक्त करबी' में पश्चिमी साम्राज्यवाद का विरोध किया।

एक अन्य नाटक 'मुक्तधारा' में 'रेजिमेंटेशन' के विरुद्ध आवाज है। उनकी कुछ अन्य चिंताएं भी हैं—मनुष्य और मनुष्य के बीच पैदा हो रही खाइयां, प्रकृति से मनुष्य का विलगाव और शक्तिशाली का कमजोर पर वर्चस्व। उन्हें मनुष्य जाति में किसी प्रकार का भेदभाव असह्य है, जबकि उनके समय में भेदभाव बढ़ता जा रहा था। मानवीय-संबंधों में विघटन सामाजिक संकट को गहरा कर रहे थे। यही वजह है कि रवींद्रनाथ के साहित्य में प्रेम, सौंदर्य और आनंद की अनगिनत छवियों के बीच एक गहन उदासी की धुन है—'आमार साध ना मिटिलो, आशा ना पूरिलो!' सब कुछ खत्म होता जा रहा है, आशा पूरी नहीं हो रही है। क्या आशाएं थीं कवि की?

भारत में राष्ट्रवाद की धारणा में शुरू से धार्मिक कट्टरवाद, केंद्रीकरण और क्षेत्रीयतावाद के साथ-साथ पुरुष-वर्चस्व के तत्व भी जोंक की तरह चिपके थे। उसमें जातिभेद की बुराई घुसी हुई थी। इसके अलावा, उपनिवेशवाद-विरोधी संघर्ष में प्रमुख भूमिका निभानेवाले राष्ट्रवादी व्यक्तियों में मध्यवर्गीय अहं कम नहीं था। वे 'दूसरों' की सेवा में लगे होने के बावजूद इस अहं से पीड़ित थे कि वे 'उद्धारक' हैं और दूसरे 'पतित' हैं। रवींद्रनाथ ठाकुर ने 'गोरा' (1909) उपन्यास लिखकर इस अहमन्यता पर चोट की और बताया कि सच्ची राष्ट्रीय चिंता का अर्थ क्या है।

रवींद्रनाथ का 'गोरा' उपन्यास ब्रह्म समाजी-हिंदू संबंध और हिंदू-मुसलमान संघर्ष की पृष्ठभूमि में लिखा गया था। इसका प्रमुख चरित्र गोरा राष्ट्रवादी है। वह गांवों में राष्ट्रीय भावना जगाता है, सामाजिक सुधार का काम करता है। वह बड़ी सच्चाई से देश की पीड़ा को अपने दिल में महसूस करता है। इसके साथ ही वह एक हिंदुत्ववादी, एक ब्राह्मण और उच्च कुल का बोध भी रखता है। वह बांग्ला नवजागरण का एक टिपिकल चरित्र है। रवींद्रनाथ ने उसका अंतर्द्वंद्व दिखाया है, जो अपने चरम बिंदु पर तब पहुंचता है, जब उसे अपनी वास्तविक आत्मसत्ता का बोध होता है। यह नया ज्ञान उसके राष्ट्रवाद को बदल देता है। वह अपने अहं से बाहर आकर ब्रह्म समाज के सुधारवादी नेता परेश बाबू से कहता है, 'आपके पास ही इस आजादी का मंत्र है। इसलिए आपको आज समाज में जगह नहीं मिल रही है। आप मुझे अपना शिष्य बना लीजिए।

आप मुझे उसी देवता का मंत्र दीजिए जो हिंदू-मुसलमान, ईसाई-ब्राह्मो सबका है, जिसके मंदिर का दरवाजा किसी जाति, किसी आदमी के लिए बंद नहीं होता जो सिर्फ हिंदू का देवता नहीं है, बल्कि सारे भारतवर्ष का देवता है।' इस उपन्यास से स्पष्ट होता है कि बांग्ला नवजागरण से गुजर रहे उस समय के राष्ट्रवाद में जाति-श्रेष्ठताबोध और धार्मिक अहंबोध कितना ज्यादा था।

गोरा का अहंबोध टूटता है, जब उसके सामने यह भेद खुल जाता है कि वह वस्तुतः ब्राह्मण की औलाद न होकर एक आस्ट्रियन की औलाद है। इस घटना से उसका सारा शुद्धतावादी अहं चकनाचूर हो जाता है। उसकी नई पहचान उसका दृष्टिकोण बदल देती है। उसे लंबे अंतर्द्वंद्व और खालीपन से राहत ठीक इसी समय मिलती है।

रवींद्रनाथ का क्या महत्व है, यह विश्व युद्ध के समय समझ में आया था। दूसरी बार, वैश्वीकरण के जमाने में वह पुनः महत्वपूर्ण लग सकते हैं। आज हम अपने चारों तरफ सांप्रदायिकता, जातिवाद, प्रांतीयता, पुराजातीय संघर्ष, भाषा का संकट –कई स्तरों पर फैला सामाजिक कलह देख सकते हैं, 'राड़ मची है त्रिपुरारि के तबेले में!' आदमी और आदमी के बीच दीवारें उठी हुई हैं। ऐसे कठिन समय में जिन भारतीय लेखकों का साहित्य उदारवादियों का आत्मविश्वास मजबूत करता है, उनमें रवींद्रनाथ का साहित्य अन्यतम है।

दरअसल रवींद्रनाथ 1908 से ही पूरी तरह अंतरराष्ट्रीयतावादी हो गए थे। उन्होंने राष्ट्रवाद पर लिखते हुए कहा है, 'हमारे राष्ट्रवादी लोग आदर्शों की बात करते हैं, तब वे भूल जाते हैं कि हमारे यहां राष्ट्रीयता के सही आधार का अभाव है। वे लोग जो राष्ट्रवादी आदर्शों का हवाल देते हैं, खुद अपने सामाजिक व्यवहार में दकियानूस होते हैं। ...अपनी राष्ट्रीयता के सार के रूप में हमने मान लिया कि हमारी सामाजिक व्यवस्था को हमारे पूर्वजों ने सदा के लिए आदर्श और पूर्ण रूप दे दिया है। उनके पास शाश्वत और चमत्कारी अंतर्दृष्टि थी जिसके सहारे उन्होंने भविष्य की अपार संभावनाओं के लिए भी पहले से प्रबंध कर रखा था। यही कारण है कि अपनी वर्तमान हीन दृश्य और कमजोरियों के लिए हम अक्सर देश के बाहर घटनेवाली घटनाओं को जिम्मेदार ठहराते हैं।' (भारत में राष्ट्रवाद)।

रवींद्रनाथ को लगा कि राष्ट्रवाद पुरानी जड़ सामाजिक व्यवस्था के पोषण का हथियार है। उन्होंने इसके अंध-स्वरूप पर कठोर प्रहार किया, जो उचित था।

रवींद्रनाथ अपने अंतरराष्ट्रीयतावाद को भारतीयता से अलग नहीं करते। उनका पश्चिम से संपर्क था। फिर भी अपने विद्यार्थी जीवन से ही वे न अंग्रेजी से विशेष अनुराग रखते थे और न यूरोपीय जीवन शैली को भारत के लिए ठीक मानते थे। इसके विपरीत, वे पश्चिमी जीवन शैली और औपनिवेशिक उद्देश्य से दी जा रही शिक्षा के कटु आलोचक थे। वे कलकत्ता विश्वविद्यालय में दी जा रही शिक्षा से असंतुष्ट थे। वे इसकी बुनियाद ही खोद डालना चाहते थे। हालांकि वे उसमें भाषण देने के लिए भी गए। उनके मन में भारतीय ढंग से शिक्षा देने के लिए एक बड़ा आदर्श शुरू से था, जो अंततः शांतिनिकेतन में प्रतिफलित हुआ। पेड़ों की छाया में, सादगी के साथ भारतीय ढंग से शिक्षा की उनकी अवधारणा में जरा भी कूपमंडूकता नहीं थी, बल्कि उसमें पश्चिमी ज्ञान-विज्ञान के लिए पर्याप्त जगह थी।

रवींद्रनाथ को मनुष्य की मुक्ति के लिए 'बुद्धि' पर 'राष्ट्र' की तुलना में ज्यादा विश्वास था। उनको गांधी किसी बिंदु पर राष्ट्रवादी लगते थे। उनकी तुलना में नेहरू अधिक मानवतावादी और अंतरराष्ट्रीयतावादी दिखाई देते थे। इसी तरह आइंस्टीन और रवींद्रनाथ की एक-दूसरे के बारे में अलग तरह की समझ थी। निश्चय ही रवींद्रनाथ ठाकुर को राष्ट्रवाद का पथ कभी सही नजर नहीं आया, हालांकि उनमें भारतीय होने का बोध गहराई से था। राष्ट्रवाद के साथ यह प्रश्न उठता रहा है, यह बहिष्कारपरक है या समावेशी?

पश्चिमी सभ्यता से मोहभंग

रवींद्रनाथ, गांधी और प्रेमचंद इन तीनों ने सभ्यता-चिंतन किया है। तीन भिन्न जगहों से आए ये मनीषी इस मामले में एक साझा सोच बनाते दिखते हैं। गांधी ने 'हिंद स्वराज' (1909) में पश्चिमी सभ्यता की आलोचना करने के बाद 'शैतानी सभ्यता' पर 1920-27 के बीच कई टिप्पणियां कीं। प्रेमचंद ने 1936 में 'महाजनी सभ्यता' लिखी। रवींद्रनाथ ने 1941 में 'सभ्यता का संकट' लिखा। यह शांतिनिकेतन में उनका मृत्यु से पहले आखिरी संदेश था।

उन्हें देर से ही सही, पर लगा—'जीवन के प्रथम भाग में मेरा हार्दिक विश्वास था कि सभ्यता दान ही यूरोप की आंतरिक संपत्ति है। आज जब जीवन से विदा होने का समय नजदीक आ रहा है, मेरे इस विश्वास का दिवाला निकल गया है।' यह आत्मस्वीकृति उन्हें गांधी के विचारों और प्रेमचंद की 'महाजनी सभ्यता' के करीब ले जाती है।

खुद रवींद्रनाथ का अपना मन-मिजाज अब बदल रहा था, पश्चिमी सभ्यता की जगह उनका भारतीय झुकाव बढ़ रहा था। यह दूसरे विश्व युद्ध का समय था। पश्चिमी सभ्यता का संकट पश्चिम तक सीमित न रह कर व्यापक हो चुका था। यह संकट वहाँ-वहाँ पहुँच चुका था, जहाँ पश्चिमी सभ्यता फैली थी। खुद पश्चिम में इस संकट को देखकर एक गहरी बौद्धिक उदासी थी। रवींद्रनाथ द्वारा उपर्युक्त टिप्पणी लिखे जाने तक सिर्फ बांग्ला समाज ही नहीं, पूरा भारत इस सभ्यता में फँस चुका था। भारत के लोगों की नैतिक दृढ़ता और बेचैनी एक सांस्कृतिक महामारी की चपेट में थी।

रवींद्रनाथ उपर्युक्त लेख में महसूस कर रहे थे—'यूरोप में मूर्तिमान बर्बरता अपने नखदंत बाहर निकाल कर विभीषिका की तरह बढ़ती जा रही है। मानव जाति को पीड़ित करनेवाली इस महामारी का जन्म पाश्चात्य सभ्यता की मज्जा से हुआ है। वहाँ से उठकर आज उसने मानव आत्मा का अपमान करते हुए दिग्‌दिगंत के वातावरण को कलुषित कर दिया है। हमारे अभागे, असहाय, पराधीन देश की दरिद्रता में क्या हमें इसका आभास नहीं मिलता?' (वही)। अब जाकर रवींद्रनाथ में मानव जाति के 'वैश्विक परिप्रेक्ष्य' और पराधीन देश के 'राष्ट्रीय परिप्रेक्ष्य' का महामिलन घटित हुआ। द्वैत मिट जाता है। उन्होंने आगे लिखा, 'एक न एक दिन भाग्यचक्र पलटा खाएगा और अंग्रेजों को अपना भारतीय साम्राज्य छोड़कर जाना होगा। लेकिन किस तरह का भारत वे पीछे छोड़ जाएंगे?' (वही)। यह एक बड़ा प्रश्न था। दरअसल अंग्रेजों के जाने के बाद समावेशी और उदार राष्ट्रवादियों की जिम्मेदारी जितनी बढ़ गई थी, उतना ही वे अपने आचरण में आदर्शों और जिम्मेदारियों से पीछे हटते गए थे।

रवींद्रनाथ को मृत्यु के निकट अब एक क्षण के लिए भी अंग्रेजी राज असह्य था। उन्होंने भारत के पश्चिमीकरण और पश्चिमी सभ्यता पर टिप्पणी की—

'इतिहास के जुठारे हुए सभ्यता-अभिमान के कैसे-कैसे भग्न स्तूप!' वे अब सोच रहे थे, 'मेरी यही आशा है कि दरिद्रता में डूबी मेरी कुटिया (भारत) में किसी मुक्तिदाता का जन्म होगा। मैं उम्मीद करता रहूँगा कि वह मुक्तिदाता पूर्व दिगंत से ही आएगा।' (वही)। मुक्तिदाता एक बार फिर पश्चिम से ही वैश्वीकरण के रूप में आया!

बार-बार विश्व की बात करनेवाले रवींद्रनाथ एशिया और भारत के बारे में नए सिरे से सोचना शुरू कर रहे थे, पर अब उनके पास समय नहीं बचा था। उनमें और आज के बौद्धिक चिंतकों में फर्क यह है कि रवींद्रनाथ पूरी तरह निराश नहीं हुए थे। उन्होंने आत्मविसर्जन नहीं किया। वे आंधी में नहीं बहे, क्योंकि उनकी नैतिक रीढ़ सही सलामत थी। उन्होंने उपर्युक्त भाषण में विश्वास से कहा, 'आज यही कहकर विदा लेता हूँ कि जो लोग बलशाली और महाप्रतापी हैं, उनका बल, गर्व और आत्माभिमान अजेय नहीं है।' (वही)। रवींद्रनाथ का विश्व और खासकर भारतीयों के सामने यह आखिरी वक्तव्य था।

रवींद्रनाथ ने एक बार अपने वक्तव्य में एक कथा सुनाई थी। कुछ लोग इतने भयभीत थे कि नदी के किनारे घुटने भर पानी में ही डूब मरे। उन्हें लगा कि उनके पैर के नीचे जमीन नहीं है। वैश्वीकरण हो या अंध-राष्ट्रवाद, उसका सांस्कृतिक आक्रमण ऐसा नहीं है कि उसका मुकाबला नहीं किया जा सकता। ऐसा नहीं है कि 'वैश्विक परिप्रेक्ष्य' और 'राष्ट्रीय परिप्रेक्ष्य' के बीच सही ढंग से संतुलन नहीं बनाया जा सकता। बाढ़ में सिर्फ वे चीजें बहती हैं, जो निर्जीव होती हैं। मनुष्य को बाढ़ में बह जाने की जगह तैरना सीखना होगा। पानी घुटनों तक है और हम जहाज का इंतजार कर रहे हैं!

रवींद्रनाथ की यह बात हर निराशा में याद रखनी चाहिए, 'मनुष्य में विश्वास खो देना पाप है।' वे ऐसे ईश्वर को मानते थे, जिसके टुकड़े-टुकड़े किए जा रहे थे पर वह एक था। वे पाप-पुण्य की भाषा में सोचते थे। वे 'आत्मा' की बात करते थे, जिसे कुछ आधुनिक सज्जन 'चेतना का सत्य' कहना चाहेंगे। वे ब्रह्म समाजी थे, पर देवी काली में आस्था रखते थे। वे सामाजिक पीड़ाएं देखकर ब्रह्म समाजी होते हुए भी अपने मन की वेदना देवी काली से कहते थे। उनकी ऐसी कई कविताएं हैं।

'बृहदारण्यक' में एक बात कही गई है, 'जो मनुष्य देवता की उपासना करता है और सोचता है कि देवता अलग है और मैं अलग हूँ, वह देवताओं के सामने पशु के समान है।' धर्म में ऐसा ही अलगाव पैदा हुआ है। रवींद्रनाथ ठाकुर ने अपने महत्वपूर्ण लेख 'मनुष्य का धर्म' में लिखा है, 'मानव संसार में जब तक दुख है, अभाव है, अपमान है तब तक एक भी मनुष्य मुक्त नहीं हो सकता।' हम अपने समय में फिर लक्षित कर सकते हैं कि एक तरफ बाजार-साम्राज्य की आंधी है, दूसरी तरफ खंड-खंड सामुदायिक विमर्श। भारत-चिंता में विकृति आई है, ह्रास हुआ है। मनुष्यबोध की जगह जाति, धर्म, प्रांतीयता आदि से आदमी पहचाना जा रहा है। दुख कैसे दूर होगा? रवींद्रनाथ ने अपने समय में ऐसी ही चीजों को लक्षित करके कहा था, 'जिस नाव से लाखों लोग नदी पार करते हैं, उसका तख्ता-तख्ता अलग करके तुम समुद्र पार करना चाहते हो!' कहने का आशय था, अब ढाई चावल की खिचड़ी पकाने का समय नहीं है। इससे देश की नाव समुद्र पार नहीं कर सकती, देश के पैरों की बेड़ियां नहीं कट सकतीं।

वैश्वीकरण के जमाने में आदमी की खुदगर्जी बढ़ी है, मनुष्यत्व के बोध में गिरावट आई है। रोमांटिसिज्म के जमाने में छायावादी कवि प्रसाद और निराला भी यही सोच रहे थे। हिंदी समाज ने बांग्ला नवजागरण जैसे व्यापक जातीय उभार का अनुभव नहीं किया था। फिर भी उपर्युक्त कवियों में देशप्रेम और राष्ट्रीय विवेक वैसा ही था, जैसा रवींद्रनाथ में था।

प्रसाद की एक अल्पख्यात कहानी 'स्वर्ग का खंडहर' में लज्जा कहती है, 'इस पृथ्वी को स्वर्ग के ठेकेदारों से बचाना होगा। पृथ्वी को वसुंधरा होकर मानवजाति के लिए जीने दो।' प्रसाद 'विजयनी मानवता हो जाए' का स्वप्न देखते हैं। यह तब तक संभव नहीं है, जब तक व्यक्ति के अंदर स्वार्थरहित 'मैं' का जन्म नहीं हो जाता। फिलहाल हमारे चारों तरफ पतनशील पश्चिमी सभ्यता से प्रेरित खुदगर्जी के महादृश्य हैं। इस पर सोचने की जरूरत है कि हम रवींद्रनाथ और प्रसाद-निराला के जमाने का मनुष्य-धर्म कितना बचाकर रख पाए हैं और कितना हमने खो दिया है।

क्या कवि की आशा अपूर्ण रह जाएगी?

रवींद्रनाथ अपनी कविताओं के कारण लोकप्रिय हैं। वे रवींद्र संगीत के कारण जाने जाते हैं। कविता के अलावा उन्होंने कहानियां, उपन्यास, नाटक और बड़े पैमाने पर निबंध लिखे हैं। नवजागरण काल के लेखकों का एक खास लक्षण है, उनका विस्तार एक साथ बहुत-सी साहित्यिक विधाओं में है। उनकी रुचि कलाओं में भी है। उनका मन छोटे दायरे से बाहर निकल कर हमेशा एक बड़ी जमीन पर दौड़ता है। मोटे ढंग से देखें, तब भी पाएंगे कि रवींद्र रचनावली में सबसे ज्यादा उनका प्रबंध साहित्य है—लगभग 5000 पृष्ठों में। कविताओं के लगभग 3800 पृष्ठ, कहानी-उपन्यास के 2700 पृष्ठ और नाटक के लगभग 2000 पृष्ठ हैं। इतना विपुल लेखन शायद ही किसी अन्य भारतीय साहित्यकार का हो। स्पष्ट है, वैचारिक गद्य की मात्रा बहुत अधिक है। वह तर्क, बहस और चिंतन-मनन का युग था, एक तरह से गद्य का युग था। वह भारत की राष्ट्रीय भाषाओं को कला, समाजशास्त्र, इतिहास, विज्ञान, शिक्षा, राजनीति आदि विभिन्न विषयों के ज्ञान से समृद्ध करने का युग था। रवींद्रनाथ की कविता की मौन जगहें उनके निबंधों में मुखर हैं।

निस्संदेह रवींद्रनाथ सबसे लोकप्रिय भारतीय कवि हैं। उन्होंने कोई महाकाव्य नहीं रचा था, फिर भी उनकी सैकड़ों कविताओं में प्रकृति, मानव-प्रेम और भारतीय जीवन का महान स्वर है। हिंदी वालों ने अपने किसी कवि को रवींद्रनाथ की तरह अपनी आंखों का तारा बनाकर नहीं रखा। हिंदी में रवींद्र संगीत की तरह काव्य संगीत विकसित न हो सका। लेकिन बंगाली जनसमुदाय का रवींद्रनाथ से अद्‌भुत किस्म का लगाव रहा है। इनके साहित्य के प्रति उनका सांस्कृतिक उन्माद देखने लायक है।

उन पर कुछ टिप्पणियां हैं, 'रवींद्रनाथ उसी तरह प्रासंगिक हैं जिस तरह जीवन में पानी जरूरी है।' 'मां के स्तन के बाद जिस चीज ने हमें बल दिया, वह है रवींद्रनाथ का गान।' 'एक बंगाली के लिए रवींद्रनाथ को अस्वीकार करना प्रायः पितृत्व को अस्वीकार करना है।' ऐसी उन्मादना-भरी टिप्पणियों से बंगाली लोगों का रवींद्रनाथ से प्रेम ही नहीं उनका कला, साहित्य और

संस्कृति से प्रेम भी ध्वनित होता है। ऐसा नहीं है कि देश के अन्य हिस्सों में रवींद्रनाथ के प्रति कम आदर है। हिंदी पट्टी में उनके अनगिनत स्मारक हैं। उन्हें लोग ऊंची भावना से याद करते हैं। देश के बाहर भारतीय कवि के रूप में जो जाने जाते हैं, वे रवींद्रनाथ हैं। इसका कारण संभवतः यह है कि विदेशी बुद्धिजीवी उनके साहित्य में भारतीय विशिष्टताओं का समवेत उत्कर्ष देखते हैं। वे पूर्व की छवि हैं!

20वीं सदी के पूर्वार्ध में सभी जातीय भाषाओं में आधुनिक भारतीय साहित्य का महानतम रूप सामने आया जिसे छायावाद, यथार्थवाद या आधुकितावाद के कठोर ढांचे में रखकर नहीं समझा जा सकता। उस युग के लेखकों की अपनी एक बहुकोणीय मानवीय सोच थी। उनका एक समर्पित साधानारत जीवन था। उनकी किताबों के साथ उनका जीवन भी पढ़ा जाना चाहिए। आज भी आम लोग उनके जीवन के बारे में ज्यादा नहीं जानते। आज हम सब जिस संकट से घिरे हैं और रवींद्रनाथ के बारे में कुछ सकारात्मक सोच रहे हैं, हो सकता है कि कइयों को यह संकट संकट न लगे। कभी विक्टोरियाई मर्यादावादी सोच के बांग्ला नाटककार डी. एल. राय ने रवींद्रनाथ की कृति 'चित्रांगदा' पर अश्लीलता का आरोप लगाया था। इसके विपरीत, गिरीश कारनाड ने रवींद्रनाथ पर आरोप लगाया कि वे 'सेक्सहीन' हैं। यह सब उस जमाने के भावनात्मक अंतर्द्वंद्वों को नहीं समझ पाना है।

रवींद्रनाथ को नदी का कवि कहा जाता है जिस तरह प्रसाद को उषा और निराला को बादलों का कवि। उन्होंने एक जगह लिखा है, 'मैंने 40-45 साल में पद्मा नदी के किनारे अपनी कल्पना की दुनिया में साहित्य की रचना की। मेरे साहित्य का जो भी अच्छा-बुरा है, उसी समय का लिखा हुआ है। उसी समय मेरे भीतर से एक आह्वान आया, एक प्रेरणा हुई। मेरी इच्छा हुई कि शिक्षा देने का काम करना चाहिए और मैं वहाँ से निकल पड़ा।' नवजागरण काल के ऐसे कवियों, बुद्धिजीवियों और सुधारकों ने जिंदगी की कठिन राहें चुनकर मानवता का ऐसा संसार बना दिया जिसे इतिहास की वर्तमान शर्मनाक घड़ियों में अवहेलित और थोड़ा-बहुत ध्वस्त किया जा सकता है, लेकिन उसकी शक्तियों को मिटाया नहीं जा सकता।

क्या मनुष्य का अंतिम रूप से विघटन हो चुका है और कवि की आशा अपूर्ण रह जाएगी? वस्तुतः सब कुछ इन चिंताओं पर निर्भर है कि मनुष्य में अपने सांस्कृतिक ध्वंसावशेषों के बीच फिर उठ खड़ा होने का कितना आत्मविश्वास है, हम अपने भारत के भविष्य को किस तरह से देखें और हमारी पृथ्वी कैसी होनी चाहिए।

आज के समय में आदमी सुख के लिए इतनी भाग-दौड़ में लगा है कि वह अपने आंतरिक अभाव से बेखबर है। वह अपने शहरी और डिजिटल जीवन में अब जरा भी कष्ट महसूस करना नहीं चाहता। जो आदमी खुद अपने लिए कोई कष्ट उठाना नहीं चाहता, वह दूसरों का कष्ट क्या समझेगा? इसी का नतीजा है सामाजिकता का ह्रास। अब सब कुछ इंटरनेट पर मिल जाता है। इसके बाहर किसी से कोई संबंध बनाने की जरूरत नहीं है। कहना होगा, यदि सामाजिकता का ह्रास होगा, मानवता का भी ह्रास सुनिश्चित है। इसलिए रवींद्रनाथ के जमाने के लोग आधुनिकीकरण के साथ-साथ मनुष्य-धर्म जरूरी मानते थे। उन्होंने आधुनिक सभ्यता के संकट को पहचाना था, क्या हम पहचान पा रहे हैं?

खंड-2

- मुस्लिम नवजागरण, औपनिवेशिक आधुनिकता और कट्टरवाद
- दयानंद सरस्वती और आर्य समाज
- हिंदी प्रदेश का राष्ट्रीय जागरण और भारतेंदु हरिश्चंद्र

मुस्लिम नवजागरण, औपनिवेशिक आधुनिकता और कट्टरवाद

मुस्लिम नवजागरण को एक बेहद उलझा हुआ, औपनिवेशिक आधुनिकता से आक्रांत और कम सामाजिक असरवाला मामला माना जाता है। यह सवाल उठा है कि क्या उदारवादी और मुसलमान एक साथ होना संभव है? इस पर विवाद है कि 19वीं सदी में मुस्लिम सुधारकों का विज्ञान, आधुनिकीकरण और पश्चिमी ढंग की शिक्षा के प्रति आकर्षण का उनके धार्मिक नियमों, सामाजिक रीति-रिवाजों और धारणाओं पर कितना असर पड़ा। क्या पश्चिमी ढंग की शिक्षा अंग्रेजों के आगे अपनी वफादारी साबित कर औपनिवेशिक व्यवस्था में मुसलमानों के लिए सम्मानजनक जगह बनाने भर के लिए थी?

मुस्लिम नवजागरण के नाम को लेकर भी शंका व्यक्त की गई है कि इसे 'उर्दू नवजागरण' के भीतर रखकर क्यों नहीं देखा जाता, जिस तरह बांग्ला नवजागरण, हिंदी नवजागरण या तमिल नवजागरण कहा जाता है। बांग्ला नवजागरण को कभी हिंदू नवजागरण नहीं कहा गया, जबकि कलकत्ता में सभी सुधार आंदोलन हिंदुओं द्वारा चलाए गए। इसके अलावा, उर्दू नवजागरण या भारतीय मुसलमान के भविष्य पर अक्सर जो चर्चा हुई, उससे तमिलनाडु और केरल के मुसलमान बाहर रखे गए। हिंदू संरक्षणवाद वस्तुतः मुस्लिम संरक्षणवाद और इसकी सामाजिक अंतर्मुखता से पैदा हुआ है, इसका भी एक नैरेटिव बना है। दरअसल मुस्लिम समाज के जागरण की जटिल समस्याओं और उपलब्धियों को समझने की जरूरत है, क्योंकि उसकी वास्तविकताओं का हिंदी नवजागरण ही नहीं पूरे भारतीय समाज पर असर पड़ा है।

निश्चय ही इस मुद्दे पर काफी चिंतन और लेखन आया है, हालांकि निर्भीकतापूर्वक कम!

मुस्लिम लोग इस्लाम धर्म को मानते हैं जिसमें शुरू से यूनानी चिंतन के प्रति विद्रोह भाव रहा है और तर्क की सीमा बताई जाती रही है। फिर भी भारत में इस्लाम के एक धार्मिक विद्वान शाह वलीउल्लाह देहलवी (1703-1762) थे जिन्होंने अपने भीतर जन्मी एक खास प्रेरणा से अपनी कृति 'हुज्जतुल्लाह वालिगः' में लिखा था, 'अब समय आ गया है कि इस्लाम की धार्मिक विधि को बुद्धि और तर्क के परिधान में प्रस्तुत किया जाए।' शाह वलीउल्लाह की आंखों के सामने मुगल साम्राज्य का पतन हो रहा था और भारत में अंग्रेजों के पैर जम रहे थे। उन्हें लग गया कि समाज की दुर्दशा की वजह नवाबी और पुराने तौर- तरीके हैं जो अब नहीं चलेंगे। उन्होंने श्रम का महत्व बताने के अलावा यह भी कहना चाहा कि लोग अपने दिमाग का इस्तेमाल करें। वे हर मजहब और नस्ल के लोगों की इज्जत, जान और माल की रक्षा जरूरी मानते थे। 18वीं सदी में उन्होंने समय से आगे बढ़कर सोचा था। उनके चिंतन का असर सैयद अहमद खां जैसे मुस्लिम सुधारकों और 1857 के संग्राम पर पड़ा था। उनके संबंध में यह भी कहा जाता है कि वे वहाबी आंदोलन से प्रभावित थे। इस पृष्ठभूमि में मुख्य सवाल यह है कि 19वीं सदी के मुस्लिम जागरण का नवजागरण से क्या संबंध है और उसमें तार्किकता, समावेशिकता और उपनिवेशवाद-विरोध कितना मौजूद है या उसकी अपनी क्या खूबियां हैं।

हिंदी नवजागरण पर विचार करनेवालों ने मुस्लिम या उर्दू नवजागरण पर कम विचार किया है। 19वीं सदी में बंगाल या हिंदी क्षेत्र में हिंदू और मुस्लिम सुधारकों के बीच कोई सार्थक संवाद रहा हो, ऐसा भी नहीं है। निश्चय ही उदार मन से भारतेंदु हरिश्चंद्र ने 'पंच पवित्रात्मा' शीर्षक से इस्लाम के पैगंबरों की जीवनी लिखी थी और 'कुरान शरीफ' का अनुवाद शुरू किया था। उनका इरादा था कि हिंदू लोग इस्लाम धर्म के मर्म को समझें और पूर्वग्रहों से मुक्त हों। महावीर प्रसाद द्विवेदी इस्लाम के मूल तत्वों से नावाकिफ मुसलमानों को विज्ञान, गणित तथा आधुनिक शिक्षा से जोड़नेवाले मौलवी जकाउल्लाह की मृत्यु से दुखी थे। उन्होंने इनके योगदान की सराहना की थी। (सरस्वती, अप्रैल 1911)।

प्रेमचंद ने मुसलमानों की आस्था, आचार-व्यवहार और चिंताओं को समझने की पर्याप्त कोशिश की। इन साहित्यिक घटनाओं के अलावा उस युग के परिदृश्य में देखा जा सकता है कि आम हिंदू और मुसलमान आपस में मेल-मुहब्बत से रहना सीख गए थे।

उल्लेखनीय है कि कर्मेंदु शिशिर ने 'भारतीय मुसलमान : इतिहास का संदर्भ' के दूसरे खंड में पहली बार मुस्लिम नवजागरण का हिंदी में विस्तार से परिचय दिया है। उन्होंने लिखा है, 'हठीली मुस्लिम कौम की एकरेखीय सोच के समानांतर विकसित हुई सहजीवन-शैली वाली साझी संस्कृति की गंगा-जमुनी धारा भी बहती आ रही थी। ...एक विशाल मुस्लिम आबादी ने महान विरासत वाली साझी संस्कृति की सोच का चयन किया। पाकिस्तान ने सोचा, उसने हिंदू-मुसलमान का बंटवारा कर लिया। भारत ने कहा, यह तो साझी संस्कृति की सोचवाले मुसलमानों से कट्टर और हठीली सोच वाले मुसलमानों का बंटवारा हुआ।' दरअसल देश के बंटवारे के बावजूद एक बड़ी मुस्लिम आबादी का केरल, मद्रास और बंबई सहित संपूर्ण भारत में खासकर हिंदी प्रदेशों में एक विश्वास के साथ बसा रह जाना खुद में नवजागरण के सामाजिक असर का एक बड़ा सबूत है।

आधुनिक शिक्षा का प्रसार और औपनिवेशिक आधुनिकता

19वीं सदी की शुरुआत में अंग्रेजों का ध्यान भारत में आधुनिक ढंग की शिक्षा के प्रोत्साहन की तरफ गया था, ताकि इस देश के असरदार रईस और अन्य विशिष्ट वर्गों का बौद्धिक उपनिवेशन संभव हो सके, उन्हें अपनी पश्चिमी सभ्यता में खींच लेना संभव हो। अंग्रेज पदाधिकारियों की स्थानीय भाषाओं और संस्कृतियों की जानकारी के लिए कलकत्ता में फोर्ट विलियम कॉलेज (1800) और मद्रास शहर में फोर्ट सेंट जार्ज कॉलेज (1812) की स्थापना की गई थी। पश्चिमी ढंग की शिक्षा के प्रचार के लिए कलकत्ते के भद्रलोक को हिंदू कॉलेज (1817), दिल्ली के रईसों को दिल्ली कॉलेज (1824) और बंबई शहर के एलीट लोगों को एलफिंस्टन कॉलेज (1835) खोलने में अंग्रेजों का सहयोग मिला था। इस तरह देश में पनपना शुरू कर चुके नागरिक-प्रजा से अंग्रेजों का बौद्धिक संपर्क प्रगाढ़ हो रहा था, हालांकि वे इन कॉलेजों को

अंग्रेजी शिक्षा ही नहीं, ईसाई धर्म के प्रचार के मंच के रूप में भी देखते थे। हिंदू और मुसलमान रईसों को अंग्रेज लोग शांति और सभ्यता के दूत लगते थे, हालांकि मुसलमान रईसों में नई सभ्यता से परिचित होने के उत्साह के साथ अपना राजनीतिक प्रभुत्व खोने का दर्द भी था।

सैयद अहमद खां के अलीगढ़ आंदोलन से पहले दिल्ली कॉलेज में उर्दू नवजागरण की नींव पड़ चुकी थी। यह नई शिक्षा का एक बड़ा केंद्र बन चुका था। यह पहले अरबी मदरसा था। विरोध के बावजूद यहां अंग्रेजी विभाग खुला (1827)। पहले से दी जा रही उच्चस्तरीय अरबी-फारसी की शिक्षा के साथ उर्दू के विकास पर खास ध्यान दिया जाने लगा, जो रईस-केंद्रिकता से लोकोन्मुख होना था। कॉलेज में उर्दू में गणित, विज्ञान, तर्कशास्त्र और दर्शन की किताबों के अनुवाद किए गए। यह उर्दू नवजागरण के उदय का चिह्न था। उस समय की व्यापक सोच का एक उदाहरण यह है कि रामायण, महाभारत, रघुवंश और अभिज्ञान शाकुंतलम् जैसे संस्कृत ग्रंथों के भी उर्दू अनुवाद छपे और आगे चलकर 'देहली वर्नाकुलर ट्रांसलेशन सोसाइटी' द्वारा भी अनुवाद होते रहे। ध्यान में रखना चाहिए कि उस समय हिंदी नवजागरण दबा हुआ था और छिटपुट पत्रकारिता तक सीमित था।

दिल्ली कॉलेज में उस समय काफी बौद्धिक हलचल थी। यहां उर्दू में शुद्धतावाद की जगह सांस्कृतिक अंतर्मिश्रण की परंपरा मजबूत हो रही थी। इन मामलों में एक खास स्तर पर सर्वानुमति 19वीं सदी के प्रथमार्ध से ही बननी शुरू हो गई थी। निश्चय ही सब कुछ औपनिवेशिक आधुनिकता की छाया में हो रहा था। यह भी ध्यान में रखने की जरूरत है कि आधुनिकता की कोई आखिरी मंजिल नहीं होती, यह एक अनंत राह है। देखा जाना चाहिए कि उर्दू नवजागरण में औपनिवेशिकता और आधुनिकता का संबंध कहां टूटा और कहां टूट नहीं पाया।

निश्चय ही दिल्ली कॉलेज की स्थापना के पहले से उर्दू प्रतिष्ठित थी। मुख्य बातें हैं—इस कॉलेज में सांस्कृतिक अंतर्मिश्रण की दृष्टि का पनपना और अनुवादों में ईरान, यूनान, इंग्लैंड, रोम और भारत के इतिहास के ग्रंथों को भी शामिल करना। कर्मेंदु शिशिर ने लिखा है, 'सांस्कृतिक और सामाजिक समरसता का यह नजरिया उर्दू नवजागरण की महत्वपूर्ण परिघटना है।

...विज्ञान और गणित की विभिन्न शाखाओं की तैयार की गई अनुवादित पुस्तकों का उर्दू में प्रकाशन ऐतिहासिक घटना थी। इसके अनुवादकों में अयोध्या प्रसाद, धर्मनारायण, शीतल प्रसाद, कालीराम, हरिवर्मन लाल, मुहम्मद अहमसन, ग़ुलाम अली, वजीर अली जैसे नाम थे। लेकिन इस पूरे अभियान में नायकत्व की भूमिका का निर्वाह किया मास्टर रामचंद्र ने। ये इसी कॉलेज से निकलकर यहां गणित और विज्ञान के शिक्षक हो गए थे।' (भारतीय मुसलमान : इतिहास का संदर्भ-2)। दिल्ली कॉलेज में यूरोपीय शिक्षक भी थे। इस दौर के उर्दू नवजागरण में मुस्लिम एलीट के अलावा हिंदू एलीट शामिल थे। औपनिवेशिक आधुनिकता से कुछ ज्यादा प्रभावित हो जाने की वजह से कॉलेज के शिक्षक मास्टर रामचंद्र बाद में ईसाई हो गए, अन्यथा आमतौर पर दिल्ली कॉलेज के मुसलमानों में अंग्रेजी शिक्षा के असर से संभावित ईसाईकरण को लेकर घबराहट थी। यह उन्हें अंग्रेजी से दूर करती थी और उर्दू के करीब खड़ा रखती थी। फारसी लिपि में उर्दू उनके लिए धार्मिक पहचान की भाषा बनती जा रही थी। नया समय इस भाषा के लिए एक अवसर था।

दिल्ली कॉलेज और उर्दू नवजागरण में मुंशी जक़ाउल्लाह का बड़ा योगदान है। रवींद्रनाथ के एक घनिष्ठ मित्र सी.एफ. एंड्रयूज ने लिखा है, 'दिल्ली कॉलेज द्वारा दी जानेवाली शिक्षा का अब तक का सबसे ज्यादा लोकप्रिय पक्ष वह है जो विज्ञान से संबंधित है। मुंशी जकाउल्लाह अपनी वृद्धावस्था में चमकती आंखों से देखते हुए मुझे बताते थे कि किस तरह विज्ञान के व्याख्यान ध्यानपूर्वक सुने जाते थे और बाद में उनके नोट्स बार-बार पढ़े जाते और कई लोग एक-दूसरे से उन्हें उतारते। ऐसा लगता कि मानो मानव मस्तिष्क के किसी अनजान हिस्से में प्रवेश मिल गया हो।' (उद्धृत, वही)। जकाउल्लाह उर्दू साहित्य को पश्चिमी ज्ञान-विज्ञान से जोड़ना चाहते थे, हालांकि विज्ञान देश के दबे और घुटन भरे माहौल में सामाजिक शक्ति नहीं बन पा रहा था। अंग्रेजों के ईसाईकरण के अभियान ने मुस्लिम समाज में रूढ़िवाद और कठमुल्ले धार्मिक प्रवक्ताओं को मजबूत बना दिया था।

जकाउल्लाह को लगता था कि नई शिक्षा के प्रसार से हिंदू और मुसलमान समुदायों के बीच दूरियां मिट जाएंगी। इसके लिए वे धार्मिक सुधार की जगह

उस अंग्रेजी राज की भूमिका को महत्वपूर्ण मानते थे जो वस्तुतः दोनों के बीच दूरियां औपनिवेशिक हित में बनाए रखना चाहता था। जकाउल्लाह निश्चय ही देशप्रेमी थे। एंड्रयूज ने बातचीत के आधार पर उनके विचार दिए हैं, 'यकीन मानो, मैं भारत को बचपन से जानता हूँ। मैं यहीं पैदा हुआ। यहीं पला-बढ़ा। ...तुम जानते हो मैं इस देश को किस तरह प्रेम करता हूँ, एक बेटा जिस तरह मां को चाहता है।' यह कहते हुए उनके बूढ़े शरीर में हल्का-सा कंपन होता है। ...उनकी आवाज थोड़ी और मुलायम हो जाती है। वे यकीन दिलाते हैं—हिंदुओं में भी मेरे कई अजीज हैं। मैं जानता हूँ, हिंदू-मुस्लिम का यह फसाद इतनी जल्दी खत्म नहीं होनेवाला।' फिर वे अपने हठीले विचारों पर वापसी करते हैं, 'इसलिए मध्यस्थता के लिए ईश्वर ने अंग्रेजों को भेजा है, मुगल सत्ता के पतन के बाद।' (उद्धृत, वही)। इस पर सोचने की जरूरत है कि मुस्लिम नेतृत्व औपनिवेशिक असर से बहुत कम बाहर क्यों निकल सका, यदि 1857 और 1920 के खिलाफत आंदोलन की घटनाओं को छोड़ दें।

जकाउल्लाह विज्ञान की और आकर्षित होकर भी पश्चिम के अंधानुकरण के विरोधी थे, 'मेरा विश्वास है कि प्राचीन विज्ञान और पौर्वात्य विज्ञान को अप्रासंगिक करार देना नासमझी है और यह नासमझी और बढ़ जाती है, यदि प्राचीन या पौर्वात्य विज्ञान की जगह आधुनिक पाश्चात्य विज्ञान को तरजीह नहीं दी जाती। वास्तविकता यह है कि पौर्वात्य विज्ञान का प्रकाश एक निरंतर वर्धमान अंधकार से घिरा हुआ है। लेकिन इस प्रकाश को हम अपना मानते हैं। यह हमें आनंदित करता है और इसका अंधकार हमें सुख देता है। तुलनात्मक रूप से देखें तो पाश्चात्य विज्ञान के इर्द-गिर्द का अंधेरा काफी कम है। फिर भी यह हमारी आंखों को चौंधिया देता है। यह इतना अनुभवातीत है कि हम और कुछ देख नहीं पाते। हमें इस पश्चिमी प्रकाश से सुपरिचित होना पड़ेगा। एक बार यह हो जाए तो हम प्रकृति और मानवीय मेधा के चमत्कारों के साक्षी हो सकेंगे।' (उद्धृत, कर्मेंदु शिशिर द्वारा इरफान हबीब के 'अनचार्टर्ड टिरेंस' पुस्तक से)। एक साथ पश्चिम के विज्ञान के अलावा पूर्व के अंधकार के प्रति जकाउल्लाह के आकर्षण से उस काल के संक्रमणकालीन मानस के दुचित्तेपन को समझा जा सकता है।

जकाउल्लाह पश्चिमी ज्ञान-विज्ञान और आधुनिक जीवन के सामानों को अपनाना चाहते थे, पर 'कंसरवेटिव' रहते हुए अपने अंधकार से बाहर निकलना नहीं चाहते थे। अंधकार से बाहर निकलने की छटपटाहट बांग्ला नवजागरण में दिखाई देती है। जकाउल्लाह वाली दुविधा गालिब में भी थी। वे अपने को 'काबा' और 'चर्च' के बीच फँसा पाते थे :

ईमाँ मुझे रोके है तो खैंचे है मुझे कुफ़्र
काबः मेरे पीछे है, कलीसा मेरे आगे।

गालिब का बुद्धिवाद

गालिब (1797-1869) पश्चिमी सभ्यता के आदर्शों की तरफ व्यापक आकर्षण को धर्मविमुखता कह रहे थे, हालांकि उन्हें पूर्वजों की तरफ बार-बार पीछे देखना मंजूर नहीं था। सैयद अहमद खां जब 'आईने अकबरी' का संपादन कर रहे थे तो गालिब को इसकी भूमिका लिखना समय की बरबादी लगा, 'इंग्लैंड के साहिबों को देखें, वे हमारे पूरब के पुरखों से आगे निकल चुके हैं। हवा और लहरों को उन्होंने बेकार बना दिया है। उनके जहाज आग और भाप से चलते हैं। मिजराब के बगैर वह साज से संगीत पैदा करते हैं और अपने जादू से हर्फ को चिड़िया की तरह उड़ाते हैं। हवा को आग लगाते हैं—शहरों को चिराग के बगैर रौशन करते हैं। इस नए नियम ने सभी पुराने नियमों को बेकार साबित कर दिया है। जब मोती का ऐसा खजाना तुम्हारे सामने है तो ऐसे समय द्वारा विध्वस्त खलिहानों में तिनके बिनना क्या जरूरी है?' (उद्धृत, गालिब और उनका युग, पवन कुमार वर्मा)। गालिब में भी दुचित्तापन था, लेकिन वे कुछ मामलों में कम पीछे-देखू थे। वे पश्चिमी सभ्यता के नए अवदान की तरफ ज्यादा आकर्षित थे और उर्दू की जगह फारसी में ज्यादा लिखने के बावजूद आधुनिकता के पैरोकार थे।

गालिब के सामने 1842 में दिल्ली कॉलेज में बतौर फारसी के शिक्षक काम करने का प्रस्ताव आया था। भारत सरकार के सचिव टॉमसन ने उन्हें इंटरव्यू के लिए बुलाया। गालिब पालकी से उतरे, लेकिन उनके स्वागत में दरवाजे पर कोई खड़ा नहीं था। यह उन्हें अपनी मर्यादा के खिलाफ लगा।

वे नाराज हुए, भीतर गए, लेकिन बिना इंटरव्यू दिए तंगी की हालत में भी नौकरी को लात मारकर लौट गए।

गालिब का 'अंदाजे बयां' ही नहीं, मिजाज भी कुछ और था। पवन कुमार वर्मा ने लिखा है, 'गालिब की दिल्ली में सांप्रदायिक दंगे नहीं होते थे। 1854 में उस समय कुछ तनाव पैदा हो गया, जब बकरीद के अवसर पर अंग्रेज रेजिडेंट टॉमस मेटकाफ ने गोहत्या की अनुमति दे दी थी। मुगल सम्राट हिंदुओं की भावना का आदर करते हुए सदैव ऊंट की बलि चढ़ाते थे और उन्होंने गोहत्या पर प्रतिबंध लगा रखा था।' इसका अर्थ है, गोहत्या को प्रचलित रखने में अंग्रेजों की भूमिका ज्यादा बढ़ी-चढ़ी थी। गालिब को दोनों धर्मावलंबियों के बीच सौहार्द से राहत महसूस होती थी। गालिब के साहित्य में मौलवियों के उपदेशों के दिखावटीपन पर तीखा व्यंग्य है। वे इस्लामी 'रिचुअल्स' के प्रति अक्सर अगंभीर थे और रोजा रखनेवाले लोगों पर व्यंग्य करते थे। वे शराब पीते थे, इसलिए अपने को 'आधा मुसलमान' मानते थे। उन्होंने अपने खत में लिखा है—उनके लिए हिंदू, मुसलमान और ईसाई सब उनके भाई हैं। उन्होंने अपनी एक फारसी नज्म 'चिरागे दर' में बनारस की सुंदरता का बखान इस तरह किया है :

बनारस में जो मर जाते हैं वो भी जिंदा रहते हैं!...
बनारस को बजा है काबा-ए-हिंदोस्ता कहिए।

गालिब ने अपने एक दोस्त को बनारस के बारे में लिखा था, 'मेरी आरजू थी कि तर्के मजहब करके एक माला हाथ में ले लेता, माथे पर तिलक खींच लेता, गले में जनेऊ डाल लेता और गंगा किनारे बैठ जाता, ताकि खुद को आलाइशा पाक कर सकता और बूंद की तरह दरिया में मिल जाता।' (उद्धृत, वही)। उनका कर्मकांडी दीवारों को तोड़ना उनके भीतर गहरी बसी हुई इंसानियत का सबूत है। वे असाधारण बौद्धिक तेवर से काबे में जाकर शंख बजाने और मंदिर में एहराम (हाजियों का विशेष वस्त्र) पहनने की बात करते हैं :

काबे में जा बजाएंगे नाकूस
अब तो बांधा है दैर में एहराम।

गालिब को यदि प्रेम और खुदा में किसी एक को चुनना होता तो वे खुदा

को सिर्फ तब चुनते, जब वह प्रेम और आजादी का प्रतिरूप हो। वे संक्रमण काल के कवि थे और दरअसल आधुनिक बदलावों से हैरान थे। वे उलेमा नहीं, कवि थे। कविता धर्मशास्त्र का हमेशा अतिक्रमण करती है। हिंदुस्तान अपने बुरे दिनों में भी कितना जिंदादिल और आत्मसम्मान से भरा हो सकता है, यह समझना हो तो गालिब को पढ़ना चाहिए। उनका जिंदगी के प्रति बड़ा ही ताजगी भरा और खुला रुख था। उनके पास एक ऊंचा दर्शन था जो मजहब का अतिक्रमण करता था। सबसे बड़ी बात है कि उनका हिंदुस्तान की संस्कृति से गहरा रिश्ता था। वे विरोधाभासों के कवि माने गए हैं जो वस्तुतः अनुभव की विविधता है। यदि उनकी कविता उर्दू के बाहर के लोगों के मन-आत्मा को छूती है तो इसकी कोई बड़ी वजह है। वे इकहरे नहीं थे। उनका अंदाजे बयां ही और नहीं था, अंदाजे फ़िक्र भी कइयों से भिन्न था। एक कवि में धर्म के प्रवक्ताओं को चुनौती देने का कितना साहस हो सकता है, यह इन लाइनों से समझ में आ सकता है :

वैज, तेरी दुआओं का असर हो तो मस्जिद को हिला के दिखा
नहीं तो दो घूँट पी और मस्जिद को हिलता देख।

भारतेंदु हरिश्चंद्र ने लगभग उसी दौर में लिखा था, 'कोई मस्जिद कोई बुतखाने में नित है जाता/पै हमने तो सीधा ताका उस साकी का मैखाना।' वह एक अलग दौर था, जब भावनाओं में तूफान था। कठोर धार्मिक नियम-कायदे छूट रहे थे। उस जमाने के रचनाकारों ने दिखाया है कि तकलीफों में भी जिंदगी का आनंद लिया जा सकता है।

गालिब ने 'मैं' को दार्शनिक महत्ता दी थी। उनमें यदि कहीं पीड़ा भरी निराशा है तो कहीं मजहबी लीक से हटकर आनंदमय आध्यात्मिक मदहोशी भी है। तुलसीदास ने भक्तिमय ईश्वरीय मनोदशा का वर्णन किया है, 'जानत तुमहिं तुमहिं हो जाई' या 'तिहि जाने जग जाय हेराई'। यह भूलने से काम नहीं चलेगा कि नवजागरण में एक न एक रूप में भक्ति आंदोलन के सुधारवाद की निरंतरता मौजूद है। गालिब कहते हैं :

न था कुछ तो खुदा था, कुछ न होता तो खुदा होता
डुबोया मुझको होने ने, न होता मैं तो क्या होता।

गालिब जन्नत का मखौल उड़ाते हैं :

हमको मालूम है जन्नत की हकीकत लेकिन
दिल के बहलाने को गालिब यह खयाल अच्छा है।

उर्दू नवजागरण की उदारवादी सोच परवर्ती मुस्लिम बुद्धिजीवियों में पनप नहीं सकी, लेकिन गांवों-कस्बों के आम मुसलमानों में अलगाववाद का अहसास करानेवाले धार्मिक तत्व अमूमन कम थे। दरअसल गालिब का उदारवादी मुस्लिम मन आम लोगों के मन का ही साहित्यिक विस्तार था। हालांकि पवन कुमार वर्मा ने लिखा है, 'गालिब की यह अतिवादी धर्मनिरपेक्षता सड़क के आम आदमी को प्रतिबिंबित नहीं करती थी।' (वही)। फिर वे जैसे अपनी ही बात काटते हुए आगे कहते हैं, 'अगर उनका युग उनकी धारणाओं से सहमति नहीं रखता तो इस प्रकार की विचारधारा की उन्मुक्त अभिव्यक्ति एवं उस पर चलना, साथ ही शायर के रूप में इतनी ख्याति गालिब के लिए संभव न होती। उनके विचारों से आधारभूत असहमति रखनेवाले युग में एक हिंदू हरगोपाल तफ्ता का उनका शागिर्द और अंतरंग मित्र बन जाना असंभव था, न ही गालिब के लिए एक और हिंदू शिवजी राम ब्राह्मण को अपने बेटे जैसा उद्घोषित करना संभव होता या फिर...न ही ईसाई धर्म अपनानेवाले हिंदू डॉ. चमनलाल को अपना चिकित्सक नियुक्त करना संभव होता। ...इस उदार भावना का उर्दू भाषा की उन्नति में महत्वपूर्ण योगदान था।' (वही)।

उर्दू कवि वली, सौदा, नजीर अकबराबादी आदि ने उर्दू की नींव को लोक भाषा और संस्कृति से सींचा था। गालिब दरबारी और विशिष्टवर्गी झुकावों की वजह से ऐसा तो नहीं कर सके, लेकिन उन्होंने लोकमन से सांस्कृतिक प्रेरणा-शक्ति जरूर ग्रहण की। वे बुद्धिवाद से प्रभावित होने की वजह से कट्टरता और औपनिवेशिकता में नहीं बहे। देखा जाए तो आगरा के नजीर अकबराबादी (1735-1830) ने हिंदुओं के त्योहारों पर सबसे ज्यादा और आत्मीय कविताएं लिखी हैं। वे लोकभाषा और संस्कृति से जुड़े होने की वजह से फारसी की तुलना में हिंदी खड़ीबोली के ज्यादा करीब हैं। उनकी कविता खासकर 'आदमीनामा' हिंदू-मुसलमान से ऊपर उठकर इंसानियत को चरम लक्ष्य माननेवाली उस उदारता से भरी है जो नवजागरण का मेरुदंड है। उसकी कुछ पंक्तियाँ हैं :

यों आदमी पे जान को वारे है आदमी
और आदमी पे तेग को मारे है आदमी
पगड़ी भी आदमी की उतारे है आदमी
चिल्ला के आदमी को पुकारे है आदमी
और सुन के दौड़ता है सो है वह भी आदमी।

उपर्युक्त सांस्कृतिक पृष्ठभूमि में 1857 को देखा जाए तो उस जमाने के शिक्षित हिंदू बुद्धिजीवियों की तरह शिक्षित मुस्लिम बुद्धिजीवी भी, जो औपनिवेशिक आधुनिकता से आक्रांत थे, पीछे छूट गए थे और जनता आगे बढ़ गई थी।

1857 की राष्ट्रीय एकता

1857 में हिंदू और मुसलमान मिलकर अंग्रेजी साम्राज्यवाद से लड़े। इसकी महत्ता इसी से समझी जा सकती है कि ईस्ट इंडिया कंपनी का राज समाप्त कर सीधे ब्रिटिश शासन आ गया। उस दौर के समाचार-पत्रों पर गौर किया जाए तो कई ऐसे पत्र निकले थे जो हिंदी-उर्दू द्विभाषिक थे। 19वीं सदी में बहुभाषी पत्रों की एक परंपरा है। ये परस्पर संवाद के मंच थे। उस जमाने में कई जगहों से जो घोषणापत्र प्रसारित हुए, उनमें हिंदुओं और मुसलमानों से मिलकर अंग्रेजी राज से संघर्ष करने का आह्वान किया गया था। 1857 के आजमगढ़ घोषणापत्र की शुरुआत इस पंक्ति से होती है, 'सबको मालूम है कि इस समय हिंदुस्तान की हिंदू-मुस्लिम रियाया पर म्लेच्छ, धोखेबाज अंग्रेजों द्वारा किस प्रकार के निर्मम अत्याचार ढाए जा रहे हैं।' उपर्युक्त कथन में 'म्लेच्छ' अपनी नई अर्थध्वनि के साथ है। 8 जून, 1857 को जो दिल्ली घोषणापत्र जारी हुआ, उसमें कहा गया, 'सभी हिंदुओं और मुसलमानों के लिए आवश्यक है कि वे इस संघर्ष में दिलोजान से एक हो जाएं।' बहादुर शाह जफर की तरफ से जो दूसरा ऐलान जारी हुआ, उसका शीर्षक ही था—'तमाम हिंदुओं और मुसलमानों के नाम'। उनके नाम से तीसरा ऐलान बरेली से जारी हुआ, 'हिंदुस्तान के हिंदुओ और मुसलमानो, उठो! भाइयो उठो!' यह धार्मिक एकता मूल्यवान है। उसी समय अजीमुल्ला खां का एक गीत 'पयामे आजादी' में छपा था। इसकी आखिरी पंक्तियां हैं :

हिंदु-मुसलमां-सिख हमारा भाई-भाई प्यारा,
यह है आजादी का झंडा, इसे सलाम हमारा।

गालिब 1857 से एक फासले पर खड़े थे, बल्कि दिल्ली की तबाही और अराजकता पर गमगीन थे। उनकी जिंदगी उनकी रईसी के साथ-साथ उनकी उदासियों की भी दास्तान है। दिल्ली अंग्रेजी दमन की जबर्दस्त शिकार हुई थी। चमन पूरी तरह उजड़ चुका था। चांदनी चौक में खुलेआम फाँसी पर लटका दिए गए विद्रोहियों के शव झूल रहे थे। गालिब का घर कारागार-सा था—'चौक जिस को कहें वो मक्तल है/ घर बना है नमूना जिंदा का।' उनकी उदासी में ही उनका अंग्रेजी राज का प्रतिरोध प्रतिध्वनित हुआ।

सैयद अहमद खां का औपनिवेशिक सुधारवाद

औपनिवेशिक जाल में अधिकाधिक फँसते जा रहे भारत में सामाजिक सुधारों के सामने दो बड़ी चुनौतियाँ थीं। एक, अंग्रेजी राज में फैलाए गए भय और परस्पर संदेह की छाया में वस्तुतः 'धार्मिक कूपमंडूकता में आत्मरक्षा' देखी जा रही थी। दूसरे, अंग्रेजों की 'फूट डालो-राज करो' की नीति कारगर साबित हो रही थी।

दरअसल अंग्रेजी राज से रईस मुसलमानों को राजनीतिक आघात लगा था। इसके अलावा मुस्लिम समुदाय के जुलाहे और कई दूसरे दस्तकारों को उजड़ जाना पड़ा था। रईस मुसलमानों के कठोर संरक्षणवादी होते जाने की कई वजहें थीं— शिक्षा का अभाव, अखिल इस्लामी भावना 'पैन-इस्लाम' का प्रचार, दिमाग में पैठा दी गई हिंदू बहुसंख्यकता का भय और कुछ प्रभावशाली व्यक्तियों में पुराने सुल्तानों-मुगलों की तरह उदित हो रही सत्ता की भूख। आम मुसलमान जनता में मिलनसारिता, सहकारिता और साझी संस्कृति की भावनाएं मौजूद थीं। वे कठोर इस्लामी अनुशासन या धार्मिक पहचान से दूर थे। लेकिन एलीट मुसलमानों को संकीर्णतावाद ही सत्ता तक पहुँचने का सहज मार्ग नजर आता था।

19वीं सदी में अंग्रेजी शिक्षा का प्रचार हुआ। इसने मुसलमानों को आधुनिक भौतिक प्रगति की राह पर जरूर खड़ा किया, लेकिन उदारवाद की ओर कम उन्मुख किया तथा औपनिवेशिक जाल में ज्यादा फँसाया।

1857 के बाद, प्रभावशाली एलीट वर्ग के मुसलमानों के बीच से सैयद अहमद खां का उदय होता है। उन्हें तथा अलीगढ़ आंदोलन को उर्दू नवजागरण और मुस्लिम नवजागरण के इतिहास में एक महत्वपूर्ण अध्याय के रूप में देखा जाता है। कर्मेंदु शिशिर उन पर चर्चा करते हुए बताते हैं, 'वे मुस्लिम आभिजात्य वर्ग का प्रतिनिधित्व करते थे और आगे चलकर हिंदू आभिजात्य वर्ग से उनका विवाद हुआ, क्योंकि दोनों के स्वार्थों में टकराहट हुई। फिर भी नवजागरण के तत्कालीन इतिहास के आसंग में यह बात बेहिचक कही जा सकती है कि आधुनिक युग में भारतीय उपमहाद्वीप में उनकी हैसियत का कोई मुस्लिम नायक नहीं हुआ। वे राजा राममोहन राय की परंपरा के मुस्लिम संस्करण थे और कई मायने में ईश्वरचंद्र विद्यासागर से उनकी उपलब्धियां बड़ी थीं। उनके अवदानों का ईमानदारी से आकलन किया जाए तो उनके योगदान में महामना मदनमोहन मालवीय और भारतेंदु हरिश्चंद्र के कार्यों का समाहार मिलेगा।' सैयद अहमद खां का मुस्लिम समाज में आधुनिक शिक्षा और अंग्रेजी को लेकर उसमें बनी हुई झिझक को दूर करने में बड़ा योगदान था। उनकी अंग्रेजों के बीच निःसंदेह बड़ी धाक थी। लेकिन उनमें राममोहन राय से लेकर मदन मोहन मालवीय तक लगभग सौ सालों के नवजागरण का प्रतिबिंब देखना उनको काफी बढ़ा-चढ़ाकर देखना है।

नवजागरण का हर बड़ा व्यक्तित्व स्थानीय सामाजिक विकास की विशिष्ट देन है। किसी एक की दूसरे से तुलना उनके परिचय को धुंधला कर सकती है। उदाहरण के तौर पर, अंग्रेजी शिक्षा और पश्चिमी सभ्यता के खुलेपन का गुणगान करते हुए और मुस्लिम रस्मोरिवाज तथा पाबंदियों के नुकसान समझते हुए भी सैयद अहमद खां राममोहन राय के सती प्रथा विरोध या विद्यासागर के विधवा पुनर्विवाह की तरह मुस्लिम स्त्रियों के हित में एक भी धार्मिक सुधार का कदम नहीं उठाते और न वे ब्रह्म समाजियों की तरह अलग धार्मिक समाज बनाते हैं। वे निश्चय ही 'तब्य्यनुल कलाम' में इस्लाम की विद्वत्तापूर्ण व्याख्या करते हैं। वे दरअसल आधुनिक ज्ञान-विज्ञान के पक्ष में होकर भी सामाजिक स्तर पर संरक्षणवाद के पक्ष में खड़े दिखते हैं और सांप्रदायिक एजेंडा आगे लाते रहते हैं।

सैयद अहमद खां ने 1857 के स्वाधीनता संग्राम के समय अंग्रेजों का साथ दिया था, जिस तरह बंगाल के अंग्रेजी शिक्षित बुद्धिजीवी भी इस लड़ाई में अंग्रेजों की विजय चाहते थे। इन सभी ने स्वाधीनता और आधुनिकता में आधुनिकता को चुनना पसंद किया, क्योंकि वे अपने हितों को सर्वोपरि रखते थे। अपनी एक पुस्तिका 'अस्बाब-ए-बगावत-ए-हिंद' में सैयद अहमद ने 1857 के गदर को ईस्ट इंडिया कंपनी द्वारा भारतीय संस्कृति खासकर मुसलमानों की भावनाओं को न समझ पाने का नतीजा कहा था। इस पुस्तिका से अंग्रेज नाखुश हो गए थे, हालांकि बाद में उन्होंने अपनी वफादारी के उदाहरणों से सराहना ही बटोरी। वे दरअसल अंग्रेजों के आगे मुसलमानों की वफादारी का विश्वास दिलाते हुए प्रशासन में उनकी अधिक हिस्सेदारी चाहते थे। इस मामले में वे भारतीय समाज के धार्मिक बंटवारे की नींव डालनेवालों में थे। हालांकि उन्होंने 1863 में 'भारतवासियों की शिक्षा और उन्नति के लिए विनम्र निवेदन' शीर्षक से एक पुस्तिका छपाई, जिसमें वे सिर्फ मुसलमानों की नहीं सभी भारतीयों की चिंता करते हैं। उनके दादाभाई नौरोजी से अच्छे संबंध थे। नौरोजी उनको सिर्फ मुसलमानों के लिए संघर्ष करने की जगह भारत चिंता के लिए प्रेरित करते रहते थे।

सैयद अहमद खां ने घूम-घूमकर पश्चिमी ढंग के कई शिक्षण संस्थान खोले तथा अस्पताल की भी स्थापना की। 'अलीगढ़ इंस्टीच्यूट' (1868) के नाम से एक पत्र निकाला। एक और पत्र निकाला 'तहजीबुल अखलाक' (1870)। इसमें उन्होंने समाज सुधार के लेख लिखे। वे तब तक इंग्लैंड से लौट चुके थे। एक शिक्षाविद् के रूप में उनका सबसे बड़ा काम 1875 में 'मोहम्मडन एंग्लो-ओरियंटल कॉलेज' की स्थापना करना था। यह आगे चलकर 'अलीगढ़ मुस्लिम यूनिवर्सिटी' बना। इससे मुसलमानों के बीच पश्चिमी शिक्षा की तरफ आकर्षण बढ़ा। इसके साथ-साथ उर्दू भाषा अपनी रवानगी बनाए रखते हुए बोलचाल की भाषा के करीब आई। वह फारसी की बोझिलता छोड़कर एलीट के दायरे से मुक्त हुई। ऐसी ही उर्दू में सैयद अहमद खां और उनके सहयोगियों ने लिखना शुरू किया। उन्होंने 'अंजुमन ए हिमायत ए उर्दू' नाम से एक संगठन भी बनाया। फ्रेंच प्राच्यवादी गार्सां द तासी ने उनकी पीठ ठोंकी। इस समूचे मामले को अलीगढ़ आंदोलन के नाम से जाना जाता है।

उल्लेखनीय है कि सैयद अहमद खां को अलीगढ़ में उपर्युक्त कॉलेज के विकास के लिए हिंदुओं ने भी अर्थ सहयोग दिया था। कर्मेंदु शिशिर ने इसका विवरण दिया है, 'एम. ए. ओ. का पूरा स्वरूप सामाजिक था। कॉलेज के 50 कमरों में 9 कमरे हिंदू दानकर्ताओं ने बनाए थे। ...1898 में जब उनका (सैयद अहमद खां का) इंतकाल हुआ तो 285 मुसलमान छात्रों के साथ 64 हिंदू छात्र भी विभिन्न संकायों में थे।' इस प्रकार अलीगढ़ आंदोलन और मोहम्मडन एंग्लो-ओरियंटल कॉलेज मुख रूप से मुसलमानों की आधुनिक तरक्की के लिए खोले जाने के बावजूद धर्मनिरपेक्ष चरित्र का था, भारतीयता के उद्देश्यों से प्रेरित था और सांप्रदायिक तेवर का न था, अन्यथा न हिंदू दानकर्ता होते न हिंदू छात्र। उसमें अरबी-फारसी के अलावा संस्कृत की शिक्षा का भी प्रबंध था।

19वीं सदी में पश्चिमी शिक्षा लोकप्रिय हो रही थी। सैयद अहमद खां को महसूस हो गया था कि मुसलमानों को पश्चिमी शिक्षा दी जानी चाहिए, हालांकि वे इसे लेकर दुविधा में भी थे। उन्होंने मौलवी तसद्दुक को अपने एक खत में लिखा, 'आज के दौर में अरबी-फारसी के आलिमों-फाजिलों की सरपरस्ती के लिए कोई मुस्लिम सुल्तान मौजूद नहीं है। हमारे नए हुक्मरान सरकारी मुलाजमात (नौकरी) में तरक्की के लिए तथा कुछ आजाद पेशे जैसे वकालत में आगे बढ़ने के लिए अंग्रेजी में माहिर होना लाजिमी समझते हैं। यदि मुसलमानों ने अंग्रेजी तालीम नहीं हासिल की तो न केवल वे एक पिछड़ी कौम ही रह जाएंगे बल्कि वे नीचे और नीचे गिरते जाएंगे। ...क्या तब यह सब एक सुहाने मुस्तकबिल (भविष्य) का द्योतक होगा? क्या इस तरीके से हम इस्लाम की खिदमत कर पाएंगे?' (सामाजिक क्रांति के दस्तावेज)।

सैयद अहमद पत्र में आगे डंके की चोट पर कहते हैं, 'यदि इस्लाम के परित्याग और स्वधर्म के बीच मुझे चुनना पड़े तो मैं बेहिचक दूसरे विकल्प को चुनूंगा, चाहे इसका मतलब अपने आपकी और स्वजनों की बरबादी ही क्यों न हो। लेकिन ऐसे चुनाव की नौबत नहीं है। नई शिक्षा अपनाने का मतलब है इस्लाम की हिफाजत करना।' (वही)। वे अतीत के उदाहरण से खुलासा करते हैं, 'पैगंबर साहब ने कहा था—इल्म हर मोमिन की विरासत है। यह जहाँ कहीं से भी प्राप्त करना चाहिए। उन्होंने मुसलमानों से ज्ञान की खोज में

चीन जाने को भी तैयार रहने के लिए कहा था। बिल्कुल साफ है कि इल्म से तात्पर्य मजहबी ज्ञान से नहीं था।' (वही)। सैयद अहमद अंग्रेजी शिक्षा में पीछे रह जाने को आत्मघात बता रहे थे और बार-बार कह रहे थे कि पिछड़ कर इस्लाम की खिदमत नहीं की जा सकती। वे आधुनिक शिक्षा पद्धति से मुसलमानों का भय दूर करते हुए यह कहने से नहीं चूकते, 'इस्लाम असंगत अंधविश्वास नहीं एक बुद्धिसम्मत धर्म है।' दरअसल उनकी सोच के कुछ मुद्दे उनके समय के कठोर मुस्लिम समाज की दशा से काफी आगे थे। इसलिए उनके कई विचार मुट्ठी भर शिक्षित मुसलमानों के बीच सीमित थे। आगे चलकर तो ऐसे विचारों की जड़ें ही उखाड़ दी गईं—कट्टरवाद हावी होता गया।

सैयद अहमद खां का अपने समय में ही घोर विरोध हुआ था। मौलवी तसद्दुक को लिखे ऊपर के खत में वे बताते हैं— 'कुछ नासमझ लोगों ने मुझ पर इस्लाम की संस्कृति और यहां तक कि खुद इस्लाम का द्रोही होने का आरोप लगाया है। कुछ लोग मुझ पर ईसाई होने का इल्जाम आमद करते हैं। ऐसा इसलिए हुआ है कि मैं तालीम की एक नई व्यवस्था की शुरुआत का हिमायती हूँ।' (वही)। उनके समय में जो भी विवाद हुए हों और कठमुल्लेपन की शिक्षाओं के साथ पुरानी मदरसा व्यवस्था प्रचलित हो, लेकिन तब ऐसे मुसलमानों की संख्या लगातार बढ़ रही थी जो नई तालीम चाहते थे।

सैयद अहमद खां 1869 में बनारस आए। वे ब्रिटिश प्रशासन की सेवा में 1876 तक यहां थे। उनके अंग्रेजी पदाधिकारियों से अच्छे संबंध थे, जिस तरह राममोहन राय और विद्यासागर के भी थे। वे सभी अंग्रेजी राज के समर्थक थे। 1869 में सैयद अहमद खां को इंग्लैंड जाने का मौका मिला था। वे जब लौटे तो उनकी बौद्धिकता पर पश्चिमी आभा दमक रही थी। 'इंग्लैंड और उसकी सभ्यता के प्रभाव' लेख में वे लिखते हैं, 'अंग्रेजों की चाटुकारिता किए बगैर, मैं सच्चे तौर पर कह सकता हूँ कि हम हिंदुस्तानी, चाहे ऊँच हों या नीच, व्यवसायी हों या छोटे दुकानदार, शिक्षा, आचार और ईमानदारी में अंग्रेजों की तुलना में ऐसे हैं मानो एक पुष्ट और सुदर्शन पुरुष के मुकाबले एक गंदा पशु। अंग्रेजों का हम हिंदुस्तानियों को मूढ़मति और अशिष्ट समझना अकारण नहीं है। ...(यहां) मैं केवल उन गुणों की बात कर रहा हूं जो शिक्षा और सभ्यता

के फलस्वरूप उत्पन्न होते हैं, जैसे—विनम्रता, ज्ञान, दृढ़ विश्वास, स्वच्छता, कारीगरी संबंधी कुशलता, दक्षता और गंभीरता। ...यदि हिंदुस्तानी इन गुणों को उपलब्ध करें तो इनकी कई उत्कृष्ट शक्तियों के कारण वे अंग्रेजों से श्रेष्ठ न सही, उनके समान तो हो ही जाएंगे।' (वही)। वे आगे यह बताते हैं, 'मुझे प्रसन्नता है कि बंगाली और पारसी भाई सभ्यता की उन्नति के लिए कुछ प्रयास कर रहे हैं, ...जबकि मुस्लिम समुदाय आत्मगौरव की विनाश-तुष्टि के अंधेरे से आवृत हैं। वे अपने पुरखों की पुरानी कथाओं को याद करते हुए सोचते रहते हैं कि उनकी बराबरी करनेवाला कोई नहीं है।' (वही)। वे जिक्र करते हैं कि इंग्लैंड के घर की नौकरानी भी आधी पेनी खर्च करके अखबार पढ़ती है। इस तरह की चिंता भारतेंदु की भी थी, हालांकि वे अंग्रेजों के आगे हिंदुस्तानियों को गंदा पशु नहीं कह सकते थे।

सैयद अहमद खां की मार्के की बात यह है, 'इंग्लैंड की सभ्यता के बढ़े-चढ़े होने का मुख्य कारण है— कलाओं और विज्ञान का उनकी अपनी भाषा में होना।' (वही)। अर्थात—अपनी जातीय भाषा में उच्च शिक्षा। सैयद अहमद हिंदुस्तान की बेहतरी के लिए कलाओं और विज्ञान से संबंधित सारी अंग्रेजी पुस्तकों का तर्जुमा सभी भारतीय जबानों में करने की बात करते हैं, सिर्फ उर्दू में नहीं। वे कहते हैं, 'यदि इनका तर्जुमा नहीं होता तो हिंदुस्तान के सभ्य होने की कोई उम्मीद नहीं। यही सत्य है, यही सत्य है, यही सत्य है।' (वही)। वे 19वीं सदी के नवजागरण व्यक्तित्व के रूप में ललकारते हैं, 'हिंदुस्तान के खैरख्वाहो, दूसरों पर निर्भर न रहो, अपने पर भरोसा रखो! कलाओं तथा विज्ञान के अनुवाद में निपुणता हासिल कर लेने पर, सभ्यता की उपलब्धि कर लेने पर, सरकारी नौकरी में जाने की तुम्हारी इच्छा न रहेगी। मुझे आशा और भरोसा है कि वह दिन शीघ्र आएगा।' (वही)। यह सब उपनिवेशवाद का समर्थन करते हुए कैसे हो सकता है, यह वे भले न समझ पा रहे हों, लेकिन अपने देश की उन्नति के बारे में वे अपनी सदी के अन्य बुद्धिजीवियों की तरह ही चिंतित थे।

अगर सैयद अहमद खां में पूरे हिंदुस्तान की सामान्य चिंता के साथ मुसलमानों की चिंता विशेष रूप से थी और वे इस्लाम को आधुनिक ज्ञान के

आलोक में देखना चाहते थे तो इसमें कुछ गलत नहीं था। हिंदू सुधारकों ने भी यही राह अपनाई थी। कोई भी समाज सुधारक पूरे भारत की चिंता करते हुए भी प्रधानतः अपने धर्म में ही सुधार कर सकता था। समुदायों के सुधरे बिना देश सुधर नहीं सकता था। लोगों की विपत्तियां मिट नहीं सकती थीं। समुदायों में सुधार का एक अर्थ यह है कि वे 'कॉमन प्लेस' बना रहे हैं या नहीं, वे एक बृहत्तर नागरिक-वृत्त या भारतीय समाज में ढल रहे हैं या नहीं। औपनिवेशिक साजिशों की वजह से और बाद में बुरे सत्ता-संघर्ष की वजह से इस प्रक्रिया में रुकावटें आईं।

आधुनिक ज्ञान की रोशनी से इस्लाम का संबंध जोड़ना सैयद अहमद खां को जरूरी लगा, 'आज पहले की ही तरह (जब इस्लामी चिंतक ग्रीक विज्ञान और दर्शन से प्रभावित थे), हम एक आधुनिक 'इल्म उल कलाम' (मजहबी शिक्षा और विधि) की खोज में हैं। इसकी सहायता से हम या तो आधुनिक विज्ञान की अवधारणाओं का खंडन कर सकते हैं अथवा उन्हें इस्लाम के तत्वदर्शन के अनुरूप सिद्ध कर सकते हैं।' (आधुनिक ज्ञान के आलोक में इस्लाम, वही)।

एक समय जब ग्रीक और रोमन सभ्यता अंधकार के गर्त में समा चुकी थी, उसका दार्शनिक और वैज्ञानिक भंडार अरबी में अनुवादों के जरिए सुरक्षित बच गया था। यह अरबी से बाद में लैटिन में गया। अर्थात—इतिहास की यह एक अनोखी घटना है कि अरबी ने यूरोपीय रिनेसां के प्रेरणास्रोत को बचाया। रिनेसां (पुनर्जन्म) के दौर में यूरोप को अपना प्राचीन ज्ञान वापस मिला। सैयद अहमद खां अपने उपर्युक्त विचार के जरिए सिद्ध करना चाहते थे कि इस्लाम का विज्ञान और दर्शन से वैर नहीं है, पुराना संबंध है। वे कोशिश कर रहे थे कि उनके समय में वे सभी व्यक्ति जिन्हें विज्ञान का प्रचार इस्लामी मान्यता के प्रतिकूल लग रहा है, उपर्युक्त रोशनी में इसे कबूल कर लें। लेकिन ऐसे कठमुल्ले मुसलमान तो उनके खिलाफ फतवा लाने और उन्हें काफिर घोषित करने के लिए अरब तक जा चुके थे।

सैयद अहमद खां को इस्लामी कूपमंडूकता से टकराना पड़ा। दुर्भाग्यजनक है कि इतने असरदार तरीके से इस्लामी कूपमंडूकता से लड़नेवाला

सैयद अहमद खां के बाद कोई दूसरा व्यक्ति नहीं हुआ, बल्कि बाद में धार्मिक कूपमंडूकता और यथास्थितिवाद के पक्ष में तीव्र प्रति-आंदोलन हुए।

नवजागरण के दौर में मुस्लिम समाज के एक छोटे हिस्से का ही आधुनिक शिक्षा और विज्ञान की ओर ध्यान गया था। ज्यादातर लोग पुरानी मजहबी शिक्षा और रीति-रिवाजों से जकड़े हुए थे। सैयद अहमद खां ने 'रस्मोरिवाजों की पाबंदी के नुकसानात' लेख में कहा था, 'जिस कौम में पुराने रस्मोरिवाज की पाबंदी होती है, यानी उन रस्मों पर न चलनेवाला तुच्छ समझा जाता है, वहां जिंदगी का असली मकसद गौण हो जाता है। इसलिए कोई समाज यदि ऐसे कायदों पर चलता है जो उसकी खसलतों (गुणों) पर आधारित नहीं हैं, बल्कि पिछली परंपराओं या रस्मोरिवाज पर आधारित हैं तो सोचना चाहिए कि इन्सानों की क्षमताओं का एक बड़ा भाग वहां मौजूद नहीं है। खुशहाली हर आदमी की जिंदगी का एक बड़ा हिस्सा है। यह उस मुल्क में नहीं होती जहां रस्मोरिवाज की पाबंदी है। ...बिना सोचे-समझे रस्मों की पाबंदी लगाने से चाहे वे रस्में अच्छी ही क्यों न हों, आदमी के उन गुणों के विकास में बाधा आती है जो भलाई-बुराई मालूम करने और किसी मामले पर राय बनाने और दो जुदा बातों के बीच फर्क करने और बुद्धि को तीव्र रखने के काम आते हैं...। यदि आदमी कोई बात सिर्फ रस्म की पाबंदी की वजह से ग्रहण करता है तो वह अपनी तरफ से कुछ पसंद या नापसंद नहीं करता।' (वही)। सैयद अहमद खां इस्लामी कट्टरवाद से घिरे रहने के बावजूद ऐसे विचार व्यक्त कर पा रहे थे, यह साधारण बात नहीं है।

हम देख सकते हैं कि ऊपर की बातों में बताया जा रहा है कि जड़ रस्मोरिवाज के प्रचलित रहते आदमी के सारे गुणों खासकर मानव-विवेक का विकास नहीं हो सकता, भलाई-बुराई का सही ज्ञान नहीं हो सकता और सामाजिक सुधार नहीं हो सकते। इन सबके अलावा, व्यक्ति की अपनी पसंद-नापसंद और रुचि का कोई महत्व नहीं होता। पुराने रस्मोरिवाज कूपमंडूकता से बाहर निकलने नहीं देते। सैयद अहमद खां पश्चिमी रिनेसां द्वारा आम इन्सानों के स्वभाव और गुणों के खोल दिए गए द्वार को देखकर मुसलमानों को भी आधुनिक जीवन के गुणों को अपनाने के लिए कह रहे थे। वे जानते थे कि

इन्सान की बौद्धिक और नैतिक शक्तियों का विकास तभी होता है, जब वे इस्तेमाल में लाई जाती हैं। उन्होंने उपर्युक्त लेख में कहा, 'औरों का अनुकरण करने से इन गुणों का कभी विकास नहीं होता, बल्कि ऐसे आदमी को सिवाय बंदरों के जैसे अनुकरण करने के किसी अन्य गुण की जरूरत नहीं होती।' (वही)। वे एक समय अपने समाज में अनुकरण की जगह विवेक-बुद्धि की प्रतिष्ठा चाहते थे।

सैयद अहमद खां के ऐसे विचारों में तार्किकता और खुलापन है, 'आदमी मशीन जैसा नहीं है कि जो उसके वास्ते मुकर्रर कर दिया जाए, वह बस उसी को अंजाम दिया करे। बल्कि वह एक ऐसा पेड़ है जो अपनी भीतरी ताकतों से जो खुदा ने उसमें दे रखी हैं और जिनके सबब वह सजीव कहलाता है, चारों और फैलता और बढ़ता है, फूलता और फलता है।' (वही)। वे सभी रीतिरिवाजों के विरोधी नहीं थे, 'जो उम्दा और लाभदायक हैं उनको अख्तियार करें और जो सुधार के काबिल हों उनमें संशोधन करें और जो बुरे और खराब हैं, उनकी पाबंदी छोड़ दें, न यह कि अंधों की तरह या मशीन की तरह उनसे लिपटे रहें। ...रस्म की पाबंदी हर जगह इन्सान की तरक्की में रोड़े अटकाती है। इसलिए यह व्यक्तित्व के विकास में सिर्फ बाधक ही नहीं है बल्कि इन्सान के पतन की मुख्य वजह है।' (वही)। वे इस लंबे लेख में खुले तौर पर मुसलमानों को ही संबोधित करते हैं, 'हिंदुस्तान में रहनेवाले हम मुसलमानों की रस्में उम्दा उसूलों और कायदों पर आधारित नहीं हैं, बल्कि कई रस्में संयोगवश और कई बिना ख्याल अन्य कौमों के मिश्रण से आ गई हैं।' (वही)। वे इस मामले में चिंतित थे।

सैयद अहमद खां की सोच निश्चय ही प्रगतिशील है। लेकिन उसकी सबसे बड़ी सीमा यह है कि वे खुले तौर पर नहीं बताते कि भारत के मुसलमानों के कौन-से रस्मोरिवाज बुरे हैं और किन्हें सुधारना या किन्हें छोड़ देना चाहिए। वे अपने पूरे लेखन और विचारधारा में कहीं भी मुस्लिम पुरुष के एक साथ चार पत्नियां रखने या तलाक जैसे गंभीर मामलों में सुधार की आवाज नहीं उठाते। दरअसल इस्लामी कठोरता ने उनकी नवजागरण-संबंधी सोच को अंततः आधुनिक शिक्षा और भौतिक तरक्की तक महदूद रखा था।

जैसी स्थितियां थीं, वे हिंदू सुधारकों की तरह अपनी धार्मिक परंपराओं से निर्णायक प्रस्थान नहीं कर सकते थे। उन्होंने संरक्षणशीलता का पक्ष लेते हुए भी साहसपूर्वक इतना जरूर कहा, 'हम जिंदगी बसर करते हुए इतना जरूर देख लें कि शरीयत में क्या जायज है या शरीयत क्या मना करती है। हमें दूसरी सूरत में पुराने रस्मोरिवाज से बिल्कुल परहेज करना चाहिए। मगर पहली सूरत में भी बुरी रस्मों की पाबंदी की परवाह नहीं करनी चाहिए और बगैर इस बात का लिहाज किए कि लोग हमको बुरा कहते हैं या भला, हमें कौमी तरक्की के वास्ते आगे बढ़ जाना चाहिए। खुदा तमाम मुसलमानों को इस बात की तौफीक दे। आमीन।' (वही)। कहना न होगा कि अलीगढ़ कॉलेज के समान ही सैयद अहमद खां का लेख 'रस्मोरिवाज की पाबंदी के नुकसानात' मुस्लिम नवजागरण का एक यादगार दस्तावेज है। इससे एक समय के शिक्षित मुसलमानों के मन में मची उथल-पुथल के संकेत मिलते हैं।

मुस्लिम नवजागरण की शुरू से एक समस्या रही है कि इसमें कौम और मजहब को जोड़कर देखा जाता रहा है। दिल्ली कॉलेज की तुलना में अलीगढ़ आंदोलन में यह प्रवृत्ति ज्यादा मजबूत थी। हम ऊपर का उद्धरण देखकर अनुभव कर सकते हैं कि सैयद अहमद खां मुसलमानों को एक 'राष्ट्र' (कौम) मानते हैं। वे राष्ट्र और मजहब को जोड़कर देखते हैं। यह संकीर्ण नजरिया, जिसे भरपूर औपनिवेशिक खुराक मिली, घातक सिद्ध हुआ।

इसके अलावा, सैयद अहमद खां यूरोपीय रिनेसां के सार्वभौमवाद से प्रभावित थे। इस वजह से वे विविधता की जगह एकरूपता के प्रशंसक थे। नवजागरण की एक ही दिशा के कायल थे, 'इंग्लिस्तान में नए जमाने से पहले विभिन्न कौम के लोग और विभिन्न हमसायों के लोग और पेशेवाले मानो अलग-अलग दुनिया में रहते थे। यानी सभी के तरीके और आदतें जुदा-जुदा थीं। अब तरीके और आदतें हर जगह ऐसी समान हो गई हैं कि गोया सबके सब एक ही मुहल्ले के रहनेवाले नजर आते हैं।' (वही)। एक-सी बातें सुनना, एक-सी चीजें देखना, समान बातों की ख्वाहिश और समान बातों का खौफ—इस तरह का चिंतन यूरोपीय रिनेसां का सर्वसत्तावादी लक्षण है। इसे भारतीय संदर्भ में संदेह से देखने की जरूरत थी। खुद मुस्लिम समाज में उत्तर

से दक्षिण भारत तक भारी विविधता थी। उसे एक ही लाठी से हांका नहीं जा सकता था। नवजागरण में विविधता की स्वीकृति लोकतांत्रिक आधुनिकताबोध से ही संभव है।

हिंदू-उर्दू विवाद

सैयद अहमद खां जब बनारस में पदस्थ थे, हिंदी-उर्दू विवाद ज्यादा तीखा हो गया था। आरोप-प्रत्यारोप का सिलसिला चालू हुआ। कर्मेंदु शिशिर ने लिखा है, 'हिंदी और देवनागरी को लेकर शिवप्रसाद सितारेहिंद और उर्दू-फारसी लिपि को लेकर सैयद अहमद खां के नेतृत्व में जैसे-जैसे गोलबंदी और कोशिशें तेज हुईं, अंग्रेजों की कूटनीति का चमत्कार साफ-साफ दिखने लगा।' (भारतीय मुसलमान : इतिहास का संदर्भ-2)। इस संदर्भ में ध्यान में रखने की जरूरत है कि जॉन गिलक्राइस्ट (1751-1841), गार्सां-द-तासी (1794-1878), जॉन चेंबरलेन (1837-1896) हिंदी को पहले से हिंदुओं की भाषा घोषित कर भाषा को धर्म से जोड़ने की गलत शुरुआत कर चुके थे। इनमें गिलक्राइस्ट और गार्सां-द-तासी तो हिंदी को गंवारों की भाषा मानते थे, क्योंकि उस जमाने में अंग्रेजी पढ़े-लिखे हिंदू वस्तुतः फारसी और उर्दू के व्यवहार में अपनी शान समझते थे। ये भाषाएं सत्ता के नजदीक थीं।

कहना न होगा कि उपर्युक्त यूरोपीय बुद्धिजीवियों के असर में आज के कई अंग्रेजी दां बुद्धिजीवी भी हिंदी को हिंदू धर्म से जोड़ते हैं और कई हिंदी लेखक शर्म में गड़े रहते हैं। उन्हें लगता है कि हिंदी एक खास जातीय क्षेत्र के सामाजिक विकास की देन न होकर टेस्ट ट्यूब से जन्मी है!

कर्मेंदु शिशिर ने बनारस के कमिश्नर शेक्सपियर की सैयद अहमद खां से कही गई बात उद्धृत की है, 'आज यह पहला अवसर है कि मैंने तुमसे विशेष रूप से मुसलमानों की तरक्की का जिक्र सुना है। इससे पहले तुम आम हिंदुस्तानियों की भलाई की बात करते थे!' सैयद अहमद खां अब तेजी से मुस्लिम राष्ट्रवाद और हिंदी की निंदा की तरफ झुक रहे थे। उसी दौर में भारतेंदु भी प्रतिक्रिया में 'उर्दू का स्यापा' लिख रहे थे। दरअसल बनारस में सैयद अहमद खां को हिंदी को उर्दू की छतरी के नीचे लाने की अपनी योजना

विफल होती दिखी। इसलिए उर्दू उनका पहले से अधिक उग्र राजनीतिक सरोकार बन गई।

सैयद अहमद खां ने 1869 में कहा था, 'फारसी लिपि में लिखी हुई उर्दू मुसलमानों की निशानी है।' वे एक तरफ भाषा को मजहब से जोड़ते थे और हिंदी को 'मरी हुई भाषा' मानते थे। दूसरी तरफ, बड़े चित्त से यह भी कहते थे, 'भारतवर्ष हिंदू और मुसलमान दोनों का घर है। दोनों भारत की फिजां में सांस लेते हैं और पवित्र गंगा और यमुना का पानी पीते हैं। दोनों इसी धरती की उपज खाते हैं। लंबे समय से यहां रहने के कारण दोनों का खून बदला है। दोनों का रंग भी समान हो गया है। चेहरे भी एक ही तरह के हो गए हैं। मुसलमानों ने हिंदुओं से सैकड़ों चीजें सीखी हैं। दोनों का इतना मेलजोल हुआ है कि इससे एक नई जबान उर्दू का जन्म हुआ है जो इन दोनों में से किसी की भाषा नहीं है।' (हिंदू-मुस्लिम शांतिपूर्ण सह-अस्तित्व ब्रिटिश शासन में ही संभव है, 1884)।

सैयद अहमद खां एक तरफ उर्दू को मुसलमानों की निशानी मानते हैं तो दूसरी तरफ उर्दू को हिंदुओं और मुसलमानों के मेलजोल से जन्मी भाषा बताते हैं। वे आगे बढ़कर यह सिद्धांत भी आगे बढ़ा देते हैं, 'भारत के साझे निवासी होने से हिंदू और मुसलमान एक जाति (कौम) हैं।' (वही)। वे यहां भाषा और जाति (नेशनलिटी) दोनों को धर्म से अलग करके देखते हुए उदारवादी रुख बनाते हैं, लेकिन दोनों को जिस जातीय भाषा की छतरी के नीचे रखना चाहते हैं वह फारसी लिपि में उर्दू है। वे दरअसल एक असंभव कल्पना करते हैं। उनकी सदिच्छा में सुल्तानों और मुगलों के युग के 'पुराने मुस्लिम वर्चस्व' की आकांक्षा स्पष्ट झलकती है।

दरअसल सैयद अहमद खां की आभिजात्यवादी औपनिवेशिक आधुनिकता ने उनकी बौद्धिक चेतना को कई स्तरों पर सीमित किया। वे 19वीं सदी के सिर्फ एलीट हिंदुओं के फारसी-उर्दू झुकाव को देखकर समस्त हिंदुओं को उर्दू की छतरी के नीचे लाना चाहते थे और हिंदी को गंवारों की भाषा मानते थे। इसके अलावा, उनकी एक बुनियादी धारणा यह थी कि अंग्रेजों के राज में ही हिंदुओं-मुसलमानों के बीच सह-अस्तित्व संभव है। इसलिए अंग्रेजों का

राज हमेशा बना रहे। वे भारत से अंग्रेजी राज की विदाई की कल्पना नहीं कर पा रहे थे, जबकि उनके समय में धीमे से ही सही यह राष्ट्रीय आवाज उठने लगी थी।

सैयद अहमद खां 1884 में अंग्रेजों के संबंध में कह रहे थे, 'वे कितने भाग्यशाली हैं जो आगे आकर हिंदुओं और मुसलमानों के बीच ढीली हो गई एकता की गांठ को मजबूत करते हैं और इसे टूटने नहीं देते। हे खुदा! भारत के लोगों की सोच को इस दिशा में रूपांतरित कर।' (वही)। इसी लेख में सैयद अहमद खां सांप्रदायिक सौहार्द का अपना अद्वितीय रूपक रखते हैं, 'दोस्तो, मैंने बार-बार कहा है कि हिंदुस्तान एक दुल्हन की तरह है जिसकी दो खूबसूरत आंखें हैं— हिंदू और मुसलमान। यदि ये दोनों आपास में लड़ाई करेंगी तो खूबसूरत दुल्हन बदशक्ल हो जाएगी और यदि एक आंख दूसरे को नष्ट कर देगी तो दुल्हन एक आंख गवा बैठेगी। हिंदुस्तान के लोगो, अब यह तुम्हारे हाथ में है कि दुल्हन को भंगी बनाओ या कानी। हिंदुओं और मुसलमानों का क्या कहना, मनुष्य में कलह एक नैसर्गिक प्रवृत्ति है।' (वही)। 1885 में कांग्रेस की स्थापना के पहले तक सैयद अहमद खां का यह जज्बा मुस्लिम वर्चस्व-आकांक्षा के बावजूद बरकरार था। वे उस आभिजात्यवादी हिंदू-मुस्लिम एकता के समर्थक थे, जो समान ब्रिटिश प्रशासनिक दायित्वों के कारण उर्दू-फारसी के आधार पर उस समय बनी हुई थी। वे उर्दू की छतरी के नीचे हिंदुओं और मुसलमानों के बीच एकता का दिवास्वप्न बुन रहे थे।

कांग्रेस की स्थापना ने सैयद अहमद खां को आकर्षित नहीं किया, जबकि पश्चिमी शिक्षा के पड़े असर की वजह से उनका राजनीतिक ठिकाना यही होना चाहिए था। वे दरअसल सामंती मिजाज के 'मॉडर्न' थे, लोकतांत्रिक प्रकृति के 'मॉडर्न' नहीं थे। इस मामले को कर्मेंदु शिशिर ने अच्छी तरह उद्घाटित किया है, 'कांग्रेस गठन के साथ ही जैसे-जैसे वयस्क मताधिकार', 'नौकरियों में खुली प्रतियोगिता', 'एक आदमी–एक वोट' की बातें चर्चा में आने लगीं, सैयद अहमद खां बुरी तरह असहज होने लगे। उनको लगता, प्रजातांत्रिक व्यवस्था का मतलब है बहुसंख्यक हिंदुओं का शासन। हमेशा के लिए गुलामी।" (भारतीय मुसलमान : इतिहास का संदर्भ-2)।

मुशीरुल हसन ने भी सैयद अहमद के रुख पर आश्चर्य व्यक्त किया है, 'कांग्रेस की उनकी प्रचंड निंदा का ही अर्थ समझ में नहीं आता। किसी राष्ट्रवादी संगठन में नेता होने लायक जरूरी गुण उनमें थे। हिंदू-मुस्लिम एकता उनकी दिली चाहत थी और सार्वजनिक बयानों में वे लगातार इसे रटते रहते थे।' (वही)। उन्होंने हिंदुओं और मुसलमानों दोनों की भलाई के काम किए थे।

फिर भी सैयद अहमद 1888 तक कह रहे थे, 'समाजी रिश्ते इतने मजबूत हो जाएं कि मंदिरों और मस्जिदों के अलावा हिंदुओं और मुसलमानों को अलग-अलग पहचाना भी नहीं जा सके।' (उद्धृत, वही)। वे औपनिवेशिक कूटनीति का अंततः शिकार हो गए। उन्होंने कौम की धारणा को मजहब से जोड़ दिया और 'संसदीय सरकार की धारणा' की तीखी आलोचना की। उस दौर में हिंदू-सुधारकों के औपनिवेशिक सुधारवाद के विरोध में हिंदू संरक्षणवाद भी उभर रहा था। देवबंद आदि मुस्लिम कट्टरवादी संगठन बन चुके थे। सैयद अहमद खां के परवर्ती काल के विचार इन्हीं उद्वेलनकारी स्थितियों में बने थे। वे इस्लाम के भीतर बराबरी की भावना को स्त्री-पुरुष बराबरी तक ले जा सकते थे। लेकिन वे अंग्रेजी राज के समर्थन और लोकतंत्र के विरोध में फँस गए, जबकि उनके कठमुल्ले विरोधी सर्व-इस्लामवाद में फँस गए। कांग्रेस का लगातार जिद से भरा उग्र विरोध उन्हें मुस्लिम संरक्षणवाद और हिंदू राष्ट्र जैसा ही मुस्लिम कौम की धारणा की तरफ ठेलता गया। फिर तो उनको लेकर कटु विवाद ज्यादा प्रचारित हुए। उनके आधुनिक और मानवीय गुण भुलाए जाने लगे। अंग्रेजी राज की चरम उपनिवेशवादी परियोजना सफल हुई।

मुस्लिम संरक्षणवादी उभार और पश्चिम-विरोध

1857 के कुछ अरसे बाद मुस्लिम जागरण की दो धाराएं साफ तौर पर उभरीं। उनमें एक धारा औपनिवेशिक आधुनिकता से प्रेरित सैयद अहमद खां और अलीगढ़ आंदोलन के नौजवान बुद्धिजीवियों की थी। दूसरी धारा देवबंद आंदोलन की थी जो पश्चिमी शिक्षा और आधुनिक चिंतन की जगह इस्लाम के शुद्धतावादी धार्मिक संरक्षण और परंपरागत मदरसा शिक्षा का समर्थक था।

पहली धारा में अधिक से अधिक राजनीतिक क्षमता हासिल करने की इच्छाएं थीं, जबकि दूसरी धारा पहले दौर में गैर-राजनीतिक थी।

सैयद अहमद खां ने अलीगढ़ आंदोलन को इस्लाम की उच्च प्रेरणाओं से जोड़ना चाहा था। इसके बावजूद उन्होंने ऐसे किसी धार्मिक पंथ का निर्माण नहीं किया जैसा राममोहन राय ने किया था। उनकी पश्चिमी ढंग की शिक्षा और सुधारों की आवाज को संरक्षणवादी मुसलमानों ने संदेह से देखा। अंग्रेजी राज के प्रति दोनों के रुख में बुनियादी फर्क था। सैयद अहमद खां का आंदोलन अंग्रेजी राज का समर्थक था, जबकि देवबंद के संरक्षणवादी मुसलमान अंग्रेजों और आधुनिकीकरण की तरफ आकर्षित नहीं थे। वे इस्लाम के पुराने नियम-कायदों और धार्मिक शिक्षा के अनुसार चलना चाहते थे। वे अतीत के अपने गौरव से अभिभूत थे और इस्लामी पुनरुत्थान चाहते थे। इसलिए औपनिवेशिक दमन की भयंकरता देखते हुए भी उनका एक छिपा लक्ष्य था अंग्रेजी राज से मुक्ति पाना।

दरअसल 1857 का एक नतीजा यह था कि इससे पश्चिम बनाम इस्लाम के संघर्ष का बौद्धिक निर्माण हुआ। यह संघर्ष जोर पकड़ने के लिए पुनः ताकत इकट्ठी कर रहा था। कहा जा सकता है कि वैश्विक इस्लामी संरक्षणवाद के निर्माण में उपनिवेशवाद की एक बड़ी भूमिका है। वह उपनिवेशवाद का ही बाय-प्रोडक्ट है।

भारत उन देशों में है जहां अंग्रेजों के शासन के समय में मुस्लिम संरक्षणवाद के बड़े बौद्धिक अखाड़े बने और वे वैश्विक स्तर पर फैले। वे सभी मुसलमान जो सैयद अहमद खां की पश्चिमपरस्ती और अलीगढ़ आंदोलन से नाखुश थे, संरक्षणवादी धार्मिक आंदोलनों में जुट गए। दरअसल ये आंदोलन ही ज्यादा फले-फूले। इस्लाम के कई कट्टरवादी धार्मिक संगठन बने, जिनमें बरेलवी और देवबंदी प्रमुख हैं। दोनों सुन्नी मुसलमानों के आंदोलन हैं। कुछ मतभेदों के बावजूद आमतौर पर इनका जोर परंपरागत धार्मिक शिक्षा और कट्टरता पर रहा है। इन पंथों में इस्लाम के कई बड़े विद्वान हुए जो आध्यात्मिक और नैतिक उन्नति पर जोर देते थे। आम मुसलमान एलीटवर्गीय अलीगढ़ आंदोलन की जगह इन्हीं धार्मिक संगठनों और इनके द्वारा प्रचारित सोच और रीतियों की तरफ आकर्षित हुए।

दुनिया और भारत के मुसलमानों के बारे में यह धारणा कि सभी एक ही उसूल के हैं और उनमें मतांतर नहीं है एक नासमझी है। गैर-मुसलमानों को मुसलमानों के बारे में बहुत कम जानकारी है। आमतौर पर मुसलमान कई आस्थाओं और संप्रदायवादी संगठनों में विभाजित रहे हैं। मुस्लिम समाज एकरेखीय नहीं है, यह हम 19वीं सदी के इस्लामिक आंदोलनों से समझ सकते हैं।

मुस्लिम संरक्षणवाद की सबसे बड़ी शुरुआत सऊदी अरब के वहाबी आंदोलन से होती है जो मुख्यतः सुन्नी मोहम्मद इब्न अब्दुल वहाब (1703-1792) की देन है। इसका असर विभिन्न मुस्लिम आंदोलनों पर पड़ा। इसे आगे चलकर, 1939 के बाद अरब में मिलने लग गए पेट्रोल के खजानों का बल मिला—पश्चिम का पैसा अरब का सिद्धांत! वहाबी अपने को एकतापंथी वैश्विक मुसलमान और असली मुसलमान मानते हैं। उन्होंने इस्लाम की अति-कट्टरवादी व्याख्या करते हुए समान मजहबी निर्देशों और इकहरे मुस्लिम समाज की प्रस्तावना की। वे मुस्लिम रीति-रिवाजों की बहुलता को इस्लाम से भटकाव मानते हैं। उन्होंने भिन्न मत के कई ऐतिहासिक मुस्लिम स्मारकों को नष्ट कर दिया। उनकी नजर में जो वहाबी नहीं है, वह मुसलमान नहीं हो सकता। उन्होंने कब्र और संत की दरगाहों को मूर्तिपूजा का ही एक रूप माना। उनके धार्मिक कट्टरवाद और सत्ता की राजनीति के बीच गठबंधन रहा है, जैसा कि हर धार्मिक कट्टरवाद का स्वभाव है। वे संख्या में कम होने के बावजूद प्रभावशाली रहे हैं।

जो सच्चा मुसलमान नहीं है, उनको भी मार डालना वहाबियों के सिद्धांत का हिस्सा है। उनके सिद्धांत में हिंसा एक अनिवार्य तत्व है जो आतंकवाद का मुख्य आधार है। यह मरने पर जन्नत जाने का रास्ता है। वहाबियों ने उन नियमों और व्यवहारों को कठोरता से मानने पर जोर दिया, जो 7वीं सदी के अरब में थे। वे सूफियों के घनघोर विरोधी थे। उनके सिद्धांत में स्त्रियों को इस्लामी कानून के अनुसार दोषी पाने पर सरेआम पत्थर मारना शामिल है। इस धार्मिक मत में फिल्म, नृत्य-गान, चित्रांकन आदि कलाओं, मद्यपान और गैर-वहाबी मुसलमानों से मिलने या भाईचारा बढ़ाने की सख्त मनाही है।

हालांकि 1920 में तुर्की के खलीफा को हटाने के मामले में वहाबियों और अंग्रेजों ने एक-दूसरे का सहयोग करने से गुरेज नहीं किया। इसी समय भारत के मुसलमान दूसरी बार अंग्रेजी राज के प्रचंड विरोध में खड़े हुए और हिंदुओं ने उनका साथ दिया। इसका अर्थ है, भारत के मुसलमानों ने एकजुट होकर वहाबियों के कट्टरवाद से अलग रास्ता पकड़ा और स्थानीय विशिष्टता को समझना शुरू किया।

19वीं सदी में भारत वहाबियों के अति-संरक्षणवादी आंदोलन के असर से बचा नहीं था। इस देश में उसके असर से देवबंदी और बरेलवी आंदोलन शुरू हुए थे।

1857 के बाद अंग्रेजों ने धार्मिक मामलों में हस्तक्षेप न करने की नीति अपना कर सामाजिक सुधारों में सहयोग देने से कन्नी काट ली थी। वे अब मैकाले की नीति के तहत भारतवासियों को 'भूरा अंग्रेज' बनाने का स्वप्न छोड़कर हिंदू-मुस्लिम विभाजन में दिलचस्पी लेने लगे थे, क्योंकि दोनों की एकता का कुफल देख चुके थे। नई स्थितियों में देवबंद जैसे सुन्नियों के कट्टर संरक्षणवादी संगठन के निर्माण का अवसर मिला। एक तरफ कट्टर हिंदुओं के छिटपुट संगठन बनने लगे, तो दूसरी तरफ कट्टर मुसलमानों के संगठन भी ज्यादा तेजी से बनने लगे, क्योंकि मुस्लिम सुधारवाद का कोई बड़ा प्रभाव नहीं था।

देवबंद आंदोलन के प्रमुख केंद्र 'दार-ए-उलूम' (ज्ञान का घर) की स्थापना 1866 में हुई। इसमें दूर देशों से इस्लाम में रुचिवाले विद्यार्थी तालीम के लिए आते थे और इस्लाम के विद्वान बनते थे। यह संगठन पश्चिम के साम्राज्यवाद के विरुद्ध था और समान सिद्धांतों के आधार पर वैश्विक इस्लाम (पैन-इस्लाम) का पक्षधर था, हालांकि स्थानीय विशिष्टता को महत्व देता था। दुनिया के विभिन्न देशों में समान सिद्धांतों के आधार पर मदरसों के निर्माण के बावजूद हर देश में कुछ निजी खूबियां भी थीं। दार-ए-उलूम में पढ़कर निकलने वाले विद्वान इस्लाम के बुनियादी तत्वों की व्यापक जानकारी रखते थे और अपनी गहरी मजहबी निष्ठा की वजह से 'उलेमा' कहे जाते थे। वे भारत को अपना घर मानते थे और धार्मिक राष्ट्रवादी थे। यह भी माना जाता है कि देवबंद आंदोलन ने भारत में न सिर्फ मुस्लिम धार्मिक सुधार को रोकने में एक बड़ी

भूमिका निभाई, बल्कि इस्लामी कट्टरवाद की जमीन भी तैयार की। कालांतर में इसकी एक शाखा पाकिस्तान के उत्तर-पश्चिम में तालिबान के रूप में स्थापित हुई। इस आंदोलन पर वहाबियों के पैन-इस्लाम का असर था।

एक और आंदोलन बरेली में शुरू हुआ। इसलिए इसे बरेलवी भी कहते हैं। इसके मुख्य नेता अहमद रजा खान (1856-1921) थे। यह आंदोलन देवबंद और दार-ए-उलूम के विरोध में था। इसका कुछ संबंध सूफियों से था। इस आंदोलन के नेता अपनी धार्मिक धारा में रहस्यात्मक साधनाओं को महत्व देते थे। देवबंदियों से इनका एक और बड़ा फर्क यह है कि ये पाकिस्तान के निर्माण का समर्थन करते थे। बाल्यावस्था से ही धार्मिक शिक्षा के लिए इनके अपने अलग मदरसे थे।

वहाबी आंदोलन भारत में 1820-70 के बीच था। इसके संस्थापक बरेली के सैयद अहमद (1781-1831) थे। वहाबियों ने सिखों के खिलाफ जेहाद की घोषणा की थी। भारत का वहाबी आंदोलन अरब के वहाबियों से प्रेरित था, हालांकि अंग्रेजी राज का विरोध इसका मुख्य स्वर था। यह अति-संरक्षणवादी था। इसके एक प्रमुख मुस्लिम नेता शॉह अब्दुल अजीज थे। इसका आंदोलन हिंदू जमींदारों के अलावा ब्रिटिश राज के भी विरोध में था और हिंदुस्तान की उत्तर-पश्चिम की जनजातियों तक फैला था। उत्तर प्रदेश के अलावा हैदराबाद और बंबई के अलावा बंगाल तक ये फैले थे।

बरेलवी देवबंदियों से अपनी मजहबी आस्था के स्तर पर इस रूप में भिन्न थे कि पैगंबर मुहम्मद की रोशनी उतरने तथा कई रूपों में उनकी उपस्थिति को मानते थे। वे मुहम्मद को एक रोशनी मानते थे, जैसा कि सूफी दर्शन में देखा जाता है। बरेलवी मुसलमान मुहम्मद को 'या रसूल अल्लाह' के नाम से पुकारते हैं और उत्तर-जीवन में विश्वास रखते हैं।

देवबंदियों और बरेलियों के बीच टकराव की हालत रही है। बरेलवी आंदोलन और सैयद अहमद खां के दृष्टिकोण में एक समानता थी, दोनों ने कांग्रेस से दूरी रखी। उल्लेखनीय है कि बरेलियों ने तालिबानी आतंकवाद का विरोध पाकिस्तान के अलावा भारत में भी किया और कालांतर में उदारवादी रुझानों का परिचय दिया।

सैयद अहमद खां की मौत के बाद पटना वहाबी आंदोलन का प्रधान केंद्र था। अंग्रेजों ने वहाबियों के सैनिक ठिकानों को निर्ममता से उजाड़ दिया था। खासतौर से 1857 में इनकी संगठित भूमिका को देखकर उनका मन मुसलमानों के प्रति संदेह से भर गया था।

यह भी एक महत्वपूर्ण तथ्य है कि बांग्ला नवजागरण में मुस्लिम सुधारवादी नहीं थे, जिस तरह दिल्ली कॉलेज और अलीगढ़ आंदोलन में थे। पूर्व बंगाल में शरीयतुल्लाह (1781-1840) ने हिंदू जमींदारों और अंग्रेज नील व्यापारियों के विरोध में और मुसलमान किसानों के पक्ष में फरैजी आंदोलन (1819) चलाया था। वे कट्टरवादी थे, कुरान और हदीस को अंतिम प्रमाण मानते थे। इस आंदोलन का एक लक्ष्य इस्लाम-विरोधी व्यवहारों का त्याग करना था। फरैजी आंदोलन अपने कट्टर मजहबी प्रचार के अलावा कृषकों पर लगान और कर के बोझ का विरोध करने के लिए शुरू हुआ था। इसने सांप्रदायिक दंगे का रूप भी लिया। पहले दौर में हिंदुओं और अंग्रेजों के बीच स्वाभाविक कारणों से मेल था। आगे चलकर इस आंदोलन के मुस्लिम नेताओं की नई पीढ़ी ने अंग्रेजी राज से अच्छे संबंध कायम कर लिए। उन्होंने बंग-भंग (1905) का समर्थन किया जो सांप्रदायिक विभाजन में अंग्रेजों की सफलता थी। पाकिस्तान बनने का भी समर्थन किया गया और उसे 'दार-उल-इस्लाम' घोषित किया गया। फरैजी आंदोलन का मूल्यांकन किसान आंदोलन के रूप में किया जाता है, जबकि आगे चलकर इसका सांप्रदायिक सामंती चरित्र भी स्पष्ट हुआ है।

मुस्लिम समाज के एक विशिष्ट वर्ग ने अहमदिया आंदोलन की शुरुआत 1889 में की। इसके संस्थापक मिर्जा गुलाम अहमद को दूसरा पैगंबर माना जाता है। इनकी समस्त वेशभूषा मुसलमानों की है, हालांकि कट्टर मुसलमान इन्हें मुसलमान नहीं मानते। अहमदिया अपने को मुस्लिम नवजागरण का सच्चा प्रतिनिधि बताते हैं। ये शांति और सेवा भावना के समर्थक के रूप में सामने आए और विश्व भर में फैले। ये मुस्लिम मतांधता के विरोधी हैं। सऊदी कानून के अनुसार ये मक्का नहीं जा सकते!

इसी जगह तमिलनाडु के वेलोर में स्थापित अरबिक कॉलेज (1857) का जिक्र कर लेना मुनासिब है। इसे सुन्नी मुसलमान शाह अब्दुल वहाब (1831-1921) ने शुरू किया था। इस मदरसे से भी इस्लाम के कई विद्वान निकले। कुरान का तमिल भाषा में अनुवाद हुआ। दक्षिण भारत में इस्लाम की पहचान उर्दू नहीं है। फारसी का महत्व भी नहीं है। मुसलमानों द्वारा तमिल को अपनाने में दाऊद शाह (1885-1969) की महत्वपूर्ण भूमिका है। उन्होंने मुसलमानों के सामाजिक रीतिरिवाजों को व्यावहारिक बनाया। मद्रास में मदरसा-ए-आजम (1861-62) ने एक भूमिका निभाई। केरल में अयिक्या संघम (1922) के योगदान पर गौर करना चाहिए। इसने मुस्लिम स्त्रियों की शिक्षा पर जोर दिया और शुक्रवार की नमाज मलयालम में शुरू कराई। इसके एक प्रमुख नेता सनउल्ला मुक्ति तंगल थे। दक्षिण भारत के मुस्लिम विद्वानों के स्थानीय नवजागरण से संबंध और दूरी का विस्तृत अध्ययन होना अभी बाकी है। इस तरह 19वीं सदी के भारतीय मुस्लिम समाज में कई धार्मिक अंतर्धाराएं हैं, हालांकि हर जगह अंततः कट्टरवाद मजबूत होता गया है।

देवबंद आंदोलन और मुस्लिम राष्ट्रवाद

भारत का देवबंद आंदोलन सैयद अहमद खां द्वारा प्रस्तावित पश्चिमी शिक्षा और सुधारवाद का घनघोर विरोधी था। इसके अलावा, यह ब्रिटिश राज को औपनिवेशिक सुधारवादियों से भिन्न, आलोचनात्मक निगाह से देखता था। उसे सिर्फ आशंका नहीं बल्कि विश्वास था कि ईसाइयों की 'बाइबिल सोसाइटी' जैसी संस्थाओं की सक्रियता, पश्चिमी ढंग की शिक्षा और सुधारवाद मुसलमानों के धर्म परिवर्तन के लिए हैं। दरअसल 19वीं सदी का मुस्लिम सुधारवाद एलीट-केंद्रित था और उसका मुख्य मकसद अंग्रेजी राज का स्वार्थ साधन था। यह आम मुस्लिम जनजीवन को आकर्षित नहीं कर पा रहा था, जबकि देवबंद आंदोलन का असर साधारण मुसलमानों पर पड़ रहा था। आमतौर पर पुरानी मानसिकता के लोगों में 'नए' और 'आधुनिक' के प्रति डर होता है, असुरक्षाबोध भी। उन्हें पुराने घेटो में सुरक्षा नजर आती है।

सर सैयद अहमद खां और देवबंद आंदोलन दोनों का जोर ज्ञान पर था, पर लक्ष्य अलग थे। पहले के ज्ञान का मकसद अधिक से अधिक अंग्रेजी नौकरियां हासिल करना था और उपयोगी शिक्षा पाना था, जबकि दूसरे का मकसद 'धार्मिक शिक्षा' देकर मुसलमानों को इस्लाम के बुनियादी उसूलों पर चलाना था— नैतिक उत्थान था। देवबंदी विद्वान इस्लामी धर्मग्रंथों में बताए गए नियम-कायदों के कठोर पाबंद थे। वे कोई 'नई बात' नहीं चाहते थे और पश्चिमी सभ्यता को बिल्कुल संदेह से देखते थे। दार-ए-उलूम के कई लोग रेशमी रुमाल आंदोलन के दौरान गिरफ्तार हुए। इसी दौर में पश्चिमी सभ्यता और वैश्विक इस्लामवाद को आमने-सामने खड़ा करके देखने की नींव पड़ रही थी। एक समय अरबी भाषा ने पश्चिमी ग्रीक दर्शन और विज्ञान की हिफाजत की थी, जबकि अब पश्चिम से दुश्मनी थी।

इसमें संदेह नहीं कि वैश्विक इस्लामवाद की धारणा सदियों पुरानी है। यह लंबे काल से मुस्लिम कट्टरवादियों को प्रेरणा देती रही है। इस्लाम की इस धारा के कुछ धार्मिक विद्वानों और प्रवक्ताओं के नाम इस प्रकार हैं : इब्ने तैमिया (सीरिया, 1263-1328), नक्शबंदी सूफी संप्रदाय से जुड़े शेख अहमद सरहिंदी (भारत, 1563-1624), मुहम्मद इब्न अब्दुल वहाब (सऊदी अरब, 1703-1792), जमालुद्दीन अफगानी (अफगानिस्तान, 1839-1897), मुहम्मद अब्दुल (ईजिप्ट, 1949-1905), रशीद रिदा (ईजीप्ट, 1865-1935) आदि। इस धारा के मुस्लिम धर्मगुरुओं ने आमतौर पर अपने-अपने देश में कठोर मुस्लिम शासन बनाए रखने में खास तौर से योग दिया। इस धारा के कट्टरवादियों ने फतवा जारी कर अकबर को काफिर कहा और 'दीने इलाही' की निंदा की। इतिहास में अकबर के समय ऐसा पहली बार हुआ कि सत्ता की तलवार का साथ कट्टरवादियों को नहीं मिला। कहना न होगा कि देवबंद आंदोलन पर धार्मिक कट्टरवाद की इसी पैन-इस्लामी परंपरा का असर था।

प्रसिद्ध इतिहासकार इम्तियाज अहमद ने लिखा है, 'मुस्लिम समाज में लोकतंत्रीकरण न होने की एक व्याख्या यह है कि अल्पसंख्यक चरित्र के चलते उसमें इसकी गुंजाइश नहीं है। यह तर्क दिया जाता है कि अल्पसंख्यक सिंड्रोम के लगते ही कोई भी समाज अपनी सांस्कृतिक और धार्मिक पहचान

बचाए रखने की चिंता से काम करने लगता है और इन्हें बचाने के लिए वह अपने कठोर मूल्यों को लागू करना शुरू करता है। इन सबके चलते वह बाहरी दुनिया और बदलावों को देखने की जगह अंतर्मुखी बन जाता है। ...तब अपने में ही सिमटे रहने और पहचान बनाए रखनेवाला रोग गहराता जाता है। इस तर्क को एकदम खारिज नहीं किया जा सकता, पर यह भी नहीं भूलना चाहिए कि ऐसी स्थिति मुसलमानों के उच्चवर्गीय सांप्रदायिक नेतृत्व के लिए सुविधाजनक हो जाती है।' (हंस, अगस्त, 2003)। वे आगे लिखते हैं, 'ऐतिहासिक रूप से भी ऊंची जाति/वर्ग के हिंदुस्तानी मुस्लिम राजनीतिक नेतृत्व ने बहुत ही सोची-समझी 'पहचान की राजनीति' खेली है, जो कुछेक सांस्कृतिक-भावनात्मक मुद्दों के इर्द-गिर्द ही चली है। ...ऐसा कहने का यह मतलब भी नहीं है कि ...(विभिन्न) संगठनों-मंचों-संस्थाओं ने मुसलमानों के शैक्षिक, सामाजिक, आर्थिक और राजनीतिक विकास के सवालों को एकदम छुआ ही नहीं है।' (वही)।

वामपंथी मुस्लिम बुद्धिजीवियों ने मुस्लिम समाज की दशा का आमतौर पर सटीक विश्लेषण किया है। वे लंबे समय तक वामपंथी आंदोलनों से जुड़े रहे हैं। यह मुस्लिम नवजागरण और आधुनिक शिक्षा की ही देन है, लेकिन उनके विचारों का आम मुस्लिम लोगों पर काफी कम असर पड़ा। दरअसल विश्व के एक बड़े हिस्से में यूरोपीय उपनिवेशवाद की लंबे काल तक चालाकी भरी उपस्थिति ने उस उच्चवर्गीय मुस्लिम नेतृत्व को तरजीह दी जो कट्टरवाद के प्रचार में लगे थे। इससे तंगहाल मुस्लिम जनता में न धार्मिक सुधार की इच्छा पैदा हो सकी और न वे लोकतांत्रिक अधिकारों के लिए लड़ सके। इसके अलावा, दुनिया भर में ईसाई बहुसंख्यकतावाद को दिखाते हुए उनमें वैश्विक-इस्लामिक अल्पसंख्यकता के बोध को सींचा गया। इससे धार्मिक पहचान बचाए रखने की प्रवृत्ति मजबूत हुई। इसके लिए पुराने नियम-कायदों को हथियार बनाया गया।

भारत में देवबंद आंदोलन का वैश्विक इस्लामी आंदोलन के रूप में उभरना वस्तुतः एक लौह सुरक्षा छतरी की तलाश का नतीजा है। इसने पश्चिमी शिक्षा और सभ्यता को बड़ी कठोरता से इस्लाम के विरुद्ध माना। यह सैयद अहमद खां के सुधारवादी विचारों के विरुद्ध था, लेकिन इसमें राष्ट्रवाद के तत्व थे।

इसने मुसलमानों को शुद्ध इस्लाम से परिचित कराने के साथ उन्हें राष्ट्रीयता और देशप्रेम से जोड़ने में अहम भूमिका निभाई।

कासिम नानौवती और महमूद-उल हसन शैखुल हिंद चाहते थे कि दारुल उलूम के विद्यार्थी ऐसे हों जो 1857 की विफलता की भरपाई करें, 'उन्होंने सैयद अहमद के कांग्रेस विरोध और बहिष्कार का खंडन किया और मुसलमानों को कांग्रेस में शामिल होने के लिए प्रोत्साहित किया। उन्होंने इस्लाम के उसूलों का हवाला देकर मुसलमानों को राजनीतिक मामलों में अन्य समूहों और समुदायों के साथ संयुक्त मोर्चा बनाने की गरज से प्रेरित किया। उन्होंने 1910 में अलीगढ़ और देवबंद के पूर्व छात्रों के बीच एक बृहत्तर बंधुत्व की जरूरत पर जोर दिया, जिसका बड़ा सकारात्मक असर पड़ा।' (भारतीय मुसलमान : इतिहास का संदर्भ-2)। इस राष्ट्रवाद के साथ देवबंद आंदोलन के विश्व-इस्लामवाद का परिचय भी मिल जाता है, जब प्रथम विश्वयुद्ध के समय महमूद-उल-हसन (1851-1920) ने अंग्रेजों के साथ लड़ाई में तुर्की के खलीफा का साथ देने की अपील की। वे ब्रिटिश साम्राज्यवाद का विनाश चाहते थे।

महमूद-उल-हसन के विचारों का असर राष्ट्रवादी मुसलमानों पर पड़ा और खिलाफत आंदोलन में 1857 के बाद पहली बार हिंदू-मुसलमान एकता नजर आई। उल्लेखनीय है कि हसन के विचारों का असर शिबली नोमानी, अल्ताफ हुसैन हाली, अब्दुल कलाम आजाद आदि पर भी पड़ा है। हसन ने अंग्रेजी सहायता से चलनेवाले अलीगढ़ विश्वविद्यालय में तकरीर करते हुए प्राध्यापकों और विद्यार्थियों से इस विश्वविद्यालय को छोड़ देने की अपील की थी। उन्होंने ही 1920 में राष्ट्रीय मुस्लिम विश्वविद्यालय के रूप में जामिया मिल्लिया इस्लामिया की नींव रखी थी।

देवबंद आंदोलन का भारत के संदर्भ में विशेष महत्व इसलिए है कि इसके अनुयायियों ने अंग्रेजी राज का सक्रिय विरोध किया। देवबंद के संरक्षणवादी उलेमा अपनी विद्वत्ता और नैतिक ऊंचाई की वजह से आदर से देखे जाते थे। इस आंदोलन में शैखुल हिंद के शिष्य मौलाना हुसैन अहमद मदनी (1879-1957) ने खिलाफत आंदोलन में हिस्सा लिया था। वे कांग्रेस के समर्थक थे। उन्हें भी इस्लाम का विशद ज्ञान था। वे कहते थे, 'भारत में हिंदू, मुस्लिम,

सिख, ईसाई और पारसी सभी को मिलकर एक लोकतांत्रिक शासन स्थापित करना चाहिए। इस तरह की आजादी इस्लाम के उसूलों के भीतर है।' (वही)।

भारत-पाक विभाजन का मौलाना मदनी ने विरोध किया। उनका कहना था कि भारत जैसे बहुलतावादी धर्मनिरपेक्ष देश में मुसलमान अपनी पूर्ण नागरिकता और आजादी से रह सकते हैं। उन्होंने इस्लाम और लोकतंत्र को एक-दूसरे का विरोधी मानने से इनकार कर दिया। वे नहीं मानते थे कि मुसलमान दूसरे धर्मावलंबियों के साथ मिलकर नहीं रह सकते। मौलाना मदनी का उपर्युक्त मुद्दे पर इकबाल से तीखी बहस हुई। मदनी की कहना था कि राष्ट्र की अवधारणा में धर्म महत्वपूर्ण तत्व नहीं है। इस पर इकबाल ने एक कविता लिखी और मौलाना मदनी के नजरिये को इस्लाम-विरोधी करार दिया। इकबाल इस्लाम को एक कौम मानने लगे थे। वे धर्म और राष्ट्र को जोड़कर देखते थे और वैश्विक (पैन) इस्लाम के समर्थक थे। उनके मुस्लिम राष्ट्र के सिद्धांत का पैन-इस्लाम से रिश्ता बैठता था।

मौलाना मदनी का कहना था कि 'कौम' अलग चीज है और 'मिल्लत' जो धार्मिक आस्था और नियमों पर आधारित है अलग चीज है, 'भारतीय मुसलमान हालांकि अन्य लोगों से धर्म के मामले में अलग हैं, लेकिन वे भारत के अन्य समुदायों और समूहों के साथ देश के सहनिवासी हैं। इसलिए उन्हें आजादी और स्वतंत्रता प्राप्त करने के सामूहिक प्रयास में शामिल होने की सलाह दी गई है।' (उद्धृत, वही)। मौलाना मदनी 'शैखुल हिंद' के नाम से जाने गए। उन्होंने कौम का जो अर्थ बताया, उसे कट्टरवादियों को छोड़कर सभी ने स्वीकार किया। यह देवबंद आंदोलन के भीतर विचारों की विविधता के साथ मुस्लिम नवजागरण का एक महत्वपूर्ण चिह्न है। इस्लाम की नई व्याख्या के लिए जब सामाजिक-राजनीतिक स्पेस न हो और ऐसी व्याख्या से मुसलमानों को अपना भविष्य सुरक्षित न दिखता हो, उपर्युक्त विचार का महत्व बढ़ जाता है।

मौलाना मदनी ने कहा था, 'हिंदुस्तान के मुसलमानों को अमुस्लिम समुदायों के साथ एक संयुक्त राष्ट्रीयता में शामिल होकर हिंदुस्तान की आजादी के लिए संघर्ष करना चाहिए। ऐसा करते हुए वह अपने धर्म, संस्कृति, भाषा आदि से संबंधित तथा वैयक्तिक विधियों के अंतर्गत प्राप्त अधिकारों की

रक्षा के लिए हर प्रकार के उपाय का उपयोग कर सकते हैं।' (उद्धृत, वही)। वे स्पष्ट करते हैं, 'संयुक्त राष्ट्रीयता से मेरा मतलब मिलीजुली कौमियत से है, जिसकी नींव पैगंबर साहब ने मदीने के लोगों में डाली थी। मैं चाहता हूँ कि भारत के निवासी उनका कोई भी धर्म क्यों न हो, भारतीय रूप में, एक ही देश में रहने के नाते एक कौम हो जाएं। किसी को भी किसी के धार्मिक मामलों में दखल नहीं देना चाहिए। इसके साथ ही भारत में रहनेवाले सभी लोगों को अपने-अपने धार्मिक विश्वासों, आदर्शों और उपासना पद्धतियों के अनुसार आचरण की छूट होनी चाहिए।' (उद्धृत, वही)। मौलाना मदनी को अपने समय के धार्मिक विवादों को देखकर आशंका थी कि आगे चलकर उनका दो राष्ट्र के सिद्धांत का विरोध और यूरोपीय देशों से भिन्न किस्म की भारतीय राष्ट्रीयता का समर्थन मुसलमानों के लिए कहीं महंगा न पड़ जाए और लोग कहीं ठगे न जाएं। कहा जा सकता है कि वे इसके प्रति सशंकित रहते हुए भी देवबंद आंदोलन के कई कट्टरवादी नेताओं से भिन्न थे।

देवबंद आंदोलन के कुछ नेताओं ने धर्म और राष्ट्र में भेद जरूर किया, पर उन्होंने बाकी की तरह समाज सुधार से पूरी तरह इनकार कर दिया। हिंदुस्तान में हजारों मदरसे बने, जहां दी जानेवाली परंपरागत मजहबी शिक्षा का मुख्य लक्ष्य इस्लाम की शुद्धता और कुरान की रक्षा करना रहा है। उनके अनुसार, इस्लाम में परिवर्तन नहीं लाया जा सकता। देवबंद आंदोलन ने सूफी दर्शन से दूरी रखी, मजारों और कब्रों के आगे सिर झुकाने तथा मन्नत मानने को निरर्थक बताया। यह मुहर्रम को नहीं मानता और सिया मुसलमानों से धार्मिक शत्रुता रखता है। देवबंदी मुसलमान सुन्नियों की धार्मिक विविधता को स्वीकार नहीं करते। वे दारुल उलूम की पुरानी शिक्षा पद्धति से अब तक चल रहे हैं। भारत, पाकिस्तान, बांग्लादेश में देवबंदियों के हजारों मदरसे हैं जिनमें करोड़ों से ज्यादा बच्चे पढ़ते हैं।

दारुल उलूम ने मुसलमानों के लिए आधुनिक शिक्षा के साथ-साथ सुधारों का दरवाजा पूरी तरह बंद कर दिया। इसलिए इसे नवजागरण के अंतर्गत कहां रखा जाए, इसे नवजागरण माना जाए या नहीं, इस पर कुछ कहना कठिन है। खासकर 21वीं सदी में इस्लामी कट्टरवाद का 9/11 के बाद नया चेहरा

सामने आया है, विश्वव्यापी दमन की जो मात्रा सामने आई है और इस वजह से विश्व के समूचे माहौल पर जो असर पड़ा है, यह कहना मुश्किल है कि मुस्लिम आस्था की विविधता कितनी कायम है। यह अकल्पनीय सत्य है कि आधुनिक विश्व में रहते हुए, एक व्यापक गतिशीलता के युग में इस्लामी शुद्धतावाद न सिर्फ बचा हुआ है, बल्कि कट्टरवाद बढ़ा है। जिस तरह हिंदू धर्म के उच्च तत्वों को दबाकर और नवजागरणकालीन उदारवाद को मटियामेट कर उसमें राजनीतिक जहर भरा जाता है, इस्लाम में भी यह एक यथार्थ है। एक तरह से 21वीं सदी में सभी धर्मों में राजनीतिक समतलीकरण की वजह से बौद्धिक-मानवीय सोच विस्थापित होने लगी है और कूपमंडूकता में उभार आया है। नवजागरण का उद्देश्य था—कूपमंडूकता से लड़ना। उसका उद्देश्य प्रेम और कला-संस्कृति को धर्म से ऊपर प्रतिष्ठित करना था। यह कहना गलत है कि इसके लिए मुस्लिम समाज में संघर्ष जारी नहीं है।

उर्दू नवजागरण के कुछ आधुनिक बिंदु

साहित्यिकता की दृष्टि से 19वीं सदी का उर्दू साहित्य कुछ दृष्टियों में हिंदी साहित्य से श्रेष्ठ है। उर्दू भाषा को विकसित करने के लिए स्वाभाविक वजहों से पहले से ही काफी संरक्षण और अवसर मिल रहे थे। यह पढ़े-लिखे मुसलमानों के अलावा एलीट हिंदुओं की भी भाषा थी। देखा जा सकता है कि कई उर्दू शायर लोकभाषा के तत्वों से जुड़े रहे हैं। अमीर खुसरो से लेकर वली, सौदा मीर, नजीर अकबराबादी तक उर्दू कवि इसके उदाहरण हैं। राजनीतिक उथल-पुथल के बावजूद सत्ता की लड़ाइयां अभी भाषाओं तक नहीं पहुँची थीं। नजीर अकबराबादी की कई कविताएं हिंदी की लगेंगी। उर्दू नवजागरण के असर से फारसी से उर्दू में स्थानांतरण शुरू हो गया था। उर्दू में लिखना धीरे-धीरे शान की बात समझी जाने लगी थी। उसी दौर में हिंदी से प्रेम भी एक मुद्दा था।

उस जमाने के मुस्लिम समाज की राजनीतिक-सामाजिक घटनाओं की तुलना में साहित्यिक गतिविधियां ज्यादा सुधार-उन्मुखी और नवजागरण-प्रेरित थीं। अल्ताफ हुसैन हाली (1937-1914), मुहम्मद हुसैन आजाद (1830-1910), नजीर अहमद देहलवी (1830-1912), अकबर इलाहाबादी (1846-1921)

और अल्लामा शिबली नोमानी (1857-1914) आदि ऐसे साहित्यकार थे जो उर्दू साहित्य को आधुनिक दिशा में ले जा रहे थे। उनके साहित्य में सामाजिक सुधार की चेतना प्रतिबिंबित है। अकबर इलाहाबादी ने अंग्रेजों की 'फूट डालने' की कुशलता पर खुलकर लिखा है :

यूरोपवाले जो चाहें दिल में भर दें
जिसके सर पर जो चाहें तोहमत धर दें
बचते रहो इनकी तेगियों से अकबर
तुम क्या हो खुदा के तीन टुकड़े कर दें।

कहाँ बच पाए—क्या हिंदू और क्या मुसलमान!

सैयद अहमद खां के रुख से भिन्न अल्ताफ हुसैन हाली ने हिंदी से प्रेम का बयान अपनी रचना 'मुकद्दमा-ए-शेर-ओ-शायरी' (1890) में किया है, 'उर्दू पर कुदरत (स्वाभाविक महारत) हासिल करने के लिए सिर्फ दिल्ली और लखनऊ की जबान का ततब्बो (पैरवी) काफी नहीं है, बल्कि यह भी जरूरी है कि अरबी और फारसी में कम से कम मुतवस्सित (मध्यम) दर्जे की लियाकत और हिंदी भाषा फिलजुमला दस्तगाह वहम पहुंचाई जाए (अच्छी खासी योग्यता हासिल की जाए)। उर्दू जबान का शाइर जो हिंदी भाषा को मुतलक (पूरी तरह) नहीं जानता और महज अरबी-फारसी की तानगाड़ी चलाता है, वह गोया अपनी गाड़ी बगैर पहिये के मंजिल तक पहुँचाना चाहता है।' हाली दिल्ली कॉलेज के शिक्षक और उर्दू नवजागरण के एक बड़े स्तंभ थे। उनकी उपर्युक्त बात एक दिशा भी थी और चेतावनी भी। कई उर्दू विद्वानों ने उनकी तरह शुद्धतावाद को कोसा है, पर एक समय उर्दू भाषा को लेकर धार्मिक संरक्षणवाद का दबाव ज्यादा था।

हाली का लाक्षणिक अर्थ है, 'समकालीन' या 'आधुनिक'। उन्होंने गालिब, सादी और सैयद अहमद खां की जीवनियां लिखीं। वे अपने समय की बड़ी शख्सियतों के संपर्क में थे, पर स्वतंत्र विचारों के थे। यही वजह है कि उनमें न गालिब की तरह दुविधा थी और न सैयद अहमद खां की तरह सुधारवादी होते हुए पश्चिम-परस्ती। वे अलग मिजाज के उर्दू लेखक थे। जिस जमाने में पुराने फारसी पैटर्न के चलन के साथ-साथ मुस्लिम संरक्षणवाद और अलगाववाद

की आवाजें थीं, हाली गंगा-जमुनी तहजीबवाले उदार मन के मुसलमान के रूप में उभरे थे। वे अंग्रेजी राज के प्रखर आलोचक थे। उन्होंने सैयद अहमद खां की प्रेरणा से 'मुसद्दस' की रचना की और देशप्रेम का परिचय देते हुए 'हुब्बे वतन' लिखा। हाली शुरू से आखिर तक अविचलित थे। उनका लेखन उर्दू नवजागरण को ऐसी बौद्धिक ऊंचाई देता है जिसे लंबे काल तक फिर कोई दूसरा छू न सका। उन्होंने कहा था, 'फरिश्ते से बढ़कर है इन्सान बनना। मगर इसमें लगती है मेहनत जियादा।' उनका लेखन औपनिवेशिक आधुनिकता का जवाब है। वे राष्ट्रीय आधुनिकता के ऐसे जनक थे जिसका प्रभाव बाद में हिंदी कवि मैथिलीशरण गुप्त की रचना 'भारत भारती' पर पड़ा था।

उर्दू मिजाज से जुड़े हिंदी कवि शमशेर बहादुर सिंह ने लिखा है, 'हमारे हिंदी काव्य जीवन से जिसका इतना गहरा संबंध है, उस भाषा के जिन दो-चार कवि-रत्नों को अपनाने का भाव हिंदी संसार ने दिखाया है वे हैं 'नजीर', 'अकबर', 'हाली' और 'चकबस्त', और हां 'बिस्मिल' इलाहाबाद।' (दोआब)। वे यह भी कहते हैं, 'कई महत्व की चीजें फिर भी उर्दू में अभी नहीं, यह निःसंकोच मानना पड़ेगा, जैसे एक वास्तविक महाकाव्य या जैसे नाटक-काव्य।' (वही)। इस अभाव की सामाजिक वजहें हैं। लेकिन इस तथ्य को देखना चाहिए कि महाकाव्य वस्तुतः आधुनिक काल की विधा नहीं है, भले कई महाकाव्य लिखे गए। हाली के काव्य में एक आंतरिक महाकाव्यात्मकता है, जिसे पहचानने की जरूरत है।

'मुसद्दसे हाली' (1879) में है, 'कल कौन थे जो आज क्या हो गए तुम/ अभी जगते थे अभी सो गए तुम।' मैथिलीशरण गुप्त ने 'भारत भारती' (1912) में औपनिवेशिक गुलामी में अपने देश की दशा को लेकर ऐसी ही चिंता व्यक्त की थी, 'हम कौन थे क्या हो गए हैं और क्या होंगे अभी / आओ विचारें आज मिलकर ये समस्याएं सभी।' छह लाइनों वाले मुसद्दस के रूप में हाली ने बोलचाल की भाषा के नजदीक आकर व्यापक सामाजिक चिंताओं को रखा है :

यही हाल दुनिया में उस कौम का है
भँवर में जहाज आके जिसका गिरा है

किनारा है दूर और तूफान बपा है
गुमां है कि हर दम कि अब डूबता है
नहीं लेते करवट मगर अहले किश्ती
पड़े सोते हैं बेखबर अहले किश्ती।

हाली के 'मुसद्दस' में अपने देश के मुसलमानों के बारे में जैसी बातें उठाई गई हैं, उनकी बानगी इस प्रकार है—देश पर मुसीबतें हैं, गरीबी बढ़ती जा रही है, दुर्भाग्य आगे-पीछे दौड़ रहा है। लोग अपने पतन पर भी संतोष कर लेते हैं। खाक में मिल गए हैं, पर अकड़ वही है। सुबह हो रही है, फिर भी आराम की नींद सो रहे हैं। लोगों को न अपनी रोज-रोज की जिल्लत से अफसोस है और न दूसरे राष्ट्रों की बढ़ रही इज्जत से कुछ सीख रहे हैं। वे बुद्धि-विवेक से काम न लेकर इस्लाम धर्म को बदनाम कर रहे हैं। अगर वे सुन सकते तो जमीन से, पेड़ों, जंगलों, फूलों से, रेत-पर्वत से भी जागरण की आवाजें उठ रही हैं, वे सुनते। सारी दुनिया को जिस देश पर नाज था, आज वह हिंदुस्तान ऐबों से भरा हुआ है। कैसा समय आ गया है कि हमारी नसों, खून, इरादों, खोजों, दिलों, भाषाओं, बातचीत और फितरत में शराफत का कोई जर्रा नहीं बचा है। हमारी हर बात में फूहड़पन है। हमने अपने बुजुर्गों की प्रतिष्ठा खो दी है। हममें आत्मसम्मान का बोध नहीं है, न अपनों से उल्फत है और न 'दूसरों' से प्रेम है। हमारे मिजाज में सुस्ती है और दिमाग में गुरूर भरा है। हम न अपने इल्मों से प्रतिष्ठा पा रहे हैं और न उद्योग-धंधे बढ़ पा रहे हैं। न हमें नौकरी मिल पा रही है और न हम व्यापार कर पा रहे हैं। हम तालाब की मछलियों की तरह हैं। हम अब भी वहीं हैं, जहां थे। हमारी गरीबी ही सारे अपराधों की जननी है। हम अपने ईमान पर कायम नहीं रह पाते। वे समझते हैं कि नमाज पढ़ लेना ही मुसलमान होने की निशानी है। जो मेहनत को महत्व नहीं देते, हुनर और पेशा को तुच्छ समझते हैं, वह कौम आज न तो कल जरूर डूब जाएगी! हाली की इन तकलीफों को पुनरुत्थानवादी शोक नहीं कहा जा सकता, क्योंकि वे नई तालीम और सुधारों पर जोर देते हैं।

ऐसी ही बातें उसी समय भारतेंदु हरिश्चंद्र अपनी कविता 'हिंदी की उन्नति पर व्याख्यान' में कह रहे थे—हम शिक्षा के बिना दिन-प्रतिदिन छीजते

जा रहे हैं। हमारा दुख बढ़ रहा है। हम अपनी बुद्धि, बल और कांति बचा नहीं पा रहे हैं। ...दुनिया की सभी जातियां आगे बढ़ना चाहती हैं, तुम अभी अंधेरे में हो, आदि!

हाली 'हुब्ब-ए-वतन' में सभी धर्मों, भाषाओं और जातियों के लोगों के बारे में कहते हैं कि सभी एक ही डाली के फूल और पत्ते हैं—'एक डाली के सब हैं बरगो समर'। वे यह भी कहते हैं, 'तुम अगर चाहते हो मुल्क की खैर/न किसी हमवतन को समझो गैर।' आगे की पंक्तियां हैं :

हो मुसलमान उसमें या हिंदू, बौद्ध मजहब हो या कि हो ब्रह्मू
जाफरी होवे या के हो हनाफी, जैन मत होवे या के हो वैष्णवी
सबको मीठी निगाह से देखो, समझो आंखों की पुतलियां सबको।

सैयद अहमद खां हिंदू और मुसलमान को दुल्हन की दो आंखों की तरह देखते थे, हाली ने उनकी राष्ट्रीय समझ का विस्तार करते हुए सभी धर्मावलंबियों को भारत की आंखों की पुतलियां कहा। वे बदलते भारत को समझ रहे थे। 'हुब्ब-ए-वतन' में देश से प्रेम क्या है, यह उन्होंने कई रूपकों द्वारा खुलासा किया है। उन रूपकों में एक का संबंध राम के वनवास से है। इससे उनके समावेशी देशप्रेम का आदर्श सामने आता है। कविता की पंक्तियां इस प्रकार हैं :

जब मिला रामचंद्र को बन वास
और निकला वतन से होके उदास
बाप का हुक्म रख लिया सर पर
पर चला साथ लेकर दागे जिगर
पांव उठता था उसका बन की तरफ
और खिंचता था दिल वतन की तरफ

हाली जब देशप्रेम की बात करते हैं, उनका देश महज एक भूगोल नहीं होता। उनकी नजर इन चीजों पर भी है, 'भूख में है कोई निढाल पड़ा/...बच्चे एक घर में बिलबिलाते हैं/...है कहीं पेट से बंधा पत्थर'। वे उनकी आलोचना करते हैं जिनके दिन ऐश में बीतते हैं—'ईद है दिन तो शब बरात है रात/कौम मरती है तो मरे/...ये जो दौलत तुम्हारे पास है आज/हमवतन हैं इसके

बहुत मोहताज/... गर रहा चाहते हो इज्जत से/भाइयों को निकालो जिल्लत से/...अब ना सैयद का इफ्तखार (गर्व) सही/न ब्राह्मण को शूद्र पर तरजीह/... कौम की इज्जत अब हुनर से है/इल्म से या के सीमोजर (दौलत) से है/... गर नहीं सुनते कौल हाली का/फिर न कहना कोई कहता था।' हाली की उपर्युक्त पंक्तियों में देशप्रेम का विस्तार गरीबों, वंचितों, दलितों और कला-कौशल से प्रेम तक है।

राष्ट्रीय कांग्रेस और मुसलमान

मुस्लिम लोगों का राष्ट्रीय कांग्रेस से कैसा संबंध हो, यह बहस का एक समय महत्वपूर्ण मुद्दा था। यदि बदरुद्दीन तैयब और एक खास दौर के देवबंद आंदोलन को छोड़ दें तो आमतौर पर यह संबंध तनावपूर्ण था। राष्ट्रीय कांग्रेस ने अपने एजेंडे से सामाजिक सुधार के मुद्दों को बाहर रखा था। वह राजनीतिक सुधारों के लिए आवाज उठा रही थी। उसके मुद्दे मुख्य रूप से ब्रिटिश प्रशासनिक ढांचे में हिस्सेदारी और लोकतांत्रिक अधिकारों से संबंधित थे। उसने 'आजादी' के सवाल को दबा दिया था और सामाजिक सुधारवाद को राजनीतिक उदारवाद में बदल दिया था। सैयद अहमद खां इसके उदय को और (सीमित ही सही) लोकतंत्र की मांग को संदेह से देखते थे। वे राष्ट्रीय कांग्रेस में मुसलमानों का भविष्य अंधकारमय मानते थे। उनके कड़े रुख के समानांतर बदरुद्दीन तैयब (1844-1906) ने कांग्रेस का समर्थन किया। वे राष्ट्रीय कांग्रेस के संस्थापक सदस्यों में थे। मुस्लिम एलीट वर्ग का होते हुए भी उन्होंने पूरे देश के बारे में सोचा। वे सैयद अहमद के विपरीत, पश्चिमीकरण के विरुद्ध थे, हालांकि वे इंग्लैंड से पढ़कर आए थे। वे एक न्यायविद थे और अंग्रेजी राज के समर्थक थे। महत्वपूर्ण बात यह है कि वे मुसलमान को ऐसी कौम मानने के विरुद्ध थे जो दूसरे समुदायों के साथ नहीं रह सकती।

राष्ट्रीय कांग्रेस के समर्थन में बदरुद्दीन तैयब ने कहा, 'मेरी समझ में यह बात नहीं आती कि मुसलमान अन्य समुदायों या धर्मों अथवा दूसरे देशवासियों के साथ कंधे से कंधा मिलाकर क्यों नहीं रह सकते। ...मुझे इस बात में जरा भी संदेह नहीं कि देश भर के मुस्लिम नेताओं का भी कुछ महत्वपूर्ण अपवादों

को छोड़कर यही मत है।' (उद्धृत, भारतीय मुसलमान : इतिहास का संदर्भ-2)। वे भारतीय धन के बड़े पैमाने पर विदेश जाने की आलोचना करते हैं।

इसमें संदेह नहीं कि उस दौर में राष्ट्रीय कांग्रेस के समानांतर तेजी से हिंदुओं और मुसलमानों के धार्मिक संगठन अस्तित्व में आने लगे थे। अंग्रेजों की कूटनीति की वजह से धार्मिक समुदायों में अपने हित की चिंता बढ़ती जा रही थी। मुसलमानों में यह समझ बैठाई जा रही थी कि वे हिंदुओं से प्रतियोगिता में पिछड़ जाएंगे। इन स्थितियों में भी बदरुद्दीन तैयब ने इससे भिन्न मत व्यक्त किया, 'मैं समझता हूँ समूचे भारत पर असर डालनेवाले सामान्य राजनीतिक प्रश्नों के लिए सभी सुशिक्षित और सार्वजनिक भावनावाले नागरिकों को वर्ग, वर्ण या धर्म-संप्रदाय का भेद त्याग कर संयुक्त रूप से काम करना चाहिए।' (उद्धृत, वही)। सैयद अहमद खां और बदरुद्दीन तैयब के बीच मजहब और राष्ट्र के संबंध को लेकर वैचारिक दूरी बढ़ती गई। सैयद अहमद खां मुख्यतः सामाजिक सुधार के मुद्दे से अब सांप्रदायिक एजेंडे पर आ चुके थे। इससे मुस्लिम नवजागरण को जबर्दस्त धक्का लगा था। अब धार्मिक पहचान की राजनीति कूपमंडूकता को बढ़ावा देने लगी था।

मुस्लिम नवजागरण में अल्लामा शिब्ली नोमानी, मौलाना मजहरुल हक, हकीम अजमल खां, अल्लामा इकबाल, मुहम्मद अली, हसरत मोहानी, सैफुद्दीन किचलू और अबुल कलाम आजाद की अपनी-अपनी महत्वपूर्ण भूमिका रही है। लेकिन इनमें से अधिकांश व्यक्ति नवजागरण को सांस्कृतिक सुधार की जगह राजनीतिक सुधार में सीमित कर चुके थे। कुछ इसे भारत की सिर्फ मुक्ति के रूप में देखते थे।

1906 में नवाब सलीमुल्लाह और अजमल खां ने राजनीतिक उद्देश्यों से मुस्लिम लीग की स्थापना की। इस संगठन ने धार्मिक सुधार की बची-खुची संभावना भी मिटा दी। राजनीतिक सत्ता की लालसा का इतना दबाव था कि मुस्लिम नेताओं ने किसी-न-किसी रूप में इस्लामी कट्टरता और पुराने नियम-कायदों को कबूल कर लिया। निश्चय ही कुछ लोग अपनी कठोर आस्था के बावजूद अन्य धर्मावलंबियों के साथ प्रेमपूर्वक रहना चाहते थे, सांस्कृतिक आदान-प्रदान चाहते थे। वे राष्ट्रीय कांग्रेस के समर्थक थे।

कुछ लोग पैन (वैश्विक) इस्लामिक दृष्टि से प्रभावित कट्टर मुस्लिम नेता थे। वे राष्ट्रीय कांग्रेस को हिंदुओं का मंच मानकर मुस्लिम पृथकतावाद का प्रचार करते थे। वे एलीटवर्गी थे। उनकी 'सत्ता' में ज्यादा दिलचस्पी थी। 1916 के होमरूल आंदोलन तथा 1920 के खिलाफत आंदोलन के दौरान हिंदू झुकाववाले कांग्रेसी नेताओं और मुस्लिम नेताओं ने मिलकर आंदोलन चलाया था और एक संभावना नजर आई थी, लेकिन 1922 में असहयोग आंदोलन की वापसी के बाद इस्लामी शुद्धतावाद और पृथकतावाद मजबूत होता गया। आर्य समाजियों के शुद्धि आंदोलन और मुसलमानों के तबलीग आंदोलन ने दूरी और कटुता बढ़ा दी। इस प्रकार मुस्लिम समाज में धार्मिक-सामाजिक सुधार की संभावना समाप्त होती गई, हालांकि हिंदू-मुस्लिम एकता भारतीयता का अंग बन चुकी थी।

इकबाल का दार्शनिक आदर्शवाद

अल्लामा मुहम्मद इकबाल (1873-1938) शुरू में राष्ट्रीय भावना को मजहब से जोड़कर नहीं देखते थे। उन्होंने 'सारे जहां से अच्छा हिंदोस्तां हमारा' नज्म लिखी थी जो आज भी लोकप्रिय है। उनकी एक अन्य नज्म 'नया शिवाला' ऐसी ही समावेशी थी। इन रचनाओं में उनकी राष्ट्रीय भावना मजहब का अतिक्रमण करती है। उन्होंने ज्ञान के आधुनिक आलोक में इस्लाम को समझने की जरूरत बताई है, हालांकि 'बुद्धि' से ज्यादा इंद्रियबोध को महत्वपूर्ण माना है। उन्होंने इस्लाम का गहरा अध्ययन किया था और मुसलमानों को सलाह दी थी कि वे हदीसों का आंख बंद करके उपयोग न करें। वे इस्लाम में शुद्धता चाहते थे और सही अर्थ में 'फंडामेंटलिस्ट' थे, अर्थात इस्लाम के मूल तत्वों की व्याख्या और उनका प्रचार करनेवाले। वे धार्मिक कट्टरवाद और आधुनिक भौतिक विकास को जोड़कर पाकिस्तान को एक शक्तिशाली देश बनाना चाहते थे।

मुहम्मद इकबाल के विचारों में यह मोड़ इंग्लैंड से लौटने के बाद आया था। वे कहते थे, 'इस्लाम पर अडिग आस्था से ही नए संसार का निर्माण होगा। इसमें गरीब अमीरों से कर वसूल करेगा। बादशाह की बेटी से अछूत

भी विवाह कर सकेगा। सारी निजी संपत्ति ट्रस्ट बन जाएगी। बस आपको लासानी इस्लाम को मध्ययुग के धार्मिक उलेमा और कानून से मुक्त करने की जरूरत है।' इकबाल मूलतः संरक्षणवादी थे। उनके संरक्षणवाद का अर्थ है मध्ययुगीन विकृतियों से मुक्त कर इस्लाम को उसके मूल अर्थ में प्रतिष्ठित करना तथा ज्ञान की रोशनी में उसकी तार्किक व्याख्या। कहना न होगा कि उन्होंने इस्लामी शुद्धतावाद और कट्टरता को बौद्धिक तरीके से प्रतिष्ठित किया।

इकबाल सूफीवाद के विरोधी थे, क्योंकि खुदी को महत्व देते थे। सूफी खुदी का विसर्जन चाहते हैं जिससे कर्म करने की प्रवृत्ति और जेहाद की भावना में रुकावट पैदा होती है। इकबाल ब्रिटिश साम्राज्यवाद के विरोधी थे, साथ ही इस्लाम के अनुसार सामाजिक विषमता के भी, लेकिन धार्मिक कट्टरवाद उनकी दार्शनिक रीढ़ है। उन्होंने मौलाना अबुल आला मौदूदी के साथ मिलकर पाकिस्तान की धारणा को दार्शनिक जामा पहनाया। इतिहासकार मुबारक अली ने लिखा है, 'भारतीय मुसलमानों की त्रासदी यह थी कि सारे राजनीतिक निर्णय धार्मिक दृष्टिकोण के आधार पर लिए जाते थे। इसलिए आधुनिक राजनीति में ब्रिटिश साम्राज्यवाद के विरुद्ध हिस्सा लेने के स्थान पर वे खुद्दम-इ-काबा, सर्व-इस्लामवाद, हिजरत, खिलाफत तथा इब्न सउद के पक्ष और विपक्ष के धार्मिक आंदोलनों में जुटे रहे।' (उद्धृत, वही)। क्या इकबाल सर्व-इस्लामिक दर्शन के रास्ते से अंततः उसी मुकाम पर पहुंचे, जहां अंध-राष्ट्रवादी मुस्लिम धार्मिक नेता खड़े थे? नहीं, इकबाल मजहब के रास्ते से एक बड़ा मानवीय स्वप्न देख रहे थे, यूटोपिया रच रहे थे जो वस्तुतः डिस्टोपिया में बदल गया।

इकबाल के लिए इस्लाम एक आदर्श समाज का नाम है जिसका संकुचित उद्देश्य नहीं हो सकता था। यही वजह है कि इस्लाम नस्लवाद और जातिवाद का विरोधी है और वह एक बड़े चित्त का लक्षण है। इकबाल कहते हैं, 'आज मानवता को तीन चीजों-सृष्टि की एक आध्यात्मिक व्याख्या, व्यक्ति की आध्यात्मिक मुक्ति और मानव समाज के विकास को आध्यात्मिक आधार पर संचालित करनेवाले एक सार्वभौमिक महत्व के मूल सिद्धांत की आवश्यकता है।' (इस्लाम में धार्मिक चिंतन की पुनर्रचना)। वे शुद्ध बुद्धि द्वारा उद्घाटि त सत्य और विश्वास को महत्व देते हैं। वे अंततः धर्म को दर्शन से ऊपर

स्थापित करते हैं। सूफी वैराग्य की जगह पुरुषार्थ को महत्व देते हैं, इसलिए वे बेझिझक कह पाते हैं :

खुदी को कर बुलंद इतना कि हर तदबीर से पहले
खुदा बंदे से खुद पूछे बता तेरी रजा क्या है

हकीकत की जमीन पर देखा जाए तो 'खुदी को बुलंद' करने की कोशिशें सच्चे मजहबी रास्ते से न होकर आतंकवाद और मतांधता के रास्ते से ज्यादा हुईं। इकबाल का न यह स्वप्न पूरा हुआ कि गरीब अमीर से कर वसूलेगा, न अमीर मुसलमानों की सारी संपत्ति ट्रस्ट बन पाई और न नए संसार का निर्माण हो पाया। इकबाल का दार्शनिक आदर्शवाद मुसलमानों के आत्मोत्थान के लिए था, वह ससीम से असीम की यात्रा थी। हम पाते हैं कि आरंभ से ही उनका इस्लामी आदर्शवाद विपर्यय का शिकार था। उसे भिन्न दिशा में बदलती भौतिक-सामाजिक स्थितियों का बल नहीं मिला।

मुहम्मद इकबाल के जमाने में एक बड़ी चुनौती भारत के लोगों को आलस्य और वैराग्य से कर्म की ओर उन्मुख करना था। इसलिए 'गीता' की टीकाएं आईं। इकबाल ने लिखा, 'मानव जाति के बौद्धिक विकास में श्रीकृष्ण का नाम सदैव आदर से लिया जाएगा क्योंकि इस महान व्यक्ति ने एक अत्यंत मनोहर शैली में अपने देश और कौम की दार्शनिक परंपरा की आलोचना की तथा इस तथ्य को स्पष्ट किया कर्म-त्याग से तात्पर्य पूर्णरूपेण कर्म का त्याग नहीं है। कर्म तो जीवन की मांग है और इसी से जीवन की स्थिरता है। त्याग से तात्पर्य यह है कि कर्म और उसके परिणाम के प्रति आसक्ति न होना। श्रीकृष्ण के बाद रामानुज भी इसी मार्ग पर चले।' (वही)। इकबाल हिंदू प्रसंगों को उठाते हैं। वे मुस्लिम धार्मिकता पर एक कठोर टिप्पणी करते हैं, 'देखकर आश्चर्य होता है कि मानवीय चेतना की एकता जो व्यक्तित्व का केंद्र है, वास्तव में मुस्लिम का विषय नहीं रहा।' (वही)। इकबाल का दार्शनिक आदर्शवाद अंतःप्रज्ञात्मक था, आत्मानुभूतिपरक था। उसकी एक बड़ी सीमा मुस्लिम स्त्री को 'मातृत्व' में सीमित करके देखना है, मानो उसका काम सिर्फ नई पीढ़ियां पैदा करना हो। इकबाल कहते थे, 'जन्नत मां के चरणों में है।' मुस्लिम नवजागरण से स्त्री के मुद्दे की अनुपस्थिति उसकी सबसे बड़ी सीमा है।

मुस्लिम नवजागरण में स्त्री

कर्मेंदु शिशिर ने मुस्लिम नवजागरण के संदर्भ में कुछ उन मुस्लिम स्त्रियों के योगदान पर चर्चा की है जिनकी उपेक्षा होती रही है। उन्होंने 1857 के संदर्भ में कानपुर की अजीजनबाई और मुजफ्फरनगर की हबीबा और रहीमी जैसी विद्रोही स्त्रियों का उल्लेख किया है जिन्हें अंग्रेजों ने फांसी पर लटका दिया था। असगरी बेगम को जिंदा जला दिया गया था। इसी क्रम में बी अम्मा का भी जिक्र आया है, जिनका मूल नाम बेगम अब्दी बानो था। बी अम्मा ने अवाम का आह्वान किया था, 'अब इसका वक्त आ गया है कि वह हर मर्द-औरत जिसमें जर्रा बराबर ईमान और खुद्दारी है उसे अपने को खुदाबंद अताला की फौज का सिपाही समझना चाहिए। हम हिंदुस्तानियों में हर मर्द और औरत वालेंटियर हैं।' (भारतीय मुसलमान : इतिहास का संदर्भ-2)। वे पश्चिमी सभ्यता की बुराइयों का विरोध करती हैं और धर्मनिरपेक्ष राष्ट्रीय जागरण का अंग बनती हैं।

19वीं सदी में मुस्लिम नवजागरण हिंदू-मुस्लिम एकता और सांप्रदायिक पृथकतावाद इन दो कोटियों में विभाजित था। धार्मिक मामलों में संरक्षणवादी रहते हुए भी ऐसे मुसलमानों की संख्या कम न थी जो स्वतंत्रता, सांप्रदायिक सौहार्द और आधुनिकीकरण के समर्थक थे तथा सर्व-इस्लामवादी न थे। इसके अलावा, उनके लिए उर्दू के विकास, आधुनिक शिक्षा और राजनीतिक सुधार के मुद्दे महत्वपूर्ण थे। लेकिन नवजागरण में 'धार्मिक सुधार' का जो पहलू है, इस्लामी कट्टरवाद के दबाव में वह आमतौर पर मुस्लिम नवजागरण का अंग न बन सका। मुस्लिम नवजागरण में स्त्री का सवाल नहीं उठ पाया। हिजाब, तलाक और बहुविवाह के मसलों का उठना कठिन था। स्त्री शिक्षा के सवाल पर सर सैयद अहमद खां जैसे लोग भी विरोध में थे। वे मुस्लिम स्त्रियों को सिलाई-कढ़ाई, खाना पकाने और बच्चों की परवरिश तक सीमित रखना चाहते थे। उनका कहना था, 'जब मर्द लायक हो जाते हैं, औरतें भी लायक हो जाती हैं।' पैन-इस्लामवाद से जो बंधे नहीं थे, वे भी स्त्री शिक्षा को मजहबी शिक्षा तक सीमित रखना चाहते थे। मुस्लिम स्त्री होने का सीधा अर्थ रहा है इस्लामी कानूनों के अनुसार एक कठोर पितृसत्ता का उपनिवेश बनकर रहना।

हाली की एक रचना है 'चुप की दाद' (1905)। इसमें स्त्रियों की बुरी दशा का चित्र है। वे स्त्री शिक्षा का समर्थन करते हैं, पर शिक्षा घर में दी जाने की सिफारिश करते हैं। मुमताज अली और उनकी बीवी ने 'तहजीब-ए-निस्वान' के नाम से स्त्री सुधार का एक पत्र निकाला था जिसमें यह मुद्दा उठा था कि विवाह में स्त्री की राय को भी महत्व दिया जाना चाहिए। एक बंगाली वकील अमीर अली ने 1922 में 'द स्पिरिट ऑफ इस्लाम' किताब लिखी जिसमें बहुविवाह का विरोध था और इस्लामी कानूनों में सुधार की बात थी। रोकेया शखावत हुसेन ने भी मुस्लिम स्त्रियों की कठोर पर-अधीनता का विरोध किया था।

इस्लामी कट्टरवाद ने आमतौर पर मुस्लिम समाज में यह नियम बना रखा था कि स्त्रियों को शिक्षा देने की बात करना पश्चिमी सभ्यता से प्रभावित होना है। देवबंदी उलेमा स्त्री-शिक्षा और स्त्रियों के सार्वजनिक जीवन के विरोधी थे। मौलाना अबुल मौदूदी ने 1935 में अपनी पुस्तक 'इस्लाम में स्त्रियों का स्थान' में सैद्धांतिक रूप से माना कि स्त्रियां प्राकृतिक रूप से पुरुषों से हीन होती हैं, इसलिए उन्हें कठोर सुरक्षा की जरूरत है। अल्लामा इकबाल स्त्री शिक्षा के सवाल पर चुप थे।

इस्लामी कट्टरवाद के दबाव के बावजूद मुस्लिम समाज के शिक्षित एलीट वर्ग की कुछ स्त्रियों ने शिक्षा के अधिकार का सवाल उठा दिया था। 1906 में एक शिक्षाविद् शेख अब्दुल्ला (1874-1965) और उनकी बीवी वाहिद जहान बेगम ने भोपाल की बेगम के आर्थिक सहयोग से अलीगढ़ में मुस्लिम लड़कियों के लिए एक स्कूल की स्थापना की। इसका नाम पर्दानशीन मदरसा था। भोपाल की बेगम ने भी 1914 में एक स्कूल खोला। इस तरह मुस्लिम लड़कियों का भी पढ़ना-लिखना शुरू हो गया। उनके लिए बुरका पहनना अनिवार्य था। अलीगढ़ में शिक्षक पर्दे के पीछे रहकर पढ़ाते थे। मुस्लिम स्त्रियों की शिक्षा राष्ट्रीय आंदोलन का एक मुद्दा बना। 1937 में स्त्री शिक्षा के साथ-साथ संपत्ति में स्त्रियों के अधिकार का कानून बना था। उम्मीद की गई थी कि इसके अनुसार शरीयत कानून भी हो। लेकिन स्त्रियों के मामले में मुस्लिम मतांधता का विरोध न हो सका। उनकी पीड़ाएं उर्दू कथा साहित्य में जरूर व्यक्त हुईं।

2019 में स्त्रियों को जबरन तलाक के मामले में संविधान संशोधन किया गया है, जिसने मुस्लिम कट्टरवादियों को विचलित कर दिया, जबकि शिक्षित मुसलमानों को खुद काफी पहले धार्मिक सुधार की आवाज खुलकर उठानी चाहिए थी।

दरअसल आजादी के बाद मध्यवर्गीय मुस्लिम परिवारों ने व्यक्तिगत तौर पर आधुनिक और मानवीय मूल्य बड़े पैमाने पर अपनाए हैं।। लेकिन समग्रता में मुस्लिम संरक्षणवाद का दबदबा ही काफी बढ़ा-चढ़ा रहा है। प्रगतिशील और वामपंथी आंदोलन भी मुस्लिम समाज को ज्यादा प्रभावित नहीं कर पाए। सज्जाद जहीर, सआदत हसन मंटो, इस्मत चुगताई आदि उर्दू लेखकों ने उर्दू साहित्य का पानी काफी बदलकर रख दिया, पर मुस्लिम संरक्षणवाद कमजोर नहीं हुआ। मंटो पाकिस्तान चले गए थे, जहां इस आजाद-मिजाज कथाकार को काफी कुछ झेलना पड़ा। बड़े अपराधियों के हर तरफ फैले संसार ने संरक्षणवाद को खासतौर से मजबूत बनाया और फायदा उठाया। सीधे-सादे और गरीब मुसलमान, क्या स्त्री-क्या पुरुष और क्या नौजवान पश्चिमीकरण और संरक्षणवाद की चक्की में पिसकर बुरी हालत में रह गए और राजनीतिक शक्तियों के चारा बने रहे।

अबुल कलाम आजाद के विचार

अबुल कलाम आजाद (1880-1958) ने राजनीतिक स्तर पर राष्ट्रीय और प्रगतिशील दृष्टिकोण पेश किया था। उन्होंने सवाल किया, 'हम हिंदुस्तानी मुसलमान हिंदुस्तान के स्वाधीन भविष्य को आशंका और अविश्वास से देखते हैं या हिम्मत और आत्मविश्वास की दृष्टि से? (सरस्वती, मई 1948)। जाहिर है, 20वीं सदी में मुस्लिम नवजागरण का एजेंडा सिमट चुका था। उसमें मुस्लिम स्त्री की पितृसत्तात्मकता से मुक्ति का सवाल उठ नहीं पाया।

मौलाना आजाद याद करते हैं, '1912 से 1916 का जमाना हिंदुस्तान और धार्मिक सुधार के प्रश्न पर नई करवट का जमाना था। 1920 के आखीर में जब चार बरस की नजरबंदी के बाद मैं रिहा हुआ तो मैंने देखा कि मुसलमानों के राजनीतिक विचार अपना पिछला सांचा खो चुके हैं और नया सांचा ढल रहा है। ...घटनाओं की नई-नई बाढ़ें आईं। विचारों की नई-नई लहरें उठीं।

किंतु एक हकीकत बिना किसी परिवर्तन के अब तक कायम है। मुसलमानों की आम राय पीछे लौटने की नहीं है। हाँ, वह अब पीछे लौटने के लिए तैयार नहीं हैं, लेकिन आगे बढ़ने के मार्ग के विषय में उसको फिर संदेह हो रहा है।' (वही)। यह दुविधा भारत के आम मुसलमान के मन में रही है। वह असुरक्षा और भय के बीच एक अंधेरे घेटो में बदलता गया है। उसकी इस हालत के लिए जिम्मेदार लंबे समय तक मुस्लिम नेतृत्व के एक बड़े हिस्से का कठमुल्लापन है और देश की राजनीतिक स्थितियां हैं।

अबुल कलाम आजाद मुसलमानों की हालत का बयान करते हुए कहते हैं, 'बदकिस्मती से वायुमंडल इस समय गर्द से भरा हुआ है, मगर हमें हकीकत की रोशनी में आना चाहिए। ...मैं मुसलमान हूँ और गर्व से कहता हूँ कि मुसलमान हूँ। इस्लाम की तेरह सौ साल की शानदार रिवायतें मेरी पैतृक संपत्ति हैं। मैं तैयार नहीं हूँ कि इसका कोई छोटे से छोटा हिस्सा भी नष्ट होने दूँ। इस्लाम की तालीम, इस्लाम का इतिहास, इस्लाम के इल्म और फन, और इस्लाम की तहजीब मेरी पूंजी है और मेरा फर्ज है कि मैं उसकी रक्षा करूँ। ...लेकिन इन तमाम भावनाओं के अलावा मेरे अंदर एक और भावना भी है जिसे मेरी जिंदगी की रीयलिटीज यानी हकीकतों ने पैदा किया है।' (वही)। ये हकीकतें मुस्लिम लोगों के नए हालात के अनुसार अपने को बदलने से जुड़ी थीं। देश के काफी मुसलमान नवजागरण के व्यापक तौर पर घटित न होने के बावजूद धीरे-धीरे अपने को बदल रहे थे। वे आधुनिक शिक्षा पा रहे थे और भारतीय राष्ट्रीयता को अपना रहे थे, जब भारत-पाक विभाजन लगभग तय था। यह साधारण बात नहीं है।

मौलाना आजाद खुलकर कहते हैं, 'हममें यदि ऐसे हिंदू मस्तिष्क मौजूद हैं जो चाहते हैं कि एक हजार साल पहले का हिंदू जीवन वापस ले आएं तो उन्हें मालूम होना चाहिए कि वे एक स्वप्न देख रहे हैं जो कभी पूरा होनेवाला नहीं है। इसी तरह यदि ऐसे मुसलमान दिमाग मौजूद हैं जो चाहते हैं कि अपनी उस बीती हुई तहजीब और समाजी जिंदगी को फिर ताजा करें, जो एक हजार साल पहले इरान या मध्य एशिया से लाए थे तो मैं उनसे भी कहूंगा कि इस स्वप्न से वे जितनी जल्दी हो सके जाग जाएं, बेहतर है।

क्योंकि यह एक अप्राकृतिक कल्पना, एक गैर-कुदरती तखय्युल है। इस तरह के खयालात वास्तविकता की जमीन पर नहीं उग सकते। मैं उन लोगों में हूँ जिनका विश्वास है कि पुरानी चीजों को फिर से ताजा करने की, यानी रिवाइवलिज्म की जरूरत मजहब के मैदान में है, लेकिन समाजी जिंदगी में रिवाइवलिज्म का मतलब तरक्की से इनकार करना है।' (वही)। घटना यह है कि भारत-पाक विभाजन के बाद विकृत हिंदू और मुस्लिम पुनरुत्थानवाद की धाराएं संगठित-पुनर्संगठित हुईं। धर्मनिरपेक्षता में छेद बन गए, वह बेअसर होती गई, धार्मिक कूपमंडूकता ने नए-नए राजनीतिक गुल खिलाए और धर्म अपराधियों के शरणस्थल बनते गए।

विचार थकते नहीं हैं

दरअसल उपनिवेशवाद ने विविधतापूर्ण भारतीय समाज को इस हद तक शत्रुतापूर्ण जटिल समाज में बदल दिया कि मुस्लिम नवजागरण की संभावनाएं कुंठित होती गईं। फिर भी वह भले व्यापक तौर पर घटित न हुआ और पश्चिमी शिक्षा और आधुनिक भौतिक जीवन तक महदूद रह गया, लेकिन बेशक 19वीं सदी में कई मुस्लिम रस्मोरिवाजों पर सवाल उठे। मुसलमानों के लिए आधुनिक शिक्षा का दरवाजा खुला, तो भलाई-बुराई के ज्ञान का विस्तार होना था। आज भारत के करोड़ों मुसलमान बिना हदीस और शरीयत के मामलों में गए दुनिया के आम परिवारों की तरह शांतिपूर्ण आधुनिक जीवन बिताते हैं। वे अपने विशिष्ट मजहबी अधिकारों की तरफ देखते तक नहीं, बल्कि वे अपने आर्थिक कष्टों, पारिवारिक दुख-सुख और जिंदगी की हकीकतों के साथ जीते हैं।

कहना होगा कि यदि देश और दुनिया में राजनीतिक सत्ता-संघर्ष लगातार विकृत रूप धारण नहीं करता, पश्चिमी देश मुस्लिम कट्टरता का वैश्विक पोषण नहीं करते, आतंकवाद को संरक्षण नहीं मिलता और राजनीतिक स्वार्थों के लिए माफिया को प्रश्रय नहीं दिया जाता तो मुस्लिम शिक्षित वर्गों के बीच से मजहबी सुधारवाद की आवाज दुबारा स्पष्ट रूप से उठती। नए आर्थिक विश्व के दबावों को ऐसे भी धार्मिक संरक्षणवाद रोक नहीं सकता,

भले अब सुधार व्यक्तिगत स्तर पर हों। निश्चय ही धार्मिक कट्टरवाद का 21वीं सदी में पुनरुत्थान हुआ है जो एक राजनीतिक मामला है। वस्तुतः यह लोकतंत्र की विफलता और एलीटवर्गी धर्मनिरपेक्षता के पाखंड की देन है। इस घटना के बावजूद मुसलमान अब खुद से अपने जीवन में आधुनिक सुधार ला रहे हैं। वे पढ़-लिख रहे हैं, नई तकनीकी शिक्षा हासिल कर रहे हैं। मुस्लिम युवतियां अब अपनी पसंद से अपनी जिंदगी चुन रही हैं। अब बड़े पैमाने पर मुस्लिम नौजवान कूपमंडूकता से बाहर आ चुके हैं। वे सभी अब आम नागरिक समाज के मुखर अंग हैं।

दरअसल 21वीं सदी मुस्लिम नवजागरण की स्थगित परियोजना को फिर से हाथ में लेने की सदी है। धार्मिक कूपमंडूकता में, चाहे वह हिंदुओं की हो या मुसलमानों की, आत्मरक्षा का दौर बीत चुका है। धार्मिक उन्माद को दोनों तरफ से मिटाने की जरूरत बढ़ चुकी है, क्योंकि इसका सबसे बुरा असर स्त्रियों, किसानों, बच्चों और दलितों पर पड़ता है। इसके अलावा, अंध-राष्ट्रवाद और धार्मिक उन्माद आर्थिक मुद्दों को ढक देता है। राष्ट्र धृतराष्ट्र बन जाता है। एक घृणा दूसरी घृणा के लिए और एक सांस्कृतिक तोड़फोड़ दूसरी सांस्कृतिक तोड़फोड़ के लिए उर्वरक बन जाती है। एक धार्मिक कट्टरवाद दूसरे कट्टरवाद को उभरने का मौका देता है। ऐसी चुनौती भरी घड़ी यह समझने के लिए होती है कि कोई हिंदू है तो कैसा हिंदू है और मुसलमान है तो कैसा मुसलमान है और वह अपने को सचमुच कितना जानता है और वस्तुतः कहां ठहरा हुआ है।

निश्चय ही, आज भी धार्मिक कट्टरवाद से लड़ना धर्म को छोड़ना नहीं है, सिर्फ सत्ता संघर्ष में अपने को राजनीतिक शिकार होने से बचाना है। इसके लिए अपनी-अपनी साहित्यिक-सांस्कृतिक विरासत के उच्च तत्वों को जीवन का अंग बनाना जरूरी लग सकता है। नवजागरण दुनिया के हर देश और धर्म में एक सतत प्रक्रिया है जिसमें बाधाएं आती हैं तो नई राहें भी खुलती हैं, क्योंकि विचार थकते नहीं हैं।

दयानंद सरस्वती और आर्य समाज

हिंदी प्रदेश में सामाजिक असर पैदा करनेवाले जो इने-गिने नवजागरणकालीन व्यक्तित्व हैं, उनमें स्वामी दयानंद सरस्वती (1824-83) प्रमुख हैं। वे गुजरात के थे, पर उन्होंने हिंदी में उपदेश दिए। वे एक प्रभावशाली व्यक्ति थे। वे मरे या उनकी कट्टरवादियों द्वारा हत्या हुई, यह अब तक रहस्य है, क्योंकि एक प्रसिद्ध संन्यासी होते हुए भी उनके शव का पता नहीं चला था। उन्होंने आर्य समाज (1875) की स्थापना की थी। वह रामकृष्ण परमहंस जैसे निरंतर भाव विह्वल या केशवचंद्र सेन की तरह ईसाई झुकाव रखनेवाले व्यक्ति न थे—न ही विवेकानंद जैसे समन्वयवादी! वह बड़े उग्र, एकाग्र और दुर्द्धर्ष व्यक्तित्व थे। शुरू से विद्रोही थे। एक बार बचपन में शिवरात्रि के दिन उन्होंने गौर किया कि एक चूहा बिल से निकल, निडर होकर शिवलिंग पर उछलकूद रहा है और प्रसाद खा रहा है। इस घटना ने देवमूर्ति में उनकी आस्था तोड़ दी।

21 साल की अवस्था में घर छोड़ने के बाद उन्होंने भारत भ्रमण और विद्याध्ययन आरंभ किया। उन्हें विरजानंद (1779-1868) जैसे गुरु मिले जिनके निकट उन्होंने न सिर्फ वेदों का ज्ञान हासिल किया, बल्कि मूर्तिपूजा, अवतारवाद, सती प्रथा, पुरोहितवाद आदि से लड़ने की प्रेरणा ली। विरजानंद की एक भूमिका 1857 के समर्थन और देश की स्वाधीनता के संदर्भ में है। यह बीज लंबे समय तक दबा रहकर 20वीं सदी के आरंभिक दो-तीन दशकों के आर्य समाज में अंकुरित हुआ।

उल्लेखनीय है कि दयानंद के मन में देवमूर्ति के प्रति आए वैचारिक भूकंप ने न उन्हें ईसाइयत की ओर ठेला, न नास्तिकता की ओर। उन्होंने भ्रमण और ज्ञानार्जन से जाना कि धर्म के संसार में चारों तरफ इतने अंधविश्वास,

नैतिक ह्रास और कुसंस्कार जड़ जमाए बैठे हैं कि यदि इनके प्रति हिंदुओं में सचेतनता नहीं आई, तो ढोंग का साम्राज्य फैलेगा और यह एक दिन मनुष्य का हर सुंदर स्वप्न मिटा देगा। दयानंद ने यह भी महसूस किया था कि समाज की बुराइयां यदि धर्म के रास्ते से पनपी हैं तो वे मिटेंगी भी धर्म के रास्ते से ही।

हिंदू धार्मिक रूढ़ियों से विद्रोह

हिंदू मूर्तियां धर्म के गुणों को पहचानने की प्रवेशद्वार थीं, पर वे पवित्र दीवार बन चुकी थीं। इसलिए अंधविश्वासों और कुसंस्कारों से लड़ने के लिए दयानंद ने पहला हमला मूर्ति पूजा पर किया। इस क्रांतिकारी रुख की कठोरता को भांपते हुए उन्होंने 'सत्यार्थ प्रकाश' की भूमिका में गीता का यह कथन पेश किया, 'धर्म की और बढ़ने के लिए जो ज्ञान पहले जहर प्रतीत होता है, वही अपने आखिरी नतीजे में अमृत समान है।' वह सच और झूठ को साफ दिखा देना चाहते थे। वह जानते थे कि मनुष्य की आत्मा सच और झूठ समझती है, लेकिन अपने किसी खास लोभ, हठ या अज्ञान के कारण सच को छोड़ झूठ की तरफ झुक जाती है।

दयानंद के जमाने तक भक्ति की गंगा सूख चुकी थी, हिंदू धार्मिक चेतना निष्पंद थी। अंग्रेजी राज था, पश्चिमी सभ्यता के साथ ईसाई धर्म फैल रहा था। ब्रह्म समाज के सुधार आंदोलन पर उसकी छाप पड़ चुकी थी। दयानंद के सामने एक और अंधविश्वासों, कुसंस्कारों और पाखंडों से भरा परंपरागत हिंदू धर्म था, दूसरी और शिक्षित भारतीय मानस को घेरता ईसाई धर्म। उन्हें लगा कि वैदिक परंपरा से विच्छिन्नता के ये नतीजे हैं।

दयानंद सरस्वती ने श्रुति, स्मृति और दर्शनों का अध्ययन किया था। वे पश्चिमी विचारों से प्रभावित न थे और संस्कृत के पंडित थे। उन्होंने अपनी दृष्टि से सब मतों में जो श्रेष्ठ बातें हैं उनको ग्रहण करते हुए, उनके अंतर्विरोध का समाधान करते हुए और जो झूठी बातें हैं उनका खंडन करते हुए चार वेदों पर आधारित अपना दर्शन विकसित किया। वे ईश्वर को जीवन के उच्च गुणों के रूप में देखते थे। उनमें एक बड़ी खूबी थी—तर्क करने की। वे खंडन-मंडन जरूरी मानते थे। इसके बौद्धिक बल पर उन्होंने हिंदू धर्म

के पौराणिक आधार पर चोट की। उनको लगा कि हिंदू दिमाग को तार्किक बनाना बहुत जरूरी है। हिंदू सामान्यतः तर्कभीरु होता है और अंधानुकरण तथा हठधर्मिता से चलता है। उनका कहना था—'वेदों की तरफ लौटो', यह धार्मिक पुनर्जागरण का संदेश था।

दयानंद सरस्वती तर्क के औजार लेकर धर्म के रण में कूदे थे। वे हिंदू धर्म की पौराणिक परंपराओं पर ही प्रहार नहीं करते, बल्कि जैन-बौद्ध, ईसाई और इस्लाम धर्मों से भी उग्र जिरह करते थे जो एक नई घटना थी। वे हिंदुओं की निम्न-धार्मिक प्रवृत्तियों को मिटाकर उनमें उच्च-धार्मिक प्रवृत्तियों की फिर से शुरुआत करना चाहते थे। यह धार्मिक पुनर्जागरण का एक रूप था। उनके काम कुछ सीमाओं के बावजूद सुधारवादी हैं।

दयानंद सरस्वती नवजागरण की संरक्षणवादी धारा के समाज सुधारक थे। वे वैदिक चिंतन और कर्मकांड का पुनरुत्थान चाहते थे। यह उनकी सबसे बड़ी शक्ति तथा सबसे बड़ी सीमा थी। उन्होंने वेदों की प्रशंसा करने के साथ ईसाइयों और मुसलमानों के धर्म की निर्मम आलोचना की। हमें उम्मीद नहीं करनी चाहिए कि नवजागरण के सभी समाज सुधारक बुद्धिवाद के एक ही लहरमान पर होंगे और सहिष्णु होंगे। उनके दौर में सहिष्णुता के तत्वों को कई तरफ से मिटाया जा रहा था। दयानंद के सामने हिंदू धार्मिक सुधार प्रधान मुद्दा था। फिर भी वे यह कहना नहीं भूलते कि वेद अपौरुषेय और ईश्वरीय रचना है। उनके लिए वेद ईश्वर की बुद्धिमत्ता के प्रतिरूप हैं। उन्होंने वेदों की प्रामाणिकता को चरम मानते हुए विकृत वर्ण व्यवस्था और जाति भेद का विरोध किया। वे जातिवाद के विरोधी नहीं थे, जाति-भेदभाव के विरोधी थे। उन्होंने स्त्रियों के आत्मसम्मान और उनके अधिकारों को मान्यता दी। दयानंद का विश्वास पुनर्जन्मवाद में था। इस मामले में विवेकानंद की भी समान राय थी।

दयानंद 'सत्यार्थ प्रकाश' के समापन (स्वमंतव्यामंतव्य प्रकाश) में कहते हैं, 'मेरा कोई नवीन कल्पना या मत-मतांतर चलाने का लेशमात्र अभिप्राय नहीं है, लेकिन जो सत्य है उसको मानना-मनवाना और जो असत्य है उसको छोड़ना और छुड़वाना मुझको अभीष्ट है।' इसके लिए वे बार-बार शास्त्रार्थ करने को, बहस करने को प्रवृत्त करते हैं, जो उत्तर भारत में कई सौ सालों

के बाद पनप रही एक नई प्रवृत्ति थी। यह भी स्पष्ट है कि उनके सत्य की सीमा वैदिक ग्रंथों, आर्यावर्त्त, (कर्मणा) वर्ण व्यवस्था और पुरुष-केंद्रिकता से बाहर नहीं निकल पाई थी, अर्थात— वे नए विचारों और नई कल्पनाओं से तटस्थ थे। वे यह जरूर कहते थे, 'मनुष्य उसी को कहना जो मननशील होकर स्वात्मवत अन्यों के सुख-दुख और हानि-लाभ को समझे। वह अन्यायकारी बलवान से भी न डरे। और धर्मात्मा निर्बल से भी डरता रहे।' (वही)। यह आदर्शवाद दयानंद सरस्वती में था, लेक़िन उनके 'अन्यों के सुख-दुख' में 'अन्यों' की समझ सीमित थी। वे जैसे धर्मात्मा की कल्पना कर रहे थे, वह धरती पर कभी आ नहीं पाया।

यह भी उल्लेखनीय है कि दयानंद सरस्वती देश या देशप्रेम के बारे में खुद कभी स्पष्ट तौर पर सोच नहीं सके, भले उनके द्वारा प्रतिष्ठित आर्य समाज में आगे चलकर बड़े-बड़े देशप्रेमी हुए। दयानंद का लक्ष्य दक्षिण भारत से अलग सिर्फ आयावर्त्त है जो उनकी नजरों में पारसमणि के समान है। वे कहते हैं, 'आर्यावर्त्त देश इस भूमि का नाम इसलिए है कि इसमें आदि सृष्टि से आर्य्य लोग निवास करते हैं, परंतु इसकी अवधि उत्तर में हिमालय, दक्षिण में विंध्याचल, पश्चिम में अटक (पंजाब) और पूर्व में ब्रह्मपुत्र नदी है।' (वही)। दयानंद में भारत की धारणा विकसित नहीं हो पाई थी। इसकी एक वजह उनकी राजनीति और राष्ट्रीय जागरण से उदासीनता है। वे सिर्फ वैदिक धर्म के प्रचार को लेकर चल रहे थे, हालांकि उनके हिंदू धार्मिक पाखंडों, अंधविश्वासों और मूर्ति पूजा के विरोध की उग्रता ने आगे चलकर बहुतों को उग्र साम्राज्यवाद-विरोध के लिए प्रेरित किया।

दयानंद ने विकृत हिंदू रीतियों का विरोध किया और खासकर विवाह की पद्धति में बड़ा सुधार किया। इसे सरल और बोधगम्य बनाया। यही वजह है कि आधुनिक मन के कई हिंदू भी आर्य समाज की विवाह पद्धति को अपनाने लगे। दयानंद कुरीतियों पर सवाल उठाते हुए तार्किक ढंग से प्रश्न करते थे, 'जब मृतक को श्राद्ध-तर्पण से अन्न, जल पहुँचता है तो परदेश में जानेवाले मनुष्य को मार्ग का खर्च, घर में बनी हुई रसोई का पत्तल परोस, लोटा भर के उसके नाम पर रख देने से क्यों नहीं पहुँचता?' (एकादश समुल्लास)।

उन्होंने श्राद्ध का विरोध किया, स्वर्ग-नरक की धारणा का विरोध किया। वे पुराणों और पौराणिक कथाओं का विरोध करते हैं उन्हें 'गपोड़ों की कथा' कहते हैं। रुद्राक्ष के संबंध में कहा, 'मूर्खता की बात है कि आंख के अश्रुपात से भी वृक्ष उत्पन्न होता है।' (वही)। वे लिखते हैं, 'सत्यार्थ न जानकर शैव, शाक्त, वैष्णवादि संप्रदायी लोग परस्पर एक-दूसरे की निंदा करते हैं।' (वही)। उनकी स्थापना है, 'जितने तंत्र और पुराण हैं, वेद-विरुद्ध होने से झूठे हैं।' यह असाधारण विद्रोह है, पर आर्य समाज हिंदू समाज से अंधविश्वासों को मिटाने में सफल नहीं हो सका, बल्कि 20वीं सदी के अंतिम दशकों तक आते-आते आर्य समाज के अधिकांश लोग हिंदू धर्म के पुराने अंधविश्वासों, पाखंडों और मूर्ति पूजा के समर्थक हो गए।

नवजागरण की विभिन्न धाराओं ने अपने-अपने धरातल से रूढ़िवादी हिंदू धर्माचार्यों और पाखंडों का विरोध किया था। यह समान निशाना ही उन सभी धाराओं के प्रवक्ताओं को एक बृहत्तर आंदोलन का हिस्सा बनाता है। हिंदू धर्म की नई व्याख्याओं से रूढ़िवादी धर्माचार्य घबराए हुए थे, लेकिन उनकी ताकत घटी नहीं थी। यही वजह है कि लोकतंत्र के दुरुपयोग के बाद 21वीं सदी में वे रूढ़िवादी ही धर्म की परिभाषा देने लगे और पाखंडों का पुनरुत्थान हुआ। गणेश के सिर को प्लास्टिक सर्जरी कहा गया। गाय के गोबर से परमाणविक विकीरण से रक्षा पर शोध करने के एकेडेमिक सुझाव आए!

दयानंद सरस्वती ने बड़ी दृढ़ता से वैचारिक संघर्ष किया था। उत्तर भारत में उनकी दार्शनिक विजय यात्रा धर्म के गढ़ काशी पहुंची। सनातनी धर्माचार्य उन्हें चारों खाने चित कर देना चाहते थे। वे अपने सनातन के अहंकार में डूबे हुए थे। 17 नवंबर 1869 को काशी में दयानंद सरस्वती से काशी नरेश के बगीचे में ऐतिहासिक शास्त्रार्थ हुआ। काशी के पंडित ताराचरण को लगभग 300 दूसरे पंडितों के साथ दयानंद का मुकाबला करने के लिए नियुक्त किया गया था। प्रसिद्ध अद्वैत वेदांती विशुद्धानंद गौड़स्वामी भी अपनी साधना छोड़कर पहुंच जाते हैं। बनारस के ब्राह्मणों तथा शिक्षित लोगों का वहाँ भारी जमावड़ा था। (विस्तृत विवरण के लिए इस पुस्तक में 'प्रति-नवजागरण की संरक्षणवादी परंपराएं' देखें)। काशी के पंडितों ने हल्ला गुल्ला करके दयानंद

को चुप कर दिया था। काशी नरेश ने अचानक घोषित कर दिया कि दयानंद की पराजय हो चुकी है। सनातन पंथ और संरक्षणशील सुधारवादी चेतना के बीच संघर्ष की यह उल्लेखनीय घटना सामंती मिलीभगत का भी उदाहरण है।

दयानंद के साथ उनके बहुत थोड़े शिष्य थे। वे एक नई चेतना के प्रचार के लिए निकले थे। रूढ़िवादी सनातन-पंथियों द्वारा प्रति-आक्रमण के बावजूद, कई हिंदुओं में सुधारवादी चेतना के प्रति उत्सुकता थी। हालांकि उत्तर भारत के रूढ़िवाद ने छल-बल-कल से अपने गढ़ सुरक्षित रखे। बनारस के राजा काशी के पंडितों के पक्ष में थे। इसलिए धार्मिक रूढ़िवाद की संपूर्ण ताकत के सामने दयानंद सरस्वती का अकेले खड़ा होना एक अनोखी बात थी। उनकी भर्त्सना करते हुए एक साथ सभी पंडितों ने जो शोर मचाया, वह आहत सर्पों की फुफकार के समान था। इससे दयानंद थके नहीं। उन्होंने अपने तर्क के पक्ष में काशी के पंडितों के पास लिखित जवाब भेजा। (लाजपत राय, हिस्ट्री ऑफ आर्य समाज 1914)। काशी से वह इलाहाबाद चले गए, जहाँ लगे मेला में उन्होंने अपनी नई धार्मिक दृष्टि का प्रचार जारी रखा। काशी के शास्त्रार्थ में उनकी पराजय के संबंध में हिंदू रूढ़िवादियों ने कई किस्से गढ़े और फैलाए थे।

दयानंद ने 'सत्यार्थ प्रकाश' (1882) में पारिवारिक, सामाजिक और धार्मिक जीवन में सुधार लाने के नए-नए सुझाव दिए। यह भी कहा, 'सभी प्रकार की हस्तकला-यंत्रकला सीखें। परंतु जितने ग्रह, नक्षत्र, जन्मपत्री, राशि-मुहूर्त आदि फलविधायक ग्रंथ हैं, उनको झूठ समझकर कभी न पढ़ें और पढ़ावें' (तृतीय समुल्लास)। इसी युग में भारतेंदु हरिश्चंद्र ने भी लिखा था, 'देश-विदेश से नई-नई विद्या और कारीगरी आई। तुमको उस पर भी वही उल्टी-सीधी बातें, भांग के गोले, ग्राम गीत, वही बाल्य विवाह, भूत-प्रेत की पूजा, जन्मपत्री की विधि!' दयानंद के ठीक विपरीत, भारतेंदु तदीय नामांकित वैष्णव थे, राधा-कृष्ण की युगल मूर्ति के उपासक थे और लंबे समय तक दयानंद सरस्वती के आलोचक भी थे।

दयानंद सरस्वती में वैचारिक दृढ़ता थी। उनकी अपनी मान्यताएं थीं। वे जब कलकत्ता आए, उन्होंने रामकृष्ण परमहंस से मिलने में संकोच नहीं किया, जो मूर्तिपूजक थे। दयानंद ब्रह्मसमाजी केशवचंद्र सेन से प्रेमपूर्वक मिले

और मतभेदों को आड़े आने नहीं दिया। उन्हें केशवचंद्र सेन ने हिंदी में अपने विचारों का प्रचार करने का सुझाव दिया था। उनका संबंध दक्षिण भारत की 'थियोसोफिकल सोसाइटी' से भी था, जिसने हिंदुओं के कुछ धर्मग्रंथ संस्कृत में प्रकाशित किए थे और आगे चलकर एनी बेसेंट भी इस समाज से जुड़ी थीं। दयानंद ने बाद में सोसाइटी से अपना संबंध तोड़ लिया। उन्होंने सूरत (गुजरात) जिले में दुर्गाराम मेहता और नर्मद के साथ मिलकर मूर्तिपूजा के विरोध और वैदिक धारणाओं के प्रचार के लिए सभा की थी। अंततः उन्होंने 1875 में आर्य समाज की स्थापना बंबई में की, जहां उनका जुलूस कट्टर हिंदुओं के उत्पात की आशंका से फुले के दलित स्वयंसेवकों के संरक्षण में निकला था।

आर्य समाज का प्रसार खासकर पंजाब, दिल्ली और पश्चिमी उत्तर प्रदेश के कुछ इलाकों के विशिष्ट मध्यवर्गीय हिंदू परिवारों तक सीमित था। इसने स्वाधीनता आंदोलन को अनेक बड़े नेता दिए। इसने कई हिंदी लेखकों को प्रभावित किया। इससे पता चलता है कि हिंदी समाज की जड़ता को एक हद तक तोड़कर उसे गतिशील बनाने में इसकी एक बड़ी भूमिका थी। हिंदी क्षेत्र में उस समय जितने संगठन बने, उनमें सबसे अधिक तेजी से आर्य समाज की सदस्य संख्या बढ़ी। लोकप्रिय पौराणिक कथाओं – राम, कृष्ण, शिव में परंपरागत हिंदू आस्था के एकदम विपरीत ध्रुव पर खड़ा होकर आर्य समाज का जनप्रियता हासिल कर लेना, भक्ति पर तर्क की प्रबलता और आस्था का एक हद तक बुद्धिवादीकरण साबित करता है कि हिंदी समाज क्रांतिकारी विद्रोहों का अभिनंदन कर सकता है, यदि ये मूलोच्छेदवादी न हों और प्रयासों में एक बुनियादी ईमानदारी हो।

प्रेमचंद ने आर्य समाज द्वारा लाहौर में आयोजित आर्य भाषा सम्मेलन में भाषण दिया था और आर्य समाज की सराहना की थी। उनका भाषण उर्दू और हिंदी की एकता, हिंदू और मुसलमानों के बीच प्रेम और प्रांतीयता की जगह 'हिंदुस्तान हिंदुस्तानियों के लिए' की आवाज पर केंद्रित था। लेकिन अपने भाषण में उन्होंने आर्य समाज पर भी चर्चा की, 'आर्य समाज को जितनी धार्मिक संस्था समझता हूं, उतनी ही तहजीबी संस्था समझता हूं।

बल्कि आप क्षमा करें तो कहूँगा कि उसके तहजीबी कारनामे उसके धार्मिक कारनामों से ज्यादा प्रसिद्ध और रोशन हैं। आर्य समाज ने साबित कर दिया है कि समाज की सेवा ही किसी धर्म के सजीव होने का लक्षण है। ...कौमी जिंदगी की समस्याओं को हल करने में उसने जिस दूरंदेशी का सबूत दिया है, उस पर हम गर्व कर सकते हैं। हरिजनों के उद्धार में सबसे पहले आर्य समाज ने कदम उठाया, लड़कियों की शिक्षा की जरूरत सबसे पहले उसने समझी। वर्ण व्यवस्था को जन्मगत न मानकर कर्मगत सिद्ध करने का सेहरा उसके सिर है। जाति-भेदभाव और खानपान के छूतछात और चौके-चूल्हे की बाधाओं को मिटाने का गौरव उसी को प्राप्त है। ...अंधविश्वासों और धर्म के नाम पर किए जानेवाले हजारों अत्याचारों की कब्र उसने खोदी, हालांकि वह मुर्दे को दफन न कर सका और अभी तक उसकी जहरीली दुर्गंध उड़-उड़कर समाज को दूषित कर रही थी।' (कुछ विचार)। आर्य समाज ने उपर्युक्त कार्यों के अलावा शिक्षा में गणित, विज्ञान, समाजशास्त्र आदि पर जोर दिया था। कई डी ए वी स्कूल और गुरुकुल खुले जहां हिंदी माध्यम से आधुनिक शिक्षा दी जाने लगी।

1914 के प्रथम विश्व युद्ध से लेकर गांधी के नेतृत्व में 1929-31 के दूसरे सत्याग्रह तक आर्य समाज की सामाजिक-राजनीतिक गतिविधियां अपने दायरे में खास तौर पर तेज थीं। उनसे प्रेमचंद प्रभावित थे। 1905 में उन्होंने एक बाल विधवा शिवरानी देवी से आर्य समाज की प्रेरणा से ही शादी की थी। वे स्वामी श्रद्धानंद का आदर करते थे। वे मानते थे, 'समाज के बौद्धिक धरातल को आर्य समाज ने जितना उठाया है, शायद ही भारत की किसी संस्था ने उठाया हो। ...गुरुकुलाश्रम को नया जन्म देकर आर्य समाज ने शिक्षा को संपूर्ण बनाने का महान उद्योग किया है। संपूर्ण से मेरा आशय उस शिक्षा से है जो सर्वांगपूर्ण हो, जिसमें मन, बुद्धि, चरित्र और देह सभी के विकास का अवसर मिले।' (वही)। प्रेमचंद जिस तरह कुछ समय तक आर्य समाज से प्रभावित थे, राहुल सांकृत्यायन भी थे। इसका अर्थ है, एक खास दौर के हिंदुओं के बौद्धिक मानस को उन्नत करने में आर्य समाज की एक भूमिका थी। बाद में उस गौरव से विच्छिन्न होकर आर्य समाज आपसी लड़ाई-झगड़ों और विभाजन का शिकार होकर कमजोर होता गया।

यह अंततः बुनियादी बुद्धिपरक आदर्शों से पीछे हट कर हिंदू पौराणिक संस्कृति के पाखंडों का शिकर हो गया। प्रेमचंद का अपने समय में ही आर्य समाज से मोहभंग हो गया था। उन्होंने 'मंत्र' शीर्षक एक कहानी लिखी, जिसमें आर्य समाज के शुद्धि आंदोलन का मखौल है।

दयानंद सरस्वती एक ईश्वर को मानते थे और बहुदेववाद के विरोधी थे। वे पुरोहितवाद के विरोधी थे और कहते थे कि ईश्वर और भक्त के बीच किसी बिचौलिए की जरूरत नहीं है। उन्होंने 'ब्रह्म वाक्यं जनार्दनः' के ब्राह्मण वर्चस्व को नहीं माना। वे हिंदू धर्म में पनपी उत्तर-वेदकालीन सामाजिक बुराइयों के प्रचंड विरोधी थे। उन बुराइयों में एक है स्त्रियों और शूद्रों को शिक्षा से वंचित करना। दयानंद सरस्वती कहते हैं, 'स्त्री और पुरुष, अर्थात मनुष्य मात्र को पढ़ने का अधिकार है। तुम कुएं में पड़ो, यह श्रुति तुम्हारी कपोलकल्पना हुई, किसी प्रामाणिक ग्रंथ में नहीं है।' (सत्यार्थ प्रकाश, तृतीय समुल्लास)। उन्होंने यजुर्वेद (26.2) से उद्धरण देकर स्पष्ट किया कि ईश्वर ने ब्राह्मण, क्षत्रियों और वैश्यों के अलावा शूद्रों, अति-शूद्रों, स्त्री आदि सभी के लिए वेदों का प्रकाश किया है। वे तर्क देते हैं, 'जो परमेश्वर का अभिप्राय शूद्रादि को पढ़ाने-सुनाने का न होता तो इनके शरीर में वाक और श्रोत इंद्रियां क्यों रचता।' (वही)। इस तरह वे रामायण में किसी समय शामिल की गई शंबूक के वध की कथा का विरोध करते हैं।

19वीं सदी के धार्मिक सुधार अतीत के किसी न किसी क्लासिकल ग्रंथ को प्रामाणिक मानकर चलते थे, क्योंकि भारत के आम लोग एकदम नई बातों को स्वीकार करने के लिए तैयार नहीं थे। ऐसा ही उनका मानसिक गठन रहा है। वे प्राचीन बुराइयों से जकड़े हुए थे, लेकिन प्राचीन काल की जीवंत सांस्कृतिक विरासत की अच्छाइयों से विच्छिन्न कर दिए गए थे।

दयानंद सरस्वती स्त्री शिक्षा पर बल देते हुए यह भी कहना चाहते हैं कि यदि स्त्रियां शिक्षित नहीं होंगी तो अध्यापिका कैसे होंगी, राजकार्य में कैसे हिस्सा लेंगी और न्यायाधीश आदि कैसे बनेंगी। वेदकालीन समय में स्त्रियों की अच्छी दशा थी, इससे उनके स्त्री शिक्षा के तर्क को प्राचीन आधार मिला। निश्चय ही वे पितृसत्तात्मक मानसिकता से पूरी तरह मुक्त नहीं थे।

इसलिए वे 'घर के सब काम स्त्री के अधीन रहने' की व्यवस्था देते हैं, हालांकि यह भी कहते हैं कि स्त्री पति को प्रसन्न रखे तो पति भी स्त्री को प्रसन्न रखे। ऐसे विचारों ने 19वीं सदी की रूढ़िवादी पारिवारिक व्यवस्था पर सीमित ही सही चोट की थी और एक समय हिंदू शिक्षित वर्गों को आर्य समाज की तरफ आकर्षित किया था।

दयानंद सरस्वती ने धार्मिक पॉलिमिक्स के उद्देश्य से इस्लाम के अलावा ईसाई धर्म की कटु आलोचना की। उनका यहाँ धार्मिक विद्वेष प्रतिध्वनित होता है। दयानंद पश्चिम के लोगों की इन बातों के प्रशंसक थे—'यूरोपीयनों में बाल्यावस्था में विवाह न करना', 'लड़का-लड़की को विद्या-सुशिक्षा करना-कराना', 'स्वयंवर विवाह होना' (अर्थात लड़की की मर्जी का महत्व होना) और 'बुरे-बुरे आदमियों का उपदेश न होना' (अर्थात नासमझ और विकृत दिमागवालों का धार्मिक उपदेश न होना)। (एकादश समुल्लास)। वे यूरोपीयनों की लोकतांत्रिक प्रवृत्ति के संबंध में कहते हैं, 'वे विद्वान होकर किसी के पाखंड में नहीं फँसते। जो कुछ करते हैं, परस्पर विचार और सभा से निश्चित करके करते हैं। अपनी स्वजाति की उन्नति के लिए तन-मन-धन व्यय करते हैं। आलस्य को छोड़ उद्योग किया करते हैं। देखो, अपने देश के बने जूते को आफिस और कचहरी में जाने देते हैं, इस देशी जूते को नहीं।' (वही)। दयानंद सरस्वती ने हिंदुओं के जीवन में पैठी बुराइयों की ओर संकेत किया। इस पर भी ध्यान जाना चाहिए कि उन्होंने पश्चिम के लोगों के संदर्भ में 'स्वजाति की उन्नति' कहा। उनकी वितृष्णा भारत में ईसाई धर्म प्रचार के संदर्भ में थी। इस पर जरूर ध्यान जाता है कि वे अपने देश के संदर्भ में धर्म और आर्यावर्त क्षेत्र से ऊपर उठकर स्वजाति की उन्नति (राष्ट्रीय उन्नति) नहीं कह सके, जबकि यह धारणा अपनी राजनीतिक चेतना के कारण 19वीं सदी के कई साहित्यकारों ने उपस्थित कर दी थी।

दयानंद सरस्वती की सीमाएं

दयानंद सरस्वती का लक्ष्य व्यापक राष्ट्रीय एकता न होकर सभी हिंदुओं को आर्य समाजी बनाना था, उनमें धार्मिक एकता स्थापित करना था। उन्होंने कहा भी है, 'जब तक एक मत, एक हानि-लाभ, एक सुख-दुख परस्पर न

मानें तब तक उन्नति होना बहुत कठिन है। लेकिन केवल खाना-पीना ही एक होने से सुधार नहीं हो सकता। किंतु जब तक बुरी बातें न छोड़ते और अच्छी बातें नहीं करते, तब तक बढ़ती के बदले हानि होगी।' (नवम समुल्लास)। वे भौतिक उन्नति के लिए धार्मिक सुधार और एकरूपता जरूरी मानते थे। आगे कहते हैं, 'आपस की फूट, मतभेद, ब्रह्मचर्य का सेवन न करना, विद्या न पढ़ना-पढ़ाना या बाल्यावस्था में अस्वयंवर विवाह, विषयासक्ति, मिथ्या भाषण आदि कुलक्षण हैं, वेदविद्या का अपप्रचार आदि कुकर्म्य हैं। जब आपस में भाई-भाई लड़ते हैं, तभी तीसरा विदेशी आकर पंच बन बैठता है।' उनका 'विदेशी' का अभिप्राय सिर्फ अंग्रेजों से नहीं था, मुसलमानों से भी था। उल्लेखनीय है कि इसी दृष्टिकोण की वजह से कई लोगों ने दयानंद सरस्वती के धार्मिक सुधारों के समर्थन में होते हुए भी राष्ट्रीय जागरण के नए दौर में आर्य समाज की 'विदेशी' की धारणा और धार्मिक विद्वेषपूर्ण विचारों से दूरी बना ली। यह भी घटित हुआ कि आर्य समाज हिंदू एकता न ला सका। बल्कि पुरानी रूढ़ियों, पाखंडों और मूर्ति पूजा के पोषक कट्टर हिंदुत्व ने आर्य समाज को ही आत्मसात कर लिया। मूर्ति पूजा के विरोधी भी मूर्ति पूजक हो उठे।

दयानंद उग्र ढंग से कहते थे, 'वेद सत्य अर्थ का प्रतिपादक है। इसके विरुद्ध जितने तंत्र और पुराण हैं, वेद-विरुद्ध होने से झूठे हैं। उनमें कही हुई मूर्तिपूजा भी अधर्म रूप है। मनुष्यों का ज्ञान जड़ की पूजा से नहीं बढ़ सकता, किंतु, जो कुछ ज्ञान है, वह भी नष्ट हो जाता है। इसलिए ज्ञानियों की सेवा-संग से ज्ञान बढ़ता है, पाषाण आदि से नहीं। क्या पाषाणादि मूर्तिपूजा से परमेश्वर को ध्यान में कभी लाया जा सकता है? नहीं-नहीं, मूर्तिपूजा सीढ़ी नहीं किंतु एक बड़ी खाई है ...करोड़ों रुपये मंदिरों में व्यय करके दरिद्र होते हैं। ...ठगों से ठगाते रहते हैं।' (एकादश समुल्लास)। मूर्तिपूजा तर्क से टिक नहीं सकती थी, लेकिन करोड़ों लोगों की आस्था से बाहर भी नहीं निकल सकती थी। वास्तविकता यह है कि हिंदू आस्था और सृजनात्मक कल्पना के संगम से देवकथाओं को केंद्र में रखकर सैकड़ों उत्कृष्ट साहित्यिक-कलात्मक कृतियां सामने आईं, जबकि हिंदू आस्था और राजनीतिक कट्टरता के मेल ने देवकथाओं को जहर में बदल दिया।

दयानंद सरस्वती वेदों को मानते थे, लेकिन वेदांत की आलोचना करते थे, 'ब्रह्म में लय होना समुद्र में डूब मरना है। ...जीवन मुक्त होकर भी अल्पज्ञ और परिमिति गुण-स्वभाव वाला रहता है, परमेश्वर के सदृश कभी नहीं होता।' (नवम समुल्लास)। वेदांत कहता है, मनुष्य ईश्वर का अंश है—'अहं ब्रह्मास्मि'। वह दार्शनिक स्तर पर मनुष्यों के बीच भेदभाव नहीं करता और न मनुष्य की श्रेष्ठता को सीमित करता है। वह धार्मिक कर्मकांड को प्रधानता नहीं देता। दयानंद का दृष्टिकोण वेदांत से भिन्न है और मुख्यतः एक ईश्वर की धारणा तथा वैदिक कर्मकांड तक सीमित है।

दयानंद सरस्वती जन्मना वर्ण-व्यवस्था की धारणा के समर्थक थे जो वस्तुतः समाज में सैकड़ों साल पहले मिट चुकी थी। आमतौर पर यह धारणा जातिवाद के पोषकों के लिए एक सांस्कृतिक मुखौटा थी। दयानंद जातिभेद को ईश्वरकृत मानते थे, 'मनुष्यों में ब्राह्मण, क्षत्रिय, वैश्य, शूद्र, अंत्यज जातिभेद हैं, ईश्वरकृत हैं।' (एकादश समुल्लास)। आर्य समाज सभी जातियों के बीच सामाजिक सौहार्द के पक्ष में रहा है, पर उसका सुधारवाद साथ में खान-पान तक सीमित है। यदि सभी आर्य हैं, श्रेष्ठ हैं तो फिर नए युग में जातिवाद का विरोध क्यों नहीं, पोषण क्यों? रोटी के साथ बेटी का संबंध क्यों नहीं?

भारत में जातिवाद के न मिट पाने की एक बड़ी वजह उदारवाद में सच्चाई का अभाव है, सुधारों का अधूरापन है। ऊपर से आधुनिक या प्रगतिशील दिखकर भीतर जातिवाद से भरा होना आम बात है। लोगों को लगता है कि विपत्ति या किसी जरूरत के समय कोई नहीं सिर्फ जाति-बिरादरी के लोग ही उसके साथ खड़े होंगे। यह इसका भी सबूत है कि भारतीय राष्ट्रीयता या लोकतंत्र उनके विश्वास में शामिल नहीं हो पाया। ऐसे हालात में जो जाति तोड़ चुके होते हैं, वे बड़ी करुण असहायता का अनुभव करते हैं। दरअसल जातिवाद प्रतिभाओं को कुचलता रहा, योग्यताओं को दबाता रहा और कंकड़ों को हीरे की तरह चमकाता रहा— इस तरह देश का भट्ठा बैठता गया। सुधार आंदोलन की छाप धूमिल होती गई।

उल्लेखनीय है कि दयानंद सरस्वती ने द्रविड़ों और दक्षिण भारत पर कभी सकारात्मक चर्चा नहीं की। ऐतिहासिक तथ्यों की कम जानकारी, राजनीतिक

चेतना के अभाव और साधारणतः चार वेदों के बाहर कुछ न देखने के कारण आर्य को वे एक नस्ल के रूप में देख रहे थे। भारत में नस्लीय सम्मिश्रण की प्रक्रिया हजारों साल पहले पूरी हो चुकी थी। यह सिर्फ यूरोपीय विद्वानों की औपनिवेशिक कारीगरी थी कि वे आर्य-द्रविड़ संघर्ष की काल्पनिक धारणा का प्रचार कर रहे थे। इसका प्रभाव तमिल लोगों पर पड़ा। उत्तर भारत में प्रचार कर रहे दयानंद सरस्वती पर भी पड़ा। वे 'आर्य' और 'दस्यु' दो कोटियां समझते थे और 'आर्यावर्त' को भारत मानते थे!

दयानंद ने उपनिषद का जितना गहरा अध्ययन किया हो, कुछ मायनों में प्रगतिशील होते हुए भी, उन्होंने भारत की सांस्कृतिक परंपराओं को पर्याप्त अखंडता में और आलोचनात्मक समावेशिकता के साथ नहीं देखा। उनकी खंडनपरकता अतिवादी थी। इसने कई अच्छी परंपराओं पर भी निर्ममतापूर्वक प्रहार किया। वे जब त्यागने योग्य ग्रंथकारों और ग्रंथों की सूची पेश करते हैं तो उसमें माघ, कालिदास का रघुवंश, कबीर और तुलसी को भी ऐसे शामिल कर लेते हैं, जैसे ये भूसा हों। वह इन सबमें कुछ भी सकारात्मक नहीं पाते, जिस तरह वेदों में कुछ भी नकारात्मक नहीं देखते। वे मुसलमानों और ईसाइयों की हिंस्र आलोचना करते हैं और अपने को हिंदू की जगह 'आर्य' कहते हैं। अतीत की प्राचीन विद्या का ऐसा गुण गाते हैं, मानो वह अटल सूर्य हो। वह दक्षिण भारत को नकारते हुए पुनरुत्थानवादी दंभ भी व्यक्त करते हैं, 'जब तक आर्यावर्त देश से शिक्षा नहीं गई थी, तब तक मिस्र, यूनान और यूरोप के देश आदि के मनुष्यों में कुछ भी विद्या नहीं हुई थी।' (सप्तम समुल्लास)। दयानंद के धार्मिक सुधार की विडंबना उस समय स्पष्ट हो जाती है, जब वे अपनी कई सामाजिक-राजनीतिक मान्यताओं का आधार 'मनुस्मृति' को बनाते हैं। यह ग्रंथ मूर्तिपूजक पुरोहित वर्गों का एक प्रमुख आधार ग्रंथ रहा है। दरअसल एक सतत प्रवाहित नदी से जल लेकर भी दयानंद ने अपने चारों तरफ एक तालाब बना लिया था।

दयानंद सरस्वती की सामाजिक स्थिति को दमनमूलक और विभेदकारी उपनिवेशवाद के संदर्भ में समझने की जरूरत है। वे राजनीतिक स्तर पर अंग्रेजी राज से संघर्ष न कर रहे हों, पर ईसाई धर्मांतरण से लड़ रहे थे।

कई जगहों पर ईसाई धर्मांतरण को लेकर पैदा हुई चिंता मुख्य प्रेरक थी। अंग्रेजी राज से संघर्ष के लिए ऐसी आत्मरक्षात्मक प्रवृत्ति अफ्रीकी और लैटिन अमेरिकी देशों में भी देखने को मिलती है।

भारत से एक उदाहरण नगा आध्यात्मिक-राजनीतिक नेता रानी गैदिनलियु (1915-1993) है। उन्होंने किशोरावस्था में अपने जनजातीय धार्मिक गौरव के पक्ष में नगालैंड में अंग्रेजों के विरुद्ध संघर्ष का नेतृत्व किया था। 16 साल की उम्र में वे जेल में बंद कर दी गईं। यह उदाहरण इसलिए है कि ईसाई धर्म प्रचार और उपनिवेशवाद के विरुद्ध खड़ा होने के लिए रूढ़ियों के बावजूद जनजातीय धार्मिक गौरव एक प्रेरणा शक्ति का काम करता है। हम बिरसा मुंडा (1875-1900) का उदाहरण भी ले सकते हैं, उनका स्वाधीनता संघर्ष जनजातीय धार्मिक गौरव और पहचान के लिए था। वे अंग्रेजों से 1895 से 1900 तक जमकर लड़े। निश्चय ही आदिवासियों के नवजागरण को जनजातीय धार्मिक गौरव और पहचान से काटकर नहीं देखा जा सकता, भले उनका ईसाईकरण बड़े पैमाने पर हुआ। ईसाईकरण के बावजूद आदिवासियों ने अपनी कई पुरानी परंपराओं को नहीं छोड़ा।

दयानंद सरस्वती के आर्य समाज की तुलना जनजातीय नवजागरण से नहीं की जा सकती। वे एक भिन्न सामाजिक भूमि पर काम कर रहे थे, जहां भिन्न तरह के दायरे और वर्चस्व थे। इस बिंदु पर सिर्फ यह ध्यान में रखने की जरूरत है कि आर्य समाज की संकल्पना को उस युग के ईसाईकरण, दमनमूलक और विभेदकारी उपनिवेशवाद और पैन-इस्लामवाद के उभारों से विच्छिन्न करके नहीं देखा जा सकता। वस्तुतः आर्य समाज एक जटिल ऐतिहासिक समय का धार्मिक उत्पादन है। उस जमाने की संपूर्ण धार्मिक पॉलिमिक्स का मुख्य निर्माता उपनिवेशवाद है, जिसके कुफल आज ज्यादा स्पष्ट हैं।

दयानंद सरस्वती के सुधार आंदोलन का हिंदी क्षेत्र पर कुछ प्रभाव था, खासकर शिक्षित लोगों के बीच। बृहद हिंदी इलाके के धार्मिक पिछड़ेपन को देखते हुए उनके कई विद्रोह भरे कार्यों और विचारों का महत्व है। आर्य समाज के कई विचारों से असहमति स्वाभाविक है, फिर भी सिर्फ वैदिक कट्टरवाद की वजह से आर्य समाज को खारिज नहीं किया जा सकता।

यह देखना निश्चय ही जरूरी है कि एक खास दौर में हिंदू-मुस्लिम विवाद में इसकी क्या भूमिका थी और आर्य समाज का प्रभाव क्यों सीमित होता गया।

दरअसल हिंदू समाज सुधार के कई मामलों में आर्य समाज के विद्रोही विचार थे, लेकिन इसका राष्ट्रीय दृष्टिकोण उस युग की धार्मिक विडंबनाओं का शिकार था। इसने शिक्षा और समाज सेवा के अलावा राष्ट्रीय स्वाधीनता आंदोलन में बड़ी भूमिका निभाई थी। मूर्तिपूजक बाल गंगाधर तिलक और मूर्तिपूजा के विरोधी लाजपत राय स्वाधीनता आंदोलन में साथ मिलकर लड़े थे।

1919-22 के स्वाधीनता आंदोलन के दौर में खिलाफत आंदोलन चला था। उस समय जब हिंदू और मुसलमान मिलकर अंग्रेजों से लड़ रहे थे, आर्य समाज के प्रमुख नेता स्वामी श्रद्धानंद दिल्ली की जामा मस्जिद में भाषण (1920) देने गए थे। उन्होंने सामाजिक सौहार्द की बात की थी। अलग बात है कि राष्ट्रीय कांग्रेस के पहले असहयोग आंदोलन का यह मेलजोल ज्यादा समय नहीं चला।

शुद्धि आंदोलन के नतीजे

दयानंद सरस्वती के बाद आर्य समाज के सबसे प्रभावशाली नेता स्वामी श्रद्धानंद ने असहयोग आंदोलन के अचानक वापस लेने के बाद 19वीं सदी के पंडित लेखराम से प्रेरणा लेकर 'शुद्धि आंदोलन' फिर शुरू कर दिया, ताकि जो मुसलमान धार्मिक विश्वास की सरहद पर हैं, धर्मांतरण करके उन्हें फिर हिंदू बनाया जाए। लीगी नेताओं ने इसके जवाब में 'तबलीग' शुरू किया। इसका उद्देश्य था ऐसे मुसलमानों को धार्मिक तौर पर अधिक शुद्ध मजहबी बनाना। दोनों तबकों ने राष्ट्रीय कांग्रेस से नाता तोड़ लिया था, हालांकि इतिहास कांग्रेस के साथ था। 'तंजीम' आंदोलन का मकसद था सभी मुसलमानों को एक छतरी के नीचे लाना। दूसरी तरफ, 1922 में आगरा में लगभग 5 लाख मलमाना राजपूत 'अखिल भारतीय क्षत्रिय सभा' का समर्थन पाकर मुसलमान से फिर (हिंदू) क्षत्रिय बने थे। उन्हें अपने पुराने धर्म के साथ अपनी जाति में भी लौटना था, क्योंकि इसके बाहर जगह नहीं थी।

शुद्धि आंदोलन ने हिंदू-मुस्लिम ध्रुवीकरण बढ़ा दिया। इस दौरान प्रचार किया गया कि अतीत में जबर्दस्ती मुसलमान बना लिए गए लोग फिर हिंदू बनाए जाएं। हालांकि धर्मांतरण के बाद हिंदू बने मुसलमान राजपूत यह शिकायत करते रहे कि हिंदू क्षत्रिय अपनी बेटियों की शादी उनके परिवार में नहीं करना चाहते, अर्थात— शुद्धि के बावजूद मन की फाँक नहीं गई। आर्य समाज में ऐसे कट्टर व्यक्ति भी थे, जो कई हिंदुओं को हिंदू नहीं मानते थे और उनकी भी शुद्धि की जरूरत बताते थे।

शुद्धि आंदोलन का एक समय काफी प्रचार था। यह विवादास्पद मामला बना हुआ था। मैथिलीशरण गुप्त के एक मित्र थे मुंशी अजमेरी। मैथिलीशरण गुप्त के कवित्व के विकास में इनका काफी योगदान माना जाता है। अजमेरी मुसलमान थे और हिंदुओं की आस्थाओं के प्रति श्रद्धा रखते थे। उनकी उदारता देखकर शुद्धि आंदोलनवालों ने उनसे कहा, 'मुंशी जी, आप शुद्ध होकर हिंदू हो जाइए। विचारों से आप हिंदू हैं ही।' अजमेरी ने गहरे दुख से पूछा, 'ऐसा मुझमें अशुद्ध क्या है जो मैं शुद्धि कराने जाऊं?' आर्य समाज में जिस तरह की कठोरता आ रही थी, कट्टर मुस्लिम संगठन भी उसी तेवर से सामाजिक सौहार्द बिगाड़ रहे थे। इसके बावजूद, भारतीय वास्तविकता यह है कि बड़ी संख्या में हिंदू और मुसलमान आपस में अलगाव महसूस नहीं करते थे।

एक घटना है, मैथिलीशरण गुप्त का विवाह संपन्न हुआ था। दूसरे दिन सभी खाने पर साथ थे, बस अजमेरी न थे। दूल्हा मैथिलीशरण पंगत से उठ गए, 'उनको साथ बैठाना होगा, अन्यथा मैं नहीं खाऊंगा।' अजमेरी साथ बैठाए गए। यह बंधुत्व का एक उदाहरण है, उस जमाने में ऐसे हजारों उदाहरण रहे हैं।

मैथिलीशरण गुप्त सनातनी हिंदू थे। उन्होंने चर्चित राष्ट्रवादी कृति 'भारत भारती' (1912) के बाद 'हिंदू' (1927) की रचना की। दोनों के शीर्षक पर गौर करना चाहिए। 'हिंदू' में 'भारत भारती' से भिन्न हिंदू पुनरुत्थानवाद का स्वर है। इसमें बताया गया है कि 'अपना गौरव और अपनी ख्याति' हिंदू जाति भूल गई है। हालांकि हिंदू उदारवाद का स्वर भी है, जैसे—'हिंदू न हो आप अनुदार/छोड़ो वे संकीर्ण विचार/...हिंदू धर्म कि मानव धर्म/है अभिन्न दोनों का मर्म/...हिंदू-मुसलमान की प्रीति/मेटें मातृभूमि की भीति।'

ये उदाहरण उस दौर के संक्रमणशील हिंदू जनमानस को समझने में सहायक हो सकते हैं। लक्षित किया जा सकता है कि मुस्लिम कट्टरवाद का असर हिंदुओं को संरक्षणशील बना रहा था, फिर भी उदारवाद का क्षय नहीं हो पा रहा था। उस जमाने में उदारवादी राष्ट्रीय जागरण ही प्रधान था।

आर्य समाज का शुद्धि आंदोलन मुसलमानों के धर्मांतरण तक सीमित न था। इसका विस्तार अस्पृश्यता निवारण के लिए भी हो रहा था। आर्य समाज के उग्र सदस्यों के प्रयास से 1922 में जातपात तोड़क मंडल बना, जबकि दयानंद जाति तोड़ने की जगह जाति-भेदभाव मिटाने की बात करते थे। आर्य समाज में इस मुद्दे पर एक ऊहापोह था। बी. आर. अंबेडकर ने मंडल का स्वागत किया था, जब जाति तोड़ने का यह अभियान लाहौर में शुरू हुआ था। उस जमाने में जाति तोड़कर विवाह करना एक बड़ा विद्रोह था। मंडल की देखरेख में ऐसे डेढ़ दर्जन विवाह हुए थे। 1931 में मंडल ने जन सर्वेक्षण के समय यह प्रचार किया था कि रायशुमारी में हिंदू अपनी जाति दर्ज न कराएं। आर्य समाज के संरक्षणवादी तत्वों को यह अभियान नहीं जँचा। इसके ऐतिहासिक लाहौर अधिवेशन में भाई परमानंद ने स्पष्ट घोषित कर दिया, 'जातपात तोड़क मंडल का उद्देश्य जाति प्रथा की समाप्ति नहीं है।' (डिकॉलोनाइजिंग हिंदू माइंड, कोएनार्ड एल्स्ट)। इससे हिंदू संगठनों को संतोष हुआ।

बी.आर. अंबेडकर जाति प्रथा की समाप्ति चाहते थे। आर्य समाज ने 1936 के अपने एक अधिवेशन में उन्हें आमंत्रित किया। लेकिन जब अंबेडकर ने अपने भाषण का पाठ भेजा, आर्य समाज ने आमंत्रण रद्द कर दिया। अंबेडकर कहना चाहते थे कि जाति प्रथा तभी मिट सकती है, जब उन धर्मग्रंथों से नाता तोड़ लिया जाए जिनमें इस प्रथा का महिमामंडन है। उन्होंने यह भी घोषित कर दिया था कि एक हिंदू के रूप में यह उनका आखिरी भाषण होगा, क्योंकि हिंदू धर्म में सुधार की कोई संभावना नहीं है!

आमतौर पर तीसरे-चौथे दशक में आर्य समाज और मुस्लिम संगठनों के बीच दूरी, तनाव और संघर्ष बढ़ते गए। मुसलमानों के धर्मांतरण, कुरान की निंदा और पैगंबर मुहम्मद की विवादपूर्ण आलोचना के कारण आर्य समाज के जिन प्रभावशाली नेताओं की हत्या हुई, उनमें श्रद्धानंद के अलावा नानकचंद भी थे।

पैगंबर साहब के सेक्स जीवन पर 'रंगीला रसूल' पुस्तिका लेखन में शामिल रहने की वजह से महाशय राजपाल की हत्या कर दी गई। दोषियों को फांसी की सजा जरूर मिली, पर कई मुस्लिम नेताओं द्वारा वे शहीद घोषित हुए। इन घटनाओं से समाज में धार्मिक विद्वेष और दंगों का विस्तार हुआ। धार्मिक पालिमिक्स पर ज्यादा जोर देने का सबसे बुरा असर सामाजिक सुधारों पर पड़ा। आमतौर पर इन चीजों को उस युग की समग्र औपनिवेशिक-धार्मिक स्थितियों में रखकर नहीं देखा जाता।

आर्य समाज स्वस्थ बहस खड़ा करने की जगह आंतरिक कलह में ज्यादा फँस गया। वह कठोर संरक्षणवदी सामाजिक परिवेश के कारण हिंदुओं से विच्छिन्न होता गया, उसका प्रसार रुक गया और बिखराव आने लगा। उसने सबसे महत्वपूर्ण कार्य शिक्षा के क्षेत्र में किया था। लेकिन शिक्षण संस्थान भी आपसी कलह और राजनीति के शिकार हुए। विश्व भर के लोगों को आर्य बनाने और उन्हें वेदों की छाया में लाने का सपना पूरा नहीं हुआ। फिर भी आर्य समाज को हिंदी क्षेत्र के एक बड़े सुधार आंदोलन के रूप में देखना उचित है। उसमें संरक्षणवाद और धार्मिक पॉलिमिक्स के बावजूद कई आधुनिक तत्व थे। आज बहुत से मूर्तिपूजक हिंदू अपनी पारिवारिक-सामाजिक विधियां आर्य समाजी पद्धति से संपन्न करते हैं, क्योंकि यह सरल, स्पष्ट और कम अवधि की होती है। दूसरे, आर्य समाजियों में सामान्यतः अब कोई मूर्तिपूजा-विरोधी नहीं रह गया है, वे प्रायः आत्मसात कर लिए गए हैं।

हिंदी प्रदेश का राष्ट्रीय जागरण और भारतेंदु हरिश्चंद्र

भारतीय नवजागरण बहुपरतदार है। इसमें कहीं सुधारवाद की प्रधानता है, कहीं राष्ट्रीय जागरण की, तो कहीं दलित चेतना की। पुनरुत्थान का स्वर किसी न किसी रूप में कहीं कम और कहीं ज्यादा हर जगह मौजूद है। हिंदी प्रदेश के नवजागरण को कैसे समझा जाए, यह चुनौती सदा रही है, क्योंकि उस पर नए-नए सवाल उठते रहे हैं। भारतेंदु हरिश्चंद्र (1850-85) हिंदी नवजागरण के प्रधान अग्रदूत माने जाते हैं। उन्होंने बांग्ला नवजागरण से प्रेरणा ली थी, लेकिन नवजागरण की उनकी रूप-कल्पना बांग्ला नवजागरण तक सीमित नहीं है।

हिंदी क्षेत्र में नवजागरण कितना घटित हुआ, इसे लेकर भी सवाल उठे हैं। फिर भी बिल्कुल साफ दिखता है कि अन्य भारतीय प्रांतों की तरह हिंदी क्षेत्र में भी 19वीं सदी में नए ढंग की शिक्षा और पत्रकारिता का उदय हो गया था। नई साहित्यिक गतिविधियों से एक नए युग की शुरुआत हो गई थी। हिंदी का भी जातीय नागरिक परिसर बनने लगा था।

भारतेंदु हरिश्चंद्र के युग में राजा शिवप्रसाद सितारेहिंद, बालकृष्ण भट्ट, प्रताप नारायण मिश्र, बदरी नारायण चौधरी 'प्रेमघन', ठाकुर जगमोहन सिंह, अंबिका दत्त व्यास, राधाचरण गोस्वामी आदि व्यक्तित्व थे, जो भारतेंदु हरिश्चंद्र की मृत्यु के बाद भी विविध ढंग से सक्रिय थे। इन सभी का हिंदी भाषा के विकास, शिक्षा, आधुनिक साहित्य की रचना और पत्रकारिता की उन्नति में महत्वपूर्ण योगदान है। कलकत्ता और कई हिंदी शहरों से समाचार-पत्र प्रकाशित होते थे जिनमें से कुछेक की अपनी विशेष भूमिका थी।

भारतेंदु हरिश्चंद्र ने हिंदी की उन्नति में ऐतिहासिक भूमिका निभाई। उनका साहित्य एक ऐसे काल की उपज है, जिसके एक छोर पर भारतीय किसानों तथा सिपाहियों का राष्ट्रीय विद्रोह है और दूसरे छोर पर ह्यूम के नेतृत्व में राष्ट्रीय कांग्रेस का जन्म। 1857 के राष्ट्रीय विद्रोह का स्वर अंग्रेजी राज के परिवर्तन का है। 1885 में उदित राष्ट्रीय कांग्रेस का स्वर अंग्रेजी राज के पूर्ण समर्थन के साथ राजनीतिक सुधारवाद का है। इस परिप्रेक्ष्य में भारतेंदु हरिश्चंद्र के साहित्य का मूल्यांकन करते समय सवाल खड़ा होता है कि उनका साहित्य 1857 की चेतना का विपर्यय है या उसका आधुनिक विकास। क्या भारतेंदु तद्युगीन राष्ट्रीय कांग्रेस के साम्राज्यपरायण सुधारवाद के करीब हैं? कहना न होगा कि भारतेंदु के देश-काल में राष्ट्रीय जागरण और सुधारवाद दोनों की प्रधानता थी।

भारतेंदु हरिश्चंद्र को 35 वर्ष की अल्पायु मिली थी। वे 1857 तथा 1885 की एक-दूसरे से भिन्न विचारधाराओं की संधि पर खड़े थे। जांचने की जरूरत है कि वे राजभक्ति और राष्ट्रीय भावना के द्वैध में थे या उपनिवेशवाद की आलोचना करते हुए वस्तुतः राष्ट्रीय जागरण की एक ऐसी व्यापक विचारधारा की ओर बढ़ रहे थे जिसका संबंध 19वीं सदी के सांस्कृतिक आत्मपहचान के संघर्ष से है।

1857 और भारतेंदु

1857 के राष्ट्रीय विद्रोह पर टिप्पणी करते हएु फ्लोरा एनी ने 'इंडिया थ्रू द एजेज' (1908) में लिखा है, 'यह बहुत कुछ कृषकों के शांत तथा स्थिर जीवन में जागरण लाने की कोशिश थी। देशी लोगों के जीवन तथा नए शासकों (अंग्रेज) के बीच जहाँ भी टकराहट हुई, अशांति पैदा हुई। खैर, यह विद्रोह असफल हुआ।' अंग्रेज इतिहासकार फ्लोरा एनी ने अपनी बौद्धिक सीमा में 1857 के महान विद्रोह को राष्ट्रीय जागरण तथा दो परंपराओं की टकराहट के रूप में देखा था। मार्क्स ने मुख्यतः हिंदी प्रदेश में घटित 1857 के विद्रोह को राष्ट्रीय विद्रोह के रूप में देखा, जबकि कई भारतीय इतिहासकारों की नजर में यह विद्रोह एक गद्दारी है। यह भी कहा गया कि इसके सफल होने पर भारत पिछड़ जाता।

भारतीय नवजागरण की एक धारा अगर साम्राज्यवादी प्रभुत्व के अधीन आधुनिकता की है तो दूसरी धारा साम्राज्यवादी प्रभुत्व से अपनी सीमा में टकराते हुए राष्ट्रीय आधुनिकता की है। एक को एकांगी नवजागरण तथा दूसरे को समग्र नवजागरण कहा जा सकता है। नवजागरण की दूसरी धारा शैक्षिक-सामाजिक सुधारों के साथ राष्ट्रवादी जागरण के तत्वों को भी लेकर चल रही थी। यह अतीतवादी नहीं थी, बल्कि इसने रूढ़ अतीत को केंचुल की तरह उतार फेंकना शुरू कर दिया था।

1857 के प्रथम राष्ट्रीय विद्रोह की महान उपलब्धियों से जाहिर है कि साम्राज्यवाद तथा राष्ट्रीय भावना की टकराहट से जन्मी नवजागरण की धारा में हिंदू, मुसलमान तथा सिक्खों के बीच सांप्रदायिक सौहार्द, उच्च-निम्न जातियों की एकता और राजनीतिक मुक्ति के तत्व प्रचुर परिमाण में थे। देशप्रेमी किसानों तथा सिपाहियों ने प्रतिकूलताओं के बीच राजनीतिक और सैनिक दृष्टि से एक अधिक चतुर जाति से जिस तरह मुठभेड़ किया और कुछ समय के लिए देश के कुछ हिस्सों से अंग्रेजी शासन को लगभग उखाड़ फेंका, देखकर लगता है कि उनका मूल लक्ष्य भारतीय जनता को जगाना था और अंग्रेजों को दहलाना था। निश्चय ही आजादी हासिल करने की क्षमता उनमें किसी प्रकार नहीं थी।

1857 के विद्रोह ने बंगाल में राजा राममोहन राय के समय से शुरू हुए नवजागरण को एक नया स्तर प्रदान किया, क्योंकि भारतीय संदर्भ में नवजागरण का अर्थ साम्राज्यवाद के प्रति सम्मोहन नहीं हो सकता था। राममोहन राय के साम्राज्यवाद की तरफ झुके नवजागरण की उपलब्धियों को नकारे बिना, 1857 के विद्रोह से नवजागरण की अंतर्वस्तु किस प्रकार विकसित हुई, यह समझने की जरूरत है। इसके लिए भारतेंदु हरिश्चंद्र के साहित्य का अध्ययन जरूरी है।

भारतेंदु हरिश्चंद्र ने हिंदी नवजागरण को एक बृहत्तर भारतीय परिप्रेक्ष्य दिया था। उनके एक नाटक का शीर्षक है 'भारत दुर्दशा' (1875), जो सबूत है अंग्रेजी राज को 1857 के परिप्रेक्ष्य में देखने का। उनके युग में 'भारत दुर्दशा' और 'भारत जननी' नाटकों का जो सिलसिला शुरू हुआ, वह मैथिलीशरण गुप्त की 'भारत भारती' (1912) तक जारी था। यह हिंदी क्षेत्र के नवजागरण का सामाजिक रेंज बताता है।

1885 की विचारधारा से जुड़े बुद्धिजीवियों ने 1857 के राष्ट्रीय विद्रोह को नकार कर इसे राजद्रोहमूलक सिपाही विद्रोह माना। भारतेंदु मंडल के एक प्रमुख साहित्यकार बदरी नारायण चौधरी 'प्रेमघन' (1855-1923) ने 'भारत दुर्दशा' के जवाब में 'भारत सौभाग्य' (1888) लिखा और अंग्रेजी राज को भारत का सौभाग्य कहा। इस नाटक में 1857 के विद्रोहियों की निंदा है। भारतेंदु ने अपने 'अंधेर नगरी' जैसे प्रहसनात्मक और फंतासीप्रधान नाटकों में ब्रिटिश साम्राज्यवादी व्यवस्था को निर्ममता से उघाड़ा था। उन्होंने भारत की असह्य पीड़ा की कहानी सुनाई थी, जबकि प्रेमघन ने अपने नाटक में ब्रिटिश राज की जरा भी आलोचना नहीं की, बल्कि उसे देश में शांति और सुव्यवस्था स्थापित करनेवाले पात्र के रूप में उपस्थित करते हुए दिखाया कि सैकड़ों वर्षों के दमन के बाद देश ने अब राहत की सांस ली है। नाटक में बहादुरशाह तथा नाना साहब को अंग्रेजों द्वारा दंडित किए जाने का समर्थन है, बल्कि नाना साहब को आर्य जाति के उज्ज्वल इतिहास का कलंक कहा गया है। स्मरण रहे कि यह नाटक राष्ट्रीय कांग्रेस की इलाहाबाद में आयोजित चौथी महासभा (1888) में प्रतिनिधियों के समक्ष मंचित करने के लिए लिखा गया था और महासभा के अध्यक्ष को समर्पित था। इससे 1857 के प्रति एक प्रमुख रुझान का पता चलता है और इसका भी कि यह 1857 की चेतना का किस हद तक विपर्यय है।

भारतेंदु मंडल के जाने-माने साहित्यकार प्रेमघन जिस तरह औपनिवेशिक आधुनिकता और औपनिवेशिक उदारवाद के गहरे असर में थे, भारतेंदु हरिश्चंद्र नहीं थे। वे राजभक्त परिवार से आए होने के बावजूद उनके असर से बाहर निकल रहे थे। भारतेंदु को इसके लिए निश्चय ही अपने संस्कारों से संघर्ष करना पड़ा तथा कितने ही लोगों का कोपभाजन होना पड़ा। इस दौर में प्रताप नारायण मिश्र (1856-1894) ने एक लेख 'कांग्रेस की जय' लिखा था, 'कांग्रेस साक्षात दुर्गा जी का रूप है क्योंकि देशहितैषी देव-प्रकृति के लोगों की स्नेहशक्ति से आविर्भूत हुई है। फिर हम ब्राह्मण होकर इसकी जय क्यों न बोलें। ...बोलेगा सो निहाल होगा। बोलो महारानी विक्टोरिया की जै?' इस तेवर से समझ लेना चाहिए कि प्रताप नारायण मिश्र के लिए विक्टोरिया

या अंग्रेजी राज का समर्थन कौशल नहीं है। प्रतापनारायण मिश्र में जातिवादी गर्व भी है, जो भारतेंदु में नहीं है। यदि वे 1885 के बाद जीवित होते तो क्या उनकी आवाज ह्यूम के 'सेफ्टी वाल्व' जैसी होती?

1857 के सवाल को भारतेंदु ने अधिक नहीं छेड़ा। वह अपनी राष्ट्रीय भावनाओं के कारण विद्रोह का विरोध नहीं कर सकते थे, खुलेआम समर्थन करना खतरे से खाली न था। बदले परिदृश्य में विद्रोहों को कुचलने के लिए अंग्रेजों के पास भयंकर राजनीतिक-सैनिक क्षमता थी। ऊपरी उदारतापरक राजनीति के बावजूद उन्होंने एक भारी दमन-तंत्र स्थापित कर लिया था। 1857 के राष्ट्रीय विद्रोह के दौरान अंग्रेजों के जान-माल के नुकसान का जिस नृशंसता से बदला लिया गया था, उससे धरती काँपी थी। ब्रिटिश राज का विरोध राजद्रोह करार दिया गया था, जिसकी सजा फाँसी थी। गौर करने की बात है, भारतेंदु हरिश्चंद्र ने प्रेमघन की तरह 1857 के वीर नायकों को धिक्कार कर शासकों को खुश करना नहीं चाहा। उन्होंने यह नहीं माना कि जो भारतवासी अपनी ढीली धोती नहीं सँभाल सकते, वे राज्य क्या सँभालेंगे। इसके विपरीत, उन्होंने एक आशा के साथ अपने आलसी, रूढ़िग्रस्त तथा फूट के शिकार सोए देशवासियों को जगाने का काम किया।

भारतीय सिपाहियों की मिस्र विजय की घटना के संदर्भ में भारत के पौराणिक-ऐतिहासिक वीरों की गौरवशाली गाथा सुनाते हुए भारतेंदु 1857 के सिपाहियों की ऐतिहासिक भूमिका रेखांकित करते हैं। उन्होंने अपनी कविता 'विजयनी विजय-वैजयन्ती' (1882) कविता में राजभक्ति के समानांतर उस समय औपनिवेशिक आंतकवाद का नग्न रूप व्यक्त किया:

कठिन सिपाही द्रोह अनल जा जन-बल नासी।
जिन भय सिर न हिलाइ सकत कहुँ भारतवासी।।

भारतेंदु हरिश्चंद्र ने उपर्युक्त पंक्तियों में अपने समय के औपनिवेशिक आतंकवाद को पूरी तरह जीकर लिखा है। उन्होंने सिपाही विद्रोह को गलत नहीं बताया, बल्कि यह कहा कि यह एक कितना कठिन काम था। उसका प्रतिशोध लेने के लिए अंग्रेजी सेना ने देश के जन-बल का इतनी निर्ममता से नाश किया कि अब भय से भारतवासी कहीं सिर नहीं उठा सकते।

भारतेंदु कार्ल मार्क्स के समकालीन थे। 1857 के प्रति कार्ल मार्क्स का नजरिया भी क्रांतिकारी था। उन्होंने सबसे पहले जिस विद्रोह को 'राष्ट्रीय' कहकर मर्यादा दी थी, भारतेंदु ने औपनिवेशिक दमन के संदर्भ में उसे 'कठिन' कहकर मर्यादा दी। कहने के ढंग में फर्क है, क्योंकि मार्क्स स्वतंत्र यूरोपीय माहौल में भारत की घटनाओं पर टिप्पणी कर रहे थे।

1857 का विद्रोह अनपढ़ किसानों और सिपाहियों ने किया था, आधुनिक शिक्षित व्यक्तियों ने नहीं। इस राष्ट्रीय विद्रोह का संबंध सुधारवाद से न था। अंग्रेजों की छत्रछाया में काम करनेवाले सर सैयद अहमद खां जैसे व्यक्तियों ने 1857 के विद्रोह का जमकर विरोध किया था। वे अंग्रेजी-शिक्षित थे। बंगाल के शिक्षित लोगों ने भी 1857 की लड़ाई में अंग्रेजों की जीत के लिए मंदिरों में प्रार्थना की थी। हालांकि अंग्रेजी राज का दमन देखकर बाद में उनकी चेतना में भी राष्ट्रीय तत्व पैदा होने लगे।

भारतेंदु के सामने 1857 की विफलता थी। उन्हें देश पर अंग्रेजों की मजबूत राजनीतिक-सैनिक पकड़ का अहसास था। उनकी धारणा बनी कि अंग्रेजी राज को सैनिक रास्ते से हटाना संभव नहीं है, पहले क्रांतिकारी सुधार जरूरी हैं। वे सुधारों का प्रचार कर भारतीय समाज को गतिशील बनाने की जरूरत समझने लगे थे, क्योंकि तभी भारतीय जनता अपना 'राष्ट्रीय स्वत्व' अर्जित कर सकती थी। भारतेंदु एकांगी नवजागरण की जगह ऐसे समग्र नवजागरण के पक्षधर थे जो सुधारवाद और राष्ट्रवाद के बीच अंतःक्रिया का नतीजा था।

औपनिवेशिक सुधारवाद और राष्ट्रीय जागरण

1858 में महारानी विक्टोरिया का 'घोषणा-पत्र' लागू हुआ। ईस्ट इंडिया कंपनी की जगह सीधे ब्रिटिश शासन आ गया। यह सुधारों का मुखौटा लेकर आया जो भावी दमन के लिए जरूरी था। इन सुधारों को विक्टोरियाई सुधार कहा जाता है। भारत में सुधारों के नाम पर वस्तुतः एक कड़ा 'आपातकाल' लागू हो गया। अब आवाज उठाना मुश्किल था। विक्टोरिया ने उपर्युक्त घोषणा-पत्र अपनी व्यक्तिगत देख-रेख में बनवाया था। इसमें देशी रजवाड़ों की वफादारी के बदले औपनिवेशिक सुरक्षा की गारंटी दी गई थी और आम जनता को उदार

शासन का सब्जबाग दिखाया गया था। यह भी कहा गया था, 'अंग्रेजी सरकार ने देशी रियासतों को उनकी प्रजा के जोर-जुल्म से बचाने का भार भी अपने ऊपर ले लिया है,' अर्थात –जनता के असंतोष को कुचलने का भार! आम भारतीय जनता का राजनीतिक-आर्थिक संघर्ष अंग्रेजों की नजर में जोर-जुल्म था।

1857 के बाद अंग्रेजों की उदारता सिर्फ दिखाने के लिए थी। उनके न दमन में ढिलाई थी, न लूट में। पहले से अधिक धन, अनाज तथा कच्चा माल इंग्लैंड जा रहा था। इसे 'ड्रेन ऑफ वेल्थ' कहा गया जिस पर भारतेंदु ने चिंता व्यक्त की थी। 'भारत दुर्दशा' (1875) में उनके मुँह से निकला, 'अंग्रेज राज सुख साज सजे सब भारी', पर दूसरी ही पंक्ति में उन्होंने औपनिवेशिक शोषण का उद्‌घाटन कर दिया, 'पै धन विदेश चलि जात इहै अति ख्वारी।'

ब्रिटिश अर्थशास्त्री एंग्यु मैडिसन के अनुसार, विश्व अर्थव्यवस्था में भारत की हिस्सेदारी 1700 से 1850 के बीच 24.4 प्रतिशत से घट कर 4.2 प्रतिशत पर आ गई थी। यह अन-उद्योगीकरण का नतीजा था। þ1871 में भारत का 33,47,208 हंड्रेडवेट गेहूँ इंग्लैंड पहुंचा था, तब यहाँ भुखमरी थी। यह सब देखकर भारतेंदु बेचैन रहते थे।

भारतेंदु युग की राष्ट्रीय भावना में साम्राज्यवादी आर्थिक लूट का बोध होना एक महत्वपूर्ण तत्व है। इस लूट का असर भारतीय जनता की रोज बढ़ती आर्थिक बदहाली पर पड़ रहा था। उस युग के राष्ट्रवाद के उन आर्थिक आयामों पर दृष्टि जानी चाहिए जो उपनिवेशवाद-विरोध की जमीन बना रहा था। भारतेंदु की 'राष्ट्र' की धारणा में आम लोगों की दशा मौजूद थी। उनके राष्ट्रवाद में देश की भूमि के साथ देश के आम लोग भी थे।

भारत में शिल्पोन्नति के प्रति प्रशंसात्मक भाव रखते हुए भारतेंदु ने कभी नहीं चाहा कि देश में साम्राज्यवाद आधुनिकीकरण का वाहक बनकर लोगों का सिर्फ शोषण करे। उनमें तीखी बेचैनी थी कि देश के शिक्षित और कर्मठ लोग जल्दी जगें और आधुनिकीकरण का दायित्व अपने हाथों में लें।

भारतेंदु ने लार्ड मेयो के बनारस आने पर 'लेवी प्राण लेवी' टिप्पणी लिखी थी। दरअसल इस आयोजन में उन्होंने राजाओं और रईसों को 'स्टैंड अप' कहने पर खड़े हो जाते और 'सिट डौन' कहने पर बैठ जाते और अपमानित होते देखा था।

उनमें काशीराज भी थे। इन सब पर भारतेंदु ने टिप्पणी की, 'ये विचारे तो मोम की नाक हैं, चाहे जिधर फेर दो, हाय! पश्चिमोत्तर देशवासी कब कायरपन छोड़ेंगे और कब इनकी उन्नति होगी और कब इनको परमेश्वर वह सभ्यता देगा जो हिंदुस्तान के और खंडवासियों ने पाई है।' उनके कथन में भारत के अन्य प्रांतों की तुलना में हिंदी प्रांतों की आर्थिक बदहाली और गुलाम मानसिकता को लेकर चिंता स्पष्ट है।

आज का आधुनिक विकास और आर्थिक सुधार जिस तरह एलीट लोगों के लिए है, भारतेंदु के जमाने में भी अंग्रेजों की उदारता और उनकी सुधारवादी नीति गिनेचुने राजाओं, जमींदारों, महाजनों, नौकरशाहों तथा खिदमतगारों के लिए थी। ये लोग ही औपनिवेशिक आधुनिकता का मजा ले रहे थे। इनका असंतोष सोया हुआ था। 1857 के पहले और बाद की ब्रिटिश नीति में फर्क यह है कि पहले अंग्रेज किसी भी भारतीय वर्ग को अपनी लूट में हिस्सा देना पसंद नहीं करते थे। उन्होंने अमीचंद जैसों को लंगी मारी थी। 1857 के बाद उन्होंने कुछ खास वर्गों को लूट का एक छोटा हिस्सा बाँटने की नीति अपना ली। उभरते शिक्षित सामाजिक वर्ग को टुकड़खोर बनाना उनके सुधारवाद की खास शैली है। इसके बल पर कोई भी दमनकारी व्यवस्था बड़े चमत्कारिक ढंग से अपनी सुरक्षा-पंक्ति निर्मित कर लेती है।

अंग्रेजी राज के दमन तथा औपनिवेशिक सुधारों के कारण 1857 के बाद लंबे काल तक ब्रिटिश राज को खुली प्रभावशाली चुनौती मुश्किल हो गई, पर चुनौती देने की भावना खत्म नहीं हुई। नील आंदोलन, पाबना तथा दकन-विद्रोह भले छिटपुट हों, पर उनका संबंध उपनिवेशवाद-विरोध से है। निश्चय ही इन आंदोलनों, विद्रोहों या असंतोषों से अंग्रेजी राज के हितों पर खतरा पैदा नहीं हुआ। लेकिन आखिरकार इन्हीं चेतनाओं का विकास आगे चलकर बीसवीं सदी के स्वाधीनता संघर्ष में हुआ था।

एक तरफ अंग्रेजों का औपनिवेशिक दमन तथा खोखला सुधारवाद, दूसरी तरफ ठोस आकार ढूंढ़ती राष्ट्रीय चेतना—इन्हीं स्थितियों के बीच भारतेंदु हरिश्चंद्र के कंधों पर हिंदी क्षेत्र की जनता को नए विचारों तक पहुंचाने का महान ऐतिहासिक दायित्व था।

यह धारणा सही नहीं है कि 1857 की असफलता की निराशा में भारतीय जनता ने अंग्रेजों को खदेड़ने का प्रयास छोड़ दिया, वह विक्टोरियाई सुधारों से तृप्त हो गई। निस्संदेह भारतेंदु की आरंभिक टकराहट ब्रिटिश सत्ता से न होकर भारत की अंग्रेज नौकरशाही से थी। उनकी कई रचनाओं में महारानी विक्टोरिया और राजकुमार का अभिनंदन है। इसके कारण कई जीवनीकारों तथा आलोचकों ने उनकी राष्ट्रभक्ति पर प्रश्न उठाते हुए उन्हें राजभक्त माना है। कुछ ने भारतेंदु को राष्ट्रभक्त इस तरह कहा, मानो वे अपराधी हों। शिवप्रसाद सितारेहिंद इसी उद्देश्य से उन्हें राष्ट्रभक्त साबित करते रहते थे। ब्रजरत्न दास ने उनकी जीवनी में सफाई दी, 'अंग्रेजी राज्य के दोषों का कथन, उनके निवारणार्थ प्रार्थना करना आदि राजद्रोह नहीं कहा जा सकता।' इसी भ्रम को व्यवस्थित रूप से गहराते हुए एक दूसरे जीवनीकार मदनगोपाल ने लिखा, 'भारतेंदु वास्तव में पूरे राजभक्त थे—सम्राज्ञी विक्टोरिया तथा उसके द्वारा नियुक्त किए गए गवर्नर जनरल तथा वायसराय के भक्त...। भारतेंदु अपने आपको सम्राज्ञी विक्टोरिया और उनके परिवार के नजदीक समझते थे। उनके दुख में दुख और सुख में सुख। जब नवंबर 1857 में युवराज (प्रिंस ऑफ वेल्स) टाइफाइडग्रस्त हुए, हरिश्चंद्र ने इस अवसर पर एक कविता लिखी, जिसमें ईश्वर से प्रार्थना की गई कि युवराज शीघ्र स्वस्थ हों। दो वर्ष बाद जब 'ड्यूक ऑफ इडिनबरा' का रूसी राजकुमारी से विवाह हुआ, तब हरिश्चंद्र ने 'मुँह दिखावनी' नाम से एक कविता भी लिखी।' (भारतेंदु हरिश्चंद्र)।

भारतेंदु ऐसे अवसर खोजते रहते थे, जब महारानी विक्टोरिया की उदारता और क्षमता की प्रशंसा की ओट में भारतवासियों की वास्तविक हालत और ताकत का बखान करें। वे देशवासियों के दुखों, क्षमताओं तथा ऐतिहासिक गौरव-चिह्नों को भाव-विह्वल होकर गिनाने का कोई अवसर खोते नहीं थे, ताकि अतीत से प्रेरणा लेकर वर्तमान की चुनौतियों का सामना किया जा सके। उनका अपने समय की तात्कालिक राजनीतिक घटनाओं को कविता का विषय बनाना एक खास अर्थ रखता है। एक तरफ, उनकी वैष्णव भक्ति की कविताएं हैं, दूसरी तरफ, राजनीतिक घटनाओं पर कविताएं और मुकरिया हैं। यह विरोधाभास की तरह दिखेगा, पर ऐसा है नहीं। दोनों में एक चीज समान है—पीड़ा के बयान के साथ स्वतंत्रता की चाह!

दरअसल भारतेंदु ने ब्रिटिश शासन के उन चाटुकारों का रास्ता कभी नहीं अपनाया जो कहते थे—'महारानी के राज में सब ठीक चल रहा है।' अपनी ग्यारह वर्ष की उम्र में, जब उन्होंने महारानी विक्टोरिया के पति की मृत्यु पर 'अंतर्लापिका' (1861) लिखी थी, निस्संदेह वे पारिवारिक राजभक्ति के संस्कार से आक्रांत थे। उन्होंने उन्नीस वर्ष की उम्र में ड्यूक ऑफ एडिनबरा के भारत आगमन पर 'श्री राजकुमार सुस्वागत पत्र' (1869) लिखा। इसके एक साल बाद उनके काशी आने पर 'सुमनाञ्जलि' अर्पित की। इन रचनाओं में भी राजभक्ति के उनके पुराने संस्कार हावी थे। इन कविताओं में भारत के दुख की कोई चिंता नहीं है। भारत के दुख की पहली गंभीर चिंता प्रकट हुई इक्कीस वर्ष की उम्र, अर्थात 1871 में, जब प्रिंस ऑफ वेल्स के टाइफाइड से पीड़ित होने की खबर मिली। इस समय तक बंगाल में भीषण अकाल पड़ चुका था। इससे पहले भारतेंदु को भारतीय जनता आनंदविभोर दिखाई देती थी, पर टाइफाइड पीड़ित होने पर उन्होंने पहली बार व्यथित होकर लिखा:

हम हैं भारत की प्रजा, सब विधि हीन मलीन।
तुम सों यह विनती करत, दया करहु लखि दीन।।

प्रिंस ऑफ वेल्स जब 1875 में भारत आए, भारतेंदु को लगा, 'दुष्ट राजाओं के सैनिकों द्वारा पददलित दीन भारतभूमि तुम्हारे चरण पड़ते ही आज आनंदविभोर हो उठेगी।' भारतेंदु को एक समय निश्चय ही ब्रिटिश लोग भारतीय जनता के मुक्तिदाता लगे थे। उन्हें लगा था कि इन्होंने बादशाहों और राजाओं के सामंती अत्याचार से भारतीय जनता को मुक्त कराया, आधुनिकीकरण से परिचित कराया। एक दौर में ब्रिटिश साम्राज्यवाद भारत के पढ़े-लिखे आधुनिक लोगों को अपनी सभ्यता की चमक-दमक से दिग्भ्रमित करने में सफल था। प्रिंस ऑफ वेल्स के भारत आने पर भारतेंदु ने इस तरह की टिप्पणी की, 'जिमि रघुवीर आए अवध।' उन्होंने 1877 में राज राजेश्वरी की स्तुति की और 1882 में ब्रिटिश राष्ट्रीय संगीत का अनुवाद भी किया। इसके साथ यह भी देखने की जरूरत है कि बांग्ला के प्रसिद्ध कवि हेमचंद बनर्जी की एक कविता के रूपांतर 'भारतभिक्षा' (1875) में भारत के स्थानीय राजाओं का किस तरह मखौल है। प्रिंस के आने पर उनके स्वागत में किस तरह भारतीय

राजा गले में गुलामी का तमगा (स्टार) लटकाए उनके पीछे-पीछे दौड़ रहे थे, इस कविता में उसका बड़ा मजेदार चित्र है। 'लेवी प्राण लेवी' (1970) तथा 'बादशाह दर्पण' (1877) की रपटों में भी राजा-महाराजाओं की जी-हजूरी, उनकी मूर्खता और अंग्रेजों के चतुर कौशल का रोचक वर्णन है।

भारतेंदु अपनी कविता में भारतमाता से जो आग्रह करते हैं उसका गद्य रूप है, 'शत्रुओं के पैरों से तुम्हें जितने आघात लगे हैं, वेल्स के राजकुँवर से सब कह दो। अपने हृदय की वेदना प्रकट कर दो और शत्रुओं द्वारा सदा जो इतना अनादर सहना पड़ा, उसके सभी घाव दिखा कर राजकुंवर से बात करो।' दरअसल लंबे काल तक बादशाह, राजा-महाराजा और सामंत भारत के आधुनिक विकास का रास्ता रोके हुए थे। बदलती अंतरराष्ट्रीय अर्थव्यवस्था और वैज्ञानिक विकास के संदर्भ में ये लोग अप्रासंगिक हो चुके थे, फिर भी अंग्रेजी राज ने अपने उद्देश्यों से इन्हें प्रासंगिक बनाकर रखा था।

भारतेंदु ने अपने नाटक 'विषस्य विषमौषधम' (1876) में एक साल बाद उपर्युक्त समस्या उठाई और सामंतवाद के पतन की ऐतिहासिक अनिवार्यता की अधिक परिपक्व घोषणा करते हुए व्यंग्य-भरे स्वर में लिखा, 'सुख भी तो हिंदुस्तान में तीन ही ने किया—एक मुहम्मदशाह ने, दूसरे वाजिदअली शाह ने, तीसरे हमारे महाराज ने। मुहम्मदशाह के जमाने में नादिरशाही हुई, वाजिदअली शाह से लखनऊ ही छूटा, अब देखें इनकी कौन गति होती है।' बड़ौदा नरेश मल्हार राव जैसे भारतीय राजाओं की गति वस्तुतः पतनोन्मुख सामंतवाद की गति थी। उल्लेखनीय है कि भारतेंदु ने मुसलमान बादशाह और हिंदू राजा का भेद नहीं किया।

भारतीय सामंतवाद यूरोपीय सामंतवाद की तरह विकसित न हो सका था। वह निरंकुश था। राजाओं-महाराजाओं की दशा मल्हार राव जैसी थी। भारतेंदु का अन्वेषण है, '1599 में जो लोग सौदागरी करने आए थे, वे आज स्वतंत्र राजाओं को यों दूध की मक्खी बना देते हैं।' भारतेंदु ने पतनोन्मुख राजनीतिक सामंतवाद पर सौदागरी साम्राज्यवाद की प्रबलता को सही पहचाना। उन्होंने अंग्रेजी राज की वास्तविकता को ऐतिहासिक परिप्रेक्ष्य में देखा। उनके सामने अंग्रेजी राज एक ऐतिहासिक यथार्थ था।

भारतेंदु के जीवन में 1875-80 का काल वैचारिक संक्रमण का काल है। लंबे समय से समूचा भारत ही संक्रमण काल से गुजर रहा था। भारतेंदु धीरे-धीरे इस बात पर दृढ़ होते गए कि भारत के सभी दुख-कष्टों का कारण वस्तुतः अंग्रेजी राज है। इस दौर की अपनी अनेक कविताओं, नाटकों तथा टिप्पणियों में उन्होंने सामंती राजाओं और महाराजाओं के अत्याचारों के अलावा औपनिवेशिक शोषण को भी 'एक्सपोज' किया। उनका अनावरण लगातार तीखा होता गया। इसके साथ, अंग्रेजी राज के प्रति उनकी विरोधिता भी बढ़ती गई।

अंग्रेजी राज में एक आकर्षण था। आकर्षण का एक बिंदु यह है कि अंग्रेजों ने राजा-महाराजाओं, बादशाहों की अंधेरगर्दी को नियंत्रित किया। दूसरा बिंदु यह है कि उन्होंने दुस्तर नदी-नालों पर पुल बनाए, पथिकों के बेधड़क चलने के लिए सड़कों का निर्माण कराया और गांव-गांव में मजबूत पहरेदार बैठा दिए, जिनके भय से चोर अब दूर-दूर रहने लगे। इन कार्यों के अलावा राजाओं के खानदान के हित में गोद-प्रथा को स्वीकृति दी, उनकी जमीन का लोभ नहीं किया। अंग्रेजों ने शिक्षा का प्रसार किया और नगरपालिकाएं स्थापित कीं (भारत वीरत्व, 1878)। इन कार्यों को देखने के बावजूद भारतेंदु की आंखों से धुंधलका धीरे-धीरे छँटने लगा था। उनकी राष्ट्रीय भावना परिपक्व हो रही थी।

भारतेंदु की एक निजी सीमा थी। उन्हें बनारस के जिस हिंदी समाज में उठना-बैठना पड़ता था, वह न्यायिक अधिकारियों, पंडितों, नगरपालिका तथा जिला समिति के सदस्यों और विद्वानों का समाज था। वह परंपराओं तथा आधुनिकताओं से मिश्रित एक अति-विशिष्ट समाज था। इसके शिरमौर थे अंग्रेजों के खास विश्वासपात्र राजा शिवप्रसाद। भारतेंदु न अपनी राष्ट्रीय-सांस्कृतिक चेतना छोड़ सकते थे और न शिष्ट समाज को। राष्ट्रीय जागरण की प्रेरणाओं से उनकी बौद्धिक आत्मा को नई शक्ति मिलती थी, जबकि शिष्ट समाज से उन्हें आदर मिलता था। उनके साहित्य का कथ्य राष्ट्रीय है, पर साहित्य के कुछ रूपों का संबंध राजनीतिक वफादारी से है। निश्चय ही भारतेंदु आंतरिक जद्दोजहद से गुजर रहे थे, हालांकि जीवन के अंतिम दौर में अंग्रेजी राज के प्रति उनका आकर्षण प्रायः खत्म हो गया था। उन्होंने किस तरह ब्रिटिश सरकार के प्रति अपने परिवार की वफादारी की परंपरा का लाभ उठाया और

अपने विक्टोरिया-प्रेम को एक सचेत कौशल का रूप दिया, इस संपूर्ण प्रक्रिया को समझे बिना भारतेंदु के साहित्य का सही मूल्यांकन नहीं हो सकता।

रामविलास शर्मा ने यह कहकर भारतेंदु की राजभक्ति को संदेह से देखा था, 'जनता की नवचेतना फैलाने के लिए ही राजभक्ति की आड़ ली गई।'

भारतेंदु पहले (1871-80) भारत के घरेलू शत्रुओं द्वारा पहुंचाए गए दुख-कष्ट को लेकर राजकुँवर से बात करने या स्थानीय अंग्रेज अमलों के अत्याचार की खबर महारानी विक्टोरिया तक पहुँचाने का आह्वान करते थे। गौर करने की बात है, उस दौरान इंग्लैंड के समाज का ढांचा तेजी से बदल रहा था। वहाँ की संसद में राबर्ट आसबर्न जैसे मानवतावादी बुद्धिजीवी अंग्रेज सरकार से आग्रह करते रहते थे कि भारत में ब्रिटिश सरकार ने औपनिवेशिक शासन का जो पुराना तरीका अपना रखा है, उसे वह खत्म करे। संभवतः उसी असर में भारतेंदु ने अपनी कुछ कविताओं में भारतमाता से आग्रह किया कि वह महारानी विक्टोरिया तथा राजकुँवर के सामने विनम्रतापूर्वक अपना दुखड़ा रोए। 'मानसोपायन' (1877) में उन्होंने युवराज को लिखे खत में वर्तमान राजनीतिक स्थिति स्पष्ट कर दी, 'आपका प्रताप कहता है कि खबरदार हद से आगे नहीं बढ़ना, जो कुछ विनती करना बड़ी नम्रता और प्रमाण के साथ।' यह स्थिति साम्राज्यवादी आतंक के कारण थी।

उपनिवेश को राष्ट्र में बदलने का स्वप्न

इंग्लैंड के मानवतावादी बुद्धिजीवी अंग्रेजी अखबारों और संसद में भारत-संबंधी सवाल उठाते थे। लेकिन उनकी एक सीमा थी। वे एशिया में उपनिवेशवाद के तत्युगीन स्वरूप के औचित्य-अनौचित्य को लेकर खूब बहस करते थे, पर निष्कर्ष के रूप में एशिया को पिछड़ा कहकर अंततः उपनिवेशवाद का औचित्य ही प्रमाणित किया जाता था। उन वर्षों में दादाभाई नौरोजी, फीरोजशाह मेहता आदि बुद्धिजीवी व्यापारी ब्रिटेन के मानवतावादी अंग्रेजों के संपर्क में थे। वे अंग्रेजी राज से जनता के बढ़ते असंतोष के बावजूद होमरूल तक की बात करने से डरे रहते थे। वे आश्वासन देते रहते थे कि भारत दूसरा 'आयरलैंड' नहीं बनेगा। ऐसे ही दौर में भारतेंदु का देश की औपनिवेशिक आधुनिकता

और ब्रिटिश सुधारों से मोहभंग हो रहा था। उनके असंतोष ने वफादारी के पुराने अवशेषों के बावजूद क्षोभ का रूप धारण कर लिया था।

कई आलोचकों ने भारतेंदु हरिश्चंद्र के साहित्य को समग्र विकास में नहीं देखा। खासकर रिपन के सुधारवाद के बाद 1881 से भारतेंदु के साहित्य में जो मोड़ आया, उसे अनदेखा किया गया। उल्लेखनीय है कि शुरू से आखिर तक भारतेंदु की चेतना एक ही स्तर पर नहीं है। दुखद है कि नए विद्रोही झुकावों के केवल चार वर्षों बाद भारतेंदु की असामयिक मृत्यु हो गई।

1881 में इकतीस वर्ष की उम्र में भारतेंदु सामंतवाद के साथ-साथ साम्राज्यवाद के भी विरोधी हो गए थे, भले अंग्रेजी राज के प्रति आकर्षण पूरी तरह खत्म न हुआ हो। इसकी एक वजह यह है कि उनके समय में अंग्रेजी राज के राजनीतिक विकल्प के तौर पर कुछ नहीं था।

भारतेंदु की परवर्ती दो राजनीतिक कविताओं— 'विजय वल्लरी' (1881) तथा 'विजयनी विजय-बैजयन्ती' (1882) में भारत के दुख-कष्ट का वर्णन है, लेकिन एक भी जगह भारतमाता से आग्रह नहीं है कि वह सुधार के लिए महारानी विक्टोरिया और राजकुँवर से बातचीत करे, अपना दुखड़ा सुनाए। इसके स्थान पर भारत की ऐतिहासिक गौरवगाथाएं हैं। ये संकेत देती हैं कि भारत का इतिहास रोकर दुखड़ा सुनाने का नहीं, संघर्ष का है। 'विजय वल्लरी' अफगान युद्ध समाप्त होने पर और 'विजयिनी विजय-बैजयन्ती' मिस्र विजय के बाद लिखी गई थी। दोनों कविताओं का मूल लक्ष्य राजभक्ति प्रदर्शन नहीं, बल्कि राजभक्ति की ओट में अंग्रेजों के शोषण-अत्याचार को उद्घाटित करना है, भारतीय संघर्ष की वीरतापूर्ण ऐतिहासिक परंपरा को उजागर करते हुए 'अंडरग्राउंड' रूप से भारतवासियों को ललकारना है। उपर्युक्त दोनों वस्तुतः औपनिवेशिक सुधारों से मोहभंग की कविताएं हैं।

अफगान युद्ध के समय भारतवासियों को लगा था कि इस युद्ध में भारतीय सैनिकों के वीरतापूर्ण प्रदर्शन के बाद देश में परिवर्तन आएंगे। इसलिए जब सेना जीत कर लौटी, जनता बहुत खुश हुई। इस कविता में यह पूछकर कि क्या जनता सैनिकों के जीतकर लौटने के कारण खुश हुई है, भारतेंदु खुद उत्तर देते हैं, 'नहीं-नहीं, यह कारण नहीं है। कुछ और ही बात है जो भारतवासी इतने प्रमुदित हैं।

इन्हें काबुल से क्या मतलब, ये तो अपने लोगों के मरने तथा धननाश के कारण युद्ध से वस्तुतः उदासीन हैं।' (गद्य रूप)। भारतेंदु ने भारतीय सैनिकों की वीरता पर प्रसन्नता व्यक्त की, क्योंकि इससे साधारण जनता का मनोबल बढ़ता था। वह युद्धोन्मादी न थे। ऊपर की पंक्तियों से स्पष्ट है कि वे युद्ध नहीं चाहते थे। भारतेंदु की राष्ट्रीय भावना में शांतिप्रियता एक प्रमुख तत्व है। वे हिंसा का समर्थन नहीं करते। भारतीय जनता कभी युद्ध नहीं चाहती थी। कविता में आगे स्पष्ट है कि अंग्रेज स्वार्थपूर्ति के लिए और किस कीमत पर युद्ध रचते थे :

ये तो समुझत व्यर्थ सब, यह रोटी उत्पात।
भारत-कोष विनास कों, हिय अति ही अकुलात।।
ईति भीति दुष्काल सों, पीड़ित कर को सोग।
ताहू पै धन-नास की, यह बिनु काज कुयोग।।
स्ट्रेची, डिजरैली, लिटन चितय नीति के जाल।
फँसि भारत जरजर भयो काबुल युद्ध अकाल।।
सुजस मिलै अंगरेज को, होय रूस की रोक।
बढ़ै बृटिश वाणिज्य पै, हमकों केवल सोक।।

अंग्रेज औपनिवेशिक वाणिज्य वृद्धि और अपने यश का मजा ले रहे हैं, जबकि भारतवासियों के भाग्य में केवल शोक है। सिपाही तो रोटी उत्पात, अर्थात पेट की भूख मिटाने के लिए युद्ध में गए थे। वे अकाल से पीड़ित हैं, टैक्स से पीड़ित हैं। उस समय लार्ड रिपन का राज था, जिसकी प्रशंसा में भारतेंदु ने 'रिपनाष्टक' लिखा था। वे महसूस कर रहे थे कि अभी भारत में ऐसे किसी संगठन का उदय नहीं हुआ है, जो राष्ट्रीय भावना को राजनीतिक संघर्ष का रूप दे। जनता के मन में कभी आशा पैदा होती थी, कभी निराशा। 'विजय वल्लरी' कविता में एक तरफ आशा है, 'इंग्लैंड में जिस लिबरल दल की जीत हुई है, उसके लोग बहुत बुद्धिमान, शांतिप्रिय तथ उदारचित्त हैं। वे पिछली भूलों को सुधारकर अब भारत का हित करेंगे।' दूसरी तरफ निराशा है, 'भूमि कर कहाँ उठा, टैक्स कहाँ माफ हुआ, जनसाधारण का भय कहाँ दूर हुआ, नागरिकों के राजनीतिक जीवन का रास्ता कहाँ साफ हुआ?' (गद्य रूप)।

भारतेंदु की ये राष्ट्रीय चिंताएं 19वीं सदी के राष्ट्रवाद के उभरते आयामों पर पर्याप्त रोशनी डालती हैं। वे उपनिवेश को ऐसे राष्ट्र में बदलने का स्वप्न गढ़ते दिखाई देते हैं जिसमें भय न हो, लूट न हो, टैक्स का तबाह करनेवाला बोझ न हो और नागरिकों के राजनीतिक जीवन का रास्ता प्रशस्त हो। उनका राष्ट्रवाद उदारवादी और लोक-केंद्रित है। भारतेंदु उपनिवेशवाद-विरोधी संघर्ष के लिए राष्ट्रवाद की एक उच्च चेतना निर्मित कर रहे थे। उनकी राष्ट्रीय भावना जनता के कल्याण के लिए थी।

'विजयनी विजय बैजयन्ती' में भारतेंदु ने भारत की दुख-भरी हालत का वर्णन किया है, 'जो भारत जग में रह्यो सब सों उत्तम देस। ताही भारत में रह्यो अब नहिं सुख को लेस।' अंग्रेजी राज में सुख लेशमात्र नहीं है, यह भारतेंदु बता रहे हैं। उन्होंने बार-बार कहा, 'सोई भारत भूमि भई सब भांति दुखारी!' कहां मिस्र विजय का अभिनंदन, कहाँ इसमें आकर जुड़ गया भारत का दुख। यह राजभक्ति है या औपनिवेशिक राज का अनावरण? इसी कविता में भारतेंदु ने पंचनद, पानीपत तथा चित्तौड़ का आह्वान करते हुए कहा है—भारत आज मझधार में खड़ा है। रामचंद्र शुक्ल ने इस अंश पर बहुत भावविभोर होकर लिखा है, क्योंकि भारत के वर्तमान दुखों के वर्णन के साथ अतीत के ऐतिहासिक गौरव चिह्नों की याद निरुद्देश्य नहीं है। पंचनद का उल्लेख खास तौर पर तात्पर्यपूर्ण है। अतीत के गौरव को इस तरह याद करना नवजागरण की प्रवृत्ति है। इसे यह कहकर नकार देना कि इन स्मृतियों का संबंध हिंदू गौरव और पुनरुत्थानवाद से है, उस युगबोध की सीमाओं को न समझना है।

उपर्युक्त कविता का अंत इस कथन से होता है, 'ब्रिटिश डंके की धुन चारों ओर छा गई, सबने राजराजेश्वरी विक्टोरिया की जय का शोर किया।' यह रचना का बाह्य ढांचा है, कथ्य नहीं है। भारतेंदु हनुमान, अर्जुन, भीम, अभिमन्यु, पुरु, पृथ्वीराज आदि की वीरता के गुणगान तक सीमित नहीं रहते, वे अंग्रेजों से शत्रुता रखनेवाले पंजाब के रणजीत सिंह तक पहुंचते हैं, 'कित अंतिम नरवीर रणजीत सिंह भूपाल।' वे डरते नहीं कि अंग्रेजों के विरोधी का नाम ले रहे हैं। अतीत के गौरव चिह्नों के इस बढ़ते दायरे पर नजर जानी चाहिए।

भारत जिन दिनों असंतोष से खौल रहा था, भारतेंदु के लेखन में भी एक नया उभार आया। उनके साहित्यिक विकास में 1881-84 के काल का विशेष महत्व है। देश अकाल से त्रस्त था। बंगाल के सुरेंद्रनाथ बनर्जी 'इंडियन एसोसिएशन' के मंच से किसानों तथा शिक्षित युवकों के हित में बोल रहे थे। 1885 के प्रथम कांग्रेस अधिवेशन (बंबई) में अपने क्रांतिकारी व्यक्तित्व के कारण ही वे अनामंत्रित थे। अंग्रेज नाराज न हो जाएं, इसलिए उन्हें नहीं बुलाया गया था। देश में अंग्रेजी राज के खिलाफ फैल रही चेतना के कारण अंततः एक 'सेफ्टी वाल्व' बनाने की योजना सफल हो रही थी। भारतेंदु यह दृश्य देखने के लिए जीवित न थे। उल्लेखनीय है कि काशी में भारतेंदु और सुरेंद्रनाथ बनर्जी की मुलाकात हुई थी।

उस समय बंकिमचंद्र चट्टोपाध्याय की देशभक्ति का एक भिन्न स्वरूप था। 1882 के उपन्यास 'आनंदमठ' में उनकी रचना 'वंदेमातरम्' है, हालांकि यह 1875 में लिखी गई थी। इसी साल भारतेंदु ने एक बांग्ला कविता से प्रभाव ग्रहण करके तीखा प्रहसनात्मक व्यंग्य 'अंग्रेज स्तोत्र' लिखा था। इसमें 'प्रणाम' की व्यंजना बहुत व्यापक है। इसका गद्य रूप देखें :

'हे अंग्रेज, हम तुमको प्रणाम करते हैं। तुम नृसिंह हो, क्योंकि मनुष्य और सिंह दोनों पन तुममें हैं। टैक्स तुम्हारा क्रोध है। और परम विचित्र हो—तुम वामन हो, क्योंकि तुम वामन कर्म में चतुर हो। तुम परशुराम हो, क्योंकि पृथ्वी निक्षत्री कर दी है। अतएव हे लीलाकारिन ! हम तुमको नमस्कार करते हैं। कौंसिल तुम्हारा मुख है, मान तुम्हारी नाक है, देश में पक्षपात तुम्हारी मोछ है, टैक्स तुम्हारे कराल दांत हैं। अतएव हे अंग्रेज, हम तुम को प्रणाम करते हैं, हमारी रक्षा करो। चुंगी और पुलिस तुम्हारी दोनों भुजाएँ हैं, अमले तुम्हारे नख हैं, अंधेर तुम्हारा पृष्ठ है और आमदनी तुम्हारा हृदय है। अतएव हे अंग्रेज ! हम तुमको प्रणाम करते हैं! खजाना तुम्हारा पेट है, लालच तुम्हारी क्षुधा है, सेना तुम्हारा चरण है, खिताब तुम्हारा प्रसाद है। अतएव हे विराटरूप अंग्रेज ! हम तुमको प्रणाम करते हैं।'

भारतेंदु के उपर्युक्त भावानुवाद में उन्नीसवीं सदी के वैचारिक संघर्ष में उनकी उपनिवेशवाद-विरोधी भूमिका का पता चलता है। जैसे—'तुम वामन-कर्म में चतुर हो', में साम्राज्यवादी विस्तार का, 'कौंसिल तुम्हारा मुख है' में

राजे-रजवाड़ों, बड़े जमींदारों तथा व्यापारियों के व्यवस्थापोषक प्रतिनिधियों को लेकर औपनिवेशिक निरंकुशता की छाया में बनी दिखावटी विधायिका सभा का, 'टैक्स तुम्हारे कराल दांत हैं' में औपनिवेशिक शोषण का, 'चुंगी और पुलिस तुम्हारी दोनों भुजाएं हैं' में औपनिवेशिक आर्थिक लूट और अत्याचार का, 'सेना तुम्हारा चरण है' में जनता के असंतोष के हिंसात्मक दमन का तथा 'खिताब तुम्हारा प्रसाद है' में राजभक्त सुधारवादियों को दिए जानेवाले इनाम का व्यापक अनावरण है। इससे पता चलता है कि 19वीं शताब्दी के उत्तरार्ध में औपनिवेशिक सुधारवाद के समानांतर इस तरह की एक जन-अभिमुखी राष्ट्रीय दृष्टि भी बन रही थी।

1885 की उदारवादी विचारधारा में निष्णात नव-शिक्षित बुद्धिजीवी ब्रिटिश सरकार की मीठी आलोचना करते थे और सीमित स्वार्थों के लिए कानूनी सुधार से आगे नहीं बढ़ते थे। वे सामान्यतः शिक्षित नौकरीपेशा वर्ग की समस्याएं उठाते थे। उनकी सामाजिक चिंता में कृषकों पर कर के बोझ को हल्का करने की बात नहीं होती थी। 1857 की राष्ट्रीय विचारधारा से प्रेरित भारतेंदु हरिश्चंद्र का आलोचनात्मक प्रहार सामंतवाद-साम्राज्यवाद के विरोध तक विस्तृत है। उसमें सत्ता और व्यवस्था दोनों में परिवर्तन की आवाज है। भारतेंदु ने अंग्रेजी राज में कर के नीचे दबे किसानों के औपनिवेशिक शोषण का भी विरोध किया।

महारानी विक्टोरिया तथा राजकुमार की बीच-बीच में प्रशंसा करके अंग्रेज अधिकारियों के मध्य 'वफादार' की तस्वीर बनाए रखने के कारण अंग्रेजों ने भारतेंदु पर संदेह नहीं किया। उस जमाने में जिनका परिवार राजभक्त माना जाता था, उनकी तरफ से ब्रिटिश सरकार निश्चिंत रहती थी। वह भारतेंदु पर संदेह नहीं कर सकती थी, क्योंकि 1857 के विद्रोह में बनारस की रेसीडेंसी का बहुत-सा सामान उनके घर पर रखा गया था। इस स्थिति का भारतेंदु ने फायदा उठाया।

उस जमाने के कठोर प्रेस एक्ट से जकड़ी पत्रकारिता के संदर्भ में इतिहासकार विपन चंद्र ने माना है, 'भारतीय पत्रकारों ने बड़ी अक्लमंदी से काम लेते हुए कई ऐसे तरीके खोज निकाले, जिससे उन्हें इन कानूनों की गिरफ्त में फँसाया न जा सके। मिसाल के तौर पर धारा 124-ए से बचने का उन्होंने अनोखा तरीका खोजा। चूंकि ब्रिटिश सरकार के प्रति इन लोगों की

निष्ठा संदेह से परे होती थी, उन पर धारा 124-ए लागू नहीं होती थी। इसलिए भारतीय पत्रकार जब साम्राज्यवादी शोषण के खिलाफ अपने लेखों में आग उगलते थे तो उसके साथ ही महारानी और ब्रिटिश सरकार के प्रति निष्ठा जतानेवाली बातें भी लिख देते थे।' (हिस्ट्री ऑफ माडर्न इंडिया)। भारतेंदु के साहित्य में मिलनेवाली महारानी विक्टोरिया और ब्रिटिश सरकार के प्रति निष्ठा की बातों को इस परिप्रेक्ष्य में देखना चाहिए।

भारतेंदु के मन में सवाल पैदा हो चुका था, 'होई मनुष्य हि क्यों भये हम गुलाम वे भूप'! भारत में यह प्रश्न उस जमाने के किसी नवजागरण व्यक्तित्व ने नहीं किया था। भारतेंदु गुलामी के दंश का स्पष्ट अनुभव कर रहे थे। औपनिवेशिक दासता के संस्कारों से जकड़े होने के कारण अलबत पश्चिमी शिक्षाप्राप्त सुधारवादी बुद्धिजीवियों की चेतना में गुलामी का दंश नहीं था। वे निरंतर अधिक अमीर होने के उपाय में लीन रहते थे, जबकि भारतेंदु आंदोलनात्मक साहित्यिक कार्यों में अपना धन फूंक रहे थे।

सरकार की आलोचना के कारण भारतेंदु की पत्रिका 'कविवचनसुधा' प्रेस एक्ट की चपेट में आ गई थी। इससे वह इतने क्षुब्ध हुए थे कि रिपन (1880-84) ने जब दुष्ट लिटन द्वारा लागू 'वर्नाकुलर प्रेस एक्ट' को आंदोलनों के दबाव के कारण 1882 में उदार बना दिया, तब खुश होकर भारतेंदु ने उसकी प्रशंसा में एक कविता 'रिपनाष्टक' (1882) लिख मारी, 'पै हम हिन्दुन के हीय की भक्ति न काहू संग गयी सो केवल तुमरे संग रिपन, छाया-सी साथिन भई।' रिपन के काल में उन्होंने अभिव्यक्ति की सीमित स्वतंत्रता का भरपूर उपयोग किया।

'भारत दुर्दशा' (1875) की रचना भारतेंदु ने दुष्ट लिटन के काल में की थी। उन्होंने इसमें दिखाया कि भारत की दशा क्या है—दरिद्रता, भूख, महामारी, महंगाई, फूट, निरुद्यमता, संतोष, आलस्य, धार्मिक उन्माद और कायरता से भारत जकड़ा है। 'भारत दुर्दशा' इन्हीं सबका प्रतीक है। भारत दुर्दशा का कथन है, 'कुछ पढ़े-लिखे लोग देश सुधारना चाहते हैं। हहा-हहा! एक चने से भाड़ फोड़ेंगे। ऐसे लोगों को दमन करने को मैं जिले के हाकिमों को न हुक्म दूँगा कि इनको डिसलायल्टी में पकड़ो और ऐसे लोगों को हर तरह से

खारिज करके जितना जो बड़ा मेरा मित्र हो उसको उतना बड़ा मेडल और खिताब दो। हैं! हमारी पालिसी के विरुद्ध उद्योग करते हैं, मूर्ख! यह क्यों? मैं अपनी फौज ही भेज के सब चौपट करता हूँ।' इसमें भारतेंदु ने ब्रिटिश सेना का आंतक दिखाया है। उस दौर में सुधार की बात करने वाले भी इने-गिने ही थे। ज्यादा लोग डरे रहते थे कि देशोन्नति की बात करने से कहीं राजद्रोह का मुकदमा न चल जाए। समझने की जरूरत है कि उस जमाने में भी डर था।

राजभक्त परिवार का होने तथा बीच-बीच में 'जीवौ सदा विक्टोरिया रानी' जैसी बातें लिखने के कारण भारतेंदु को 'ऑनरेरी मजिस्ट्रेट' का खिताब मिला था, पर वह इसे बिगाड़ कर 'अँधेरी मजिस्ट्रेट' कहते थे! वे अपने पर हँसने की क्षमता रखते थे। स्पष्ट है कि भारतेंदु किसी भी लोभ या भय में साम्राज्यवाद के अनावरण से पीछे नहीं हटे। एक दिन पोल खुल गई, क्योंकि अपने लोकोन्मुखी विचारों के कारण भारतेंदु का सम्मान जितना बढ़ रहा था, अंग्रेजी शासकों की खुशामद करनेवालों को उतनी जलन हो रही थी। वे अंग्रेज अधिकारियों के कान भरते थे जिससे भारतेंदु को कुछ हलकों में 'संदेहास्पद वफादार' माना जा रहा था। भारतेंदु ने 1884 में विक्टोरिया के चतुर्थ पुत्र के मरने पर बनारस के टाउन हाल में एक शोकसभा का आयोजन किया। ब्रजरत्न दास के अनुसार, 'राजा शिवप्रसाद सिंह सी.एस.आई. ने ही इस सभा को राजद्रोहात्मक बतलाकर रोकना चाहा।' महारानी विक्टोरिया के पुत्र की मृत्यु पर शोकसभा और 'राजद्रोहात्मक'! दाल में काला न होने पर राजा शिवप्रसाद इतना जोखिम न उठाते। वह डाल-डाल थे, तो भारतेंदु पात-पात। दोनों गुरु-शिष्य थे, पर दो भिन्न धाराओं के। जीत आखिरकर भारतेंदु की हुई, जनता के हृदय का सिंहासन उन्हें ही मिला।

औपनिवेशिक सुधारवाद की विडंबना

राजा राममोहन राय ने 19वीं शताब्दी के दूसरे दशक में 'सुधारवाद' का रास्ता दिखाया था। उसका संबंध मुख्यतः धर्म और शिक्षा से था। उन्हें जिस आधुनिकता का जनक कहा जाता है, उसमें औपनिवेशिक तत्व प्रचुर थे। वह औपनिवेशिक आधुनिकता की उदय-वेला थी। धार्मिक-सामाजिक सुधार की

आवाजें उठ रही थीं जिनसे सामाजिक गतिशीलता पैदा हो रही थी। इसके बिना राष्ट्रीय जागरण में व्यापकता नहीं आती।

बंगाल में एक आधुनिक शिक्षा प्राप्त वर्ग था, जो अंग्रेजी राज को इस उम्मीद से देखता था कि उसके सहारे देश तरक्की करेगा। नई शिक्षा की रोशनी में पले-बढ़े लोगों पर उपनिवेशवाद के जादू का असर बड़े पैमाने पर था। दूसरी ओर, कुछ ऐसे लोग थे जो संस्कृत के माध्यम से ज्ञान पा रहे थे और कट्टरवादी थे। भारतेंदु हरिश्चंद्र को दोनों के उपनिवेशवाद-संबंधी रुख में अद्भुत समानता नजर आई— "इधर नई रोशनी के युवक क्हते हैं—'दिल्लीश्वरो वा जगदीश्वरो'! सुनते-सुनते जी थक गया...। उधर प्राचीन लोग कहते हैं, हमारे यहाँ तो 'सर्व्वदेवमयो नृपः' लिखा ही है, जितना बन सकै इनका आदर करो।" (मानसोपायन)। उस युग के अंग्रेजी शिक्षा पाए औपनिवेशिक आधुनिकतावादी और कठमुल्ले प्राचीनतावादी—दोनों तरह के लोगों के पास उपनिवेशवाद के समर्थन का अपना-अपना तर्क था। एक कहता था—अंग्रेज ही जगदीश्वर है। दूसरा कहता था—'सभी राजा ईश्वर का रूप है, इस तरह ब्रिटिश राज सिंहासन भी'। भारतेंदु ने निष्कर्ष निकाला कि भारतवासियों में सत्ता की खुशामद का संस्कार पुराना है। लोग सामान्यतः सोचते हैं–'कोउ नृप होय हमें का हानि'!

भारतेंदु राजनीति को उपेक्षा से नहीं देखते थे। वे समाज में राजनीति की भूमिका को महत्व देते थे। उन्होंने साहित्य और राजनीति में संबंध स्थापित किया। उनके साहित्य का तीन-चौथाई हिस्सा राजनीति-आधारित है। उसमें साम्राज्यवाद-सामंतवाद का मखौल है। भारतेंदु के समग्र राष्ट्रीय सुधारवाद की खूबी यह है कि इसके पीछे एक व्यापक विजन है। वह नई रोशनी के शिक्षित गुलामों के स्वर में ब्रिटिश वायसराय को जगदीश्वर नहीं कह सकते थे।

भारतेंदु ने औपनिवेशिक आधुनिकता और सुधारवाद को किस तरह देखा है, यह उनके नाटक 'भारत दुर्दशा' (1875) में स्पष्ट होता है। पुस्कालय की एक बैठक के दृश्य में देश का सुधार करने के लिए नई रोशनी के शिक्षित लोग इकट्ठे हैं। वे बड़ी-बड़ी बातें करते हैं। एक देशी साहब कहते हैं—'क्यों भाई साहब, इस कमेटी में आने से कमिश्नर हमारा नाम तो दरबार से खारिज न कर देंगे!' बैठक में एक कवि भी है। भारत दुर्दैव का मुकाबला करने के

लिए देशप्रेमियों की फौज भेजने के स्थान पर वह हाथ मटका कर कहता है—'मुए, इधर न आइयो! इधर जनाने हैं।' एक पत्रिका का संपादक खूब फरमाता है—'एडूकेशन की सेना बनाई जाय। कमेटी की फौज। अखबारों के शस्त्र और स्पीचों के गोले मारे जाएं।' भारतेंदु ने एक देसी साहब से कहलवाया—'मगर जब तक कमेटी में हैं, तभी तक। बाहर निकले कि फिर कुछ नहीं!' उस समय के नव-शिक्षित सुधारवादियों की साम्राज्यपरायणता, सुधार के दिखावे, कायरता तथा बड़बोलेपन को उघाड़ कर भारतेंदु ने वस्तुतः औपनिवेशिक आधुनिकता, सुधारवाद और अंग्रेजी शिक्षा की विडंबनाओं को उजागर किया है। भारतेंदु का एक और संकेत है। 'देसी साहबों' से उनका आशय हिंदी क्षेत्र के साहबों से है। 'भारत-दुर्दशा' में एक सुधारवादी बंगाली तथा दूसरा मराठी है।

भारतेंदु बंगाल-महाराष्ट्र की सामाजिक स्थिति तथा हिंदी क्षेत्र की सामाजिक स्थिति का फर्क दिखाते हैं। उनके एक अनूदित नाटक 'भारत जननी' (1877) में यह फर्क उनकी पाद-टिप्पणी में स्पष्ट है—'बंगभाषा नाटक में एका और उत्साह का प्रवेश भी दिखाया गया है किंतु देश (हिंदी क्षेत्र) में अभी न एका है, न उत्साह। इस हेतु उनका स्वांग यहाँ नहीं लाए।' इन पंक्तियों में भारतेंदु ने हिंदी क्षेत्र का अनुभव व्यक्त किया है। बंगाल की तरह यहाँ एका और उत्साह नहीं है!

'भारत-दुर्दशा' की भांति 'भारत जननी' का अंत निराशावादी नहीं है, लेकिन इसे पढ़ कर लगता है कि हिंदी नवजागरण के कार्य की दुष्करता का अंदाजा भारतेंदु को था।

हिंदी लोगों के बारे में भारतेंदु ने एक जगह लिखा है—'छोट चित्त अतिभीरु, बुद्धि-मन चंचल, विगत उछाह। उदरभरणरत, ईस बिमुख, सब भए प्रजा नर नाह।' अर्थात हिंदी क्षेत्र के लोग अत्यधिक छोटे चित्त के और डरपोक हैं। वे मन से बड़े चंचल हैं, कभी इधर-कभी उधर। उनका उत्साह मिट चुका है। वे रात-दिन पेट भरने की चिंता में डूबे रहते हैं। वे ईश्वर से विमुख हैं ही। यह दशा सभी की है, वे साधारण प्रजा हों या राजा। भारतेंदु ने लक्षित किया कि हिंदी क्षेत्र के लोगों को अंग्रेजी राज में अपव्यय, अदालत, फैशन और सिफारिश के नए रोगों ने दबोच लिया है।

हिंदी नवजागरण व्यापक आकार क्यों न ले सका? इसकी कुछ वजहें भारतेंदु के उपर्युक्त कथन में हैं। इसलिए 'भारत जननी' में भारतेंदु की पंक्तियां हैं—'भारतमाता अपने बेटों को उठाना चाहती है। पर एक को उठाती है तो दूसरा सोता है और दूसरे को उठाती है तो पहला सोता है। इसी भांति सबको भारतमाता ने उठाया, किंतु सब के सब पूर्ववत सो गए।' बंगाल और महाराष्ट्र में सामाजिक सुधार आंदोलन ऊंचाई पर थे। लेकिन हिंदी क्षेत्र के क्या अंग्रेजी-शिक्षित और क्या प्राचीनतावादी, सभी सो रहे थे। हिंदी क्षेत्र के अधिक सामाजिक पिछड़ेपन, कूपमंडूकता, फूट और बिखराव के कारण यहां नवजागरण के कार्य का विस्तार नहीं हो पाया। हिंदी नवजागरण पर विचार करते समय इस कारुणिक दशा को भूलना नहीं चाहिए, तभी भारतेंदु का महत्व स्पष्ट होगा।

भारतीय जनता की संघर्ष शक्ति को छिन्न-भिन्न करने के लिए साम्राज्यवादी तरह-तरह से तत्पर थे। 'भारत-दुर्दशा' में भारतेंदु ने इस पर खास तरह से गौर किया—'फूट, डाह, लोभ, भय, उपेक्षा, स्वार्थपरता, पक्षपात, हठ, शोक, अश्रुमार्जन और निर्बलता—इन एक दरजन दूती और दूतों का शत्रुओं की फौज में हिला-मिलाकर ऐसा पंचामृत बनाया कि सारे शत्रु बिना मारे घंटा पर के गरुड़ हो गए। फिर अंत में भिन्नता गई। इसने ऐसा सबको काई की तरह फाड़ा कि भाषा, धर्म, चाल, व्यवहार, खाना-पीना, सब एक-एक योजन पर अलग-अलग कर दिया। अब आवें बचा ऐक्य। देखें, आ ही के क्या करते हैं।' आज भूमंडलीकरण के जमाने में बाजार एक है, पर समाज अंतर्विभाजित है, श्रमजीवी अंतर्विभाजित हैं, कृषक अंतर्विभाजित हैं और परिवार अंतर्विभाजित हैं। एक तरह से देश और देश के लोग आज भी अंतर्विभाजित हैं। 'भारत-दुर्दशा' की उपर्युक्त पंक्तियों को देखकर लगता है कि भारतेंदु को ब्रिटिश साम्राज्यवाद का गहरा अनुभव था।

भारतेंदु ने अंग्रेजी राज का सिर्फ एक वरदान माना—शिक्षा। वह विलायत की प्रशंसा इसलिए करते थे कि वहाँ 'विद्या का प्राबल्य है', वहाँ के समाज में जनतंत्र की समझ है। इसलिए वह अंग्रेजों में भी दो तरह के लोग देखते थे। वे इंग्लैंड को मानवीय, वैज्ञानिक तथा जनतांत्रिक उपलब्धियों का लाभ

भारतीय जनता तक पहुँचाना चाहते थे—'विद्या का सूर्य पश्चिम से उदय हुआ चला आता है। अब सोने का समय नहीं है। अंग्रेज राज्य पाकर भी न जगे तो कब जगोगे।' भारत में अंग्रेजी शिक्षा वस्तुतः औपनिवेशिक शिक्षा थी, लेकिन भारतीयों को जागरूक बनाने में इस शिक्षा की अप्रत्यक्ष रूप से एक बड़ी भूमिका थी।

गौर करने की बात है कि भारतेंदु के राष्ट्रीय जागरण में देशप्रेम अमूर्त नहीं है। उसमें सामाजिक जड़ता और अंधविश्वासों से मुक्ति एक प्रमुख तत्व है। वे दरअसल हिंदी लोगों के आलस्य और मंदअक्ली से चिंतित थे। देश का धन लूट कर विदेश ले जाया जा रहा है, पर लोगों में कोई बेचैनी नहीं है। देश के लोग मशीन और तकनीकी उपकरण नहीं बना पा रहे हैं, जबकि यह टेक्नोलॉजी का युग है, 'धन विदेश चलि जात तउ जिय होत न चंचल। जड़ समान है रहत, अकिल हत रचि न सकत कल।' अर्थात अक्ल मार गई है, जिससे कल, अर्थात—मशीनें नहीं बना पा रहे हैं। भारत में सारा सामान पश्चिम से आता है।

आज के हिंदी समाज में भी भूत-प्रेत, जन्मपत्री, यहाँ तक कि कई जगहों पर बाल-विवाह की प्रथा है। भारतेंदु हिंदी समाज की रूढ़ियों, कुरीतियों, अंधविश्वास, लोगों की बुरी आदतों—गप्पबाजी, एक-दूसरे को उजाड़ने के लिए चाल से बड़े चिंतित थे। वे स्त्री शिक्षा के बारे में कहते थे, 'नारि पढ़े बिन एक हू काज न चलत लखाइ।' अब स्त्रियों की शिक्षा के बिना काम नहीं चलेगा। जाति के सवाल पर भी वे स्पष्ट हैं, 'वैष्णव में हम जाति बुद्धि नहीं करेंगे।' वे वर्ण व्यवस्था के विरोधी हैं। भारतेंदु ने जन्मपत्री, भूत-प्रेत और बाल विवाह आदि ग्रामीण कुरीतियों का विरोध किया था। उन्होंने लिखा, 'मूर्खों के प्रचंड शासन के दिन अब गए। अब राजा ने प्रजा का स्वत्व पहचाना। विद्या की चर्चा फैली, सबको सब कुछ कहने-सुनने का अधिकार मिला, देश-विदेश से नई-नई विद्या और कारीगरी आई। तुमको उस पर भी वही उल्टी-सीधी बातें, भाँग के गोले, ग्राम गीत, वही बाल्य विवाह, भूत-प्रेत की पूजा, जन्मपत्री की विधि!'

आज भूत-प्रेत, जन्मपत्री जैसी चीजों का प्रचार इलेक्ट्रॉनिक उपकरणों के जरिए हो रहा है। शिक्षित लोगों के बीच भी ग्रह शांति की धारणाएं विद्यमान हैं।

अंगूठी और ताबीज प्रचलित हैं। भारतेंदु ने अपने जमाने में इन अंधविश्वासों का विरोध किया था और बताया था—क्या ग्रहण करना है और क्या छोड़ना है।

भारतेंदु ने बंगाल के विद्यासागर की तरह अपने प्रांत में विधवा पुनर्विवाह के पक्ष में लिखा। 'कविवचनसुधा' में उनके विचार हैं, 'बंबई के प्रसिद्ध रामभाऊ नागरकर की पतोहू लक्ष्मीबाई ने गर्भ गिराया और उसको गाड़ दिया। यह अपराध प्रगट हुआ और उसने स्वीकार भी किया। ...हा! यदि विधवा-विवाह हो तो यह कर्म्म और भ्रूणहत्या क्यों होती।' (1871)। उन्होंने बहुविवाह के प्रश्न पर लिखा, 'हम लोगों के पंडित ईश्वरचंद्र विद्यासागर की बहुविवाह पुस्तक अवलोकन करके बड़ा खेद होता है। ये लोग बंगाले में रहते हैं और उनका यह मूल मंत्र है कि जहाँ तक हो सके विवाह करना और रुपया एकत्र करते जाना। क्या यह बातें सर्कार को ज्ञात नहीं हैं और यदि हैं तो इनका प्रतिबंध क्यों नहीं होता। यह बात तो सभ्यता के विरुद्ध है।' (1871)। उन्होंने 'कविवचनसुधा' के 'पंच का प्रपंच' कालम में 'कन्या के क्रय-विक्रय', 'मदिरा पान', 'टैक्स का वाघ', 'निम्न वर्ग की स्त्रियों में भी शिक्षा का प्रचार' विषयों पर लिखा था।

बुजुर्गों के बीच एक कहावत थी कि हाथी के पैर तले कुचले जाओ, पर जैन मंदिर में न जाओ। भारतेंदु ने इस रूढ़ि का विरोध किया। वे जैन मंदिर गए और वहाँ के उत्सव में हिस्सा लिया। काशी में नई सड़क पर एक पुस्तकालय खुला, इसमें भारतेंदु ने अपनी 500 पुस्तकें दान स्वरूप दीं।

आधुनिक शिक्षा के दोषों पर भारतेंदु ने गौर किया था। उन्होंने मुख्य दोष यह देखा कि अंग्रेजी राज ने शिक्षा का अर्थ संकुचित कर दिया है। इसका लक्ष्य है साम्राज्य के चाकर तैयार करना। दूसरा दोष है परजीविता, जो व्यक्ति जितना अधिक शिक्षित है, वह बौद्धिक तौर पर उतना अधिक परजीवी है और अंग्रेजी जीवन-शैली का उतना अधिक अंधानुकरण करता है। नई रोशनी के ऐसे आधुनिक लोग कायर और स्वार्थी हैं।

ब्रिटेन की जनतांत्रिक राजनीतिक व्यवस्था का कोई चिह्न भारत की औपनिवेशिक शासन-व्यवस्था में नहीं था। इसके अलावा, अधिकांश सुधार औपनिवेशिक हित-साधन करनेवाले वर्गों को ध्यान में रखकर किए गए थे।

अंग्रेजों की शासन व्यवस्था जब शिक्षित राजभक्तों के दबाव से मजबूर हो जाती थी, तभी किसी सुधार में हाथ डालती थी, अन्यथा उसकी दिलचस्पी भारतीय सामाजिक ढांचे को गतिशील बनाने और उसमें न्याय की स्थापना करने में नहीं थी।

भारतेंदु ने 'विषस्य विषमौषधम' (1876) में दिखाया है कि बड़ौदा नरेश मल्हार राव को हटाने के बाद जब वहां प्रत्यक्ष अंग्रेजी राज स्थापित हुआ, तब भी पुरोहित भंडाचार्य खुश थे क्योंकि विद्या, तर्क, बुद्धि, विज्ञान के साधनों से लैस होने के बावजूद अंग्रेजी राज में धार्मिक विशेषाधिकार-प्राप्त समुदाय के शोषण पर कोई अंकुश नहीं था। अंग्रेजों ने वस्तुतः भारत का सामाजिक पिछड़ापन दूर करने में कोई दिलचस्पी नहीं ली, जिस तरह आज भी आधुनिक विकासों से समाज का ऐसा संबंध नहीं पैदा किया जाता कि समाज रूढ़ियों, पाखंडों और अंधविश्वासों से मुक्त हो।

'विषस्य विषमौषधम' के एक ब्राह्मण सज्जन भंडाचार्य वस्तुतः उन धार्मिक पाखंडियों के आचार्य थे, जिनकी करतूतों से हिंदू जनता निढाल थी। भंडाचार्य कहते हैं—'अंग्रेज ! राम और युधिष्ठिर का राज्य इस काल में प्रत्यक्ष कर दिखाया, अहा हा ! (ऊपर देखकर) क्या कहा ?...। कहो और क्या चाहते हो ! भला और क्या चाहिए हमारा भंडपना जारी ही रहा...।' कथन का आशय यह है कि भले राजा मल्हार राव दूध की मक्खी की तरह निकाल फेंके गए और अंग्रेजों ने सत्ता अपने हाथ में ले ली, पर इससे कोई सामाजिक फर्क नहीं आया। भंडाचार्य का धार्मिक पाखंड जारी था !

भारतेंदु ने एक साहित्यकार की हैसियत से भारत की औपनिवेशिक-सामंती व्यवस्था का अनावरण किया था। एक सुधारवादी के रूप में उनके प्रयासों का स्वरूप विस्तृत और संगठित नहीं था। हिंदी क्षेत्र में वैसी हलचल नहीं थी, जैसी बंगाल में थी। भारतेंदु के कार्यों से इतना जरूर स्पष्ट होता है कि असंगठित ही सही, हिंदी क्षेत्र में नवजागरण की भावना प्रस्फुटित होने लगी थी और जितनी थी, अपने ढांचे में वह एकांगी न होकर समग्र थी। उनका लक्ष्य समग्र नवजागरण था। दरअसल बुद्धिवाद और राष्ट्रवाद से मिश्रित भारतीय नवजागरण ही भारत दुर्दशा का जवाब बन सकता था।

राष्ट्रीय उदारवाद की परंपरा

भारत में राष्ट्रीय चेतना के राजनीतिक निर्माण की स्थितियां पश्चिमी देशों से भिन्न थीं। इसलिए भारतीय जनता का साम्राज्यवाद-सामंतवाद विरोधी संघर्ष जो शिक्षा, विकसित आर्थिक-सामाजिक विनिमय और आवागमन के नए साधनों के प्रसार के कारण लगातार व्यापक होता गया, भारत में राष्ट्रीय चेतना के राजनीतिक निर्माण का मुख्य कारक बना। भारतेंदु में देश की एकता का बोध आरंभ से था। उन्होंने अपने अध्ययन और यात्राओं से जो अनुभव प्राप्त किए, इसके कारण उनके देशप्रेम और राष्ट्रीय एकता की धारणा में छोटी अवधि में ही व्यापकता आ गई।

भारतेंदु ने काशी का वर्णन करते हुए इसे जिस अनोखे राष्ट्रीय दृष्टि कोण से देखा, आज हम उस दृष्टिकोण से पूरे देश को देख सकते हैं, 'वहाँ द्रविड़, मगध, कान्यकुब्ज, महाराष्ट्र, बंगाल, पंजाब, गुजरात इत्यादि अनेक देश के लोग परस्पर मिले हुए अपना-अपना काम करते दिखते हैं और वे एक-एक जाति के लोग जिन मुहल्लों में बसे हैं, वहाँ जाने से ऐसा ज्ञात होता है मानो उसी देश में आए हैं, जैसे बंगाली टोले में ढाका का, लहौरी टोले में अमृतसर का और ब्रह्मा घाट में पूना का भ्रम होता है।' (काशी के छायाचित्र, 1974)। राष्ट्रीय विविधता में एकता की इतनी सुंदर अवधारणा इसका संकेत है कि भारतेंदु ने कैसे भारतीय राष्ट्र का सपना देखा था।

भारतेंदु ने 'एक-एक जाति के लोग' कहकर द्रविड़, महाराष्ट्र, बंगाल, पंजाब, गुजरात इत्यादि प्रांतों के लोगों को जातियों के रूप में पहचाना। इन प्रांतों के लोगों की जातियों के रूप में पहचान उस जमाने की एक खास वैचारिक उपलब्धि है जिसे आगे चलकर रामविलास शर्मा ने विस्तार से स्पष्ट किया। भारतीय राष्ट्र की व्यापक संकल्पना के बिना यह अनोखा दृश्य दिखाई नहीं देता। प्राचीन धार्मिक नगरी काशी अनेक जातियों की मिलन भूमि थी। बाजार और नगर बनने की प्रक्रिया में अंध-जातीय दीवारें टूटी थीं, अंतरजातीय मिश्रण बढ़ा था। निश्चय ही भारतेंदु ने उपर्युक्त श्रेणी में कान्यकुब्ज घुसाकर 'नेशनलिटी' और 'कास्ट' को गड्डमड्ड कर दिया है, जिस तरह राधाचरण गोस्वामी धर्म

और जातीयता को गड्डमड्ड करते हैं। इस श्रेणी में 'मगध' को रखने का संबंध एक क्षेत्र से है, जाति से नहीं। सामान्य आशय है कि हिंदी क्षेत्र में बंगाल और महाराष्ट्र की तरह स्थानीय जातीयता के उग्र बोध की जगह भारतीय राष्ट्र का एक व्यापक परिप्रेक्ष्य बन रहा था, भले विकासशील अवस्था में था।

हिंदी लोग अपने को प्रधानतः भारतीय समझते रहे हैं। उनमें हिंदी जातीयता का बोध उस तरह प्रकाश नहीं पाता, जिस तरह बंगाल में बंगाली जातीयता का बोध उस समय प्रखरतर होता जा रहा था। भारतेंदु यदि 'काशी के छायाचित्र' में भारतीय राष्ट्र की आकांक्षाएं लक्षित कर रहे थे तो 'भारत दुर्दशा' में साम्राज्यवाद की सत्यानाशी फौज की लीला भी देख रहे थे, 'इसने ऐसा सबको काई की तरह फाड़ा कि भाषा, धर्म, चाल, व्यवहार, खाना-पीना, सब एक योजन पर अलग-अलग कर दिया!' यह प्रक्रिया 21वीं सदी में फिर जारी हो गई।

भारतेंदु को अपने जमाने में एक नई चीज का ज्ञान हुआ—'स्वत्व' का। 19वीं सदी के नवजागरण की एक मुख्य खोज 'स्वत्व' है। हम देखते हैं कि भारतेंदु आधुनिकीकरण के समर्थक हैं, पर 'स्वत्व' की कीमत पर नहीं—'स्वत्व निज भारत गहै।' वे उन सुधारवादियों की तरह नहीं हैं, जिन्हें सुधारवाद के जोश में अपने 'स्वत्व' की फिक्र नहीं थी। भारतेंदु भारतीय परंपराओं के उच्च तत्वों का महत्व समझते हैं और रूढ़ियों के विरोध के लिए बौद्धिक उपकरण ढूंढ़ते हैं। भारतेंदु का नवजागरण का स्वप्न यूरोप के आधुनिक जनतांत्रिक जागरण और भारत की गौरवशाली परंपराओं के बीच रचनात्मक संवाद का नतीजा है।

भारतेंदु 'ड्रेन ऑफ वेल्थ' के साथ अंग्रेजों की 'फूट डालो और राज करो' की नीति को भी समझ रहे थे। यह उनकी नवजागरण-चेतना की एक प्रमुख विशेषता है। भारतीय नवजागरण का दौर हो या भूमंडलीकरण का, विकास और अखंडता का संबंध हमेशा लड़खड़ाया। इसकी मुख्य वजह है औपनिवेशिकसामंती मानसिकता। इसने हमेशा अंध-राष्ट्रवाद पैदा किया और अलगाववाद को बढ़ावा दिया, ताकि मायावी साम्राज्यवादी शोषण को सबल चुनौती न मिले। गरीब लोग मेहनत करने के बावजूद लगातार गरीब होते जाएँ।

वे सांस्कृतिक बुराइयों में फँसे रहें। नवजागरण युग में 'बाहरी' और 'विजातीय' की धारणा नहीं थी। इस मामले में हिंदी क्षेत्र खास तौर से उदार रहे हैं। आज की भांति तब राष्ट्रीय अखंडता और विशिष्टता की टकराहट नहीं थी, क्योंकि साम्राज्यवाद के अलावा सामंतवाद-विरोधी संघर्ष भी था। राष्ट्रीय एकता और धार्मिक या जातीय विशिष्टता का संबंध केवल तब डगमगाता है, जब साम्राज्यवाद के पोषक तत्वों द्वारा सामंतवाद के खिलाफ संघर्ष को दबाने और तोड़ने के प्रयास होते हैं।

भारतेंदु हरिश्चंद्र भारतवर्ष की उन्नति का अर्थ साधारण लोगों की उन्नति लगाते हैं। इसलिए उनके सुधारवाद में गरीबों के जीवन में सुधार पर विशेष बल है। बंकिम चंद्र ने 1879 के 'साम्य' शीर्षक से अपने एक वापस ले लिए गए लेख में ऐसा ही दृष्टिकोण व्यक्त किया था, 'पददलित लोगों को इस पृथ्वी पर सुखी होने का उतना ही अधिकार है, जितना तुम लोगों को है। उनका सुख छीनने की कोशिश मत करो। याद रखना कि वे तुम्हारे भाई हैं, तुम्हारे समान हैं।' ईश्वरचंद्र विद्यासागर और आगे चलकर विवेकानंद का यही दृष्टिकोण है। हिंदी क्षेत्र में भारतेंदु का लक्ष्य भी यही है, क्योंकि उनकी नवजागरण-दृष्टि जिस प्रकार औपनिवेशिक सुधारवादियों की तरह साम्राज्यपरायण और विशिष्ट वर्ग-केंद्रित नहीं है, उसी प्रकार अतीतपरायण और पुनरुत्थानवादी भी नहीं है।

अपने बलिया वाले भाषण में भारतेंदु ने सिर्फ हिंदी क्षेत्र की उन्नति के बारे में नहीं, पूरे भारत की उन्नति का आह्वान करते हुए कहा, 'भाइयो, राजा-महाराजों का मुंह मत देखो, मत आशा रखो कि पंडित जी कथा में कोई ऐसा उपाय बतलाएंगे कि देश का रुपया और बुद्धि बढ़े। तुम आप ही कमर कसो, आलस छोड़ो। कब तक अपने को जंगली, हूस, मूर्ख, बोदे, डरपोकने कहलाओगे। दौड़ो इस घुड़दौड़ में, जो पीछे पड़े तो फिर कहीं ठिकाना नहीं है।' स्पष्ट है कि भारतेंदु भारत के लोगों को सामंतवाद के प्रतिनिधियों पर भरोसा करने से मना कर रहे हैं। वे डर और मूर्खता से बाहर निकलने के लिए कह रहे हैं। वे लड़ने के लिए कह रहे हैं।

भारतेंदु में अन्य नवजागरण व्यक्तित्वों की ही तरह सामाजिक सक्रियतावाद है। लेकिन वे राममोहन राय और दयानंद सरस्वती की तरह कोई बड़ा सामाजिक आंदोलन खड़ा नहीं कर पाए। उन्होंने इनकी तरह कोई धार्मिक संगठन नहीं बनाया। वे साहित्यकार थे। उनका साहित्यिक लेखन इसका प्रमाण है कि समाज में एकांगी नवजागरण से समग्र नवजागरण की और बढ़ने की छटपटाहटें मौजूद थीं। भारतीय नवजागरण को स्थिर रूप में न देखकर यदि हम विकासशील रूप में देखें तो इसकी विविध अंतर्धाराओं को समबिंदु प्रदान करने में भारतेंदु की ऐतिहासिक भूमिका समझ में आ जाएगी। यह अलग बात है कि हिंदी समाज उस समय भारतेंदु के बौद्धिक स्तर तक पहुँचने के लिए तैयार न था।

दयानंद सरस्वती के मूर्तिपूजा-विरोधी रुख के कारण एक समय भारतेंदु हरिश्चंद्र ने उनकी कठोर आलोचना की थी। दयानंद ने 1869 में काशी में जो शास्त्रार्थ किया, उसकी प्रतिक्रिया में वह लिखते हैं, 'दयानंद क्या जाने कौन जाति का किस आश्रम के कोई नग्न पुरुष सब देशों में भ्रमण करते हुए सनातन धर्म्म रूपी सूर्य को राहु की भाँति ग्रास करते हुए मूर्खों और आलस्य से भरे हुए जीवों (लोगों) के हृदय-वस्त्र को अपने रंग में रंगते हुए इसी बहाने अपना नाम लोगों में विदित करते हुए और अपना वाक्य बना के साधु लोगों का हृदय दहन करते हुए काशी में आए ...उसने जो व्यर्थ उपद्रव किए, वह सब पर विदित है...।' (भूमिका, दूषणमालिका, 1870)। दयानंद ने काशी के पंडितों से चार प्रश्न किए थे। उनके जवाब में चौंसठ प्रश्नों की एक दूषणमालिका बनाकर भारतेंदु ने उनका विरोध किया था। वह तब करीब 20 साल के अति-उत्साही वैष्णव युवक थे। इनकी ऊपर की बातों से पता चल जाता है कि दयानंद के विचारों ने तब कैसा तहलका मचाया था। राधा-कृष्ण की भक्ति से जुड़े इस युवा का हृदय छलनी हो जाना स्वाभाविक था!

भारतेंदु ने दयानंद को मान्यता दी, पर अपना वैचारिक विकास होने पर कुछ समय बाद। निश्चय ही दयानंद के विचारों का सामाजिक सुधारों से संबंध था।

केशवचंद्र सेन दयानंद की मृत्यु के साल भर बाद मरे थे। उसी समय भारतेंदु ने एक व्यंग्य रचना लिखी—'स्वर्ग में विचारसभा का अधिवेशन'। यह फैंटेसी है। इसमें उन्होंने दयानंद को संकीर्ण विचारधारा वालों के दल में न रखकर, केशवचंद्र सेन के साथ उदारवादी दल में रखा।

भारतेंदु हरिश्चंद्र के सामने नवजागरण का मुख्य अंतर्विरोध स्पष्ट था। उन्होंने उपर्युक्त व्यंग्यात्मक फैंटेसी की शुरुआत इस प्रकार की—'स्वामी दयानंद सरस्वती और बाबू केशवचंद्र सेन के स्वर्ग में जाने से वहाँ एक बेर बड़ा आंदोलन हो गया। स्वर्गवासी लोगों में बहुतेरे तो इनसे घृणा करके धिक्कार करने लगे और बहुतेरे इनको अच्छा कहने लगे। स्वर्ग में भी 'कंसरवेटिव' और 'लिबरल' दो दल हैं।' भारतेंदु ने अपने समय के संकीर्ण संरक्षणवादियों और उदार सुधारवादियों के फर्क को पहचान लिया था। इन दोनों की निरंतरता का नक्शा भी उनके दिमाग में बन रहा था। दयानंद-केशवचंद्र को उनके कार्यों के लिए स्वर्ग भेजा जाए या नरक, इस पर विचारसभा विभाजित हो गई थी। भारतेंदु लिखते हैं, 'कंसरवेटिव पार्टी में देवताओं के अतिरिक्त बहुत लोग थे, जिनमें याज्ञवल्क्य प्रभृति कुछ तो पुराने ऋषि थे और कुछ नारायण भट्ट, रघुनंदन भट्टाचार्य, मंडन मिश्र प्रभृति स्मृति ग्रंथाकार थे। सुना है, उनमें विदेशी स्वर्ग के कुछ शिया (कट्टर मुसलमान) लोगों ने भी योग दिया है।' इससे स्पष्ट होता है कि भारतेंदु की अपने युग के संरक्षणवादी प्रति-आंदोलनों पर कितनी गहरी पकड़ है।

भारतेंदु की भारतीय संकीर्णतावाद पर पकड़ व्यापक और धर्मनिरपेक्ष है। गौर कीजिए कि 'विदेशी स्वर्ग' कहकर वैष्णव भक्ति धारा का यह व्यक्ति इस्लामी बहिश्त ही नहीं, हिंदू स्वर्ग की धारणा की भी कैसी खिल्ली उड़ाता है! भारतेंदु लिबरल दयानंद सरस्वती और केशवचंद्र सेन की परंपरा दिखाते हुए एक दूसरी सूची जारी करते हैं, 'लिबरल दल में चैतन्य प्रभृति आचार्य, दादू, नानक, कबीर प्रभृति भक्त और ज्ञानी लोग थे।' अपने युग के नवजागरण को भारतेंदु हरिश्चंद्र ने श्री चैतन्य कबीर-दादू के अलावा गुरुनानक देव के उत्सर्ग को समेटते हुए पूरे भक्ति आंदोलन की परंपरा में रख दिया। यह उदारवाद की भारतीय परंपरा की पहचान है जो अन्यत्र कहीं नहीं मिलती।

बुद्धिवाद और राष्ट्रीय जागरण का संगम

भारतेंदु के राष्ट्रवादी कथनों से उन्हें 'डिसलायल' कहा जाना शुरू हो गया था और अंग्रेज पदाधिकारियों का कान भरा जाने लगा था। उन्होंने झुके बगैर 'आनरेरी मजिस्ट्रेट' पद से इस्तीफा दे दिया, जो उनका विद्रोह दिखाता है। वे मानते थे कि समाज सुधार के लिए व्यक्ति का बौद्धिक विकास जरूरी है, जो अध्ययन-मनन से ही हो सकता है। यही वजह है कि उन्होंने साहित्यिक कर्म के साथ शिक्षा को प्राथमिकता दी और अपने मकान में स्कूल खोला।

भारतेंदु ने अपनी मृत्यु के कुछ दिनों पहले बलिया के भाषण (1884) के दौरान राष्ट्रीय आह्वान किया, 'तुम आप ही कमर कसो, आलस छोड़ो। तुम्हारा रुपया तुम्हारे ही देश में रहे, वह करो। देखो, जैसे हजार धारा होकर गंगा समुद्र में मिली है, वैसे ही तुम्हारी लक्ष्मी हजार तरह से इंगलैंड, फरासीस, जर्मनी, अमेरिका को जाती है। भाइयो, अब तो नींद से चौंको, अपने देश की सब प्रकार उन्नति करो। जिसमें तुम्हारी भलाई हो, वैसी ही किताब पढ़ो, वैसे ही खेल खेलो, वैसी ही बातचीत करो। परदेशी वस्तु और परदेशी भाषा पर भरोसा मत करो।' भारतेंदु दूसरों का भरोसा छोड़कर खुद जागने का आह्वान कर रहे हैं। 'नींद से चौंको' से अभिप्राय है साम्राज्यवाद-विरोधी राष्ट्रीय जागरण। 'सब प्रकार उन्नति' से तात्पर्य है—धार्मिक, सामाजिक और सांस्कृतिक सुधार। इसके अलावा देश का आर्थिक विकास, मातृभाषा में शिक्षा तथा रोजगार। भारतेंदु भाषा के प्रश्न पर राममोहन राय की अंग्रेजी-उन्मुख नवजागरण-दृष्टि का अतिक्रमण करते हैं, साथ ही आर्थिक प्रश्न पर भी मुखर होते हैं। उस जमाने के दूसरे किसी भारतीय बुद्धिजीवी में इतनी उग्रता से इतना सब कहने का साहस न था।

नवजागरण का एक महत्वपूर्ण लक्ष्य है देश की वैचारिक चिंगारियों को इकट्ठा करके राष्ट्रीय लपट में बदलना। इसी का नतीजा है भारतेंदु हरिश्चंद्र का राष्ट्रीय जागरण के लिए बलियावाला ऐतिहासिक भाषण। वे इसमें आह्वान करते हैं, 'बंगाली, मरट्ठा, पंजाबी, मदरासी, वैदिक ब्राह्मण, मुसलमान सब

एक हाथ एक पकड़ो।' राष्ट्रीय जागरण के इस आह्वान में भेदभाव से मुक्त एक उदात्त मानव बंधन (ह्यूमन चेन) का अद्‌भुत संदेश है। यह आह्वान नवजागरण के वैश्विक तत्व—'रैशनलिज्म' और भारतीय संदर्भ में जरूरी 'नैशनलिज्म' के मिश्रण से बना है। यहाँ दुचित्तेपन या दुविधा का कोई अंधेरा नहीं है। भारतेंदु ने अपने साहित्य के जरिए दरअसल औपनिवेशिक बुद्धिवाद के एकांगी नवजागरण की जगह बुद्धिवाद और राष्ट्रवाद की संधि पर बन रहे समग्र भारतीय नवजागरण का संदेश दिया था।

भारतेंदु ने अपने समय के कुरुचिपूर्ण कला-बाजार के समानांतर साहित्यिक नाटक का विकल्प चुना था। वे जनता के बीच जाकर नाटक करते थे, अपने आभिजात्य से दबे बिना। उन्होंने आवश्यक संकेत दिया है कि सुधारवाद की जरूरत मूलतः किस वर्ग के चित्त के संस्कारों को बदलने के लिए है। उन्होंने यह भी कहा है कि इस काम में लोककला के रूप कितने सहायक हैं। यह एक महत्वपूर्ण घटना है कि उन्होंने अपने नाटकों में खास उद्देश्य से स्वाँग, नौटंकी, प्रहसन जैसे लोक-नाट्य रूपों का अधिक इस्तेमाल किया, जिस तरह जातीय संगीत का महत्व बताया। उनका 'अंधेर नगरी' एक ऐसा ही नाटक है। उनके नाटकों का उद्देश्य सामाजिक सुधार है।

भारतेंदु हरिश्चंद्र ने 1857 की राष्ट्रीय चेतना को राष्ट्रीय सामाजिक सुधार का एक क्रांतिकारी धरातल दिया था। इन्होंने उसके राजनीतिक सारतत्व को भी विकसित किया, ताकि 'स्वत्व निज भारत गहै'। हर तरह का जोखिम उठाकर उन्होंने अपनी पत्रिका 'कविवचनसुधा' में आशा व्यक्त की, 'जिस तरह अमेरिका उपनिवेशित होकर स्वाधीन हुआ, वैसे ही भारतवर्ष भी स्वाधीनता लाभ कर सकता है।' यह आशा कुछ देर से प्रतिफलित हुई।

अमेरिका की उपनिवेशवाद-विरोधी स्वातंत्र्य युद्ध में विजय (1783) तथा उसके एकता और पुनर्निर्माण के संघर्ष (1850-75) ने 19वीं सदी में भारतेंदु को उसी प्रकार अभिप्रेरित किया था, जिस तरह आगे चलकर रूस पर जापान की विजय (1905) तथा रूस की नवंबर क्रांति (1917) ने 20वीं सदी के राष्ट्रीय स्वाधीनता संग्राम को प्रेरित किया। भारतेंदु अमेरिका की स्वतंत्रता

और राष्ट्रीय एकता से गद्गद थे। वे उपनिवेशित भारत में अपने राष्ट्र का वैसा ही सामाजिक भविष्य देख रहे थे, भले परिस्थितियों के अभाव में खुद कुछ ज्यादा कर नहीं पा रहे थे।

हम पाते हैं कि एक व्यापक ऐतिहासिक पृष्ठभूमि में भारतेंदु ने भारतीय स्वत्व, आत्मपहचान तथा स्वतंत्रता की जो आवाजें उठाईं, वे इस अर्थ में विशिष्ट हैं कि भारतीय नवजागरण की व्यापक आकांक्षाओं को प्रतिध्वनित करती हैं। वे जो सोच रहे थे, उसके पीछे सैकड़ों साल का लंबा भारतीय संघर्ष था।

खंड-3

- महाराष्ट्र : औपनिवेशिक उदारवाद और राष्ट्रीय प्रतिरोध
- नवजागरण में दलित आवाजें : फुले और अंबेडकर
- गुजरात प्रबोधन : सुधार बनाम संरक्षण

महाराष्ट्र : औपनिवेशिक उदारवाद और राष्ट्रीय प्रतिरोध

अंग्रेजों के आक्रमण से पहले सिर्फ महाराष्ट्र प्रांत है, जहाँ संतों की सामाजिक भेदभाव से मुक्त जातीय चेतना के आधार पर राज्य का निर्माण हुआ था। शिवाजी (1630-80) का राज्य इतिहासकारों द्वारा एक ऐसे ही राज्य के रूप में देखा गया है। हम हिंदी प्रदेश और बंगाल में नवजागरण-पूर्व ऐसी जातीय चेतना नहीं पाते, जबकि ये दोनों क्षेत्र भी भक्ति आंदोलन से गुजरे थे। निःसंदेह इसके ऐतिहासिक कारण हैं। उल्लेखनीय है कि महाराष्ट्र में 19वीं सदी के नवजागरण की कई अंतर्धाराएं हैं। उनके बीच जितनी टकराहटें हों, एक समानता यह है कि सभी अंतर्धाराओं में इस प्रांत के संतों और शिवाजी महाराज से अपने संबंधों को परिभाषित किया गया है। कोई सुधारक उन पर चर्चा किए और एक मत स्थिर किए बगैर आगे नहीं बढ़ता।

महाराष्ट्र में उदारवादी ब्राह्मण सुधारक और ब्राह्मणतंत्र-विरोधी दलित सुधारक दोनों तरह के लोग ही मराठी संतों और शिवाजी पर टिप्पणी करते हैं, जबकि बांग्ला और हिंदी नवजागरण में भक्त कवि चर्चा के विषय नहीं रहे हैं।

महाराष्ट्र का जातीय उत्थान

शिवाजी की यह कहते हुए हिंदू राष्ट्रवादी छवि निर्मित की जाती है कि उनका उभार हिंदू पुनरुत्थान है, जिसने भारत को इस्लामी शासन से मुक्त किया। अंग्रेजों ने नहीं, यह काम शिवाजी ने किया! वास्तविकता यह है कि 19वीं सदी के नवजागरणकालीन महाराष्ट्र में शिवाजी इस दृष्टि से नहीं देखे गए थे। यह सही है कि शिवाजी औरंगजेब से लड़े थे, लेकिन यह लड़ाई धार्मिक नहीं, राजनीतिक थी। यह नवजागरणकालीन मराठी सुधारकों की आम राय है।

शिवाजी पर उस युग में विभिन्न कारणों से जो बहस हुई, उससे यह समझने में मदद मिलती है कि सुधारक औपनिवेशिक स्थितियों में कैसा भारत चाहते थे। इस बहस से बोध होता है कि महादेव गोविंद रानाडे (1842-1901) जैसे ब्राह्मण उदारवादी और ज्योतिबा फुले (1827-1890) जैसे ब्राह्मणतंत्र-विरोधी सुधारक दोनों ही शिवाजी को अपने ढांचे में क्यों पसंद करते हैं। शिवाजी के बारे में बनी समझ पर निश्चय ही ऐतिहासिक तथ्यों के अलावा काल्पनिक बातों की भी एक भूमिका है। जो हो, महाराष्ट्र के लिए शिवाजी एक सर्वमान्य जातीय प्रतीक बन गए, उनकी व्याख्या जितनी तरह से हुई हो।

शिवाजी पर 19वीं सदी में जिन समाज सुधारकों ने विचार किया, उनमें महादेव गोविंद रानाडे (द राइज ऑफ मराठा पॉवर) और ज्योतिबा फुले (शिवाजी का पँवाड़ा और कुछ टिप्पणियां) प्रमुख हैं। रानाडे ने शिवाजी को मराठा जातीयता के परिप्रेक्ष्य में देखा और उन्हें महाराष्ट्र धर्म के प्रवर्तक के रूप में स्थापित किया। वे मानते थे कि मराठी जातीय जागरण अंग्रेजी राज की देन न होकर शिवाजी की देन है। दरअसल रामदास को शिवाजी का गुरु मानने के कारण रामदास के ग्रंथ 'दासबोध' में व्यक्त रूढ़िवादी विचारों को शिवाजी के विचारों के रूप में पेश किया जाता रहा है और शिवाजी को मुस्लिम-विरोधी बताया जाता रहा है। रामदास के विचारों की रोशनी में महाराष्ट्र धर्म आक्रामक हिंदुत्व का पर्याय हो जाता है। 'मराठों का नवीन इतिहास' में प्रमुख इतिहासकार गोविंद सखाराम सरदेसाई ने लिखा है, 'राजनीतिक आदर्शों में शिवाजी को रामदास से प्रेरणा मिलने के बजाय रामदास को ही अपने आदर्शों और शिक्षा में परिवर्तन करना पड़ा था।' इस पुस्तक में यह भी बताया गया है कि 'हिंदू और मुसलमान संतों में शिवाजी भेद नहीं करते थे।' स्वाभाविक था कि शिवाजी ने मराठी को राजभाषा बनाया और वे मराठी जातीयता के चिह्न के रूप में देखे जाने लगे।

महादेव गोविंद रानाडे शिवाजी के आदर्शों पर आधारित 'महाराष्ट्र धर्म' की विवेचना इस रूप में करते हैं, 'इस धर्म ने लोकभाषा में मूल्यवान साहित्य रचा। इसने पुरानी जाति प्रथा की कठोर संरचना में सुधार किया। इसने शूद्रों को आध्यात्मिक शक्ति और उनके सामाजिक महत्व को उस हैसियत तक

पहुंचाया जो करीब-करीब ब्राह्मणों के बराबर थी। इसने पारिवारिक संबंधों को पवित्रता प्रदान की और स्त्री की दशा में सुधार किया। इसने मराठी जाति (राष्ट्र) को मानवीय बनाया, साथ ही मराठी लोगों को एकजुट करके सहिष्णुता के मार्ग पर ला खड़ा किया। इसने मुसलमानों के साथ मेलजोल का रास्ता दिखाया और कुछ हद तक ऐसा मेलजोल कायम कर भी लिया। इसने बहुदेववाद की बुराइयों को कम कर दिया। इन तरीकों से महाराष्ट्र धर्म ने मराठी जाति को विचारों और कर्मों दोनों स्तर पर ऊंचा उठाया। इसने विदेशी प्रभुत्व की जगह एक देशी सत्ता को फिर से कायम करने के लिए इस तरह तैयार किया जैसा उस काल के किसी अन्य भारतीय प्रांत में नहीं दिखता है। ये महाराष्ट्र धर्म की मुख्य विशेषताएं हैं जिन्हें ध्यान में रखकर रामदास ने शिवाजी के पुत्र को अपने पिता के चरण चिह्नों पर चलने को कहा था और खुद इस धर्म का प्रचार किया था। यह धर्म एक साथ सहिष्णु और सुदृढ़ है, आध्यात्मिक है और किसी दूसरे की निंदा नहीं करता है।' (द राइज ऑफ मराठा पावर)। रानाडे निश्चय ही दो मस्जिदों को तोड़कर मंदिर बनाने, धर्मांतरण, गो और ब्राह्मण की रक्षा करने जैसी शिवाजी के राज्य से संबंधित कुछ घटनाओं की उपेक्षा कर रहे होंगे, लेकिन शिवाजी के जीवन-धर्म के संबंध में रानाडे ने जो चित्र खींचा है उसके भी ऐतिहासिक साक्ष्य हैं। संभव है कि शिवाजी में दुविधाओं के बीच सहिष्णुता ही मुख्य तत्व हो।

रानाडे 19वीं सदी के भारत में शिवाजी महाराज को 'रिकंस्ट्रक्ट' कर रहे थे। उनकी व्याख्या भेदभाव पैदा करनेवाली औपनिवेशिक व्याख्याओं से भिन्न है। यह शिवाजी की रूढ़िवादी हिंदू छवि से भी अलग है। आखिरकार ज्योतिबा फुले ने शिवाजी के संबंध में जो कुछ बताया, उसमें भी शिवाजी के अंतर्विरोधों की उपेक्षा है।

ज्योतिबा फुले शिवाजी को ब्राह्मणतंत्र-विरोधी दलित ढांचे में देखते हुए उनके राज्य को शूद्रों के राज्य के रूप में याद करते हैं। उन्हें उनकी जाति के आधार पर 'कुनबी कुलभूषण' कहते हैं। फुले ने शिवाजी के साथ जुड़ी हिंदू छवि से इनकार किया और ब्राह्मण रामदास को उनका गुरु मानने से भी इनकार कर दिया। शिवाजी के मुद्दे पर रूढ़िवादी ब्राह्मणों, उदारवादी ब्राह्मणों और गैर-ब्राह्मणों के बीच बौद्धिक रस्साकशी अब एक इतिहास है।

शिवाजी पर सबसे पहले फुले ने पवांड़ा लिखा था। इसमें उन्हें शूद्र किसानों का राजा दिखाते हुए क्षत्रिय कहा गया है। वे खेत/क्षेत्र से जुड़े थे, इसलिए क्षत्रिय हुए। फिर द्रविड़-आर्य संघर्ष के मिथकीय रूपक में उनकी तुलना राजा बलि से की गई है। जिस तरह आर्य ब्राह्मण वामन ने राजा बलि का राज्य हड़प लिया, शिवाजी के राज्य के साथ यही घटित हुआ। उनके राज्य पर पेशवा ब्राह्मणों ने कब्जा जमा लिया और प्रचारित किया कि शिवाजी का लक्ष्य गौ और ब्राह्मणों की रक्षा करना था। इस तरह इतिहास को अपने-अपने रंग में रंगा गया, एक सत्ता विमर्श के रूप में उसकी यह नियति है।

रानाडे और फुले की अवधारणाओं में समानता यह है कि दोनों शिवाजी की 'निर्मित छवि' से मुसलमान-विद्वेष को बाहर रखते हैं। दोनों के बीच असमानता मराठा जातीय कोण और गैर-ब्राह्मणवादी दलित कोण के स्तर पर है।

सवाल है, शिवाजी महाराज की महाराष्ट्र धर्म-भावना को उनके तथाकथित ब्राह्मण गुरु रामदास के धार्मिक विचारों की रोशनी में देखा जाए या उनसे बिल्कुल भिन्न दलित संत तुकाराम की भावधारा से उनको जोड़ा जाए या इनको महाराष्ट्र की ज्ञानेश्वर, नामदेव, एकनाथ, चोखामेला, तुकाराम आदि को शामिल करके संत परंपरा के समूचे विकास में रखकर देखा जाए।

महाराष्ट्र क्षेत्र की भक्ति पर मुख्यतः वारकरी विचारधारा का असर रहा है, भागवत तत्व उसी में विलीन हो गए थे। इसके अलावा, महाराष्ट्र में भक्त और संत को विभाजित करके कभी नहीं देखा गया, जिस तरह हिंदी भक्ति साहित्य के मूल्यांकन में किया गया। हिंदी में सगुण कवि भक्त हैं और निर्गुण कवि संत हैं। कहा जाता है कि वारकरी परंपरा के प्रथम ग्रंथ 'ज्ञानेश्वरी' (13वीं सदी) को रूढ़िवादी ब्राह्मणों ने दबा दिया था, क्योंकि इसने भक्ति में जातिभेद खत्म कर दिया था। निश्चय ही कुछ भक्त ऐसे हुए हैं जो वर्ण व्यवस्था को मानते हुए भक्ति के मामले में जातिभेद का विरोध करते हैं। उनसे भिन्न दलित तुकाराम (17वीं सदी) ने वर्ण व्यवस्था को गंभीर चुनौती दी। उनके अभंग मराठी जनता के हृदय की आवाज बन गए। वारकरी परंपरा में ब्राह्मण और दलित दोनों श्रेणियों के भक्त हैं। उनकी विशिष्टता और अखंडता को समझने

की जरूरत है। दरअसल मराठी भक्ति आंदोलन को ऐतिहासिक परिप्रेक्ष्य में देखने की जरूरत है, वर्तमान समय के व्यवस्थापोषक सत्तावादी राजनीतिक विभाजनों को उस पर लादने की जगह।

महत्वपूर्ण मामला यह है कि महाराष्ट्र का नवजागरण भक्ति आंदोलन से गहराई से जुड़ा हुआ था। भक्ति आंदोलन और मराठी सुधारवादी आंदोलन में निरंतरता है, जिससे भारतीय नवजागरण का एक नया मॉडल बनता है।

मराठी संत कवि ज्ञानेश्वर (13वीं सदी) के ग्रंथ में संस्कृतनिष्ठता है, लेकिन इसमें कर्मकांड का विरोध है। तुकाराम तक संस्कृतनिष्ठता काफी घट गई। लोकतत्वों के समावेश के साथ वर्ण व्यवस्था और पाखंड का विरोध अधिक तीव्र हो गया। यह मराठी जातीय चेतना का विकास है। भक्ति साहित्य को लोकजागरण के रूप में देखने वाले आलोचक रामविलास शर्मा ने टिप्पणी की है, 'महाराष्ट्र में बहुत से संत शूद्र वर्ण में उत्पन्न हुए थे। अवश्य ही उन्हें संस्कृत पढ़ने का सुअवसर नहीं मिला था, परंतु उन्होंने क्रांतिकारी भूमिका निभाई और उनकी रचनाएं बहुत लोकप्रिय हुईं। वास्तव में कर्मकांड-समर्थक शास्त्र का विरोध आवश्यक था और संस्कृत में जो कर्मकांड-विरोधी अद्वैतवादी धारा विद्यमान थी, उससे संबंध जोड़ना आवश्यक था।... महाराष्ट्र का संत साहित्य जातीय जागरण का साहित्य है। इस जागरण की सुसंगत निष्पत्ति है शिवाजी द्वारा जातीय राज्यसत्ता की स्थापना।' (भारतीय संस्कृति और हिंदी प्रदेश)। हिंदी भक्त कवियों को अखंडता में न देखकर अक्सर कठोर वर्गीकरण किया गया है। मराठी संत-भक्त कवियों की परंपरा को भी खंड-खंड नहीं करना चाहिए, उसे मराठी जातीय विकास की रोशनी में समझने की जरूरत है।

हिंदी में यदि हम कबीर को उनकी स्त्री-विरोधी दृष्टि की वजह से बाहर निकाल दें, तुलसीदास को वर्ण व्यवस्था का समर्थक होने के कारण बाहर निकाल दें, सूर को उनके कृष्ण चरित्र में श्रृंगारिकता के मिश्रण की वजह से और सभी को उनकी आध्यात्मिकता की वजह से खारिज कर दें तो हमारे पास सिर्फ 'मैं' बचा रहेगा या एक बंद गली में पहुंचानेवाली कोई एक क्षीण परंपरा ही सब कुछ हो जाएगी।

रामविलास शर्मा ने शिवाजी और उनके बाद की स्थितियों का फर्क दिखाते हुए लिखा है, 'शिवाजी की राज्यसत्ता पुरानी वर्ण व्यवस्था पर आधारित नहीं थी। ...इसे तोड़ने में संत कवियों की महत्वपूर्ण भूमिका थी, परंतु उनका क्षेत्र सांस्कृतिक था। उनकी कार्यवाही अपने आप वर्ण व्यवस्था को उलट न सकती थी, किंतु जो रास्ता उन्होंने दिखाया था उसी पर आगे बढ़ते हुए, राजनीतिक कार्य करते हुए, शिवाजी ने ऐसी राजसत्ता की स्थापना की, कि जनसमुदाय को समान राष्ट्रीयता का व्यावहारिक अनुभव स्पष्ट रूप से हो गया।' (वही)। शिवाजी की मृत्यु के बाद उनके व्यापक मराठी जातीय दृष्टि कोण के आधार पर महाराष्ट्र की भावी राजनीति नहीं चली, 'शिवाजी की वर्ग दृष्टि सामंत-विरोधी थी। इसके विपरीत, उनके उत्तराधिकारियों की वर्ग दृष्टि सामंतवाद की पोषक थी। ...शिवाजी ने जागीरदारों की शक्ति को दबाया था। जबकि उनके उत्तराधिकारी उनकी शक्ति को उभार रहे थे। इस विघट न के बाद वे भारत की एकता स्थापित नहीं कर सकते थे। ... उत्तरकालीन मराठा राज्य सत्ता के अंतर्गत वर्ण व्यवस्था फिर उभर कर आई, विशेष रूप से ब्राह्मणों की कट्टरता फिर से जाग्रत हुई।' (वही)। जातिवादी कट्टरता और ब्राह्मणतंत्रीय गर्व पैदा हुआ तो जड़ धार्मिक परंपराओं का भी पुनरुत्थान हुआ। इसका विरोध ज्योतिबा फुले ने किया। उन्हें लगा कि औपनिवेशिक आधुनिकता शिवाजी के जमाने का शूद्र गौरव फिर ला देगी, ब्राह्मण वर्चस्व टूटेगा। वे यह समझने के लिए तैयार नहीं थे कि अंग्रेजी राज 'उपनिवेशक-जागीरदार गठबंधन' और 'फूट डालो' की नीति पर आधारित है।

औपनिवेशिक समय में मराठी राष्ट्रीयता को गैर-जातिगत और गैर-सांप्रदायिक आधार पर फिर से गढ़ा जाना जरूरी था। यह एक मुश्किल काम था। यह न सिर्फ ब्राह्मणतंत्रीय व्यवस्था का विरोध करके संभव था, न सिर्फ औपनिवेशिक सुधारवाद द्वारा हो सकता था और न सिर्फ उग्र राष्ट्रवादी आह्वानों से। कहना चाहिए कि राष्ट्रीय स्वाधीनता आंदोलन के व्यापक सामाजिक आधार पाने के पहले ज्योतिबा फुले, महादेव गोविंद रानाडे और बाल गंगाधर तिलक ये तीनों ही भारत के सांस्कृतिक-राजनीतिक इतिहास में महत्वपूर्ण भूमिका निभाते हैं। इनमें से किसी एक को ज्यादा महत्व देना

अभिव्यक्ति की स्वतंत्रता का चिह्न है, लेकिन किन्हीं बाकी दो को नकार देना बौद्धिक उपनिवेशवाद की सफलता कही जाएगी।

हम हिंदुस्तान के लोग हैं

19वीं सदी की घटनाओं का सामान्य परिदृश्य क्या है? उस समय एक नई सभ्यता के साथ आए ब्रिटिश साम्राज्यवाद का सामना करने के लिए यह विविधता भरा देश सांस्कृतिक तौर पर अपने को तैयार कर रहा था। बड़ी संख्या में लोग अंग्रेजी शिक्षा पाकर नए शासन के प्रति सम्मोहित थे। वे अपनी 'अवहेलना' को अपनी सामाजिक भूमि पर समझने, किसी बिंदु पर उसे मान लेने और किसी बिंदु पर उससे बाहर निकलने की कोशिश कर रहे थे। भारत के परंपरागत सामाजिक अंतर्विरोधों के बीच अवहेलना के रूप शुरू में अलग-अलग दिखने स्वाभाविक थे। अंग्रेजी राज में धीमी सामाजिक गतिशीलता की वजह से 'अवहेलना' के विभिन्न रूपों के किसी बौद्धिक समबिंदु पर पहुंचने की संभावना 19वीं सदी में वस्तुतः नहीं थी। हम देख सकते हैं कि सामाजिक सुधार की धारणाओं में जितनी भिन्नता हो, आधुनिक शिक्षा पाकर औपनिवेशिक शासन की सेवा करने और ऊंचे पदों की अभिलाषा आम थी। इसी तरह तर्क की ताकत से कूपमंडूकता से बाहर निकलने, अतीत के एक न एक गौरव चिह्न की और देखने और अपनी स्थानीय जातीय भाषा की उन्नति में लगने की प्रवृत्तियां हर प्रांत की तरह महाराष्ट्र में भी थीं।

राष्ट्रीय जागरण सामाजिक गतिशीलता के बगैर संभव नहीं है। महाराष्ट्र 19वीं सदी के आरंभिक दशकों से सभ्यता के चौराहे पर था। अंग्रेजी शिक्षा, प्रेस के उदय और पश्चिमी उपभोक्ता वस्तुओं के कारण लोगों की सोच में बदलाव आने लगा था। 1837 में डाक सेवा, 1853 में रेल सेवा और 1857 में बंबई विश्वविद्यालय की स्थापना से सामाजिक गतिशीलता बढ़ी थी। 1857 के संग्राम का पेशवा नाना साहब द्वारा किए गए समर्थन के बावजूद महाराष्ट्र पर उसका कोई खास असर नहीं था। वासुदेव बलवंत फड़के (1845-83) भी अंग्रेजों के विरुद्ध विद्रोह की चेतना जाग्रत करने में सफल नहीं हो सके थे। उन्हें काला पानी का दंड मिला था।

19वीं सदी के मराठी नवजागरण का एक तरह से सुधारवादी आंदोलनों के रूप में अध्ययन होता है। इन आंदोलनों ने मराठी जातीय चेतना से जाति (कास्ट) और धर्म के रूढ़िवादी तत्वों को न मिटा पाने के बावजूद मराठी समुदायों को एक बृहत्तर नागरिक-वृत्त और सामाजिक संगठनों की और बढ़ने की प्रेरणा दी। ऐसे 'कॉमन प्लेस' तैयार हो रहे थे जहां संवाद था, तर्क-आधारित बहसें थीं, किताबें छप रही थीं और पत्र-पत्रिकाएं निकल रही थीं। मराठी भाषा, साहित्य और कला–संस्कृति की उन्नति के संदर्भ में राष्ट्रीय जागरण के ये दृश्य सीमित जरूर थे। फिर भी मराठी समाज कठोरता से उदारवाद की और अभिमुख हो रहा था। राजभक्त–देशप्रेमी, ब्राह्मण-दलित और हिंदू-मुसलमान के द्वैतवाद के बीच कुछ नया घटित हो रहा था। यह वैचारिक उद्वेलन बड़ा अनोखा और अभूतपूर्व था।

दादाभाई नौरोजी (1825-1917) ने 1886 के कलकत्ता कांग्रेस अधिवेशन के अध्यक्ष पद से भाषण देते हुए कहा था,'महारानी विक्टोरिया और इंग्लैंड के सभ्य पुरुषों के शासन का ही कमाल है कि हम यहां बेरोकटोक जमा होकर, स्वतंत्रता के साथ अपने मन की बातें निर्भय और निर्बाध रूप से प्रकाशित कर सकते हैं। ऐसी बात सिवा अंग्रेजी राज के और किसी राज में होनी संभव नहीं। अब मैं आप लोगों से यह पूछता हूँ कि क्या यह कांग्रेस, अंग्रेजी राज्य से विद्रोह और विप्लव की जननी है? (नहीं-नहीं की आवाज) अथवा यह अंग्रेजी राज्य की नींव को और मजबूत बनाने वाली है? (जरूर-जरूर की आवाज)। इसका यही उत्तर हो सकता है कि जो अभी आपने दिया है, क्योंकि हम लोगों को अंग्रेजी राज्य द्वारा दिए गए उपकारों का भली-भांति ज्ञान है।' औपनिवेशिक उदारवादियों की आम इच्छा थी, 'हम एशिया के निरंकुश शासन के अंधकार से निकलकर अंग्रेजी सभ्यता के स्वातंत्र्य के प्रकाश में आना चाहते हैं।' (वही)। नौरोजी इसी भाषण में अंग्रेजों को 'ईश्वर द्वारा सौंपी गई धरोहर' कहते हैं। सभी जानते हैं कि कांग्रेस का पहला अधिवेशन 1885 में बंबई में ए.ओ. ह्यूम के प्रयत्न से हुआ था। दूसरे अधिवेशन की मुख्य खूबी कांग्रेस का पांचवां प्रस्ताव है, 'भारत में रहनेवाला कोई भी व्यक्ति बिना वंश, धर्म, जाति या वर्ण के भेदभाव के निर्वाचित या नामजद होकर कौंसिल का सदस्य हो सकता है।' यह उदारता सुधारवादी आंदोलनों का असर है।

दादाभाई नौरोजी ने 1867 में 'ड्रेन ऑफ वेल्थ थियरी' दी, भारत का धन लगातार इंग्लैंड जा रहा है। कांग्रेस के दूसरे अधिवेशन में वे यह प्रश्न उठाते हैं, 'सौ वर्ष अंग्रेजी शासन के अधीन रहकर भी हिंदुस्तान के लोग इतने दरिद्र क्यों हैं?' 'हिंदुस्तान के लोग' के संदर्भ में उपर्युक्त सवाल 19वीं सदी के नवजागरण की एक बड़ी उपलब्धि है। यह सवाल सिर्फ ब्राह्मण या दलित रहते हुए, सिर्फ हिंदू या मुसलमान रहते हुए या सिर्फ बंगाली या मराठी रहते हुए नहीं उठाया जा सकता था। निश्चय ही इसमें उपनिवेशवाद का विरोध नहीं है, बल्कि उसकी महत्ता उद्घाटित की जा रही है। इसके बावजूद, महत्वपूर्ण बात यह है कि यह एक आर्थिक सवाल है और समूचे हिंदुस्तान के लोगों के संदर्भ में है। यह सवाल उठता नहीं यदि उस जमाने का हिंदुस्तान जाति, धर्म और जातीयता-पुराजातीयता पर आधारित छोटे-छोटे समुदायों से बाहर निकलकर एक कॉमन प्लेस, एक बड़ा नागरिक वृत्त बनाने की सोच की ओर नहीं बढ़ता। इस सोच के विकसित होने पर ही एक व्यापक उपनिवेशवाद-विरोधी राष्ट्रीय जागरण खड़ा हो सकता था और वह एक बड़ा नतीजा दे सकता था।

समुदाय और समाज में फर्क के ज्ञान से भारतीय नवजागरण की नई गति को समझने में आसानी होगी। समुदाय में कोई व्यक्ति स्वेच्छा से शामिल नहीं हो सकता। इसमें निजी इच्छा मायने नहीं रखती। समुदाय व्यक्ति पर समूह को प्रधानता देता है। इसमें विशिष्टता और 'दूसरे' से पृथकता का बोध होता है, भले उदारवाद के लिए भी थोड़ी जगह हो। समुदाय में एक जाति-वर्ण, एक धर्म, एक भाषा, एक जातीयता या एक क्षेत्र और संस्कृति के लोग होते हैं। समुदाय आदमी को खींचता है, शरण देता है, संभाल कर रखता है और निचोड़ लेता है। नवजागरण काल में नए ज्ञान के उदय की वजह से समुदाय पिघल कर समाज बनने लगे थे!

समाज एक गतिशील जगह है। इसमें सभी को शामिल होने की आजादी है। समाज में निजी इच्छा और मत-स्वाधीनता के मायने हैं। विभिन्न समुदाय के लोगों की बौद्धिक गतिशीलता, अंतर्विलयन और एक सार्वजनिक क्षेत्र के निर्माण से समाज अस्तित्व में आता है। यह एक खुली जगह है। समाज एक बड़े मन से बनता है। यह सामुदायिक झुंड से एक अलग मामला है।

निश्चय ही उपनिवेशवाद से अपने रिश्तों को पुनःपरिभाषित करने के दौर में, उसे एक अवसर या चुनौती समझते हुए ही भारत के विभिन्न समुदायों के समाज में ढलने की प्रक्रिया तेज हुई थी। सामुदायिक पहचानों के साथ-साथ भारतीय अस्मिता या 'हिंदुस्तान के लोग' होने का बोध तरह-तरह से आकार पाने लगा था। यह 19वीं सदी की एक बड़ी घटना है।

भारतीय राष्ट्र की धारणा खड़ी नहीं हो सकती है, यदि इसकी विविधता की रक्षा करते हुए सदियों के सामुदायिक अलगाव और कठमुल्लेपन को चुनौती न दी जाए। निश्चय ही नवजागरण की सुधार-केंद्रित धारा में एक सार्वभौमतावादी दृष्टि है। इसलिए उसमें 'मानवजाति की एकता', 'समूचा विश्व एक परिवार है', 'सार्वभौम वैज्ञानिक दृष्टि' जैसे तत्व स्वाभाविक हैं। लेकिन औपनिवेशिक स्थितियों में नवजागरण का राष्ट्रीय पहलू स्वतः बन जाता है। देशप्रेम एक बड़ा मूल्य हो जाता है। इसलिए भारत जैसे देश में ऐसे राष्ट्र-राज्य का स्वप्न देखना स्वाभाविक है जो अतीत की धार्मिक 'बुराइयों' के साथ-साथ धर्म, जाति और पुराजातीयता-जातीयता पर आधारित 'खाइयों' से भी मुक्त हो। इस दृष्टि से देखा जाए तो राममोहन राय सबसे अधिक सार्वभौमतावादी और गांधी सबसे अधिक राष्ट्रीय थे।

राममोहन राय सामुदायिक अलगाव और कठमुल्लेपन को चुनौती देते हुए एक खुले समाज की जरूरत महसूस कर रहे थे, 'मनुष्य की सामाजिक मनोवृत्तियों के अनुसार अलग-अलग समुदाय के लोग जीवन की भिन्न अवस्थाओं में रहते हुए भी साथ निवास करने के लिए कुछ टिकाऊ नियम बनाते हैं। इन स्थितियों में समाज का नियम तभी चल सकता है, जब लोग एक-दूसरे के विचारों का सम्मान करें, ताकि यह समझ कायम हो सके कि एक व्यक्ति की संपत्ति दूसरे व्यक्ति से अलग है और एक व्यक्ति किसी तरह का अत्याचार करे तो उसे रोका जा सके। समाज ऐसे ही कुछ नियमों और आदर्शों पर आधारित होता है।' (राममोहन रचनावली)। निःसंदेह समाज के आदर्श समुदाय के आदर्श से भिन्न होंगे।

महाराष्ट्र के नवजागरण में समुदायों से ऊपर उठकर भारतीय समाज की एक व्यापक राष्ट्रीय धारणा आकार लेने लगी थी। महादेव गोविंद रानाडे

समाज सुधारों के साथ चाहते थे कि नए विचार मानव हृदय का प्रसार करें। छोटा मन भीतरी दीवारें तोड़कर बड़ा हो। उनका कहना था, 'नए विचार भाईचारे पर आधारित हैं। ये बाहरी जातियों से मेलजोल की क्षमता पैदा करते हैं और हृदय को स्निग्ध करते हैं ताकि अपनत्व का बंधन मजबूत हो। यदि आप कर सकें तो अपने मित्रों और सहभागियों की परिधि सावधानी से धीरे-धीरे बड़ा करें। जन-जन में मौजूद भौतिक गुणों को पहचानने की प्रवृत्ति होनी चाहिए। यह मानवीय संवेदना और शक्ति को जन्म देगी और आपके हाथों को इस बोध के साथ मजबूत करेगी कि बहुसंख्यक लोग आपके विरुद्ध नहीं आपके साथ हैं। वे जो ऊंच-नीच के भेद करते हैं, वे मूर्खतावश ऐसा करते हैं। ...हम सभी के मानव-अधिकारों का सम्मान करें। सभी धर्मों के पैगंबरों का आदर करें। ...हम अपने को श्रेष्ठ विचारों के अनुशासन में रखें।' (पुनरुत्थान बनाम सुधार, 1897, सामाजिक क्रांति के दस्तावेज)। ऐसे विचार अंग्रेजी राज से स्वाधीनता के लिए जरूरी थे, लेकिन रानाडे की इस वैचारिकी का लक्ष्य उपनिवेशवाद से बेहतर संबंध स्थापित करके आधुनिकीकरण की ओर बढ़ना था।

ज्योतिबा फुले और महादेव गोविंद रानाडे दोनों ही सामाजिक सुधार के पक्षधर थे। दोनों ही उपनिवेशवाद के समर्थक थे। फुले ने अपना दलित आधार नहीं छोड़ा। उन्होंने 'राष्ट्रीयता, की जगह 'उपराष्ट्रीयता' और 'भारतीय समाज' की जगह 'दलित अस्मिता' को चुना। उन्होंने अपनी एक बाउंडरी बनाई और अपने ढंग से 'हम और वे' को पुनर्गठित किया। यह सिर्फ इसका चिह्न है कि रानाडे आदि के सुधार आंदोलनों में जो राष्ट्रीय और सामाजिक उद्देश्य काम कर रहे थे, वे मुख्यतः एलीट-केंद्रित होने की वजह से कम सामंतवाद-विरोधी थे। रानाडे अंग्रेजों की नजर में अच्छा दिखने के लिए सुधार चाहते थे। उनके विचार आधुनिक थे, पर आम लोगों की चेतना को, खासकर पिछड़ी जातियों को छू नहीं पा रहे थे। वैचारिक भिन्नता की एक दूसरी बड़ी वजह भी थी, अंग्रेजी राज अतीत की भारतीय खाइयों की अपनी व्याख्या देकर दीर्घ औपनिवेशिक सत्ता के लिए उनका इस्तेमाल कर रहा था। इसे सरल भाषा में 'फूट डालो और राज करो' कहा जाता है। 19वीं सदी में तरह-तरह से

अस्मिता की राजनीति शुरू हुई थी। औपनिवेशिक काल में ही नहीं, 21वीं सदी में भी हम देख सकते हैं कि सत्ता के लिए अतीत की खाइयों को नए-नए तरीकों से वैधता दी गई है। इससे राष्ट्रीय स्तर का बड़ा जन-आंदोलन खड़ा करने में बाधा पहुंचती है।

महाराष्ट्र में सुधारवादी आंदोलन

19वीं सदी के सुधारक अपने समय के विद्रोही थे। जब पुराने विचारों और प्रथाओं पर आक्रमण हो रहे थे तब रूढ़िमुखी संरक्षणवादी, संरक्षणशील सुधारवादी और औपनिवेशिक सुधारवादी—ये तीन दल थे। निश्चय ही रूढ़िमुखी संरक्षणवादी, चाहे जिस धर्म के हों, वे सुधारवाद-विरोधी थे और सबसे अधिक सामाजिक प्रभाव वाले थे।

संरक्षणशील सुधारकों का तर्क, सामाजिक सुधार और नई शिक्षा की तरफ झुकाव था, लेकिन वे प्राचीन भारतीय संस्कृति की जीवंत और प्रगतिशील चीजों को औपनिवेशिक आकर्षणों की तुलना में ज्यादा महत्व देते थे। उन्हें अंग्रेजों की गुलामी पीड़ित करती थी। उनमें निश्चय ही जाति व्यवस्था सहित कई सामाजिक रूढ़ियों को एक झटके में तोड़ने का साहस न था।

औपनिवेशिक सुधारवादियों की विचारधारा में प्राचीन धार्मिक परंपराओं से संवाद बहुत कम था। उन्होंने ईश्वर को अलविदा नहीं कहा। लेकिन उन्होंने सामाजिक सुधार के प्रचार के साथ अपने स्वार्थों को प्रधानता दी तथा अंग्रेजी राज का समर्थन किया। वे अंग्रेजों की पश्चिमी जीवन-शैली में अपना भविष्य देखते थे।

महाराष्ट्र के सभी सुधारवादियों में पुनरुत्थान के कुछ तत्व और सभी पुनरुत्थानवादियों में सुधार के कुछ तत्व मिलें तो यह आश्चर्यजनक नहीं है। यह देखना जरूर रोचक होगा कि इस विशाल प्रांत में पुनरुत्थान और सुधार के विचारों की टकराहट नवजागरण के परिदृश्य को किस तरह विविधतापूर्ण बना रही थी। ऐसे विचारों के बीच से आधुनिकता और राष्ट्रीयता भी किस तरह एक समबिंदु की ओर बढ़ रही थीं।

गोपाल हरि देशमुख

महाराष्ट्र के नवजागरण पर अंग्रेजी शिक्षा का व्यापक असर पड़ा था। धार्मिक परंपराओं, सामाजिक प्रथाओं और पुराने आदर्शों को जांच-परखकर संग्रह-त्याग की प्रवृत्ति पढ़े-लिखे विशिष्ट लोगों के बीच जोर पकड़ रही थी। आमतौर पर शिक्षित बुद्धिजीवी ही भारतीय नवजागरण के प्रेरक व्यक्तित्व रहे हैं, वे सुधारवादी ज्यादा हों या संरक्षणशील ज्यादा हों। ऐसे व्यक्तित्वों में पहला महत्वपूर्ण नाम गोपाल हरि देशमुख (1823-1892) है जिन्होंने लोकहितवादी के नाम से निबंध (शतपत्र) लिखे थे। उन्होंने 'ज्ञानप्रकाश', 'इंदु प्रकाश', 'लोकहितवाद' पत्रों के प्रकाशन में प्रमुख भूमिका निभाई थी। उन्होंने महाराष्ट्र में सबसे पहले जीर्ण परंपराओं और मान्यताओं को चुनौती दी। वे चाहते थे कि देशवासी प्रिंट माध्यम का ज्यादा से ज्यादा फायदा उठाएं, खुले दिमाग से अतीत और पश्चिम के बारे में सोचें और नए विचारों को अपनाएं। उन्होंने पुणे में पब्लिक लाइब्रेरी की स्थापना की थी।

19वीं सदी के बुद्धिजीवी संगठित होकर काम करते थे। वे सोशल एक्टिविस्ट थे। गौर करने की बात है कि ब्राह्मण होते हुए भी देशमुख ने हिंदुओं के पतन का मुख्य कारण बताया मूर्ख ब्राह्मणों के प्रभुत्व को। वे कहते थे कि ब्राह्मणों की वजह से धार्मिक-रूढ़ियां फैलीं, परंपराओं का अंध पालन होने लगा, अज्ञानता फैली और आलस्य छाया रहा। देशमुख ने हिंदू धर्म का नहीं, इसकी बुराइयों का विरोध किया। दूसरी तरफ, उन्होंने ब्रिटिश उपनिवेशवाद का समर्थन किया। देशमुख ने लिखा है, 'ईश्वर ने अंग्रेजी राज का उपहार दिया है, ताकि आप किताबें और समाचार-पत्र पढ़ें। अपना ज्ञान बढ़ाएं। सच्चे धार्मिक बनें और ईश्वर में आस्था रखें। धर्म की अपने युग के अनुसार व्याख्या करें। सच बोलें। बुरी इच्छाएं छोड़ें। अपने दिमाग में सोचकर रखें कि समाज को विभाजित करके नहीं देखना है।' उन्होंने ज्योतिष, सती प्रथा, विधवाओं के सिर-मुंडन और बाल विवाह का विरोध किया, पर वेदों को ईश्वरीय ऋषियों की रचना कहा। धार्मिक अवतारों को समाज के गुणसंपन्न नायक बताया। वे प्रार्थना समाज से जुड़े। उन्होंने दृढ़ स्वर में लोगों से जागरण का आह्वान

किया और एक नई जीवन दृष्टि प्रस्तुत की जो बुद्धिपरक सामंजस्यवाद पर आधारित थी।

यह भी महत्वपूर्ण है कि उन्होंने राजनीतिक मामलों में अंग्रेजी राज का समर्थन करते हुए भी महादेव गोविंद रानाडे से ज्यादा लोकतांत्रिक दृष्टि का परिचय दिया था। उस जमाने के समाज सुधारक जेरेमी बेंथम, जेम्स मिल और जान स्टुअर्ट मिल को खासतौर से पढ़ते थे, हालांकि अपने देश की परिस्थितियों के दबाव में अपने विचार रखते थे। देशमुख ने यह मांग करने का साहस किया, 'सरकार की यह नीति होनी चाहिए कि वह व्यक्तिगत स्वतंत्रता की रक्षा करे और जनता के ज्ञान और धन-संपत्ति की वृद्धि करे। एक अच्छे राज्य में आम लोगों के दृष्टिकोण का सम्मान किया जाता है। राजा ईश्वर का प्रतिनिधि है। सभी नागरिकों के समान अधिकार होने चाहिए। कानून अंग्रेजों और भारतीयों के लिए समान होना चाहिए।' यह उन्होंने 1848 में लिखा था। उन्होंने ही सर्वप्रथम भारत में संसद की स्थापना की मांग की थी। रानाडे में यह मांग करने का साहस नहीं था।

देशमुख ने भारत के लोगों पर ब्रिटिश करों के बोझ का विरोध किया और कहा, 'जनता सरकार की माता है।' वे कहते थे कि अंग्रेजी शासन को शिवाजी के मराठा राज्य की तरह उदार होना चाहिए। इतना ही नहीं, उन्होंने ही सबसे पहले स्वदेशी का प्रचार किया और विदेशी कपड़ों के बहिष्कार का आह्वान किया। देश में उद्योगों के विकास पर जोर दिया। गोपाल हरि देशमुख रानाडे की तरह अंग्रेजी राज के अंध-समर्थक नहीं थे। देशमुख के औपनिवेशिक सुधारवाद में औपनिवेशिकता की छाया कम और सुधार की मांगें ज्यादा हैं। उन मांगों का दायरा धर्म से लेकर राजनीतिक अर्थव्यवस्था तक विस्तृत है।

विष्णुशास्त्री चिपलूणकर

भारत में बुद्धिवाद का एक संघर्ष अंधविश्वासों से था जो देश में एक न एक रूप में अब भी बड़े पैमाने पर मौजूद हैं। अंधविश्वासों के माननेवालों का तर्क यह रहा है कि जब सभी मानते हैं तो हम क्यों नहीं मानें! विष्णुशास्त्री चिपलूणकर (1850-1882) को आधुनिक मराठी गद्य का जनक कहा जाता है,

जिस तरह हिंदी में भारतेंदु को। वे कई समाज सुधारकों के प्रेरक थे। ईसाइयत का प्रचार देखकर उनमें स्वधर्म की चिंता हुई। उन्होंने 'निबंध माला' मासिक पत्रिका का प्रकाशन शुरू किया और इसमें नियमित रूप से निबंध प्रकाशित किए। मराठियों की उन्नति और देशप्रेम के प्रचार के अलावा उनका एक उद्देश्य अंधविश्वासों और कुरीतियों का विरोध करते हुए लोकजागरण था। उनका संदेश था, बिना तर्क और विज्ञान की कसौटी पर जांचे किसी धारणा पर विश्वास न करो।

संस्कृत के प्रकांड विद्वान विष्णुशास्त्री चिपलूणकर ने अपने 'लोकभ्रम' निबंध में अंधविश्वासों का इस तरह विरोध किया, 'सुबह सियार या लोमड़ी देखना, बाईं आंख फड़कना, दाहिनी भुजा फड़कना आदि शुभ माना जाता है। इसी प्रकार घर से बाहर निकलते ही सुहागिन औरत का पानी से भरी गगरी लिए हुए सामने आना उत्कृष्ट शकुन माना जाता है। ...एक तो शकुन-अपशकुन है ही भ्रम। ऊपर से सुविधा के लिए किसी अपशकुन को शकुन में बदलने की जानबूझ कर कोशिश करना और उस शकुन से मंगल की धारणा जोड़ना मूर्खता की पराकाष्ठा हुई।' आज भी यात्रा पर जाते समय पानी का भरा गिलास देखा जाता है। बिल्ली काटने पर रास्ता बदल दिया जाता है। अंधविश्वास इस हद तक अमानवीय हो जाता है कि शुभ कार्य करते समय कोई विधवा सामने दिख जाए तो यह अपशकुन समझा जाता है!

देश में अभी तक अंधविश्वास निर्मूल नहीं हो पाए हैं। समुद्र में आणविक पनडुब्बी उतारते समय वैज्ञानिक उसकी प्रतिकृति तिरुपति मंदिर ले जाते हैं और नारियल फोड़ा जाता है। ग्रह-शांतिकारक अंगूठी-ताबीज पहनना आम बात है। नीबू-हरी मिर्च का टोना अब पहले से ज्यादा लोकप्रिय है। जिस तरह अंधविश्वासों और चमत्कारों का संसार बड़ा है, उसी तरह इससे संघर्ष करने की परंपरा भी खासकर महाराष्ट्र में ज्यादा मजबूत रही है। चिपलूणकर ने लिखा है, 'जब हजारों लोग एक ओर हों और उनसे भिड़नेवाला व्यक्ति अकेला हो तो वह तत्क्षण चीर दिया जाएगा, इसमें शक नहीं।' आजकल यह देखने को मिलता है। चिपलूणकर कहते हैं, 'जब आदमी के पास मजबूत प्रमाण हो, वह करोड़ों लोगों पर भारी पड़ता है। दीपक पर यदि अंधेरे का

पहाड़ भी गिरे तो वह कांपेगा क्या?' आज चिपलूणकर जैसे संस्कृत विद्वानों की कमी है। अंधविश्वासों के फैलने का कारण यह है कि लोग अपने दिमाग से सही-गलत का विचार न करके दूसरों के मत के आगे आत्मविसर्जन कर देते हैं। अपने एक लेख 'अखबार और पुस्तक' में चिपलूणकर एक अन्य महत्वपूर्ण बात कहते हैं, 'अखबार चाहे जितनी महत्वपूर्ण चीज क्यों न हो, दूसरा अंक आने पर पिछला पीछे छूट जाता है, जबकि पुस्तकों के साथ ऐसा नहीं होता। पुस्तक में लिखा हुआ सदा सामने रहता है और चर्चा भी काफी समय तक होती है।'

गोपाल गणेश आगरकर

महाराष्ट्र का आधुनिक मानस गढ़ने में गोपाल गणेश आगरकर (1856-1895) की एक बड़ी भूमिका है। वे एक शिक्षाविद् और चिंतनशील बुद्धिजीवी थे। उन्होंने 'रैशनलिज्म' पर सबसे ज्यादा बल दिया, 'जब तक मनुष्य की विवेक शक्ति जाग्रत नहीं थी, तब तक पुरानी धारणाओं पर चलना ठीक था। लेकिन अब सुधारक के लिए विश्वास पर निर्भर हर कल्पना और आचरण को ही विवेक की कसौटी पर कसकर सत्य का पता लगाना कई कर्तव्यों में एक महत्वपूर्ण कर्तव्य है।' नवजागरण का युग आस्था और बुद्धि के बीच शानदार संघर्ष का है। दुनिया में जो दुख रहा है, अपमान और अभाव रहा है, उनको कम करने में इस संघर्ष का बड़ा योगदान है। आज हमें बोलने-लिखने की जो भाषा मिली है, तर्क शक्ति मिली है और आम नागरिक परिवेश मिला हुआ है, वह वस्तुतः उन्हीं दिनों की साहसपूर्ण कोशिशों का फल है।

गोपाल गणेश आगरकर और बालगंगाधर तिलक एक ही साल 1856 में जन्मे थे। दोनों डेक्कन कॉलेज में उच्च शिक्षा पाते समय मित्र बने। आगरकर सात सालों तक (1881-1887) तिलक के पत्र 'केसरी' के संपादक थे। विष्णुशास्त्री चिपलूणकर, बालगंगाधर तिलक आदि के साथ मिलकर इन्होंने न्यू इंग्लिश स्कूल, डेक्कन एजुकेशन सोसाइटी और फर्गुसन कॉलेज की स्थापना की थी। आगे चलकर सामाजिक सुधार बनाम राष्ट्रीय स्वतंत्रता के मुद्दे पर उनका तिलक से मतभेद हुआ। उन्हें 'केसरी' पत्र छोड़ना पड़ा।

उन्होंने अपना एक अलग पत्र 'सुधारक' (1887) निकाला, जिसके माध्यम से उन्होंने अन्य समाज सुधारकों की तरह ही अछूत प्रथा, जाति प्रथा और धार्मिक अंधविश्वासों के खिलाफ संघर्ष तेज कर दिया। उन्होंने लोगों को तर्क शक्ति का इस्तेमाल करने के लिए कहा। उन्हें अल्प आयु मिली, लेकिन सुधार आंदोलन के इतिहास पर वे अपने शिक्षा-प्रेम और बौद्धिक प्रखरता की छाप छोड़ गए।

आगरकर को लगता था कि महाराष्ट्र में पेशवाओं का पतन तथा अंग्रेजी राज की शुरुआत इसलिए हुई कि 'सामाजिक और धार्मिक स्थिति जैसी होनी चाहिए थी वैसी नहीं थी।' उन्होंने यथास्थितिवादी राष्ट्रभक्तों के संबंध में लिखा है, 'उन राष्ट्रभक्तों को लगता है कि जो लोग पागलों की तरह सामाजिक और धार्मिक सुधार के पीछे पड़े हैं वे खुद को अप्रिय बना रहे हैं, उन्हें कोई फायदा नहीं होगा। वे बेवजह समाज में असंतोष और कलह पैदा कर रहे हैं। ...सामाजिक और धार्मिक मामलों में उनके टंटे खड़ा करने की वजह से राजनीतिक प्रश्नों पर सर्वसम्मति से, एक दिल से काम करना कठिन हो गया है।' (सामाजिक सुधार के मामले में आज का समय अत्यंत अनुकूल है)। राष्ट्रवाद पर जोर देनेवाले नेता सुधारकों पर ऐसे आरोप लगा रहे थे। सुधारवादियों को रूढ़ियों और बंधनों से जर्जरित समाज में कई तरफ से अवरोधों का सामना करना पड़ रहा था। आगरकर सवाल करते हैं, 'आपके पास संख्या बल, सैन्य बल, द्रव्य बल सब तो था—धार्मिक-सामाजिक मामलों में मतभेद था, फिर भी अंग्रेजों से आपकी इतनी बुरी पराजय क्यों हुई?' (वही)। उनकी नजर में इसकी वजह धार्मिक सुधारों का, जो शिवाजी के समय हो रहे थे, ठहर जाना और सामाजिक रूप से पिछड़ जाना है।

गोपाल गणेश आगरकर कहते हैं, 'अंग्रेज हमें जो शिक्षा दे रहे हैं और उनके राज्य में हमें विचार स्वातंत्र्य का जो अधिकार प्राप्त हो रहा है, उस शिक्षा और विचार स्वातंत्र्य के कारण हममें जागृति आने लगी है। हम चाहें तो इसका उपयोग लोगों के कल्याण के लिए कर सकते हैं।' (वही)। वे राष्ट्रीय स्वतंत्रता से इनकार नहीं करते, 'स्वतंत्रता सभी को प्रिय है। हमारे लिए राजनीतिक सुधार का मतलब है अपनी खोई हुई आजादी पुनः प्राप्त करने के

लिए प्रयत्न करना। यह बात हम मराठी लोगों को जितनी प्रिय है, उतनी ही बंगालियों, तैलंगों, कन्नड़ भाषियों, पारसियों, गुजरातियों और मुसलमानों और अन्य सभी को प्रिय है। इसलिए राजनीतिक सुधार के लिए एकता आसान है, यह होने भी लगी है। लेकिन सामाजिक और धार्मिक सुधार के संबंध में यह बात नहीं है। ...यहां सोचा जाता है, हम जैसे हैं वैसे ही ठीक हैं ...समाज और धर्म में फेरबदल करना मानो गुनाह है।' (वही)। आगरकर समाज सुधार की कठिनाई का जिक्र करते हैं। काफी लोगों को अंग्रेजी राज एक विदेशी बुराई के रूप में साफ दिख रहा था, लेकिन विधवा दुर्दशा, बाल विवाह, जाति-भेदभाव, स्त्री-अशिक्षा, सामाजिक कुरीतियां तथा अंधविश्वास नहीं दिख रहे थे। ये धार्मिक आस्था के भीतर इस तरह पिरोये हुए थे कि नजर नहीं आ रहे थे।

आगरकर कांग्रेस की स्थापना के कुछ सालों के बाद एक महत्वपूर्ण विवाद में हिस्सा लेते हैं, 'राजनीतिक सुधार और सामाजिक-धार्मिक सुधार में पहले क्या हो या क्या करना चाहिए, इस विषय में जितना भी मतभेद हो, लेकिन सामाजिक सुधार करने के लिए आज जितना अनुकूल समय हमें मिला है उतना पहले कभी नहीं मिला था। ...इस मामले में चुप बैठे रहना आत्महत्या है।' इस विषय पर बहस हो सकती है कि अंग्रेजी राज में उपनिवेशवाद का समर्थन करते हुए समाज कितना सुधारा जा सका और एलीट सुधारवादियों तथा लोक के बीच खाई कितनी कम हुई। आम लोग पुरानी निर्बुद्धिपरकताओं और अंग्रेजी राज में चौड़ी की गई सांस्कृतिक खाइयों को आज भी ढो रहे हैं, बल्कि अब ये बुराइयां एलीट वर्गों में भी कम नहीं हैं।

19वीं सदी में समाज सुधार के काम का उपनिवेशवाद के समर्थन से गहरा संबंध है। सुधारक एक बिंदु पर अंग्रेजी राज के सुरक्षा कवच भी थे, भले वे एक जरूरी सामाजिक अभियान में थे। आगरकर ने औपनिवेशिक सुधारवाद की सीमाओं का खुद ही उद्घाटन किया है, 'पश्चिमी शिक्षा की वजह से हमारे देश में नई धर्म-संकल्पना, नई राज्य संकल्पना और नई सामाजिक संकल्पना का प्रादुर्भाव हुआ है। नई पीढ़ी के कई लोग इस संकल्पना के कट्टर भक्त बन गए हैं। जिनका पश्चिमी शिक्षा से संबंध नहीं बना है वे एक और हैं तथा कट्टर सुधारवादी दूसरी और हैं। इस तरह दो छोर बन गए हैं।

जिन अंग्रेज शासनाधिकारियों के सहयोग से पश्चिमी शिक्षा हासिल हो रही है, उन्होंने हिंदुओं के धार्मिक और सामाजिक रीतियों में सुधार से फिलहाल अपना हाथ खींच लिया है। ...फिर भी उनका समर्थन हिंदू सुधारकों को है, इसमें संदेह नहीं। ये सुधारक उनसे हासिल शिक्षा के ही फल हैं।' (जो उचित है वही कहूंगा जो साध्य है वही करूंगा)। आगरकर दो विपरीत सामाजिक ध्रुवों को स्वीकार करते हैं, सब कुछ को अंग्रेजी राज का फल बताते हैं। यह भी स्पष्ट करते हैं कि सरकार ने औपनिवेशिक हित में अब सामाजिक सुधारों से अपना हाथ खींच लिया है।

आगरकर एक और महत्वपूर्ण बात कहते हैं, 'जिस पश्चिमी ज्ञान के सहारे काशीनाथ त्र्यंबक तैलंग और महादेव गोविंद रानाडे राजनीतिक सुधार की जरूरत महसूस करते हैं, उसी ज्ञान के सहारे वे सामाजिक सुधार की भी जरूरत महसूस करते हैं।' सोचने का विषय है, बालगंगाधर तिलक जिस राष्ट्रवाद को लेकर उठ खड़े हुए थे, वह भी पश्चिमी शिक्षा का ही नतीजा था। आगरकर और तिलक दोनों ही अंग्रेजी माध्यम की पश्चिमी शिक्षा की देन थे। उन्होंने उच्च शिक्षा साथ पाई थी। आगरकर तिलक के मराठी पत्र 'केसरी' के संपादक थे, तो तिलक खुद अपने अंग्रेजी पत्र 'मराठा' का संपादन कर रहे थे।

बहुत सारी बाधाओं और समस्याओं के बावजूद आगरकर में जबर्दस्त आत्मविश्वास था, 'एक मनु और एक पराशर की क्या बात है, सैकड़ों मनु या सहस्रों पराशर का आधार दिखाने के बावजूद आधुनिक विचारों को रोकना संभव नहीं है। करोड़ों लोगों की मूर्खता, झूठे धर्माभिमान और आंदोलनों की धमकी के रोड़ा के बावजूद पहाड़ की चोटी पर स्थित सरोवर के किनारे तोड़कर प्रचंड गति से गिरनेवाले झरने के वेग को रोकने की हिम्मत किसी में नहीं है। हमारी निर्बुद्धिपरकताओं से भरी धार्मिक संकल्पना में बड़वाग्नि भड़क उठी है।' (वही)। कहना न होगा कि यह एक अतिरंजित आशा थी। आगरकर का मुख्यतः कहना था कि जड़ धार्मिक धारणाओं के कारण समाज की दुरवस्था हुई है। इसलिए उनकी पहली महत्वपूर्ण चिंता मनुष्य के बौद्धिक-धार्मिक अधिकार से संबंधित है, 'समाज में किसी तरह की आचार संहिता लागू करने का अधिकार जितना ऋषि-मुनियों को हुआ करता था, उतना ही

अधिकार आज हममें भी है।' वे कहते हैं धर्म स्थिर नहीं है, समाज के साथ बदलता है।

नवजागरण का एक बड़ा तत्व परलोक को झूठ और इहलोक को सच मानना है। आगरकर की दूसरी महत्वपूर्ण बात यह है कि परलोक का अस्तित्व धार्मिक श्रद्धा और भ्रांत धारणाओं पर आधारित है। श्रुति, स्मृति और पुराणों में कही गई बातों को सच मानना धार्मिक आस्था और श्रद्धा का उदाहरण है। जब हम तर्क, बुद्धि और तथ्यात्मक प्रमाण की पहली सीढ़ी पर पहुंचते हैं तो श्रद्धा और आस्था की पकड़ी अंगुली छोड़नी पड़ती है। आप्त वचनों की सत्ता को नकारना पड़ता है। धार्मिक विश्वासों की जगह बुद्धि और विवेक को स्थान देना होता है। यदि एक बारगी स्पष्ट हो जाए कि परलोक कुछ नहीं है, जो कुछ है वह इहलोक है, प्रत्यक्ष दुनिया है तो यह स्वीकार करने में समय नहीं लगता कि सुखों पर सबका समान अधिकार है। यही है समता और न्याय की दृष्टि। कहना न होगा कि मराठी बुद्धिजीवियों में आगरकर सबसे प्रखर बुद्धिवादी थे। उन्होंने बड़े साहस से अपने समाज की निर्बुद्धिपरकताओं को चुनौती दी और अंधविश्वास-मुक्त भारत बनाना चाहा।

गोपाल गणेश आगरकर ने स्त्री प्रश्न को भी महत्ता दी थी। उनकी तीसरी महत्वपूर्ण बात यह है कि सभी धर्मों में पुरुष की तुलना में स्त्री का स्थान दोयम है। स्त्री का अपना खुद का कोई सुख नहीं होता। उसके जीवन का उद्देश्य पुरुष के सुख का साधन बन जाना है। इसलिए धर्मों में अविवाहित स्त्री की कल्पना नहीं है। विवाह के बाद उसके खुद के शरीर पर भी उसका अधिकार खत्म हो जाता है। आगरकर ने व्यक्तिगत स्वतंत्रता को बुद्धिवाद का तीसरा जरूरी आयाम माना।

महाराष्ट्र के नवजागरण में स्त्री शिक्षा को एक महत्वपूर्ण मुद्दा बनाया गया। आगरकर ने स्त्रियों की उच्च शिक्षा और सह-शिक्षा का समर्थन किया जो उस जमाने में बड़ी बात थी। 19वीं सदी में सह-शिक्षा का प्रचंड विरोध स्वाभाविक है। आगरकर का तर्क था कि सह-शिक्षा से लड़के अनुशासित रहते हैं। लड़कियों के सान्निध्य से उनकी उद्दंडता कम हो जाती है। साथ पढ़ने से दोनों की मैत्री का आधार विषय वासना न होकर बौद्धिक अंतरंगता होती है।

इसके अलावा, स्त्री और पुरुष की भिन्न प्रकृति का सिद्धांत भी गलत साबित होता है। आगरकर के संबंध में यह कम उल्लेखनीय नहीं है कि मराठी सुधारकों में प्राचीन अतीत से सबसे कम नाता आगरकर का था।

महादेव गोविंद रानाडे

सुधारवादियों के विमर्शों पर गौर किया जाए तो ज्यादातर सुधारक भारतीय अतीत के किसी न किसी हिस्से से अपना नाता जोड़ते हैं। वे अतीत विरोधी नहीं हैं। महादेव गोविंद रानाडे (1842-1901) बंबई में न्यायाधीश और अंग्रेजी राज की कई सेवाओं में थे। वे एक कट्टर चितपावन ब्राह्मण परिवार के थे। वे अपने एक बंबई भाषण (1893) में कहते हैं, 'हम अतीत को सम्मान की दृष्टि से देखते हैं। ईश्वर की कृपा से हम जिन नई स्थितियों (अंग्रेजी राज) में आ गए हैं, इस अवसर का लाभ लेते हुए हम प्राचीन व्यवस्था में धीरे-धीरे सुधार करना चाहते हैं। हम प्राचीन व्यवस्था को त्याज्य नहीं समझते, पर उसके साथ नई चीजों को लेकर चलना चाहते हैं।' अंग्रेजी राज भारतवासियों के लिए एक नया अवसर है। इसका लाभ उठाने के लिए प्राचीन सोच में सुधार लाना जरूरी है। लाभ किन्हें उठाना है? रानाडे के लिए रजवाड़े और जमींदार खास अर्थ रखते थे। ये श्रेणियां अंग्रेजों की सराहना पाने के लिए कुछ सामाजिक क्रूरताओं के खात्मे के पक्ष में थीं। इसलिए अपने मद्रास भाषण (1893) में सामाजिक सुधारों की सफलता गिनाते हुए बताते हैं कि कैसे जयपुर, उदयपुर, सिरोही आदि राजपूताने की रियासतों ने बाल विवाह, रुदाली, विवाह के बाद पिता का अपनी बेटी का मुंह न देखना जैसी प्रथाओं में सुधार किए। बड़ौदा महाराजा ने भी सुधार के काम किए। इन घटनाओं से नव-शिक्षित वर्गों द्वारा लाए जा रहे सुधार के राजनीतिक आधार उपनिवेशक-महाराजा-जमींदार गठबंधन का पता चल सकता है।

महादेव गोविंद रानाडे को इसका बोध है, 'बंबई और समूचे प्रांत में बाल विवाह रोकने के लिए वय-सीमा को लेकर जो कानून बना, उससे प्रजा अप्रसन्न हो गई है और अब सरकार समाज सुधार के मामले में हाथ डालने से हिचकती है।' 19वीं सदी के नवजागरण में एलीट और आम लोक के

बढ़ते बौद्धिक विभाजन को समझना होगा। आम लोग ब्राह्मणतंत्री व्यवस्था के वाहक बने हुए थे। इसके खिलाफ कुछ उच्च शिक्षित ब्राह्मण उठ खड़े हुए थे, लेकिन वे औपनिवेशिक विडंबनाओं के शिकार थे। उनके दोहरे चरित्र की वजह से विश्वसनीयता का संकट था। जिसे जितनी अधिक उच्च शिक्षा मिली थी, वह अपने निजी स्वार्थों के प्रति उतना अधिक सावधान था और अंग्रेजों की आंखों में उतना अधिक आधुनिक दिखना चाहता था।

महादेव गोविंद रानाडे अपने सुधार आंदोलन को महाराष्ट्र के संत कवियों से जोड़ते हैं, 'अब हमारे देश में जो धार्मिक हलचल पैदा हुई है, उसकी ओर ध्यान जाना चाहिए। यह संतों के जीवन और विचारों पर अवलंबित है। ...भागवत धर्म का मुख्य लक्षण उसका प्रोटेस्टेंट होना है, अर्थात–धर्म में प्रचलित कुरीतियों और अत्याचारों का विरोध करना है।' (मुंबई के प्रार्थना समाज में भाषण, 1895)। वे ईसाई मुहावरे के प्रति आकर्षित हैं, 'प्रोटेस्टेंट' शब्द का इस्तेमाल करते हैं। उन्हें इस वास्तविकता का बोध है, 'जब तक कोई आंदोलन सर्वमान्य नहीं हो जाता, तब तक उसे लेकर निराशा स्वाभाविक है। ब्रह्म समाज, आर्य समाज और खुद हमारे प्रार्थना समाज में यह कमी है।' (वही)। रानाडे ज्योतिबा फुले की तरह जातिवाद के उग्र विरोधी नहीं थे, जाति भेदभाव के विरोधी थे। उनकी स्त्री-चिंता की सीमा भी स्पष्ट है, 'हमारे देश की स्त्रियां थोड़े समय में ही उच्च शिक्षा पाकर उत्तम गृहिणी बनकर समाज सुधार में बड़ी सहायक होंगी।' (अमरावती का भारतीय सामाजिक सम्मेलन, 1897)।

पुनरुत्थान और पुनरुत्थानवाद में फर्क है। 19वीं सदी में पुनरुत्थान आमतौर पर पुनरुत्थानवाद न था, अर्थात–सिर्फ अतीत को लेकर दंभ, वर्तमान को लेकर शोक और वर्तमान को अतीत की रूढ़ियों तथा खाइयों से घेरना मुख्य आंदोलनात्मक प्रवृत्ति न थी। पुनरुत्थानशील राष्ट्रवादी वस्तुतः धार्मिक रूढ़िवाद और धर्म के उच्च मूल्यों के बीच फर्क करते हैं। निश्चय ही अतीत न औपनिवेशिक सुधारवादियों का लांचिंग पैड था और न उपनिवेशवाद-विरोधी राष्ट्रवादियों का। उस बौद्धिक परिदृश्य में कुछ ऐसे संरक्षणवादी जरूर थे जो प्राचीन गौरव की वापसी चाहते थे। वे धार्मिक रूढ़ियों के समर्थक थे और निश्चित रूप से पुनरुत्थानवादी थे। वे अतीत को अपना लांचिंग पैड बना रहे थे।

उल्लेखनीय है कि वे पश्चिमी धारणाओं के विरोधी होकर भी अंग्रेजी राज के प्रबल समर्थक थे। वे सामाजिक सुधारों के विरोधी थे, उपनिवेशवाद के नहीं। यह सिलसिला 20वीं सदी के हिंदू और मुस्लिम कट्टरवादियों तक जारी था।

पुनरुत्थानवाद की आलोचना करते हुए रानाडे ने लिखा, 'इन घनघोर परंपरावादियों के खेमे में मेरे कई मित्र भी हैं। उनका आदर्श वाक्य यह है कि हमारा उद्देश्य सुधार नहीं पुनरुत्थान होना चाहिए। वे पुराने तरीकों की वापसी की वकालत करते हैं और पुराने आदर्शों और विधानों का आग्रह करते हैं।' रानाडे बदली स्थितियों का हवाला देते हुए सवाल करते हैं, 'उन पुराने दिनों में पुरुष और देवता जो निषिद्ध चीजें खाते-पीते थे, क्या आज कोई भी पुनरुत्थानवादी उनकी सिफारिश करेगा? क्या हम 8 प्रकार के विवाहों को फिर से चालू करें जिनमें स्त्रियों को बंदी बनाना, वर्णसंकर विवाह और नियोग को मान्यता दी गई है? क्या हम ऋषियों और ऋषि-पत्नियों की स्वच्छंदता फिर चालू करें? सती प्रथा और शिशु हत्या फिर चालू करें? जगन्नाथ (पुरी) के रथ के पहिये के नीचे कुलचने की प्रथा फिर चालू करें? एक स्त्री के कई पति और एक पुरुष की कई पत्नियों की प्रथा को फिर चालू करें? क्या ब्राह्मणों को कहें कि वे सज्जन न बनें? ...लोग शायद यह भूल रहे हैं कि एक जीवंत समाज में पुनरुत्थान संभव नहीं है। यदि मृत अतीत कभी पुनर्जीवित नहीं हो सकता तो विवेकवान लोगों के सामने सुधारणा ही एकमात्र विकल्प है।' (पुनरुत्थान बनाम सुधार)। महाराष्ट्र में नवजागरण को मुख्यतः 'सुधारणा' कहा जाता है और दूसरे पक्ष को पुनरुत्थानवाद।

सुधारवादियों पर आरोप लगाया जा रहा था कि वे सिर्फ बाहरी सुधार चाहते हैं, अर्थात छूरी-कांटे से खाना, खास तरह से उठना-बैठना, चलना, बोलना, बातें करना और अधिकाधिक पश्चिमी जीवन-शैली अपनाना। इसका जवाब देते हुए रानाडे ने कहा, 'यदि सही सुधार करना है तो सोच और विचार को बदलना होगा।' (वही)। उन्होंने उन विचारों का हवाला दिया, जो तीन हजार सालों से समाज को पतन की और ढकेलते आ रहे हैं। उनका संबंध इन सामाजिक बुराइयों से है— चमत्कारवाद और भाग्यवाद पर भरोसा, वंश और जन्म के आधार पर लोगों के बीच काल्पनिक विभेद, अन्यायों की मौन

स्वीकृति और लोक कल्याण के प्रति तटस्थता। रानाडे कहते हैं, 'ये हमारी प्राचीन सामाजिक व्यवस्था के बुनियादी विचार हैं। ये हमें विवेक से सोचने से रोकते हैं। इन विचारों के स्वाभाविक परिणामस्वरूप जो पारिवारिक ढांचा बना है उसमें स्त्रियों को पूरी तरह पुरुषों के अधीन रहना है, जो सामाजिक ढांचा बना है उसमें निम्न जातियों को ऊंची जातियों के अधीन रहना है। इस तरह लोग मानवीय गरिमा से वंचित हो जाते हैं। ...अब हमें जो शिक्षा भविष्य के लिए लेनी है, वह है पुरानी प्रथाओं के प्रति पूजा भाव खत्म करके नए विचारों का सम्मान किया जाए। हम अलगाव की जगह व्यापक भाईचारा पैदा करें।' (वही)।

हिंदू धर्म में पवित्रता, श्रेष्ठता और ज्ञान के भंडार ब्राह्मण लोग माने जाते हैं, 'शेष मानव जाति तथाकथित धर्म के रंग में रंगकर अंधकार में भटकने, अंधविश्वासों और दुष्कर्मों के आगे नतमस्तक होने के लिए है। अब यह सब बदलना चाहिए।' रानाडे उच्च चितपावन ब्राह्मण होकर भी ऐसी बात कहते हैं। उस युग की यह खूबी है। अब के क्षमता-संपन्न ब्राह्मण ऐसा नहीं कह पाते। रानाडे ईश्वर को मानते थे, 'ईश्वर की आवाज ही एकमात्र आवाज है जिसे हम सुनते हैं, सुन सकते हैं। लेकिन बाह्य धार्मिक व्यवस्था पर निर्भरता के कारण हमने अपनी चेतना की आंतरिक ऊर्जा को सुन्न कर दिया है। हम किसी चीज को सही और किसी चीज को गलत, या पापमय-पुण्यमय इसलिए मानते हैं कि अपने को सबसे बुद्धिमान माननेवाले किसी व्यक्ति ने ऐसा कहा है। ...अतीत के महान और बुद्धिमान लोग हमारे लिए सम्माननीय हैं, लेकिन उन्हें हमारे और ईश्वर के बीच आने की जरूरत नहीं है। ईश्वर हममें से हरेक के हृदय में प्रतिष्ठित है।' रानाडे पुरोहितों, मूर्ति पूजा और बाह्याडंबर की और आकर्षित नहीं थे।

उस जमाने के सुधारकों को विश्वास था कि हर मनुष्य के पास एक विचारशील मस्तिष्क है। यह मस्तिष्क सोचता और बताता है कि कौन-सी चीजें हैं जिनमें सुधार करना है। रानाडे कहते हैं, 'सभी स्वीकार करते हैं कि हम विकृत हो गए हैं। हमने अपना स्वरूप खो दिया है। हम सैकड़ों जगहों से झुक गए हैं, टेढ़े हो गए हैं। हम निषिद्ध चीजों की लालसा से भरे हैं। हमारे

कान पड़ोसियों की बुराइयां सुनने के लिए व्यग्र रहते हैं। हमारी जीभ निषिद्ध खाद्य पदार्थ के लिए लालायित रहती है। हमारे हाथों में दूसरों की संपत्ति हड़पने के लिए खुजली हो गई है। हम अपने पैरों से चल नहीं पाते हैं, बैसाखी और सहारे की जरूरत पड़ती है। ...हम यदि इन विकृतियों को मिटाना चाहते हैं तो हम अपने को श्रेष्ठ विचारों और कार्यों के अनुशासन में ले आएं। ...बाल विवाह और जबर्दस्ती थोपे गए वैधव्य प्रथा में सुधार, संयम और पवित्रता, अंतरजातीय विवाह, निम्न जातियों का उत्थान, धर्मांतरण कर चुके लोगों की पुनः उनके धर्म में वापसी, दान और खैरात की बेहतर व्यवस्था— यही सब सुधार हैं। ये पुराने विचारों के प्रवाह को रोकते हैं और नई प्रवृत्तियों को बढ़ावा देते हैं।' देखा जा सकता है कि महाराष्ट्र के सुधार आंदोलन में अंतर्विरोधों के बावजूद व्यापकता है।

स्त्री सुधारकों की भूमिका

समाज सुधार के सभी प्रमुख आंदोलन मुख्यतः स्त्री पर केंद्रित थे। कहा जाता है कि स्त्री-केंद्रित सुधार आंदोलन समाज के नवोदित विशिष्ट वर्गों द्वारा अपनी छवि सुधारने के लिए चले। यह भी कहा जाता है कि महाराष्ट्र के पेशवाओं का राज खत्म कर अंग्रेजी राज स्थापित होने से ब्राह्मणों का जो सामाजिक गौरव खत्म हो गया था, सुधार आंदोलन उसकी वापसी का औजार था।

गैर-ब्राह्मण जाति के ज्योतिबा फुले ने अपने ढंग से सुधार आंदोलन में हिस्सा लेते हुए, ब्राह्मणतंत्रीय व्यवस्था से विद्रोह किया और यह स्पष्ट करना चाहा कि ब्राह्मणतंत्र से मुक्ति सती प्रथा के अंत, विधवा पुनर्विवाह, बाल विवाह पर रोक, पर्दा प्रथा की समाप्ति आदि से अधिक बड़ा मामला है। इसका संबंध भेदभावमूलक और पाखंड से भरे हिंदू धार्मिक ढांचे से मुक्ति पाने से है। कुछ ऐसा ही विद्रोह 'यंग बंगाल' के बुद्धिजीवियों ने ईसाई धर्म अपनाते हुए किया था। ऐसे विवादों के बीच से लक्षित किया जा सकता है कि 19वीं सदी के सुधारों के बीच से खुद स्त्री में आत्मविश्वास, आत्मसम्मान और स्वतंत्रता का भाव केसे पैदा हो रहा था।

हम बंगाल, हिंदी प्रदेश या दक्षिण भारत में नहीं पाते कि 19वीं सदी में किसी स्त्री सुधारक ने महत्वपूर्ण भूमिका निभाई हो, उसने परंपरागत धार्मिक

व्यवस्था से विद्रोह किया हो। महाराष्ट्र में ऐसी दो स्त्री सुधारक हैं— सावित्री बाई फुले और पंडिता रमाबाई। इनमें सावित्री बाई गैर-ब्राह्मण जाति की थीं और रमाबाई ब्राह्मण जाति की। सावित्री बाई दलित होते हुए भी पर्याप्त समृद्ध परिवार से थीं और रमाबाई ब्राह्मण होते हुए भी गरीब परिवार की। इनके साथ यदि 'स्त्री-पुरुष तुलना' की लेखिका ताराबाई शिंदे को जोड़ लिया जाए तो ये तीनों 19वीं सदी के नवजागरण का स्त्री पक्ष खड़ा करती हैं। यह एक अनोखा मामला है।

तीनों स्त्रियां सामान्य रूढ़िवादी धार्मिक व्यवस्था के साथ पितृसत्तात्मक व्यवस्था को भी चुनौती देती हैं। ये जनसभाओं में भाग लेती हैं। इसके अलावा, इनकी चिंता एलीटवर्गी स्त्रियों तक सीमित न होकर आम उत्पीड़ित स्त्रियों की सेवा तक विस्तृत है जो एक उल्लेखनीय बात है। ये पुरुष सुधारकों की तरह स्त्री की मातृछवि खड़ा नहीं करतीं। ये सभी सिर्फ विमर्श नहीं करतीं, एक्टिविस्ट भी थीं। इनके लिए सब कुछ यश पाने का मामला या टाइम पास नहीं था, वह आम स्त्री के स्वत्व का प्रश्न था।

सावित्री बाई

स्त्री अधिकारों के लिए संघर्ष की बुनियाद रखनेवाले व्यक्तियों में सावित्री बाई फुले (1831-1897) एक महत्वपूर्ण नाम है। उन दिनों अनगिनत नवजात कन्याओं की हत्या कर दी जाती थी। ऐसी अनाथ कन्याओं के लिए सावित्री बाई फुले ने ज्योतिबा फुले के सहयोग से एक आश्रम खोला और स्त्री शिक्षा के लिए देश में लड़कियों का पहला स्कूल (1848) भी खोला। कहा जाता है कि वे अपने थैले में एक साड़ी लेकर चलती थीं। कई बार विद्वेष में उन पर कीचड़ फेंक दिया जाता था, तो वे स्कूल जाकर साड़ी बदल लेती थीं। बड़ी बाधाओं और चुनौतियों के बीच ऐसे सुधारक 19वीं सदी में काम कर रहे थे। उनके कामों की गूंज इतिहास में है।

सावित्री बाई का एक कविता संग्रह 'काव्य फुले' 1854 में छपा था। उनकी एक कविता की पंक्तियां हैं—'सुनिए, देखिए जोतीबा/चंद्र अस्त हुआ तो सूर्योदय हुआ/प्रातः का अद्‌भुत उजियारा/कहे जोतीबा सावित्री से/सच

कहा तुमने, हटा अंधेरा/देखो ज्ञान के उजियारे में/शूद-अतिशूद महार सचमुच जाग गए हैं।' वे कहती थीं, 'हर स्त्री को शिक्षा का आभूषण पहनना है।' सावित्री बाई की मृत्यु 1897 की महामारी में प्लेग से पीड़ित व्यक्तियों की सेवा करते हुए उनके अपने क्लिनिक में हुई थी। उनका जीवन विद्रोह और सेवा में बीता था।

पंडिता रमाबाई

पंडिता रमाबाई (1858-1922) के पिता को उनकी ब्राह्मण बिरादरी ने इसलिए बहिष्कृत कर दिया कि वे अपनी पत्नी को शिक्षा दिला रहे थे। उनके पिता गरीबी के कारण अकाल में मर गए। कुछ समय बाद मां भी मरी तो उन्हें कोई कंधा देनेवाला नहीं था। छोटी उम्र में रमाबाई ने कंधा दिया। इन्होंने सवाल उठाया—स्त्री अर्थी को कंधा क्यों नहीं दे सकती? रमाबाई ने संस्कृत की शिक्षा पाई थी। वे धाराप्रवाह संस्कृत बोलती थीं। ब्राह्मण होते हुए एक गैर-ब्राह्मण से विवाह किया। कुछ वर्षों के बाद पति की मृत्यु हो गई तो वे समाज सुधार में लग गईं। संस्कृत में उनकी विद्वता की वजह से, उन्हें 'पंडिता' की उपाधि मिली थी।

रमाबाई ने हंटर कमीशन के सामने बयान दिया था, 'देश के 99 प्रतिशत शिक्षित लोग स्त्री शिक्षा और स्त्री-पुरुष बराबरी के पक्ष में नहीं हैं।' उस जमाने में यदि शिक्षित व्यक्तियों की यह दशा हो तो आम लोगों की मानसिक जड़ता, पिछड़ेपन और समाज सुधारों से उनकी विच्छिन्नता का अंदाजा लगाना कठिन नहीं है। पंडिता रमाबाई महादेव गोविंद रानाडे के संपर्क में आईं और उस परिवार में उन्होंने अंग्रेजी सीखी। उन्होंने आर्य महिला समाज की स्थापना की। फिर वे अमेरिका चली गईं। उन्होंने विधवाओं और परित्यक्ताओं के लिए 'मुक्ति मिशन' और 'शारदा सदन' की स्थापना की। उन दिनों 'समाज' और 'सदन' खूब बन रहे थे।

1896 में रमाबाई ने अकाल के दौरान दलित बच्चों, परित्यक्त स्त्रियों और बाल विधवाओं की सेवा की। 1900 में उनके मुक्ति मिशन में 1500 लोग थे। उन्होंने एक पुस्तक 'द हाई कास्ट वूमेन' लिखी है। वे ब्राह्मण थीं।

उन्होंने ऊँची जाति की धार्मिक कठोरता को भीतर से देखा था। दरअसल संस्कृतज्ञ रमाबाई का विद्रोह उनके परिवार के साथ घटित क्रूर सामाजिक तिरस्कार की देन है। उनका निजी जीवन जितना दुख भरा था, उतना ही ऊर्जावान भी। उन्होंने लिखा, 'अब स्त्रियां भी उन्नति करना चाहती हैं, लेकिन हमारे देश में उनकी तरक्की के रास्ते बंद हैं। इसलिए सोचना जरूरी हो जाता है कि ये बंद दरवाजे कैसे खुलें। ...अधिकतर स्त्रियां कहती हैं कि उनके मन में उन्नति करने की अभिलाषा है, परंतु अवसर के अभाव में इस दिशा में कुछ नहीं कर पातीं, क्योंकि वे पुरुषों पर निर्भर हैं। ...यदि हमें दीन स्त्री समुदाय के उत्थान के उपाय करने हैं तो उसकी बुनियाद है आत्मनिर्भरता। हर स्त्री के मन में यह भावना पनपनी चाहिए।' ('बुनियाद', सामाजिक क्रांति के दस्तावेज)।

स्त्रियां आमतौर पर यही नहीं देखतीं कि पुरुष क्या चाहते हैं, वे यह भी देखती हैं कि दूसरी स्त्रियां क्या कर रही हैं। जब ज्यादातर स्त्रियां परंपरा पर चल रही दिखती हैं, तो बाकी स्त्रियां इच्छा रहते हुए भी व्यवस्था के खिलाफ जाने का साहस नहीं कर पातीं। नवजागरण काल में कुछ व्यक्ति जाग रहे थे, लेकिन एक बड़ा समाज पिछड़ा था। इसलिए स्त्री का साहस करना और भी मुश्किल था। रमाबाई कहती हैं, 'यदि हर समझदार और सात्विक स्त्री कहे कि चाहे दूसरी कोई स्त्री करे न करे, वह अपनी और अपने परिवार के अन्य महिला सदस्यों की उन्नति का मार्ग प्रशस्त करेगी तो इससे लगातार पिछड़ रहा स्त्री समुदाय तथा देश दोनों उन्नति करेंगे।' (वही)। देशोन्नति को स्त्री की उन्नति से अलग नहीं किया जा सकता, पंडिता रमाबाई यह कह रही थीं।

देशोन्नति के मॉडल के रूप में यूरोप और खास कर इंग्लैंड को बार-बार दिखाने की प्रवृत्ति औपनिवेशिक आधुनिकता की देन है। यह उपनिवेशवाद की बुराइयों और अत्याचारों को ढकती है। रमाबाई एक महत्वपूर्ण सुधारक थीं, पर वे औपनिवेशिक आधुनिकता से प्रभावित थीं। निश्चय ही उन्होंने मिशनरी भावना से दुख और अपमान भरी जिंदगी झेलते हुए समाज के दलितों, परित्यक्ताओं और विधवाओं के लिए काम किया। उस युग के औपनिवेशिक आकर्षणों को समझने में उनका यह कथन मददगार हो सकता है, 'यूरोपवासियों को देखो, वे हमारे देश पर शासन करते हैं। वे हमारी संपत्ति, हमारे जीवन और हमारे

देश की 26 करोड़ जनता (1891) के आत्मसम्मान पर राज करते हैं। मुट्ठी भर अंग्रेजों ने भारत के राजकुमारों से लेकर कंगालों तक को अपने हाथों की कठपुतली बना रखा है। ...उनके पास जादुई शक्ति क्या है? जादुई शक्ति कुछ नहीं, पश्चिमी समाज के प्रत्येक मनुष्य का कठिन परिश्रम है।' (वही)।

एक प्राच्यवादी मिथ है कि भारत के लोग मेहनती नहीं बल्कि भौगोलिक-सांस्कृतिक वजहों से आलसी होते हैं। यह वैरागियों और संन्यासियों का देश है। आमतौर पर यह नहीं कहा जाता कि अंग्रेजों की औद्योगिक प्रगति की बुनियाद में वस्तुतः इंग्लैंडवासियों की क्रूरता और सामंती अत्याचारों के नीचे दबे मेहनतकश लोगों का शोषण रहा है। कृषक मेहनत करने के बावजूद अकाल और भूख से मरते थे। दस्तकारों के घरेलू-उद्योग उजाड़ दिए गए थे। इन सब चीजों को ढक कर भारतवासियों के 'आलस्य' और यूरोपवासियों की 'मेहनत' या 'सभ्यता के मिशन' का जो प्रचार हुआ, उससे 19वीं सदी के सुधारक प्रभावित थे। दूसरी बात, हिंदू धर्म में भीतर से सुधार लाने की जगह 19वीं सदी में रमाबाई सहित कई व्यक्ति ईसाई हो गए। इसके कारण वे अपनी ईमानदार सेवा भावना के बावजूद अपने बृहत्तर समाज से 'डिसकनेक्ट' हो गए।

स्त्रियों की खुशी के दायरे बंधे हुए थे –खाना-पीना, पहनना-ओढ़ना और आभूषण दिखाना। रमाबाई पूछती हैं, 'प्यारी बहनो! खुशी का अर्थ सिर्फ खाना-पीना नहीं है। खुशी से तात्पर्य है संपूर्ण स्वतंत्रता। आप खुद को खुश कैसे रख सकती हैं, यदि आप स्वतंत्र नहीं हैं?' (वही)। पितृसत्तात्मक व्यवस्था को तोड़ने और स्त्री की स्वतंत्रता पर चर्चा 19वीं सदी में शुरू हो गई थी। पंडिता रमाबाई का यह आह्वान 19वीं सदी के स्त्री मुक्ति संघर्ष का सार है, 'अपने शरीर का खून अपने दिमाग की ऊर्जा से गरम हो जाने दो, उसे नसों में बहने दो। आपकी कर्मठता, आपका ज्ञान, आपकी उज्ज्वलता, सत्य और ईश्वर पर आपका विश्वास, सतीत्व-संपन्न स्त्री के कर्त्तव्य और स्त्रियों के ऐसे ही अन्य गुणों को देखकर लोगों को भयत्रस्त हो जाने दो। एक बार फिर भारतवर्ष की प्राचीन नारियों की महानता को जीवित कर दो!' (वही)। रमाबाई का स्त्रीवाद परंपरा और आधुनिकता के सामंजस्य पर खड़ा होता है, वह संपन्नवर्गीय पश्चिमी उच्छृंखलता का पर्याय नहीं है।

समाज सुधारकों की, देश का धन विदेश जाने और दरिद्रता से संबंधित आर्थिक चिंताओं का कम महत्व नहीं है। पंडिता रमाबाई कहती हैं, 'लोग अपनी जरूरत की चीजें विदेशियों से खरीदते हैं, यों इससे हमारे देश को करोड़ों रुपए का नुकसान हो रहा है और वह गरीब बनता जा रहा है। गरीबी सारे देश में फैल गई है। इसलिए यहां बार-बार अकाल पड़ता है जिसके कारण लोग दुर्बल हो गए हैं। कमजोर लोग कितना काम कर पाएंगे?' (वही)। कमजोर लोग कितना काम कर पाएंगे, कहकर उसी लेख में रमाबाई भारतवासियों के स्वभावतः आलसी होने की धारणा का खंडन करती हैं। वे ज्ञान पर जोर देती हैं, 'ज्ञान स्वतंत्रता की गंगोत्री है।' वे स्त्रियों से कहती हैं, 'उद्यमी बनो।' यह भी कहती हैं, 'हम क्षुद्र जीव की तरह छोटी से छोटी चीज के लिए अंग्रेजों का मुंह ताकते हैं। यदि मौका आए तो वे हमारे सिर पर लात मारने में भी तनिक संकोच नहीं करेंगे।' (वही)। यह धारणा गलत है कि कोई ईसाइयत को अपना लेगा तो वह देशप्रेमी नहीं रह जाएगा। उल्लेखनीय है कि देशभक्त रमाबाई का स्त्रीवाद भावनाहीन और मूल्य-विमुख नहीं है।

ईसाइयत अपना कर भी जब पंडिता रमाबाई सच्चे धर्म को परिभाषित करती हैं, तब वे यह काम अपने युग के अन्य महान धार्मिक सुधारकों की तरह ही करती हैं, 'साहस, क्षमा, मन पर नियंत्रण, ईमानदारी, पवित्रता, संयम, विवेक, ज्ञान, सत्य और शांत स्वभाव—ये सच्चे धर्म की दस विशेषताएं हैं। ...सच्चे धर्म में संपूर्ण विश्व को अपनी शरण में लेने की तथा उसे कल्याणकारी बनाने की क्षमता है। ...सच्चे धर्म से हमारा अभिप्राय विभिन्न प्रचलित मत, सिद्धांत, मसलन—हिंदू, इस्लाम, ईसाई आदि नहीं हैं। ये सभी किसी न किसी मत की ओर इंगित करते हैं, सच्चे धर्म की ओर नहीं। क्योंकि धर्म का केवल एक ही संदर्भ है, वह है 'आचरण'। यह मनुष्य के अपने सद्‌विवेक से निर्धारित होता है।' (सच्चा धर्म, वही)। धर्म को विवेक या बुद्धिवाद से जोड़ना 19वीं सदी के सुधारवाद का आम मामला है।

पंडिता रमाबाई ईसाइयत के प्रचार, औपनिवेशिता और अंग्रेजी राज के अधर्मों का अतिक्रमण करती हैं, 'यदि आप विभिन्न धार्मिक मतों को –हिंदू, इस्लाम, ईसाइयत आदि को ध्यान से देखें और इन्हें समझें तो पाएंगे कि सभी

धार्मिक मतों में धर्म की एक ही व्याख्या है—अच्छा आचरण और उसका क्रमशः प्रभाव विस्तार।' वे यह भी कहती हैं, 'मैं केवल उसी धर्म की पक्षधर हूँ जिसकी नींव सद्विवेक से जन्मे दुनिया के नाना सिद्धांतों पर आधारित है।' गौर कर सकते हैं कि नवजागरण के एक खास आयाम मूल्य-संपन्न धार्मिकता का आज कैसा अकाल है, जबकि धर्म का शोर पहले से ज्यादा है।

ताराबाई शिंदे

सावित्री बाई फुले और पंडिता रमाबाई ने सुधारक के तौर पर काम किया। ताराबाई शिंदे (1850-1910) विचारक ज्यादा हैं। उनके बारे में कहा गया है वे महात्मा ज्योतिबा फुले के सत्यशोधक समाज के संस्थापक सदस्यों में थीं। वे पितृसत्तात्मक व्यवस्था और पुरुष-प्रभुत्व के मामले में 19वीं सदी की सबसे आक्रामक स्त्री थीं। उनके पिता अच्छी सरकारी सेवा में लगे एक शिक्षित व्यक्ति थे। ताराबाई के पति उनके माता-पिता के घर में रहते थे, घरजमाई थे। ताराबाई की समाज सेवाओं के बारे में सूचनाएं कम हैं। उनकी एक रचना 'स्त्री-पुरुष तुलना' (1882) मिलती है, जिसे स्त्रीवाद का पहला घोषणापत्र कहा जा सकता है। यह पुस्तक अश्वघोष के बौद्ध ग्रंथ 'बज्रसूचि' जैसी विमर्शवादी है।

ताराबाई शिंदे पुरुष सत्ता से बहुत खरे विमर्श करती हैं, 'विधवा होने पर यदि स्त्री को आजन्म किसी महाखूनी की तरह अंधकारपूर्ण जीवन बिताना पड़ता है, तो तुम अपनी पत्नी के मरने पर अपने मुंह में कालिख पोतकर, दाढ़ी-मूंछ मुड़वाकर अरण्यवास क्यों नहीं करते? तुम पत्नी के मरने के दस दिन बाद ही दूसरी स्त्री ब्याह कर लाते हो। बताओ, किस ईश्वर ने तुम्हें ऐसी सलाह दी है? ...स्त्री को तुम पत्थर समझते हो, भाग्यहीन पत्थर? उसका मुंडन किया जाता है, सृष्टि की सारी सुंदर चीजों से, सुख-सुविधाओं से उसे वंचित कर दिया जाता है। उसे मंगल कार्यों में भाग लेने की अनुमति नहीं होती, विधवा का किसी के सामने आना अपशकुन समझा जाता है। पति की मृत्यु हुई, इसमें उसकी पत्नी का क्या दोष?' उस जमाने में कोलकाता से बंबई और आंध्र प्रदेश तक विधवा विवाह को केंद्र करके तर्कों का तूफान

आया हुआ था, हालांकि कानून के बावजूद विधवाओं की दशा सामान्यतः जस की तस थी।

पुरानी रूढ़िवादी परंपरा का प्रत्याख्यान करते हुए स्त्री-पुरुष बराबरी पर ताराबाई कहती हैं, 'आज पति के प्यास बुझाने के लिए पानी की मांग करने पर हो सकता है पत्नी कहे – मुझे भी बड़ी प्यास लगी है। वहां लोटा भरा पड़ा है। आप भी पी लीजिए और जरा मुझे भी दीजिए। यह बच्चा तो मुझे जगह से उठने ही नहीं देता। क्या करूँ?' स्त्री के बारे में पुरषसत्तात्मक सामंती सोच पर ताराबाई ने ऐसे कई आघात किए।

पौराणिक कथाओं के बारे में ताराबाई का उच्छेदवादी बुद्धिजीवियों की तरह नकारात्मक रुख नहीं है, 'अगस्त्य ऋषि ने (दूसरी बार) श्रीराम का दर्शन इसलिए नहीं किया कि उनके साथ सीता नहीं थी। रावण ने जब सीता का अपहरण किया, राम एक भिखारी की तरह वन-वन घूमते रहे। स्त्री की यह महिमा है।' वे आलोचनात्मक भी होती हैं, 'सावित्री आख्यान कहता है कि यदि पति लताड़ दे तो स्त्री हँसकर नरमी से कहे—मत मारो, आपके पैर में दर्द होगा!' वे आक्रमण तीव्र करती हैं, 'झांसी की रानी के समान चार-पांच सौ औरतें निःसंग होकर हाथों में तलवार लेकर निकलें तो तुम्हारे भागने का ठिकाना नहीं रहेगा।' वे कहती हैं, 'यदि पत्नी के लिए पति ईश्वर है तो पति का ईश्वर के समान व्यवहार होना भी आवश्यक है।' पुराने समय से सभी दोष स्त्रियों में ढूंढ़े गए हैं, इस प्रवृत्ति का वे विरोध करती हैं।

भारतीय नवजागरण मुख्यतः शहरों का मामला रहा है। महाराष्ट्र में पुणे वैचारिक हलचलों का एक खास केंद्र था। यहां कई अंग्रेजी शिक्षा-केंद्र थे। इस शहर में प्रबुद्ध मध्यवर्ग का फैलाव हो रहा था। उसकी बौद्धिकता पर औपनिवेशिक प्रभाव ज्यादा था। ताराबाई शिंदे के इस कथन को देखें, 'सोचती हूँ कि ईश्वर इस अंग्रेज सरकार की शासन प्रणाली कायम रखे। अंग्रेजों ने तो कम से कम स्त्रियों को पढ़ा-लिखा कर सुशिक्षित करने पर जोर दिया है। इस विद्यादान की वजह से स्त्रियां पारिवारिक अपमानों और मानसिक यंत्रणाओं के क्षणों में अपना बौद्धिक संतुलन बनाकर धैर्यपूर्वक खड़ी हो सकीं। उनका अज्ञान दूर हुआ। उन्हें सत्य, धर्म, स्वधर्म की जानकारी हो सकी।'

ताराबाई प्राचीनता का महिमामंडन करनेवाले पुणे के उन धार्मिक कट्टरवादियों की आलोचना करती हैं जो विधवा पुनर्विवाह और सुधारों का विरोध कर रहे थे।

हिंदू धर्मावलंबी यदि भक्ति आंदोलन के असर से पहले काफी बदल चुके होते और कट्टरवाद के पाले में नहीं होते तो अंग्रेजी राज या पश्चिमी सभ्यता लोगों को इतना अधिक आकर्षित नहीं करती। ताराबाई उन तथाकथित साधुओं-वैरागियों की पोल खोलती हैं जो धर्म की आड़ में स्त्रियों को ठगते थे। वे स्पष्ट कहती हैं, 'स्त्री अर्धांगिनी है। यदि आधा शरीर पीड़ित हो तो क्या बाकी आधा शरीर काम कर सकता है?' उस जमाने में स्त्री के बारे में इतने प्रखर विचार एक विस्मय की तरह हैं और अनोखे हैं।

गोपाल कृष्ण गोखले का उदारवाद

गोपाल कृष्ण गोखले (1866-1915) पुणे के न्यू इंग्लिश स्कूल में महादेव गोविंद रानाडे और बाल गंगाधर तिलक के संपर्क में आए थे। वे तिलक के गरम विचारों की जगह रानाडे के नरम विचारों की तरफ झुके। वे औपनिवेशिक सुधारवादी थे। कहा जाता है कि एक बार लार्ड हार्डिंग ने उनसे पूछा, 'तुम्हें कैसा लगेगा यदि मैं तुमसे यह कहूँ कि ब्रिटिश एक महीने में यह देश छोड़ देंगे।' गोखले का जवाब था, 'मुझे बेहद खुशी होगी, लेकिन इससे पहले कि आप लोग लंदन पहुँचें, हम आपको तार भेजकर बुला लेंगे।' तिलक स्वराज्य पर जोर देते थे, लेकिन गोखले उन सुधारवादियों में थे जो अंग्रेजी राज के बिना भारत की प्रगति के बारे में सोच नहीं सकते थे। प्रबल स्वातंत्र्यवादी गांधी इन्हीं गोखने के शिष्य थे।

गोखले रानाडे के विचारों से प्रेरित थे और उनके एक बड़े समर्थक थे। वे क्रमिक राजनीतिक सुधार के पक्षधर थे, स्वराज्य को अव्यावहारिक मानते थे। 1889 में गोखले कांग्रेस के सदस्य बने। ब्रिटिश साम्राज्यवादी शासन के उदारवादी भक्त के रूप में वे चाहते थे कि भारतीय शिक्षित वर्ग की ब्रिटिश सत्ता में भागीदारी अधिकाधिक बढ़े, आर्थिक विकेंद्रीकरण हो और निम्न जातियों की सामाजिक स्थितियों में सुधार किए जाएं। वे हिंदू-मुसलमान एकता के समर्थक थे। वे गांधी के साथ जिन्ना के भी राजनीतिक गुरु थे।

नौरोजी और रानाडे की परंपरा में उनकी मुख्य भूमिका देशप्रेम की भावना को ज्यादा स्पष्टता से आर्थिक सुधारों से जोड़ना है। वे आशा लगा बैठे थे कि अंग्रेजी राज स्वदेशी उद्यमों और उद्योगों को मदद देगा। उन्होंने विदेशों से भारतीय व्यापार में अंग्रेजी राज का हस्तक्षेप खत्म करने की मांग की और प्रथम दौर के राष्ट्रीय पूंजीवाद का आर्थिक आधार तैयार किया। वे यह भी कहते थे कि भारतीय कृषि को संपत्तिशाली व्यक्तियों का नेतृत्व और आलोक चाहिए। यह एक तरह से 'उपनिवेशक-जमींदार-पूंजीपति गठबंधन' को वैचारिक मजबूती देने का दौर था।

गोपाल कृष्ण गोखले का अंग्रेजी राज के प्रति झुकाव अंधे किस्म का नहीं था। 1902 में उन्होंने ब्रिटिश सरकार की इस बात के लिए आलोचना की कि उसने अकाल के दौर में कृषकों पर लगान की दरें बढ़ाईं, शिक्षा के खर्च में कटौती की, जबकि फौज पर खर्च बढ़ा दिया। वे नरमी से कुछ चुने हुए मामलों में विरोध करते थे, अन्यथा सामान्यतः अंग्रेजी राज का दृढ़ता से समर्थन करते थे। उन्हें अंग्रेजी राज आधुनिक, धर्मनिरपेक्ष और लोकतांत्रिक नजर आता था।

भारत में निम्न जातियों की बुरी दशा थी जिसे देखकर गोखले चिंतित थे। उन्होंने एक सम्मेलन में कहा, 'निम्न जातियों (हालांकि यह कहना अनुचित है) की दशा असंतोषजनक ही नहीं बल्कि शीचनीय हो गई है। यह हमारी सामाजिक संरचना पर कलंक है। मैं इस मामले को पुरातत्वविद् की नजर (आर्य-द्रविड़) से नहीं देखता बल्कि मानवता, न्याय और राष्ट्रीय गौरव की दृष्टि से विचार करना चाहता हूँ। ...हम तुच्छ से तुच्छ जानवर को छूते हैं, मगर निम्न जाति के लोगों को छूने से हमारा धर्म भ्रष्ट होता है। ...यदि हम ठहराव से निकल कर विकास करना चाहते हैं तो यह जातिभेद के नियमों से चिपके रहकर संभव नहीं है। ...भारत की आधी आबादी को अज्ञानता, बर्बरता और पतन की खाई में धकेल कर न हम राष्ट्र के रूप में अपने लक्ष्यों को पा सकते हैं, न अन्य राष्ट्रों के बीच अपनी जगह बना सकते हैं। उनका बौद्धिक-नैतिक विकास किए बगैर, उन्हें ऊपर उठाए बगैर, यह आशा करना गलत है कि वे हमारे विचारों को समझ कर हमारे उद्देश्यों को पूरा करने में हमारा साथ देंगे।' (निम्न जातियों की सामाजिक स्थिति में सुधार, सामाजिक क्रांति के दस्तावेज)।

वे दलित जातियों के लिए शिक्षा और नौकरी की बात कहते हुए सामाजिक जटिलता को देखकर यह जोड़ देते हैं, 'यह एक लंबी और धीमी प्रक्रिया है।'

उन दिनों गांधी दक्षिण अफ्रीका में भारतीयों के प्रति गोरों के भेदभाव के विरुद्ध लड़ रहे थे। उनका उल्लेख करते हुए उपर्युक्त भाषण में गोखले कहते हैं, 'अंग्रेजों की समान रूप से प्रजा होने के बावजूद दूसरे ब्रिटिश उपनिवेशों में हमारे साथ दुर्व्यवहार अपमानजनक है।' गोखले एक बार दक्षिण अफ्रीका गए थे। वे और गांधी दोनों लगातार संपर्क में थे। गांधी ने गोखले की विरासत को आगे बढ़ाया, लेकिन उसमें राष्ट्रीय स्वाधीनता का तत्व जोड़कर। कहा जा सकता है कि गांधी गोखले और तिलक की सिंथीसिस थे।

सुधारवाद की सीमाएं

यह स्वाभाविक था कि एलेन ओक्टेवियन ह्यूम के नेतृत्व में 1885 में कांग्रेस की स्थापना बंबई में हुई, जबकि देश की राजधानी कलकत्ता थी। महाराष्ट्र में आधुनिक शिक्षा और नई सामाजिक-राजनीतिक संस्थाओं के जन्म ने इस प्रांत को विशिष्ट बना दिया था। बंबई एक आर्थिक नगरी थी। 'ड्रेन ऑफ वेल्थ थियरी' यहीं बन सकती थी। देश की दौलत बाहर जाने और बढ़ती गरीबी की चिंता यहां ज्यादा थी। दलित जागरण यहीं घटित हुआ। इस शहर में एक अधिक समृद्ध मध्यवर्ग था। यह देशभक्त होते हुए भी अंग्रेजी शिक्षा, अंग्रेजों द्वारा किए गए राजनीतिक सुधार, सरकारी नौकरी के अवसर आदि वजहों से अंग्रेजों का कृतज्ञ था। यहां ऐसे सुधारवादी ज्यादा थे जो ब्रिटिश शासन को न्याय और स्वतंत्रता के पक्षधर के रूप में देखते थे। वे भारतीयों की गुलामी, अपमान की जिंदगी और गरीबी के संदर्भ में ब्रिटिश संसद के विवेक पर भरोसा करते थे। उसके पास बार-बार प्रतिवेदन भेजते थे, उससे अपील करते थे। दादाभाई नौरोजी, महादेव गोविंद रानाडे और गोपालकृष्ण गोखले ब्रिटिश शासन की छाया में मुख्यतः राजनीतिक-व्यापारिक सुधारों की बात करते थे। वे देशप्रेमी थे और उदारवादी थे, पर निश्चय ही स्वाधीनता-प्रेमी और राष्ट्रवादी नहीं थे।

फिर भी भारतीय राष्ट्र के राजनीतिक निर्माण में उदारवादियों की एक महत्वपूर्ण भूमिका है। उल्लेखनीय है कि कांग्रेस की स्थापना होते ही राजनीतिक

सुधारवाद की मांग ने सामाजिक सुधार की परियोजना को पिछवाड़े में डाल दिया, ताकि औपनिवेशिक शासन की हिस्सेदारी में उनको भी शामिल किया जा सके जो परंपरागत धार्मिक-सामाजिक व्यवस्था के पक्षधर हैं। आमतौर पर भारत का शिक्षित-संपन्न वर्ग मानसिक तौर पर अभी काफी पिछड़ा था। वह अपनी आय, सामाजिक प्रतिष्ठा तथा सत्ता-सुख के आगे सुधारों को कम महत्व दे रहा था। कोलकाता के दूसरे राष्ट्रीय कांग्रेस महाधिवेशन (1886) में दादाभाई नौरोजी ने अध्यक्ष पद से दिए गए अपने भाषण में साफ कर दिया, 'हम लोग इस राजनीतिक सभा में अपने अंग्रेज शासकों के सामने अपनी राजनीतिक आकांक्षाएं व्यक्त करने के लिए इकट्ठे हुए हैं, सामाजिक सुधार पर विचार करने के लिए नहीं। यहाँ विभिन्न मतों, संप्रदायों और जातियों के हिंदू जिनमें कितने ही फिरके हैं—फारसी, सिख, ब्राह्मण आदि सभी तरह के भारतवासी आकर जमा हुए हैं। इस तरह के विभिन्न जातियों से भरे हुए जलसे में भिन्न-भिन्न जातियों और संप्रदायों के दोषों पर कहाँ तक विचार किया जा सकता है? राष्ट्रीय अधिवेशन को केवल उन्हीं प्रश्नों पर विचार करना चाहिए, जिनमें सारा देश प्रत्यक्ष रूप से भाग ले सके। समाज सुधार के कामों को तो विभिन्न संप्रदायों और जातियों पर ही छोड़ देना चाहिए, वे ही इन्हें निपटा लेंगे।' यह पलायनवाद था। इसका अर्थ है, सामाजिक सुधार की परियोजना को सिर्फ पुनरुत्थानवादियों ने धक्का नहीं दिया, उसे स्वार्थवश सुधारवादियों ने भी अंततः गौण करार दिया।

यूरोपीय नवजागरण के दौरान समाज सुधार को राजनीतिक चेतना का बल मिला था। अमेरिकी क्रांति (1783) और फ्रांसीसी क्रांति (1789) ने मनुष्य को सामाजिक भेदभावों से मुक्त होकर बंधुत्व, स्वतंत्रता और समानता की ओर बढ़ने का आह्वान किया था। कहना न होगा कि भारत में राजनीतिक महत्वाकांक्षाएं सामाजिक सुधार के प्रसार में लगातार बाधक साबित हुईं। कांग्रेस के आठवें महाधिवेशन (1892) में भाषण देते हुए डब्ल्यू. सी बनर्जी ने इलाहाबाद में स्पष्ट कहा, 'राजनीतिक सुधार और सामाजिक सुधार में कोई संबंध नहीं है। क्या हम राजनीतिक सुधार के इसलिए काबिल नहीं हैं कि हमारी विधवाओं का पुनर्विवाह नहीं होता, हमारी लड़कियां छोटी उम्र में ब्याह दी जाती हैं?'

इससे राजनीतिक सुधारों पर जोर देने के वास्तविक मकसद का खुलासा हो जाता है। गौर करने की बात है कि इसी शैली का तर्क बंगाल में विवेकानंद ने दिया था कि आध्यात्मिकता भारतीय संस्कृति का मुख्य आधार है। क्या हम आध्यात्मिक उन्नति के हकदार इसलिए नहीं हैं कि राजनीतिक रूप से प्रभावशाली नहीं हैं? निश्चय ही विवेकानंद की आध्यात्मिकता का सामाजिक सुधारों से संबंध था, जिस तरह महाराष्ट्र के सुधारवादियों का धर्म और आध्यात्मिकता से संबंध था। निश्चय ही आध्यात्मिक उन्नति और सुधारवाद दोनों की सबसे बड़ी सीमा इनकी राजनीतिक स्वतंत्रता से सोची-समझी तटस्थता है। यही वजह है कि बंगाल में श्री अरविंद और महाराष्ट्र में तिलक का अलग-अलग स्थितियों में उग्र राष्ट्रवादी उदय हुआ।

राजनीतिक आंदोलनों में सुधारवादी कार्यक्रम वस्तुतः महात्मा गांधी के दौर में शामिल हुआ, जब राष्ट्रीय जागरण और सुधारवाद का संगम हुआ। इसके पहले 'मॉडरेट' देशप्रेमियों ने राजनीतिक मंच से सुधारवाद को बाहर रखा था। वे इससे संतुष्ट थे कि भारत में एक अंग्रेजी-शिक्षित श्रेणी बन रही है और अंग्रेजी प्रशासन में इसकी हिस्सेदारी बढ़ रही है। विश्व बैंक में अर्थशास्त्री रहे कौशिक बसु कहते हैं, '2020 की कोरोना महामारी का आशीर्वाद यह है कि भारत में आउटसोर्सिंग का काम बढ़ेगा, डिजिटल व्यवसाय बढ़ेगा, भारत की उनति होगी, देश एक उभरती अर्थव्यवस्था बनेगा। हां, विषमता भी बढ़ेगी।' 19वीं सदी के उदारवादी बुद्धिजीवी अंग्रेजी राज के संदर्भ में कुछ ऐसे ही तर्क देते थे।

हालांकि महादेव गोविंद रानाडे और उनके समर्थकों ने 'भारतीय राष्ट्रीय सामाजिक सम्मेलन' के नाम से एक अलग संस्था बनाई थी, जिसमें देश भर के सुधारकों के बीच विचारों का आदान-प्रदान होता था। इसके कई सम्मेलन कांग्रेस का वार्षिक अधिवेशन समाप्त हो जाने के बाद उसी पंडाल में हुए थे। पहला सम्मेलन 1887 में मद्रास में हुआ था। निश्चय ही यह महत्वपूर्ण है कि उस जमाने के सुधारक, लेखक और तमाम तरह के बुद्धिजीवी आपस में संवाद करते रहे हैं। राजनीतिक आंदोलनों के मंच से बाहर फेंक दिए जाने के बावजूद सामाजिक सुधारों को लेकर बहस चलती है। लेकिन उदारवादियों पर धीरे-धीरे राष्ट्रवादियों के हमले तेज हो गए।

सुधारवादियों का मुख्य मकसद ब्रिटिश सरकार और शिक्षित जनता के बीच मध्यस्थता करना होता गया और पश्चिमी निगाहों में अच्छा दिखना। वे अंग्रेजों से हिले-मिले रहते थे और उनके सामने अपने को आधुनिक साबित करना चाहते थे। वे अपने को 'पश्चिम से अभिन्न' बताना और सत्ता के सुख चाहते थे। सुधारवादियों के विधवा विवाह, बाल विवाह जैसे मामलों पर उठे कदम सराहनीय थे। पर वे आम धार्मिक-लोगों का विश्वास जीत न सके। भारत की धार्मिक-सामाजिक व्यवस्था कठोर थी। रानाडे अपने वैचारिक पक्ष के समर्थन में धर्मशास्त्रों से प्रमाण ले आते थे। वे कहते थे कि समाज सुधारक धर्म की उच्च परंपराओं के रक्षक हैं। पर हम जानते हैं कि शब्द और कर्म में फर्क ने भी विडंबनाएं पैदा कीं। उल्लेखनीय है कि सुधारवादी शिविर में कोई अग्रदूत सुधार के रास्ते पर काफी आगे निकल जाना चाहता था, तो कोई थोड़ी दूर तक जाकर रुक जाता था।। रानाडे कहते थे, 'सुधारकों को एक शताब्दी का काम एक दशक में ही करने के लिए आतुर क्रांतिकारी नहीं बन जाना है।' दरअसल औपनिवेशिक-सामंती दमन के काल में सामाजिक क्रांति संभव नहीं थी। इसके लिए मजबूत आधार न थे। अधिकांश सुधारवादियों ने किसी बड़े सामाजिक रूपांतरण की कल्पना नहीं की और अपना तात्कालिक हित ज्यादा देखा।

फिर भी नवजागरण काल में भारत एक ऐतिहासिक दौर से एक दूसरे ऐतिहासिक दौर में प्रवेश कर रहा था। वह संक्रमण का दौर था, जब अकस्मात सारी बुराइयां जा नहीं सकती थीं और सारी अच्छायां पैदा नहीं हो सकती थीं। इसलिए न सुधारकों के लिए कठोर पैमाना बनाकर विचार किया जा सकता है और न राष्ट्रवादियों के लिए। महादेव गोविंद रानाडे को लें, उनके बारे में कहा गया कि वे सुधारक हैं ही नहीं। उन्होंने अपनी पहली पत्नी की मृत्यु के बाद किसी वयस्क विधवा से विवाह न करके अल्पवयस्क किशोरी से विवाह कर लिया था। कहा गया कि उन्होंने ऐसा अपने पिता के दबाव में किया था। उन्होंने पिता को यह वचन भी दिया कि विधवा विवाह करनेवाले अपने मित्र को अपने घर दुबारा भोजन पर नहीं बुलाएंगे। वे अच्छी तरह जानते थे कि शंकराचार्य रूढ़िवादियों के प्रतिनिधि हैं। फिर भी उन्होंने शंकराचार्य की पुरानी सामाजिक कसौटियों को मान्यता दी।

अन्य प्रांतों में देखें, केशवचंद्र सेन और भारतेंदु हरिश्चंद्र ने अपनी-अपनी बेटियों का विवाह कम उम्र में कर दिया था। ध्यान में रखना होगा कि ये सभी निजी नहीं सामाजिक विडंबनाएं थीं, जिनसे कहीं हारते और कहीं जीतते हुए उस जमाने के नवजागरण-व्यक्तित्व समाज को नए विचारों और जीवन के नए मकसदों से परिचित करा रहे थे।

हमें स्वाभाविक औपनिवेशक झुकावों और कुछ अंतर्विरोधों के बावजूद नवजागरण काल के सुधारकों की आंतरिक कोमलताओं, अंतर्द्वंद्वों और दुविधाओं को समझना होगा। देखना होगा कि उन्होंने अपने परंपरावादी मानस का कितना अतिक्रमण किया और कितना पुरानी और नई गुलामी में फँसे रह गए।

ब्रिटिश उपनिवेशवाद से मधुर रिश्ता रखनेवाले सुधारवादियों को लगता था कि अंग्रेजी शासन के हटते ही भारत पिछड़ जाएगा। उनकी सोच थी राष्ट्रवाद वैश्विक मानवता से एक कमतर चीज है। राष्ट्रवादी विचारों को उस आधुनिक सभ्यता, अंतरराष्ट्रीयतावाद और मानवतावाद के लिए रास्ता छोड़ देना चाहिए जिसके वाहक अंग्रेज हैं और जो हमसे श्रेष्ठ हैं। सुधारवादियों ने साम्राज्यवाद को चुनौती नहीं माना, इसे एक स्वर्णिम अवसर समझा।

समग्रतः परिदृश्य यह था कि सामाजिक सुधार की परियोजनाएं हाथ में लो तो सामाजिक बहिष्कार झेलो और रूढ़िवादियों की मार सहो। राजनीतिक स्वतंत्रता की आवाज उठाओ तो अंग्रेजों की जेलों में सड़ो, लाठियां खाओ। नवजागरण के दूसरे दौर में औपनिवेशिक सुधारवाद और उपनिवेशवाद-विरोधी राष्ट्रवाद—ये दो स्पष्ट धाराएं थीं। सभी प्रांतों में इन दोनों तरह के लोगों पर मार पड़ रही थी, दोनों को यातनाएं सहनी पड़ रही थीं। दोनों ही अपने अंतर्विरोधों के बीच किसी न किसी नई चेतना के वाहक थे। दोनों तरह के लोग पर्याप्त साहसी थे।

नवजागरण के दिनों में 'रैशनलिज्म' के आवेश में पश्चिम के अनुकरण और 'नेशनलिज्म' के आवेश में प्राचीन गौरव के संरक्षण की जो ऐतिहासिक रस्साकशी चल रही थी, आगे चलकर उससे नवजागरण का एक बड़ा परिप्रेक्ष्य विकसित हुआ। रानाडे पूछते थे, 'रिवाइवल किसका?

अंधविश्वासों का, कर्मकांडों का, सती प्रथा का?' पंजाब के लाजपत राय उलट कर सवाल करते थे, 'अनुकरण किसका? फ्रेंच शराबों का, अंग्रेजी तौर-तरीकों का या अमेरिकी स्वेच्छाचारिता का?' निश्चय ही उस जमाने में सिर्फ इन्हीं सवालों के बीच भिड़ंत नहीं थी, लेकिन इस भिड़ंत ने बाकी सवालों को प्रभावित किया। धीरे-धीरे महसूस किया जाने लगा कि लोगों को राजनीतिक स्वतंत्रता के साथ आधुनिक भविष्य भी चाहिए और उपनिवेशवाद-विरोधी राष्ट्रवाद में स्त्री, दलित और किसान के लिए बड़ी जगह होनी चाहिए, अर्थात–बहिष्कारपरक राष्ट्रवाद नहीं समावेशी राष्ट्रवाद चाहिए।

ब्रिटिश साम्राज्यवाद से भारतीय जनता की टकराहट तभी असरदार हुई और कुछ सुधार तभी साधारण लोगों तक पहुंचे, जब संरक्षणशील राष्ट्रीयता का विकास आधुनिक, प्रगतिशील और समावेशी राष्ट्रीयता में हुआ। एक व्यापक राष्ट्रीय भावना जातीय-सांस्कृतिक बहुलता वाले देश भारत के अस्तित्व की धुरी बनी।

भारत के लिए आधुनिक, प्रगतिशील और समावेशी राष्ट्रीयता के निर्माण में 19वीं सदी के सामाजिक सुधारों (जेसे राममोहन-रानाडे) और आध्यात्मिक सुधारों (जैसे विवेकानंद-रवींद्रनाथ) ने एक बड़ी भूमिका निभाई थी। अब लोग बहुत-सी चीजों मसलन शिक्षा, इतिहास, कला-साहित्य, उद्योग-धंधों और राजनीति को धर्म से ऊपर उठकर देखने लगे थे। नवजागरण ने प्रेरित किया कि लोग अब बहुत से मामलों में बुद्धिपरक मानवता की भूमि पर सोचने की आदत डालें। उसने अंध-राष्ट्रवादी कूपमंडूकता के लिए अवसर सीमित कर दिए। निश्चय ही धर्म का मूलोच्छेद नहीं हुआ, लेकिन धर्म अब वैयक्तिकता, विचार स्वातंत्र्य और वैज्ञानिक जिज्ञासा के मार्ग में बाधक नहीं रह गया।

राष्ट्रवाद का उभार : महाराष्ट्र अध्याय

महाराष्ट्र के अधिकांश सुधारक हिंदू थे। उनके विचार और काम निश्चय ही हिंदू लोगों को संबोधित थे। 19वीं सदी के पुनरुत्थानशील झुकाववाले हिंदू सुधारकों को देखें तो वे 20वीं-21वीं सदी के हिंदू पुनरुत्थानवादियों से निश्चय ही भिन्न लगेंगे। वे धार्मिक परंपराओं पर जोर देते हुए भी प्रायः असांप्रदायिक थे।

रामकृष्ण गोपाल भंडारकर (1837-1925) और विश्वनाथ काशीनाथ राजवाड़े (1866-1926) को देखकर मराठी नवजागरण की कुछ विशिष्ट पुनरुत्थानशील प्रवृत्तियों की झलक मिल सकती है। दोनों ही पश्चिमी सभ्यता के प्रति सम्मोहित नहीं थे।

संस्कृत के विद्वान और प्राच्यविद भंडारकर ने संस्कृत भाषा के उत्थान के अलावा इतिहास-संबंधी खोजों में हिस्सा लिया था। उनका भारत के प्राचीन गौरव ग्रंथों को सामने लाने में बड़ा योगदान है। उन्हें हिंदू पुनरुत्थानवाद की परंपरा में रखा जाता है। उनसे संबंधित दो बातें उल्लेखनीय हैं। वे अंग्रेजी राज के समर्थक थे। उन्हें नाइट की उपाधि (1911) से उसी तरह सम्मानित किया गया था, जिस तरह रवींद्रनाथ टैगोर को। वे दादाभाई नौरोजी के शिष्य थे और महादेव गोविंद रानाडे के साथ 'अखिल भारतीय सामाजिक सम्मेलन' में हिस्सा लेते थे। उन्होंने प्राचीन हिंदू गौरव के उद्घाटन के साथ विधवा विवाह का समर्थन किया था। संस्कृत ग्रंथों पर अपने शोधों के आधार पर छुआछूत, जाति प्रथा और बाल विवाह प्रथा का खंडन किया था। उन्होंने अपनी बेटियों का विवाह पर्याप्त वयस्क होने पर किया, अपनी कथनी और करनी में एकरूपता रखी। अंतरराष्ट्रीय स्तर पर अपनी विद्वत्ता के लिए प्रसिद्ध आर.जी. भंडारकर की खोजों का महत्व यह है कि महाराष्ट्र के समाज सुधारकों को इनसे ऐसे उदाहरण मिले जिन्हें सामने रखकर वे आस्थावान हिंदू जनता से बुद्धिपरक संवाद कर पाए।

हिंदू दृष्टि से इतिहास का अध्ययन करनेवालों में विश्वनाथ काशीनाथ राजवाड़े का नाम लिया जाता है। उन्होंने महाराष्ट्र में घूम-घूम कर मराठा इतिहास से संबंधित तथ्य इकट्ठे किए। उन्होंने बताया है कि वे औपनिवेशिक प्रभाव में जाकर कैसे बचे, 'एक कुटेब में बुरी तरह फँस गया। कोई और चीज तो नहीं, पर वह थी अंग्रेजी बोलने और अंग्रेजी में विचार करने की बुरी आदत। पंद्रह साल तक मैं चौबीसों घंटे अंग्रेजी का व्यवहार करने लगा था। दो-चार सज्जनों ने मुझे इस विपदा से उबारा। विष्णुशास्त्री चिपलूणकर के समीक्षात्मक निबंधों (निबंधमाला) ने मुझे अंग्रेजी के खग्रास-ग्रहण से बचाया।' (विवाह संस्था का विकास)। उस युग के ऐसे लेखन से लोग प्रेरित होते थे, उनका मन बदलता था।

राजवाड़े के स्वदेश-प्रेम में वर्ण व्यवस्था का समर्थन एक तत्व है। वे रामदास के ब्राह्मणवादी-कर्मवादी विचारों के समर्थक थे और संत परंपरा के एकनाथ-तुकाराम जैसे वैराग्य की प्रस्तावना करनेवाले संत कवियों के विरोधी थे।

राजवाड़े बौद्धिक गुलामी से मुक्ति के लिए जातीय आत्मस्मृति और अस्मिता का महत्व प्रतिपादन करते हैं। उन्होंने इतिहास लेखन को एक भिन्न नजरिये से देखा। वह भारतीय इतिहास लेखन का बिल्कुल आरंभिक दौर था। उस पर औपनिवेशिक व्याख्याओं का असर था या अंध-राष्ट्रवाद था। राजवाड़े की इतिहास दृष्टि अंध-राष्ट्रवाद से प्रभावित थी। फिर भी उनकी दो बातें महत्वपूर्ण हैं। वे कहते हैं, 'महान व्यक्तियों का इतिहास साधारण व्यक्तियों के अर्थात्–बहुजन समाज के इतिहास के बिना पूरा नहीं हो सकता।' (वही)। वे राजाओं, युद्धों और विजयों के इतिहास को अधूरा मानते थे। इतिहास लेखन में उन्होंने एक दूसरी सावधानी का उल्लेख किया, 'निरहंकारपूर्वक इतिहास पर विचार करना इतिहास का सत्य जानने की पहली सीढ़ी है। दूसरी सीढ़ी है, अधकचरे आग्रहों का त्याग।' (वही)। उनकी हिंदू इतिहास दृष्टि की खूबी यह है कि उन्होंने अन्य पुनरुत्थानवादियों से भिन्न रास्ते पर चलते हुए अतीत के हिंदू काल को स्वर्ण काल मानने से इनकार कर दिया। इस आधार पर भी नवजागरणकालीन पुनरुत्थान और 21वीं सदी के नव-पुनरुत्थान में फर्क किया जा सकता है।

नवजागरणकालीन महाराष्ट्र में राष्ट्रीय पुनरुत्थान चाहनेवाला हर शिक्षित व्यक्ति कोई न कोई ऐसा परिवर्तन चाहता है जिसके आधार पर उसे 20वीं-21वीं सदी के पुनरुत्थानवादियों से अलग किया जा सकता है। यह अंतर्धारा बाल गंगाधर तिलक तक अपने शिखर पर पहुंच जाती है, जब देश एक नए ऐतिहासिक मोड़ पर खड़ा होता है।

हम 1887 में गोपाल गणेश आगरकर (1856-1895) और बालगंगाधर तिलक (1856-1920) इन दो साथियों के बीच तेज हुए मतभेद से बुद्धिवाद और राष्ट्रवाद की टकराहट की शुरुआत मान सकते हैं। आगरकर को तिलक के पत्र 'केसरी' का संपादन छोड़ना पड़ा। उन्होंने 1888 से अपना अलग

'सुधारक' पत्र निकालना शुरू किया। तिलक का कहना था, 'मैं नहीं मानता कि राजनीतिक स्वतंत्रता से पहले सामाजिक पुनर्निर्माण का काम किया जाना चाहिए। मैं राजनीतिक स्वाधीनता को अधिक महत्व देता हूँ। मेरा मत है कि अपना भाग्य निर्मित कर सकने की शक्ति के बिना हमारा राष्ट्रीय पुनरुत्थान नहीं हो सकता।'

महाराष्ट्र के नवजागरण में औपनिवेशिक सुधारवाद से प्रस्थान और उपनिवेशवाद के विरोध के महत्व से इनकार नहीं किया जा सकता। नई अंतर्धारा में संरक्षणशीलता पर जोर देते हुए पश्चिम-भक्त एलीट सुधारवादियों का विरोध हुआ। राष्ट्रीय भावना पैदा करने के लिए शिवाजी उत्सव तथा गणपति उत्सव जैसे हिंदू सांस्कृतिक चिह्नों को लोकप्रिय बनाया गया। औपनिवेशिक सुधारवादियों और संरक्षणशील राष्ट्रवादियों की बढ़ी टकराहट 19वीं सदी के महाराष्ट्र नवजागरण का एक महत्वपूर्ण आयाम है।

महाराष्ट्र में राष्ट्रवाद का जनाधार मुख्यतः एलीट वर्गों में न होकर साधारण वर्गों में था। इन वर्गों का औपनिवेशिक-जमींदारी शोषण जितना बढ़ता जा रहा था, वे सुधारवाद की हलचलों से उतनी दूर होते जा रहे थे। कहना न होगा कि आर्थिक असुरक्षा और सामाजिक रूढ़ियों के बीच घनिष्ठ संबंध है। आर्थिक लूट-मार की स्थितियों में उत्पीड़ित वर्गों के सबसे बड़े शरणस्थल धर्म और जाति हो जाते हैं। यह आज भी देखा जा सकता है। राजभक्त सुधारकों ने जो आर्थिक मुद्दे उठाए, उनका देश के जमींदारों और व्यापारियों के लाभों से संबंध था। उनकी सोच साधारण वर्गों के औपनिवेशिक सामंती-शोषण से विमुख थी और एलीट-केंद्रिक थी। इसलिए अंग्रेजी राज से असंतोष बढ़ने के साथ उपनिवेशवाद-उन्मुख सुधारकों के पैरों के नीचे से जमीन खिसकने लगी। आम लोगों, खासकर युवकों को हिंदू धार्मिक आभा में चमकते राष्ट्रवादी चिह्नों ने आकर्षित करना शुरू कर दिया।

तिलक के राजनीतिक आयाम

बाल गंगाधर तिलक हिंदू सामाजिक क्षितिज से उदित हुए थे। वे 19वीं सदी के आखिरी दशक में पूरे देश के लिए एक बड़ी राष्ट्रवादी प्रेरणा बन गए थे।

उस समय बंगाल में विवेकानंद की धूम थी तो महाराष्ट्र में महादेव गोविंद रानाडे की। दक्षिण भारत में दलितों के अधिकार, विवाह प्रथा में सुधार, स्त्री के आत्मसम्मान आदि मुद्दे उठे हुए थे। आर्य-ब्राह्मणतंत्र पिछड़ी जातियों के निशाने पर था। इन स्थितियों में तिलक का उभरना एक भिन्न संदेश था।

19वीं सदी के नवजागरण-दूतों के निजी जीवन, उन पर पड़े विभिन्न प्रभावों और आपसी संबंधों-विवादों के बारे में मोटी जानकारियां ही ज्यादा सुलभ हैं। इसलिए विद्वानों द्वारा निष्कर्ष कुछ पसंद की घटनाओं और विचारों के आधार पर निकाले जाते रहे हैं। आमतौर पर उन व्यक्तियों को सुधारवादी और संरक्षणवादी (रूढ़िवादी) के मोटे वर्गों में कठोरता से विभाजित करके देखा गया है। किसी एक का महत्व उद्‌घाटित करने के लिए दूसरे की भूमिका को नकारात्मक घोषित करना मुख्य बौद्धिक प्रवृत्ति रही है। इसका सबसे बड़ा उदाहरण तिलक-संबंधी मूल्यांकन है। उन्हें कट्टरवादी और रूढ़िवादी ही ज्यादा बताया गया। पहले गरम दल-नरम दल के सरलीकृत वर्ग प्रचलित थे। बाद में तिलक को हिंदू राष्ट्रवाद की गंगोत्री के रूप में देखा जाने लगा जिसकी धारा मानो आज की राजनीति में भी अविरल प्रवाहित हो। निश्चय ही आज के राजनीतिक अंतर्विरोधों की रोशनी में नवजागरणकालीन व्यक्तित्वों का मूल्यांकन भ्रामक निष्कर्षों तक ले जाएगा और उस युग की जटिलताओं की अनदेखी करेगा।

बाल गंगाधर तिलक अंग्रेजी में उसी तरह उच्च शिक्षा लेकर आए थे जिस तरह रानाडे, आगरकर और अन्य सुधारवादी। के.एन. पणिक्कर ने लिखा है, 'हम रचनात्मक शैक्षिक प्रभावों की दृष्टि से देखें तो भारतीय बुद्धिजीवियों में दो मोटे वर्ग सामने आते हैं : एक—पारंपरिक ज्ञान द्वारा संपोषित और दूसरा – पाश्चात्य तथा पारंपरिक ज्ञान के संयोग द्वारा। राधाकांत देव, दयानंद सरस्वती तथा नारायण गुरु प्रथम वर्ग के थे। राममोहन राय, विवेकानंद, बाल गंगाधर तिलक और जवाहरलाल नेहरू दूसरे के।' (कोलोनाइजेशन, कल्चर एंड रेजिस्टेंस)। यदि इन दो श्रेणियों को देखें तो पारंपरिक ज्ञान का उपयोग करते हुए राधाकांत देव, दयानंद सरस्वती और नारायण गुरु वस्तुतः भिन्न-भिन्न निष्कर्षों तक पहुंचते हैं। दूसरे, पारंपरिक-पाश्चात्य का संयोग करते हुए राममोहन राय, विवेकानंद, तिलक और नेहरू की राहों में भी भिन्नता है।

एक बात और, नवजागरण काल में 'विवाद और संवाद' का एक बड़ा अर्थपूर्ण बौद्धिक युग्म है। किसी एक का न हर मामले में दूसरे से विरोध है और न हर मामले में किसी का समर्थन है। सभी नवजागरणकालीन व्यक्तित्व अपने देश के लिए चिंतित थे, वे देशप्रेमी थे। आध्यात्मिकता, समाज सुधार और स्वराज्य के मुद्दों पर विशिष्ट रुझानों, प्रवृत्तियों और पक्षधरताओं का अध्ययन करते हुए उपर्युक्त कथन को ध्यान में रखा जाए तो अधिक वस्तुपरक निष्कर्ष निकलेंगे।

नवजागरण की एक प्रमुख प्रवृत्ति अतीत की धार्मिक-आध्यात्मिक चेतना से रिश्ता है। आमतौर पर सुधारकों ने वेद और वेदांत से प्रेरणा ली। ये ऊंचे धरातल की चीजें थीं। तिलक ने कृष्ण के जरिए दिए गए गीता के 'कर्मयोग' के संदेश को चुना, जिस तरह आगे चलकर गांधी ने 'रामराज्य' को। उस दौर में धार्मिक स्रोतों से ऐसे सांस्कृतिक चिह्न लिए जाते रहे हैं जिन्हें एकदम धर्म नहीं कहा जा सकता। तिलक ने मांडले जेल में 'श्रीमद्‌भागवत गीता रहस्य अथवा कर्मयोग शास्त्र' की रचना की थी। इसे संक्षेप में 'गीता रहस्य' कहा जाता है। वे हिंदू थे, अपने समय के कई सुधारकों की तरह वर्ण व्यवस्था के समर्थक थे और पश्चिम के सामने किसी बौद्धिक आत्महीनता की जगह आध्यात्मिक-दार्शनिक श्रेष्ठताबोध से भरे हुए थे। तिलक की मनोभूमि को समझने के लिए 'गीता' की उनकी दार्शनिक व्याख्या को समझना ठीक रहेगा।

सबसे पहले तिलक ने गीता की परंपरागत व्याख्याओं के संदर्भ में लिखा, 'हमने गीता की समस्त टीकाओं और भाष्यों को लपेटकर धर दिया और विचारपूर्वक खुद गीता के ही अनेक पारायण किए। ऐसा करने पर हम टीकाकारों के चंगुल से छूटे।' (प्रस्तावना)। वे गीता की युगानुरूप व्याख्या करके उसे निवृत्ति-प्रधान की जगह कर्म-प्रधान साबित करना चाहते थे। उन्हें 'गीता' भारतीय दर्शन और हिंदू धर्म का सार व्यक्त करने के लिए अकेले काफी लगती थी, जिस तरह कुछ सुधारकों को वेदांत (राममोहन राय) और कुछ को वेद (दयानंद सरस्वती) काफी लगते थे।

तिलक ने पश्चिमी दार्शनिकों के बारे में कई सरलीकृत टिप्पणियां करते हुए साबित करना चाहा कि 'गीता' का दर्शन दुनिया में सर्वश्रेष्ठ है।

एक अन्य भावभूमि पर, निःसंदेह 'गीता' को भी शामिल करते हुए, यही लक्ष्य विवेकानंद का भी था। तिलक की दार्शनिक स्थापनाएं गलत हैं या सही, यह अलग मुद्दा है। लेकिन जब सभी सुधारवादी ही पश्चिमी सभ्यता की श्रेष्ठता के दीवाने थे और बौद्धिक आत्महीनता की वजह से उपनिवेशवाद-विरोधी बौद्धिक प्रति-ध्रुव रचने में असमर्थ थे, तिलक ने भारतीय बुद्धिजीवियों में दार्शनिक आत्मविश्वास पैदा करना चाहा, ताकि राष्ट्रीय-आत्मपहचान का संघर्ष औपनिवेशिक बुद्धिवाद की छाया से बाहर आए। तिलक के विचारों का असर राष्ट्रवादी युवाओं, क्रांतिकारियों, पत्रकारों और लेखकों के बीच पेट्रोल की आग की तरह फैला। यहां बता देना उचित होगा कि तिलक अंग्रेजी के समर्थक थे। उन्होंने अपने कुछ मित्र सुधारकों से मिलकर राष्ट्रीय भावना पर आधारित एक अंग्रेजी स्कूल खोला था और अंग्रेजी पत्र 'मराठा' निकाला था, जिसके वे खुद संपादक थे।

नवजागरण का एक लक्ष्य था समाज़ के आम लोगों की बौद्धिक पूंजी में वृद्धि, क्योंकि इसके बिना राष्ट्रीय चेतना का विकास हो या सामाजिक सुधार कुछ भी संभव नहीं था। 17वीं-18वीं सदियों में, खासकर अंग्रेजों के आक्रमण और दमन के काल में भारतीय बौद्धिक पूंजी का व्यापक क्षय हो चुका था। इसलिए तिलक गीता को बौद्धिक समृद्धि के दार्शनिक माध्यम के रूप में देख रहे थे, 'गीताशास्त्र के अनुसार इस जगत में प्रत्येक व्यक्ति का पहला कर्त्तव्य यही है कि वह परमेश्वर के शुद्ध स्वरूप का ज्ञान प्राप्त करके उसके द्वारा अपनी बुद्धि को जितना हो सके, उतना निर्मल और पवित्र कर ले।' (गीता रहस्य)। उन्होंने संन्यास को श्रेष्ठ समझने की दृष्टि का, जो भारतीय नवजागरण काल में प्रचलित थी, खंडन किया—'गीता ग्रंथ मुख्य रूप से कर्मयोग का है।' उन्होंने ज्ञान, कर्म और भक्ति की एकता स्थापित की, इसे ही गीता का संदेश बताया। विवेकानंद की तरह उन्होंने भी कठोपनिषद के इन शब्दों को दुहराया—'उत्तिष्ठत! जाग्रत!', अर्थात जागो और उठ पड़ो।

बेशक बाल गंगाधर तिलक ने धर्म और दर्शन की कुछ प्राचीन हिंदू रूढ़ियों का महिमामंडन किया, लेकिन उनके दार्शनिक अंतःकरण में रूढ़िवाद और नवीनता का जो तनाव है, उसे समझना चाहिए। यह सिर्फ उनका तनाव नहीं है,

उस युग के हिंदुओं के बदलते बौद्धिक मानस का तनाव है। जब ईसाई, मुसलमान या किसी भी धर्म के लोग कूपमंडूकता से मुक्त नहीं हो पा रहे थे और हर जगह हिंदू-मुस्लिम धर्मांधता या अंध-राष्ट्रवाद फैलाया जा रहा था, उस परिदृश्य में हिंदू पूरी तरह बुद्धिवादी हो उठेंगे—ऐसी अपेक्षा गलत है। उस परिदृश्य में राष्ट्रीय जागरण का धार्मिक रंगों से मुक्त होना असंभव था। देखा यह जाना चाहिए कि राष्ट्रीय जागरण में हिस्सा ले रहे हिंदुओं में संरक्षणशीलता के साथ-साथ नवता की प्रवृत्तियां थीं या नहीं।

तिलक ने गीता के अध्ययन से जो नई दार्शनिक भूमि हासिल की, उसके एक हिस्से का संबंध जातिभेद के विरोधी संत कवि तुकाराम के प्रति उनके आकर्षण से है, 'एक बार सम बुद्धि हो जाने से फिर उस व्यक्ति को कर्तव्य-अकर्तव्य का और अधिक उपदेश नहीं करना पड़ता। इसी तत्व पर ध्यान देकर संत तुकाराम ने शिवाजी महाराज को यह उपदेश किया। इसका एक ही कल्याणकारक अर्थ है कि प्राणिमात्र में एक ही आत्मा को देखो।' वे आमतौर पर फल पर दृष्टि न रखकर कर्म करने का आह्वान करते हैं। इसका संबंध स्वार्थ-चिंता से ऊपर उठकर राष्ट्र के लिए त्याग के आह्वान से है। यह तत्व सुधारवाद में नहीं था। उस समय के सुधारक राष्ट्र के हित में सामान्यतः कोई खतरा मोल लेना नहीं चाहते थे। वे अंग्रेजी राज से टकराना नहीं चाहते थे। उन्हें अर्जुन की तरह मोह था। बाल गंगाधर तिलक को कृष्ण का यह वचन पसंद आया – 'फल की चिंता क्यों करते हो, लड़ो!' (गीता रहस्य)। तिलक गीता के इस कथन को सोद्देश्य पकड़ते हैं, 'तू बुद्धि, अर्थात समबुद्धि की शरण में जा'। नवजागरण के दौर में वे राष्ट्रवाद को बुद्धि से तटस्थ नहीं रख सकते थे। निश्चय ही उन्होंने राष्ट्रीय स्वतंत्रता को सामाजिक सुधारों पर वरीयता दी। इसका यह अर्थ नहीं है कि वे बुद्धिपरकता के शत्रु थे। कहा जा सकता है कि उनमें औपनिवेशिक बुद्धिवाद की जगह विकासशील राष्ट्रीय बुद्धिवाद है।

नवजागरण की एक बड़ी देन जाति व्यवस्था से असंतोष है। इससे बहादुरीपूर्ण विद्रोह बौद्ध धर्म और संतों के बाद पहली बार ज्योतिबा फुले ने किया था। वे वर्ण व्यवस्था से ही नहीं, एकदम हिंदू धर्म से अपने को बाहर

निकाल सके, क्योंकि पर्याप्त समृद्ध और अंग्रेजी-शिक्षित थे। कोलकाता में लगभग उसी समय यंग-बंगाल के संपन्न नौजवानों ने कुछ इसी तरह का धार्मिक विद्रोह किया था। कई शिक्षित युवक हिंदू धर्म छोड़कर ईसाई हो गए थे।

आमतौर पर दलित-पिछड़ी जातियां उच्च वर्णों के वर्चस्ववाली आर्थिक-धार्मिक व्यवस्था में गरीबी और अज्ञानता में जी रही थीं। वे आमतौर पर इसमें न जी पाती थीं और न इससे बाहर निकल पाती थीं। आज भी इन जातियों के ज्यादातर लोग हिंदू व्यवस्था के भीतर हैं। तिलक की हिंदू दृष्टि का अभिन्न अंग है वर्ण व्यवस्था। वे ब्राह्मण थे, 19वीं सदी में थे। फिर भी यह नहीं कहा जा सकता कि वे जरा भी जाति भेदभाव और उत्पीड़न के पक्ष में थे। वस्तुतः तिलक अपने कई वर्ण संस्कारों का अतिक्रमण करते हुए, महाभारत और गीता का नाम लेते हुए अंततः सामाजिक उदारवाद की भूमि तक पहुंचते हैं, 'महाभारत में स्पष्ट कहा गया है कि चातुर्वर्ण्य के बाहर जिन अनार्य लोगों में अन्य धर्म प्रचलित हैं, राजा को उन लोगों की भी रक्षा सामान्य कर्मों के अनुसार ही करनी चाहिए। गीता का नीतिशास्त्र चातुर्वर्ण्य सरीखी किसी एक विशिष्ट समाज व्यवस्था पर अवलंबित नहीं है।' (वही)। वे गीता में स्त्री, शूद्र और वैश्य के बारे में कहे गए भेदभावपूर्ण विचार को लांघ जाते हैं। वे यह भी कहते हैं कि गीता का उपदेश 'यवन-ब्राह्मण-चांडाल आदि में एक समान विद्यमान था।' (वही)।

तिलक भारत की श्रेष्ठ परंपराओं को गीता की छतरी के नीचे लाते दिखते हैं, 'कबीर जैसे भक्त इस देश की संत मंडली में मान्य हो गए और औरंगजेब के बड़े भाई शहजादा दारा (शिकोह) ने इसी समय अपनी देखरेख में उपनिषदों का फारसी में अनुवाद कराया। ...गीता धर्म क्या है? वह सर्वोपरि निर्भयकर्ता और व्यापक है। वह सम है, अर्थात वर्ण, जाति, देश या किसी अन्य भेद के झगड़े में नहीं पड़ता। ...वह अन्य सभी धर्मों के विषय में सहिष्णुता दिखाता है।' (वही)। यदि तिलक की आध्यात्मिक उलझनों में न जाएं तो वे गीता के जरिए हिंदू दृष्टि का जो चित्र निर्मित करते हैं, वह वस्तुतः उदारवाद पर आधारित है। उसमें आत्मा की एकता 'आत्मैक्य' का आदर्शवाद है। यदि तिलक को हिंदू धर्म के ढांचे में ही रखना जरूरी लगे, तो भी उनकी हिंदू दृष्टि को हिंदू कट्टरवाद से जोड़ना गलत है।

तिलक मानते थे, 'यदि हम किसी देश का इतिहास खोजते हुए अतीत में जाएं, तो अंततः मिथकों और प्राचीन परंपराओं के ऐसे काल में पहुंच जाते हैं जो अभेद्य अंधकार में खो जाता है।' हिंदू राष्ट्रवादी विचारक मिथकों को इतिहास बनाकर पेश करते हैं। उनसे तिलक भिन्न हैं। गणेशोत्सव के एक समापन भाषण में (पुणे, 1907) तिलक इस उत्सव के राष्ट्रीय लक्ष्य स्पष्ट करते हुए कहते हैं, 'हम मात्र मनोरंजन, मौज-मस्ती या हमारे पास ढेर-सी संपत्ति है, इसलिए उत्सव का आयोजन नहीं करते। हम इस उत्सव में अपने हित संबंधी विषयों पर विचार करते हैं। ...मेरा कहना है कि हजारों वर्षों तक जो अवस्था आपने भोगी, स्वराज्य को खोने का झटका आपको लगा, इसके लिए कुछ कीजिए। गणपति की आराधना करते हुए स्वराज्य मांगने की हमारी प्राचीन परंपरा रही है। आज जिन लोगों ने भी स्वराज्य की कल्पना विशेष तरीके से हमारे सामने रखी है, हमें समझाई है, देशहित में जिन्होंने कैद भी झेली है, उनका उपकार और आभार मानना चाहिए। ...प्लेग आता है, प्लेग जाता है। प्लेग के लिए गणपति जवाबदेह नहीं हैं। हमारे और सरकार के दुष्कृत्यों की वजह से प्लेग आया है। ...जिन्हें भरपेट खाना मिलता है, उन्हें प्लेग नहीं होता। अंग्रेजों को प्लेग नहीं होता। हमें भी अंग्रेजों के जैसा अच्छा खाने-पीने को मिले, रहने के लिए हवादार बंगला मिले तो हिंदुस्तान में प्लेग नहीं रहेगा। ...किसी भी दुख या विपत्ति का कारण समझने का ज्ञान आपको गजानन दें, यही प्रार्थना है। ...एक ज्ञान वृक्ष के सब अलग-अलग फल हैं, इन सबका सेवन करना चाहिए। राष्ट्रीय शिक्षण, स्वराज्य, विदेशी का बहिष्कार और स्वदेशी, धार्मिक एकता और अन्य सामाजिक विषयों के बारे में इन उत्सवों में व्याख्यान होते हैं। आज यह दिखाने का समय आ गया है कि हम जीवित रहने योग्य हैं या नहीं। उत्पीड़न सहिष्णुता पर भारी पड़ता है या सहिष्णुता उत्पीड़न को रोकने के लिए आगे आती है।' (बाल गंगाधर तिलकः हिज राइटिंग्स एंड स्पीचेज)। तिलक एक हिंदू उत्सव में रैशनल, धर्मनिरपेक्ष और राष्ट्रीय एकता की दृष्टि से अपनी बात समझा रहे थे, यह उपर्युक्त कथन से स्पष्ट है। वे प्लेग को दैव कृपा नहीं बताते।

आमतौर पर महामारी आम लोगों की स्वतंत्रता को ही सीमित नहीं करती, वह शासन को स्वेच्छाचारिता के लिए मौका देती है ताकि लोगों को शासन की कठोर केंद्रीयता का अहसास हो। 1896 में पूना में प्लेग महामारी भयंकर रूप से फैली थी। समर्थ लोग शहर छोड़कर निकल गए। बरसात न होने की वजह से अकाल का कहर अलग से था। अंग्रेजों ने कोई राहत नहीं दी। इसकी जगह प्लेग-विरोधी कार्रवाई के नाम पर रैंड के नेतृत्व में अंग्रेज सैनिक आम लोगों के घरों में घुसकर निजी सामानों को नष्ट करने लगे। स्त्रियों की सरेआम तलाशी ली जाने लगी। मूल्यवान चीजें लूटी गईं। शहर की सीलबंदी कर दी गई। महामारी के दौरान पूना के लोगों को भयंकर यातनाएं झेलनी पड़ीं। इनमें जिन दो स्त्रियों का बलात्कार शामिल है, उनमें से एक ने आत्महत्या कर ली। किसी भी शिकायत पर ध्यान नहीं दिया गया। इस महामारी में पूना के 2091 लोग मारे गए थे। उसी समय पूना सहित देश के कई नगरों में महारानी विक्टोरिया के राज्याभिषेक की 60वीं वर्षगांठ मनाई गई। इन आयोजनों में राजाओं और जमींदारों के अलावा उदारवादियों ने भी हिस्सा लिया। इसका कोई सबूत नहीं है कि किसी ने भी अंग्रेजी शासन के उपर्युक्त अत्याचारों की निंदा की और विरोध किया।

1897 का वर्ष अंग्रेजी राज द्वारा पूना में साम्राज्यवादी दमन के साथ-साथ राष्ट्रीय चेतना के प्रदर्शन का भी साक्षी है। कुछ साल पहले बाल गंगाधर तिलक ने राष्ट्रीय उद्देश्य से शिवाजी उत्सव शुरू किया था। समझना मुश्किल नहीं है कि क्यों, भले ही अपने सीमित वैचारिक फलक पर, तिलक ने ही पूना में अंग्रेजों के अत्याचारों का विरोध किया, क्यों अन्य पढ़े-लिखे लोगों ने विरोध नहीं किया। तिलक ने अपने समाचार-पत्र में अंग्रेज सैनिक अफसरों के खिलाफ आवाज उठाई। तिलक के विद्रोही विचारों को पढ़कर चापेकर बंधुओं ने महारानी विक्टोरिया—उत्सव के बाद लौट रहे एक मिलिटरी सहयोगी रैंड को गोली मार दी। चापेकर बंधुओं को फांसी की सजा हुई। तिलक को अंग्रेजी राज के विरोध में लिखने के जुर्म में गिरफ्तार कर लिया गया और 18 महीने की कठोर सजा हुई। वे एलीट वर्गों की पसंद बनने की जगह इसी ऐतिहासिक मोड़ पर लोकमान्य बने।

हालांकि 1901 में महारानी विक्टोरिया की मृत्यु पर तिलक ने ब्रिटिश शासन की प्रशंसा की थी। वैचारिक संक्रमण के उस दौर में तिलक ऊहापोह से पूरी तरह मुक्त नहीं थे। 1903-08 के बीच उनके राष्ट्रवादी विचारों का एक नया दौर शुरू होता है। वे 1905 में बंगाल विभाजन का विरोध करते हैं। विदेशी वस्तुओं के बहिष्कार और स्वदेशी की राष्ट्रीय आवाज उठती है।

इस ओर भी ध्यान जाना चाहिए कि तिलक अकबर और शिवाजी दोनों का उल्लेख भारत के लोकप्रिय शासकों के रूप में करते थे। उस दौर में वे देश की सबसे बड़ी राष्ट्रीय आवाज बन चुके थे। गांधी तब दक्षिण अफ्रीका में सत्याग्रह कर रहे थे। तिलक ने कांग्रेस में उदारवादी राजभक्तों से अलग मत रखते हुए इसी समय कहा था, 'स्वराज्य मेरा जन्मसिद्ध अधिकार है।' यह पूरे देश में राष्ट्रवाद की पहली गंभीर राजनीतिक लहर थी। स्वाभाविक है, इसका तेवर औपनिवेशिक सुधारवादियों से भिन्न था। 1907 में उपनिवेशवाद के समर्थन और विरोध के मुद्दे पर कांग्रेस पार्टी का विभाजन हुआ। तिलक को इसका फल मिला। उपनिवेशवाद के विरोध के कारण राजद्रोह का मुकदमा चला कर 1908 में उन्हें 6 साल की सजा हुई। वे 1914 में जेल से छूटे।

बाल गंगाधर तिलक शुरू में लिबरल ही थे। 1892 में जब अंग्रेजों ने भारतीयों को शासन में शामिल करने के लिए 'इंडियन काउंसिल एक्ट' पास किया, तिलक ने उसका समर्थन किया था। 1892 में दादाभाई नौरोजी को 'हाउस ऑफ कॉमन्स' में लाने के लिए ब्रिटिश उदारता की उन्होंने सहाहना की थी। इस दौर में उनकी राष्ट्रीय भावना में उदारवाद प्रबल था। तिलक की चिंताओं में उदारवाद का जाना-आना लक्षित किया जा सकता है। उनके राजनीतिक विचारों में जो राष्ट्रवादी उग्रता है, उसे बढ़े औपनिवेशिक दमन की रोशनी में समझने की जरूरत है। उन्हें अंततः पूरी तरह समझ में आ गया, 'प्रगति स्वतंत्रता में निहित है। बिना स्वशासन के न औद्योगिक विकास संभव है, न ही देश के लिए शैक्षिक योजनाओं की कोई व्यापक उपयोगिता है। देश की आजादी के लिए प्रयत्न करना सामाजिक सुधारों से अधिक महत्वपूर्ण है।' (वही)। पहले भी कई सामाजिक नेताओं को लगा था कि भारत की गरीबी पूरी तरह अंग्रेजी शासन की वजह से है, लेकिन यह तिलक हैं जिन्होंने इस

शासन को चुनौती दी। उन्हें लग गया कि भारत का तब तक खून बहाया जाता रहेगा, जब तक कंकाल शेष न रह जाए।

महाराष्ट्र में तिलक ने शिवाजी उत्सव (1893) और गणपति उत्सव (1895) शुरू करके कुछ ऐसे सांस्कृतिक-धार्मिक चिह्नों को निर्माण किया जो राष्ट्रीय स्वातंत्र्य भावना जाग्रत कर सकें। इनका इस्तेमाल उन्होंने धार्मिक विद्वेष फैलाने के लिए कभी किया हो, इसका कोई सबूत नहीं है। दुनिया भर में आजादी की लड़ाइयों में उत्पीड़ितों के सांस्कृतिक-धार्मिक चिह्नों का इस्तेमाल आम लोगों की एकजुटता के लिए हुआ है। खुद तिलक ने कहा था, 'उत्सवप्रिय होना मानव स्वभाव है।' ऐसे उत्सवों को हिंदू राष्ट्रवाद की अभिव्यक्ति के रूप में देखा गया जो घटना का सिर्फ एक पक्ष है। अब देखा जाए तो 'गणपति बप्पा मोरया' की धूम वर्तमान युग में भी है। यह अब राष्ट्रीय सौहार्द की जगह मुख्यतः मनोरंजन और राजनीतिक-आर्थिक शक्ति प्रदर्शन है।

तिलक धार्मिक विचारों के व्यक्ति थे, पर वे विद्रोह में कहते हैं, 'यदि ईश्वर छुआछूत मानते हैं तो मैं उन्हें ईश्वर नहीं कहूँगा।' उनके धर्मबोध में मौजूद उदारवाद की तरफ दृष्टि जानी चाहिए। तिलक सैद्धांतिक तौर पर सुधार आंदोलन के समर्थन में थे, 'सामाजिक सुधार की ओर बिल्कुल ध्यान न दिया जाए, यह मेरा कहना नहीं है। कुछ लोगों द्वारा इस पर ध्यान दिया जा रहा है। स्त्री शिक्षा, विधवा पुनर्विवाह, बालविवाह निषेध, जाति भेदभाव का विरोध सरीखे विषयों के प्रोत्साहन के लिए जो प्रयत्न चल रहे हैं और उन प्रयत्नों से जो सफलता मिल रही है, उससे इनका महत्व खुद ही सिद्ध हो जाता है।' (वही, 1886)। वे लिबरल महादेव गोविंद रानाडे की बुद्धिमत्ता की सराहना करते हुए कहते हैं, 'वर्तमान स्थिति में विद्वानों को अपनी बुद्धि क्षमता का एक बड़ा भाग राजनीतिक सुधार में और कुछ लोगों को अपनी बुद्धि सामाजिक सुधार में लगानी चाहिए, यही मेरा मत है।' (वही)। वे एक बिंदु पर बौद्धिक सहयात्रा के पक्षधर थे।

सामाजिक सुधार और राष्ट्रीय स्वतंत्रता के रिश्ते के बारे में तिलक कहते हैं, 'हम इस मत के नहीं हैं कि सामाजिक सुधार नहीं होना चाहिए। हमारा बस इतना कहना है कि डॉ. भंडारकर ने सामाजिक सुधार और राजनीतिक

स्वत्व का जो संबंध जोड़ा है वह बिल्कुल निराधार और भ्रांतिमूलक है। हमारे सुधारकों का मानना है कि सामाजिक सुधारों के बिना हम राजनीतिक अधिकारों के पात्र नहीं हैं। भंडारकर के भाषण से सिद्ध होता है कि सुधारकों की मंडली अपने हठ के चलते राष्ट्रीय आंदोलन में रुकावट डालने में भी नहीं हिचकेगी। हमें ब्रिटिश शासन पद्धति में जो परिवर्तन चाहिए, उसका संबंध जातिभेद या किसी अन्य समस्या से नहीं है। यह कहना कि अमुक सामाजिक सुधार होने के बाद ही हम राजनीतिक अधिकारों के पात्र हो सकते हैं, क्या यह पहले से (राष्ट्रवादियों से) नाराज अंग्रेजी सरकार को जनता की राष्ट्रीय मांगें नामंजूर करने के लिए उत्साहित करना नहीं है?' (वही, 1896)। यदि उदारवादी बड़े बुद्धिपरक और प्रगतिशील थे तो उन्होंने ही राजनीतिक स्वतंत्रता की मांग करने की पहलकदमी क्यों नहीं की? इसकी वजह यह है कि वे अपने विशिष्टवर्गीय स्वार्थों के कारण अंग्रेजों का कृपापात्र बने रहना चाहते थे। कई छोटे सामुदायिक गुट अंग्रेजी राज का इसलिए विरोध नहीं करते थे कि वे आत्मबलिदान करना या असफल होना नहीं चाहते थे।

सरकारी शिक्षा से राष्ट्रीय शिक्षा का अर्थ किस तरह भिन्न और व्यापक है, यह तिलक के इस कथन से स्पष्ट होता है, 'प्रजा के क्या अधिकार हैं, उनमें से हमें कितने प्राप्त हैं—विद्यार्थियों को जैसे यह समझाना चाहिए वैसे ही जातिभेद, जाति द्वेष, जाति मत्सर आदि के कारण हमारा देश कैसे विभाजित हो रहा है, कट रहा है, जल रहा है—इन सब बातों का ज्ञान भी राष्ट्रीय विद्यालय के विद्यार्थियों को मिलना चाहिए। ...वर्तमान परिस्थिति को ध्यान में रखते हुए राष्ट्रीय विद्यालय में सभी धर्मों के विद्यार्थियों की शिक्षा की व्यवस्था होनी चाहिए। बनारस के सेंटर हिंदू कॉलेज में ऐसी ही व्यवस्था है। ...सरकारी विद्यालय की शिक्षा गुलामी के मोड़ तक पहुंचाती है। राष्ट्रीय विद्यालय में इस धारा को बदलकर विद्यार्थियों में स्वाभिमान और तेजस्विता की भावना पैदा की जाती है।' (सरकारी शिक्षा और राष्ट्रीय शिक्षा, 1907)। उन्होंने धार्मिक शिक्षा की बात न कर सभी धर्मों के विद्यार्थियों के लिए राष्ट्रीय शिक्षा की बात की और जाति-सौहार्द का आह्वान किया, जो महत्वपूर्ण है। दरअसल अंग्रेज जिन सामाजिक खाइयों का इस्तेमाल अपनी औपनिवेशिक

सत्ता को सुदृढ़ करने के लिए कर रहे थे, उन पर पुल बनाना तत्युगीन राष्ट्रीय शिक्षा का उद्देश्य था।

बाल गंगाधर तिलक के बारे में कुछ पश्चिमी छाप के बुद्धिजीवियों द्वारा सरलीकृत ढंग से इस तरह विचार किया जाता है, जैसे वे 19वीं सदी के समाज सुधारकों की परंपरा और पश्चिम के प्रबल शत्रु और दकियानूस हों। उनके मन में फिरोजशाह मेहता, महादेव गोविंद रानाडे आदि के प्रति आदर भाव था, उनके कई विचारों से असहमति के बावजूद। वे वस्तुतः नौरोजी और रानाडे की आर्थिक चिंताओं से एकमत थे। लिबरलों की सराहना करते हुए वे कहते हैं, 'पचास वर्षों तक मेहनत करके दादाभाई ने और दस-पंद्रह वर्ष श्रम करके (रमेशचंद्र) दत्त (1848-1909) ने जो सिद्धांत स्थापित किए हैं, उन सिद्धांतों से हम अपने विद्यार्थियों को बचपन से परिचित क्यों न कराएं? ...हमारी प्रबल इच्छा है कि हमारे तरुण पाश्चात्य शास्त्रों में भी पारंगत हों। विद्यार्थियों को पाश्चात्य शास्त्र सिखाने के मामले में जिस दिन आपत्ति उठाई जाएगी, उस दिन हिंदुस्तान का भाग्योदय नीचे खिसकता समझूंगा।' (वही)। वे इसी भाषण में आधुनिक मेडिकल कॉलेज खोने का पक्ष लेते हैं, न कि आयुर्वेद का प्रचार करते हैं!

बंग-भंग के बाद पूरे देश में बड़े पैमाने पर राष्ट्रीय जागरण का संदेश देते हुए विदेशी वस्तुओं के बहिष्कार और स्वदेशी का आंदोलन (1905-07) शुरू हुआ था। उसी दौर में 1907 में महाराष्ट्र के पारसी उद्योगपति जमशेद जी टाटा ने जमशेदपुर में 'टाटा आयरन एंड स्टील कंपनी' की शुरुआत की थी। बाद में यह दुनिया के सबसे बड़े स्टील प्लांटों में से एक हो गई। उसी दौर में जापान की रूस पर विजय (1905) ने शिक्षा की शक्ति का पहला बड़ा प्रदर्शन किया था। 1907 तक, अर्थात 1857 के पचास साल बाद राष्ट्रीय कांग्रेस सूरत में विभाजित हो गई। उपनिवेशवाद से राष्ट्रीय मुक्ति की आवाज उठानेवालों में लाला लाजपत राय और विपिन चंद्र पाल के साथ तिलक सबसे आगे थे। मुगलों को भी बर्मा भेजा गया था। 1908 में तिलक को भी राजद्रोह के अपराध में बर्मा के मांडले जेल में डाल दिया गया। इसके विरोध में बंबई के मजदूरों ने हड़ताल की। गुप्त क्रांतिकारी कार्रवाइयां भी शुरू हो गईं।

ब्रिटिश उपनिवेशवाद ने राष्ट्रवाद के क्रांतिकारी विस्फोटों को तब कठोरता से दबा दिया था। इस समय अरविंद घोष भी पांडिचेरी चले गए। उन्होंने अंतर-सांस्कृतिक जमीन पर अध्यात्म का रास्ता चुन लिया।

औपनिवेशिक भारत में बुद्धिवाद की यात्रा अनंत काल के लिए सामाजिक सुधारों तक अटकी नहीं रह सकती थी। बौद्धिक तर्क की परंपरा का उपनिवेशवाद से स्वतंत्रता की मंजिल तक पहुंचना ऐतिहासिक अनिवार्यता थी। इस अहसास का तीव्र और विस्फोटक होना जरूरी था कि हम गुलाम हैं। जो इस मंजिल तक नहीं पहुंच पा रहे थे, वे बुद्धिवाद की एक ही मंजिल पर ठहर गए थे, और सामाजिक सुधार को ही अंतिम मंजिल मान चुके थे। तिलक उपर्युक्त भाषण में कहते हैं, 'डक्कन कॉलेज में एक प्रोफेसर थे प्रो. फारेस्ट। वे कहते थे कि हिंदुस्तान के सारे लोगों को जिस दिन अपनी परतंत्रता का भान होगा और उनमें स्वतंत्रता की कामना जगेगी, उस दिन यदि उन सभी ने हम पर एक-एक ढेला भी फेंका तो इतने से ही हमारी ऐसी दशा हो जाएगी मानो हम हिंदुस्तान में कभी थे ही नहीं। सारांश यह है कि राष्ट्र की राजनीतिक परिस्थिति का ज्ञान कराने के समान दूसरी कोई महत्वपूर्ण शिक्षा नहीं है।' (वही)।

तिलक अपने विचारों के प्रचार के लिए धार्मिक-सांस्कृतिक चिह्नों के अलावा व्यावसायिक विज्ञापनों का किस तरह इस्तेमाल करते थे, उसका एक उदाहरण है—'पियर्स साबुन का एक विज्ञापन मैंने देखा है। उस चित्र में नहाने के टब में बैठा बालक नीचे जमीन पर रखी साबुन की टिकिया उठाने की कोशिश कर रहा है। चित्र के नीचे बालक की इच्छा लिखी हुई है—यह (साबुन की टिकिया) न मिलने तक मैं सुखी नहीं हो सकता। यह वाक्य मैं राष्ट्रीय संदर्भ लगाकर कहता हूँ—वह जो चाहिए न मिलने तक हम सुखी नहीं हो सकते!'

जाहिर है, तिलक को राष्ट्रीय स्वतंत्रता से कम कुछ भी नहीं चाहिए था। कह देना उचित होगा कि बाल गंगाधर तिलक के दिमाग में भारतीय राष्ट्र का जो नक्शा था, वह आर्य समाजी लाला लाजपत राय और ब्रह्म समाजी विपिन चंद्र पाल से अधिक व्यापक था। लाल-बाल-पाल के राजनीतिक दौर

की बात सभी जानते हैं। तीनों देशप्रेमी ही स्वदेशी, स्वराज्य, राष्ट्रीय शिक्षा और क्रांतिकारी संघर्ष के समर्थक थे, लेकिन इन तीनों में तिलक का बौद्धिक फलक अपेक्षाकृत अधिक लोकोन्मुख, समावेशी और प्रभावशाली था।

राष्ट्रवाद एक उपनिवेशवाद-विरोधी तत्व है। यह अपने उदय काल में ही क्रांतिकारी समावेशिकता की उच्च मंजिल पर हो, यह आशा करना व्यर्थ है। सुधारकों के अतिवादी औपनिवेशिक झुकावों के प्रतिक्रिया स्वरूप शुरुआत में राष्ट्रीय उग्रवाद स्वाभाविक है। भारतीय राष्ट्रवाद के साथ स्थानीय भाषा, कला-संस्कृति और सामाजिक विशिष्टता के स्तर पर प्रांतीय राष्ट्रीय जागरण भी स्वाभाविक है। बाल गंगाधर तिलक भारतीय राष्ट्रवाद के एक कुशल राजनीतिक प्रवक्ता ही नहीं थे, उन्होंने 1908-14 के बीच देश निकाला पाकर मांडले में कठिन जेल जीवन बिताया था। वे 1916 में थोड़ा पीछे हटकर होमरूल की मांग पर आ गए और धीरे-धीरे ढीले पड़ते गए।

फिर भी उनके जीवन के संपूर्ण संघर्ष में उनका न कोई निजी स्वार्थ था, न कोई महत्वाकांक्षा थी और न वे कठोर समुदायवादी थे। कई बार जो राजनीति को बदलने के लिए आते हैं, राजनीति उन्हें ही बदल देती है। तिलक ऐसे नहीं थे। उन्होंने मराठी जातीय विशिष्टता को व्यक्त करने के लिए कई बार महाराष्ट्र धर्म की बात उठाई, लेकिन उनकी विचारभूमि मुख्यतः 'गीता' के निःस्वार्थ कर्मवाद और आत्मैक्यवाद से बनी थी। इसी वजह से वे जाति और धर्म के आधार पर भेदभाव के विरुद्ध थे और रूढ़िवादी हिंदू संस्कारों से बाहर निकल रहे थे। उन्होंने 'महाराष्ट्र धर्म' का अर्थ विस्तार करते हुए कहा था, 'धर्म की नहीं, महाराष्ट्र धर्म की, महा यानी बड़ा राष्ट्र यानी हिंदुस्तान के धर्म की स्थापना होनी चाहिए।' वे गुरु रामदास की धारणा तक सीमित न थे। उनका स्वप्न था भारतीय महाराष्ट्रीयता के आधार पर आजादी पाना, न कि सिर्फ मराठों या हिंदुओं के लिए आजादी लेना।

इसमें संदेह नहीं कि हम महाराष्ट्र के नवजागरण की संकल्पना दादाभाई-रानाडे की सुधारवादी परंपरा, फुले के दलित उभार और तिलक की राष्ट्रीय स्वातंत्र्य चेतना को जोड़कर ही कर सकते हैं। तीनों की सीमाएं जब टूटीं, गांधी का सिंथीसिस तैयार हुआ। यह भी देखना चाहिए कि बाल गंगाधर तिलक

और मोहनदास करमचंद गांधी (1862-1948) के बीच राजनीतिक विचार और शैली में फर्क की तुलना में समानता ज्यादा थी। देश की राष्ट्रीय राजनीति जब तिलक से गांधी के हाथों में जा रही थी, खुद तिलक पहले की तरह उग्र स्वातंत्र्यवादी नहीं रह गए थे। जलियांवाला बाग (1919) की घटना ने भारतीय जीवन में एक मोड़ ला दिया था जिससे भारत का हर प्रदेश ही राष्ट्रीय व्यथा की आग में जलने लगा था। इस पृष्ठभूमि में सामाजिक सुधार और राष्ट्रवाद के बीच सामंजस्य का नया सिलसिला बना। देश ने एक नए दौर में प्रवेश किया।

नवजागरण में दलित आवाजें फुले और अंबेडकर

महाराष्ट्र का नवजागरण इस अर्थ में बांग्ला नवजागरण से भिन्न है कि महाराष्ट्र में दलितों के बीच से जाति-उत्पीड़न के खिलाफ आवाज उठी। ऐसी आवाज बंगाल में नहीं उठी।

ज्योतिबा फुले (1827-1890) नवजागरण के दौर में पिछड़ी जातियों के उत्पीड़न के विरुद्ध दलित जागरण लानेवाले पहले साहसी सुधारक थे। वे माली जाति के थे जिसे अछूत या अति-निम्न नहीं माना जाता। वे फूलों की खेती करते थे, कृषक वर्ग के थे और कृषकों के प्रति संवेदनशील थे। उन्होंने 'गुलामगीरी' के अलावा एक किताब लिखी 'किसानों का कोड़ा'। अंग्रेजी राज की उनकी आलोचना और उनके देशप्रेम का एक रूप कृषकों से संबंधित उनके इन विचारों में है, 'जिनकी मेहनत पर सरकारी फौजी लवाजमा, गोला-बारूद, गोरे कर्मचारियों की हद से ज्यादा ऐयाशी और काले सरकारी कर्मचारियों को हद से ज्यादा वेतन, पेंशन और दान-दक्षिणा मिलती है, उन कृषकों को क्या पान-बीड़ी का भी सम्मान न मिलना चाहिए? भैया, जो सभी देशवासियों के सुख के आधार हैं, उनके इतने बुरे हाल हैं!' वे कृषकों पर होनेवाले सामंती अत्याचारों को इनके औपनिवेशिक चरित्र से अलग करके नहीं देखते। इसके अलावा, वे 'ऐयाशी' पर आधारित कृत्रिम जीवन पर आक्रमण करते हैं, ऐयाशी को अवसर नहीं मानते।

फुले का उपर्युक्त कथन सबसे अधिक इसका प्रमाण है कि वे 21वीं सदी के सबाल्टर्नवादियों की तरह कृषक के संघर्ष को विच्छिन्नता और स्वायत्तता में नहीं देखते और न अपने को सिर्फ दलित मुद्दे तक सीमित रखते हैं।

आश्चर्यजनक नहीं है कि ज्योतिबा फुले को अमेरिका की इंग्लैंड से आजादी की घोषणा (1776) ने आकर्षित नहीं किया। उन्हें अमेरिका में अब्राहम लिंकन द्वारा दास प्रथा को अवैध (1865) करार देना अर्थपूर्ण लगा। यह उनके समय की घटना थी। वे इसमें भारत के शूद्रों और अति-शूद्रों के लिए आशा की किरण खोज रहे थे। उन्होंने इस घटना का अभिनंदन करते हुए लिखा, 'अमेरिका के लोग साधुवाद के पात्र हैं, जिन्होंने सैकड़ों वर्षों से चली आ रही इस कुप्रथा को समाप्त कर गरीब अनाथ लोगों को क्रूर लोगों के अन्याय-अत्याचार से मुक्त किया और उनकी सुख-सुविधाओं का प्रबंध किया।' ('गुलामगीरी' की प्रस्तावना)। वे इस विजय का आह्लाद बड़ी तीव्रता से महसूस कर रहे थे, 'भारत के शूद्रों-अतिशूद्रों को अमेरिका में गुलामी की प्रथा समाप्त होने से दूसरों की अपेक्षा अधिक संतोष मिल रहा होगा, क्योंकि दासता का जीवन व्यतीत करने से मनुष्य को कितना क्लेश सहन करना पड़ता है, इसका प्रत्यक्ष अनुभव उन दासों के अलावा अन्य किसी को नहीं हो सकता।' फुले की दलित पीड़ा और आक्रोश की ही देन है उनका ब्राह्मणतंत्र का विरोध। उन्होंने ही सबसे पहले सारी पिछड़ी और निम्न जातियों के लोगों के लिए 'दलित' शब्द का इस्तेमाल किया था।

फुले ने 1882 में शिक्षा में सुधार के लिए हंटर कमीशन के समक्ष जो बयान भेजा था, उसमें दो बातें खासतौर से उल्लेखनीय हैं। वे शिक्षा के निजीकरण की प्रस्तावित औपनिवेशिक नीति का विरोध करते हैं। वे ब्राह्मणों के अलावा जनसाधारण की शिक्षा पर जोर देते हैं, सिर्फ दलितों की शिक्षा की बात नहीं करते। वे मांग करते हैं कि इसका पूरा दायित्व अंग्रेजी सरकार ले। वे कहते हैं, 'यदि सरकार की आलोचना करनेवालों को रोकना सरकार का कर्तव्य है तो यह आवश्यक है कि उनके वर्चस्व को अधिक से अधिक कम किया जाए, ताकि सरकारी सेवाओं में ब्राह्मणों के अलावा अन्य जातियों को भी लाया जा सके। शायद कुछ लोगों को ऐसा लगे कि शिक्षा की वर्तमान अवस्था में ऐसा करना संभव नहीं है। हमारा उत्तर केवल यह है कि यदि सरकार उच्च शिक्षा (जिसे पानेवाले व्यक्ति समर्थ हैं) की ओर कम ध्यान दे और साधारण जन की शिक्षा की ओर ज्यादा ध्यान दे तो ऐसे लोगों को प्रशिक्षित

करने में कोई कठिनाई नहीं होगी जो भलीभांति शिक्षित होंगे और नैतिकता तथा आचरण में अपेक्षाकृत अच्छे होंगे।' (सामाजिक क्रांति के दस्तावेज)।

फुले 19वीं सदी के दूसरे सुधारकों की तरह अधिक से अधिक अंग्रेजी नौकरियां पाने के लिए शिक्षा की परियोजना देते हैं, सिर्फ इसका सामाजिक केंद्र बदल जाता है। वे उच्च जातियों की जगह मुख्य रूप से सदियों से अवहेलित दलितों के साथ सभी साधारण जनों की शिक्षा की मांग करते हैं, ताकि ऊपर उठने के अवसरों पर उच्च जातियों का एकाधिपत्य खत्म हो। निश्चय ही वे अन्य सुधारकों की तरह अंग्रेजी राज की सुरक्षा के लिए चिंतित दिखते हैं।

हंटर कमीशन के उनके बयान में दूसरी उल्लेखनीय बात है, 'पूना में श्री विष्णु शास्त्री चिपलूणकर और श्री भावे द्वारा खोले गए निजी विद्यालय ऐसे हैं जिन्हें पर्याप्त सरकारी अनुदान दिया जा सकता है। वे सक्षम रूप से सेवा दे सकते हैं।' (वही)। ज्योतिबा फुले यहां एक ब्राह्मण समाज सुधारक चिपलूणकर (1850-82) द्वारा पुणे में स्थिापित न्यू इंग्लिश स्कूल की बात कर रहे हैं जिसकी शिक्षा अंग्रेजी सरकारी स्कूलों से भिन्न देशप्रेम पर आधारित थी। चिपलूणकर ने तिलक और आगरकर के साथ मिलकर शैक्षिक काम किया था। फुले का असहमति के बावजूद तिलक से संवाद था। उस जमाने में पुणे शिक्षा के प्रसार, मराठी पत्रकारिता और समाज सुधार आंदोलन का एक बड़ा केंद्र था। फुले के उपनिवेशवाद के समर्थन, ब्राह्मण वर्चस्व के विरोध और पूरे देश की चिंता या देशप्रेम—इन तीनों को ही उनके जीवन की सच्चाई के अंग के रूप में देखने की जरूरत है।

हंटर कमीशन के समक्ष दिए गए बयान में ज्योतिबा फुले मातृभाषा माध्यम के स्कूलों को अनुदान बंद करने की योजना पर टिप्पणी करते हैं, 'इससे विद्यार्थियों को उनकी इच्छा के विपरीत सांप्रदायिक शिक्षा की शरण में जाना होगा। ...(इसलिए) उच्च और प्राथमिक दोनों स्तर पर विद्यार्थियों की देखरेख और उनके प्रति सुविचार की आवश्यकता है।' (वही)। सरकारी अंग्रेजी स्कूलों में ईसाइयत की शिक्षा भी दी जाती थी। फुले धर्मनिरपेक्ष शिक्षा के पक्ष में थे। वे सरकारी शिक्षा की एक अन्य बड़े मुद्दे पर आलोचना करते हैं,

'सरकारी हाई स्कूलों में दी जा रही शिक्षा का स्वरूप बिल्कुल उपयोगी नहीं है और न ही सामान्य जीवन की जरूरतों के लिए वह जरूरी है। यह महज क्लर्क और स्कूल-अध्यापक बनाने के लिए है। मैट्रिकुलेशन की परीक्षा ऐसी है जो शिक्षकों और विद्यार्थियों दोनों की एकाग्रता को नष्ट करती है। शिक्षण के लिए निर्धारित पाठ्यक्रम में ऐसे व्यावहारिक पक्ष नहीं हैं जो छात्रों के भविष्य, उनके स्वतंत्र ढंग से जीवनयापन के लिए उपयोगी हों।' (वही)। जाहिर है, यहां उनकी सोच सिर्फ दलितों के हित तक सीमित नहीं है और न वे शिक्षा के लक्ष्य को सरकारी नौकरियों में जाने तक सीमित रखते हैं।

फुले अंग्रेजी राज में शिक्षित नौजवानों की बेकारी को लेकर भी चिंता व्यक्त करते हैं, 'शोर मचा हुआ है कि बाजार में ऐसे शिक्षित व्यक्तियों की संख्या बढ़ गई है जिन्हें वेतनवाली नौकरियां नहीं मिल रही हैं।' (वही)। निश्चय ही वे शिक्षा को बहुआयामी सामाजिक गतिशीलता की धुरी बनाना चाहते थे, सिर्फ सरकारी नौकरी पाने का साधन नहीं।

19वीं सदी में शिक्षित व्यक्तियों के लिए स्वतंत्र व्यवसाय के अवसर कम थे, देशी अर्थव्यवस्था का तेजी से औपनिवेशिक ध्वंस हो रहा था। फुले चाहते थे कि शिक्षा स्वतंत्र जीवन की और उन्मुख करे। वे कहते हैं, 'हमें विश्वास है कि वह दिन दूर नहीं है, जब पढ़े-लिखे लोगों की संख्या वर्तमान संख्या से सौ गुनी होगी और सभी व्यक्ति उचित तथा कमाऊ पेशे में लगे होंगे और नौकरी की तलाश में नहीं होंगे।' (वही)। आर्थिक आत्मनिर्भरता फुले के देशप्रेम का एक आयाम है। वे यहां सिर्फ दलितों की बात न कर 'शिक्षित नौजवान' की एक ऐसी बड़ी श्रेणी की धारणा देते हैं जो अंग्रेजों की चाकरी के बाहर सोचे, खुद अपना व्यवसाय और उद्योग करे। फुले यह कहना नहीं भूलते, 'अंत में शिक्षा आयोग से निवेदन करना चाहूंगा कि वे अधिक उदारता के साथ स्त्रियों की प्राथमिक शिक्षा के प्रसार के लिए भी उपाय निकाले।' (वही)। उन्होंने अपनी पत्नी सावित्री बाई को पढ़ाया-लिखाया और बाधाओं के बावजूद निजी तौर पर लड़कियों का पहला स्कूल खोलकर (1848), उन्हें स्त्री शिक्षा के काम में लगाया। अर्थात-उनकी चिंता समावेशी दलित श्रेणी तक सीमित न होकर 'स्त्री की श्रेणी' को भी चुनती है।

ज्योतिबा फुले ने 1857 के पहले स्वाधीनता संग्राम का विरोध किया था। वे सोचते थे, 'जब ब्राह्मण और उच्च जातियों के लोग विदेशी शासन में ही अपेक्षाकृत बड़ी आबादी वाले दलितों का उत्पीड़न कर रहे हैं, उनका सामाजिक आचरण भीषण भेदभाव भरा है तो क्या गारंटी है कि नाना साहब पेशवा जो इस संग्राम के नेता हैं, ब्राह्मण होने के अधिकार का विदेशियों के जाने के बाद इस्तेमाल नहीं करेंगे और इन पर जुल्म नहीं होंगे।' (जोतिबा फुले रचनावली)। महात्मा फुले को लगा था कि ब्राह्मण के राज से ब्रिटिश राज बेहतर है। यह राज शूद्रों और स्त्रियों को शिक्षित और जाग्रत करने का काम कर रहा है। भले वजह अलग हो, 1857 के प्रति दलित सुधारक फुले का रुख वस्तुतः देश के अन्य अंग्रेजी-शिक्षित बुद्धिजीवियों के समान था। उन्हें उपनिवेशवाद और भारतीय जनता के अंतर्विरोध को पूरी तरह समझने में मुश्किल हो रही थी।

शूद्र और अति-शूद्र जातियों के अच्छे और सम्मानपूर्ण जीवन को लेकर कोई गहरा उद्वेग और प्रयास महाराष्ट्र के उदारवादी आंदोलनों में दिखाई नहीं पड़ता। 'ड्रेन ऑफ वेल्थ' की चिंता करनेवाले दादाभाई नौरोजी से लेकर धार्मिक सुधार के लिए सक्रिय महादेव गोविंद रानाडे तक किसी ने ऐसा कोई व्यावहारिक कदम नहीं उठाया जिससे जातिप्रथा के शिकार अवहेलित लोगों का आत्मसम्मान बढ़े, भले वे देशप्रेमी थे।

एलीट सुधारवादियों का देशप्रेम मुख्यतः ब्राह्मण और उच्च जातियों के आर्थिक हित से बंधा था तो फुले का देशप्रेम मुख्यतः दलितों और कृषकों के आर्थिक हित से जुड़ा था। बिल्कुल स्वाभाविक है कि जब ब्राह्मण समाज सुधारक आम दलितों और कृषकों के बारे में सिर्फ जुबानी जमाखर्च कर रहे हों, दलितों और कृषकों के बीच से एक ऐसा सामाजिक नेता खड़ा हो जो इनके पक्ष से बोले और ब्राह्मणों तथा उच्च जातियों के वर्चस्व से टकराए। भारत ऐसा देश है, जहां उत्पीड़ित मानवता से प्रेम के बिना देशप्रेम की कल्पना नहीं की जा सकती। फुले ऐसे ही देशप्रेमी थे जिन्हें संपूर्ण उत्पीड़ित मानवता से प्रेम था।

नवजागरण काल के सभी समाज सुधारकों का उपनिवेशवाद के प्रति आम रुख आलोचनात्मक समर्थन का था। पश्चिमी सभ्यता का प्रेमी होते जाने की वजह से अंग्रेजों से उनकी आत्मीयता थी और उनके शोषण, वंचना और दमन को देखकर स्वदेश चिंता के कारण उनके प्रति आलोचनात्मक रुख था। उपनिवेशवाद से आलोचनात्मक आत्मीयता 19वीं सदी के सुधार आंदोलनों को समझने की कुंजी है।

ज्योतिबा फुले अंग्रेजी राज के समर्थक थे, 'अंग्रेज सरकार के आ जाने से शूद्र-अतिशूद्र शारीरिक गुलामी से मुक्त हो गए। यह बात यदि सच मान ली जाए, तब भी खेद है कि हमारी दयालु सरकार ने हमारे लिए शिक्षा को दुर्लभ बना दिया है जिससे हमारे लोग अज्ञानी बने हुए हैं और ब्राह्मणों के कृत्रिम ग्रंथों को सुन-सुनकर मानसिक गुलाम बने हुए हैं।' ('गुलामगीरी' की प्रस्तावना)। ब्रिटिश राज की वजह से जाति-उत्पीड़न बंद हो गया और शूद्र-अतिशूद्र शारीरिक गुलामी से मुक्त हो गए, यह कथन सही नहीं है। बल्कि अंग्रेजों ने भारत के जमींदारों और उच्च जातियों के शिक्षित लोगों को अपना अंग बनाकर दलित-पिछड़ी जातियों के दमन को प्रायः निरंकुश बना दिया। अंग्रेजी नौकरशाही जातिभेद को वस्तुतः बढ़ावा देती रही है। 1861 में इंडियन पेनेल कोड लागू होने से धर्मशास्त्रों के नियम कानूनी तौर पर किनारे हो गए थे, लेकिन सामाजिक तौर पर विभाजन न सिर्फ बना हुआ था, बल्कि जानबूझ कर बढ़ाया जा रहा था। जाहिर है, फुले को अंग्रेजी शासन के दलित-विरोधी चरित्र की पक्की समझ नहीं थी। हालांकि अंग्रेजी राज के प्रति संतोष व्यक्त करते हुए भी वे दलित वंचना और भेदभाव का लगातार विरोध कर रहे थे। साथ ही शिक्षा द्वारा ब्राह्मण तंत्र के वाहक शूद्रों-अतिशूद्रों को मानसिक गुलामी से बाहर निकालने की उनकी कोशिश जारी थी।

दक्षिण भारत और महाराष्ट्र में दलितों की दशा ज्यादा खराब थी, ब्राह्मणतंत्र ज्यादा सख्त था। जबकि ऊंची जातियों के समाज सुधारकों के नवजागरण के केंद्र में मुख्यतः स्त्री थी और राजनीतिक सुधार ही उनका सबसे बड़ा एजेंडा था। फुले ने उनसे अलग हटकर सुधार के केंद्र में दलितों को रखा। उन्होंने दलितों का चित्र खींचा है, 'इनकी यातनाओं की गाथा सुनकर

किसी पाषाण हृदय को भी रुलाई आ सकती है। ...कड़ी धूप में बैलों के स्थान पर इन्हें जोतकर हल चलाया जाता था। एतराज करने पर बैलों की तरह कोड़े मारकर जख्मी कर दिया जाता था। कड़ी मेहनत का काम कराने के बाद क्या इनके खान-पान की व्यवस्था की जाती थी? कतई नहीं। दिन में एक बार खाना मिल जाता तो दूसरी बार नहीं मिलता था। इन्हें निकृष्ट किस्म का अन्न दिया जाता था। ...उनकी नींद से बोझिल आंखों में नींद भी कहां होती थी, क्योंकि भूख बेचैन किए रहती थी। ...दयालु अंग्रेज सरकार को बिल्कुल ज्ञान नहीं है कि शूद्रों-अतिशूद्रों के साथ ब्राह्मणों ने कितना अत्याचार किया है और आज भी कर रहे हैं। यदि वे इस संबंध में जांच-पड़ताल करें और पूछताछ करें तभी समझ में आएगा कि भारत का इतिहास लिखते समय उनसे इतिहास का एक बहुत बड़ा महत्वपूर्ण भाग छूट गया है।' (वही)। फुले यहां उपनिवेशवाद-ब्राह्मणतंत्र गठबंधन की वजह से हाशिए पर खड़े दलितों की तकलीफों का चित्र खींच रहे हैं, पर उससे स्थिति में बदलाव की आशा कर रहे हैं जो खुद दमन का एक मुख्य भागीदार है।

दलित समस्याओं का अध्ययन करनेवाली गेल ओमबेट फुले के काम को राष्ट्रवाद के विरोध के रूप में देखती हैं, जबकि उस समय तक राष्ट्रवाद का सीमित अस्तित्व था। यदि थोड़ा-बहुत था तो वह सत्ता-संरचना का हिस्सा नहीं था, भारतीय जनता की आकांक्षा के रूप में था। राष्ट्रीय-सामाजिक विविधताओं को समाविष्ट कर भारतीय राष्ट्रीयता की अवधारणा उस वक्त विकासशील दशा में थी। ज्योतिबा फुले का यह कथन महत्वपूर्ण है, 'भारत के दासों और अमेरिका-अफ्रीका आदि के दासों में केवल इतना ही अंतर है कि भारत के दासों को आर्य ब्राह्मणों ने विजित करके दास बनाया और विदेशी दासों को अमेरिका के दुष्ट लोगों ने जबरन पकड़कर यकायक दास बनाया।' (वही)। फुले की उपर्युक्त धारणा पर आर्य-आक्रमण और आर्य-द्रविड़ संघर्ष के बहुप्रचलित औपनिवेशिक सिद्धांत का असर है, हालांकि फुले जातिभेद को नस्लभेद से अलग करके देखते थे। वे अमेरिका के मामले में 'जबरन' को खासतौर से रेखांकित करते हैं। अंबेडकर ने अधिक स्पष्ट तौर पर तथ्य देकर आर्य-आक्रमण के सिद्धांत का खंडन किया है,

हालांकि मद्रास में पेरियार के नेतृत्व में जाति विभाजन को नस्लीय विभाजन का रूप देने का प्रयत्न किया गया।

ज्योतिबा फुले एक जगह ब्राह्मण परशुराम के मिथकीय संदर्भ को इतिहास बना देते हैं। परशुराम द्वारा 21 बार क्षत्रिय संहार को वे शूद्रों के संहार के रूप में देखते हैं। वे अपने समय के ब्राह्मण-शूद्र अंतर्विरोध को परशुराम की मिथकीय कथा के ब्राह्मण-क्षत्रिय संघर्ष से समझाते हैं, मानो सभी शूद्र पहले क्षत्रिय थे। अंत में कहते हैं, 'इस प्रकार अनेक संकटों का सामना करते-करते बहुत-से अछूत त्रस्त हो गए। ...उनकी प्रतीक्षा का अंत तब हुआ, जब इस देश में अंग्रेजी राज कायम हुआ। अंग्रेजों के आगमन के बाद वे बहुत-कुछ ब्राह्मणतंत्रीय दासता से मुक्त हो गए। इसके लिए वे अंग्रेजी शासन के आभारी और ऋणी हैं। अतः उसके उपकार वे कभी नहीं भूलेंगे। अंग्रेजों ने वास्तव में इस देश में आकर शूद्रों-अतिशूद्रों को हजारों वर्षों के बंदी जीवन से मुक्त किया, इनके परिवार के लोगों को सुख-शांति के दिन दिखाए, अन्यथा ब्राह्मणों ने इन्हें पता नहीं कब का मिट्टी में मिला दिया होता।' (वही)। फुले ने 'गुलामगीरी' की रचना 1873 में की थी। वे एक संपन्न व्यवसायी और सरकारी ठेकेदार थे। इसी साल उन्होंने 'सत्य शोधक समाज' की स्थापना भी की थी। 1876 में वे पुणे म्युनिसिपल कौंसिल के सदस्य बने थे तथा 1883 तक जनसेवा की थी।

ज्योतिबा फुले ने अपने आंदोलन में ब्राह्मण-तंत्र विरोध और दलित मुद्दे को प्रधानता दी, इसका यह अर्थ नहीं है कि वे महाराष्ट्र-नवजागरण की सामान्य लहरों से कटे हुए थे। वे आधुनिक शिक्षा और विशेषतः स्त्री शिक्षा की परियोजना को आगे बढ़ा रहे थे। यह कम महत्वपूर्ण नहीं है कि उच्च जाति के सुधारवादियों द्वारा स्त्री को नवजागरण के केंद्र में रखने के बावजूद लड़कियों के लिए निजी प्रयास से पहला स्कूल किसी उच्च जाति के महाराष्ट्रीय महापुरुष ने नहीं खोला, ज्योतिबा फुले ने खोला। उन्होंने अपनी वैचारिक जमीन से विधवा पुनर्विवाह का समर्थन किया, बाल विवाह का विरोध किया और धार्मिक अंधविश्वासों से मुक्त होने का आह्वान किया। साथ ही, धर्म और ईश्वर के संबंध में अलग तरह से चिंतन किया। वे अपनी तरह से सत्य खोज रहे थे, तर्क कर रहे थे

और सामाजिक कार्यों में हिस्सा ले रहे थे जो उनको महाराष्ट्रीय नवजागरण के एक विशिष्ट आयाम के रूप में प्रतिष्ठित करता है।

फुले ने पहला सत्य यह बताया, 'हमारे सृष्टिकर्ता ने सभी जीवों-प्राणियों को पैदा किया है। इनमें नर और नारी दोनों ही जन्म से स्वतंत्र हैं। दोनों ही समान अधिकार का भोग करने के लिए बनाए गए हैं। इस बात को जो लोग स्वीकार करते हैं, वे ही सत्य मार्ग पर चलनेवाले हैं।' (ज्योतिबा फुले रचनावली)। उनकी पत्नी सावित्री बाई फुले ने अपना जीवन स्त्री शिक्षा को अर्पित कर दिया था और ज्योतिबा फुले की मृत्यु के बाद भी वे स्त्री जागरण के कार्यों से जुड़ी रहीं।

हर प्रदेश में मुख्यतः ब्राह्मण विधवाएं दुर्दशा की ज्यादा शिकार थीं। फुले ने सिर्फ दलितों के लिए नहीं, सभी असहाय विधवाओं के लिए काम किया। वे लिखते हैं, 'अब मैं ब्राह्मण महिलाओं के बाध्यतामूलक वैधव्य जैसे संवेदनशील मुद्दे पर विमर्श करूंगा। वैदिक संस्थान ने पुरुषों को बहुविवाह की अनुमति दी है, जिससे वे चरित्रहीनता के शिकार हुए हैं।' (वही)। एक ब्राह्मण विधवा काशी बाई को फुसला कर गर्भवती बना दिया गया, जिसने जनने के बाद अपनी संतान को मार डाला और उसे सजा हुई। यह देखकर फुले क्षुब्ध होते हैं। वे आगे लिखते हैं, 'मैं अंग्रेजी शासन से निवेदन करता हूँ कि वह कठोर वैदिक विधान से विधवाओं को मुक्त कराए। ...किसी भी नाई को इन अभागी ब्राह्मण विधवाओं का मुंडन करने की अनुमति न हो। अगर विधवाओं को पुनर्विवाह का अधिकार नहीं है तो विधुरों को क्यों है? अगर विधुरों को अधिकार दिया जाता है तो असहाय विधवाओं को भी पुनर्विवाह का अधिकार अनिवार्य रूप से दिया जाए। इसमें कोई संदेह नहीं कि स्वार्थी और धूर्त्त रीति-निर्धारकों ने शास्त्रों में स्त्रियों के लिए ऐसे अन्यायपूर्ण और अतार्किक विधान रचे हैं।' फुले ने पितृसत्तात्मकता की भी आलोचना की।

ब्राह्मण समाज सुधारक महादेव गोविंद रानाडे उच्च जातियों की स्त्रियों की दशा सुधारना चाहते थे और विधवा विवाह को प्रोत्साहित कर रहे थे। लेकिन ज्योतिबा फुले ब्राह्मण विधवाओं के लिए जितना आगे आए, रानाडे शूद्रों-अतिशूद्रों के लिए उतने मुखर नहीं हो सके। फुले ने ब्राह्मण विधवाओं

के लिए एक आश्रम बनवाया, जिसमें 35 गर्भवती विधवाएं रहने के लिए आईं। उन्होंने स्त्री आत्मसम्मान का हनन करनेवाली जघन्य पितृसत्तात्मक व्यवस्था पर कड़ी चोटें कीं।

ज्योतिबा फुले स्वाभाविक वजहों से ब्राह्मणों से क्षुब्ध थे। उन्होंने ब्राह्मणतंत्र की कटु आलोचना की। साथ ही यह भी लिखा, 'यदि ब्राह्मण सचमुच देश का उद्धार करना चाहते हैं तो उन्हें जातिभेद और ऊंच-नीच की सीख देनेवाले अपने धर्म की भर्त्सना करनी चाहिए और जातिभेदों को समाप्त कर देना चाहिए।' (युगपुरुष महात्मा फुले)। नवजागरण के दौर में हिंदू धर्म के भीतर से जातिभेद की भर्त्सना हुई है। यह भेदभाव वस्तुतः पिछड़ी और निम्न जातियों के बीच भी रहा है, जो मिटने की जगह बढ़ता गया और विकराल रूप धारण करता गया। निश्चय ही दलित उत्पीड़न को समझने के साथ जातिभेद के स्तरभेद को भी एक बड़े परिप्रेक्ष्य में देखने की जरूरत है, जिसे दलित आंदोलन मिटा नहीं पाए।

बाल विवाह रोकने के प्रश्न पर फुले मुखर थे। उन्होंने पारसी समाज सुधारक बेहराम जी मालाबारी द्वारा बाल विवाह रोकने और विधवाओं की दशा सुधारने के लिए उठाए गए प्रश्नों का समर्थन किया और उनके बारे में कहा कि वे सुधार की आवाज इसलिए उठा पा रहे हैं कि 'बौद्धिक शास्त्रज्ञों द्वारा बनाए गए रीति-रिवाजों के प्रभाव में नहीं हैं।' ये मालाबारी वही हैं जिन्होंने 1885 में सभी जातियों की अवहेलित स्त्रियों के लिए 'सेवासदन' बनाया था। उनके लिए शिक्षा, स्वास्थ्य और अन्य कल्याणकारी सुविधाओं की व्यवस्था की थी। उस समय दलित सहित सभी जातियों में बाल विवाह की प्रथा थी। अधिक उम्र के विधुर भी (जैसे खुद रानाडे) कम उम्र की लड़कियों से विवाह कर लेते थे। इसका नुकसान स्त्रियों को उठाना पड़ता था। फुले ने प्रस्ताव रखा कि 19 साल से कम के लड़कों और 11 साल से कम की लड़कियों को विवाह की अनुमति नहीं दी जाए।

उल्लेखनीय है कि फुले ने श्राद्ध के दान-दक्षिणा का विरोध किया और बताया कि यह ब्राह्मणों की धूर्त्तता है। उन्होंने स्वर्णदान, शय्यादान, छत्र दान, गोदान आदि को पाखंड कहा। माता-पिता को जीते-जी सताना और उनके

मरने पर श्राद्ध के समय दान करने को दिखावा कहा। यदि दान करना ही है तो ऐसे व्यक्ति स्कूल जानेवाले बेसहारा लड़के-लड़कियों को सहयोग दें।

महाराष्ट्र में समाज सुधार के सामान्य प्रयत्नों में ज्योतिबा फुले की हिस्सेदारी उन्हें महज ब्राह्मणवाद-विरोधी और दलित मुक्ति की परियोजना तक सीमित रहने नहीं देती। उस जमाने में यह संभव नहीं था कि कोई महान सुधारक नवजागरण की सामान्य हलचलों से बिल्कुल पृथक होकर काम करे और अपने युग के सामान्य मुद्दों को नजरअंदाज करे। इस सिलसिले में देखा जाए तो फुले ने धर्म, ईश्वर और सत्य के प्रश्नों पर सोचा और एक नया मार्ग निकाला जिसे 'सत्य शोधक समाज' कहा। जाहिर है, यह प्रार्थना समाज से भिन्न था और व्यापक मानवाधिकारों पर आधरित था। इस और दृष्टि जानी चाहिए कि दोनों ही समाजों में मूर्ति पूजा की आलोचना है। दोनों में धार्मिक अंधविश्वासों और पाखंडों के लिए जगह नहीं है।

1889 में फुले ने सत्य आचरण के 33 सूत्र दिए। इनके अनुसार नशीले पदार्थों के सेवन, ग्रह-नक्षत्र और मूर्तियों की पूजा, हिंसा, मत-भिन्नता के कारण दूसरे की हानि, जोर-जबर्दस्ती, चरित्रहीनता, धार्मिक स्वतंत्रता के हनन, धार्मिक दिखावा, दूसरे की संपत्ति हड़पने की प्रवृत्ति, घृणा से दूसरे के घर को जलाना, दूसरे की हत्या, चोरी, व्यभिचार, झूठ, घृणा, विरोधी विचारों का दमन, आत्मप्रदर्शन, वंश-अहंकार, अन्याय, अंधविश्वास, निम्न जाति के लोगों का अनादर, दूसरों में फूट डालने की प्रवृत्ति जैसी बुराइयों को छोड़ना ही सत्य मार्ग पर चलना है। ईश्वर के प्रति आभार, बुजुर्गों की देखभाल, परोपकार और क्षेत्रीय विशिष्टता के प्रति आदर भी इसके अंग हैं। फुले की 'सत्य' को लेकर समझ में जो व्यापकता है, उसे दलित चेतना का अंग बनना चाहिए था। ऐसा नहीं हो सका। फुले क्रांतिकारी विचार और क्रांतिकारी आचरण में संबंध देखना चाहते थे। उनका विश्वास था कि शूद्र-अतिशूद्र इस रास्ते पर चलकर उपर्युक्त चेतना के साथ एक दिन पूरे समाज को नेतृत्व देंगे। उनके विश्वास की कितनी रक्षा हो पाई यह आत्मनिरीक्षण का मामला है।

फुले सत्य मार्ग पर चलनेवालों के लिए एक और महत्वपूर्ण बात कहते हैं, 'सृष्टिकर्ता द्वारा जन्मे स्त्री और पुरुष के खाने-पीने या पहनावे के आधार

पर जो पसंदगी-नापसंदगी नहीं रखता, ऐसे मामलों में विधि-निषेध घोषित किए बगैर उसके प्रति पवित्र रुख रखता है, वह सत्य मार्ग पर चलनेवाला है।' वे व्यक्तिगत स्वतंत्रता पर जोर देते थे और कहते थे कि प्रत्येक स्त्री-पुरुष को धार्मिक और राजनीतिक स्वतंत्रता है, उसे प्राचीन ग्रंथों में फैलाई गई घृणा को नहीं मानना चाहिए।

फुले भ्रष्टाचार के जबर्दस्त विरोधी थे। उन्होंने कहा, 'जो किसी भी प्रकार की चोरी नहीं करता और भ्रष्ट व्यक्तियों की मदद नहीं करता, उसे सत्य मार्ग पर चलनेवाला मानना चाहिए।' दलित अधिकारों के लिए संघर्ष और समाज सुधार की चेतना को नैतिकता के एक व्यापक आधार से जोड़ने की कोशिश ज्योतिबा फुले को नवजागरण आंदोलन में एक विशिष्ट व्यक्तित्व, बल्कि महात्मा बना देती है। लेकिन महात्मा सिर्फ भुला दिए जाने के लिए होते हैं। यही वजह है कि नए युग के सत्ता संघर्षों में राजनीति प्रधान होती गई और उपर्युक्त सत्य तथा नैतिकता का दिवाला पिटता गया।

1880-90 के बीच ज्योतिबा फुले ब्राह्मणतंत्र-विरोधी बहुजन एकता की बात करने लगे थे। इसके साथ मराठा स्वाभिमान का भी मिश्रण हुआ। उन्होंने रायगढ़ में शिवाजी की जीर्ण समाधि खोजी तथा औरंगजेब की आलोचना करते हुए 'शिवाजी का पंवाड़ा' कविता लिखी। उन्होंने कहा कि शिवाजी शूद्र थे। उन्होंने कुनबी, माली, महार जातियों का विशेष पक्ष लिया था। शिवाजी पर कविता लिखते हुए जब वे शिशु शिवाजी की अंगुलियों के सौंदर्य का वर्णन करते हैं, उनकी उपमा फूल से न देकर प्याज के रंग से देते हैं। प्याज का रस आंखों में पड़े तो बेचैन कर देता है। यह एक बेचैन करनेवाला सौंदर्यबोध था। मराठी जातीयता के महानायक शिवाजी फुले के भी महानायक थे। फुले के मराठा स्वाभिमान को धर्मनिरपेक्ष जमीन पर समझा जाना चाहिए।

देश में सर्वप्रथम महाराष्ट्र में ब्राह्मणतंत्र और दलित चेतना आमने-सामने हुए। दलितों ने स्वाभिमान के साथ अपने अधिकारों की मांग की। वे शिक्षा और समाज सुधार के क्षेत्र में सचेत भाव से अग्रसर हुए। 19वीं सदी में जब औपनिवेशिकता और राष्ट्रीयता, अमीर और गरीब जैसी श्रेणियां स्पष्ट नहीं थीं, ज्योतिबा फुले ने देशप्रेम को दलितों-स्त्रियों की शिक्षा तथा कृषकों पर

सामंती अत्याचार समाप्त करने की मांगों से जोड़ा था। उन्होंने दलित चेतना का संबंध कूपमंडूकता-विरोध और क्रांतिकारी मानवतावाद से स्थापित किया था। क्रांतिकारी कथन और क्रांतिकारी कर्म में संबंध की मांग की थी। यह भी कम महत्वपूर्ण नहीं है कि उन्होंने सारी पिछड़ी-निम्न जातियों को मिलाकर 'दलित' की एक व्यापक कैटेगरी बनाई थी।

19वीं सदी में ज्योतिबा फुले एक बड़ा और गतिशील दलित मन लेकर देश को संदेश दे रहे थे। देखने की जरूरत है कि दुनिया को देखने का नजरिया बदलते जाने के साथ सामाजिक स्तर-भेद, अवमाननाएं और दूरियां कितनी मिटीं, दलित लोग कूपमंडूकता से कितने मुक्त हुए, सारी पिछड़ी और निम्न जातियों की एकता 'दलित' की श्रेणी में कितनी मूर्त हुई और दलित राजनीतिज्ञों ने फुले का 'सत्य मार्ग' कितना अपनाया।

अंबेडकर की रचनात्मक लड़ाई

1933 में 'हंस' के एक मुखपृष्ठ पर अंबेडकर की तस्वीर देकर प्रेमचंद ने टिप्पणी की थी, 'आपने अनेक कष्ट झेलकर तथा सतत प्रयत्नशील रहकर बाधाओं पर विजय प्राप्त की थी और अपनी विद्वत्ता से यह प्रमाणित कर दिया कि तथाकथित अछूतों को भगवान ने किसी असामान्य तत्व से नहीं बनाया। आप विश्वविख्यात महापुरुषों में से एक हैं।' यह राष्ट्रीय स्वाधीनता आंदोलन के समर्थक एक महान हिंदी कथाकार का अंबेडकर के प्रति सम्मान है। यह अंबेडकर के विचारों की व्यापक स्वीकृति का भी उदाहरण है। प्रेमचंद मानते थे कि राष्ट्रवाद की परियोजना सामाजिक क्रांति के बिना अधूरी है। उन्हें राष्ट्र और हाशिया के बीच संवाद जरूरी लगा था, खुद उनका लेखन यही था।

अंबेडकर (1891-1965) ने एक जगह अपने बारे में लिखा है, 'मैं एक महाड़ महिला के पेट से पैदा हुआ हूँ। गरीबी के बारे में कहूं तो आज जो गरीबों में गरीब छात्र हैं, उनसे अलग स्थिति मेरी नहीं थी।... बंबई में डेवलपमेंट डिपार्टमेंट की एक चाल के दस बाय दस के कमरे में माता-पिता और भाई-बहनों के साथ रहकर एक पैसे के मिट्टी के तेल के दिए की रोशनी में मैंने पढ़ाई की है।' (बाबासाहेब अंबेडकर का संपूर्ण वांग्मय, खंड 39, 1938 का एक भाषण)

उन्होंने शुरू में छोटी-मोटी नौकरियां कीं, अपमान सहे, फिर बड़ौदा नरेश के सहयोग से उच्च शिक्षा के लिए अमेरिका और इंग्लैंड गए। उन्होंने लौटकर फुले, अय्यनकलि, पेरियार रामास्वामी आदि के आंदोलनों की परंपरा में दलित आंदोलन की एक संगठित वैचारिक जमीन तैयार की।

अंबेडकर के नेतृत्व में महाड़ आंदोलन (1927) ने महाराष्ट्र में पहली बार दलितों को संगठित संघर्ष का रास्ता दिखाया था। उन्होंने चवदार तालाब से पानी लेकर विषमतापूर्ण जाति व्यवस्था को चुनौती दी थी। 20वीं सदी में शिक्षित दलित अब राष्ट्रवाद के प्रतीक्षालय में बैठे रहने और 'साम्राज्यवाद-विरोधी लड़ाई खत्म होने तक अपने दुखों को सीने से लगाए रखकर मुसीबतों को सहते रहने' के लिए तैयार नहीं थे। अंबेडकर को शिक्षित होने के बावजूद अपने व्यक्तिगत जीवन में छुआछूत की कड़वी पीड़ा सहनी पड़ी थी।

वे सुधार को एक बड़े परिप्रेक्ष्य में देखते हुए कहते हैं, 'सत्य यह है कि सामाजिक सुधार के बिना सच्ची राष्ट्रीयता का उदय संभव नहीं है।' (जाति का विनाश)। उन्होंने वर्ण व्यवस्था को श्रम व्यवस्था मानने से इनकार कर दिया। उनके संपूर्ण जीवन की केंद्रीय चिंता जाति का विनाश है जो नवजागरणकालीन सामाजिक सुधार को सामाजिक क्रांति के स्तर पर ले जाना है। उन्होंने अपना मशहूर लेख 'जाति का विनाश' आर्य समाज से जुड़े 'जाति पांति तोड़क मंडल' के लाहौर अधिवेशन में पढ़ने के लिए लिखा था, लेकिन इसकी अंतर्वस्तु की विद्रोहात्मकता को देखकर मंडल ने अपना आमंत्रण वापस ले लिया था।

देखा जा सकता है कि 20वीं सदी के अंतिम दो दशकों से बी.आर.अंबेडकर की राजनीतिक स्वीकृति तेजी से बढ़ी है और सर्वव्यापी हुई है। संविधान बनने के समय अंबेडकर जब हिंदू कोड बिल का सुधार करके हिंदुओं के अंतरजातीय विवाह, स्त्रियों के पति से संबंधविच्छेद के समान अधिकार और संपत्ति में स्त्रियों के अधिकार को कानून बना रहे थे, धार्मिक कट्टरवादियों ने प्रचंड विरोध किया था। उनकी परंपरा में पले-बढ़े लोग आज अंबेडकर पर फूल-मालाएं चढ़ा रहे हैं। अंबेडकर इसलिए भी कइयों को अचानक अनुकूल लगने लगे कि उन्होंने अपने सेकुलर रुझान के कारण समान नागरिक कानून का समर्थन किया था।

कहना मुश्किल है कि इधर अंबेडकर के सबके लिए श्रद्धेय होने को एक नई संभावना के रूप में देखा जाए या विडंबना के रूप में। अंबेडकर का सर्वस्वीकृत हो उठने का निश्चय ही यह अर्थ नहीं है कि अब जाति का विनाश या सामाजिक क्रांति नजदीक है, क्योंकि यह तो दरअसल अब पहले से ज्यादा कठिन है। यह भी चिंताजनक है कि अंबेडकर के विभिन्न वैचारिक पहलुओं को सामने लाने की उत्सुकता अब बहुत कम बची है। वे एक 'चिह्न' या पूजा की वस्तु बना दिए गए हैं।

अंबेडकर के व्यक्तित्व और सोच का निर्माण एक जटिल समय में हुआ था। वे दलित आंदोलन और जाति उत्पीड़न के खिलाफ लड़ाई के एक प्रभावशाली प्रतीक हैं। हालांकि परिस्थितियां अब काफी बदल चुकी हैं। वैश्वीकरण और निजीकरण के दौर में उनके विचारों को 'अस्मिता की राजनीति' से एक अधिक बड़े रैशनल परिप्रेक्ष्य में समझने की जरूरत महसूस हो सकती है, क्योंकि उदारीकरण के जमाने में ही मानव जाति अनुदारता के एक भीषण मोड़ पर खड़ी है।

अस्मिता की राजनीति की खूबी है कि यह एक स्थिर निशाना और स्थिर पहचान देती है, साथ ही पहचान का एक एलीट वृत्त बना लेती है। अस्मितावाद एक खास वर्चस्व को छोड़कर दूसरी समस्याओं की ओर देखने नहीं देता। यह किसी भी अभाव, वंचना और पीड़ा का वास्तविक समाधान नहीं है, यह आज से पहले कभी इतना स्पष्ट नहीं था। इसने व्यक्तिगत रूप से कुछ को सीढ़ी जरूर दे दी, पर समाज ऊपर नहीं उठा। इसने सिर्फ आत्मतुष्ट मध्यवर्ग का दायरा थोड़ा बढ़ा दिया, 'मैं सुखी तो जग सुखी!'

अंबेडकर का आंदोलन अस्मिता की राजनीति की जगह दलितों के अधिकारों का आंदोलन था। आज उसे कई बार 'अस्मिता की राजनीति' में सीमाबद्ध कर दिया जाता है और नहीं देखा जाता कि यदि कुछ गिने-चुने समर्थ व्यक्तियों को सीढ़ी मिली भी तो भूमंडलीकरण के युग में अधिकांश लोगों को सांप मिले हैं। इन सांपों ने बहुत से लोगों को वस्तुतः नीचे सरका दिया है। साधारण मध्यवर्ग बुरे हाल में है। अस्मिता की राजनीति को सीढ़ी-सांप के खेल के संदर्भ में समझने की जरूरत है।

इस परिदृश्य में विचार किया जाना चाहिए कि अंबेडकर की विचारधारा भारतीय जीवन की दूसरी समस्याओं का कैसे सामना करती है और इसका जाति के विनाश से क्या संबंध है।

अंबेडकर धर्म को भेदभाव, पाखंड तथा हिंसा से मुक्त एक उच्च जमीन पर देखते हैं। वे कहते हैं, 'आजकल के युवाओं में धर्म के प्रति उदासीनता है।' आगे यह भी कहते हैं, 'धर्म अफीम है। लेकिन मुझमें जो भी अच्छी बातें हैं और मेरी शिक्षा का जनता के लिए जो उपयोग हुआ है, वह सब मेरे अंदर बसी धार्मिक भावना के कारण ही हुआ है। मैं धर्म चाहता हूँ, धर्म का ढोंग नहीं चाहता।' (वही, खंड 39, 1938 का भाषण)। वे हिंदू धर्म को नरक इसलिए कहते थे कि यह ढोंग से भर गया था। यह इसका भी संकेत है कि धर्म की भूमिका अंबेडकर के चिंतन में बनी हुई थी, भले वे बौद्ध मन के व्यक्तित्व थे। उन्होंने विद्यार्थियों और युवाओं के चरित्र में पांच गुण देखने चाहे थे—विद्या, बुद्धि (अंधविश्वासों को समझनेवाली प्रज्ञा), करुणा, शील और मैत्री। वे बुद्ध, कबीर और फुले को अपना गुरु मानते थे। इस पर सोचने की जरूरत है कि आगे चलकर दलित आंदोलन ने उपर्युक्त जरूरी गुणों और उन महान व्यक्तियों के जीवन आदर्शों पर कितना जोर दिया।

अंबेडकर शिक्षा का महत्व बताते हुए साफ कर देते हैं, 'शिक्षा से जातिवाद नष्ट हो जाएगा, इसकी कोई गारंटी नहीं है।' (वही, खंड-40, 1956 का भाषण)। वे कहते हैं, "शिक्षा से अधिक शील को महत्व दें। साथ ही, अपनी शिक्षा का प्रयोग दीन-दुखी जनता के उद्धार के लिए न करके यदि केवल 'अपनी नौकरी भली-अपना परिवार भला' की भावना के साथ करेंगे तो समाज को आपकी शिक्षा से लाभ ही क्या?" (वही, खंड-39, 1938)। जाहिर है, वे दलित आंदोलन में ज्योतिबा फुले के 'सत्य मार्ग' की जरूरत नए ढंग से बता रहे हैं। उनका मानना है, 'शील और सौजन्य के अभाव में शिक्षित व्यक्ति हिंस्र पशु से भी क्रूर और डरावना होता है।' (वही)। निश्चय ही वे यह बात सिर्फ ब्राह्मणों के संदर्भ में नहीं कह रहे होंगे।

अंबेडकर जिन सभाओं में भाषण देते थे, उनमें हजारों लोगों की भीड़ होती थी। इससे दलित स्वाभिमान और आत्मनिर्भरता के लिए उनकी लड़ाई

के असर का बोध होता है। वे निर्भीकता के साथ अपनी बात रखते थे। उन्होंने एक बार अपने भाषण में कहा, 'आज जो ये बदले हुए हालात दिखाई दे रहे हैं, इसका कारण है सामाजिक, धार्मिक और आर्थिक उन्नति के लिए किए गए प्रयास।' (वही, 1938)। इसका अर्थ है वे धार्मिक-सामाजिक सुधार आंदोलनों को, नवजागरण को मान्यता दे रहे थे। वे खुद नवजागरण के सिलसिले के एक महान व्यक्तित्व थे, दलित आवाज के रूप में।

नवजागरण का एक लक्षण है ज्ञान को महत्व देना, यह बात अंबेडकर में है। वे कहते हैं, 'उपाधियां ज्ञान नहीं होतीं। विश्वविद्यालय की उपाधियों और बुद्धिमत्ता का कोई आपसी ताल्लुक नहीं है।' (वही)। उनके ज्ञान का अर्थ व्यापक है।

अंबेडकर मराठी जातीयता के कोण से अपने एक भाषण में कहते हैं, 'किसी जमाने में हम राजनीति में सबसे आगे थे। रानाडे, तिलक, गोखले—ये तीन महाबुद्धिमान और राजनीति में धुरंधर व्यक्ति हमारे बीच में थे। आज की तरह उनकी राजनीति हलचल मचानेवाली भले न हो, आज की तरह उत्सुकता-भरी न हो लेकिन वह आज से अधिक ईमानदार और विचार-प्रवर्त्तक थी।' (वही)। यह महाराष्ट्र के नवजागरण की उपलब्धियों को बड़े मन से स्वीकार करना है।

अंबेडकर नवजागरण काल के व्यक्तियों की तारीफ में एक अन्य भाषण में कहते हैं, 'पहले हिंदुस्तान के राजनीतिक नेतृत्व की धुरी दादाभाई, रानाडे, तिलक, आगरकर, गोखले, फिरोजशाह मेहता, सुरेंद्रनाथ बनर्जी जैसे व्यक्तियों के हाथ में थी। वे सब पुराने नेता अच्छे कपड़े पहनते थे और पढ़ाई के बाद ही बोला करते थे। आज यह रिवाज बदल चुका है।' (वही, 1939) उपर्युक्त सूची में तिलक का नाम बहुतों को विस्मय में डाल सकता है। बल्कि अंबेडकर तिलक के संबंध में कहते हैं, 'कारावास के असल दुख और क्लेश तो तिलक ने भोगे।... कारावास के उनके अनुभवों को देखकर आंखों से आंसुओं की जगह खून की बूंदें रिस सकती हैं।' (वही)। महाराष्ट्र नवजागरण के व्यक्तित्वों के योगदान को समझने और मान्यता देने में अंबेडकर ने जरा भी बौद्धिक दकियानूसीपन का परिचय नहीं दिया और न ही आज के कई बुद्धिजीवियों की तरह उच्छेदवादी नजरिया अपनाया।

अंबेडकर का नवजागरण से संपर्क बुद्धिवाद की तरफ उनके झुकाव की वजह से स्पष्ट है, 'हमारे सामाजिक और राजनीतिक जीवन की बुनियाद बुद्धिवाद होनी चाहिए।' (वही, 1944)। वे चाहते थे, लोग 'बुद्धि की कसौटी पर खरी न उतरनेवाली बातों को न मानें।' (वही)। मनुष्य का बौद्धिक विकास वस्तुतः अवधारणाओं के संकट से मुक्त करता है और अवधारणाओं में विकास भी लाता है।

औपनिवेशिक दबाव की वजह से अनोखी भारतीय स्थितियों में सामान्यतः देखा गया कि बुद्धि की कसौटी पर खरी न उतरनेवाली बातों को चुनने के मामले में नवजागरण व्यक्तित्व कई बार चयनशील थे। कुछ मामलों में मुखर तो कुछ मामलों में चुप। मसलन, अंबेडकर अस्पृश्यों के राजनीतिक अधिकारों के मामले में अधिक मुखर थे, जबकि ज्योतिबा फुले और पेरियार ई. वी. रामास्वामी निम्न-पिछड़ी कही जानेवाली जातियों से धार्मिक अंधविश्वासों और कुप्रथाओं को मिटाना भी जरूरी समझते थे। दरअसल धीरे-धीरे 'सुधारों' पर 'अधिकारों' ने प्रबलता हासिल कर ली।

गौर करने की बात है, अंबेडकर ने मद्रास प्रांत में दलितों की जस्टिस पार्टी की यह कहकर आलोचना की थी, ' नौकरी पर लगे अ-ब्राह्मण लोग समाज से अलिप्त रहकर ऐशोआराम का जीवन बिताने लगे। ब्राह्मणों को गालियां देनेवाले ब्राह्मणेतर लोग फिर ब्राह्मणों की तरह ही सेंट लगाने, पूजा करने, अच्छे कपड़े पहनने आदि ब्राह्मणों के आचार-विचार अपनाने लगे।... ब्राह्मणवाद उसी प्रकार जिंदा रहा।' (वही, 1944)। कहना न होगा कि 21वीं सदी में सत्ता-संपन्न ब्राह्मणेतरों द्वारा यह घटना उत्तर प्रदेश में दुहराई गई। आज बड़ी-बड़ी बातें की जाती हैं, लेकिन मामूली सत्ता मिलते ही छोटे-छोटे स्वार्थ में लिप्त हो जाना आम बात है।

दलित होने का अर्थ पहचान की एकरूपता नहीं है। दलित की एक स्थानीय जातीय पहचान भी हो सकती है। वह अपनी भारतीय, ग्लोबल और नई पेशागत पहचानें भी रख सकता है, यहां उसकी भूमिका विस्तृत हो जाती है। अंबेडकर अपनी मराठी जातीयता का उद्घोष करते हैं, 'अपने महाराष्ट्रीय होने का मुझे बेहद गर्व है, यह बात मैं यहां विशेष जोर देकर बताना चाहता हूँ।

महराष्ट्रीयों में कुछ ऐसे गुण हैं जो अन्य प्रांत के लोगों में आपको दिखाई न देंगे।' (वही, 1938)। हिंदी क्षेत्र में इस तरह का जातीय बोध नहीं पनप सका।

वे एक गैर-दलित कांग्रेसी नेता के स्वागत में हुए उपर्युक्त भाषण में यह महत्वपूर्ण बात भी कहते हैं, 'हमेशा सरकार को कसौटी पर कसे बगैर लोकतंत्र का सुरक्षित रहना संभव नहीं है।... लोकतंत्र में सरकार के लिए हर पल कसौटी का होता है।... राजतंत्र में ऐसा नहीं होता।' (वही)। हर पल कसौटी पर होने का अर्थ है हर पल जवाबदेह होना, 'एक जिम्मेदार राजनीतिक सत्ता का होना'। आजादी के बाद भारत में लोकतंत्र को राजतंत्र की शैली में अधिक चलाया गया। ऐसा तब होता है, जब तंत्र पर लोक की जगह एक गिरोह का कब्जा हो जाता है।

अंबेडकर कहते थे, 'साम्राज्यवाद हटे, यह मेरी इच्छा है।' वे 'जिम्मेदार स्वराज' और 'जिम्मेदार राजनीतिक सत्ता' की धारणाओं के साथ यह सवाल भी उठाते हैं—'अस्पृश्य बंधु, मजदूर और किसानों के बीच रिश्ते कैसे ठीक किए जा सकते हैं?' (वही)। उनकी चिंता के केंद्र में अस्पृश्यों को शामिल करते हुए एक बड़ा मेहनतकश वर्ग है। निःसंदेह वे अस्पृश्यता से जन्मी सामाजिक-आर्थिक समस्याओं को लेकर सबसे अधिक मुखर थे। शूद्रों और अंत्यजों के भीतर भी अस्पृश्यता सहित जाति भेदभाव के विभिन्न रूप मौजूद थे, इस मामले को लेकर भी उनमें चिंता थी। उनके सामने ही महाड़ और चमार के भेद सामने आ गए थे। दरअसल उन्होंने धर्मांतरण का समर्थन इसलिए भी किया था कि 'धर्म बदलेंगे तो कम से कम महाड़, मांग, चमार आदि नाम तो हमसे चिपकेगा नहीं!' (वही, 1939)। वे सही कहते थे कि भारतीय समाज के अभिशाप 'जाति' के संपूर्ण विनाश की बुनियाद पर ही एक 'जिम्मेदार स्वराज' बन सकता है और लोकतंत्र आ सकता है।

अंबेडकर ने ब्रिटिश शासन के खिलाफ न कभी आवाज उठाई और न वे कभी जेल गए। वे खुद बताते हैं कि किस तरह यह दलितों की राजनीतिक उन्नति के लिए उनकी एक रणनीति है, 'कोई भले चाहे जितना बलवान क्यों न हो, दुश्मन पर चौतरफा हमला नहीं कर सकता। मैंने भी हमेशा एक-एक दुश्मन पर हमला कर उसे नियंत्रण में लाने की कोशिश की है।

लेकिन आज तक मैंने जिस (ब्रिटिश) सरकार के साथ पूरी ईमानदारी बरती, वही आज हमारे खिलाफ हो गया है! इस देश में अंग्रेजों का राज्य हम ले आए हैं, यह ऐतिहासिक सत्य है। अंग्रेजों के पक्ष में खून बहाकर हमने पेशवा युग को समाप्त किया।... निर्णायक लड़ाई में अंग्रेजों की जीत केवल महार वीरों की वीरता के कारण हुई। कोरेगांव में खड़ा विजयस्तंभ इसकी गवाही देता है।' (वही, 1941)। ब्रिटिश साम्राज्यवाद सिर्फ अपने औपनिवेशिक हित को प्रधान मानता है, यह अंबेडकर को तब समझ में आया, जब उसके अत्याचार के दायरे में मुंबई के महाड़, मांग, बेठिया जाति के लोग प्रत्यक्ष रूप से आ गए। उन्होंने घोषणा की, 'आज तक मैं हिंदू धर्म और हिंदू समाज पर हमले करता आया हूँ, लेकिन अब... मैं उससे सौ गुना तेज हल्ला (ब्रिटिश) सरकार पर बोलूंगा।' (वही, 1941)। स्पष्ट है कि वे आगे चलकर अंग्रेजों का साथ देने की घटना को महिमामंडित नहीं करते।

लेपेल ग्रिफिन (1838-1908) जैसे ब्रिटिश प्रशासक और कूटनीतिज्ञ की समझ यह थी कि भारत में राष्ट्रीय विद्रोह को फैलने से रोकने के लिए जाति प्रथा एक अच्छी चीज है, क्योंकि जाति प्रथा समाज को हमेशा विभाजित रखेगी और इसके आधार पर आंदोलनों को विभाजित करना आसान होगा। अंबेडकर देश की स्वतंत्रता के पक्षधर थे। वे विभिन्न आंदोलनों को जोड़ने के पक्ष में वक्तव्य देते हैं, 'अपना देश आजाद रहा तभी हम भी आजाद रहेंगे, यह सही है। जाहिर है, देश की आजादी को संकट में डालनेवाली नीति हमें नहीं रखनी चाहिए।' (वही, 1939)। हालांकि वे मुख्यतः इस तरह सोचते थे, 'अपना राजनीतिक काम थोड़ी देर रोककर आप अगर अस्पृश्यता को नष्ट करेंगे, तभी साबित होगा कि आप ईमानदार है।' अंबेडकर ने पूना पैक्ट के बाद एक बार बातचीत में गांधी से कहा था, 'हमारी एक ही लड़ाई है आपसे। आप राष्ट्रीय कल्याण के लिए काम करते हैं, हमारे हितों के लिए नहीं। यदि आप अपना पूरा समय दलित वर्गों के लिए दें तो आप हमारे नायक होंगे।' यह गांधी के वश की बात नहीं थी कि वे स्वाधीनता की लड़ाई और राष्ट्रीय एकता के प्रयत्न बंद कर दें। दरअसल जब तक देश में सामाजिक गैर-बराबरी या आधुनिकीकरण पूरी तरह न आ जाए, तब तक अंग्रेजी राज बना रहे,

इस तर्क को अनगिनत कुर्बानियां दे चुकी देश की जनता मानने के लिए तैयार नहीं थी। बल्कि उसका ब्रिटिश उपनिवेशवाद से असंतोष और संघर्ष लगातार तीव्र होता जा रहा था।

अंबेडकर की एक सीमा है कि वे सवर्ण समाज में गरीबी, वंचना और भेदभाव नहीं देख पाते थे, 'आज स्पृश्य समाज अधिकारारूढ़ है। अतः स्पृश्य समाज की हालत संतोषजनक है। उनके जीवन में सब कुछ आसान है, (जबकि) आपकी राह में संकट ही संकट खड़े हैं। आपका मार्ग कांटों से भरा हुआ है।' (वही, 1942) समाज में शोषण और दमन के लिए जाति प्रथा को एक बड़े कारक के रूप में देखना एक चीज है, और बाकी अंतर्विरोधों की उपेक्षा करके समाज को सिर्फ स्पृश्य और अस्पृश्य में बंटा देखना एक बिल्कुल दूसरी बात है।

कहना न होगा कि सवर्ण समाज में भी ज्यादातर लोग गरीब, बेरोजगार और किसी न किसी तरह से उत्पीड़ित ही रहे हैं। आज भी कई भुखमरी की दशा तक पहुँच जाते हैं। कई किसानों ने आत्महत्या कर ली। इन सभी की जीवन दशा को सिर्फ इसलिए संतोषजनक नहीं कहा जा सकता कि वे स्पृश्य हैं। देर-सबेर समझने की जरूरत है कि इनके बीच भी सांस्कृतिक सुधार और आर्थिक विकास का पहुंचना जरूरी है। आमतौर पर 19वीं सदी से शुरू हुआ सांस्कृतिक सुधार कई कृत्रिम राजनीतिक विवादों की वजह से आधे रास्ते में ठहर गया था। यह 21वीं सदी में धार्मिक पुनरुत्थानवाद के उभरने और धीरे-धीरे लगभग सौ सालों में एक ठोस जमीन बना लेने की एक बड़ी वजह है।

19वीं सदी में यदि सैयद अहमद खां को राष्ट्रीय कांग्रेस मुसलमानों के हित के विरुद्ध लगी और उन्होंने उसका तीव्र विरोध शुरू किया तो 20वीं सदी में बी.आर.अंबेडकर को राष्ट्रीय कांग्रेस 'अस्पृश्यों' के हित के विरुद्ध लगी। वे गांधी को खलनायक के रूप में देखने लगे। इसी तरह अंग्रेजों को राष्ट्रीय कांग्रेस उनके औपनिवेशिक हितों के विरुद्ध खड़ी होते और व्यापक जन समर्थन अर्जित करती दिखी। इन घटनाओं के बीच देश में स्वतंत्रता के साथ-साथ सामाजिक न्याय, लैंगिक बराबरी और सांप्रदायिक भाईचारा की भावनाएं लक्ष्य तक न पहुंचने के बावजूद लगातार विकसित होती रही हैं, इससे शायद ही कोई इनकार कर सकता है।

यह वह दौर था जब भारत अपने उदार स्वभाव, अपनी 'धर्मनिरपेक्ष आत्मा' को रच रहा था और उपलब्ध कर रहा था। शायद उसकी रोशनी में भारत के स्वभाव में फिर उपस्थित संकट को महसूस करने की कुछ क्षमता हममें बची हो!

जाति के विनाश के लिए धार्मिक कूपमंडूकता को मिटाना जरूरी है। इस पर सोचने की जरूरत है कि यह क्यों न हो सका? दरअसल इस देश के श्रमिक आंदोलनों पर एक बड़ी जिम्मेदारी थी कि वे आर्थिक मुद्दों—अपने वेतन बढ़ाने और काम करने की दशाओं में सुधार के अलावा धार्मिक-सामाजिक सुधार आंदोलन को आगे बढ़ाएं, दलितों और स्त्रियों के मुद्दे पर विशेष ध्यान दें और नवजागरण के अधूरे कार्यों को पूरा करें। लेकिन जिस तरह 19 वीं सदी में 'राष्ट्रीय कांग्रेस' ने सुधार आंदोलन के काम को अपने एजेंडे से बाहर कर दिया था और अपने को राजनीतिक सुधारवाद तक सीमित कर लिया था और 1947 के बाद तो वह सत्ता के नशे में इस काम से पूरी तरह विमुख हो गई, उसी तरह श्रमिक आंदोलन भी मुख्यतः 'अर्थवाद' में फँस गए।

अंबेडकर पूंजीवाद से लड़ने के अलावा 'ब्राह्मणवाद' से भी लड़ने की बात करते थे, क्योंकि उन्हें इस देश में समता, स्वतंत्रता और बंधुत्व के अभाव को मिटाए बिना आर्थिक मुक्ति संभव नहीं दिखती थी। इसके लिए लगातार संघर्ष चलना चाहिए था। लेकिन तथ्य यह है कि बड़े उद्देश्यों को लेकर शुरू हुए ऐसे आंदोलन बार-बार तात्कालिकतावाद में फँसे। व्यक्तियों की निजी या सामुदायिक घनिष्ठताओं ने नाक से दूर की सच्चाइयों को समझने नहीं दिया। अंबेडकर के बाद जाति के विनाश का आंदोलन 'जिम्मेदार स्वराज' या सच्चे लोकतंत्र की स्थापना के उद्देश्यों से हटकर तात्कालिक फायदे के कीचड़ में फँस गया। पिछड़ी और निम्न जातियां एक उदात्त भूमिका निभाने की जगह अंतर्शत्रुता से भर गईं।

अंबेडकर ने ब्राह्मणवाद को स्पष्ट किया है, 'दुश्मन मानकर ब्राह्मणवाद से टक्कर लेनी चाहिए, यह मेरा कहना है। और मैं चाहता हूँ कि कोई इसका गलत अर्थ न निकाले। ब्राह्मणवाद से मेरा मतलब ब्राह्मण जाति से नहीं है। इस संदर्भ में मैं इस शब्द का प्रयोग नहीं करता। ब्राह्मणवाद का मेरी नजर में

मायने है—आजादी, समता और बंधुत्व का अभाव।' (वही, 1938)। यह सही धारणा है जो भुला दी गई।

कहना न होगा कि वैश्वीकरण के दौर में आजादी, समता तथा बंधुत्व के लोकतांत्रिक तत्व गायब होते गए। अब मूल्यों, उसूलों और वस्तुपरक कसौटी को वे भी नहीं अपनाते जो इनकी हमेशा बात करते हैं। पक्षपात एक खुल्ला खेल फर्रुखाबादी है! इसमें ऊँची जातियों के क्षमतावान लोग सबसे आगे हैं। इसलिए यदि ब्राह्मणवाद से संघर्ष का अर्थ भी सिकुड़ता गया और दलित आंदोलन संकुचित सत्ता संघर्ष में खोता गया तो इसमें कुछ भी आश्चर्यजनक नहीं है। निश्चय ही तात्कालिक फायदे में लिप्तता एक सार्वभौम विपदा है।

अंबेडकर ने यह भी कहा था, 'हम ब्राह्मणों के विरुद्ध नहीं हैं। हमारा आक्रमण ब्राह्मणवाद पर है। हमें ब्राह्मणवाद-ग्रस्त ब्राह्मणेतर आदमी दूर प्रतीत होता है और ब्राह्मणवाद-रहित ब्राह्मण नजदीक लगता है।' वे देखते थे कि ब्राह्मणेतर जातियों में भी आजादी, समता और बंधुत्व का अभाव है।

अंबेडकर यह भी कहते थे, 'पहले भारतीय, आखिर में भारतीय और भारतीयता से परे कुछ नहीं चाहिए।' (वही)। अंबेडकर के उपर्युक्त कथन से स्पष्ट है कि उनके चिंतन में धर्म और जाति से ऊपर उठे हुए नागरिकों के 'कामन प्लेस' के तत्व मौजूद हैं। क्योंकि सवर्ण हों या दलित, राष्ट्रीय आंदोलन के दौर में वे बदलना शुरू कर चुके थे। कैसी विडंबना है कि आज मार्केट प्लेस के बाहर कुछ भी 'कॉमन' नहीं है! कहना न होगा कि वर्तमान विद्वेष, खाई और बढ़ती हिंसा के माहौल में बाजार के बाहर भी 'कामन प्लेस' की जरूरत है, जहां असहमत लोग भी खड़े हो सकें, सभी संवाद कर सकें और एक-दूसरे को शत्रु न समझें। ऐसा 'कॉमन प्लेस' बनाने की जिम्मेदारी सबसे अधिक उन पर है जो विविध तरह से उत्पीड़ित हैं।

भारत में 'राष्ट्र' और हाशिये के बीच तनाव स्वाभाविक है, लेकिन इससे राष्ट्र बेमतलब नहीं हो जाता और न सामंजस्यपरक मानवीय राष्ट्रीय भावना अप्रासंगिक हो जाती है। अंततः 'राष्ट्र' ही समाधानदाता है। उससे लड़ना भी होगा, प्रेम भी करना होगा। अंबेडकर की लड़ाइयों के दिनों में सभी देशप्रेमी उनके उग्र कथनों के बावजूद उनके महत्व को समझ रहे थे।

विविधताओं और विचित्रताओं से भरा भारत अपने नए सफर के लिए मार्ग खोज रहा था। कहा जा सकता है कि वह 'विद्रोहों और समझौतों' से बना एक मिलाजुला मार्ग था, क्योंकि अंग्रेजों की व्यापक औपनिवेशिक लूट और अत्याचारों की वजह से यदि देश की आजादी भारत के बहुत से लोगों और सभी राष्ट्रीयताओं का मुख्य लक्ष्य बन चुकी हो तो उस जटिल माहौल में धार्मिक-सामाजिक सुधारों को न उग्र रूप देना संभव था और न पूरी तरह त्याग देना।

अंबेडकर और गांधी दोनों देशप्रेमी हैं, पर अंबेडकर का लक्ष्य गांधी के लक्ष्य से बिल्कुल अलग है। अंबेडकर भारतीय विडंबनाओं की सही कल्पना कर रहे थे। वे देश की राजनीतिक आजादी के पहले अस्पृश्यों के राजनीतिक अधिकार और सत्ता में अपनी हिस्सेदारी जल्दी तय कर लेना चाहते थे। उन्होंने स्पष्ट तौर पर सामाजिक विभाजन का अपना विमर्श प्रस्तुत किया, 'जिस प्रकार मुसलमान हिंदुओं से साफ तौर पर अलग दिखाई देते हैं, उसी प्रकार अस्पृश्य भी हिंदुओं से अलग हैं। भारतीय राष्ट्र-जीवन में हमें पृथक और विभक्त घटक के तौर पर जाना जाएगा। अस्पृश्य हिंदुओं का एक हिस्सा है, इस सोच का आपको पुरजोर विरोध करना होगा।... इस देश में कई पंथ हैं— (1) हिंदू, (2) मुसलमान, (3) ईसाई, (4) अस्पृश्य।' (वही, खंड-39)। उन्होंने स्वाभाविक रूप से घोषित किया, 'गांधी हमारे सबसे बड़े प्रतिपक्ष हैं।' अंबेडकर स्पेस रखते हुए आगे स्पष्ट करते हैं कि वे 'दुश्मन' शब्द का प्रयोग करने से बचे हैं!

देखा जा सकता है, उपर्युक्त 'स्पेस' का महत्व है। अंबेडकर ने अपने जीवन के महत्वपूर्ण मोड़ पर धर्मनिरपेक्ष लोककल्याणकारी भारतीय गणराज्य के लिए जो संविधान बनाया, वह 19वीं -20वीं सदी के लगभग डेढ़ सौ साल की भारतीय आशाओं, स्वप्नों और संघर्षों का प्रतिबिंब है, निश्चय ही सामाजिक विभाजन के अंबेडकर के उपर्युक्त विचारों का दर्पण नहीं। अंबेडकर द्वारा निर्मित उस संविधान की आलोचना उस समय उन सबने की थी जो वस्तुतः आज उसे बचाने के लिए सबसे ज्यादा आगे हैं!

अंबेडकर निश्चय ही एक खास सामुदायिक कैंप के प्रवक्ता थे। लेकिन वे अपनी चिंता एक समुदाय तक सीमित नहीं रखते। 9 दिसंबर 1946 को उन्होंने संविधान सभा में भाषण दिया, 'आज हम राजनीतिक, सामाजिक तथा आर्थिक नजरिए से विभाजित हैं, इसका मुझे अहसास है। एक-दूसरे के खिलाफ लड़नेवाली छावनियों के समूह हैं हम। बल्कि मैं तो यह भी मानता हूँ कि मैं ऐसी ही एक छावनी का नेता हूँ। महोदय, यह सब भले सही हो, लेकिन मुझे पूरा यकीन है कि समय और स्थितियों को अगर अनुकूल बनाया जाए तो कोई भी शक्ति इस देश को एक होने से रोक नहीं सकती। विभिन्न जातियां और संप्रदाय होने के बावजूद हमें एक होने से कोई रोक नहीं सकता।' (वही, खंड-40)। उनकी ऐसी बातों को उड़ा देना संभव नहीं है। बल्कि इस पर सोचा जा सकता है कि बहुराष्ट्रीय कंपनियों और धार्मिक कट्टरवादियों की चुनौतियों को देखते हुए सचमुच फिर एक वैसा ही वक्त आया है या नहीं।

अंबेडकर ने संविधान निर्माण की अपनी भूमिका निभाने के काफी पहले 1940 में कहा था, 'हम मानते हैं कि जाति-आधारित भेदभावों को खत्म कर ऐसे संविधान का निर्माण करना हमारा कर्तव्य है जिसके तहत जाति, धर्म, वर्ण आदि दखल न दें।' (वही)। वह बौद्धिक कशमकश का जमाना था। अंबेडकर के मन में एक साथ कई तरह के विचार थे। वे 1944 के अपने एक भाषण में कहते हैं, 'राष्ट्रीय सरकार बनाने का मैं विरोधी नहीं हूँ, न स्वराज से मेरा विरोध है, आजादी पाने के खिलाफ भी मैं नहीं हूँ। देश को जिस आजादी, शिक्षा, खुशहाली का आश्वासन दिया जा रहा है वह मेरे भी हिस्से आनेवाला है, इसका मुझे यकीन हो जाए तो उस आजादी के लिए लड़ने के लिए मैं हमेशा तैयार हूँ।' (वही)।

देखा जा सकता है कि अंग्रेजों ने राष्ट्रीय आंदोलन के दबाव में अंबेडकर को धोखा दिया और जिस राष्ट्रीय कांग्रेस का कटु तरीके से अंबेडकर ने लगातार विरोध किया, उसने उनकी योग्यता को समझते हुए उन्हें सरकार में शामिल किया। इसके अलावा सभी जानते हैं कि अंबेडकर ने वह संविधान बनाया जो 21वीं सदी के दूसरे दशक से भारतीय जनता के लोकतांत्रिक संघर्ष का

सबसे बड़ा हथियार है और वस्तुतः इस संघर्ष का रक्षक भी। यह हर फासीवाद, धर्मांधता और भेदभाव के गले में हड्डी की तरह है।

अंबेडकर ने कहा था, 'संविधान पर अमल करना पूरी तरह संविधान पर ही निर्भर नहीं करता।'(वही, खंड-40, 1949)। उन्होंने आशंका व्यक्त की थी, 'मेरे मन में खयाल आता है कि इस जनतांत्रिक संविधान का क्या होगा? इसे महफूज रखने के लिए मेरा यह देश समर्थ रहेगा या एक बार फिर वह अपनी आजादी गंवा बैठेगा?' (वही)। यह संविधान लागू होने के पहले का कथन है, जिसमें उनकी चिंता साफ झलकती है। उन्होंने यह भी कहा था कि राजनीतिक दल स्वयं को देश से बड़ा मानने लगें तो आजादी खतरे में पड़ जाएगी। आजादी बार-बार खतरे में पड़ी। यह भी उल्लेखनीय है कि बंबई ही अंबेडकर के आंदोलन का केंद्र था। यह आधुनिक महानगर आगे चलकर अंध-राष्ट्रवाद और धार्मिक पुनरुत्थान का एक बड़ा केंद्र बन गया।

यह एक वास्तविकता है कि देश में आज जातिवाद से काफी लोग मुक्त हैं, तथाकथित ऊँची जातियों, पिछड़ी-निम्न सभी जातियों में। कुछ के भीतर चोर दरवाजा हो सकता है, लेकिन बड़ी संख्या में नौजवानों के अलावा बुजुर्गों में भी जातिवाद के अब अनगिनत सच्चे विरोधी हैं। लड़कियों ने जाति तोड़कर विवाह किए हैं। उनकी निगाह में कोई ऊँच-नीच नहीं है। साफ हो चुका है कि दहेज के राक्षस की जान जातिवाद के मटकों में है। इन मटकों को नौजवानों ने तोड़ना शुरू कर दिया है!

यह दृश्य भी समाज में है कि आज जो किसी के अंधसमर्थक नहीं हैं, उनकी खैर नहीं है। हो सकता है आज जो उदारवादी हैं, जाति-आश्रय नहीं चुनते और चापलूसी नहीं करते उन्हें इन सबका खमियाजा भुगतना पड़ता हो, पर ऐसे व्यक्तियों में एक अटूट साहस होता है। आज बहुतों का जातिवाद-विरोध सहभोजन तक सीमित न होकर सामाजिक अंतर्मिश्रण का मामला है।

यह भी एक यथार्थ है कि जाति चीता की तरह पीछे से हमला करती है। ऊँची जातियों के क्षमतावान लोगों के बीच आपस में एक मौन गठबंधन बना रहता है। दुर्भाग्यजनक है कि शिक्षा, आधुनिकीकरण और प्रगतिशील आंदोलनों

के बावजूद भारत में जातिवाद पहले से अधिक शातिर रूप में मौजूद है और फिलहाल धर्म उसकी इम्युनिटी बढ़ा रहा है।

अंबेडकर का भारत में 1980 के बाद नए सिरे से दलितों के अधिकारों के लिए संघर्ष, विमर्श और मुक्ति की प्रेरणा बने। वे ऊँची जातियों के लिए भी प्रेरणा रहे हैं। यह उनकी आवाज की ताकत है कि वे राजनीतिक आत्मसातीकरण के शिकार हो रहे हैं। यह भी देखने की जरूरत है कि उनके विचारों में 'पृथकता' और 'सहयोग' का द्वैध रहा है, चाहे वह उपनिवेशवाद के संदर्भ में हो, संविधान निर्माण के संदर्भ में हो या राष्ट्रीय भावना के संदर्भ में। यह तथ्य भी सामने है कि नई स्थितियों में पृथकता की पुरानी लक्ष्मण रेखाओं की तुलना में नई लक्ष्मण रेखाएं ज्यादा गहरी हुई हैं। यह बदली स्थिति निशाने को व्यापक बनाने की मांग करती है। पुराने निशाने अपना स्थान बदल चुके हैं और पुराने हथियार भोथरे हो चुके हैं!

1990 के बाद दलितों की सामाजिक स्थिति कुछ उन्नत हुई हो, संपन्नता में कुछ फर्क आया हो और वे मध्यवर्ग में पहले से ज्यादा शामिल हुए हों, लेकिन दलितों पर अत्याचार और उनकी उपेक्षा के कई नए रूप भी सामने हैं। किसी दलित लड़के का ऊँची जाति की लड़की से विवाह आज के जमाने में भी उत्तेजना पैदा करता है। कहा जा सकता है, दलित अपने क्रूर अतीत और विडंबनापूर्ण वर्तमान के बीच बहुत संकटपूर्ण दशाओं से गुजर रहे हैं। यह भी अब काफी साफ है कि वैश्वीकरण के जमाने में अकेले में किसी की मुक्ति संभव नहीं है!

21वीं सदी में हिंदू समाज का अपनी विविधता की लगातार रक्षा करते रहने के बावजूद एक बार फिर धार्मिक रूढ़ियों, अंधविश्वासों और भेदभावों की तरफ बड़े पैमाने पर झुकना एक दुखद घटना है। इन बुराइयों का राजनीति, बाजार और मीडिया द्वारा एक साथ संरक्षण अभूतपूर्व है। आज भी सवर्णों की मानसिकता में बड़ा परिवर्तन नहीं आ पाया है। धार्मिक दिखावा तथा जालसाजियां बढ़ी हैं। धार्मिक पुनरुत्थानवाद की वजह से जाति के विनाश की जगह जाति पहले से ज्यादा मजबूत हुई है। वह अपराधियों का सुरक्षित शरणस्थल और तात्कालिक फायदा उठने का मंच बन गई है। धर्म और जातियों की भाषा में अब उपभोक्तावाद का लालच भी बोल रहा है।

देखा जा सकता है कि राष्ट्रभक्ति के दौर में ही 'राष्ट्र' सबसे ज्यादा खतरे में है। निर्बुद्धिपरक विचारों और छवियों ने राष्ट्र पर, राष्ट्रीय भावना पर कब्जा कर लिया है। एक बड़ी सच्चाई यह है कि 'राष्ट्र' से ज्यादा ताकत 'कार्पोरेट जगत' के पास है। ऐसे कठिन दौर में चुनौती 'राष्ट्र' को पृथकतावाद के बल पर तोड़ने की नहीं, उसे भारतीय महाजाति के सामाजिक और संवैधानिक सपनों के साथ वापस पाने की है। इसलिए सिर्फ दलित ही नहीं हर सच्चे भारतवासी की जुबान पर अंबेडकर का सवाल नए संदर्भ में मौजूद है –'मेरा देश कहां है?'

गुजरात प्रबोधन : सुधार बनाम संरक्षण

गुजरात लंबे काल से भारत का एक प्रमुख व्यापारिक केंद्र रहा है, खासकर सूरत शहर। 19वीं सदी की शुरुआत में गुजरात ईस्ट इंडिया कंपनी के हाथ में आ गया। सूरत पहले से उसके कब्जे में था। गुजराती प्रबोधन की शुरुआत इसी शहर से हुई थी। गुजरात में नवजागरण को प्रबोधन कहा जाता है। इसके दो अन्य प्रमुख केंद्र हैं—बंबई और अहमदाबाद। बंबई प्रेसिडेंसी बन जाने के बाद अंग्रेजों ने सूरत की जगह बंबई को अधिक व्यापारिक महत्व देना शुरू कर दिया। इसका राजनीतिक महत्व पहले से बढ़ा हुआ था। गुजरात के राजदरबारों के अधिकारी, व्यापारी, लेखक-पत्रकार, सामाजिक संगठनकर्ता, शिक्षाविद्, विद्यार्थी और अन्य सभी तरह के विशिष्ट लोग बंबई आने लगे थे। कई गुजराती समाज सुधारक इसी शहर में ब्रिटिश प्रशासन और शिक्षा के अंग थे। वे यहां अपने विचारों का प्रचार करते थे। गुजरात महाराष्ट्र में विलीनप्राय था। दरअसल जातीय अस्मिता के आधार पर आंदोलन करके 1960 में गुजरात स्वतंत्र राज्य बना।

19वीं सदी में गुजरात धर्म, व्यापार और राजनीति के मामलों में हलचलों से भरा था। यह देखना रोचक होगा कि किस तरह इस प्रदेश में धार्मिक जड़ता के खिलाफ सुधार आंदोलन शुरू हुआ और इसे दबा कर किस तरह संरक्षणवाद फिर हावी हो गया। यह भी ध्यान में रखने की जरूरत है कि गुजरात में नवजागरण और व्यापार के बीच गहरा संबंध है। निश्चय ही नवागत बुद्धिजीवियों की दुनिया में बुद्धिवाद की प्रधानता थी, लेकिन व्यापारिक मानसिकता के गुजरातियों ने हर कल की तरह औपनिवेशिक काल की गति को भी पहचान लिया था। उन्होंने शिक्षा, सुधार और राजनीति के मुद्दों को

अपेक्षाकृत कम महत्व देते हुए अपने प्रदेश में औद्योगिक पूंजीवाद को विकसित करने के लिए व्यापारिक पहलुओं पर ज्यादा बल दिया।

गुजराती नवजागरण अपनी स्थानीय विशिष्टता की वजह से न बांग्ला नवजागरण की तरह आध्यात्मिक रंग का था और न दक्षिण भारत के सुधार आंदोलनों की तरह इसमें जाति-टकराव की प्रधानता थी। इसका एक प्रमुख पहलू व्यापारिक जागरण है जो सीमित होते हुए भी उल्लेखनीय है। इसने गुजरात की भावी आर्थिक प्रगति की नींव डाली। इसके अलावा, गुजराती नवजागरण हिंदी नवजागरण की तरह मुख्यतः साहित्यिक दुनिया तक सीमित न होकर बहुत अधिक सामाजिक हलचलों और तर्क-वितर्क से भरा था। हालांकि यह प्रदेश धार्मिक विश्वासों, पूर्वग्रहों, महाजनी शोषण और जाति-भेदभाव का एक बड़ा गढ़ था जो प्रखर बौद्धिक आक्रमणों के बावजूद अंततः न सिर्फ सुरक्षित रह गया, बल्कि उदारवाद पर धर्मांधता भारी पड़ गई। औपनिवेशिक आधुनिकता आत्मसात कर ली गई। यहां बाहर पश्चिमी ढंग का आधुनिकीकरण और भीतर परंपरावाद का संरक्षण मुख्य प्रवृत्तियां हैं।

फिर भी देखना रोचक हो सकता है कि गुजरात में धार्मिक-सामाजिक सुधार आंदोलनों के दौरान कूपमंडूकता और मतांधता से सुधारवादी बुद्धिजीवियों के कितने भीषण वैचारिक संघर्ष हुए। निश्चय ही इस प्रदेश की आर्थिक समृद्धि सामाजिक मानसिकता में बदलाव न ला सकी। व्यापारिक फायदा के पहलुओं के बार-बार प्रधान हो जाने के कारण अंततः कई सुधारवादियों को अकेलापन और निराशा झेलनी पड़ी। हम उनकी विफलताओं में उनके प्रयासों की सीमा के साथ बौद्धिक नवोन्मेषों की जीवंतता लक्षित कर सकते हैं।

व्यापारिक जागरूकता

गुजरात का राजनीतिक परिदृश्य यह था कि 1803-27 के बीच ईस्ट इंडिया कंपनी ने बंबई प्रेसिडेंसी का अपना प्रशासनिक ढांचा खड़ा कर लिया था। 1818 तक गुजरात पूरी तरह ईस्ट इंडिया कंपनी के अधीन आ गया था। गायँकवाड़ महाराज अंग्रेजों के संरक्षण में थे और मराठा पेशवाओं के अधिकार समाप्त किए जा चुके थे। गुजरात, कच्छ, काठियावाड़ आदि इलाकों में कई राजा और

राज्य थे जो कंपनी शासन के अधीन हो चुके थे। सूरत, अहमदाबाद, भड़ूच, खेड़ा और पंचमहल सीधे उसके अधीन थे। ये प्रमुख व्यावसायिक नगर थे। इसलिए ईस्ट इंडिया कंपनी ने इन्हें सीधे अपने अधीन रखा था।

गुजरात आर्थिक समृद्धि और दुर्दशा के बीच विभाजित था। कुछ लोग काफी संपन्न और प्रभुत्वशाली थे तो काफी लोग वंचित, पिछड़े और अभावग्रस्त थे। यहां की हलचलें अन्य प्रदेशों से एक हद तक भिन्न रही हैं।

इस प्रदेश में हिंदू और जैन साहूकारों-महाजनों का वर्चस्व था। उन्होंने स्वतंत्र रूप से अपनी विस्तृत वित्तीय व्यवस्था बना रखी थी जिस पर वहां के उद्योग और व्यापार टिके थे। उनका अंग्रेजों से अच्छा संबंध था। गुजरात के आर्थिक परिदृश्य का एक तथ्य यह है कि 19वीं सदी के शुरू के दशकों से ही बुनकरों का उजड़ना शुरू हो गया था। अंग्रेजों ने ढाका और मुर्शिदाबाद के साथ खासकर जिस शहर में सूती वस्त्र उद्योग का नाश किया, वह सूरत था। विलियम बैंटिक ने इस घटना पर खुद टिप्पणी की है, 'सूती कपड़ों के बुनकरों की हड्डियां भारतीय मैदानों में बिखरी पड़ी थीं।' इससे देशी उद्योग-धंधों के विनाश का दृश्य स्पष्ट है। बुनकर मुख्यतः मुसलमान थे। इनके अलावा, गुजरात भर में कृषकों की बुरी दशा थी। इनका साहूकारों और महाजनों द्वारा शोषण बढ़ता जा रहा था। कुछ उन व्यापारियों की जरूर बन आई थी जो कृषकों से सस्ते में कच्चा सूत लेकर बंबई भेजते थे, जहां से यह मैंचेस्टर और लंकाशायर जाता था। अंग्रेजों ने कई नए कर लगाए, नए बाट चलाए और अपने आर्थिक हितों के अनुरूप नए नियम बनाए जिनका गुजरात की सामाजिक अर्थव्यवस्था पर व्यापक प्रभाव पड़ा। कई बार असंतोष भी सामने आए, लेकिन राजाओं और जमींदरों के बल पर वे कुचल दिए गए। गुजरात में अंग्रेजों द्वारा जमींदारों की तरह व्यापारियों को भी अपने आर्थिक हितों का विस्तार करते हुए प्रोत्साहन दिया गया।

गुजरात के व्यापारियों ने अंग्रेजी राज का स्वागत किया, क्योंकि इससे उन्हें मराठाओं की तुलना में ज्यादा सुरक्षा मिली और उन्हें अपनी संपत्ति पर कानूनी हक मिला। इसके अलावा, वे व्यापारिक विस्तार के लिए सूती मिलों के लिए इंग्लैंड की मशीनें मंगा सके थे। उस समय ऐसी मशीनों के लिए दादाभाई

नौरोजी इंग्लैंड में एक प्रमुख एजेंट थे। (अहमदाबाद ए स्टडी इन इंडियन अर्बन हिस्ट्री, केनेथ एल गिलियन)। गुजरात में शिक्षा हासिल कर सरकारी नौकरी पाने की तुलना में व्यापार की प्रवृत्ति ज्यादा थी, खासकर सूती वस्त्र और सोने-चांदी के व्यापार की। उल्लेखनीय है कि व्यावसायिक मानसिकता होने पर भी संपन्न व्यक्ति धार्मिक-सामाजिक कार्यों में खुलकर खर्च करते थे।

19वीं सदी के उत्तरार्ध में डाक और तार सेवाओं का विस्तार हो चुका था। 1860-65 में अमेरिका में गृह युद्ध के कारण गुजरात में सूत की कीमत दस गुनी बढ़ गई। इस समय शेयर और फाटका ने भी जोर पकड़ा जिससे कई व्यापारी बने, कई लुढ़के। 1864 में बंबई-बड़ौदा-अहमदाबाद के बीच रेल सेवा चालू हो गई, जिससे व्यापार की सुविधा बढ़ी। बैंक खुलने लगे। नए आर्थिक संगठन बनने लगे। इन वजहों से सूरत भड़ूच, नादियाड़, खेरा के बावजूद अहमदाबाद शहर व्यापारिक-औद्योगिक गतिविधियों का मुख्य केंद्र होता गया। यह भी एक विलक्षण घटना है कि 1868 में भड़ूच में एक बड़ी औद्योगिक प्रदर्शनी लगी, जिसके लिए खासकर इंग्लैंड से मशीनें और कृषि उपकरण आए थे। इस प्रदर्शनी ने गुजरात के व्यापारियों को आर्थिक और तकनीकी प्रगति के प्रति जागरूक बनाया। (सोशियो-रिलीजियस रिफार्म मूवमेंट इन गुजरात, पी.एल. रावल)। इस तरह सत्ता केंद्र के बंबई में स्थानांतरण के बावजूद गुजरात ने अपना प्राचीन व्यापारिक गौरव फिर हासिल करने के लिए आधुनिक प्रयत्न शुरू कर दिए थे।

उत्पादन, व्यापार और आर्थिक संगठनों के बदलते स्वरूप ने गुजरात में व्यापारिक जागरण ला दिया, हालांकि सब कुछ एक छोटे वृत्त में होने तथा औपनिवेशिक प्रतिबंधों की वजह से व्यापक जनजीवन पर कोई बड़ा प्रभाव नहीं पड़ रहा था। बल्कि पुराने तरीके से उत्पादन के पतन से जन-दुर्दशा बढ़ गई थी। बैंकों के उदय के बावजूद लोगों पर साहूकारों और महाजनों का प्रभाव ज्यादा था। कुछ महाजन इतने शक्तिशाली थे कि वे अंग्रेज सरकार को भी ऋण देते थे। उन महाजनों का प्रधान सेठ वास्तविक आर्थिक अधिपति था। व्यापारिक जागरण की एक सीमा इसका कुछ जातियों तक ही सीमित रहना है। इसके अलावा, व्यापारिक जागरण तकनीकी शिक्षा की उन्नति नहीं ला पा रहा था।

गुजरात में बढ़ रही व्यापारिक गतिविधियों और औपनिवेशिक-प्रशासनिक ढांचे के विस्तार के कारण मध्यवर्ग का प्रसार हुआ। इसने जाति और पेशे के परंपरागत संबंधों को बदलना शुरू कर दिया। मध्यवर्ग शिक्षित और प्रशासनिक क्षेत्रों के अलावा व्यापारिक क्षेत्रों में भी फैला। व्यापार की ओर सिर्फ बनिये ही आकर्षित नहीं थे, ब्राह्मण और निम्न जातियों के व्यक्ति भी इस काम में जाने लगे थे। उदाहरण के तौर पर अहमदाबाद में सूती वस्त्र की पहली मिल 1847 में रणछोड़लाल छोटेलाल ने खोली। वे नागर ब्राह्मण थे। बेचारदास अंबादास ने सिलाई-बुनाई की पहली फैक्टरी खोली। वे पिछड़ी जाति के कनबी थे। (वही)। इसमें संदेह नहीं कि आमतौर पर ब्राह्मण-बनिया जातियों में ही शिक्षित और बौद्धिक लोग ज्यादा होते थे, निम्न जातियों और गरीबों पर व्यापारिक जागरण का असर न था। इसके बावजूद, सामाजिक गतिशीलता एक अनोखी तबीयत के मध्यवर्गीय संसार का प्रसार कर रही थी। उसमें बुद्धिजीवियों का भी एक छोटा-सा उदार समुदाय था।

शैक्षिक-बौद्धिक जागरण

गुजरात शिक्षा के मामले में आगे नहीं था, जिस तरह बंगाल या दक्षिण भारत के राज्य थे। गुजराती में शिक्षा और प्रेस की सुविधा पहले सिर्फ बंबई में थी।

लंदन मिशनरी सोसाइटी ने 1817 में सूरत में पहला मिशनरी स्कूल खोला, लेकिन पहला हाई स्कूल 1840 में खुल पाया। बंबई में नेटिव एजुकेशन सोसाइटी की स्थापना होने पर 1826 में रणछोड़दास पर गुजराती शिक्षा की पाठ्य पुस्तकें तैयार करने की जिम्मेदारी दी गई, ताकि आधुनिक ढंग से गुजराती सिखाई जा सके। इस साल अहमदाबाद में भी दो गुजराती स्कूल खुले थे। इस शहर में लड़कियों के लिए पहला स्कूल 1849 में खुला, जिसमें शुरू में पांच लड़कियां थीं। वे सभी नागर ब्राह्मण परिवार की थीं। गुजरात में उच्च शिक्षा को लेकर रुचि इतनी कम थी कि अहमदाबाद में 1861 में जो कॉलेज शुरू किया गया, उसे विद्यार्थियों की कमी के कारण 1874 में बंद कर दिया गया। 1879 में जाकर फिर पूरे प्रयास से गुजरात कॉलेज की स्थापना की गई।

यह अंततः बना रह गया और प्रतिष्ठित भी हुआ। गुजरात में शिक्षा के प्रति कम रुचि ने समाज सुधार आंदोलन को एलीट ढांचे तक सीमित रखा।

1797 में बेरमजी जीजीभाई ने गुजराती अक्षर ढाले थे। पहला गुजराती समाचार-पत्र 'मुंबाइना समाचार' बंबई से 1822 में प्रकाशित हुआ था। 1850 में गुजराती का महत्वपूर्ण पाक्षिक पत्र 'बुद्धिप्रकाश' निकला। 1855 में प्रसिद्ध नवजागरण व्यक्तित्व दलपत राम इसके संपादक बने। उस दौर के निकले पत्रों में 'सत्यप्रकाश' भी महत्वपूर्ण है जो 1855 में करसनदास मूलजी के संपादन में निकला था। इसका 1861 में दादाभाई नौरोजी द्वारा 1854 से निकाले जा रहे प्रसिद्ध सुधारवादी एंग्लो-गुजराती पत्र 'रस्ट गोफर' (सच-सच कहनेवाला) से संबंध स्थापित हुआ। बुद्धिवर्द्धन सभा द्वारा एक पत्र 'बुद्धिवर्द्धन ग्रंथ' 1856 से नियमित निकलना शुरू हुआ। 1864 से नर्मद ने बंबई से 'डांडियो' पत्र निकाला, जिसमें समाज सुधार के प्रति अन्यमनस्क गुजरातियों की निर्मम आलोचना होती थी। लक्षित किया जा सकता है कि बुद्धिवाद का प्रचार करने में एक समय गुजराती पत्र कितना आगे थे। बंबई से 'गुजराती' नाम से एक चर्चित साप्ताहिक 1880 से निकलना शुरू हुआ था। इसमें नर्मद नियमित लिखते थे। ये सभी पत्र समाज सुधार आंदोलन को बौद्धिक तीव्रता देते थे और गुजराती भाषा तथा साहित्य के विकास में सहायक थे। एक खूबी यह है कि गुजराती के कई साहित्यकार समाज सुधार के काम से प्रत्यक्ष रूप से जुड़े हुए थे।

धार्मिक आंदोलन की गुजराती पृष्ठभूमि

कहना न होगा कि गुजरात एक समय भक्ति आंदोलन का बड़ा केंद्र था। यहां नरसी मेहता (1414-1481) जैसे कवि हुए थे जिन्होंने कहा था, 'वैष्णव जन तो तैने कहिए जे पीर पराई जाने रे'। वे धार्मिक पाखंड और जाति भेदभाव का विरोध कर वैष्णवता की निश्छल भावधारा प्रवाहित कर चुके थे। उनकी भक्ति पीड़ित वर्गों के सामाजिक उद्धार से जुड़ी थी। मीराबाई (1498-1546) के बारे में भी मान्यता है कि वे गुजरात में काफी समय थीं। एक स्वर्णकार भक्त कवि अखा भगत (1615-1674) ने अद्वैत चेतना का प्रचार किया था।

वे धार्मिक छद्मवेश में पाखंड फैलानेवाले साधुओं और छुआछूत के प्रबल विरोधी थे।

गुजरात का ब्रजभाषा से भी संबंध था, जो वैष्णव चेतना से संबंध के कारण था। भक्त कवि दयाराम (1777-1853) ब्रज स्कूल के थे। एक प्रभावशाली कवि प्रेमानंद (1636-1734) थे। उन्होंने उन धर्मशास्त्रवादी पुष्टि मार्गीय वेद-पंडितों की आलोचना की थी जो सामाजिक वास्तविकताओं से कटे हुए थे। संत कवि दादूदयाल (1544-1603) का जन्म अहमदाबाद में हुआ था, बाद में वे राजस्थान के नराना जाकर बसे। काठियावाड़ के भक्त कवि भोजा भगत (1785-1860) थे जो नवजागरण के दौर में लोकभाषा में लिखी अपनी रचनाओं के जरिए धार्मिक पाखंडियों का भंडाफोड़ कर रहे थे। एक भक्त समाजसेवी जलाराम (1799-1881) थे, जो विशेषतः अपने चमत्कारों के लिए प्रतिष्ठित हुए। गुजरात में उपर्युक्त भक्तों-सुधारकों की रचनाएं 19वीं सदी के सुधार आंदोलन की सांस्कृतिक मिट्टी के रूप में देखी जा सकती हैं।

उपर्युक्त भक्त कवियों की तुलना में रामानंद स्वामी के शिष्य और वैष्णव भक्त सहजानंद स्वामी (1781-1830) गुजरात में सबसे अधिक लोकप्रिय हुए। उन्हें सामाजिक दयालुता और एक महत्वपूर्ण धार्मिक घटना के तौर पर देखा जाता है। उन्होंने 19वीं सदी के आरंभिक तीन दशकों में अपने कार्यों से व्यापक जन समर्थन हासिल किया। वे स्वामीनारायण के रूप में, भगवान के रूप में पूजे जाने लगे। उन्होंने 1822 में सभी के साथ खुद भी ईंटें ढोकर अहमदाबाद में एक मंदिर का निर्माण किया था। इसके बाद तो उनके स्वामीनारायण संप्रदाय के संपन्न व्यक्तियों ने कई भव्य मंदिर बनाए जो अक्षरधाम के नाम से मशहूर हैं। सहजानंद स्वामी ने 1813 में काठियावाड़ की महामारी और अकाल में राहत कार्य किया था। गुजरात में उनके प्रति आस्था उनकी उदार परोपकारी दृष्टि के साथ जोड़ लिए गए चमत्कारों के कारण गहरी होती गई है। इस देश में चमत्कारों के प्रचार के बिना लोकप्रियता संभव नहीं है, व्यक्तित्व का करश्माईकरण जरूरी है।

सहजानंद स्वामी ने गुजरात में लंबे समय से व्यापक प्रभाववाले वल्लभ संप्रदाय के पाखंडों का विरोध किया था, जो 19वीं सदी के बुद्धिवादियों द्वारा भी जारी था। निश्चय ही सहजानंद स्वामी का लक्ष्य समाज सुधारों का प्रचार करने की जगह मानवजाति की आध्यात्मिक एकता का प्रचार करना था। उनकी दृष्टि में धार्मिक-आध्यात्मिक जीवन उदारवादी नैतिक जीवन से भिन्न नहीं है। सहजानंद का एक बड़ा काम निम्न जातियों और गरीबों के बीच आत्मसम्मान का भाव पैदा करना है। हालांकि उन्होंने इनके लिए अलग मंदिर और अलग भोजन का नियम बनाया। स्त्रियों को भी पुरुषों से अलग रखा। उन्होंने भक्ति के मार्ग में सामाजिक भेदभाव का विरोध किया और प्रचारित किया कि किसी भी धर्म, वर्ग और जाति के व्यक्ति आध्यात्मिक ऊंचाई पा सकते हैं। उनके कुछ शिष्य मुसलमान (खोजा) और पारसी भी थे। उनके संबंध में उल्लेखनीय है कि वे अहिंसा, शाकाहार और नैतिक आत्मशुद्धता के प्रबल समर्थक थे, हालांकि गुजरात में ऐसी चीजें अंततः ख्वाब होकर रह गईं।

सहजानंद स्वामी ने यज्ञ में बलि प्रथा का विरोध किया था जिसकी वजह से रूढ़िवादियों का विरोध झेलना पड़ा। उल्लेखनीय है कि उन्होंने विधवा पुनर्विवाह का समर्थन नहीं किया, पर स्त्री शिक्षा का प्रचार किया। उनकी धार्मिक परियोजना में वे जनजातियां भी शामिल थीं, जिन्हें अपराधी समझा जाता था। इससे गुजरात की जनजातियों की जीवन-शैली में फर्क आया। अंग्रेज भी स्वामी के प्रभाव से चकित थे।

सहजानंद स्वामी ने एक भविष्यवाणी की जिसके आधार पर गुजरात में ब्रिटिश राज को एक दैवी आगमन के रूप में देखा जाने लगा। अंग्रेज उनसे इसलिए खुश थे कि उनके प्रभाव से गुजरात में डकैती और हत्याएं कम हो गई थीं। स्वामी ने सती प्रथा की आलोचना की थी, हालांकि इसको रोकने के लिए कोई प्रयास नहीं किया। भगवान के रूप में सहजानंद स्वामी के प्रति बढ़ती आस्था ने गुजरात में अंग्रेजी राज की स्वीकार्यता बढ़ाने में मदद की। 19वीं सदी में 'स्वामीनारायण' के प्रति भक्ति के उदय को एकाकी घटना के रूप में नहीं, बल्कि देश भर में परदुखकातर व्यक्तित्वों के दैवीकरण की एक बड़ी शृंखला में रखकर देखने की जरूरत है। ऐसे सभी व्यक्ति आधुनिक युग

में भगवान कहे जाने लगे और भगवानों की एक नई पीढ़ी आ गई। इसमें कुशल और संगठित प्रचार की एक बड़ी भूमिका थी। स्वामीनारायण को केंद्र में रखकर बी ए पी एस स्वामीनारायण संस्था द्वारा कई शैक्षिक, सामाजिक और सेवामूलक सेवाएं शुरू हो गईं, पर उनके मंदिरों की भव्यता अद्भुत है। स्वामीनारायण जैसे दैवी प्रतिष्ठा पाए व्यक्तियों ने धर्म के भीतर रहकर एक समय अति-रूढ़िवादी और हिंसक हिंदू समाज में नवाचारों और सामाजिक दयालुता को प्रतिष्ठित किया था।

स्वामीनारायण संप्रदाय मुख्यतः कनबी-पटीदार-ठक्कर के सत्ता-समीकरण की देन है। यह ब्राह्मण सत्ता के समानांतर पनपा। इसने परंपरागत वल्लभ संप्रदाय से जुड़े पुराने धार्मिक सत्ता-केंद्र से एक अलग चरित्र का परिचय दिया और लोकोपकार का रास्ता पकड़ा। इस संप्रदाय की एक खूबी यह है कि एक ईश्वर की धारणा का प्रचार करते हुए भी सभी हिंदू देवी-देवताओं के प्रति ही समावेशी रुख है, हालांकि कृष्ण का महत्व ज्यादा है। हम देख सकते हैं कि उस दौर में महाराष्ट्र में शिरडी साईं बाबा (1838-1918) और बंगाल में रामकृष्ण परमहंस (1836-1886) भगवान की तरह पूजे जाने लगे थे। इनके भी मंदिर बने थे। रामकृष्ण परमहंस के साथ लगभग वही घटना है, जो स्वामीनारायण के रूप में सहजानंद स्वामी के साथ। इन सभी के बड़ी संख्या में भक्त हैं। हिंदू धर्म के ब्राह्मण सत्ता-केंद्र की जगह पिछड़ी जातियों को जनाधार बनाकर नए हिंदू उभारों का सिलसिला विभिन्न उद्देश्यों से 20वीं सदी में भी जारी रहा है, नए-नए भगवान बनते रहे हैं।

हम देख सकते हैं कि 19वीं सदी में मानवजाति की आध्यात्मिक एकता का संदेश देनेवाले धर्म पुरुषों ने अपने-अपने भक्तों का काफी बड़ा समुदाय बना लिया। इनकी सामाजिक पैठ उसी जमाने के बुद्धिवादी सुधारकों और बुद्धिजीवियों की तुलना में बहुत ज्यादा थी। यह देखना भी रोचक होगा कि किस तरह रामकृष्ण परमहंस के प्रति आस्थावान लोगों ने शिक्षा और चिकित्सा के जनसुलभ केंद्रों की स्थापना अधिक की तो स्वामीनारायण के प्रति आस्था रखनेवाले लोगों ने नगर-नगर में भव्य मंदिर ज्यादा बनाए। इस फर्क के पीछे एक वजह यह हो सकती है कि परमहंस के पीछे शिक्षित बुद्धिजीवियों की

सोच ज्यादा प्रबल थी तो स्वामीनारायण के पीछे समृद्ध व्यापारियों की सोच ज्यादा प्रबल थी। यह प्रदेशगत सामाजिक विकास में भिन्नता का नतीजा कहा जा सकता है।

भारतीय नवजागरण की विभिन्न धाराओं में धर्म की उपस्थिति का अर्थ अनुदारता को राष्ट्रीय मूल्य बनाकर उपस्थित करना नहीं है। इसलिए नवजागरण के किसी अग्रदूत के धर्म के प्रति आकर्षण को देखकर बिदकना 19वीं सदी की कठोर औपनिवेशिक-सामंती स्थितियों को समझने से भागना है। इस यथार्थ को समझना होगा कि धर्म को साथ लेकर चलनेवाले समाज सुधारकों को कितने कठोर संरक्षणवादी धार्मिक परिवेश में काम करना पड़ा था। हर और धर्म की विकृत धारणाएं छाई थीं और धर्म संरक्षणवाद की मुख्य छतरी बना हुआ था। उस जमाने में कठमुल्ले धार्मिक पंडितों और वैष्णव महाराजों के प्रति आम जनता की गहरी आस्था थी, वे देवतुल्य थे।

धर्म एक नई अवधारणा के साथ सुधार आंदोलन में इसलिए भी जरूरी समझा जा रहा था कि जादू, तंत्र-मंत्र, चमत्कार और कई किस्म के अंधविश्वासों तथा कुप्रथाओं से लड़ना था। कहना न होगा कि नवजागरण कर्मियों को हिंदू धर्म की परंपराओं के भीतर रहकर जूझने से उन्हें नैतिक-बौद्धिक हथियार मिले हैं।

गुजरात की सामाजिक दशा

19वीं सदी के गुजरात में असुरक्षा, अज्ञानता और धर्माडंबरों का बोलबाला था। लोग भक्ति आंदोलन को भूल गए थे और धार्मिक मतांधता में फँसे थे। महान भक्त कवियों के विचारों की जगह भूत-प्रेतात्मा, चमत्कार और अंधविश्वास के प्रचारक पंडितों और ओझा-गुणी की प्रतिष्ठा थी। 1819 में जब कच्छ में भूकंप आया और जन-धन की व्यापक क्षति हुई, लोभी ब्राह्मणों ने प्रचार किया कि देवताओं और दानवों के बीच युद्ध चल रहा है। विनाश से बचने के लिए ब्रह्मभोज कराना होगा। उसी साल एक तारीख की भी घोषणा हो गई थी कि यह महाविनाश का दिन है। ब्राह्मणों ने काशी का हवाला दिया था तो मुल्लाओं ने मक्का का। कई व्यक्ति उस दिन मरने के लिए तैयार बैठे थे।

गुजरात में लोगों को विवाह और श्राद्ध के अवसर पर कर्ज लेकर अनिवार्य रूप से बिरादरी भोज कराना पड़ता था। बाल विवाह की वजह से काफी लड़कियां अधिक उम्र के पुरुषों से बंध जाने के कारण जल्दी विधवा हो जाती थीं। लड़के 18-20 साल की उम्र में ही दो बच्चों के बाप बन जाते थे और अपनी तरक्की करने की जगह किसी तरह पेट भरने के जुगाड़ में तबाह होने लगते थे। कई अन्य सामाजिक बुराइयों के साथ कुछ वर्गों में सती प्रथा भी मौजूद थी। राजपूत परिवारों में कन्या शिशु-हत्या की घटनाएं नियमित थीं। स्त्री शिक्षा महापाप समझा जाता था।

गुजरात में वे सभी कानून लागू थे जो 19वीं सदी में बंगाल के सुधारकों के संघर्ष के नतीजे थे। सती प्रथा ज्यादा प्रचलित न थी, लेकिन बाल विवाह (10 साल के नीचे) और कन्या शिशु हत्या निषिद्ध हो जाने के बावजूद बड़े पैमाने पर हो रही थी। कच्छ और काठियावाड़ में बुराइयां बड़े पैमाने पर थीं। राजपूतों के अलावा कृषकों के समाज में भी ये थीं। विधवा पुनर्विवाह को कानूनी मान्यता मिलने (1856) के बावजूद जनमत इसके विरुद्ध था। कच्छ के मांडवी बंदरगाह क्षेत्र में कई व्यापारी गुलामों का व्यापार करते थे, जबकि 1843 में इस पर प्रतिबंध लग गया था। गुजरात में कन्या शिशुओं की खरीद-बिक्री बड़े पैमाने पर थी। गुजरात की सामाजिक दशा अन्य प्रदेशों की तरह शोचनीय और जटिल थी।

गुजरात में व्यापार का रुझान ज्यादा होने की वजह से शिक्षा जोड़-घटाव, गुणा-भाग से आगे नहीं बढ़ पाती थी। स्कूल खोलने की जगह मंदिर बनाने की प्रवृत्ति ज्यादा थी। इस प्रदेश की एक अन्य खूबी है, भट्ट ब्राह्मणों द्वारा बड़े-बड़े श्रोता समूह के बीच रामायण और श्रीमद्भागवत की पौराणिक कथा सुनाई जाती थी, साथ में गायन होता था। प्रवचन के साथ धार्मिक चमत्कारों और अंधविश्वासों का भी प्रचार होता था। कथा सुनाने की यह परंपरा नए रंग-रूप में प्रवचन उद्योग का रूप धारण करती गई। ऐसे आयोजनों में धार्मिक उत्साह पैदा कर भारी आर्थिक उगाही होती थी।

सुधार आंदोलन : सूरत

गुजरात प्रबोधन के अग्रदूतों में पहला नाम सूरत के दुर्गाराम मेहता (1809-1876) का है। वे बिना अंग्रेजी शिक्षा के बुद्धिवादी मनोवृत्ति के थे और ब्राह्मण होते हुए भी जातिभेद, धार्मिक आडंबर और अंधविश्वासों के प्रखर विरोधी थे। उस जमाने में विद्रोही धार्मिक राह चुनने पर नफरत से धर्मांध व्यक्ति उसे 'अंग्रेजों का धर्म' कहते थे। दुर्गाराम मेहता ने आगे चलकर वेदों और उपनिषद ग्रंथों का अध्ययन किया, ताकि हिंदू धर्म के नए रूप को एक व्यापक परिप्रेक्ष्य में रख सकें। यह भी उल्लेखनीय है कि वे अपने विचारों में जितने उग्र और तेजवान थे, व्यावहारिक जीवन में उन्हें कई बार पीछे हटना पड़ा और समझौते करने पड़े। उन्हें अपमानजनक स्थितियों से गुजरना पड़ा। उन पर शारीरिक हमले हुए। इन स्थितियों के बावजूद उन्होंने अपने प्रचार में कमी नहीं आने दी।

दुर्गाराम मेहता सूरत के एक स्कूल में शिक्षक थे। वे एक अच्छे वक्ता थे। उनका बड़ा प्रभाव था। उनका ईसाई मिशनरियों और सरकारी अधिकारियों से अच्छा संबंध था। अंग्रेज उनकी मेधा और सक्रियता के प्रशंसक थे। गुजराती के प्रसिद्ध बुद्धिवादी लेखक नर्मद और नवलराम पांड्या उनके शिष्यों में थे। उनका संपर्क बंबई के समाज सुधारक और भाषाविद् दादोबा पांडुरंग (1819-1882) से हुआ, जो स्थानांतरित होकर सूरत आ गए थे।

19वीं सदी के धार्मिक सुधार केवल साहित्यिक आवाज नहीं थे। वे संगठित आंदोलन थे। कई सामाजिक संगठन बनने लगे जो नवजागरण काल की एक प्रमुख विशेषता है। दुर्गाराम ने दादोबा तथा समान सोच के कुछ अन्य व्यक्तियों को लेकर 1844 में मानव धर्म सभा की स्थापना की। इसका लक्ष्य लोगों को अज्ञानता और अंधविश्वास से मुक्त करना तथा वेदांत के परिप्रेक्ष्य में एक ईश्वर में आस्था का प्रचार करना था। इस सभा के सदस्य एक ही धर्म मानव धर्म को मानते थे और किसी तरह के सामाजिक भेदभाव में विश्वास नहीं करते थे। वे इस पर जोर देते थे कि मनुष्य के सभी कर्म ईश्वर की महत्ता को बढ़ानेवाले हों और लोग सत्य पर चलें।

मानव धर्म सभा का एक सिद्धांत यह था कि मनुष्य की महत्ता की पहचान गुणों के आधार पर होगी, जाति के आधार पर नहीं।

मानव धर्म सभा सूरत के कुछ शिक्षित बुद्धिजीवियों के बीच तर्कपूर्ण बहस का नतीजा थी। वेदांत से प्रेरणा लेने की वजह से यह सभा बंगाल के ब्रह्म समाज से प्रेरित लग सकती है, पर यह एक स्वतंत्र घटना है। देवेंद्रनाथ टैगोर ने बंगाल में 1843 में जब ब्रह्म समाज को पुनर्जीवित किया, इसके पहले से दुर्गाराम मेहता और दादोबा पांडुरंग वेदांत पर आधारित मानव धर्म का स्वरूप निर्मित कर चुके थे। वे सोचने लगे थे कि यदि लोगों को ईसाई धर्म की और आकर्षित होने से रोकना है तो हिंदू धर्म में सुधार करने होंगे। हिंदू धर्म को मतांधता से मुक्त कर धर्म की सच्ची प्रकृति से जोड़ना होगा और ऊंचे आदर्श सामने लाने होंगे। ऐसे आदर्श हिंदू परंपराओं में मौजूद हैं जो वस्तुतः धार्मिक पाखंडियों के प्रचार से ढक दिए गए हैं। दुर्गाराम ने अपने भाषणों में कहना शुरू किया कि ऊंची जातियों में मिथ्या गर्व भरा हुआ है। मोक्ष वस्तुतः तभी संभव है जब मनुष्य सही सोच अपनाए, एक दूसरे के प्रति प्रेम और सम्मान का भाव रखे। मानव धर्म सभा से सूरत के प्रबुद्ध गुजरातियों के अलावा कुछ मराठी, पारसी और मुसलमान भी जुड़ गए थे। उनका जोर मनुष्य की वैयक्तिकता और बौद्धिक स्वतंत्रता पर था।

सूरत का हाल यह था कि कठोर औपनिवेशिक शिकंजे में इस शहर की व्यापारिक स्थितियों में गिरावट आई हुई थी। आमतौर पर गुजरात 19वीं सदी में महामारी, भूकंप और अकाल से कई बार तबाह हुआ है, एक उन्नत व्यापारिक और किसानी प्रदेश होने के बावजूद। 1899-1900 के पहले ऐसी विपदाओं को अंग्रेज सरकारी तौर पर घोषित नहीं करते थे, जबकि इस प्रदेश में 1812-13, 1876-78 और 1899-1900 में बड़े अकाल पड़े थे। ऐसे अकालों-महामारियों में कई बार गुजरात की चौथाई आबादी नष्ट हो गई। बीस-बीस, पच्चीस-पच्चीस लाख लोग मरते थे। ये औपनिवेशिक नीतियों के नतीजे थे। सूरत भी आर्थिक संकट और प्राकृतिक विपदाओं का शिकार था। इसका फायदा उठाते हुए पंडितों ने व्यापक रूप से अंधविश्वासों का प्रचार शुरू कर दिया। सूरत खाली होने लगा। एक विस्तृत निर्बुद्धिपरकता का माहौल था।

एक घोषणा हुई कि 1843 की वसंत पंचमी को सूरत विध्वस्त हो जाएगा। लोग शोक में डूब गए, विपत्ति पर विपत्ति। दुर्गाराम मेहता ने ऐसे अंधविश्वास और झूठे प्रचार का विरोध किया। उन्होंने सहजानंद स्वामी की सामाजिक दयालुता की सराहना की, लेकिन उन्हें भगवान मानने से इनकार कर दिया, जैसा प्रचार किया जा रहा था। उन्होंने अज्ञानता को भूत-प्रेतात्मा की धारणा, जादू, मंत्र और चमत्कार से संबंधित अंधविश्वासों का जनक माना। इन चीजों का पर्दाफाश करने के लिए उन्होंने खुली चुनौती दी।

दुर्गाराम मेहता ने शहर में एक बार उनके लिए 20 रुपये का इनाम घोषित किया जो अपने को जादू, मंत्र, चमत्कार आदि में सिद्ध मानते थे। उन्हें अपनी चीजों को प्रमाणित करने के लिए पांच रविवार दिए गए। चार रविवार बीत गए, कोई व्यक्ति प्रमाणित करने के लिए आगे नहीं आया। हर रविवार सैकड़ों लोगों की सभा को दुर्गाराम विद्रोही स्वर में संबोधित करते। पांचवें रविवार को सूरत के करीब 200 मंत्र-पंडित सभा में एक साथ उपस्थित हुए। उन्होंने कुछ भी साबित न करके हंगामा किया, दुर्गाराम पर शारीरिक हमला किया और उन्हें अपमानित किया। संभवतः देश के किसी हिस्से में किसी सुधारक ने इतना खतरा नहीं उठाया था और बुद्धिवाद के पक्ष में सार्वजनिक रूप से इतनी सबल आवाज नहीं उठाई थी। यह घटना गुजराती नवजागरण के इतिहास में महत्वपूर्ण मानी जानी चाहिए।

दुर्गाराम गुजरात में सामाजिक सुधार की बौद्धिक जमीन तैयार करने में एक महत्वपूर्ण भूमिका निभाते हैं। उन्होंने धार्मिक मतांधता का विरोध करते हुए विधवा पुनर्विवाह की मांग की। वे जवान विधवाओं की दुर्दशा देखकर चिंतित थे। दुर्गाराम की पहली पत्नी मर चुकी थी। उनके विधवा पुनर्विवाह के विचारों से प्रभावित होकर एक विधवा ने साहस करके उनके सामने विवाह का प्रस्ताव रखा। लेकिन दुर्गाराम ब्राह्मण जाति से बहिष्कार के डर से पीछे हट गए। उन्होंने पारिवारिक दबाव में 11 साल की कुंआरी लड़की से शादी की। साथ ही, उन्हें विधवा पुनर्विवाह के पक्ष में प्रचार बंद कर देना पड़ा। ऐसी विचलनें, निजी उलझनें या शब्द और कर्म के बीच दूरी एक कठोर धार्मिक समाज में बिल्कुल संभव है।

भारत में समाज सुधार का काम बड़ा जटिल मामला रहा है। यह हम आधुनिकतम स्थितियों को देखकर समझ सकते हैं। फिर भी दुर्गाराम अपमानों और परेशानियों के बीच सुधार के काम में लगे रहे। दादोबा बंबई लौट गए थे। इस वजह से वे अपने को कमजोर महसूस कर रहे थे, एक निराशा थी। फिर भी राजकोट स्थानांतरित होने के पहले उन्होंने सूरत में एंड्रयूज लाइब्रेरी खोलने में आगे बढ़कर सहयोग दिया। उन्होंने लड़कियों का स्कूल खोला। यह उनकी आंदोलनात्मक गतिविधियों का फल था कि महिपतराम रूपराम नीलकंठ (1830-1891) और नंदशंकर तुल्जाशंकर मेहता (1835-1905) जैसे नौजवान उनके प्रभाव में सुधार आंदोलन से जुड़े। इन्होंने उनके काम को आगे बढ़ाया। रूपराम के विदेश से लौटने पर उन्हें जाति बहिष्कृत कर दिया गया था। दुर्गाराम ने रूपराम का समर्थन किया, उनके साथ भोजन किया। इस पर रूपराम के साथ वे भी जाति बहिष्कृत कर दिए गए। कुछ समय बाद उन्हें दंड और पछतावा स्वरूप अपनी मूंछ मुड़ानी पड़ी, क्योंकि उन्हें अपनी बेटी की शादी करनी थी। उन्होंने मूर्तिपूजा के खिलाफ प्रचार किया, लेकिन वे खुद नैतिक बाध्यतावश एक जगह से मिली देवमूर्ति की पूजा करते थे!

1874 में दयानंद सरस्वती सूरत आए थे। दुर्गाराम और नर्मद ने मिलकर उनके लिए एक सभा आयोजित की थी। दुर्गाराम धार्मिक सुधार की अन्य गतिविधियों को भी समर्थन देते रहे। यह भी उल्लेखनीय है कि ब्रिटिश सरकार ने जब व्यापारियों पर भारी कर लगाया, दुर्गाराम ने इसकी आलोचना की और असंतोष व्यक्त किया। वे उपनिवेशवाद से आक्रांत नहीं थे। देखा जाए तो 1880 के दशक में गुजरात में आर्थिक राष्ट्रवाद की नींव पड़ चुकी थी। इसने बीसवीं सदी के शुरू के सालों में स्वदेशी आंदोलन का रूप ले लिया।

महिपतराम रूपराम नीलकंठ ने दुर्गाराम मेहता की डायरी के आधार पर उनकी जीवनी लिखी है जिसमें ऊपर के विवरण हैं। उन्होंने इंग्लैंड की यात्रा से लौटने के बाद यात्रा वृत्तांत भी लिखा था। उनके उपन्यास 'सास बहुनि लड़ाई' (1866) को गुजराती का पहला उपन्यास माना जाता है।

उन्होंने लोक नाट्य भवाई का एक संकलन प्रकाशित किया। गुजराती की कुछ पाठ्य पुस्तकों की रचना की। वे सुधार आंदोलन से एक लेखक के रूप में जुड़े थे। उनका पश्चिमी सभ्यता की तरफ ज्यादा झुकाव था।

बंबई के बुद्धिवर्द्धक संघ से जुड़े करसन दास मूलजी (1832-75) का पश्चिमी सभ्यता की तरफ सीमित झुकाव था। करसन दास मूलतः वैष्णव थे। इन्होंने 1855 में एक पत्र निकाला 'सत्य प्रकाश'। यह सुधार आंदोलन का प्रमुख पत्र था। इसमें उन सामाजिक बुराइयों पर लेख छपते थे जो आंदोलन के निशाने पर थे। इसमें नर्मद और अन्य युवा गुजराती बुद्धिजीवी नियमित लिखते थे, बहस करते थे और चर्चा होती थी। इस पत्र को समृद्ध गुजरातियों का बल हासिल था। करसनदास 1857 से प्रकाशित 'स्त्रीबोध' में भी लिखते थे। उन्होंने 60-65 साल के बुजुर्गों द्वारा कन्या विक्रय प्रथा के अंतर्गत विवाह करने का विरोध किया। स्त्री शिक्षा का प्रचार करने के साथ स्त्री-पुरुष बराबरी का समर्थन किया। लक्षित करने की बात यह है कि उदात्त वैष्णव धार्मिकता से जुड़े रहनेवाले करसन दास जैसे व्यक्ति बुद्धिपरकता के पक्ष में खड़े थे और कूपमंडूक न थे। उनकी पुस्तक 'निबंधमाला' 1870 में प्रकाशित हुई थी।

सुधार आंदोलन : बंबई

सूरत के बाद बंबई गुजराती प्रबोधन का एक बड़ा केंद्र बना। यहां कई सामाजिक-साहित्यिक संगठनों का जन्म हुआ जो नवजागरण की विभिन्न दृष्टि यों और विभिन्न दौर की चेतना के वाहक बने। बंबई का एलफिंस्टॉन इंस्टीट्यूट पश्चिमी शिक्षा और सुधार आंदोलन की प्रेरणा देनेवाला एक प्रमुख केंद्र था। इसमें मराठी, गुजराती, पारसी और अन्य समुदाय के विद्यार्थी पढ़ते थे। अधिकांश बुद्धिजीवी, सुधारक और नौकरशाह यहां से पढ़कर निकले थे। एलफिंस्टॉन कॉलेज से निकले गुजराती बुद्धिजीवियों में करसनदास मूलजी, नर्मद, महिपतराम रूपराम, दलपतराम आदि प्रमुख थे। उनकी गतिविधियां पत्र-पत्रिकाओं में लेखन, सभाओं में तर्क-वितर्क और धार्मिक बुराइयों की आलोचना से जुड़ी थीं। उनमें से अधिकांश बुद्धिजीवी पश्चिमी सभ्यता और अंग्रेजी राज के समर्थक थे। कई राष्ट्रवादियों ने भी इसी कॉलेज से शिक्षा हासिल की थी।

यहां से निकले बुद्धिजीवियों ने गुजराती भाषा के प्रचार के लिए ज्ञान प्रकाशक मंडली का गठन किया। इसके पहले अध्यक्ष शिक्षाविद् रणछोड़दास गिरधारी भाई थे।

बंबई शहर में वैज्ञानिक और साहित्यिक गतिविधियां बढ़ने के साथ सामाजिक संगठन भी बन रहे थे। 19वीं सदी की एक बड़ी खूबी संगठन बनाने की प्रवृत्ति है। इस सदी के ऐसे कई संगठन बने, जिन्होंने भारत की सामाजिक चेतना को प्रभावित किया और राजनीति पर भी बड़ा प्रभाव डाला। इस तरह एकतरफा प्रवचन की जगह बहस, तर्क-वितर्क-संवाद और मतैक्य का एक नवीन सिलसिला चल पड़ा। एक लोकतांत्रिक परिवेश बनने लगा। नर्मद (1833-86) ने लिखा है, 'इस तरह से संगठन बनाने की कोई प्राचीन परंपरा देखने-सुनने में नहीं है। कुछ साल पहले से ही यह परंपरा चली है। ...हमारे देश में शासक वर्ग के कुछ शिक्षित व्यक्ति और प्रजावर्ग के कुछ शिक्षित व्यक्ति साथ बैठकर राजनीति-संबंधी बातों पर चर्चा करें, ऐसी कोई परंपरा पहले नहीं रही। ...इंग्लैंड, फ्रांस तथा अमेरिका के निवासी विश्व के अन्य देशों की तुलना में हर तरह से अच्छी स्थिति में हैं। इसका मूल कारण यह है कि वहां हर शहर, हर गांव, हर गली-मुहल्ले में संगठन बनाने और सभा करने का रिवाज है। ...संगठन या सभा में भाषण और तर्क-वितर्क का ढंग ऐसा होना चाहिए कि जिस विषय पर विचार करना हो उसके विशेषज्ञ बारी-बारी से अपने विचार व्यक्त करें अथवा एक का भाषण पूरा हो जाने पर अपने विचार व्यक्त करें। प्रायः ऐसा होता है कि हमारे विद्वत्तजन सभा में तर्क-वितर्क के समय अक्सर क्रोध-आवेश में आकर एक-दूसरे के लिए अपमानजनक शब्दों का व्यवहार करते हैं और मारपीट के लिए खड़े हो जाते हैं।' (संघ बनाने के लाभ, सामाजिक क्रांति के दस्तावेज)। इस कथन से बोध हो सकता है कि भारत में लोकतांत्रिक परिवेश बनाने की राह में भौतिक-सामंती बल प्रदर्शन 19वीं सदी से ही कितना बड़ा सामाजिक तत्व रहा है। उसकी वजह से किस तरह आज भी शिक्षा फैलने के बावजूद समाज में लोकतांत्रिक परिवेश का अभाव है तथा विचार-तर्क-वितर्क पर भौतिक बल प्रदर्शन भारी पड़ जाता है।

नर्मद ने भारतवासियों के स्वभाव की चर्चा की है, 'मतैक्य की शक्ति हममें नहीं है। इसको बढ़ाने के लिए बहुत सारे लोग मिलकर विचार करें, ऐसी परंपरा भी हमारे यहां नहीं है। इसलिए यह दुर्दशा हुई है। ...देखिए, अपना राज्य चला गया, अपनी सत्ता चली गई, अपना शौर्य चला गया और अपना मान-सम्मान चला गया। अपना धन और सुख-चैन सब चला गया। हम मूर्ख, कायर, व्यसनी और दरिद्र होते जा रहे हैं। हम इतने आलसी और विचारशून्य हो गए हैं कि हमें उद्यम करना रुचता नहीं है। गली-मुहल्ले में घूम-घूमकर इसकी और उसकी निंदा करने तथा खाने-खिलाने की बातें करने में हमारा ज्यादा मन लगता है।' (वही)। भारतीय मध्यवर्ग के बड़े हिस्से पर इनमें से कई बातें आज भी लागू होती हैं।

गुजराती नवजागरण के एक प्रमुख व्यक्तित्व नर्मद ने शिक्षा और उद्यम पर खास तौर से जोर देते हुए कहा था, 'उद्यम से होनेवाले लाभ के विषय में मेरा कुछ कहना ही निरर्थक है। ...स्टीमर, रेलगाड़ी, हवाई जहाज, तार, तरह-तरह के यंत्र और औजार, हथियार, छापाखाना, बहुत सारे मकान, विविध प्रकार के ग्रंथ आदि सभी उद्यम के ही फल हैं। उद्यम से विद्या तथा कला-कौशल की वृद्धि होती है, सद्गुण अर्जित होते हैं, समृद्धि बढ़ती है और उसी अनुपात में सुखोपभोग भी बढ़ता है।' (वही)। वे ब्रिटिश शासन का आम परिदृश्य उपस्थित करते हैं, 'लोगों के मुख पर तेज नहीं है। उनके पास रोजगार नहीं है। यूरोप के कारखानों ने हमारे कारीगरों को बेकार कर दिया है।' (वही)। ब्रिटेन की समृद्धि भारत की आर्थिक तबाही पर खड़ी हो रही थी।

भारत की गुलामी को पश्चिम की उच्च विद्या, उच्च तकनीक, उच्च पूंजीवादी व्यवस्था और श्रेष्ठ सभ्यता की विजय के रूप में देखा जाता रहा था। 19वीं सदी में सुख और प्रगति का एक ही रास्ता दिख रहा था कि यूरोपवासियों की तरह सोचो और उनकी तरह उद्यमी बनो। इसलिए नर्मद कह रहे थे, 'बिरादरी के कोप की परवाह न करें, थोड़े समय के लिए परिवार के सुख की चिंता को त्याग दें, विदेश जाएं और घूमें, जाति-कुल की निरर्थक रूढ़ियों को त्याग दें, कला-कौशल सीखें, अपने-अपने अनुकूल उद्यम की खोज करें तो लाभ होगा। खुशामद के सहारे खाने भर का पैदा करने,

झूठी बड़ाई में बिरादरी की दावत देने या उत्सव मनाने के लिए कर्जदार होने, दुर्दशापूर्ण जीवन जीने, कष्ट भोगने ...संतोष का जीवन जीने की जगह तो, देश-काल-परिस्थिति का विचार करके स्वाभिमानपूर्वक अपने अनुकूल उद्यम करने और उसका एक नतीजा लाने में ही पुरुषार्थ है।' (वही)। उन्होंने प्रश्न उठाया, देश में बड़ा कौन—रणशूर, धनशूर या विद्याशूर? उन्हें सर्वोत्तम रास्ता यही दिखा कि विविध तरह से उद्यम करके व्यापारिक और औद्योगिक विकास में हिस्सा लिया जाए।

नर्मद ने कहना चाहा कि दूसरे प्राणी सिर्फ अपने स्वभाव के अनुसार कार्य करते हैं, 'जबकि मनुष्य अपने स्वभाव और बुद्धि दोनों से कार्य करता है।' (शिक्षा, वही)। भारतीयों का स्वभाव बनता गया—आलस्य, दिमागी मूढ़ता और कूपमंडूकता। उनमें नवीनता के प्रति एक स्वाभाविक झिझक होती है। इसके लिए साहस का अभाव रहता है। फलतः वे दुख भोगते रहते हैं, लेकिन पुरानी रीतियों पर चलना नहीं छोड़ते। नर्मद ने मनुष्य के लिए एक उदात्त भूमि की कामना करते हुए कहा कि नई विद्या सीखने और सदुद्देश्य के बीच संबंध होना चाहिए। वे सोच रहे थे, ज्ञान और बुद्धि के विकास के साथ सद्गुणों का भी विकास हो।

भारतीय नवजागरण में आर्थिक-बौद्धिक विकास के साथ-साथ नैतिक विकास की मांग रही है, जबकि औपनिवेशिक परिवेश सामान्यतः अन्यायपूर्ण और नैतिक रूप से भ्रष्ट बना देनेवाला रहा है। नर्मद देख रहे थे, 'संसार में तरह-तरह के लालच और मोह हैं जिनसे चित्तवृत्ति के दुराचार में फँसने का डर बना रहता है। शिक्षाप्रद दृष्टांत तुरंत काम नहीं आते। कभी काम आ जाएं तो भी उनका विशेष प्रभाव नहीं पड़ता।' (वही)। भारतीय सुधारक अपने बुद्धिपरक झुकावों के बावजूद यदि ईश्वर की अवधारणा को छोड़ नहीं पाते थे तो इसकी वजह यह है कि ईश्वर पीड़ा में एक महत्वपूर्ण शरणस्थल ही नहीं रहा है, भय का रूप लेकर बुरे काम करने से रोकता भी रहा है। ईश्वर एक नैतिक दबाव बनाता रहा है, हालांकि इस रूप में उसकी भूमिका धीरे-धीरे समाप्त होती गई। 19वीं सदी में वह धार्मिक पाखंडों से ढका हुआ था। इसलिए नवजागरण की एक महत्वपूर्ण गतिविधि है धार्मिक पाखंडों का विरोध।

नवजागरण के दौर में शिक्षा का अर्थ है ज्ञान के साथ-साथ 'विवेक' नाम के सद्गुण का विकास—-कुदरती रूप से उछलते-मचलते जोश को विवेक से संयमित करना और संस्कारित करना। नर्मद कहते हैं, 'सभा-सम्मेलन में होनेवाली चर्चाओं को जानने, पुस्तकें पढ़ने अथवा भ्रमण करने से दूसरे देशों के राजकाज, धर्म, नीति, विद्या, कला-कौशल, रीति-रिवाजों के बारे में जानकारी होती है। ...एक ही विषय पर अलग-अलग मत देखकर सही और गलत का निर्णय करने की हमारी विवेक-बुद्धि का विकास होता है। इससे तुलनात्मक विचारशक्ति, तर्कशक्ति, चयन विवेक आदि का विकास होता है। हम लोक व्यवहार में सफल होते हैं।' (वही)। नवजागरण काल में शिक्षा को सिर्फ नौकरी पाने के साधन के रूप में नहीं, बल्कि जीवन के उच्च लक्ष्यों को चुनने के साधन के तौर पर देखा जा रहा था।

नर्मद गुजराती नवजागरण के दौर में सबसे अधिक इस मुद्दे पर मुखर थे कि लोग अपनी जानकारियां बढ़ाएं और अपने दृष्टिकोण को विकसित करें, 'पुस्तकें पढ़ने और किसी का भाषण सुनने से नई-नई जानकारियां मिलती हैं। इतना ही नहीं, लेखक किस तरह विचार करते हैं, विचारों को कैसे व्यवस्थित करते हैं, किस तरह स्पष्ट, सुंदर और प्रभावशाली वाणी में विचारों को व्यक्त करते हैं—ये सारी बातें हम जानते हैं और अपनी क्षमताओं का विकास करते हैं। जिनकी विवेक-बुद्धि विकसित नहीं होती, वे दूसरों की बातों पर बिना सोचे-समझे विश्वास करके ठगे जाते हैं। कुछ ऐसे होते हैं जो अपनी संकीर्ण विवेक-बुद्धि की वजह से किसी विषय पर कई कोणों से विचार नहीं कर पाते। वे ऊपर ही ऊपर थोड़ा विचार करके अपना मत निश्चित कर लेते हैं और उसी को सच मान बैठते हैं।' (वही)। नर्मद संकीर्ण बुद्धि की जगह किसी विषय के बहुत से पहलुओं को देखनेवाली आलोचनात्मक बुद्धि को नवजागरण का हथियार बनाना चाहते हैं, ताकि व्यक्ति हमेशा गलत मत का खंडन करे और सही विचारों को प्रसन्नतापूर्वक अपनाए।

आलोचनात्मक बुद्धि नवजागरण का **सार्वभौम** तत्व है। वह बौद्धिक स्वतंत्रता की ही इच्छा पैदा नहीं करती, मनुष्य का मानसिक परिष्कार कर नए अनुभव और नए ज्ञान की ओर भी अग्रसर करती है। वह व्यक्ति को

दुष्प्रवृत्तियों से मुक्त कर सुशिक्षित और सुसंस्कृत बनाती है। नवजागरण काल में विवेक से परिचालित आलोचनात्मक बुद्धि के महत्व का इसलिए भी व्यापक प्रचार हो रहा था कि मनुष्य अपने ज्ञान और कौशल का लोकहित में उपयोग कर सके। वह कार्याकार्य के बारे में अच्छी तरह सोच सके, अपने लाभ-नुकसान को समझ सके और बदलते समय के अनुसार निर्णय ले सके। इसके अलावा वह लोभ, अपयश और पाप में गिरने से बचे। उसमें प्रचुर बुद्धि के बावजूद शालीनता, जीव दया, ईमानदारी, सगे-संबंधियों से प्रेम, देशप्रेम और संपूर्ण मानवता से प्रेम पैदा हो। मनुष्य आलस्य, अज्ञानता और आपसी फूट या सामाजिक भेदभाव से मुक्त हो, यह नवजागरण काल के चिंतकों की केंद्रीय सोच थी। देखना चाहिए कि यह परियोजना कितनी आगे बढ़ी और कितना इसके साथ विश्वासघात हुआ।

अंग्रेजों ने जब भारत को उपनिवेश बनाया था, वे नवजागरण के दौर से गुजर चुके थे। फिर भी यह नहीं कहा जा सकता कि भारत में न्याय, आर्थिक विकास और स्वतंत्रता के मामलों में उनका आचरण यूरोपीय 'रिनेसां' और 'इन्लाइटेन्मेंट' के आदर्शों को जरा भी प्रतिबिंबित करता था। उनकी प्रशासनिक चुस्ती का मुख्य लक्ष्य औपनिवेशिक शोषण और दमन में चुस्ती रहा है।

अंग्रेजों को देशप्रेम, सामाजिक सुधार आंदोलन और व्यापारिक विकास से तब तक कोई परेशानी नहीं थी, जब तक ये उनके औपनिवेशिक स्वार्थों से टकराते न थे। वे सामान्य असंतोषों को अपने लचीले रुख से दूर करते रहते थे, लेकिन जब कुछ विचारों और कामों से राष्ट्रीय प्रतिरोध की आहट मिलती थी, वे कठोर रुख अपना लेते थे। आमतौर पर उन्हें देशप्रेम में अंग्रेजी राज से प्रेम, सुधार आंदोलनों में पश्चिमी सभ्यता से प्रेम और इस देश के शैक्षिक-व्यापारिक विकास में उपनिवेशवाद का विस्तार दिखाई देता था। ये मामले उन शिक्षित और समृद्ध एलीट वर्गों से जुड़े थे जो कई बार अपमान सहकर भी अंग्रेजों से घुले-मिले रहते थे। अंग्रेजों को लगता था कि भारत के लोग अपने को जितना सुधारेंगे और अंग्रेजी शिक्षा पाएंगे, वे पश्चिमी सभ्यता के साथ-साथ अंग्रेजी राज के भी उतने बड़े समर्थक होंगे।

नर्मद ने अंग्रेजी राज के बारे में लिखा था, 'अंग्रेज लोग फानूस के दीपक हैं। ये तुमको प्रकाश देते हैं, किंतु इस प्रकाश का सदुपयोग करना तुम्हारे हाथ में है। ...विदेशियों को पता चले और समाचार-पत्रों में निंदा प्रकाशित हो, इसके पहले एक मत से समाज के बुरे प्रतिबंधों को तोड़ डालो।' (देशाभिमानी, वही)। 19वीं सदी के गुजराती समाज सुधारक अंग्रेजी राज के प्रबल समर्थक थे। निश्चय ही गुजरात के हिंदू संरक्षणवादी भी अंग्रेजों के उतने ही बड़े समर्थक थे। इस मामले में उन सभी के मन में कोई विद्रोह या दुविधा-भाव न था।

बंबई के गुजराती व्यापारिक-शैक्षिक परिवेश में पश्चिमी आधुनिकता का तेजी से प्रवेश हो रहा था। उसी समय नर्मद का कवि और सुधारक व्यक्तित्व उभरा और गुजराती नवजागरण में एक मोड़ के रूप में सामने आया। 1850 में बुद्धिवर्द्धक संघ की स्थापना की गई जिसमें नर्मद और उनके मित्र थे। नर्मद का लक्ष्य हिंदू समाज को नैतिक और बौद्धिक पतन से बाहर निकालना था। उनमें अंग्रेजी शिक्षा से अर्जित ज्ञान के कारण देशप्रेम पैदा हुआ था। स्वाभाविक है कि यह औपनिवेशिक आधुनिकता से प्रभावित देशप्रेम था।

नर्मद ने शिक्षक की नौकरी छोड़कर अपना पूरा समय गुजराती भाषा, साहित्य और सुधार आंदोलन के लिए अर्पित कर दिया। उस दौर में 'सुधारक' शब्द में बड़ा आकर्षण था, बल्कि पढ़े-लिखे नौजवानों के मन में सुधारक होने के लिए बड़ा उत्साह रहता था। ऐसे कामों के लिए संगठन बनते थे। ये महज वैचारिक आदान-प्रदान के मंच नहीं थे, बल्कि नए बने संगठन स्थिर सामुदायिकता की जगह गतिशील सामाजिकता की भावना पैदा करते थे। पश्चिमी शिक्षा और सभ्यता का ज्यादा असर जरूर था। फिर भी सुधारक अपने कामों से जाति, धर्म और क्षेत्र के भेदभावों से ऊपर उठने की प्रेरणा देते थे। वे वस्तुतः देश में उदात्त राष्ट्रीय जागरण की जमीन तैयार कर रहे थे। वे कूपमंडूकता और पाखंडों का उग्रता से विरोध कर रहे थे।

नर्मद और करसनदास मूलजी ने 'सत्यप्रकाश' के मंच से वल्लभ संप्रदाय के महाराजों के उस छप्पनभोग उत्सव का विरोध किया जो भक्तों से धन उगाहने का साधन था। उन्होंने उन वैष्णव स्त्रियों को सावधान किया जो गुरुओं के चक्कर में पड़कर कृष्णलीला की आड़ में यौन शोषण का शिकार होती थीं।

इसके अलावा, उपर्युक्त दोनों सुधारकों ने विधवा पुनर्विवाह का प्रचार कर धार्मिक जड़ता पर चोट की।

उस दौर में संरक्षणवादी वैष्णव महाराज भी नहीं थे। एक न एक समाचार-पत्र का आश्रय लेकर सुधार आंदोलन से जुड़े व्यक्तियों पर आरोप लगाते थे कि वे हिंदू परंपराओं के विरोधी और पश्चिमी सभ्यता के प्रचारक हैं। विधवा पुनर्विवाह के मुद्दे पर नर्मद ने बहस के लिए वैष्णव महाराज जदुनाथजी को चुनौती दी। वे बहस में शामिल हुए, लेकिन विधवा पुनर्विवाह पर चर्चा न कर यह मुद्दा उठा दिया गया कि हिंदू धर्मशास्त्र ईश्वर-प्रणीत हैं या नहीं। नर्मद ने इस मत का खंडन किया कि हिंदू धर्मशास्त्र ईश्वर-प्रणीत हैं। इतना कहना था कि जदुनाथजी के समर्थक पंडितों ने उन पर हमला कर दिया। वे बाल-बाल बचे, सभा भंग हो गई। इसी तरह सूरत में दुर्गाराम पर हमला हुआ था। काशी के पंडितों के साथ दयानंद सरस्वती के शास्त्रार्थ के समय पंडितों ने हंगामा किया था, लेकिन हमला नहीं हुआ था।

नर्मद का धार्मिक पाखंड का विरोध और विवाद अदालत तक गया, जिसके एक निर्णय के आधार पर आरोप प्रमाणित होने के कारण वैष्णव महाराजों के प्रधान जीवनलालजी को बंबई शहर छोड़ने के लिए बाध्य होना पड़ा। इसमें गवाही के लिए दादाभाई नौरोजी सहित बंबई के सभी बड़े सुधारक आए थे। इसी तरह करसनदास मूलजी के खिलाफ मुकदमे में वैष्णव महाराज जदुनाथजी को मुंह की खानी पड़ी थी। इन घटनाओं से वैष्णव महाराज के कई भक्तों का उनके प्रति मोहभंग हुआ। कट्टरवादी पाखंडी वैष्णवों और बुद्धिवादी सुधारकों के बीच संघर्ष एक खास दौर के गुजराती नवजागरण का महत्वपूर्ण पहलू है।

नर्मद बंगाल के ब्रह्म समाज से प्रभावित थे। उन्होंने 1860 में तत्वशोधक सभा बनाई। 1863 में विधवा पुनर्विवाह पर एक नाटक 'तुलसी वैधव्य चरित्र' लिखा। उनकी 1864 में केशवचंद्र सेन से भेंट हुई थी, जब वे बंबई आए थे। इसी साल उन्होंने 'डांडियो' पत्र शुरू किया और धार्मिक-सामाजिक बुराइयों पर तीखा आक्रमण किया। वे चाहते थे कि धर्म पर खुलकर चर्चा हो जिससे उसका सच्चा स्वरूप सामने आए और उसे ही अपनाया जाए।

1866 में उन्होंने 'हिंदुओं का पतन' शीर्षक से एक लंबी कविता लिखी जिसमें उन्होंने लोगों की बौद्धिक दरिद्रता पर चिंता व्यक्त की। उन्होंने कविता के अंत में कहा कि हिंदू लोग ग्रीक, रोमन और यूरोपीय इतिहासों से सीखकर अपना खोया गौरव फिर हासिल करें। नर्मद का 1865 से 1875 तक का समय मुख्यतः सूरत में बीता था, जहां उन्होंने सुधार आंदोलन जारी रखने के अलावा गुजराती भाषा और साहित्य के विकास का भी काफी काम किया था।

नर्मद ने सुधार आंदोलन के एक दौर के बाद बहुत अकेलापन और निराशा का अनुभव किया। उन्हें पछतावा हुआ। वे अंततः धार्मिक-राष्ट्रवादी विचारों की और झुक गए। उन्हें सुधार आंदोलन की सफलता पर संदेह होने लगा, जब उनके कई बुद्धिवादी साथियों ने उनका साथ छोड़ दिया और वे प्रतिगामी हो गए। धार्मिक मतांधता का प्रचंड रूप देखकर अब कई सुधारक पर्दे के पीछे रहकर समर्थन देना चाहते थे। नर्मद ने देखा कि बुद्धिवर्द्धक सभा आंदोलन से पीछे हट चुकी है। उन्होंने इसकी आलोचना की। उनके साथ अब दलपतराम और करसनदास ही रह गए थे। करसनदास भी सूत के व्यवसाय में पैसा बनाने के लिए इंग्लैंड चले गए। ऐसे कई थे जो सुधारों से मुंह मोड़कर व्यवसाय में चले गए। उनका युवा जोश उतर चुका था।

दरअसल अमेरिकी गृह युद्ध के दौर में सूत के निर्यात में कई गुजराती व्यापारी आर्थिक समृद्धि की और बढ़े थे। इस दौर में बनिया और पाटीदार ज्यादा फायदे में थे। कपास की खेती करनेवाले कृषकों की भी जीवन दशा सुधरने लगी थी। इस दौर में मध्यवर्गीय गुजराती लोग धर्म, समाज सुधार और शिक्षा पर चर्चा करने की जगह जल्दी ज्यादा पैसा कमाने की तरफ मुड़ गए, बल्कि लोभ में अंधविश्वासों की तरफ भी बढ़ने लगे। गुजरात में शिक्षा और सुधार आंदोलन को जबर्दस्त धक्का लगा। निश्चय ही भारी और जल्दी मुनाफे का खेल थोड़ी देर के लिए था। 1865 में फिर आर्थिक मंदी का सामना करना पड़ गया। व्यापारी दिवालिया होने लगे। सुधार आंदोलन का आर्थिक संबल टूटने लगा। सुधारकों में एक नर्मद थे जो आर्थिक दौड़ में शामिल नहीं हुए थे। फिर भी नर्मद का उत्साह 1880 के दशक के अंत तक धीरे-धीरे खत्म हो चुका था। उन्हें महसूस हुआ कि भारतीय समाज अभी सुधारों के लिए तैयार नहीं है।

इसके लिए वक्त नहीं आया है। इस मनःस्थिति में वे हिंदू परंपराओं, धर्म और संस्कृति के अध्ययन की तरफ मुड़ गए और उच्च मानव मूल्यों में विश्वास के बावजूद संरक्षणवादी होते गए।

आधुनिकीकरण और सुधार : अहमदाबाद में दलपतराम का योगदान

अंग्रेजी शिक्षा के मनोवैज्ञानिक दबावों के बावजूद इस प्रदेश में गुजराती भाषा में रुचि और उसके विकास के लिए प्रेरणाएं अप्रत्यक्ष रूप से मौजूद थीं। हालांकि इनका उद्देश्य देश की संस्कृति में औपनिवेशिक मूल्यों का प्रवेश कराना था! अंग्रेजी शिक्षा–प्राप्त भारतीय बुद्धिजीवी आमतौर पर पश्चिमीकरण को आधुनिकीकरण समझते थे। वे सुधार आंदोलनों के अगुआ थे और नगरीय समाज में एलीट वर्चस्व का निर्माण कर रहे थे। उनके समानांतर, ऐसे गुजराती बुद्धिजीवी थे जो संस्कृत और देशभाषा की परंपराओं से आकर अंग्रेजी राज और आधुनिकीकरण को समर्थन दे रहे थे। ऐसे व्यक्तियों में गुजराती के महाकवि माने जानेवाले दलपतराम दाह्याभाई त्रवेदी (1820-1898) को प्रमुख माना जाता है। उन्होंने नर्मद के साथ कुछ समय मिलकर काम किया था। बाद में उनसे मतभेद हो गया। दोनों के बीच मनमुटाव और इगो-प्रेरित द्वंद्व एक समय गुजराती साहित्य संसार में चर्चा का विषय था।

गुजराती कवि दलपतराम संस्कृत के पंडित थे। वे स्वामीनारायण संप्रदाय से जुड़े थे और एक देशी रियासत में कुछ समय तक दरबारी कवि भी थे। 1848 में वे अहमदाबाद आए जो गुजरात का एक उभरता आधुनिक नगर था। उन्होंने इसके औपनिवेशिक प्रशासक अलेक्जेंडर फोर्ब्स को गुजराती सिखाई। उपनिवेशित पर शासन करने के लिए शासित की भाषा को जानना जरूरी होता है। फोर्ब्स ने गुजरात वर्नाकुलर सोसाइटी (1848) की स्थापना की। उन्होंने दलपतराम को ब्रज भाषा छोड़कर गुजराती में, जो बोलचाल की भाषा थी, लिखने के लिए प्रेरित किया। उस जमाने में गुजराती निम्न भाषा मानी जाती थी और ब्रज में लिखना शिष्टता का चिह्न था। दलपतराम ने गुजराती का पहला नाटक 'लक्ष्मी नाटक' (1849) लिखा,

जो एक ग्रीक नाटक पर आधारित था। उन्होंने फोर्ब्स से समर्थन पाकर 'वर्तमान' साप्ताहिक पत्र निकाला।

अहमदाबाद में दलपतराम ने गुजरात वर्नाकुलर सोसाइटी के पत्र 'बुद्धिप्रकाश' का संपादन 1855 में शुरू किया। निरंतर निकलते रहनेवाले इस प्रसिद्ध चिरंजीवी पत्र में वे 1878 तक थे। इसमें व्यावसायिक खबरें नियमित छपती थीं। 1865 में फोर्ब्स के मरने पर उन्होंने एक शोकगीत लिखा था। वे नर्मद की तुलना में अंग्रेजी राज के ज्यादा बड़े समर्थक थे। वे चाहते थे कि अंग्रेजों से सीख लेकर गुजराती कर्मठ बनें और व्यापारिक ज्ञान (हुनर) की वृद्धि करें। उनकी दृष्टि में ज्ञान का अर्थ है, 'यदि सभी लोग किताबें पढ़ें ...तो इससे उन पाठकों के बीच से एक बहादुर आत्मा पैदा होगी। वे दूसरे देशों के बड़े उद्योग अपने देश में स्थापित कर सकेंगे। इससे वे देश का धन विदेश जाने से रोकेंगे और देश में धन की वृद्धि होगी।' (इंडियन लिटररी हिस्ट्री, संपा. स्टुअर्ट ब्लैकबर्न, वसुधा डालमिया)। वे औपनिवेशिक परिवेश में स्वदेशी और औद्योगिक पूंजीवाद का स्वप्न दिखा रहे थे। उन्होंने एक कविता लिखी, 'हुन्नर खानि चढ़ाई –हिंदुस्तान ऊपर' (1851)। भारतेंदु ने भी अंग्रेजी राज को आधुनिक कला-कौशल की चढ़ाई के रूप में देखा था। दलपतराम ने व्यापारियों को मशीन के युग में प्रवेश करने का आह्वान किया और स्वदेशी उद्योग का विचार दिया।

दलपतराम का विधवा पुनर्विवाह, बाल विवाह, जाति भेदभाव और अंधविश्वास के मुद्दों पर सुधारपरक रुख के साथ धार्मिक संरक्षणवादी झुकाव भी बना हुआ था। वे स्त्री शिक्षा के पक्ष में थे, ताकि लड़कियां अच्छी पत्नी बनें। उन्होंने अपनी धार्मिक परंपरा और पश्चिमी आधुनिकीकरण के बीच तालमेल बनाया जो गुजराती स्वभाव के मुताबिक था। उनके कार्यों का व्यापारियों और उद्यमियों पर काफी असर पड़ा था।

बंबई प्रेसिडेंसी, अर्थात—पश्चिमी भारत वस्तुतः दक्षिण और पूर्वी भारत की तुलना में व्यापारिक-औद्योगिक दृष्टि से अधिक विकसित था। यह औपनिवेशिक काल के अवसरों का मामला था। बंबई की तुलना में मद्रास प्रेसिडेंसी और बंगाल प्रेसिडेंसी के अंतर्गत आनेवाले प्रदेशों की कम आर्थिक प्रगति हुई।

पूर्वी भारत तुलनात्मक रूप से आज भी सबसे पिछड़ा इलाका है। बंबई प्रेसिडेंसी की अधिक आर्थिक समृद्धि का अर्थ इस क्षेत्र के प्रदेशों का बौद्धिक तौर पर सबसे अधिक जागरूक होना नहीं है। इसी तरह बंगाल प्रेसिडेंसी के प्रदेशों की सबसे कम आर्थिक समृद्धि का अर्थ बौद्धिक तौर पर कम जागरूक होना नहीं है।

उपनिवेशवाद और धार्मिक कट्टरवाद का सामंजस्य सबसे अधिक बंबई प्रेसिडेंसी में नजर आता है। अधिकांश बड़े हिंदू कट्टरवादी और मुस्लिम कट्टरवादी जिन्ना बंबई प्रेसिडेंसी की देन हैं। यह भी देखा जा सकता है कि औपनिवेशिक नियंत्रण पश्चिमी भारत में व्यापारिक राह से ज्यादा था तो पूर्वी और उत्तर भारत में सैन्य दमन की राह से ज्यादा था। अंग्रेजी राज के खिलाफ संघर्ष 1857 से ही सबसे सघन पूर्वी और उत्तर भारत में था। इससे कुछ और नहीं सिर्फ यह ध्वनित होता है कि आर्थिक विकास और बौद्धिक-राजनीतिक जागरूकता के बीच संबंध बन नहीं पाया था।

कवि दलपतराम अपने समय में संभवतः अकेले थे, जिन्होंने अंग्रेजी राज को देश में व्यापार और उद्योग की प्रगति की दृष्टि से बहुत उपयुक्त पाया। उन्हें अंग्रेजी राज देश की अर्थव्यवस्था के विध्वंसक के रूप में नजर नहीं आया। उनका गुजरात की रियासतों के राजा और समृद्ध महाजनों से संबंध था। वे सम्मिलित रूप से सत्ता वर्गों के कवि थे, हालांकि उन्होंने गुजराती भाषा की प्रतिष्ठा का काम प्रमुख रूप से किया। इसके अलावा, उन्होंने गुजराती कविता को आधुनिक मोड़ दिया। उल्लेखनीय है कि वे वैदिक परंपरा और पुरोहितवाद के विरोधी थे, हालांकि विधवा पुनर्विवाह के समर्थन में हिंदू परंपरा से मिथकीय कथा लेकर 'वेन चरित' (1868) काव्य की रचना की थी। यह एक बाल विधवा से जुड़ी वास्तविक घटना से प्रेरित थी।

दलपतराम ने जब 'वेन चरित' की रचना की, बंगाल में विधवा पुनर्विवाह कानून (1856) लागू हो चुका था। उस समय गुजरात में सुधार आंदोलन बिखरा हुआ था, धार्मिक रूढ़िवाद प्रबल था। इस विचार की तरफ झुकाव बढ़ रहा था कि भद्र लोगों को उग्र सुधार का प्रचार नहीं करना चाहिए, सुधार धीरे-धीरे होगा। यह भी कहा जा रहा था कि विधवा पुनर्विवाह व्यावहारिक नहीं है।

खासकर वैष्णव महाराज, संरक्षणवादी बुद्धिजीवी और महाजन इसके विरुद्ध थे। इसलिए दलपतराम के 'वेन चरित' में विधवा कमला के विवाह के लिए प्रयत्नशील राजकुमार वेन ब्राह्मणों के विरोध का सामना करते हैं। ब्राह्मण अंग के राजा से मिलकर हस्त[illegible] कराते हैं। राजा का तर्क है कि कोई सुधार एक बार में लागू नहीं किया जाता। ऐसे हर काम के लिए एक उचित वक्त आता है। यह कथन गुजराती समाज के सत्ताधारी वर्गों की तत्युगीन मानसिकता को व्यक्त करता है।

पिता को दिग्भ्रमित करने के कारण वेन ब्राह्मणों पर और अधिक कुपित हो जाते हैं। पौराणिक कथा में है, पराशर मुनि आकर धर्मशास्त्रों से उदाहरण देकर बताते हैं कि विधवा पुनर्विवाह शास्त्रसम्मत है। लेकिन इस पर भी ब्राह्मण संतुष्ट नहीं होते। लेकिन वे वेन द्वारा खुद को राजा घोषित करने की संभावना और उसके प्रचंड प्रताप से डर जाते हैं। वे वेन के निर्णय को रणनीति के तौर पर मान लेते हैं। विधवा कमला का विवाह संपन्न होता है। इसके बाद अन्य विधवाओं का भी उत्सव के साथ विवाह होने लगता है। इधर ब्राह्मण तैयारी करते हैं और बदले की भावना से अंततः वेन की हत्या कर देते हैं। वेन का पुत्र पृथु गद्दी पर बैठता है। वह ब्राह्मणों की इच्छा के अनुसार पुरानी धार्मिक व्यवस्था लौटा लाता है। उसके बारे में पौराणिक कथा में वर्णित है कि पृथु कायदे से पृथ्वी का पहला राजा है, जिसने अराजकता मिटा कर यज्ञ की पुनःप्रतिष्ठा की और सुशासन स्थापित किया!

दलपतराम का काव्य 'वेन चरित' पौराणिक निराशा में खत्म नहीं होता, बल्कि कमला के चरित्र के जरिए मिथकीय कथा में एक मोड़ ला देता है। कमला वैधव्य के बूचड़खाने से मुक्त हो जाती है। दलपतराम 19वीं सदी की शक्ति और सीमाओं को स्पष्ट करते हुए संदेश देते हैं, 'हर स्त्री शिक्षा पाए, अपने अभिभावकों की इज्जत बढ़ाए और अच्छी स्त्री बने।' वे पुराणों की पुरानी संकल्पना से भिन्न वेन को ब्राह्मणों की धार्मिक मतांधता से संघर्ष करनेवाले एक साहसी और महान राजा के रूप में उपस्थित करते हैं। इस तरह दलपतराम व्यापार के नए युग में ब्राह्मणों के अप्रासंगिक होने का उल्लेख कर रहे होते हैं, जो उन पर स्वामीनारायण संप्रदाय और जैन व्यापारियों के प्रभाव का नतीजा है।

देशप्रेम और मिथ्या देशाभिमान का फर्क

गुजरात प्रबोधन में देशप्रेम और देश पर मिथ्या अभिमान पर बहस का काफी महत्व है। नर्मद की दृष्टि में स्वदेशाभिमान का एक उच्चतर अर्थ है, 'प्राचीनता का गर्व प्रत्येक हिंदू को है। किंतु वे सिर्फ गर्व करते हैं, उद्यम नहीं करते। ...विदेशियों के बीच ये अपने पूर्वजों के पराक्रम की बात बड़े गर्व से करते हैं, किंतु इनके पराक्रम की बात दूसरे लोग करें, इनका ऐसा कोई काम देखने को नहीं मिलता।' (सामाजिक क्रांति के दस्तावेज)। नर्मद का 'स्वदेशाभिमान' शीर्षक लेख सामाजिक क्रांति का उद्घोष है। पश्चिमी विद्वानों की भारतविद्या का हवाला देते हुए नर्मद ने लिखा, 'आजकल अंग्रेज, फ्रेंच, जर्मन तथा अमेरिकन लोग इनमें गर्व जगा रहे हैं।' (वही)। वे देशप्रेम और देशाभिमान को धार्मिक सुधार के अलावा अपने प्रदेश की मुख्य प्रवृत्ति व्यापार, उद्यम और आर्थिक विकास से जोड़ते हैं। गुजरात प्रबोधन व्यापारिक पूंजीवाद से जुड़ा हुआ था। नर्मद हिंदुओं से सुधार और प्रगति के कामों में हिस्सा लेने का आह्वान करते हैं, सिर्फ आर्थिक विकास की बात नहीं करते। इस तरह 19वीं सदी में एक हद तक 'धार्मिक सुधार' और 'आर्थिक विकास' की कोशिशें परस्पर जुड़ने की प्रक्रिया में थीं।

गुजरात प्रबोधन के विस्तृत आयाम का बोध नर्मद के इस कथन से होता है, 'अरे महानुभावो! तुम सब लोग ज्ञान-विज्ञान की जानकारी रखो। लड़के-लड़कियों को स्कूल भेजकर पढ़ाओ। उन्हें ज्ञान की खुराक दो। संगठित होकर व्यापार करो। अपने रहन-सहन में परिवर्तन लाओ। रास्ते साफ-सुथरे कराओ। व्यसनों से दूर रहो। किसान अभी बहुत नासमझ हैं। उन्हें कृषि कला सीखकर तथा भूमि-संबंधी रसायन जानकर कृषि कर्म में सुधार करना चाहिए। यंत्रबल में हस्तबल से अधिक गुण होते हैं। पहले लोग पुस्तक नहीं पढ़ते थे। कुछ दिन से अमीर-गरीब सभी लोग पुस्तक खरीद कर पढ़ते हैं। स्थान-स्थान पर छापाखाना स्थापित करो। देखते जाओ कि विदेशों में विद्या के द्वारा कैसे-कैसे लाभ हो रहे हैं।' (वही)। बंबई जैसे शहर में रहने के कारण और पश्चिमी दुनिया की प्रगति देखकर ये बातें कही जा रही थीं।

लेकिन हम यहाँ औपनिवेशिक आधुनिकता में औपनिवेशिकता और आधुनिकता का तनाव देख सकते हैं जो स्वदेश-प्रेम का नतीजा है।

पुस्तक आधुनिक जमाने में ज्ञान के नए माध्यम के रूप में लोकप्रिय हो रही थी। यह ज्ञान पर उच्च जाति के धार्मिक वर्चस्व का टूटना है। छपी किताबों के जरिए ज्ञान के जनतंत्रीकरण ने बुद्धिपरकता और आधुनिकता की राह ही प्रशस्त नहीं कर दी, राष्ट्रीय जागरण का द्वार भी खोल दिया। हालांकि नर्मद देख रहे थे कि जो संपन्न हैं वे भी पुस्तकें पढ़ना नहीं चाहते। वे अपने ज्ञान और संवेदना के विकास से विमुख हैं। इसलिए नर्मद व्यंग्यपूर्वक कहते हैं, 'पुस्तकें खरीदने का मतलब तो पैसा फेंकना है। सोना-चांदी, हीरे-जवाहरात खरीदकर संदूक में बंद करके रखना हम लोगों को अधिक अच्छा लगता है।' (वही)। लाइब्रेरी सोसाइटी ऑफ बंबई 1804 में और एन्ड्रिउज लाइब्रेरी (सूरत) 1850 में खुली थी। लाइब्रेरी सोसाइटी ऑफ बंबई 1827 में ब्रिटेन की रायल एशियाटिक सोसाइटी की बंबई शाखा बन गई थी। ये सुविधाएं एलीट वर्ग तक सीमित थीं। शिक्षा साधारण लोगों तक पहुंच नहीं पा रही थी। भारतीय समाज में ज्ञानोदय आमतौर पर भीषण औपनिवेशिक-सामंती अवरोधों का शिकार था।

नर्मद कहते हैं, 'मनुष्य धर्म के लिए नहीं है, धर्म मनुष्य के लिए है।' (वही)। उन्होंने धार्मिक जड़ता पर प्रहार करते हुए लिखा, 'दक्षिण भारत के ब्राह्मण गरीब होते हुए भी विद्या के प्रचार-प्रसार के लिए देशभाषा में तमिल, तेलुगु आदि में ग्रंथ रचना करते हैं और गुजराती ब्राह्मण विद्याभ्यास करने के बदले यजमानों को ठगते हैं तथा जम्हाई लेते हुए गंदी अवस्था में पड़े होते हैं। हे भगवान! वह दिन कब आएगा जब इस देश से आलस्य, अज्ञान, दुराचार और गंदगी चली गई होगी।' (वही)। निश्चय ही नर्मद ने आगे चलकर उस सुधार आंदोलन की आलोचना की जिसके वे खुद एक अंग थे। उन्होंने सुधार आंदोलन के तीव्र औपनिवेशिक झुकाव और अंग्रेजों की चाटुकारिता की प्रवृत्ति के अलावा उसमें नए किस्म के पाखंड लक्षित किए थे।

नर्मद धर्म को नैतिकता और सदाचरण के प्रेरणास्रोत के रूप में देखते हैं, 'वास्तव में धर्माभिमान किसी में नहीं है। प्रथमतः तो मनुष्य को अपने स्वरूप

को पहचान कर परस्पर एक-दूसरे के साथ कैसा व्यवहार किया जाए और ऐसी ही अन्य नीतियों को सीखना चाहिए। एक दृष्टि से नीति (एथिक्स) ही मुख्य है। नीतिमान हुए बिना भक्तिमान नहीं हुआ जा सकता। ...परोपकार को धर्म समझो।' (वही)। वे कहते हैं, 'ऐसा चित्त हो कि मैं अपने देशवासियों के हित में सब कुछ करूंगा—ऐसे शुभ और सुंदर शब्द मुख से निकलें। ऐसा समय जल्दी लाओ।' (वही)। देखा जा सकता है कि नर्मद की दृष्टि में 'देशाभिमान' का अर्थ 'गर्व से कहो, हम हिंदू हैं' में सीमित नहीं है। उस युग के सुधारक आमतौर पर चाहते थे कि अनुपयोगी रीति-रिवाजों को छोड़ा जाए। शिक्षा, ज्ञान, अनुभव और बुद्धि की नई रोशनी में नई बातों को अपनाया जाए और इन सब चीजों के लिए हिम्मत पैदा की जाए।

नवलराम पंड्या (1836-88) सूरत के थे। वे अंग्रेजी-शिक्षित और एलीट वर्गीय थे, लेकिन उन्होंने मुख्यतः गुजराती साहित्य और शिक्षा क्षेत्र को समृद्ध किया। वे 19वीं सदी में देशप्रेम और देशाभिमान के फर्क को जिस तरह व्याख्यायित करते हैं, वह आज के संदर्भ में भी महत्वपूर्ण है। आज देशप्रेम के लिए किसी त्याग की जरूरत नहीं है, जबकि नर्मद के विचारों को आगे बढ़ाते हुए नवलराम कहते हैं, 'देशप्रेमी मनुष्य खून-पसीने की कमाई से संचित धन को देश के लिए पल भर में खुशी-खुशी खर्च कर देता है। वह अपने अन्य ममतापूर्ण संबंधों को छोड़कर देश सेवा में एकनिष्ठ भाव से तत्पर रहता है और जरूरत पड़ने पर देशहित में प्राणों पर भी हँसते-हँसते खेल जाता है । ...देश के प्रति प्रेम रखना तथा देशप्रेम का मिथ्या अभिमान करना—इन दोनों में बहुत फर्क है। विश्व के बहुत से लोग अपने देश की झूठी तारीफ करने में तथा दूसरे देश की निंदा करने को ही देशप्रेम मानते दिखाई पड़ते हैं। ऐसे लोगों की साधारण मान्यता होती है कि अपने देश का जो है वह अच्छा तथा परदेश का सब कुछ बुरा है। वे जहां भी जाते हैं, बात-बात में लड़ पड़ते हैं और समय-समय पर मारपीट पर उतारू हो जाते हैं। आंख रहते हुए भी वे अंधा होकर घूमते हैं, रात को दिन कहने में संकोच नहीं करते। ...कहते हैं कि हमारी भूमि तो पवित्र भूमि है और दूसरे सभी देशों के निवासी म्लेच्छ हैं। ...देशाभिमान शब्द ने हमारे मिथ्याभिमान को बहुत बढ़ाया है।' (सच्चा देशाभिमान, वही)।

नवलराम पंड्या ने जो कुछ कहा है उसका अभिप्राय यह है कि देशप्रेम अंध-राष्ट्रवाद से भिन्न है।

भारत कई छोटे-छोटे राज्यों और कई समुदायों के बौद्धिक-सांस्कृतिक सूत्र-बंधन के भीतर से एक बड़े राष्ट्र के रूप में उदित हो रहा था। उस समय शिक्षित वर्गों में राष्ट्रीय जागरण का भाव आ रहा था। एक प्राचीन सांस्कृतिक स्वप्न का राष्ट्रीय उदय उस युग की महत्वपूर्ण घटना है।

एक औपनिवेशिक देश में नवजागरण को देशप्रेम के बिना अधूरा कहा जाएगा। स्वाधीन देशों में आया नवजागरण ज्ञान, सभ्यता और अर्थव्यवस्था के मामलों में वैश्विक सोच लेकर चला और बौद्धिक श्रेष्ठता के अहंकार में उपनिवेशवाद की धारणा की ओर बढ़ा। अफ्रीका, लैटिन अमेरिका और एशिया के संदर्भ में यूरोपीय रिनेसां का नतीजा वस्तुतः यही है। औपनिवेश्कि देश में नवजागरण के मार्ग में आर्थिक, राजनीतिक और सांस्कृतिक बाधाएं रही हैं। इसलिए वैश्विक संपर्कों का अनुभव करते हुए भी देशप्रेम नवजागरण का मुख्य द्वार बनता है। यह स्थानीय स्थितियों के अनुसार सुधार, राष्ट्रीय जागरण और प्रगति की बौद्धिक प्रेरणा देता है और किसी औपनिवेशिक देश में नवजागरण को विशिष्ट बना देता है।

गुजरात प्रबोधन के बुद्धिवादी जातीय दौर में नर्मद के साथ-साथ नवलराम यह कहने में नहीं हिचकते कि यदि देशप्रेम है तो व्यापारी छल-प्रपंच की दुकान खोलकर नहीं बैठ सकते। इस तरह नवलराम देशप्रेम की जिस धारणा का प्रवर्तन करते हैं वह यूरोपीय प्रयासों से भिन्न, भारतीय विशिष्टताओं वाला है और व्यापक है। नवलराम देशप्रेम की पहली शर्त मानते हैं—सभी तरह के स्वार्थों का त्याग साथ ही मिथ्या गर्व का भी त्याग। यह पुनरुत्थानवादी विकृतियों से एक भिन्न रुख है और प्रबोधन के दौर में बौद्धिक विकास का एक उदाहरण है।

नवलराम कहते हैं, 'देश की खराब हालत को देखते हुए भी बड़प्पन दिखाने के लिए 'सब ठीक है' ऐसी शेखी बघारें तो निश्चित रूप से यह देश बर्बाद हुए बिना नहीं रह सकता। ऐसे मिथ्याभिमानियों को देशाभिमानी कहने के बदले पक्का देशद्रोही कहना चाहिए। उनमें देशप्रेम तो नहीं है, मूर्खता और

अतिविनाशकारी गर्व जरूर अधिक है। जिस व्यक्ति में सच्चा देशाभिमान होता है ...वह अपने देश के दोषों को नजरअंदाल करने के बदले उन्हें समूल नष्ट करता है। ...हमारा जो देशाभिमान है वह देश को उन्नति की तरफ ले जानेवाला है या उसे और अधिक पतन की ओर ले जानेवाला है, इस समय इस पर विचार करना हमें बहुत महत्वपूर्ण लगता है।' (वही)। देशप्रेम का अर्थ अपनी धार्मिक और सामाजिक बुराइयों को नजरअंदाज करना नहीं है। 19वीं सदी की यह एक अच्छी सोच है कि धार्मिक-सामाजिक सुधारों और आर्थिक प्रगति से जुड़े बिना देशप्रेम देश में लंबे काल से चली आ रही बुराइयों पर गर्व के सिवा कुछ और नहीं है।

संरक्षणवाद का उभार : सुधारों की दशा

भारत में सुधार आंदोलन वस्तुतः औपनिवेशिक सम्मोहन और आंतरिक सामंती अवरोधों से गुजर रहे थे। बुद्धिवादियों के आंदोलन शहर केंद्रित थे। इन आंदोलनों में गांव के किसानों और शहर के आम धार्मिक लोगों के लिए कोई आकर्षण नहीं था। उनका कुछ जनाधार व्यापारियों के बीच था। कई वजहें हैं, गुजरात में सुधार आंदोलन आम धार्मिक लोगों से संवाद स्थापित नहीं कर सके और यह कुछ सीमित वर्गों के बीच के मामले होकर रह गए। इनकी सीमाओं और विफलताओं का अनुभव कई सुधारकों को हुआ।

उल्लेखनीय है कि 1880 के दशक में गुजरात कई तरह से अंग्रेजी दमन का शिकार हुआ। आर्थिक मंदी से व्यापारी तबाह होने लगे। सुधार आंदोलन में ठहराव आ गया। नर्मद जैसे लेखकों का सुधार आंदोलन के विशिष्टवर्गी और अंतर्विरोध-भरे स्वरूप से 1875 में मोहभंग हो गया। वे हिंदू धर्म तथा दर्शन की प्राचीन परंपराओं की तरफ आकर्षित होने लगे। इसके अलावा, अब देशप्रेम धीरे-धीरे राष्ट्रीय आत्मपहचान के संघर्ष में रूपांतरित हो रहा था।

मणिलाल नमुभाई द्विवेदी (1858-99) को गोबर्द्धनराम त्रिपाठी (1855-1907) से जोड़कर 'पंडित युग' में रखा जाता है। इसे दुर्गाराम-नर्मद-दलपतराम के 'सुधारक युग' से भिन्न बताया जाता है, हालांकि उस दौर में नवजागरण के अंतर्गत हो रहे सामाजिक-साहित्यिक चेतनागत विकास को इस तरह

कठोरतापूर्वक विभाजित करके देखना उचित नहीं है, क्योंकि पंडित युग में सुधार की प्रवृत्तियां मिट नहीं गई थीं।

मणिलाल द्विवेदी कुछ निजी और वैचारिक विचलनों के बावजूद सुधारों के विरोधी नहीं थे। नर्मद ने मरते समय उनसे आशा की थी कि वे उनके सुधार के काम को आगे बढ़ाएंगे। मणिलाल ने एक हद तक सुधारों का समर्थन किया, जैसा कि गोबर्द्धनराम त्रिपाठी ने भी अपने उपन्यास 'सरस्वतीचंद्र' में कठिन परिस्थितियों का चित्र अंकित करते हुए भी नए युग की प्रसव पीड़ा दिखाई। यह जरूर है कि ये संरक्षणशील ज्यादा थे।

मणिलाल द्विवेदी की शंकर के अद्वैतवाद में आस्था थी। उन्होंने 19वीं सदी के बुद्धिवादियों की तरह पश्चिमी सभ्यता के आगे आत्मसमर्पण करने से इन्कार कर दिया, प्रार्थना समाज को पश्चिम से आयातित विचारों पर आधारित बताया तथा उसकी आलोचना की। वे थियोसोफिकल सोसाइटी से जुड़े थे। उन्होंने विश्व परिप्रेक्ष्य में भारतीय दर्शन और साहित्य का अध्ययन किया था। उन्होंने भारतीय परंपराओं और सुधारों के सम्मिश्रण की कुछ कोशिशें जरूर कीं। 19वीं सदी के इस मामले को नवजागरण के आंतरिक द्वंद्व और विडंबना के रूप में समझने की जरूरत है।

मणिलाल द्विवेदी ने अपने निबंध 'सुधार का मानदंड' (1895) में लिखा है, 'कवि नर्मदशंकर, श्री करसनदास, श्री महीपतराम आदि सुधारकों के प्रति मेरे मन में पूर्ण सम्मान का भाव है। उन्होंने अविवेकपूर्ण या विद्रोहात्मक काम किया, ऐसा मैं नहीं मानता। इसके विपरीत, मैं उनको इसलिए प्रशंसा का पात्र मानता हूँ कि उन्होंने जैसा जाना और समझा, उसके अनुसार कार्य करके दिखाया। उनकी विफलता का कारण मैं यह मानता हूँ कि उनके पास प्राचीन परिस्थिति का पूरा विवरण उपस्थित करनेवाला पर्याप्त साहित्य उपलब्ध न था। इसलिए उनकी दृष्टि नए और आयातित विचारों से होनेवाले प्रत्यक्ष लाभ तक सीमित रह गई। उन्होंने देश की, अपनी परंपरा की, व्यक्ति और समाज की प्रकृति और ऐतिहासिक भावना को ध्यान में नहीं रखा। ...इसके बजाय इस देश की परंपरा के विरुद्ध पाश्चात्य और आयातित भावना को लादने की कोशिश की। इसलिए वे विफल हुए।' (वही)। मणिलाल द्विवेदी भारत की

प्राचीन विरासत को त्याग देने के पक्ष में नहीं थे, जबकि उस जमाने की पश्चिमी शिक्षा भारतवासियों को एक न एक तरह से भारतीय परंपरा के श्रेष्ठ तत्वों से विमुख कर रही थी। वह व्यक्तिवाद की प्रचारक थी। मणिलाल पश्चिमी सभ्यता की और बुद्धिवादी सुधारकों के झुकाव को आम धार्मिक लोगों से उनकी विच्छिन्नता और बौद्धिक अंतःकलह का मूल मानते हैं।

आगे उन्होंने लिखा, 'ईश्वर और एक-दूसरे के प्रति और अन्य प्राणियों के प्रति कर्तव्य की भावना ही धर्म है। विधवा पुनर्विवाह, विदेश गमन आदि कार्यों में धर्म बाधक नहीं होता और इस तरह सुधार का काम आगे बढ़ सकता है। सुधार का जो अर्थ मैंने बताया है, वह यह है कि जिस कार्य से पूरे समूह की एकता बढ़ती है और उसके परिणामस्वरूप कार्यसाधक शक्ति बढ़ती है, वह सुधार है। ...मनुष्य संपूर्ण जगत के साथ मन और हृदय की एकता स्थापित करके जो कुछ करता है, वह कर्तव्य है। ...इस तरह पूर्ण प्रेम भाव और एकत्व को हमारे ऋषि-मुनियों ने धर्म कहा है। ...धर्म के इस स्वरूप को ध्यान में रखकर हम सुधार के मार्ग पर चलें तो हमें कोई कठिनाई नहीं होगी। ...यदि आपको सचमुच सुधार करना है तो अभेद की भावना को बढ़ाइए। ...जिस बात से भेद बढ़ता है, वह निश्चय ही एक बुराई है, एक विकृति है। ...समाज नई-नई जातियों और उप-जातियों में विभक्त हो, इस बात को समाज के लिए हानिकर समझना चाहिए। (अंग्रेजी राज में शुरू हुए जन-सर्वेक्षण में जाति बताना जरूरी हो गया था) ...ज्ञान और विज्ञान के क्षेत्र में मतभेद किसी देश की विद्या-समृद्धि का सूचक है, लेकिन मतभेद के कारण आपस में विद्वेष और भेदभाव बढ़े, तो यह उस देश के पतन का लक्षण है। ...सुधार कार्य में विवेक, मध्यम मार्ग, समझदारी तथा सामंजस्यपरक दृष्टिकोण का उपयोग करना चाहिए...।' (वही)। मणिलाल द्विवेदी सुधार आंदोलन के लक्ष्यों को तो धुंधला और अमूर्त करते दिखाई नहीं देते, लेकिन वे धार्मिक कूपमंडूकता की जगह सुधार की शैली को मुख्य निशाना बना देते हैं।

सुधारवाद की हालत परंपरा से बौद्धिक संवाद नहीं करने तथा विचार और कर्म के बीच दूरी की वजह से कमजोर हुई थी। अंग्रेजी राज से बढ़ते असंतोष के दौर में सुधारवाद के अत्यधिक औपनिवेशिक झुकाव ने भी उसे संदेहास्पद बनाया।

ऊपर से वह अमीर व्यापारियों की छाया में था। इसमें संदेह नहीं कि हिंदू संरक्षणवाद वस्तुतः सुधारवाद/उदारवाद के आंतरिक गतिरोध की देन है। औपनिवेशिक सुधारवाद की अंततः वही दशा हो गई जो राजाश्रय की वजह से बौद्ध धर्म की हुई थी।

मणिलाल भारतीय परंपरा के अद्वैतवाद की रोशनी में भेदभाव का विरोध करते हैं, लेकिन व्यावहारिक स्तर पर द्वैत और सामाजिक भेदभाव की क्रूर परंपराओं की अनदेखी करते हैं। इसके बावजूद, मणिलाल सुधारों के पूरी तरह विरोधी नहीं थे। वे सुधार आंदोलनों पर छाए औपनिवेशिक प्रभावों के विरोधी थे। वे राष्ट्रीय दृष्टिकोण से सुधार चाहते थे और उनका राष्ट्रीय दृष्टि कोण अभी अविकसित दशा में था।

भारत नई स्थितियों से गुजर रहा था। एक तरफ, अंग्रेजों के अत्याचार से जनअसंतोष बढ़ रहा था। दूसरी तरफ, राष्ट्रीय कांग्रेस राजनीतिक सुधार चाहनेवालों का मंच बनकर असंतोष प्रबंधन कर रही थी। इस मंच से सामाजिक सुधार की आवाज नहीं उठाई जा सकती थी। मणिलाल के लेखन पर इसका असर है। वे थियोसोफिकल सोसाइटी की उदात्त प्राचीनता-भक्ति के अलावा कांग्रेस से भी प्रभावित थे, 'उसी भावना को लेकर थियोसोफिल सोसाइटी चलती है, उसी भावना के आश्रय से गो-रक्षा अभियान है। उसी भावना का अनुसरण करते हुए कांग्रेस चलती है।' (वही)। मणिलाल ने अद्वैत वेदांत, योग, रहस्यवाद और पूर्व की सभ्यता पर कई रचनाएं लिखीं जो पश्चिमी देशों में भी सराही गईं। उनके काव्य संग्रह 'आत्मनिमज्जन' प्रेम पर उनकी दार्शनिक अनुभूतियां हैं। उन्होंने गजलों और नाटकों की भी रचना की। वे अपने धार्मिक रुझानों के कारण 1893 में शिकागो में आयोजित विश्व धर्म सभा में आमंत्रित थे, जिसमें विवेकानंद गए थे। स्वास्थ्य और आर्थिक कठिनाइयों की वजह से वे जा नहीं सके थे। विधवा पुनर्विवाह और प्रार्थना समाज का विरोध करने के कारण उनके विचारों पर उस समय तीखी बहस छिड़ी हुई थी।

मणिलाल द्विवेदी के कुछ पुनरुत्थानवादी झुकावों के बावजूद उनकी इस खूबी को समझना चाहिए कि वे नर्मद, करसनदास, महीपतराम आदि सुधारवादियों का तीखा विरोध नहीं करते, 'वे अपने लक्ष्य में सफल नहीं हुए...परंतु वे

समझौतावादी मार्ग पर नहीं चले, इसी में उनकी महिमा है।' (वही)। मणिलाल ने तालमेल और सांमजस्य का रास्ता पकड़ा, हालांकि हिंदू पुनरुत्थान की तरफ झुका हुआ रास्ता। उनका 1885 का एक निबंध है –'क्या स्त्रियों के पढ़ने से हानि होती है?' इसमें उन्होंने लिखा, 'लोग ऐसा मानते हैं कि जिन्हें नौकरी करनी है वे पढ़ें अथवा जिन्हें डाक्टर, वकील, मास्टर होना है, वे शिक्षा लें, परंतु स्त्रियों को क्यों पढ़ना-लिखना चाहिए?...बुद्धि को स्फूर्त करने और अनुभव प्राप्त करने का अर्थ शिक्षा है। शिक्षा की जरूरत जब इस रूप में है, तब क्या स्त्रियां मनुष्य नहीं हैं या स्त्रियों के पास बुद्धि नहीं है अथवा स्त्रियों को आनंद की जरूरत नहीं है जो उन्हें पढ़ने न दिया जाए?' मणिलाल स्त्री शिक्षा के समर्थक थे।

निश्चय ही मणिलाल की नजर में स्त्री शिक्षा का अर्थ स्त्री-पुरुष बराबरी नहीं है। वे कइयों की तरह स्पष्ट मानते हैं, 'स्त्री के कर्म पुरुष के कर्म से भिन्न हैं। ...घर का वास्तविक संचालनकर्ता स्त्री ही है। घर पुरुष का विश्राम स्थल है।' (वही)। जिस तरह सुधारक युग के सुधारकों के जीवन में अंतर्विरोध थे, उसी तरह पंडित युग के वेदांत-चिंतक मणिलाल द्विवेदी के जीवन में भी अंतर्विरोध थे। वे वेदांती होकर भी यौन रोग-सिफलिस से मरे थे! यह उनका बौद्धिक साहस है कि अपनी विवादास्पद जीवनी 'आत्मवृत्तांत' में उन्होंने सारी बातें खोलकर बता दीं।

भारतीय सांस्कृतिक अस्मिता की शुरुआती खोज में यदि एक तरफ अतीतोन्मुख अतिवाद हावी था, तो दूसरी तरफ पश्चिमोन्मुख अतिवाद हावी था। 1880 के दशक से औपनिवेशिक आधुनिकता के प्रचार के समानांतर प्राचीन भारतीय दर्शन और संस्कृति का गौरवान्वयन शुरू हो गया था और अंध-राष्ट्रवाद उभरने लगा था।

दक्षिण भारत में यूरोपीय विद्वान द्रविड़ संस्कृति और तमिल को गौरवान्वित कर रहे थे, उत्तर भारत में वे आर्य संस्कृति और संस्कृत का महिमामंडन करते थे। ब्रिटिश नीति के अंतर्गत नस्लवादी प्रचार के साथ उत्तर भारत में संस्कृत के गौरव ग्रंथों को राष्ट्रीय जागरण का मुख्य वैचारिक स्रोत बनाया जाने लगा था। सुधारवादियों के वैचारिक आक्रमण से पीड़ित ब्राह्मणों

के बीच से पढ़े-लिखे रूढ़िपोषक पुनरुत्थानवादी उठ खड़े हुए थे। इसी दौर में इस्लामी मूलवाद भी उभर रहा था।

उल्लेखनीय है कि बंबई की बुद्धिवर्द्धक सभा, जो एक समय सुधार आंदोलन का मंच थी, पूरी तरह पुनरुत्थानवाद की तरफ झुक गई थी। अहमदाबाद में संरक्षणवादियों की 'धर्म सभा' की गतिविधियां बढ़ गई थीं। सूरत में 'सनातन धर्म सभा' और बड़ौदा में 'श्रेयसाधक अधिकारी वर्ग' संस्थाएं स्थापित हुईं। इन सबने सुधारों के खिलाफ मोर्चा खोल दिया। वैष्णव महाराजों और पौराणिक कथावाचकों के सुदृढ़ गढ़ में धार्मिक चर्चा बढ़ गई। नए सिरे से तड़क-भड़क के साथ शुरू हुईं इन घटनाओं ने पुराने विश्वासों और रीतियों से बंधे आम गुजराती लोगों को ज्यादा आकर्षित किया।

अंग्रेजी पढ़-लिखकर भी प्राचीन आर्य संस्कृति, रामायण और पौराणिक साहित्य की और पुनरुत्थानवादी झुकाव रखनेवालों में मनसुखराम सूर्यराम त्रिपाठी (1840-1907), इच्छाराम सूर्यराम देसाई (1853-1912), आनंद शंकर ध्रुव (1869-1942) जैसे विद्वान प्रमुख थे। वे पुरानी रूढ़ियों के पक्ष में उठ खड़े हुए। वे आधुनिक कला-कौशल, विज्ञान और टेक्नोलॉजी के संदर्भ में तो समावेशी थे, लेकिन धार्मिक समझ के बुद्धिवादी पहलुओं पर उन्होंने प्रति-आक्रमण का रुख अपनाया। उन्होंने वेदांत का भी क्रांतिकारी की जगह संरक्षणवादी इस्तेमाल किया। गौर करने की बात है कि गुजरात के संरक्षणवादियों का झुकाव वैदिक साहित्य से अधिक पौराणिक कथाओं की और था। उदाहरण के तौर पर, मनसुखराम को राम और शिव भारतीय परंपराओं की पुनःप्रतिष्ठा के लिए उत्प्रेरक लगे। संरक्षणवाद की प्रधानतावाले दौर में एक सामान्य धारणा यह बन रही थी कि यूरोप में जब अंधकार काल था, भारत दुनिया में सांस्कृतिक शिखर पर था। देश को वही ऐतिहासिक गौरव फिर हासिल करना है। पुनरुत्थानवाद के भीतर अंग्रेजी राज की बुरी दशा से बाहर निकलने और स्वतंत्रता की ध्वनियां थीं जो औपनिवेशिक सुधारवाद में अनुपस्थित थीं।

पश्चिमी झुकाव वाले कुछ उदारवादी बुद्धिजीवियों ने इच्छाराम देसाई पर राजद्रोह का आरोप लगाया, क्योंकि वे अपनी कृतियों में अंग्रेजी राज

की आलोचना करते थे। उनके 'हिंद और ब्रिटेनिया' (1886) उपन्यास में राष्ट्रवाद की प्रतिध्वनि थी। वे 'गुजराती' और 'स्वतंत्रता' समाचार-पत्रों का संपादन कर रहे थे।

इस दौर में नर्मद में भी बदलाव आ गया था। वे सुधारवादी आंदोलन से मोहभंग के बाद पहले आर्य समाजी दयानंद के संपर्क में आए। 1875 में उन्होंने बंबई में आर्य समाज की स्थापना का स्वागत किया था। इस अवसर पर भाषण भी दिया था। लेकिन शीघ्र ही आर्य समाज से उनका मोहभंग हो गया। वे हिंदू धर्म और दर्शन की परंपराओं के अध्ययन की और मुड़ गए और ब्रह्म ज्ञान, जातीय शौर्य और स्वधर्म की बात करने लगे, हालांकि वे अपने सामाजिक सुधार के मुद्दों से पीछे नहीं हटे थे। उन्होंने एक पुस्तक लिखी—'धर्म विचार'। उन्होंने इसमें नवीनता और प्राचीनता के बीच संबंध स्थापित करने की बात कही। निश्चय ही वे संकीर्ण बुद्धिवाद की ही तरह संकीर्ण पुनरुत्थानवाद से भी असहमत थे।

गुजरात में 19वीं सदी के पुनरुत्थानवादी उभारों के विरुद्ध सबसे अधिक मुखर थे रमनभाई नीलकंठ (1868-1928)। उन पर जान स्टुअर्ट मिल जैसे पश्चिम के उदारवादी चिंतकों का असर था। वे संरक्षणवाद के मंच 'सुदर्शन' में छपे लेखों का विरोध अपने पत्र 'ज्ञान सुधार' में करते थे। वे प्रसिद्ध सुधारक महीपतराम के बेटे थे और महादेव गोविंद रानाडे द्वारा स्थापित प्रार्थना समाज से जुड़े थे। उन्होंने साफ कहा कि परंपराओं का परिष्कार काफी नहीं है। उन्होंने अपने उपन्यास 'भद्रम भद्र' (1900) में पुनरुत्थानवाद पर व्यंग्य किया। उन्होंने अपने कुछ लेखों में मणिलाल जैसे लेखकों पर प्राचीन ब्राह्मणवादी व्यवस्था के पुनरुत्थान का आरोप लगाया। सनातन हिंदू धर्म के सवाल पर उन्होंने कहा कि हिंदू धर्म कई मोड़ों से गुजरा है, इसके कई रूप हैं और हिंदू मत में विविधता है। इसलिए हिंदू धर्म में 'सनातन' एक कोरी कल्पना है।

रमनभाई नीलकंठ कहते थे कि सत्य को कई कोणों से जानने की जरूरत है। उस पर किसी का एकाधिकार नहीं है। उन्होंने इस विचार का प्रचार किया कि हर पुरुष और हर स्त्री के कुछ मानवाधिकार हैं। उसे स्वतंत्रता हासिल करने का हक है। रमनभाई के अनुसार स्त्री की त्रासद दशा का तब तक अंत

नहीं होगा जब तक बाल विवाह, कन्या शिशु-हत्या जैसी बुरी प्रथाएं मिट नहीं जातीं, अंतरजातीय विवाह और विधवा पुनर्विवाह नहीं होते और स्त्री शिक्षा का प्रचार नहीं होता। उन्हें पता था कि इन विचारों के पक्ष में जनमत तैयार किए बिना सुधार आंदोलन को ठोस आधार नहीं मिलेगा और न ही व्यापक राष्ट्रीय जागरण संभव है। उन्होंने यह भी लिखा कि भारत के लोगों के सामने खुल चुका अब एक पूरा विश्व है। उन्हें दुनिया के दूसरे देशों के लोगों से संबंध स्थापित करना है और अपनी ज्ञान वृद्धि करनी है। ज्ञान के मामले में देश और परदेश का विभाजन गलत है। रमनभाई ने यह भी स्पष्ट किया कि सुधारों का अर्थ भारतीय अतीत से संबंध तोड़ लेना नहीं है, बल्कि परंपराओं को उपयोगिता और तर्कबुद्धि के आधार पर जांच-परख करके चुनना है। (सोशियो-रिलीजियस रिफॉर्म मूवमेंट इन गुजरात, पी.एल. रावल)।

गुजरात के प्रबोधन आंदोलन में पारसी समुदाय की एक बड़ी भूमिका है। बंबई में जे.बी. वच्चा, दादाभाई नौरोजी, नवरोजी फरदुनजी सहित कई पारसी थे जो धार्मिक सुधार, समाचार-पत्रों के प्रकाशन और शिक्षा के प्रसार में सक्रिय थे। उनमें कई बड़े मेधावी व्यापारी थे। बड़ौदा में जन्मे बेहरामजी मालबारी साधारण पारसी परिवार के थे। उन्होंने अपने चर्चित पत्र 'इंडियन स्पेक्टेटर' के जरिए सुधारों का प्रचार किया। खासकर बाल विवाह और बाध्यतामूलक वैधव्य के उनके 'नोट्स' ने तहलका मचा दिया। उन्होंने यह कहा कि छोटी उम्र में कन्या का विवाह एक सामाजिक विफलता है।

फिर भी सुधारवादी प्रचारों के समानांतर संरक्षणवाद तेजी से उभर रहा था। इसकी एक धारा प्राचीन दर्शन और धर्म की तरफ झुकते हुए भी अंग्रेजी शिक्षा, पश्चिमी ज्ञान और आधुनिकीकरण के विरुद्ध नहीं थी। आनंद शंकर ध्रुव (1869-1942) जितने सधे हुए धर्म चिंतक थे उनका आधुनिकीकरण, अंग्रेजी शिक्षा और पश्चिमी ज्ञान की तरफ भी उतना ही गहरा रुझान था। यह देखकर मदनमोहन मालवीय ने उन्हें काशी हिंदू विश्वविद्यालय का कुलपति बनाया था। आनंद शंकर मानते थे, 'धर्म मनुष्य की नाक (गर्व) ही नहीं है, उसका रुधिर, प्राण और आत्मा भी है।' (शिक्षा और साहित्य, सामाजिक क्रांति के दस्तावेज)। वे यह भी कहते हैं, 'धर्म का अर्थ मात्र रिलीजन अर्थात

परमात्मा के साथ मनुष्य का संबंध मात्र नहीं है। ...वह हमारे जीवन में कल्चर के विशाल अर्थ का वाचक है।' (वही)। वे स्त्री शिक्षा और स्वदेशाभिमान की बात करते हैं तथा 'केसरी' के अलावा अंग्रेजी में निकलनेवाले राष्ट्रवादी पत्रों—'मराठा', 'न्यू इंडिया', 'यंग इंडिया' का विशेष रूप से जिक्र करते हैं।

आनंद शंकर ध्रुव अंग्रेजी भाषा के प्रबल समर्थक थे, 'समग्र हिंदुस्तान की एकता के लिए अंग्रेजी का प्रचुर अध्ययन और उस पर अधिकार जरूरी है।' वे अंग्रेजी की जरूरत बताते हैं, 'क्योंकि बड़ी-बड़ी समस्याओं को सुलझाने के लिए हमें ब्रिटिश राज के साथ अपने संबंधों पर विचार करना पड़ता है और निर्णय करना पड़ता है। ...मातृभाषा में शिक्षा प्राप्त करने के बाद भी यदि अंग्रेजी न आए तो मातृभाषा में शिक्षा का प्रयोजन चाहे जितना सफल माना जाए पर यह भविष्य के लिए हानिकर है।' (वही)। वे कहना चाहते थे कि अंग्रेजी के बिना काम नहीं चल सकता, विकास का मतलब है अंग्रेजी का रास्ता चुनना। वे सांस्कृतिक सामंजस्य का आधार स्पष्ट करते हुए कहते हैं, 'नई शक्ति के संचार के लिए अपने देश के प्राचीन साहित्य की खोज करना तथा दूसरी तरफ, पश्चिम की नई दुनिया के साथ संबंध स्थापित करना आवश्यक है।' (वही)। पूर्व और पश्चिम के बीच ऐसे संरक्षणशील सामंजस्य की प्रवृत्ति जैसे-जैसे बढ़ी कुरीतियों, भेदभावों और पाखंडों को समूल मिटाने की बौद्धिक शक्ति कुंद होती गई। क्योंकि अतीत से सामंजस्य का अर्थ सिर्फ पुरानी रूढ़ियों को अपनाना और पश्चिम से सामंजस्य का अर्थ सिर्फ स्वार्थपूर्ण भौतिकवादी सभ्यता का अंधानुकरण हो गया। दोनों तरफ के महान आदर्श उपेक्षित रह गए।

संरक्षणशील उदारवाद की दुविधा : सरस्वतीचंद्र

गोबर्द्धनराम त्रिपाठी (1855-1907) पंडित युग के गुजराती साहित्यकार माने जाते हैं। इसका सिर्फ यह अर्थ है कि प्रबोधन काल के ऐसे लेखक पश्चिमी शिक्षा और सभ्यता से बंधे न रहकर पूर्व की विरासत, खासकर हिंदू धर्म और भारतीय दर्शन से भी प्रेरणा लेते थे। वे औपनिवेशिक सुधारवाद की जगह, राष्ट्रीय प्रेरणाओं वाले संरक्षणशील उदारवाद की आधारशिला रख रहे थे।

वे उन कट्टरवादियों या रूढ़िमुखी पुनरुत्थानवादियों से भिन्न थे जो धार्मिक मतांधता के साथ पुरानी सामंती व्यवस्था की वापसी चाहते थे।

गोबर्द्धनराम त्रिपाठी का जन्म गुजरात के नादियाड में हुआ था जो संरक्षणवाद का एक बड़ा गढ़ माना जाता था। वे धार्मिक और आध्यात्मिक परिवेश में पले और बड़े हुए। उनके चाचा मनसुखराम सुधारवाद के कट्टर विरोधी थे। बंबई में गोबर्द्धनराम उच्च शिक्षा पाते हुए आधुनिक विचारों के संपर्क में आए। उन्हें चार खंडों में लिखे गए अपने उपन्यास 'सरस्वतीचंद्र' (1897-1901) के लिए अभूतपूर्व ख्याति मिली। यह कृति परंपरा और आधुनिकता के सम्मिश्रण के प्रति बढ़ रहे तत्युगीन मध्यवर्गीय रुझान का बोध कराती है और उनको एक-दूसरे के विरोधी के रूप में नहीं देखती। गोबर्द्धनराम सुधारक नहीं थे। वे सामाजिक मुद्दों पर सीधे कभी कुछ नहीं बोले। उन्होंने उपर्युक्त उपन्यास में पश्चिम और पूर्व, सुधार और संरक्षण, सामाजिकता और वैयक्तिकता, परंपरा और प्रगति, बुद्धि और भावना जैसे विरुद्धवाची युग्मों को लेकर मध्यवर्गीय आकांक्षाओं, अंतर्द्वंद्वों और पीड़ाओं की मार्मिक अभिव्यक्ति की है। उन्हें जो कुछ कहना था, इस उपन्यास में कह दिया। यह एक दौर के गुजराती सांस्कृतिक जीवन का एक शानदार प्रतिबिंब था।

'सरस्वतीचंद्र' उपन्यास ऐसे दौर में रचा गया, जब गुजरात सांस्कृतिक रस्साकशी और विवादों से गुजर रहा था। गुजराती जीवन पर पश्चिमी सभ्यता का काफी प्रभाव पड़ चुका था। गोबर्द्धनराम धार्मिक-सांस्कृतिक पुनरुत्थान और पश्चिमी प्रभाव से पैदा हुई वैयक्तिक स्वतंत्रता भावना—इन दो परस्पर विरोधी आवाजों के बीच लिख रहे थे। उन्होंने मुख्यतः विधवा पुनर्विवाह का प्रश्न उठाया, लेकिन स्त्री अधिकार के मुद्दे को हिंदू समाज के विघटन के खतरे से जोड़ दिया। शिक्षित विधवा कुमुद और भावुक बुद्धिजीवी तथा देशप्रेमी सरस्वतीचंद्र का प्रेम इसी दबाव में विधवा पुनर्विवाह में रूपांतरित नहीं हो पाता। एक पढ़ी-लिखी गुजराती विधवा कुमुद का प्रेम और सामाजिक संघर्ष अंततः अंतर्द्वंद्व में रूपांतरित होकर आर्य परंपराओं के अनुसार महान त्याग की जमीन पर विश्रांति पा जाता है।

इस उपन्यास में गुजरात के पितृसत्तात्मक समाज का विधवा पुनर्विवाह से एतराज उभरकर आता है। समाज की कठोरता स्पष्ट हो जाती है। कुमुद की धर्मपरायण मां गुणसुंदरी के पुरातन स्त्री गुण ही स्त्री आदर्श बनकर उपस्थित होते हैं। इसके समानांतर, निश्चय ही उस युग की बहस, तर्क-वितर्क और रूढ़ियों के प्रति आक्रोश भी मौजूद हैं। उपन्यास में कई धार्मिक-सामाजिक पाखंडों का अनावरण है। इसलिए उपन्यास को एक ही बिंदु पर ठहरा हुआ न मान लेना चाहिए। यह वस्तुतः उस दौर के सामाजिक-सांस्कृतिक अंतर्विरोधों का एक महत्वपूर्ण आईना है और उत्कृष्टता की दृष्टि से तो 19वीं सदी के भारतीय कथा संसार में अद्वितीय है।

बंबई प्रेसिडेंसी में सुधार आंदोलन परंपरागत भारतीय मूल्य-व्यवस्था से आधुनिक मूल्य-व्यवस्था में संक्रमण के रूप में सामने आया था। यह शुरू में उपनिवेशवाद की ग्राह्यता बढ़ा रहा था। इससे लग सकता है कि उस दौर का पुनरुत्थानवाद या संरक्षणवाद उपनिवेशवाद का निषेध करनेवाला है। वस्तुतः ऐसा नहीं है। उस दौर में उपनिवेशवाद-संरक्षणवाद की एकता उसी प्रकार सुदृढ़ थी, जिस प्रकार उपनिवेशवाद-सुधारवाद की एकता।

गोबर्द्धनराम ने 'सरस्वतीचंद्र' के तीसरे भाग के प्राक्कथन में कहा है, 'घर में, समाज में, धर्म में ब्रिटिश सरकार के साथ इंग्लैंड और भारत दोनों जगहों पर विकास के साथ-साथ सौहार्द भी स्थापित करना है। हमारे बीच कई भटकानेवाले भ्रम हैं—धर्म, मतांधता और सुधारों के बीच, अंग्रेजों और भारतीयों के बीच, यहां तक कि अंग्रेज सरकार और देसी रियासतों के बीच। और प्रजा के बीच, भारतीय मिट्टी पर इनके बीच एकता और मिलजुलकर रहने का भाव होना चाहिए।' पंडित गोबर्द्धनराम बंबई के उसी एलीट वर्ग से जुड़े थे जिसके एक अंग सुधारवादी बुद्धिजीवी थे। इस पूरे वर्ग का निजी हित उपनिवेशवाद के समर्थन में था, चाहे वह सुधारवाद के रास्ते से सिद्ध हो या संरक्षणवाद के रास्ते से। गोबर्द्धनराम ने अपने शिक्षित एलीट वर्ग को जागरूक बताया। उनकी धारणा थी कि इस वर्ग के सरस्वतीचंद्र और कुमुद जैसे व्यक्तियों को ही समाज में प्रबोधन लाना है। स्वाभाविक है कि उनके उपन्यास 'सरस्वतीचंद्र' का दुविधाग्रस्त शिक्षित मध्यवर्ग पर व्यापक प्रभाव पड़ता।

गोबर्द्धनराम यह भी स्पष्ट करते हैं कि हिंदू धर्म अब पुराने ढर्रे पर नहीं चल सकता, उसे नवता हासिल करनी है। वे अपना उदारवादी परिप्रेक्ष्य स्पष्ट करते हुए कहते हैं, 'हिंदू सामाजिकता का मुख्य लक्षण है कमजोर की रक्षा करना, शिशु की रक्षा करना, स्त्रियों की रक्षा करना और बुजुर्गों की भुखमरी से रक्षा करना। मैं एकटक देख रहा हूँ कि हिंदू सामूहिकता और पश्चिमी वैयक्तिकता दोनों का जीवन पर प्रभाव है और दोनों ही कल्याण कर सकते हैं यदि सामूहिकता दमनमूलक और वैयक्तिकता आक्रामक न हो। ...त्याग की जरूरत दोनों जगहों पर है।' (वही)। वे वंचितों के लिए 'रक्षक' और 'उद्धारक' वर्ग की कल्पना करते हैं। साथ ही, गौरवशाली प्राचीन पूर्व और विकास-उन्मुखी आधुनिक पश्चिम के बीच में सांस्कृतिक समन्वय चाहते हैं। हालांकि प्रतिगामी विश्वासों को हटाने की जगह उनकी ताकत के आगे काफी झुकते हुए और रक्षक वर्ग की एक चिरस्थायी उच्चवर्गीय सामाजिक सत्ता निर्मित करते हुए। उनका उदारवाद अति-संरक्षणशील था।

विडंबनाएं और संभावनाएं

गुजराती सांस्कृतिक जागरण की कई प्रेरणाओं का निर्माण गुजरात क्षेत्र से दूर बंबई में हो रहा था, भले गुजरात की भूमि पर भी सामाजिक हलचलें हों। देखा जाए तो दलपतराम (अहमदाबाद) और गोबर्द्धनदास (बंबई) दोनों ही अपनी साहित्यिक कृतियों में यही दिखाते हैं कि विधवा पुनर्विवाह के विद्रोही प्रयत्नों पर पुरानी धार्मिक व्यवस्था कितनी प्रबल है। इससे गुजराती समाज के बाह्य आधुनिकीकरण और आंतरिक संरक्षणवाद की तस्वीर सामने आ जाती है।

यदि हम विशाल हिंदी क्षेत्र के नवजागरण की तुलना में गुजराती प्रबोधन को देखें तो विस्मय हो सकता है कि गुजराती समाज में सामाजिक सुधार की हलचलें ज्यादा तेज थीं, हालांकि ब्रिटिश साम्राज्यवाद की आलोचना उतनी ही हल्की थी और लंबे समय तक नदारद थी। इस दृष्टि से हिंदी क्षेत्र के नवजागरण में राष्ट्रवादी आयाम अधिक व्यापक थे। यह भी लक्षित किया जा सकता है कि गुजरात में आधुनिकीकरण का अपेक्षाकृत जल्दी और व्यापक प्रवेश हुआ।

1902 में राष्ट्रीय कांग्रेस का अहमदाबाद अधिवेशन हुआ था। इसमें अंबालाल सकरवाल देसाई ने अपने स्वागत भाषण में कहा, 'पिछली सदी में आए गुजरात में दो अकालों में इस क्षेत्र की एक करोड़ की आबादी में से 25 लाख लोग मारे गए थे। देश का काफी धन विदेश चला गया था। काफी गुजराती प्रवासी हुए। सरकार की गलत नीतियों की वजह से व्यापार में नुकसान हुआ, गुजरातियों की स्थिति निम्न हो गई। इसलिए राजनीतिक संघर्ष जरूरी है। कई सूती मिलें हैं जिन्हें अब अधिक कर देना पड़ रहा है। यह उनके लिए आत्मघात होता है। कृषक कठोर लगान की वजह से पीड़ित हैं और सभी पूछते हैं—हम इतने गरीब क्यों हैं?' इस अधिवेशन में गुजरात की प्रथम स्त्री ग्रेजुएट विद्याबेन नीलकंठ और शारदाबेन मेहता ने वंदेमातरम् गान गाया था। स्थानीय हस्तशिल्प और उद्योगों को लोकप्रिय बनाने के लिए स्वदेशी मंडल का गठन हुआ था।

1905 में जब देश में स्वदेशी आंदोलन की लहर उठी थी, गुजरात उसका एक महत्वपूर्ण अंग था। इसने आत्मनिर्भरता को जीवन का एक मूल्य बना लिया था। दरअसल 1880 से गुजरात में स्वदेशी की आवाज उठ रही थी, जो सांस्कृतिक स्तर पर संरक्षणशील आधुनिकता को भी बल पहुंचा रही थी। यह एक विडंबना थी कि संरक्षणशीलता सिर्फ धार्मिक रूढ़ियों और परंपरागत जीवन दृष्टि के मामले में तथा आधुनिकता सिर्फ अंग्रेजी शिक्षा, उद्योगीकरण, टेक्नोलॉजी और नई जीवन-शैली के मामले में थी! इस तरह संरक्षणशील आधुनिकता एक अनोखे युग्म के साथ खड़ी हो रही थी।

नवजागरण काल के बुद्धिजीवी वर्ग की संरचना काफी सीमित है। मुख्यतः शिक्षक, साहित्यकार, पत्रकार, कानूनविद् और अंग्रेजी प्रशासन में शामिल कुछ व्यक्ति ही इसके अंग थे। निश्चय ही उनके सामाजिक सरोकार दिखावटी न थे, भले उनके विचार और कर्म में दूरी हो और वे महत्वाकांक्षी हों। उनके बीच सुधारवाद, संरक्षणवाद या अन्य किसी मुद्दे पर टकराहट का आधार आमतौर पर व्यक्तिगत नहीं होता था।

बुद्धिजीवी सामान्य शिक्षित लोगों से इस अर्थ में भिन्न होते हैं कि घट नाओं में न बहकर उनके कारण खोजते हैं, प्रचलित व्याख्याओं से संतुष्ट नहीं

होते और अपने युग की बौद्धिक सीमाओं में विचार-विश्लेषण किए बगैर कुछ भी स्वीकार नहीं करते। दरअसल ये बुद्धिजीवी होने के प्रमुख लक्षण कहे जा सकते हैं, जो नवजागरण काल में बड़े पैमाने पर मिलते हैं।

19वीं सदी में गुजरात के बुद्धिजीवी आमतौर पर अंग्रेजी राज के समर्थक थे। उनका धनाढ्य व्यापारी वर्गों से जुड़ा होना गुजराती नवजागरण को विशिष्ट बनाता है। उनमें से कई देशी रियासतों से जुड़े थे। खासकर बड़ौदा राज्य के सियाजी गायकवाड़ की सुधारों और सांस्कृतिक हलचलों में अधिक दिलचस्पी थी। बंबई प्रेसिडेंसी की जिन वैचारिक हलचलों का गुजराती मानस पर खास प्रभाव पड़ा, उनका संबंध औपनिवेशिक सुधारवाद और संरक्षणशील आधुनिकता, रूढ़िवादी पुनरुत्थान और राष्ट्रीय जागरण से है। ये सभी देशप्रेम के भी विभिन्न रूप हैं।

सुधार आंदोलन का मुख्य लक्ष्य लोगों के जीवन में खुशहाली बढ़ाने के अलावा उन्हें उदारता, स्वतंत्रता, न्याय, शांति और नैतिकता की ओर अग्रसर करना रहा है। भारतीय नवजागरण विभिन्न प्रांतों के सुधार आंदोलनों का ही एक आरकेस्ट्रा है। उनमें सामान्य बात यह है कि उन आंदोलनों में समाज को अंधविश्वासों, कुप्रथाओं और पाखंडों से मुक्त करने की कोशिशें हैं, भले समाज इनसे आज तक बाहर न निकल पाए हों। ऐसे आंदोलनों ने लोगों के चित्त को बड़ा बनाने का काम किया। उस काल की ऐसी गतिविधियों ने मानवता की अखंडता को जगाने में युगांतरकारी भूमिका निभाई, क्योंकि तभी क्षमतावान लोगों में वर्चस्व के त्याग की प्रवृत्ति पैदा होती और समाज के कमजोर और वंचित वर्गों में मानवीय स्वाभिमान पैदा होना शुरू होता। उस जमाने में आलोचनात्मक दृष्टि के साथ हर तरफ न्याय की चेतना अस्तित्व में आई। यह नवजागरण की देन है कि एक के बाद एक अन्याय असह्य हो उठे, भेदभावों को मिटाकर सहिष्णुता बढ़ने लगी और भारतीय राष्ट्रवाद की भावना पैदा हुई। नैतिकता के नए स्रोत बने-बंधुत्व, स्वतंत्रता और समानता। सिर्फ सवा सौ सालों की अवधि वाले नवजागरण की ये उपलब्धियां कम नहीं हैं।

गुजराती प्रबोधन में सामाजिक-धार्मिक बुराइयों पर उग्र बौद्धिक आक्रमण बेअसर गया, यह मानना उचित नहीं होगा। सुधारकों की बेगानगी और

अकेले पड़ जाने का बोध कुछ अर्थ जरूर रखता है, पर भूलना नहीं होगा कि गुजरात ने दुनिया को महात्मा गांधी दिया। यहां वल्लभ भाई पटेल के नेतृत्व में बारदोली का प्रसिद्ध किसान सत्याग्रह हुआ। यहां दांडी मार्च हुआ। नवजागरण के परिप्रेक्ष्य और पद्धति को लेकर गुजरात के सुधारकों के बीच निश्चय ही भारी मतभेद था, तर्क-वितर्क था। इससे भारतीय नवजागरण के एक महत्वपूर्ण अंग गुजरात प्रबोधन की जीवंतता उजागर होती है। 19वीं सदी की सभी घटनाएं ऐसी हैं जो इतिहास में पहली बार घटित हो रही थीं। 21वीं सदी की घटनाओं में भी उनकी छाप देखी जा सकती है, उनकी प्रतिध्वनि सुनी जा सकती है और नतीजे समझे जा सकते हैं।

फिर भी सामाजिक सुधार के आंदोलन और संरक्षणवादी गतिविधियां दोनों ही आम जनजीवन की समस्याओं और पीड़ाओं से कटे हुए थे। अधिकांश सुधारकों की दिलचस्पी समाज को धार्मिक कूपमंडूकता से बाहर निकालने की जगह भौतिकवादी आधुनिकीकरण, राजनीतिक सुधार और अपनी क्षमता-वृद्धि में ज्यादा थी। यह जरूर है कि सुधार आंदोलन ने बहस और तर्क-वितर्क शुरू करके एक बड़ा नागरिक-वृत्त बनाया था। यह परंपरा आगे भी जारी थी और औपनिवेशिक ढांचे में अधिक लोकतंत्र के लिए आवाज तीव्र हो रही थी।

ऐसा भी घटित हुआ कि उपनिवेशवाद और संरक्षणवाद का संबंध टूट गया। उपनिवेशवाद-विरोधी राष्ट्रीय संग्राम में संरक्षणवाद, सुधारवाद और राष्ट्रवाद के अंतर्विरोध कम हो गए। गांधी के नेतृत्व में समावेशी राष्ट्रीयता की नई भूमि बनी। सुधारवादी बदले तो संरक्षणवादी भी बदले। इस दौर में सुधारवादियों की उग्रता नहीं रह गई और न संरक्षणवादियों की प्राचीनता में बौद्धिक समाधि। भारत में भीषण औपनिवेशिक दमन ने राष्ट्रवाद को प्रधान बना दिया, जबकि सांस्कृतिक सुधार की नवजागरणकालीन परियोजना अधूरी रह गई और 21वीं सदी में धार्मिक कट्टरवाद तथा नरसंहारों के लिए अंधी आस्था बची रह गई।

खंड-4

- दक्षिण भारतीय नवजागरण : सामाजिक पृष्ठभूमि
- तमिल नवजागरण और पेरियार ई.वी. रामास्वामी
- आंध्र प्रदेश : तेलुगु आत्मपहचान और राष्ट्रीय उदारवाद
- केरल : संरक्षणवाद और सांस्कृतिक प्रतिरोध
- कन्नड़ जातीय जागरण और नवोदय

दक्षिण भारतीय नवजागरण : सामाजिक पृष्ठभूमि

भारत के लोगों ने एक समय सामाजिक भेदभाव के मामलों को दैवी इच्छा मानकर स्वीकार कर लिया था। लेकिन 19वीं सदी के नवजागरण से स्पष्ट होने लगा कि अब काफी लोग दलितों, स्त्रियों और वंचितों की करुण स्थितियों को दैवी इच्छा मानने के लिए तैयार नहीं हैं। खासकर मद्रास प्रेसिडेंसी में नवजागरण के केंद्र में है जाति भेदभाव और ब्राह्मण-प्रभुत्व के विरुद्ध प्रबल आक्रोश। इसके साथ ही आर्यों और संस्कृत भाषा का विरोध करते हुए द्रविड़ चेतना उग्र रूप धारण करने लगी। फिर भी उल्लेखनीय है कि वर्तमान तमिलनाडु से बाहर दक्षिण भारत के अन्य प्रदेशों में जो सुधार आंदोलन चले, उनमें संस्कृत और द्रविड़ कट्टरवाद दोनों में से किसी के प्रति आकर्षण नहीं था।

मद्रास शहर में कलकत्ता के फोर्ट विलियम कॉलेज (1800) की तरह सेंट जार्ज कॉलेज (1812) की स्थापना हुई थी। यहाँ तमिल के अलावा तेलुगु, मलयालम और कन्नड़ भाषाएं सीखने की व्यवस्था थी। इसका असर यह हुआ कि समूचे दक्षिण भारत में 'ग्रंथों' की संस्कृतनिष्ठ भाषा की जगह आम लोगों से संपर्क बनाने के लिए 'बोलचाल' की जातीय भाषाओं को महत्ता मिलनी शुरू हो गई। ये भाषाएं पत्रकारिता और साहित्यिक अभिव्यक्ति का प्रमुख जातीय माध्यम बनीं और उल्लेखनीय है कि ये अंग्रेजी के समानांतर पनपती गईं।

बंगाल और हिंदी प्रदेशों से भिन्न दक्षिण के प्रांतों में सबसे ज्यादा क्षोभ जाति भेदभाव को लेकर था। ब्राह्मणों ने कम संख्या में होने के बावजूद कई अजीबोगरीब धार्मिक रीति-रिवाज और कठोर जाति व्यवस्था बना रखी थी। ये उनकी सत्ता के चिह्न थे। उस दौर में ईसाइयत के प्रचार और यूरोपीय

विद्वानों के भाषाविज्ञान तथा नृविज्ञान के क्षेत्र में अनुसंधानों का द्रविड़ चेतना के निर्माण पर असर पड़ा था। इसलिए जातीय भाषाओं के विकास और धार्मिक सुधार के अलावा विविध तरीके से आत्मपहचान का संघर्ष भी तमिल, तेलुगु, मलयालम और कन्नड़ नवजागरण का एक महत्वपूर्ण तत्व हो गया। दक्षिण भारत में उपनिवेशवाद के प्रति सम्मोहन और उससे संघर्ष का दुचित्तापन भी मौजूद था और देशप्रेम विशिष्ट राष्ट्रीय रूपों में व्यक्त हो रहा था।

दक्षिण भारत की चारों प्रमुख राष्ट्रीय भाषाओं—तमिल, तेलुगु, कन्नड़ और मलयालम ने अपना आधुनिक विकास स्वतंत्र राहों से किया। स्पष्ट है कि वे सभी जातीयताएं अपने ढंग से अपने समाज में मौजूद सभ्यतागत अवरोधों को चुनौती दे रही थीं। वे लोग औपनिवेशिक स्थितियों में अपने प्रांत के राष्ट्रीय जागरण को मूर्त्त कर रहे थे। उपनिवेशवाद के असर से बचना संभव न था, लेकिन सारे लोग उसके बौद्धिक रूपों से आक्रांत न थे।

यह एक उल्लेखनीय तथ्य है कि तमिल नवजागरण ने आमतौर पर संस्कृत की परंपराओं से नाता नहीं रखा और आर्य-द्रविड़ संघर्ष की औपनिवेशिक धारणा को अपने अनुकूल पाया जबकि तेलुगु, कन्नड़ और मलयालम नवजागरण में नस्लीय आर्य-द्रविड़ संघर्ष की धारणा अनुपस्थित थी। उन पर द्रविड़ अभियान हावी न हो सका। तमिल भाषा के विकास के लिए मुख्यतः अपने प्रदेश के लोक साहित्य से प्रेरणा ली गई, जबकि बाकी दक्षिण भारतीय भाषाओं ने पश्चिमी साहित्य और संस्कृत साहित्य से भी प्रेरणाएं लीं। ईसाई मिशनरियों की पैठ दक्षिण भारत में ज्यादा थी। इसलिए दक्षिण भारतीय भाषाओं के जातीय विकास में उनकी भूमिका एकसमान न होते हुए भी अपेक्षाकृत अधिक थी। यह भी उल्लेखनीय है कि दक्षिण भारतीय भाषाएं स्पष्टतः धर्मनिरपेक्ष रही हैं, वे ईसाइयों और मुसलमानों के लिए भी हैं। हिंदू, मुसलमान और ईसाई तीनों तमिल, मलयालम, कन्नड़ या तेलुगु का व्यवहार अपनी जातीय भाषा के रूप में करते हैं।

दक्षिण भारत में पूर्व-नवजागरण परिदृश्य

अंग्रेज उत्तर भारतीय क्षेत्रों में प्रायः टहलते हुए पहुँचे, लेकिन 18वीं सदी के दक्षिण भारत में उन्हें कड़ा संघर्ष करना पड़ा था और बर्बर ढंग से दमन

करके अपना पैर जमाना पड़ा था। यह भी देखने की जरूरत है कि इस क्षेत्र में राजनीतिक बिखराव था, पुराने युद्ध उपकरण थे, जीवन के भी काफी पुराने रंग-ढंग थे और सामंती ह्रास अपने चरम पर था।

अब्बे जीन-एंटोनी डुबोय (1765-1848) 1792 से 1823 के बीच दक्षिण भारत में, खासकर मैसूर में था। उसकी फ्रेंच में लिखी पुस्तक 'हिंदू मैनर्स, कस्टम्स एंड सेरेमनीज' अंग्रेज शासकों द्वारा उपयोगी समझी गई थी। उसने दक्षिण भारत में करीब 25 साल रहकर हिंदू विश्वासों, रीति-रिवाजों और जीवन के तरीकों का अध्ययन किया था। विलियम बैंटिक ने उपर्युक्त पुस्तक की फ्रेंच पांडुलिपि उससे 8000 रुपये में खरीदी थी और उसका अंग्रेजी अनुवाद 1816 में प्रकाशित कराया था।

अब्बे डुबोय ने दक्षिण भारत की धार्मिक स्थितियों के बारे में जो लिखा है, वह इस क्षेत्र के नवजागरण-पूर्व हिंदू आस्था की विडंबनाओं और सामंती ह्रास को उद्‌घाटित करता है। वह उपर्युक्त पुस्तक में लिखता है, 'ब्राह्मण बिना किसी वैचारिक गंभीरता और भक्ति के मंदिरों में प्रवेश करते हैं, बल्कि वे मंदिर में झगड़े अधिक करते हैं, यहां तक कि पूजा-अर्चना करते समय भी उनमें जरा भी श्रद्धा दिखाई नहीं देती। वे दर्शनार्थियों से सिर्फ पैसा वसूलने के लोभ में रहते हैं। ...उनकी तुलना में सरल शूद्र अपने देवताओं के प्रति ज्यादा आस्थावान हैं। ...ब्राह्मण ईसाइयों को पसंद नहीं करते, क्योंकि वे गोमांस खाते हैं। ईसाई स्त्री-पुरुष खुलकर आपस में बातें करते हैं और अपने घरों में न सिर्फ परिया सेवक रखते हैं, बल्कि उनके परिवार की स्त्रियों के संग अनैतिक संबंध भी। ...लेकिन क्या ब्राह्मणों में कमजोरियां नहीं हैं? उनके चरित्र में काफी दोहरापन है। ...उनके मंदिरों में देवदासियां होती हैं जो देवताओं के समक्ष नृत्य करने के लिए होती हैं लेकिन वस्तुतः वे वेश्या बना दी जाती हैं। ...कई बार ब्राह्मण संस्कृत का एक श्लोक पढ़ते हैं जिसका अर्थ है—'देवदासियों के साथ संभोग सारे पापों को नष्ट कर डालता है।' अब्बे डुबोय ने तिरुपति मंदिर के बारे में लिखा है कि ब्राह्मण पुरोहित जब साल में एक बार भगवान की सवारी निकालते हैं, वे उमड़ी भीड़ से सुंदर लड़कियों को चुनकर भगवान वेंकटेश्वर से उनका विवाह करा देते हैं। परिवारवाले भी अपनी बहू-बेटियों को खुशी-खुशी उन्हें सौंप देते हैं।

यूरोपीय लोगों के श्रेष्ठ और हिंदुओं के निम्न होने की प्रचलित पश्चिमी धारणा को अब्बे डुबोय दुहराता है, 'हिंदुओं, खासकर ब्राह्मणों के नियम-कानून बहुत कमजोर हैं। वे यूरोपीय लोगों से बहुत निम्न हैं। उनमें शक्ति नहीं है। ...इस देश में मानव जाति की पतनशील दशा के लिए जिम्मेदार यहां की जलवायु है।' (वही)। वह हिंदुओं और मुसलमानों की पोशाकों, खान-पान और रहन-सहन के विस्तृत विवरण देता है। वह कहता है कि उच्च हिंदू पगड़ी पहनते हैं जो मुसलमानों की नकल है। उसने शूद्रों का चित्र खींचा है, 'शूद्र करघे से निकला नया वस्त्र एक बार पहन लेते हैं, फिर जब तक मैला, चीकटों से भरा चीथड़ा नहीं हो जाता, तब तक नहीं उतारते। इसे महीनों पहने रह जाते हैं। यदि किसी ने तालाब के पानी में कहीं अपने कपड़े धो लिए तो उसे जाति से बाहर निकाल दिया जाता है। हो सकता है, पानी के अभाव की वजह से यह रीति हो।' (वही)। अब्बे डुबोय ने बताया कि शूद्र जातियों और अछूतों को ही ईसाई बनाया जा सकता है, ब्राह्मणों को और अन्य ऊंची जातियों को कभी नहीं।

19वीं सदी के पहले दशक तक के अब्बे डुबोय द्वारा दिए गए विवरणों से दक्षिण भारतीय जीवन के कई चित्र मिलते हैं। विधवाओं की दुर्दशा के बारे में वह लिखता है, 'पति के मरने के बाद विधवाओं को जीवन भर शोक में रहना पड़ता है। हर महीने उन्हें अपने सिर का मुंडन कराना पड़ता है। वे रंगीन कपड़े और गहने नहीं पहन सकतीं। किसी पारिवारिक उत्सव, जैसे— विवाह, उपनयन, भोज में भाग नहीं ले सकतीं। यह अपशकुन माना जाता है। सोचिए, वे अपने परिवार जनों की सामाजिकता से किस तरह बाहर कर दी जाती हैं।' (वही)। अब्बे डुबोय विधवाओं को दी जानेवाली यंत्रणाओं और स्त्री-अवमानना के विस्तृत विवरण देता है। वह बताता है कि शूद्रों में यह प्रथा नहीं है। वह यह तथ्य भी देता है कि 'उत्तर भारत में अंधविश्वासों के चलते सती प्रथा कहीं-कहीं मौजूद है। लेकिन दक्षिण में यह क्रूर परंपरा अब नहीं है। मुस्लिम शासकों को यह प्रथा जरा भी बर्दाश्त नहीं थी, उन्होंने इसे बंद कर दिया था।

अब्बे डुबोय प्रश्न उठाता है, 'क्या हिंदू शास्त्रों में इस तरह का नियम कहीं उल्लिखित है? यह अंग्रेज सरकार की साख गिरानेवाली बात है कि वह इस तरह की क्रूर घटनाओं को बर्दाश्त करती है। राज परिवार में सती प्रथा

को स्त्रियों के राजा से प्रेम और पारिवारिक गौरव का प्रमाण माना जाता है, जबकि यह स्त्रियों की मूर्खता है।' (वही)। वह तंजौर में सती होने की जिन दो घटनाओं के आंखों देखे हाल का वर्णन करता है, उनमें एक तंजौर के राजा का मामला है। इसके अलावा एक मामला वैश्य परिवार की 30 साल की विधवा का है। उसे पति के शव और बाजे-गाजे के साथ लाया जाता है। लेकिन स्त्री का मन चिता के पास पहुंचते ही डोल जाता है। वह मूर्च्छित हो जाती है। अंततः उसे मूर्च्छा-अवस्था में ही ब्राह्मणों के आह्वान पर चिता में डाल दिया जाता है। ये 1801 की घटनाएं थीं।

अब्बे डुबोय यह भी बताता है कि हिंदू और मुसलमान शासकों के राज में कोई लिखित कानून नहीं रहा है। स्त्री को दिए जाने वाले दंड के बारे में वह लिखता है, 'कुछ जातियों में स्त्री के व्यभिचार की सजा उसकी जान लेना है जो उसके पति द्वारा संपन्न होता है। मुसलमान शासक अपेक्षाकृत नरम रहा है। वह स्त्री और उसे बरगलाने वाले पुरुष को भारी जुर्माने की सजा देता है। ...यदि इनमें रकम चुकाने की शक्ति न हो तो उनके संबंधियों को चुकाना पड़ता है। ...हत्या करने पर भी कभी-कभार ही सजा दी जाती है। अमीर धन देकर आसानी से छूट जाता है।' (वही)।

ब्राह्मण-शूद्र संबंध के बारे में डुबोय ने लिखा है, 'ब्राह्मण का सामाजिक स्थान गिर जाता है और उसे जाति बहिष्कृत कर दिया जाता है, यदि उसने निम्न जाति के हाथ का छुआ भोजन या पानी ग्रहण किया हो। उसे निश्चय ही कभी भय या शर्म महसूस नहीं करनी पड़ती यदि उसने चोरी की हो, मिथ्या प्रवाद फैलाया हो या दूसरे की जान लेने की कोशिश की हो। ...हिंदुओं की न्यायिक प्रक्रिया, साथ ही संपूर्ण न्याय व्यवस्था पूरी तरह बदल गई, जब यूरोपीय शासन का भारत में प्रभुत्व हो गया। ...अब जैसे लोगों को विश्वास हो गया है कि उन्हें जल्दी या थोड़ी देर से न्याय जरूर मिलेगा। ...सभी बुद्धिमान हिंदू मानते हैं कि देश में यूरोपीय शासकों द्वारा लागू किए गए कानून उदार हैं और अपराध तथा बुराइयां रोकने के लिए अधिक कड़े उपाय करने चाहिए।' (वही)। कहना न होगा कि आम लोगों को अंग्रेजी राज से इसलिए आपत्ति नहीं हुई, क्योंकि पहले के शासक क्रूर और निरंकुश थे।

अब्बे डुबोय हिंदू रीति-रिवाजों के बारे में चर्चा करते-करते मुसलमान सैनिकों की चर्चा करता है, 'वे आमतौर पर पूर्वी सोच के हैं और विलासिता पसंद करते हैं। जो अमीर हैं वे हर तरह का आराम खोजते हैं। वे कई श्रेणियों में विभाजित हैं। वे हमेशा अपनी पत्नियों में डूबे रहते हैं और भोगमय जीवन के लिए कुछ भी कर सकते हैं।' हालांकि उसने आम भारतीयों की काहिली और बौद्धिक पिछड़ेपन के बावजूद उनके आत्मविश्वास और उनके लड़ाकूपन को पढ़ लिया था, 'भारत के लड़ाकों ने यूरोपीय लड़ाकों से घातक हथियार चलाना सीख लिया है। यह एक ऐसा उपहार है जिसका बहुत संभव है कि कभी इन यूरोपीयों के खिलाफ ही इस्तेमाल हो जिन्होंने उन्हें दिया है।'

मैक्समूलर ने बाद में डुबोय की किताब संपादित की और यह फिर छपी। इसकी भूमिका में मैक्समूलर ने कहा था कि ईसाई धर्मप्रचारकों को उनकी किताब पढ़कर बड़ा फायदा हुआ है।

दरअसल डुबोय फ्रांस की क्रांति (1789) से घबरा कर भारत में ईसाई धर्म प्रचार के उद्देश्य से आया था। उसने इस देश के लोगों में चेचक के बारे में कठोर अंधविश्वास के बावजूद 1803-04 में लगभग 25 हजार लोगों को टीका लेने के लिए राजी कर लिया था, जो अंधविश्वास से विज्ञान की ओर बढ़ा कदम था। यह ईसाई मिशनियों की सामाजिक सेवा का भी चिह्न था। जाहिर है, जो काम करने से विभिन्न रियासतों के राजा और ब्राह्मण खुद पीछे रह गए, वह काम ईसाई मिशनरियों ने किया।

डुबोय हिंदू के छद्मवेश में रहता था। उसे लोग काफी आदर देते थे और डोडा स्वामी कहने लगे थे। वह बड़ा चालाक और दूरदृष्टि संपन्न था। भारत में लगभग 25 साल रहने के बाद जब वह फ्रांस लौटा तो उसने भारत में ईसाई प्रचार की संभावना पर कुछ 'पत्र' लिखे। उसने एक पत्र में स्पष्ट कहा, 'जैसा मैं समझ पाया हूँ, भारत को ईसाई बनाना संभव नहीं है, खासकर ऊंची जातियों का धर्म परिवर्तन असंभव है। ...अब तक जितने लोग ईसाई बने हैं, उनमें दो-तिहाई परिया या भिखारी हैं जिन्होंने विवाह तथा कुछ अन्य लाभ पाने के उद्देश्य से धर्म परिवर्तन किया है।' डुबोय को ब्राह्मणवादी जाति व्यवस्था तथा मुसलमानों के कट्टर धार्मिक विश्वासों के कारण शूद्रों और

अति-शूद्रों के बाहर ईसाइयत का प्रचार निरर्थक नतीजा देनेवाला लगा था। इसलिए अमेरिका और अफ्रीका की तरह धर्म परिवर्तन में ज्यादा सफलता की उम्मीद न करके अंग्रेजों ने अपने साम्राज्यवादी शासन के स्थायित्व के लिए 'फूट डालो' की नीति अपनाई।

दक्षिण भारत पर अंग्रेजों की मजबूत पकड़ और न्याय का दावा करने की नई प्रशासनिक व्यवस्था के बावजूद यह छिपा नहीं था कि यह दमन पर आधारित राज था। झांसी की रानी की तरह कित्तूर की रानी चेन्नम्मा (1778-1829) कर्नाटक की राष्ट्र नायिका मानी जाती हैं। उन्होंने लक्ष्मीबाई से कुछ पहले अंग्रेजी साम्राज्यवाद से अपने अधिकारों के लिए सैनिक युद्ध किया था। उन्होंने जब अपने पुत्र के मरने पर दत्तक पुत्र को अपना उत्तराधिकारी घोषित किया, अंग्रेजों ने नहीं माना। उन्होंने रानी की संपत्ति हड़पनी चाही और 1824 में उनके राज्य पर हमला कर दिया। चेन्नम्मा ने बड़ी संख्या में आए अंग्रेज सैनिकों को पीछे हटने पर मजबूर किया। अंग्रेजों का एक प्रमुख अफसर और एक राजनीतिक एजेंट मारा गया। दो अफसरों को बंधक बना लिया गया, हालांकि सद्भावना प्रदर्शित करते हुए चेन्नम्मा ने उन्हें छोड़ दिया। दूसरी बार का हमला भी विफल हुआ। लेकिन तीसरी बार ज्यादा बड़ी और आक्रामक फौज के आगे उनकी हार हुई। वे कैद कर ली गईं। इसके बावजूद, उनके बहादुर लेफ्टिनेंट रायन्ना ने गुरिल्ला लड़ाई चलाई, लेकिन वह जल्दी गिरफ्तार कर लिया गया। चेन्नम्मा का साम्राज्य-विरोधी संघर्ष भले अपना राज्य बचाने के लिए था, पर यह आगे चलकर दक्षिण भारत में एक राष्ट्रीय प्रेरणा बना।

दक्षिण भारत में नई शिक्षा की रोशनी में धार्मिक सुधार आंदोलन हुए थे, जिनसे भारतीय नवजागरण में व्यापकता आई थी। उन आंदोलनों का एक उद्देश्य राष्ट्रीय आत्मपहचान का पुनर्निर्माण था, ताकि हिंदू समाज में शूद्रों और अतिशूद्रों को अपने जीवन के लिए मानवीय स्थितियां मिलें और अंधविश्वास दूर हों। आमतौर पर सुधारक न ईसाई धर्म की तरफ आकर्षित हुए और न उन्होंने हिंदू धर्म के रूढ़िवाद, पाखंड और भेदभाव को माना। 19वीं सदी में उन्होंने मानवता की ऐसी नई सांस्कृतिक राहें खोजीं जो उनकी जातीय चेतना पर आधारित थीं। वे कहीं-कहीं उग्र थीं।

औपनिवेशिक शिक्षा का फल

दक्षिण भारत में 18वीं सदी में प्रेस स्थायी रूप से काम करने लगे थे। तमिल भाषा में ईसाई प्रचार सामग्री छपने लगी थी। प्रेस के विस्तार से ज्ञान के नए संचार माध्यम बने, लेकिन शुरू में ये औपनिवेशिक नियंत्रण और ईसाई धर्म-प्रचार के साधन थे। ये अंततः नई शिक्षा के प्रसार में सहायक हुए। इनका फायदा दक्षिण भारतीय राष्ट्रीय भाषाओं को मिलना शुरू हो गया, जिससे आम शिक्षित लोगों का समाचार-पत्रों और पुस्तकों के जरिए ज्ञान के बृहद् संसार से संपर्क स्थापित हुआ। उल्लेखनीय है, उत्तर भारत की तुलना में दक्षिण में अंग्रेजी-शिक्षा ज्यादा फैली। दक्षिण भारतीय ज्यादा अंग्रेजी-प्रेमी निकले।

18वीं सदी से ही ईस्ट इंडिया कंपनी के व्यापारियों को मद्रास के बंदरगाह में दुभाषियों की जरूरत पड़ने लगी थी। व्यापारिक संपर्क के लिए स्थानीय व्यक्तियों में अंग्रेजी सीखने की प्रवृत्ति जन्मी। अंग्रेजों ने दक्षिण में मुसलमानों को भी प्रेरित किया कि वे अंग्रेजी शिक्षा लें। 19वीं सदी के दूसरे-तीसरे दशक में ईसाई मिशनरियों द्वारा मद्रास प्रेसिडेंसी में अंग्रेजी स्कूल शुरू कर दिए गए थे। 1822-26 के दौरान इस प्रेसिडेंसी में स्कूली शिक्षा के 11,758 और उच्च शिक्षा के 740 केंद्र थे। इनमें से कई में अंग्रेजी राज की जरूरतों को पूरा करने के लिए 'उपयोगी शिक्षा' मैकाले के मिनट्स (1835) से काफी पहले दी जानी शुरू हो गई थी। 1835 में मद्रास मेडिकल कॉलेज खुला था जिसमें स्त्रियों को विशेष अवसर दिए गए। 1894 में वीमेंस क्रिश्चियन मेडिकल कॉलेज खुल गया। विस्मय की बात नहीं है यदि दक्षिण भारत तभी से चिकित्सा का सबसे विश्वसनीय जगह बन गया था। वहाँ विज्ञान पनपा। 1854 के वुड डिस्पैच और 1882 के हंटर कमीशन के बाद शिक्षा में जो सुधार किए गए, उनका मुख्य उद्देश्य अंग्रेजी का वर्चस्व बढ़ाना था। उल्लेखनीय है कि 1857 में स्थापित मद्रास यूनिवर्सिटी लंबे समय तक अंग्रेजी राज के लिए उच्च पदाधिकारी देती रही। निश्चय ही उनमें ब्राह्मण ज्यादा थे।

औपनिवेशिक शिक्षा का एक प्रमुख उद्देश्य बौद्धिक प्रभुत्व-विस्तार के साथ भारत के शिक्षित व्यक्तियों को निचले स्तर का सत्ता-सुख देना था।

यह अंग्रेजी राज से नियंत्रित संवाद का अवसर था, साथ ही भारतवासियों के एक वर्ग को आम लोगों पर अत्याचार में भागीदार बनाना भी। पाओलो फ्रेरे ने लिखा है कि औपनिवेशिक शिक्षा चुप रखने की संस्कृति जैसी है। यह अयुक्तिपूर्ण को युक्तिपूर्ण बताने और उत्पीड़न पर आधारित ढांचों को मान लेने के लिए होती है। यह राष्ट्रीयता को चुप करने के लिए होती है। भारत में औपनिवेशिक शिक्षा चुप रखने के अलावा एक अन्य खेल में शामिल रही है, वह है अतीत की सामाजिक राष्ट्रीयता को विभाजित करने की।

देखा जा सकता है कि दक्षिण भारत, खासकर मद्रास प्रांत में नस्लवाद का औपनिवेशिक अनुसंधान करके आर्य-द्रविड़ विभाजन को काफी बौद्धिक प्रोत्साहन दिया गया। नस्ल (रेस) और जाति (कास्ट) के आधार पर सामाजिक विभाजन में जिन्होंने रुचि ली, उन्होंने आमतौर पर उपनिवेशवाद को शत्रु नहीं माना। इस सामाजिक विभाजन का उद्देश्य धार्मिक निर्बुद्धिपरकता के विरुद्ध राष्ट्रीय जागरण को सीमाबद्ध करना और एकायामी बना देना था। इसमें संदेह नहीं कि सैकड़ों साल से सवर्णों ने पिछड़ी और दलित जातियों को दबाया। इसका सुधारवादियों ने विरोध किया, लेकिन कई सुधारवादियों का अंग्रेजी राज की गुलामी को एक समस्या न मानना उनकी एक बड़ी बौद्धिक-राजनीतिक कमी थी।

कई दक्षिण भारतीय सुधारक ऐसे थे जो अंग्रेजी राज से लड़नेवालों को आर्य संस्कृति तथा सवर्ण-हित का पोषक कहकर अंग्रेजों से मधुर संबंध रखते थे। यदि स्वाधीनता संग्रामियों ने भारतीय रूढ़ियों की आलोचना करते हुए अपनी स्वस्थ सांस्कृतिक जड़ों से, अपनी परंपराओं से जरा भी संबंध रखा तो वे अलगाववादियों के निशाने पर चढ़ जाते थे। यह अलगाववादियों के औपनिवेशिक हथियार बन जाने से भिन्न कुछ न था। इस तरह दक्षिण भारत में बौद्धिक उपनिवेशवाद से प्रभावित विमर्श की एक उच्छेदवादी धारा है जो काफी मुखर रही है। इससे जुड़े बुद्धिजीवी भारतीय सांस्कृतिक परंपराओं से आलोचनात्मक संबंध रखने की जगह इनके लिए बार-बार लज्जित होते रहे हैं। वे पूंजीवादी सत्ता-संघर्ष में सफलता के लिए अपनी पहचान की भिन्नता खोजते तथा अभिन्नताओं को ढकते रहे हैं। ऐसे बुद्धिजीवी दक्षिण भारत के

द्रविड़ आंदोलन को तमिल अस्मिता तक सीमित रह जाने को एक विफल परियोजना मानते हैं और इस पर शोक व्यक्त करते हैं।

नई शिक्षा भारतवासियों को रूढ़िवादी शिक्षा के ढांचे से निकाल कर एक तरफ उनमें उपनिवेशवाद के प्रति सम्मोहन पैदा कर रही थी, दूसरी तरफ, उनमें अपने देश की जड़ धार्मिक-सामाजिक दशा को लेकर चिंता पैदा कर रही थी और तीसरी तरफ, कुछ लोगों को अलगाववाद के लिए बौद्धिक संसाधन दे रही थी। औपनिवेशिक शिक्षा कहीं सम्मोहित, कहीं सचेत और कहीं खंडित कर रही थी। इस तरह दक्षिण भारत में औपनिवेशिकता, सुधारवाद और पृथक आत्मपहचान की अंतःक्रीड़ा से नवजागरण शुरू हुआ।

मार्टिन करनाय ने 'सांस्कृतिक साम्राज्यवाद और शिक्षा' पुस्तक में औपनिवेशिक शिक्षा के उद्देश्यों को उद्‌घाटित करते हुए लिखा है, 'भारतीयों को ब्रिटिश वस्तुओं का उपभोक्ता और उन्हें अधिक पूंजीवादी बनाने के लिए शिक्षा प्रणाली का ब्रिटिश मूल्यों और आदर्शों के आधार पर पुनर्निर्माण करना आवश्यक था। ...अतः भारतीयों को शिक्षा अंग्रेजी में देने का निश्चय हुआ। पहले कुछ पुरानी परंपराओं के दबाव के कारण इस नीति का विरोध हुआ। परंतु औपनिवेशिक सरकार में निम्न स्तर के नौकरशाहों के पद पर अंग्रेजी-प्रशिक्षित भारतीयों की नियुक्ति कर अंग्रेजों ने अंग्रेजी भाषा की शिक्षा की मांग बढ़ा दी।' इस कथन से स्पष्ट है कि भारत की शिक्षा प्रणाली में परिवर्तन किस तरह पूर्णतः औपनिवेशिक जरूरतों के अनुरूप था।

इस दौर की एक अन्य प्रमुख घटना यह है कि 18वीं सदी से ईसाई मिशनरियों के धार्मिक प्रकाशनों में हिंदू धर्म के दोषों, जाति व्यवस्था की बुराइयों और ब्राह्मणों के वर्चस्व पर प्रहार करना। इससे बढ़कर यह है कि 'आर्य-द्रविड़ युद्ध' का प्रचार किया जा रहा था। तमिलनाडु में यूरोपीय विद्वानों द्वारा द्रविड़ अलगाववाद का प्रचार ज्यादा हुआ तो उत्तर भारत में एक भिन्न नीति के तहत कलकत्ता की रायल एशियाटिक सोसाइटी (1784) द्वारा आर्य-श्रेष्ठता का प्रचार ज्यादा हो रहा था।

रायल एशियटिक सोसाइटी की स्थापना विलियम जोंस द्वारा हुई थी। इसका उद्देश्य भारतीय सांस्कृतिक धरोहर का उद्धार और उसकी व्याख्या करना था

तथा भारतीय अतीत के ज्ञान को औपनिवेशिक फ्रेम में रखना था। इसलिए संस्कृत ग्रंथों की खोज, उनकी महत्ता का उद्घाटन और प्राच्यवाद की प्रतिष्ठा शुरू हुई। एक उद्देश्य उत्तर भारत के परंपरावादी हिंदुओं को संतुष्ट करना था। यूरोपियन कहने लगे कि भारत वैसा ही है जैसा वे बता रहे हैं। उल्लेखनीय है कि दक्षिण और उत्तर भारत में भिन्न-भिन्न तरीकों से औपनिवेशिक ज्ञान के प्रचार के बावजूद इस देश के अतीत का राष्ट्रीय पुनराविष्कार अंततः उस ज्ञान की छाया के बाहर आया।

ध्यान में रखने की जरूरत है कि 18वीं सदी में हिंदू कोड (1776) बना था जिसमें सती प्रथा, बहुविवाह और बाल विवाह को मान्यता दी गई थी और विधवा विवाह का निषेध था। 1780 में मुसलमानों को संतुष्ट करने के लिए कलकत्ता मदरसा की स्थापना हुई। इसके अलावा, ब्राह्मणों और अन्य ऊंची जातियों के भू-स्वामियों को जमींदार बना दिया गया था। इन वर्गों के नौजवान ही अंग्रेजी शिक्षा की तरफ आकर्षित हुए थे। उपर्युक्त उपायों से ब्रिटिश उपनिवेशवाद की एक मजबूत सामाजिक आधारशिला रखी जा रही थी। उसका लक्ष्य उपनिवेशवाद से असंतोषों को मिटाना और अंग्रेजी राज के प्रति लगाव बढ़ाना था। अंग्रेज एक तरफ धार्मिक संरक्षणवाद को बढ़ावा देकर परंपरावादी विशेषाधिकार प्राप्त वर्गों को तुष्ट करना चाहते थे तो दूसरी तरफ, अंग्रेजी-शिक्षित एलीट वर्गों में राजभक्ति के साथ-साथ पश्चिमी सभ्यता और यथासंभव ईसाई धर्म के प्रति आकर्षण पैदा करके उन्हें औपनिवेशिकता का बौद्धिक हथियार बना लेना चाहते थे। उनके पास दुधारी नीति थी।

एक राजनीतिज्ञ जॉन मेलकाम ने ब्रिटिश पार्लियामेंट की जांच कमेटी के सामने 1813 में एक बयान दिया था, 'इस समय हमारा साम्राज्य इतनी दूर तक फैला है कि जो असाधारण ढंग की हुकूमत हमने उस देश (भारत) में कायम की है, इसके बने रहने के लिए केवल एक बात का हमारा सहारा है, वह यह है कि जो बड़ी-बड़ी जातियां इस समय अंग्रेज सरकार के अधीन हैं, वे सभी एक दूसरे से अलग हैं और जातियों में भी फिर अनेक जातियां और उपजातियां हैं। जब तक ये एक-दूसरे से बँटी रहेंगी, तब तक कोई भी बलवा हमारी सत्ता को नहीं हिला सकता।' (भारत में अंग्रेजी राज, सुंदरलाल)।

1857 से लेकर 20वीं सदी के राष्ट्रीय आंदोलन तक की विभेदपरक घटनाओं को देखने पर पता चलता है कि उपर्युक्त समझ पक्की थी।

हिंदू धर्म : भीतर से आलोचना

दक्षिण भारत में नवजागरण औपनिवेशिक स्थितियों के अलावा, एक ऐसे खास धार्मिक-सांस्कृतिक परिवेश में आकार ले रहा था जिसे उच्छेदवादी ढंग से बौद्धिक चुनौती देना आसान था, लेकिन वास्तविक जमीनी सुधार मुश्किल था। इसलिए विभिन्न समय में भक्ति आंदोलन, द्रविड़ राष्ट्रवाद, दलित विद्रोह, स्त्रीवाद, वामपंथी आंदोलन या जितने तरह के भी आंदोलन हुए, दक्षिण भारत भी उत्तर भारत की तरह धार्मिक कूपमंडूकता से अंततः बाहर नहीं निकल पाया और सत्ता के लिए तरह-तरह के सामाजिक विभाजन पैदा किए जाते रहे। आज औद्योगिक प्रगति और आधुनिक सभ्यता के शीर्ष पर भी यह हालत है। निश्चय ही वे सुधार स्थापित हैं जो कानून बन चुके हैं। लेकिन दक्षिण भारत आज भी उत्तर भारत की तरह प्रचंड रूप से धार्मिक है। यहां धार्मिकता-आधुनिकता का सह-अस्तित्व है।

केरल के शशि थरूर जैसे अति-आधुनिक जीवन-शैली के बुद्धिजीवी खुलकर बताते हैं—'व्हाई आइ एम ए हिंदू'। वे इस पुस्तक में कहते हैं, 'मैं यह स्वीकार करता हूँ कि अपने आपको इस धर्म से अलग करके इसके बारे में कुछ लिख पाने में असमर्थ हूँ। ...मैं हमेशा ही ईश्वर में विश्वास करता रहा हूँ। मैं बड़ी खुशी से कह रहा हूँ कि मैं एक धर्मनिष्ठ हिंदू हूँ, सिर्फ इसलिए नहीं कि मैं इस धर्म में पैदा हुआ हूँ, बल्कि कई अन्य कारणों से भी—हालांकि आस्था को किसी कारण की जरूरत नहीं होती।' निश्चय ही वे उदारवादी हिंदू होने का दावा करते हैं।

शशि थरूर जैसी अति-आधुनिक और बुद्धिवादी सोच के व्यक्ति का हिंदू धर्म के प्रति बढ़ा हुआ आकर्षण विस्मय पैदा नहीं करता, क्योंकि केरल की राजनीतिक स्थितियों में धार्मिक तत्व नए सिरे से जुड़े हैं। नवजागरण के विपर्यय का असर केरल पर भी पड़ा है। उन धार्मिक रूढ़ियों का पुनरुत्थान हुआ है जिनसे किसी समय एक हद तक छुटकारा मिल चुका था।

केरल में इसका एक उदाहरण शबरीमाला मंदिर का स्त्री-विरोधी धार्मिक नियम है। तमिलनाडु में निषिद्ध जल्लीकट्टू का फिर से उदय भी एक उदाहरण है। यह नव-पुनरुत्थानवाद का असर है।

केरल में बड़े पैमाने पर पेट्रो डालर पहुँचने के बाद अखिल इस्लामवाद का प्रभाव बढ़ने लगा तथा मुस्लिम उदारवाद का असर घटने लगा। जो लड़कियां कभी बुर्का नहीं पहनती थीं, वे अब बुर्का पहनने लगी हैं। बुर्का प्रथा दक्षिण भारतीय मुस्लिम समुदाय से समाप्त हो गई थी, वह फिर लौट आई। 21वीं सदी में धार्मिक संरक्षणवाद किसी वायरस से कम नहीं है। यह एक धर्म से दूसरे धर्मों में, एक प्रथा से दूसरी प्रथाओं में और एक प्रदेश से दूसरे प्रदेशों में अंधाधुंध फैलता है। वैश्वीकरण के दौर में संरक्षणवाद का वैश्वीकरण विस्मयजनक नहीं है।

दरअसल हिंदू धर्म पर जितने उग्र बुद्धिवादी आक्रमण हुए हों या ईसाइयत का जितना सत्ता-पोषित प्रचार चला हो, आज भी दक्षिण भारत हिंदू धर्म का एक बड़ा गढ़ है। उदाहरण के तौर पर तमिलनाडु में कई तरह के विरोधों के बावजूद 2011 के जन सर्वेक्षण के अनुसार हिंदू 87.58, ईसाई 6.12, मुसलमान 5.86, जैन 0.12, सिख 0.02, बौद्ध 0.01 तथा अन्य 0.01 प्रतिशत हैं। यहां धार्मिक कूपमंडूकता में जरा भी कमी नहीं आई है। यह भी उल्लेखनीय है कि उत्तर और दक्षिण भारत के मंदिरों के स्थापत्य, देवी-देवताओं के नाम, कला-संगीत, कथाओं, पर्व-त्योहारों तथा आराधना-विधियों में इतना फर्क है कि उनमें उत्तर-भारतीय आधिपत्य जैसा कुछ नहीं है। दोनों जगहों की सांस्कृतिक आध्यात्मिकता में अखंडता हो सकती है, पर आस्था और रीतिगत विविधता काफी है।

दक्षिण भारत में धार्मिक रूढ़ियां कम नहीं हुई हैं। इससे 19वीं सदी के सुधार आंदोलन की सीमाओं का पता चलता है। फिर भी एक कठोर हिंदू धार्मिक ढांचे में ब्राह्मणवाद, धार्मिक अंधविश्वास, जाति व्यवस्था, स्त्री-अवमानना और सामाजिक कुप्रथाओं के विरुद्ध तमिलनाडु, केरल, आंध्र प्रदेश तथा कर्नाटक भू-क्षेत्रों में जो नवजागरणकालीन वैचारिक संघर्ष चले, उनमें अनोखी तीव्रता थी।

उनके असर से जीवन में फर्क आया। दरअसल दक्षिण में उत्तर भारत से भिन्न किस्म के आंदोलन थे। वे मध्यवर्गीय नागरिक वृत्त तक सीमित न रहकर विस्तृत सामाजिक दायरों में घटित हुए थे।

दक्षिण भारत में धार्मिक सुधार आंदोलन आमतौर पर धर्म के विरुद्ध आंदोलन नहीं थे। ये एक धर्म को छोड़कर एक दूसरे धर्म को अपनाने के मामले से भी भिन्न थे। ये अपनी धार्मिक व्यवस्था में सुधार लाने, धार्मिक रीतियों को बदलने और आत्मसम्मान के मामले थे। यदि कहीं विद्रोह है तो सामान्यतः यह धर्म की बुनियादी आध्यात्मिक चेतना से न होकर ब्राह्मणवादी प्रभुत्व से है।

दक्षिण भारत में धार्मिक सुधार की मुख्य प्रेरणाएं वैदिक साहित्य में न होकर वस्तुतः प्राचीन दक्षिण भारतीय संतों के साहित्य और अंग्रेजी शिक्षा में हैं, कहीं-कहीं बौद्ध और ईसाई शिक्षाओं में भी। कहना न होगा कि ईसाइयत की छाया में मिले अवसरों और प्रतिष्ठा ने हिंदू धार्मिक सुधार के लिए दबाव बना दिया था। यह भी उल्लेखनीय है कि भारतीय नवजागरण के संदर्भ में जब भी धार्मिक सुधारों पर चर्चा होती है, आमतौर पर विषय क्षेत्र में ईसाई, इस्लामी या बौद्ध सुधारवाद नहीं होता, विषय सिर्फ हिंदू धार्मिक सुधार होता है।

केरल शंकराचार्य (8वीं सदी) की भूमि रहा है। रामानुजाचार्य (12वीं सदी) तमिल क्षेत्र के थे। इनसे काफी पहले तिरुवल्लुवर (पहली सदी के आसपास) हो चुके थे जिन्होंने धार्मिक सुधार के महत्वपूर्ण नीति वचन कहे थे। बसवण्णा (12वीं सदी) कर्नाटक क्षेत्र में हुए थे। शंकराचार्य के बाद कन्नड़ क्षेत्र के बसवण्णा ने अलग पद्धति से धार्मिक उदारवाद का प्रचार किया। वे हिंदू-धर्म की आलोचना करते हैं। यह सभी मानते हैं कि भक्ति द्रविड़ क्षेत्र से उत्तर भारत में आई। कृष्ण भक्त निंबार्क (13वीं सदी) तेलुगु ब्राह्मण थे, वे लंबे समय तक वृंदावन में थे। वल्लभाचार्य (15वीं सदी) तेलुगु ब्राह्मण थे। उन्होंने दक्षिण और उत्तर भारत के बीच सांस्कृतिक संबंध मजबूत किया। इन सभी की वजह से कई जन-भाषाओं में ऐसे भक्त कवि हुए जिन्होंने कठमुल्ले ब्राह्मणतंत्र के तर्कों को नहीं माना।

ब्राह्मण प्रभुत्ववाद का प्रतिरोध

दक्षिण भारत में बौद्ध और जैन धर्मों के फैलने का एक इतिहास है, इसे ध्यान में रखना चाहिए। इन धर्मों के बावजूद वर्ण व्यवस्था की वजह से ब्राह्मण निम्न जातियों का उत्पीड़न करते थे। इस उत्पीड़न का एक लंबा सिलसिला है। जैन और बौद्ध धर्मों को ध्वस्त करने के बाद उत्पीड़न बढ़ गया। 'ब्राह्मणवाद' का अर्थ उत्तर भारत की तुलना में दक्षिण भारत के संदर्भ में ज्यादा समझ में आता है।

16वीं सदी से ही दक्षिण भारत की निम्न जातियों के लोगों ने ब्राह्मणतंत्र से तंग आकर पुर्तगाल, डच और अंग्रेज मिशनरियों के असर में ईसाई बनना शुरू कर दिया था। इसे भी ध्यान में रखना होगा कि दक्षिण भारत के विभिन्न प्रांतों में ब्राह्मण-प्रभुत्व वाली जाति व्यवस्था में विविधता रही है।

केरल में नंबूदिरी ब्राह्मणों और नायरों के गठबंधन ने और सामान्यतः ब्राह्मणों ने सभी प्रदेशों में बहुत कम संख्या में होने के बावजूद आम लोगों को उच्च मानवीय मूल्यों की और ले जाने की जगह धार्मिक अंधकार में रखा। उनकी नैतिकता निम्नतम दशा में और पाखंड उच्चतम शिखर पर था। उनकी सबसे बड़ी ताकत दमनमूलक वर्ण व्यवस्था थी। यह उन आम लोगों के विश्वासों में भी गहरी जड़ें जमा चुकी थी, जो वस्तुतः इसके शिकार थे। इसलिए दक्षिण भारतीय नवजागरण का प्रधान मुद्दा ब्राह्मणवाद-विरोध है। इसकी एक अन्य वजह यह है कि सभी दक्षिण भारतीय प्रदेशों में ब्राह्मण और पिछड़ी-निम्न जातियों के बीच ब्राह्मणेतर सवर्ण जातियां नगण्य रही हैं। हम तमिल क्षेत्र के अलावा केरल, आंध्र प्रदेश, तेलंगाना और कर्नाटक क्षेत्र के धार्मिक सुधार आंदोलनों में ब्राह्मण-एकाधिकार और ब्राह्मण-प्रभुत्व का विरोध देखते हैं, जैसा कि हम महाराष्ट्र में भी पाते हैं। ब्राह्मण–प्रभुत्व के विरोध को ब्राह्मणों का व्यक्तिगत विरोध नहीं समझना चाहिए।

दक्षिण भारतीय नवजागरण को सैकड़ों साल की भेदभावपूर्ण जाति व्यवस्था को बदलने के आंदोलनों से अलग करके नहीं समझा जा सकता। अंग्रेजी राज के अलावा जाति के उच्च-निम्न क्रम ने भी, जो पूरे भारत में असमान रहा है, सत्ता और वर्चस्व का निर्माण कर रखा था।

ब्राह्मणों, बिचली जातियों और अछूतों तीनों में स्थानीय विशिष्टता के अनुसार ऊंच-नीच क्रम रहा है। दक्षिण भारतीय नवजागरण के सामने यह एक बड़ी समस्या थी कि यदि ब्राह्मण बाकी जातियों पर अपनी श्रेष्ठता और प्रभुत्व सिद्ध करते थे तो पिछड़े और अछूतों के बीच भी स्तर-भेद होने की वजह से यही खेल था। नगरों से गांव तक जाति का विशिष्ट ऊंच-नीच क्रम भूमि पर मालिकाने और राजनीतिक अर्थव्यवस्था के साथ-साथ सामाजिक संबंधों, रीतियों और पर्व-त्योहारों में भी भिन्न-भिन्न भूमिका का निर्धारण करता था। वस्तुतः उच्च जातियों के बनाए नियम-कायदे ही निम्न जातियां ढोती थीं।

भाग्यवाद जाति व्यवस्था का मुख्य तर्क है। इसलिए पिछड़ी और निम्न जातियों का सामाजिक संघर्ष वस्तुतः भाग्यवाद में विश्वास को बदलने के लिए रहा है। यह जाति के परंपरागत ऊंच-नीच क्रम के प्रति भी विद्रोह है जो पूरी तरह सफल नहीं हुआ।

दक्षिण भारत के ब्राह्मण देश की अन्य जगहों की तुलना में अपने को ज्यादा शुद्ध और ज्ञानी समझते थे। वे वर्ण व्यवस्था के मामले में अधिक आक्रामक थे। साथ ही वे अंग्रेजी राज के प्रति स्वाभाविक रूप से वफादार थे। 1833 के बाद जब मिशनरियों ने अंग्रेजी शिक्षा का प्रसार किया, सबसे ज्यादा फायदा समाज के इसी तबके ने उठाया। ब्राह्मणों को अंग्रेजी राज द्वारा दिया गया अवसर अपने पुराने गौरव को हासिल करने जैसा लगा था। वे औपनिवेशिक शिक्षा, प्रशासन और आर्थिक नियंत्रण के भागीदार बने। हिंदू विश्वासों के प्रति अ-हस्तक्षेप की औपनिवेशिक रणनीति के कारण ब्राह्मणवादी व्यवस्था शक्तिशाली बनी रही, अंधविश्वास छाए रहे और वंचित दबाए जाते रहे। ईस्ट इंडिया कंपनी को सिर्फ आर्थिक लूट और इसके लिए साम्राज्य की मजबूती से मतलब था। इसलिए अंग्रेज़ी राज में ब्राह्मणों द्वारा पिछड़ी-निम्न जातियों का दमन, स्त्रियों की अवमानना और बदहाल जनता का शोषण खुलेआम जारी था। ब्राह्मण आतंक समान थे। यही वजह है कि ब्राह्मणों और बाकी समाज के बीच खाई चौड़ी होती गई और आम लोगों का दोहरा शोषण हुआ।

अंग्रेजी शिक्षा का साधारणतः मतलब था ईस्ट इंडिया कंपनी में नौकरी और राजसत्ता में हिस्सेदारी का सुख। दक्षिण भारत बंबई और बंगाल प्रेसिडेंसी

की तुलना में शिक्षा में आगे था। 1852 में मद्रास में 1185 मिशनरी स्कूल थे तो बंबई और बंगाल प्रेसिडेंसी को मिलाकर सिर्फ 472 थे। एक आंकड़े के अनुसार 1890-91 में सभी उच्च शिक्षितों में 81 प्रतिशत ब्राह्मण थे। इस प्रकार अंग्रेजी राज में ब्राह्मण फिर एक प्रभुत्वशाली शक्ति के रूप में उभरे। वे न सिर्फ ब्रिटिश साम्राज्य को बनाए रखने में सहायक थे, बल्कि अपनी प्रश्नातीत साम्राज्यवादी वफादारी के साथ उन्होंने धर्म की तरह ही नई शिक्षा को भी अपने प्रभुत्व का हथियार बनाया।

श्रीनिवासराघव अय्यंगर ने दक्षिण भारत की सामाजिक दशा का यथार्थपरक चित्र खींचा है, 'दक्षिण भारत युद्धों, अभावों और भारी करों से तबाह हुआ। लुटेरों ने इस क्षेत्र को बर्बाद किया। फसल ठीक न होने पर भी बर्बरतापूर्वक लगानों की वसूली की जाती रही। इसका फायदा जाति विभाजित समाजों में एक समुदाय ने अपनी संपत्ति वृद्धि के लिए उठाया।' (वेलेंटाइन किराले, इंडियन अनरेस्ट)। दरअसल उपनिवेशवाद-ब्राह्मणवाद गठजोड़ को समझे बिना 19वीं सदी की दक्षिण भारतीय सामाजिक स्थितियों को जानना संभव नहीं है।

दक्षिण भारतीय नवजागरण का एक मुख्य तत्व 'भिन्न आत्मपहचान' का विमर्श है। इसे उपनिवेशवाद ने नस्लीय आधार पर भी उकसाया। हम जानते हैं कि नवजागरण काल में पर्याप्त राष्ट्रीय समावेशीकरण नहीं हो पाया, जिससे 'भिन्नता' एक मूल्य बनती गई। स्पष्ट है कि दक्षिण भारत में ब्राह्मण-प्रभुत्व के साथ सामाजिक बुराइयां भी बढ़ी थीं। इन स्थितियों ने दक्षिण भारत में नवजागरण और सुधार आंदोलनों को स्पष्ट रूप से ब्राह्मणवाद के विरुद्ध गर्जन का रूप दे दिया।

दरअसल निम्न जातियों की हालत बढ़ती गई गरीबी और उनकी अज्ञानता की वजह से खराब होती जा रही थी। इसका फायदा ईसाई मिशनरियों ने उठाया था। वे इनके बीच शिक्षा का अवसर देने के साथ उदार मूल्यों का प्रचार कर रहे थे और इन्हें बड़े पैमाने पर अपने धर्म के भीतर लाने लगे थे। उच्च जातियों के प्रभु लोग आम लोगों तक पश्चिमी ज्ञान पहुंचने से रोक नहीं पा रहे थे। वे भले उच्च प्रशासनिक पदों पर थे, लेकिन उनका शिक्षा और

ज्ञान पर एकाधिकार टूट रहा था। इन सबका नतीजा यह है कि ईसाइयत के बाहर रह गईं निम्न जातियों में आत्मसम्मान से जीने और ब्राह्मणवाद से मुक्ति की इच्छा पैदा हुई। उनका सामाजिक क्षोभ विविध रूपों में नवजागरण का संदेश ले आया।

ज्योतिबा फुले द्वारा बंबई-पूना में ब्राह्मणवाद-विरोधी स्वर उठ चुका था। उसका दक्षिण भारत पर भी असर पड़ा। कोल्हापुर के छत्रपति साहू ने निम्न जातियों के पक्ष में ब्राह्मणवादी व्यवस्था को चुनौती दी थी। उन्होंने अपने राज्य में सुधार करते हुए साहसपूर्वक कई नए कानून बनाए थे। दक्षिण भारत में पिछड़ी-निम्न जातियों के कई सामाजिक संगठन खड़े हुए, जो दक्षिण भारतीय नवजागरण की एक अनोखी खूबी है।

तमिल क्षेत्र में ई.वी. रामास्वामी का उदय हुआ तो केरल में एझवा जाति के लोगों को नारायण गुरु ने संगठित किया। एक तरह से तमिल क्षेत्र के बाद केरल मुख्य रूप से ब्राह्मण-प्रभुत्ववाद के विरोध का बड़ा केंद्र बना। कर्नाटक में 12वीं सदी के बसवण्णा की परंपरा में वीर शैवों ने सुधार के काम किए। उन्होंने शूद्रों में स्वाभिमान जगाया। आंध्र प्रदेश में मुख्यतः मध्यवर्ग ने सुधार आंदोलन का नेतृत्व किया। इस तरह दक्षिण भारत की विशिष्ट सामाजिक संरचना ने इस क्षेत्र के नवजागरण के स्वरूप को विशिष्ट बना दिया।

तमिल नवजागरण और पेरियार ई.वी. रामास्वामी

तमिलनाडु प्रांत अंग्रेजों और फ्रांसीसियों के बीच तीन कर्नाटक युद्धों से जितना प्रभावित हुआ, उससे बहुत अधिक इन दोनों की बौद्धिक सांठगांठ से हुआ। 1767 में फ्रांसीसी पूरी तरह पराजित हो गए थे। 1785 में मद्रास ब्रिटिश ईस्ट इंडिया कंपनी के तीन प्रेसिडेंसियों में एक था। उपर्युक्त युद्धों के अंतिम नतीजे के बाद साम्राज्यवादी फ्रांसीसियों और अंग्रेजों के बीच राजनीतिक अलगाव जितना हो, बौद्धिक संबंध मजबूत होता गया। कहा जाता है कि जर्मन विद्वानों ने भारत-संबंधी ज्ञान (इंडोलॉजी) की रचना की। देखा जाए तो उनसे पहले फ्रांसीसी विद्वानों ने दक्षिण भारत-संबंधी ज्ञान की रचना कर दी थी। उनके औपनिवेशिक मिजाज के पूर्वग्रहग्रस्त अनुसंधानों ने भारतीय नवजागरण को बड़े पैमाने पर प्रभावित किया। उसने तमिल नवजागरण को विशेष रूप से प्रभावित किया, खासकर आर्य-द्रविड़ मामलों में प्राचीन मिथकों का इतिहासीकरण करके और अलगाववाद का प्रचार करके।

नस्लीय भेदभाव की औपनिवेशिक पृष्ठभूमि

तमिलनाडु प्रांत के नजदीक पांडिचेरी अंग्रेजों से समझौते की वजह से फ्रेंच व्यापारिक कंपनी के अधीन थी। दक्षिण भारत में फ्रेंच-ब्रिटिश हितों में जितनी टकराहट हो, इन दोनों देशों के बुद्धिजीवी भारत को देखने की जो दृष्टियां दे रहे थे, उनके लक्ष्यों में समानता थी। उनका 'ओरियंटलिज्म' भारत को धुंधला कर रहा था। कहना न होगा कि सत्ता की भाषा नगाड़े की तरह बजती है और अंतिम सत्य घोषित कर देती है। देसी बुद्धिजीवी सत्ता और प्रतिष्ठा के लोभ में उसकी तरफ आकर्षित होते हैं। आम लोगों ने सरलता के कारण अपने

देसी बुद्धिजीवियों के प्रचार को सही मान लिया। डेढ़ सौ साल की अवधि किसी झूठ को मन में बैठाने के लिए कम नहीं होती।

आर्य के बाहर से आए होने, उनके श्रेष्ठ होने और आक्रमण की एकरेखीय औपनिवेशिक धारणा 19वीं सदी में इतनी लोकप्रिय हो चुकी थी कि दक्षिण भारतीय द्रविड़ बुद्धिजीवी ही नहीं, महाराष्ट्र के हिंदू संरक्षणवादी बाल गंगाधर तिलक ने भी आर्यों का मूल निवास स्थान उत्तरी ध्रुव बताया! जर्मन भाषाशास्त्री मैक्समूलर (1823-1900) ने अपने को विश्व की सबसे शक्तिशाली नस्ल का वंशज माना। उन्होंने संस्कृत की महत्ता और आर्यों की श्रेष्ठता का प्रतिपादन करते हुए लिखा, 'भारत की प्राचीन भाषा संस्कृत धन्य है और इस भाषा तथा यूरोप की विभिन्न जातीय भाषाओं से इसके संबंध की खोज का भी भला हो, क्योंकि इसके कारण विश्व के आदिकालीन इतिहास के अध्ययन की पद्धति में एक क्रांति आ गई।' (द सैक्रेड बुक्स ऑफ द ईस्ट)। वे संस्कृत का अध्ययन परायी भाषा के रूप में नहीं करते थे। मैक्समूलर ने 1882 में कैंब्रिज यूनिवर्सिटी में भारत आनेवाले ब्रिटिश प्रशासनिक अधिकारियों के सामने व्याख्यान दिए थे—'भारत हमें क्या सिखा सकता है?' उनका 'हम' से आशय है—'यूरोप के शक्तिशाली आर्यन, अर्थात ठंडी जलवायु की कठोरता के बीच दृढ़, लड़ाकू और जिंदगी के अंतिम क्षण तक मेहनत करनेवाले चरित्र के निर्माण ने इन्हें उनके काले भाइयों से भिन्न कर दिया है।' मैक्समूलर यूरोपीय देशों के नागरिकों की पुरुषोचित ओजस्विता, मौन सहनशक्ति और सामूहिक भावना की तारीफ करते नहीं अघाते। वे अंततः बता देते हैं, 'हम भारत के प्राचीन संस्कृत साहित्य के दरअसल वे पाठ सीखते हैं, जो किसी दूसरी जगह से नहीं सीख सकते, मसलन—अपनी भाषा की उत्पत्ति, अपनी अवधारणाओं के प्रारंभिक निर्माणों और आर्य नस्ल की उस प्राचीन सभ्यता के पाठों को जो हमारे और दुनिया के सभी महानतम राष्ट्रों के हैं। हिंदुओं, पारसियों, यूनानियों, रोमवासियों और ट्यूटन्स की हैं।' इस धारणा ने उत्तर भारत के लोगों में मिथ्या गर्वबोध जगाने का काम किया।

उपर्युक्त के विपरीत, दक्षिण भारत में 19वीं सदी के पूर्वार्ध से यह प्रचार चला कि द्रविड़ लोग ब्राह्मणवादी आर्यों से भिन्न नस्ल हैं, मानो भारत में तीन हजार साल बाद भी शुद्ध द्रविड़ और आर्य नस्लें बची हुई हों!

19वीं सदी के भारत में नस्लीय कल्पना पर आधारित औपनिवेशिक बौद्धिक धुरी तैयार करने में जिन फ्रेंच विद्वानों की बड़ी भूमिका है, वे हैं— जोसफ आर्थर गोबिनो, पॉल टोपिनार्ड और लुई रोसेलेट। उनके लेखन ने भारत को देखने की नस्लीय दृष्टि की वैचारिक आधारशिला रखी।

आर्थर गोबिनो (1816-82) ने अपने नस्लीय सिद्धांत की प्रस्तावना करते हुए 'एस्से ऑन इनइक्वालिटी ऑफ ह्यूमन रेसेज' में कहा था कि भारत पर आक्रमण करने के बाद यूरोपीय आर्य काले मूल निवासियों के साथ रहते हुए दूषित हो रहे थे। इसलिए उन्होंने आत्मसंरक्षण के लिए वर्ण व्यवस्था का विधान किया। इससे उनके घुलने-मिलने और दूषित होने की प्रक्रिया धीमी हो गई। फिर भी भारतीय ब्राह्मण पतित आर्य हैं। इस तरह वर्ण व्यवस्था को आर्यों और निम्न नस्ल के द्रविड़ों के घुलने-मिलने की एक असमान धार्मिक व्यवस्था के रूप में देखा गया। इस तरह आर्यों को श्रेष्ठ और द्रविड़ों को निम्न मानने की गलत धारणा बनी। इसके अलावा, आर्य आक्रमण का सिद्धांत अंग्रेजों के आक्रमण को 'सभ्यता के मिशन' के रूप में औचित्य प्रदान करता था।

आर्थर गोबिनो ने सभ्यताओं में भेद का मुख्य आधार नस्लों में भेद माना। उसका सिद्धांत है, विभिन्न नस्लों की बौद्धिक-नैतिक क्षमता में फर्क होता है। उसने हिंदू धर्म में नस्लीय रंगभेद ढूंढ़ निकला, 'विद्युत के देवता इंद्र गोरे हैं, अग्नि लालिमा युक्त हैं, जबकि विष्णु जो मूल आर्य नस्ल के प्रतिनिधि हैं, गहरे नीले रंग के हैं। वे सुंदर हैं, पर खासकर राम और कृष्ण के अपने अवतारों में काले हैं।' (वही)। उसने हिंदू देवताओं को नस्लभेद की दृष्टि से देखा।

शिव को आर्यों द्वारा देशी विश्वासों के सांस्कृतिक समावेशन के रूप में देखा गया। गोबिनो का कहना है, 'हिंदुओं में बौद्धिक-आध्यात्मिक शक्ति अवश्य ज्यादा है, लेकिन उनमें भौतिक इच्छाओं की कमी है।' (वही)। उसने सभ्यता की श्रेष्ठता की कसौटी नस्लीय रक्त-शुद्धता को माना और सामाजिक अंतर्मिश्रण को, जो एक प्रमुख भारतीय खूबी है, कमजोरी कहा। उसकी स्थापना है, 'कला और महान साहित्य का संसार रक्त मिश्रण से बनता है, जो निम्न नस्लों के संदर्भ में आश्चर्य की बात है। दुर्भाग्यवश महान नस्ल रक्त मिश्रण की प्रक्रिया में उच्च से निम्न हो जाती है। ...प्राचीन युग के ब्राह्मणों

ने मानवता की एक उज्ज्वल धारणा दी थी। वे आज के वर्णसंकर लोगों की तुलना में अधिक सक्रिय और बुद्धिमान थे।' (वही)। अर्थात गोबिनो ने मिश्रणशील भारतीय संस्कृति की मुख्य खूबी पर ही चोट करते हुए कहा कि नस्लीय मिश्रण हिंदुओं की कमजोरी और भारतीय सभ्यता के पतन की मुख्य वजह है। आर्यों में निम्न नस्लों का रक्त मिश्रित हुआ। इसलिए ब्राह्मणों का पतन हुआ। इस तर्क ने अंततः यहां पहुंचाया, इसलिए अधिक श्रेष्ठ नस्ल के अंग्रेजों का इस देश पर शासन हुआ। गोबिनो ने भविष्यवाणी की कि भारत फिर कभी अपने उस प्राचीन गौरव को पा नहीं सकता।

फ्रेंच नृवैज्ञानिक गोबिनो के भारत के बारे में उपर्युक्त निष्कर्ष विविध रूपों में प्रचारित हुए। ये भारत के औपनिवेशिकता से आक्रांत नए समाजवैज्ञानिक अध्ययनों और राजनीतिक दृष्टियों में भी गूंजते रहे तथा यूरोपीय श्रेष्ठता के वैचारिक आधार बन गए। भारत-संबंधी ऐसे कई नस्लीय नृवैज्ञानिक अध्ययनों द्वारा आर्य-द्रविड़ सहित कई सामाजिक विविधताओं को भिन्नता के राजनीतिक दर्शन का रूप दे दिया गया। इससे उपनिवेशवाद को एक ऐतिहासिक नियतिवाद के रूप में स्थापित करने में सुविधा हुई। इसमें संदेह नहीं कि विज्ञान के नाम पर ऐसे कई अवैज्ञानिक अध्ययनों का एकमात्र उद्देश्य एक तरफ सैकड़ों वर्षों के भारतीय अंतर्मिश्रण को निरर्थक साबित करना था। दूसरी तरफ, अंग्रेजों की सभ्यतागत श्रेष्ठता को जनमानस में हमेशा के लिए स्थापित कर देना था।

गौर करने की बात यह है कि आर्य-द्रविड़ नस्लवाद का दृष्टिकोण न सिर्फ फ्रांसीसी क्रांति (1789) के आदर्शों—बंधुत्व, स्वतंत्रता और समानता के विरोध में निर्मित हो रहा था, बल्कि यह उस युग के कार्ल मार्क्स की द्वंद्वात्मक भौतिकवादी धारणाओं के भी विरोध में था। यह जोहान हर्डर (1744-1803) जैसे जर्मन स्वच्छंदतावादियों द्वारा भारत की गौरवशाली प्राचीन सभ्यता को मानव सभ्यता की निष्कलंक शिशुता या 'मानव सभ्यता का पालना' बताने के तो विरुद्ध था ही। इसका अर्थ है, खुद पश्चिमी समाज में जिस नस्लीय विचारधारा की विदाई हो रही थी, उसका भारत में बीजारोपण हो रहा था।

निश्चय ही भारत की निष्कलंक शिशुता का रोमांटिक महिमामंडन इसलिए किया गया कि भारत के लोग अबोध हैं, इनोसेंट हैं—इसलिए उन्हें पश्चिम से बहुत कुछ लेना है। भारतीय अबोधता के उपनिवेशवाद और इसकी बौद्धिक शाखाओं-उपशाखाओं से संपर्क ने खुद इस अबोधता को इतना रूपांतरित कर दिया, अबोधता को ऐसी बोधता में बदल दिया कि भारत पश्चिम से भी बढ़कर पश्चिम हो गया—वह 'इंडिया' बन गया!

स्पष्ट है कि उपनिवेशवाद के नए दौर में, अर्थात—1857 के बाद भाषाशास्त्र की जगह नृवैज्ञानिक खोजों की उपयोगिता बढ़ गई थी। फ्रेंच बुद्धिजीवियों ने अपनी खोजें प्रदर्शित करके 'नस्ल' को एक औपनिवेशिक हथियार बना लिया था, जो फ्रांस-शासित अल्जीरिया के अलावा भारत पर भी लागू किया जा रहा था।

भारत में जनसर्वेक्षण के एक प्रमुख अंग्रेज अधिकारी हर्बर्ट रिस्ले को पॉल टोपिनार्ड (1830-1911) सहित कई अन्य फ्रेंच विद्वानों द्वारा की जा रही नृवैज्ञानिक खोजें उपनिवेशवाद के लिए उपयोगी लगी थीं। उन खोजों में मनुष्य की भौतिक खूबियों—रंग, कद-काठी, माथे, दूसरे अंग और लोकविश्वासों के आधार पर आर्य, द्रविड़, मंगोलिया, नेग्रिटो तथा अन्य विविधताओं को देखने का नस्लीय नजरिया बनाया जा रहा था। ऐसी खोजों ने विलियम जोंस और मैक्समूलर की भी भारत-संबंधी धारणाओं का विकास किया। निकोलस डिर्क ने 'कास्ट्स ऑफ माइंड' में लिखा है, 'रिस्ले अपने पहले के औपनिवेशिक अधिकारियों की तुलना में जनसर्वेक्षण के काम में नस्लीय दृष्टिकोणों को शामिल करने के लिए ज्यादा सक्रिय था।' रिस्ले ने मनुस्मृति की 'वर्ण' की अवधारणा को फ्रेंच विद्वानों के नृविज्ञान के आधार पर आविष्कृत 'नस्ल' की धारणा से जोड़ दिया था। इस तरह भारतीय अतीत की नस्लवादी खुदाई शुरू हो गई। इसका व्यापक असर द्रविड़-आर्य विभाजन के दृष्टिकोण पर पड़ा।

फ्रेंच नृवैज्ञानिक पॉल टोपिनार्ड कहता था कि नेतृत्व देने की क्षमता गोरे लोगों में सबसे ज्यादा है, क्योंकि वे श्रेष्ठतम आर्य नस्ल हैं। उसने यह भी स्थापित किया कि ब्राह्मण शुद्ध और श्रेष्ठ आर्य हैं, बाकी दूषित हैं। गौर करने की बात है कि यूरोपीय विद्वानों ने मुसलमानों के बारे में नस्ल के

आधार पर खोजें नहीं कीं, क्योंकि उनकी नजर में हिंदू-मुसलमान भिन्नता में ही काफी मसाला था।

रुडयार्ड किपलिंग की 'व्हाइट मैन्स बर्डेन' की धारणा से पहले फ्रांसीसी साम्राज्यवादियों की 'सभ्यता का मिशन' की अवधारणा आ चुकी थी। कहा जा रहा था कि सभी यूरोपीय उपनिवेशक भारत के लोगों को सभ्य बनाने के लिए शासन कर रहे हैं, जबकि वे वस्तुतः लूटकर इन्हें आर्थिक-राजनीतिक हाशिये पर फेंक रहे थे। नस्लवादी यूरोपीय ओरियंटलिस्ट यह भी कह रहे थे कि निम्न नस्लों के लोग गोरों की तरह कभी सभ्य नहीं हो सकते। फ्रांसीसी उपनिवेशक भारत में अपनी महत्वाकांक्षा पूरी नहीं कर पाए, लेकिन उन्होंने अपनी अनोखी विद्वत्ता की छतरी अंग्रेजों को थमा दी।

वैदिक साहित्य की आर्य की अवधारणा को भी यूरोपीय बुद्धिजीवियों ने अपना वैज्ञानिक और दार्शनिक आधार देना शुरू कर दिया था। वे यह बार-बार बताते थे कि भारत में आर्यों की शक्ति का आध्यात्मिक आधार सड़ गया है और यह देश थक चुका है। हाउस्टेन स्टीवर्ट चेंबरलेन (1855-1922) नस्लवादी आर्थर गोबिनो और रिचर्ड वैगनर से प्रभावित, ब्रिटिश मूल के जर्मन दार्शनिक थे। उन्होंने रंगभेद को नस्लीय जामा पहनाते हुए लिखा, 'आर्य जहाँ भी गए, वहां उन्होंने शासन किया। यूनानी, लैटिन, केल्ट, ट्यूटोन आर्य ही थे। उनकी जिन-जिन देशों में विजय हुई, वहां के मूल निवासी निर्मूल हो गए। भारत में यह रंग ही था जिसने विजेता गोरे आर्यों को हारे हुए काले लोगों और दस्युओं से अलग किया।' (द फाउंडेशन ऑफ द नाइन्टींथ सेंचुरी, 1899)। उन्होंने आगे चलकर हिटलर के नस्लवादी विचारों को बौद्धिक आधार दिया ही, इस प्रचार में भी वे सहायक हुए थे कि प्राचीन भारतीय साहित्य में जो दस्यु बताए गए हैं, वे इस देश के मूल निवासी हैं!

जर्मनी के बारे में एक तथ्य यह है कि डच, पोर्तगीज, फ्रेंच और ब्रिटिश उपनिवेशों की तरह जर्मन उपनिवेश नहीं थे। वह एकमात्र बड़ा यूरोपीय देश है जो गृह कलह की वजह से उपनिवेशन की दौड़ में शामिल नहीं हो पाया था। लेकिन वह 20वीं सदी में नस्लीय भेदभाव तथा फासिज्म का एक बड़ा प्रेरणास्रोत बना था। जर्मनी में आर्य सिद्धांत के आधार पर पनपी नस्लीय

विचारधारा दुनिया के देशों में लोकतंत्र को ध्वस्त करने के लिए दार्शनिक-मनोवैज्ञानिक हथियार के रूप में काम करने लगी थी। इसका प्रत्यक्ष सबूत भारतीय मिथकीय कथाओं के कल्पना-प्रसूत देव और दानव चरित्रों का विभिन्न विचार-भूमियों से लगातार किया गया ऐतिहासिक-राजनीतिक महिमामंडन है। यह उत्तर भारत में राम तथा दक्षिण भारत में रावण या महिषासुर के राजनीतिक उपयोग से स्पष्ट है।

सबसे ज्यादा नृवैज्ञानिक पेरिस में थे। उन्होंने भारत को 'नस्लों का लघुविश्व' कहा था। वे खोपड़ियों की जांच करके यह सिद्ध कर रहे थे कि 30 साल के हिंदू युवक की बुद्धि 15 साल के यूरोपीय किशोर के बराबर होती है। तभी तो 30,000 गोरों ने चार करोड़ भारतवासियों को पराजित कर दिया।

फ्रांसीसी नृवैज्ञानिकों ने मद्रास के परिया लोगों को द्रविड़ पृथकता की खोज के लिए विषय बनाया। दरअसल ऐसे यूरोपीय भाषावैज्ञानिकों और नृवैज्ञानिकों ने उपनिवेशवाद के बौद्धिक एजेंटों के रूप में काम किया। उन्हें भेदभाव को मजबूत करने के लिए 'भिन्नता' की खोज पर अंग्रेज शासकों से दौलत और प्रतिष्ठा मिलती थी। एक सफल भेदभाव वह है जिसे अतीत की गहराइयों से निकाल कर मानव भविष्य में पक्की दीवार के रूप में खड़ा कर दिया जाए। कहना न होगा कि पश्चिमी बुद्धिजीवियों ने अपना भारत-ज्ञान भारतीय बुद्धिजीवियों के मानस में बो दिया।

कई बार सत्ता की जरूरतों के अनुसार ज्ञान की रचना होती है। इसलिए बौद्धिक उपनिवेशवाद से प्रभावित भारतीय बुद्धिजीवी और समाज सुधारक भी यूरोपीय दिमाग से सोचने लगे हों तो इसमें विस्मयजनक कुछ नहीं है। फ्रेंच भारतविद् गार्सा-द-तासी की स्थापनाओं को देखा जाए तो ये स्पष्ट रूप से आत्मपरक और विद्वेषमूलक नजर आएंगी। उसने उर्दू को श्रेष्ठ कहते हुए मुसलमानों से जोड़ा तथा हिंदी को निम्न घोषित करते हुए हिंदुओं की भाषा बताया। गौर करने की चीज है कि इस फ्रेंच लेखक ने हिंदुस्तानी के इतिहास पर अपनी किताब ब्रिटेन की महारानी विक्टोरिया को समर्पित की थी।

तमिलनाडु में नस्लीय सिद्धांत का औपनिवेशिक उपयोग

19वीं सदी के अंतिम दशकों के भारत में नस्ल एक महत्वपूर्ण औपनिवेशिक श्रेणी बना दी गई थी। आर्य श्रेष्ठता-द्रविड़ निम्नता का अवैज्ञानिक सिद्धांत तेजी से स्थापित किया जा रहा था।

फ्रेंच विद्वानों के सिद्धांत और अंग्रेजी सोच ने भारतीय सामाजिक अंतर्मिश्रण में नस्लीय विलोप की दीर्घ प्रवृत्तियों को नजरअंदाज किया। वास्तविकता यह है कि नस्लीय विभेद की उपर्युक्त दृष्टि 19वीं सदी की एक विशेष औपनिवेशिक निर्मिति है जिसका तमिल नवजागरण पर असर पड़ा था।

सामाजिक दृष्टिकोण में नस्लीय सिद्धांत का उपयोग बढ़ने के बाद 19वीं सदी के उत्तरार्ध में दक्षिण भारतीय ब्राह्मणों को इंडो-आर्यन की एक आप्रवासी उपशाखा के रूप में देखा जाने लगा। वे सिर्फ भौगोलिक वजह से द्रविड़ माने गए। नस्लीय सिद्धांत का द्रविड़वादी विस्तार करते हुए कहा जाने लगा कि शूद्र बनाए गए द्रविड़ ही वस्तुतः देशी लोग हैं। ये आर्य विजय के बाद शूद्र बनाकर हिंदू ढांचे में आत्मसात कर लिए गए थे। वस्तुतः ये ही तमिल हैं। औपनिवेशिक नृवैज्ञानिक अध्ययनों में शूद्र और पिछड़ी जातियों के तमिल लोगों को द्रविड़ीय ब्राह्मण से नस्लीय तौर पर भिन्न बताया जाने लगा।

टी. बेलेंटाइन ने 'ओरियंटलिज्म एंड रेस, आर्यनिज्म इन ब्रिटिश इम्पायर' (2002) में बताया है कि पॉल टोपिनार्ड किस तरह यह आविष्कृत करते हैं कि मध्य और दक्षिण भारत के अलावा ऑस्ट्रेलिया की जनजातियां भी द्रविड़ परिवार की भाषाएं बोलती थीं और वे निम्न नस्ल हैं। इसमें संदेह नहीं कि औपनिवेशिक दमन से ध्यान विभाजित करने के लिए 'आर्य श्रेष्ठता-द्रविड़ निम्नता' के सिद्धांत का इस्तेमाल किया गया। इस तरह नस्लवाद की औपनिवेशिक परियोजना को गोरी-काली चमड़ी को आधार बनाकर भारत में भी प्रत्यारोपित कर दिया गया, ताकि दक्षिण में द्रविड़ भावना को उकसाया जाए और इसे उत्तर भारत के विरुद्ध खड़ा किया जाए। इतना ही नहीं, ओरियंटलिस्ट विद्वानों ने कल्पनाप्रसूत प्राचीन भारतीय मिथकों के इतिहासीकरण द्वारा 'देवता आर्य-दस्यु द्रविड़' की धारणा का प्रतिपादन करके औपनिवेशिक उद्देश्यों की पूर्ति का रास्ता खोल दिया।

फ्रेंच नृविज्ञानी यूजिन बर्नाफ (1801-1852) ने अगस्त्य ऋषि के प्राचीन मिथक की व्याख्या करते हुए बताया था कि विंध्य के दक्षिण की ओर उनकी कथित यात्रा आर्य ब्राह्मणों के द्रविड़ लोगों पर आक्रमण और वर्चस्व की कथा है। ये अगस्त्य ऋषि वही हैं जो पूरा समुद्र पी गए थे। उपनिवेशवादी बुद्धिजीवियों की निगाह में अगस्त्य के समुद्र पीने की घटना तो मिथ है, पर उनकी दक्षिण यात्रा और आर्य-वर्चस्व इतिहास है! अगस्त्य को तमिल भाषा की उत्पत्ति से जोड़ने की कथा प्रचलित है। उन्हें आर्य-द्रविड़ के बीच मिथकीय सेतु के रूप में भी देखा गया है। दरअसल 19वीं सदी में यूरोपीय विद्वानों द्वारा औपनिवेशिक सत्ता की सुरक्षा के लिए प्राचीन मिथक को इतिहास बनाकर पेश करने के ऐसे उदाहरणों का संबंध हास्यास्पद बुद्धिवाद से है।

नवजागरण की अंतर्धाराओं में औपनिवेशिक वायरस की बड़े पैमाने पर घुसपैठ हो रही थी। इसकी वजह से एक खास तरह की संकीर्ण बुद्धि के तहत उत्तर भारत में प्राचीन वैदिक सभ्यता के पतन पर हजार-हजार आंसू बहाए जा रहे थे, मानो प्राचीन भारत में उच्चता ही उच्चता हो, सब कुछ हरा-हरा हो। यहां भारतीय अतीत पर दंभ और वर्तमान पर शोक के वृत्तांत दिए जा रहे थे। दूसरी तरफ, दक्षिण भारत में कहा जा रहा था कि तमिल लोग आर्यों और उत्तर भारत के गुलाम बने हुए हैं। यह नस्लीय श्रेष्ठता के औपनिवेशिक सिद्धांत की सफलता थी, मानो आर्य गौरव ही भारतीय सभ्यता का सार हो। इस सिद्धांत ने एक रोमांटिक रुझान पैदा किया जो उत्तर भारत में दयानंद सरस्वती और विवेकानंद में देखने को मिलता है। यह प्रसाद के छायावाद में 'हिमालय के आंगन में प्रथम किरणों का दे उपहार/उषा ने हँस अभिनंदन किया और पहनाया हीरक हार' से शुरू होकर 'जगे हम लगे जगाने विश्व, विश्व में फैला फिर आलोक' और 'वही है शांति, वही है शक्ति, वही हम दिव्य आर्य संतान' से होते हुए 'निछावर कर दें हम सर्वस्व हमारा प्यारा भारतवर्ष' तक पहुंच जाता है। इस कविता के 'हम' और 'भारतवर्ष' में द्रविड़ का अस्तित्व नहीं है। निश्चय ही एक व्यापक विश्वबोध के कारण कोई कृत्रिम 'वे' भी नहीं है।

इसी तरह दक्षिण भारत के द्रविड़ पुनरुत्थानवाद में औपनिवेशिक वायरस घुसे हुए थे। उस पर आर्य ब्राह्मणों के आक्रमण की इकहरी औपनिवेशिक कल्पना और संस्कृताइजेशन के कृत्रिम सिद्धांत का असर पड़ रहा था।

यह जानना रोचक है कि हड़प्पा और मोहनजोदड़ों की खुदाइयों (1921) से किस तरह सिंधु घाटी की सभ्यता की नई व्याख्याएं सामने आईं। पहले आर्य-श्रेष्ठता के सिद्धांत का प्रचार चल रहा था। नई व्याख्याओं द्वारा पासा बदल दिया गया। 'आर्य श्रेष्ठता-द्रविड़ निम्नता' को उलट कर 'द्रविड़ श्रेष्ठता-आर्य निम्नता' का सिद्धांत प्रचारित किया जाने लगा। अर्थात–हड़प्पा-मोहनजोदड़ों में अति प्राचीन काल में श्रेष्ठ द्रविड़ सभ्यता मौजूद थी। उस पर आर्य नस्ल के बर्बर लोगों ने आक्रमण किया और इस उच्च सभ्यता को उजाड़ दिया। दरअसल प्राचीन द्रविड़ों का इतिहास मिला है, पर उस दौर का साहित्य नहीं मिलता। इसके विपरीत, प्राचीन आर्यों का (वैदिक) साहित्य मिलता है, पर उस दौर का इतिहास ज्ञात नहीं होता। फिर भी आर्य-द्रविड़ युद्ध का वर्णन इस तरह किया जाता है, जैसे कोई आंखों देखा क्रिकेट मैच हो!

19वीं सदी में आर्यों और द्रविड़ों की मिश्रणशीलता की जगह दोनों के बीच शत्रुता का प्रचार बढ़ गया। पेरियार ई.वी. रामास्वामी की आर्य और उत्तर भारत-विरोधी मुखरता का कुछ संबंध हड़प्पा मोहनजोदड़ों की खुदाई के बाद की नई व्याख्याओं से है। उनका ब्राह्मणवाद का विरोध उनके समय के ट्रैजिक यथार्थों पर आधारित था, पर आर्य-द्रविड़ मामले में वे 19वीं सदी से शुरू किए गए नस्लवादी औपनिवेशिक प्रचार से प्रभावित थे। वे आर्य संस्कृति और भारतीय राष्ट्र की अवधारणा को एक करके देखने लगे थे। 1925 में कांग्रेस से अलग होने के बाद वे ब्राह्मणवाद के विरोध के साथ तमिल अंध-राष्ट्रवाद के रास्ते पर आ खड़े हुए। उन्होंने तमिल को सभी दक्षिण भारतीय भाषाओं का सूत्र बनाना चाहा और द्रविड़नाडु या द्रविड़स्तान की मांग की। उन्होंने आत्मसम्मान आंदोलन से सामाजिक सुधारों को आगे बढ़ाया, पर उत्तर भारत को ब्राह्मणवादी भारत समझ लिया। उन्होंने 1940 में 'द्रविड़ कजगम' पार्टी बनाई और पृथकतावादी आंदोलन छेड़ दिया। विचित्र बात यह है कि उन्हें अंग्रेज अच्छे लगते थे जो आर्य नस्ल के अंग बताए जा रहे थे!

19वीं सदी में संस्कृत भाषा के अधिकांश भारतीय विद्वान कछुआ-धर्मी थे—अनुसंधान-विमुख, आत्मसंकुचित और रूढ़िवादी। संस्कृत के अधिकांश यूरोपीय विद्वान जिराफ-धर्मी थे—अनुसंधान-प्रिय, दूर की कौड़ी लानेवाले और नस्लवादी। संस्कृत ग्रंथों के उद्धार का काम मुख्यतः यूरोपीय विद्वानों ने ही किया। इसलिए वैज्ञानिक व्याख्या के नाम पर उन ग्रंथों की अधकचरी व्याख्या भी उन्होंने ही दी। प्राचीन भारतीय ग्रंथों के साहित्यिक सार और संकेत को आमतौर पर न संस्कृत के रूढ़िवादी पंडित समझ पा रहे थे और न यूरोप के वैज्ञानिक अनुसंधानकर्ता।

रामायण पर विवाद

आर्य आक्रमण के सिद्धांत और द्रविड़वाद को लोकप्रिय बनाने में यूरोपीय विद्वानों द्वारा की गई रामायण की नस्लवादी व्याख्याओं की एक बड़ी भूमिका है। ऐसी व्याख्याओं ने द्रविड़ पृथकतावाद को उकसाया और उत्तर भारत के प्रति आक्रोश पैदा करने का काम किया।

यूरोपीय व्याख्याओं के अनुसार राम आर्य थे और रावण द्रविड़ था। ऐसी व्याख्याओं की औपनिवेशिक निर्मिति को समझना इसलिए जरूरी है कि कई बुद्धिवादी और प्रगतिशील बुद्धिजीवी भी इसे सही मानते हैं। सबसे अधिक आपत्तिजनक एक मिथकीय महाकाव्य को राजनीतिक उद्देश्य से इतिहास बनाकर पेश किया जाना है। रामकथा का खेल अपना रूप-रंग बदलकर हिंदू राष्ट्रवाद के नए संदर्भ में भी चला। यह 1992 से लेकर 21वीं सदी के शुरुआती दशकों की घटना है, एक बार फिर दूसरे कोण से मिथक का इतिहासीकरण होने लगा।

अलब्रेख्त वेबर ने 'द हिस्ट्री ऑफ इंडियन लिटरेचर' (1914) में लिखा है, 'रामायण दक्षिण भारत की और आर्य सभ्यता और कृषि के प्रसार का रूपक है।' इसका अर्थ है, प्राचीन काल में द्रविड़ लोग सभ्य भी थे और कृषि से अनभिज्ञ भी थे! सिंधु घाटी की सभ्यता को आधार बनाया जाए तो यह तथ्यतः गलत है। साथ ही उपर्युक्त व्याख्या साहित्य की समझ के अभाव का चिह्न है। 'द सेक्रेट बुक्स ऑफ द ईस्ट : डिस्क्राइब्ड एंड एक्जामिंड' के तीसरे खंड (1897) में रामायण महाकाव्य की भूमिका में कई यूरोपीय विद्वानों के मत हैं।

इस ग्रंथ में मोनियर विलियम्स, थामस ग्रिफिथ आदि को उद्धृत करते हुए कहा गया है, 'आर्यों के गंगा के तट पर आकर बस जाने के बाद किसी समय आक्रमणकारियों के एक दल ने किसी वीर पुरुष के नेतृत्व में पहाड़ों की बर्बर जनजातियों और वनवासियों को लेकर दक्षिण भारत पर हमला किया। यह कथा ही रामायण में काव्य रूप प्राप्त करती है।' चिंताजनक यह है कि 19वीं सदी की इन अद्‌भुत खोजों को भारतीय बुद्धिवादियों ने भी सत्य मान लिया। उन्होंने मिथक को इतिहास समझ लिया।

बनारस कॉलेज के पूर्व-प्रिंसिपल राल्फ थॉमस हाचकिन ग्रिफिथ (1826-1906) ने वेद और कालिदास के काव्य के अलावा रामायण का भी अंग्रेजी में अनुवाद किया था। उन्होंने इसकी भूमिका में लिखा, 'राम ने जिस सेना का अपने अभियान में नेतृत्व किया, उन्हें वाल्मीकि ने राक्षस कहा है। ब्राह्मण उन्हें क्रूर और अत्याचारी के रूप में देखते थे। उन्हें उनके ऐतिहासिक नाम से न पहचान कर घृणा से राक्षस कहा जाता था। बहुत साधारण-सी बात है कि रामायण महाकाव्य में दो परस्पर भिन्न स्रोतों और सभ्यताओं के नस्लों-आर्यों और द्रविड़ों के बीच युद्ध का वर्णन है। राम उत्तर के महानायक तो रावण दक्षिण के महानायक।' कहना न होगा कि भारतीय साहित्यिक परंपराओं की जरा भी समझ नहीं रखनेवाले ऐसे सभी विद्वान भारतीय सभ्यता की नस्लीय आधार पर की गई औपनिवेशिक व्याख्याओं के अधीन थे।

उपर्युक्त आधारहीन औपनिवेशिक व्याख्याओं में अपना सांस्कृतिक चेहरा देखने के कारण पेरियार ई.वी. रामास्वामी ने प्रतिक्रिया में 'सच्ची रामायण' लिखी और अपनी रामकथा में उत्तेजनापूर्ण ढंग से द्रविड़ आक्रोश व्यक्त किया। 'सच्ची रामायण' की भूमिका में वे लिखते हैं, 'रामायण की घटनाएं और कथाक्रम बहुत कुछ अरबी योद्धा, मदन कामराज और पंचतंत्र की पुस्तकों के समान कल्पित हैं।' उन घटनाओं को कल्पित कहकर वे इन्हें फिर इतिहास मान लेते हैं, 'कोई भी समझ सकता है कि रामायण में वर्णित तत्व निराधार, निरर्थक और अनावश्यक हैं। उसमें इस बात पर जोर दिया गया है कि रामायण का प्रमुख पात्र राम मनुष्य रूप में स्वर्ग से उतरे और उन्हें ईश्वर समझा जाना चाहिए। ...आगे पाठक खुद देखेंगे कि राम तथा उनकी

कथा में स्वर्गीय शक्ति नहीं है। उनके संबंध में बताए गए गुण मानव मात्र की समझ के बाहर हैं। वे तमिलनाडु के निवासियों और भारत के शूद्रों और महाशूद्रों के लिए शिक्षाप्रद और अनुकरणीय नहीं हैं।' पेरियार अपने काव्य में रावण को नायक बनाते हैं। यह कहीं से आपत्तिजनक नहीं है। वे समस्या तब पैदा करते हैं, जब बौद्धिक उपनिवेशवाद से आक्रांत होकर राम के प्रति अपनी घृणा को नस्लीय घृणा के रूप में व्यक्त करते हैं।

वाल्मीकि रामायण में वर्ण व्यवस्था का समर्थन है, जो उस काल में अस्वाभाविक नहीं है। लेकिन इस महाकाव्य में नस्लवादी घृणा नहीं है।

भारत में वर्ण व्यवस्था प्राचीन शोषणमूलक सामाजिक व्यवस्था की एक चट्टान-सी कठोर पद्धति थी, जो वैदिक काल से ही थी। इसके आत्मघातक सांस्कृतिक नतीजे आज तक समाज भुगत रहा है। कई बार उदारवादी भी इस व्यवस्था को बदलने में अपने को असमर्थ पाकर इसको आधुनिक ढंग से महिमामंडित करते हैं। वे बताते हैं कि वर्ण व्यवस्था का लक्ष्य सामाजिक कोणों से वर्गीकरण है : बुद्धिजीवी (ब्राह्मण), शासक (क्षत्रिय), व्यापारी (वैश्य) और कारीगर (शूद्र)। वे यह भी प्रतिपादित करते रहे हैं कि शुरू में ये बराबर समझे जाते थे और यह जन्म-आधारित व्यवस्था नहीं थी। वर्णांतरण संभव था, जबकि हम जानते हैं कि वर्ण व्यवस्था एक खास चट्टानी सामाजिक गठन से बनी थी। इसमें घुस जाने के बाद निकलना आसान न था। पेरियार का वर्ण व्यवस्था के विरोध को नस्लीय जामा पहना देना अपने विरोध को सीमित करना था।

पेरियार ई. वी. रामास्वामी नायकर की तरह ज्योतिबा फुले और बी. आर. अंबेडकर भी ब्राह्मणवाद और हिंदू धर्म के विरोध में थे। इन मराठी समाज सुधारकों से पेरियार इस अर्थ में भिन्न थे कि इनमें उत्तर भारत-विरोधी अंध-राष्ट्रवाद था, जबकि महाराष्ट्र के फुले और अंबेडकर जैसे आंदोलनकारियों की सोच में ऐसा कुछ नहीं था। फुले और अंबेडकर नस्लवादी नहीं थे।

अंबेडकर ने आर्य आक्रमण के सिद्धांत का विरोध किया था। उन्होंने जब संविधान निर्माण में हिस्सा लिया, प्रत्युत्तर में पेरियार ई. वी. रामास्वामी ने उनका विरोध किया। इन सबके बावजूद पेरियार ने अंध-राष्ट्रवादी तेवर और

उग्र-द्रविड़वाद का पोषण करते हुए जिस साहस से 'आत्मसम्मान आंदोलन' के जरिए 'परिया' और अन्य शूद्र जातियों में मानवीय स्वाभिमान पैदा किया, धार्मिक पाखंडों से संघर्ष किया, अंग्रेज सरकार से निम्न जातियों के पक्ष में आरक्षण सहित कई कानून बनवाए और आधुनिक शिक्षा पर जोर दिया, इन सबके कारण वे तमिल नवजागरण के अमर व्यक्तित्व बन गए।

उपर्युक्त विवेचन का मकसद तमिल नवजागरण में आर्य-द्रविड़ संबंध की औपनिवेशिक नस्लीय व्याख्या के पैठे असर को दिखाना है। इसके बावजूद, तमिलनाडु में जो राष्ट्रीय जागरण आया, तमिल गौरव की जैसी चिंता की गई और बिल्कुल नीचे से सामाजिक गतिशीलता पैदा हुई, वह भारतीय नवजागरण को एक अनोखा विस्तार देती है और इसका एक प्रमुख आयाम है।

द्रविड़वाद के औपनिवेशिक तत्त्व

1857 में कोलकाता और बंबई के अलावा मद्रास (चेन्नई) में उच्च शिक्षा के लिए विश्वविद्यालय खुले थे। भारतीय नवजागरण के भी तीन प्रमुख केंद्र थे—कलकत्ता, बंबई और मद्रास। अंग्रेजी शिक्षा के प्रसार की वजह से उपर्युक्त शहरों में सुधार आंदोलन चले। 1772 से 1911 तक कलकत्ता राजधानी होने के कारण इस नगर में नई गतिविधियां सबसे ज्यादा थीं और वे पहले शुरू हुई थीं। लेकिन भारतीय नवजागरण में विस्फोटक औपनिवेशिक सुरंगें बिछाने का काम सबसे ज्यादा मद्रास प्रेसिडेंसी में हुआ। इसका विस्तृत वस्तुपरक अध्ययन होना अभी बाकी है।

ईसाई मिशनरियां यहां लंबे समय से सक्रिय थीं। उनमें फ्रांसीसी लोग कम नहीं थे। धर्म प्रचार के अलावा उपनिवेशवाद के लिए मजबूत जगह बनाने में उन सभी की एक बड़ी भूमिका है। फिर भी तमिलनाडु, आंध्र प्रदेश, कर्नाटक और केरल में नवजागरण की जो घटनाएं हैं उनके सकारात्मक पक्ष ज्यादा हैं।

तमिल नवजागरण की पृष्ठभूमि में स्काटिश मूल के राबर्ट काल्डवेल (1814-1891) की ऐतिहासिक भूमिका है। उन्होंने 'द्रविड़ भाषाओं का तुलनात्मक व्याकरण' (1856) लिखा था। इसके अलावा द्रविड़ नस्ल का सिद्धांत प्रतिपादित किया था जो तमिलनाडु में आज भी आंशिक रूप से

राजनीतिक उपयोग में आता है। उन्होंने प्रतिपादित किया कि द्रविड़ लोग आर्यों से पहले भारत में थे। उन्हें आर्यों ने आकर शूद्र, सेवक और गुलाम बनाया। काल्डवेल ने वैदिक परंपराओं के अलावा हिंदू धर्म से भी अपने द्रविड़वाद को अलगाया और नहीं माना कि भिन्न भाषा परिवारों के होकर भी लोग एक धर्म के हो सकते हैं। उन्हें ईसाई धर्म प्रचार के उद्देश्य से लगा था कि द्रविड़ों को आर्य अवधारणा के साथ-साथ हिंदू धर्म से भी काटना जरूरी है। वे इस मकसद में पूरी तरह कामयाब नहीं हो सके, फिर भी द्रविड़वाद के रूप में एक ऐसी गैर-ब्राह्मणवादी संस्कृति का प्रचार कर गए जिससे आज भी तमिल आंदोलनकारियों को प्रेरणा मिलती है।

उपनिवेशवाद ने अपने दो बड़े बौद्धिक हथियारों—भाषाशास्त्र और नृविज्ञान के बल पर सबसे घृणित खेल दक्षिण भारत में खेला था। राबर्ट काल्डवेल 1838 में एक स्काटिश मिशनरी के रूप में मद्रास आए थे। यहां अध्ययन तथा काम करते हुए उन्होंने अपनी जिंदगी के 50 साल गुजारे। ईसाई धर्म का प्रचार करने के लिए उन्होंने तमिल सीखी और अपना विकास एक भाषाशास्त्री के रूप में किया। उन्होंने अपने तुलनात्मक व्याकरण में तमिल, तेलुगु, कन्नड़ और मलयालम को द्रविड़ भाषा परिवार की भाषाएं कहते हुए इन्हें संस्कृत भाषा परिवार से बिल्कुल भिन्न बताया। यहां तक ठीक था। लेकिन आर्य-द्रविड़ सांस्कृतिक सम्मिश्रण की उपेक्षा करके, इसकी जगह उन्होंने कुछ द्रविड़ शब्दों का ओल्ड टेस्टामेंट की हिब्रू भाषा के शब्दों से मेल दिखाया। उनका लक्ष्य द्रविड़ भाषाओं का यूरोपीय संपर्क उद्घाटित करना था। कहना न होगा कि भारत में भाषा विज्ञान नस्लवाद के सिद्धांत के एक प्रमुख स्रोत में बदलता गया और इसे वैज्ञानिक आधार पर स्थापित करने के विद्वत्तापूर्ण प्रयास होने लगे।

काल्डवेल के कामों का एक बड़ा उद्देश्य दक्षिण भारतीय ब्राह्मणों को इंडो-यूरोपियन कहते हुए यह साबित करना था कि वे विदेशी हैं। मद्रास की स्थानीय निम्न जातियां तमिल बोलनेवाले भर नहीं हैं, वे देसी द्रविड़ हैं और मूल निवासी हैं। वे दमनकर्ता आर्य ब्राह्मणों से नस्लीय रूप में ही नहीं, धार्मिक रूप से भी भिन्न हैं। देखा जा सकता है कि राबर्ट काल्डवेल की ऐसी स्थापनाएं भाषाशास्त्र के दायरे का अतिक्रमण करती हैं। भाषाशास्त्रीय अध्ययन का

इस्तेमाल यह साबित करने के लिए किया जाने लगता है कि द्रविड़ क्षेत्रों के ब्राह्मण वस्तुतः आर्य हैं और उनके द्वारा देशी द्रविड़ों को निम्न बनाकर रखने तथा उन्हें उपनिवेशित करने का एक लंबा नस्लीय इतिहास है।

निश्चय ही द्रविड़ भाषाशास्त्र और तमिल भाषा के उत्थान के मामलों में राबर्ट काल्डवेल का महत्वपूर्ण योगदान है। इस वजह से वे श्रद्धेय हैं। चेन्नई के मरीना समुद्र तट पर उनकी एक भव्य मूर्ति लगी है। लेकिन राबर्ट काल्डवेल का भाषा को नस्ल और धर्म से जोड़ना और द्रविड़ अलगाववाद की जमीन बनाने के लिए आर्यों को बार-बार 'विदेशी' कहना वस्तुतः एक विस्तृत औपनिवेशिक परियोजना का हिस्सा है। हम कह सकते हैं कि उपनिवेशवाद को भारतीय समाज में फूट की विस्फोटक सुरंग बिछाने में काफी सफलता मिली है। राबर्ट काल्डवेल की स्थापनाओं को ही आगे विकसित करके पेरियार ई.वी. रामास्वामी नायकर (1879-1973) ने द्रविड़ आंदोलन का रूप दिया। कहना न होगा कि उस युग में सीमित तथ्यों के आधार पर ओरियंटलिस्ट विद्वानों द्वारा भारत के धर्मों और संस्कृतियों को यूरोपीय निगाह से देखा जा रहा था। 20वीं सदी में भी वह परंपरा मौजूद थी।

राबर्ट काल्डवेल को दक्षिण भारत के एक आधुनिक व्यक्तित्व के रूप में देखा जाता है। उन्होंने ईसाई धर्म के प्रचार के साथ द्रविड़ भाषा की उन्नति और पहले-पहल निम्न जातियों में द्रविड़ स्वाभिमान पैदा करने का काम किया था।

इस तथ्य पर भी गौर किया जा सकता है कि काल्डवेल और उनकी परंपरा के ईसाई तमिल विद्वानों ने 'तिरुकुरुल', संगम साहित्य, बौद्ध और जैन साहित्य तथा भक्ति साहित्य –इस विपुल प्राचीन तमिल भंडार के मूल्यांकन में स्वाभाविक रूप से खंडित दृष्टिकोण का परिचय दिया। उनका एक लक्ष्य औपनिवेशिक लक्ष्य-पूर्ति में बाधक प्रतिकूल तथ्यों को छोड़कर यथासंभव प्राचीन साहित्य का ईसाई आत्मसातीकरण था। उदाहरण के तौर पर प्राचीन तमिल साहित्य के ग्रंथ 'तिरुकुरुल' पर एक अन्य तमिल विद्वान जी. पोप ने सेंट थामस का उल्लेख करते हुए ईसाई प्रभाव बताया। यूरोपीय विद्वानों तथा अंग्रेजी-भक्त बुद्धिजीवियों ने प्राचीन तमिल साहित्य पर ईसाई प्रभाव दिखने के उद्देश्य से ही 'तिरुकुरुल' को ईसाईवाद का साहित्य माना।

कहना न होगा कि तमिल कुरुल वर्ण व्यवस्था और भेदभाव से अलग राह चुनते हुए प्रेम, समता, अहिंसा, अतिथि सत्कार और श्रम संस्कृति का संदेश देता है। यह तीन पुरुषार्थों—धर्म, अर्थ और काम की महत्ता बताते हुए भारतीय संपर्क का त्याग नहीं करता। निश्चय ही संत-कवि तिरुवल्लुवर मोक्ष की धारणा को नहीं अपनाते।

काल्डवेल की औपनिवेशिक बौद्धिकता की परंपरा में उत्तर-संगम काल के महाकाव्यों—'शिलप्पदिकारम', 'मणिमेखलइ' आदि के अलावा नायनार-अलवार के भक्ति साहित्य के प्रति भी नकारात्मक दृष्टिकोण है। अब यह वास्तविकता सामने आ चुकी है कि संगम साहित्य या तमिल चेतना में 19वीं सदी से पहले आर्य-द्रविड़ विभाजन या नस्लवाद का कोई उल्लेख नहीं है। स्पष्ट है कि भारतीय अखंडता को नस्लीय विखंडन का जामा किस उद्देश्य से पहनाया गया। उद्देश्य तमिल चेतना को हिंदू पौराणिक कथाओं से मुक्त करना था। दरअसल यूरोपीय विद्वानों का दूसरा लक्ष्य भारत को कन्याकुमारी से हिमालय तक एक राष्ट्र के रूप में देखने की धारणा का विरोध करना था।

शिव के नटराज रूप को कैलास और गंगा से काटकर देखने की कोशिश हुई। कई धर्मोपदेशकों ने दक्षिण भारतीयों को शिव उपासक तक सीमित कर दिया। महाराष्ट्र में सिर्फ गणपति तो तमिलनाडु में केवल मुरुगन (कार्तिकेय) हैं—ऐसे विभाजन भी हुए। सत्ता की राजनीति जो न कराए। ये सब उत्तर भारत से तमिल जातीय चेतना को विच्छिन्न करने के एलीट बौद्धिक प्रयास थे, जबकि उत्तर भारत से कटे बिना भी वह विशिष्ट है।

तमिल के संगम साहित्य में 473 कवियों की 2279 कविताएं हैं। इनका रचनाकाल ईसा पूर्व 500 से 500 ईसवी माना जाता है। इसमें आदि देव शिव के अलावा वेदों का जिक्र ब्राह्मणों के चार ग्रंथों के रूप में है। ब्राह्मण नगरों में वेदों को गाते थे। 'पेरुमपन्न त्रुपदई' में उल्लेख है कि ब्राह्मणों के घरों के तोते मंत्रोच्चार सीख जाते थे! वैदिक अग्नि आराधना प्राचीन तमिल परंपरा का अंग बन चुकी थी। संगम साहित्य में वैदिक-द्रविड़ संस्कृतियों के संगम के कई उदाहरण हैं। उसमें इंद्रधनुष की कल्पना 'बज्र के स्वामी के धनुष' के रूप में की गई है। हिमालय को देवों का निवास स्थान मानने के कारण

देवचिंतन में अंतर्मिश्रण स्पष्ट है। उसमें विष्णु के अवतारों का उल्लेख है। संगम साहित्य में रामायण और महाभारत के प्रसंग हैं। दरअसल दक्षिण भारत के आर्यीकरण या ब्राह्मणीकरण की औपनिवेशिक धारणा गढ़कर न सिर्फ उत्तर-दक्षिण विभाजन का व्यापक प्रचार किया गया, बल्कि द्रविड़वादी भावनाओं को उकसाकर सामाजिक वंचना और गरीबी के बड़े प्रश्नों की उपेक्षा की गई।

वास्तविकता यह है कि मद्रास प्रांत में बड़े जमींदार ब्राह्मण थे। वे निम्न जातियों पर जिस किस्म के अत्याचार कर रहे थे, उससे राबर्ट काल्डवेल के ब्राह्मण-विरोध के सिद्धांत को सामाजिक आधार मिलने में आसानी हुई। इससे तमिल भाषा के प्रचार के साथ संस्कृत के विरोध को बल मिला और निश्चय ही ईसाई धर्म प्रचार के लिए भी जमीन तैयार हुई।

यह भी देखना होगा कि मद्रास प्रांत में औपनिवेशिक बुद्धिवाद से बाहर जो राष्ट्रीय जागरण आया, उसमें भी जाति प्रथा का विरोध एक प्रमुख मुद्दा था, पर द्रविड़ पृथकतावाद का आग्रह नहीं था। फलतः उपनिवेशवाद के खिलाफ आवाज उठी, जो द्रविड़वाद में नहीं थी।

यह समझने की जरूरत है कि यूरोपीय विद्वानों द्वारा भारत के मामले में प्रचारित नस्लभेद की धारणा एक दुधारी तलवार का काम कर रही थी। उत्तर भारत में प्रचार किया जा रहा था कि भारत मूलतः एक आर्य राष्ट्र है, यह वेदों का देश है। आर्यों की श्रेष्ठता की वजह यह बताई जा रही थी कि वे नवोन्मेषों के लिए पहल करते हैं। श्रेष्ठ नस्लों में तर्क और निर्णय करने की क्षमता होती है, जो उनमें थी। साथ ही यह भी बताया जा रहा था कि नस्लीय अंतर्मिश्रण की वजह से सैकड़ों साल में उनकी श्रेष्ठता धीरे-धीरे खत्म हो गई। उन्होंने अपने गुण खो दिए, जिन्हें पुनरुपलब्ध करने का अवसर अंग्रेजी राज में मिला है।

उत्तर भारत में प्रचार किया गया कि यह देश श्रेष्ठ आर्य नस्ल के गोरों द्वारा शासित होकर ही अपना प्राचीन गौरव हासिल कर सकता है। विलियम जोंस और मैक्समूलर ऐसे विचारों का प्रचार कर रहे थे। इसके लिए कलकत्ता की एशियाटिक सोसाइटी (1784) में प्राचीन संस्कृत ग्रंथों के उद्धार का काम हो रहा था। भाषाशास्त्र की राह से इंडो-यूरोपीय भाषा परिवार की कल्पना

की जा रही थी, ताकि यूरोपीय संपर्क के आधार पर गोरे लोगों की तरह ही संस्कृत की श्रेष्ठता प्रमाणित की जाए।

दक्षिण भारत में उसी समय एक भिन्न दृश्य था। वहां उपनिवेशवादियों का एक दूसरा बौद्धिक दल सक्रिय था जो द्रविड़ों को भिन्न और मूल निवासी बता रहा था। वह भारतीय संस्कृति को आर्य ब्राह्मणों के दमनमूलक वर्चस्व के रूप में दिखा रहा था। इस तरह तमिल लोग हिंदू धर्म और उत्तर भारत के विरोध की ओर ठेले जा रहे थे। यूरोपीय भाषाशास्त्री और नृविज्ञानी सत्ता की भाषा में जो बोलते थे, उससे दक्षिण में ईसाई धर्म प्रचार का रास्ता सुगम होता था, साथ ही भारतीय सामाजिक विविधता घूमफिर कर अंतर्शत्रुता का रूप धारण करती थी।

तमिल नवजागरण के धार्मिक रूप

तमिल नवजागरण का संबंध तमिल को संस्कृत के प्रभाव से मुक्त करके विकसित करने, द्रविड़ अस्मिता के लिए संघर्ष और सामाजिक रूपांतरण से है। 19वीं सदी के मध्य से शुरू होकर एक तरह से 1960 के दशक तक यह जारी रहता है। कई दूसरे प्रांतों के नवजागरण से यह इस मायने में विशिष्ट है कि हिंदू धार्मिक सुधार से संबंधित न होकर यह सामाजिक चेतना में एक बड़े प्रस्थान से जुड़ा है। इसके केंद्र में आर्य संस्कृति, ब्राह्मणवाद, भारतीय राष्ट्र की धारणा और हिंदी से टकराव मुख्य रूप से है, हालांकि 20वीं सदी के दूसरे-तीसरे दशक में उपनिवेशवाद-विरोधी राष्ट्रीय जागरण भी समानांतर रूप से घटित हुआ। वस्तुतः भारतीय राष्ट्र की धारणा से 'तनावपूर्ण संबंध' ही तमिल नवजागरण का सार है—तनाव के साथ संबंध!

दक्षिण भारत में अंग्रेजों के आधिपत्य के बाद अंग्रेजी शिक्षा बढ़ी। ईस्ट इंडिया कंपनी की शासन व्यवस्था में ब्राह्मण तमिलों ने नई शिक्षा और अवसरों का सबसे ज्यादा लाभ उठाया। उन्होंने शिक्षा और गुणों के बल पर 'मेरिटोक्रेसी' कायम कर ली, शूद्र पिछड़े रह गए। अंग्रेजों ने मद्रास प्रेसिडेंसी में नए सिरे से जो प्रशासनिक ढांचा खड़ा किया, उसमें ब्राह्मणों को प्रमुख हिस्सेदार बनाया। इस वजह से उनमें बौद्धिक उच्चताबोध बढ़ गया, सामंती उच्चताबोध पहले से था।

दक्षिण भारतीय समाज ब्राह्मणवाद की रूढ़ियों और भेदभाव से पहले से जर्जरित था। ब्राह्मणों की 'मेरिटोक्रेसी' ने उसमें एक नया आयाम जोड़ दिया था। शूद्र और निम्न जाति की स्त्रियों की अपमान-भरी दशा आम थी। कई जगहों पर स्त्रियां कमर से ऊपर का वस्त्र नहीं पहन सकती थीं। देवदासी प्रथा ब्राह्मणों की यौनिक सुविधा के लिए थी। धार्मिक पाखंडों का अंत नहीं था। गौर करने की बात है कि तमिलों में मात्र 4 प्रतिशत ब्राह्मण थे, जो शूद्रों पर शासन करते थे। अधिकांश जमींदार ब्राह्मण थे और परंपरा से हल नहीं पकड़ते थे। इसलिए ब्राह्मण-शूद्र जाति संबंधों का एक कठोर आर्थिक आधार था। ब्राह्मण जमींदार शूद्रों और अंत्यजों पर तरह-तरह के अत्याचार करते थे। वे एक तरह से ब्रिटिश साम्राज्यवादी क्रूरता का प्रच्छन्न प्रतिनिधित्व कर रहे थे। उल्लेखनीय है कि 19वीं सदी में उत्तर भारतीय प्रांतों की तरह दक्षिण भारत में कोई प्रभावशाली ब्राह्मण धार्मिक सुधारक नहीं हुआ। स्वाभाविक है कि तमिल शूद्रों और अंत्यज जातियों के लोगों के शिक्षा पाते ही बुद्धिहीन सामाजिक भेदभाव से मुक्ति की आकांक्षा प्रबल हो गई और औपनिवेशिक प्रभाव की वजह से उनमें बड़ी आसानी से द्रविड़-आर्य की नस्लीय विचारधारा की घुसपैठ करा दी गई।

19वीं सदी में सामाजिक सुधार की एक धारा तमिल संत और भक्त कवि रामलिंगम स्वामी की है। उन्होंने मानव सेवा, धार्मिक सुधार तथा पुरानी रूढ़ियों से मुक्त जीवन की नई राह बताई। वे प्रेम तथा सेवा को उसी तरह महत्व देते थे, जिस तरह बांग्ला नवजागरण के रामकृष्ण परमहंस और विवेकानंद देते थे। रामलिंगम ने जाति प्रथा के उन्मूलन के लिए प्रचार किया। उनका जोर आध्यात्मिक ज्ञान पर है जो सामाजिक भेदभाव को नहीं मानता। उन्होंने आंतरिक ऊर्जा के लिए अग्नि, ज्योतिदीप की आराधना शुरू कराई जो तमिल समाज में लोकप्रिय हुई।

रामलिंगम तमिल भक्त कवियों से प्रभावित थे। वे कम पढ़े-लिखे थे, लेकिन तीव्र आध्यात्मिक बुद्धि से संपन्न। उन्होंने 1865 में एक संस्था बनाई जिसका आगे चलकर नाम हुआ 'समरस शुद्ध सन्मार्ग संगम'। उन्होंने कई सेवामूलक काम किए जिनमें एक बिना जाति-भेदभाव के निःशुल्क भोजन

वितरण है जो आज भी चलता है। वे शाकाहार के समर्थक थे। उन्होंने 1872 में 'सत्य ज्ञान सभा' की स्थापना की और यहां तक घोषणा कर दी कि 'धर्म अपने में एक अंधकार है'। उन्होंने 'अग्नि ज्योतिशिखा' को ही ईश्वर माना और कहा कि दया और करुणा ही ईश्वर तक पहुंचने के मार्ग हैं। उन्होंने अपनी अग्नि ज्योति शिखा को धर्मनिरपेक्ष घोषित किया और इसे फल-फूल अर्पित करना निषिद्ध कर दिया। वे अंधविश्वासों और कर्मकांड के विरोधी थे। वे किसी भी जन्म-आधारित भेदभाव के विरोधी थे। रामलिंगम ने जो कविताएं लिखीं वे 'तिरुवरुत्प' ग्रंथ में संकलित हैं। उनमें कई गाई जाती हैं। उनकी दृष्टि में आध्यात्मिक उपलब्धि मानव शरीर को ही दिव्य रूप देना है, मृत्यु तक मोक्ष की प्रतीक्षा जरूरी नहीं है। रामलिंगम ने 19वीं सदी के तमिल नवजागरण में राष्ट्रीय और मानवतावादी भूमिका निभाई।

रामलिंगम स्वामी ने कहा था, 'धरती सभी के लिए है, ईश्वर की सभी संतानों के लिए।' वे पहले शिव के नटराज रूप के उपासक थे। उन्हें बाद में लगा कि यह भी अन्य धार्मिक मतों की तरह एक मत है। वे ईश्वर के निराकार रूप के उपासक हो गए। उनका उद्देश्य जाति-भेद मिटाना तथा धार्मिक एकता, वैश्विक भाईचारा, जीव दया और स्त्री के प्रति सम्मान के विचारों का प्रचार करना था। उनकी धार्मिक संस्था के लोग मंदिरों में गए बिना अग्नि ज्योतिशिखा में निराकार ईश्वर की उपासना करने लगे। रामलिंगम को अपने विचारों के कारण पुरोहितों का विरोध सहना पड़ा। कहा जाता है कि 1894 में अपना आखिरी संदेश देकर वे समाधि में चले गए, फिर किसी से नहीं मिले।

धार्मिक सुधार की एक अन्य धारा शैवों की है। 19वीं सदी से दक्षिण भारत में शिव द्रविड़ देवता माने जाने लगे थे। उनके प्राचीन-पौराणिक संपर्क की उपेक्षा की गई, हालांकि दक्षिण भारत में बड़ी संख्या में शैव अपने को हिंदू कहते रहे हैं। मरैमलइ अडिगल (1876-1950) शैव थे। वे शिव को हिंदू धर्म से अलग मानते थे तथा तमिल को संस्कृत शब्दों से पूरी तरह मुक्त भाषा के रूप में देखना चाहते थे। वे शुद्ध तमिल आंदोलन के प्रवर्तक थे। इसे पेरियार के आत्मसम्मान आंदोलन की पृष्ठभूमि के तौर पर भी देखा जाता है। दोनों ही राजनीतिक रूप से ब्राह्मणवाद के विरोधी थे, हालांकि कालांतर में दोनों के

बीच मतभेद हो गया। एक तीसरी धारा अयोदी दास (1845-1914) की है जो बौद्ध हो गए थे और जातिवाद-विरोधी थे। उन्होंने घोषणा की कि अनुसूचित जातियों के लोग हिंदू नहीं हैं। उन्होंने 1891 में 'द्रविड़ महाजन सभा' की स्थापना की थी। हिंदू व्यवस्था में अवमानना के शिकार लोग प्रत्युत्तर स्वरूप द्रविड़ व्यवस्था में 'महाजन' थे।

19वीं सदी के उत्तरार्ध में अतीत के तमिल गौरव से परिचय के लिए संगम साहित्य, शिल्प्पदिकारम, मणिमेखलई, पुराणनुरु जैसे ग्रंथों की खोज हुई और उनका अध्ययन शुरू हआ। यह वेदों, उपनिषदों की तरफ जाने की उत्तर भारतीय प्रवृत्ति से भिन्न मामला है। इस काम में यू.वी. स्वामिनाथ अय्यर (1855-1942) आदि के नाम प्रमुखता से लिए जाते हैं। राबर्ट काल्डवेल ने यदि तुलनात्मक व्याकरण लिख कर तमिल भाषा को व्यवस्थित रूप दिया तो कई तमिल विद्वानों ने संस्कृत के समानांतर तमिल को प्राचीन क्लासिकल भाषा के रूप में स्थापित किया और अवमानना के शिकार तमिलों में आत्मगौरव का संचार किया। उपर्युक्त ग्रंथों के अलावा महान तमिल ग्रंथ 'तिरुक्कुरल' (तिरुवल्लुवर) को सम्मान दिया गया। इसकी एक उक्ति है, 'मनुष्य के ज्ञान का क्या मतलब है, यदि वह दूसरे की पीड़ा दूर नहीं करता और उसे अपनी पीड़ा नहीं समझता!' (315)। 19वीं सदी में विभिन्न तरीकों से तमिल आत्मगौरव के कामों को द्रविड़ पृथकतावाद का ईंधन बनाया गया, पर उन कामों ने मद्रास की निम्न जातियों में जातीय एकता, समानता और स्वाभिमान का भाव भी पैदा किया।

तमिल आत्मगौरव के लिए साहित्यिक स्तर पर एक महत्वपूर्ण काम था तमिल की मौखिक लोककथाओं का मुद्रण। उनमें नल-दमयंती और पुरुरवा-उर्वशी की कथा के अलावा पंचतंत्र की कथाएं भी थीं, जो 19वीं सदी के पूर्वार्ध में प्रकाश में आ चुकी थीं। 1833 में 'कटचिंतामणि' की लोककथाएं छपीं। 'कटमनचारी' की लोककथाओं का कई बार मुद्रण हुआ। इन पुस्तकों का तमिल शिक्षण के लिए उपयोग हुआ। 19वीं सदी के मध्य तक बताया जाने लगा था कि 'लोक का अर्थ है वह सब जो ब्राह्मणवादी प्रभाव से मुक्त है।' ये लोककथाएं संस्कृत के शब्दों से वैसे भी मुक्त थीं। उनकी भाषा का

संबंध क्लासिकल तमिल के शब्दों से अधिक था। उनमें देशज बुद्धि-विनोद और मुहावरों के लिए स्थान था। उन्हें ब्राह्मणवादी प्रभाव से बाहर की ऐसी रचनाएं माना गया, जो तमिल जातीय भावना को उद्‌बुद्ध करती हैं।

स्टुअर्ट ब्लैकबर्न ने अपने एक अध्ययन में बताया है कि इन लोककथाओं और लोकगीतों का प्रिंट टेक्नोलॉजी से जुड़ना तमिल राष्ट्रीयता के उभार का लक्षण है। यह फिनलैंड, हंगरी, ग्रीस, स्काटलैंड, आयरलैंड की समान घटनाओं के उदाहरण से समझा जा सकता है। (प्रिंट, फोकलोर एंड नेशनलिज्म)। हम पाते हैं कि बांग्ला, हिंदी और मराठी नवजागरण में आधुनिक विधाओं की भूमिका विशेष रूप से महत्वपूर्ण है, लेकिन तमिल नवजागरण में जिस गद्य का अधिक योगदान है, वह संस्कृत प्रभाव से मुक्त तमिल की लोककथाओं का है।

स्टुअर्ट ब्लैकबर्न ने लिखा है, 'तमिल साहित्य के तीन प्रमुख यूरोपीय विद्वान कोन्स्टेंजो बेशी, एफ.डब्ल्यू. एलिस और रॉबर्ट काल्डवेल इस पर सहमत थे कि बोलचाल की तमिल भाषा में ही वह मौलिक शुद्धता है जिसे इस भाषा को आधुनिक बनाने का मुख्य आधार बनाया जा सकता है।' (वही)। इस उद्देश्य से उपर्युक्त विद्वानों ने लोककथाओं के नमूने सामने रखे थे।

तमिल पत्रकारिता का इतिहास 'तमिल पत्रिका' (1831) से शुरू होकर भी वस्तुतः एक मिशनरी विरोधी पत्र 'विवेक विलासम' (1865) और 'स्वदेशमित्रण' (1882) के प्रकाशन से अपनी गौरव भूमि पर पहुंचता है। 'स्वदेशमित्रम' के प्रकाशक सुब्रह्मण्य अय्यर थे। उन्होंने ही 'हिंदू' (1878) पत्र निकाला था। गौर करने की चीज है कि तमिलनाडु में हिंदुओं और मुसलमानों दोनों की भाषा तमिल है। यहां तमिल-उर्दू विवाद जैसी समस्या नहीं है, भले मुसलमान द्रविड़ मूल के नहीं हैं! यह भी उल्लेखनीय है कि उग्र तमिल राष्ट्रीयता के बावजूद तमिलों ने अपने को आमतौर पर हिंदू धर्म से बाहर नहीं निकाला। अंग्रेजी साप्ताहिक 'द हिंदू' का प्रकाशन मुख्यतः एक ब्राह्मण ने एक खास प्रसंग में अंग्रेजी राज का प्रतिवाद करते हुए किया था। उसका रवैया उदारवादी था।

भारतीय राष्ट्र और द्रविड़ आंदोलन

द्रविड़ आंदोलन तमिल नवजागरण का एक प्रमुख अध्याय है। यह तमिल जातीय स्वाभिमान से आगे बढ़कर द्रविड़-आर्य विभाजन, भारतीय राष्ट्र से पृथकता और हिंदू धर्म के उग्र विरोध तक पहुंच जाता है और एक नस्लीय एजेंडा खड़ा कर देता है। दरअसल द्रविड़ भिन्नता की चेतना 19वीं सदी में निर्मित कर दी गई थी। यह आर्य श्रेष्ठताबोध के ब्राह्मणवादी बौद्धिक उपकरणों द्वारा पैदा की गई उस दरार का औपनिवेशिक उपयोग था, जो हमेशा के लिए सत्ता की राजनीति का हथियार बन गई।

1916 में जस्टिस पार्टी का गठन कुछ बिचली जातियों के नेताओं द्वारा मुख्यतः ब्राह्मणों का विरोध करने और ब्रिटिश प्रशासन में अपनी हिस्सेदारी के लिए हुआ था। द्रविड़ विशिष्टता का द्रविड़ पृथकतावाद में व्यापक राजनीतिक रूपांतरण वस्तुतः तब होता है, जब पेरियार ई. वी. रामास्वामी 1925 में कांग्रेस छोड़ने के बाद आत्मसम्मान आंदोलन शुरू करते हैं। उन्होंने 1920-25 के बीच कांग्रेस के लिए कार्य किया था, लेकिन 1925 में आरक्षण के प्रश्न पर कांग्रेस छोड़ दिया और इस मुद्दे पर अपनी लड़ाई तेज़ कर दी। वे 1944 में द्रविड़ कडजम की स्थापना करते हैं। वे ब्रिटिश उपनिवेशवाद के विरोध की जगह स्वतंत्र द्रविड़नाडु की धारणा सामने लाते हैं। उन्हें लगता है, राष्ट्रीय स्वाधीनता आंदोलन उत्तर-भारतीय ब्राह्मणवादी वर्चस्व और शूद्रों-अंत्यजों के उपनिवेशन की परियोजना है। वे ब्रिटिश साम्राज्यवाद को शत्रु के रूप में देखना छोड़ देते हैं और वस्तुतः धार्मिक की जगह नस्लीय फंडामेंटलिज्म लेकर चलते हैं।

पेरियार ई. वी. रामास्वामी ने कांग्रेस से बाहर निकलते ही पहली घोषणा यह की कि 'स्वराज्य' से पहले निम्न जातियों का 'आत्मसम्मान' जरूरी है। उन्होंने अपने विचार के लिए 'विदुमलई' पत्र निकाला। 1943 में तिरुचनापल्ली में भाषण देते हुए उन्होंने कहा, 'हम आज शूद्र हैं। हमें तिरस्कृत किया जाता है। हमें मंदिर-प्रवेश का अधिकार नहीं है। हम भोजनालयों में नहीं जा सकते। हम सरकार में निम्न जाति के और अछूत समझे जाते हैं और हमें छोटे–मोटे काम दिए जाते हैं। जो हमारे साथ विश्वासघात करते हैं,

उन्हें सरकार और कांग्रेस पार्टी इज्जत देती है। हमें हमेशा के लिए दलित और पिछड़ा बना कर रखा जाता है। ब्राह्मण और नौकरशाह हमारा शोषण करते हैं।' उसी दौर में बी.आर. अंबेडकर भी देश में यह आवाज उठा रहे थे। ये निम्न जातियों के शिक्षित और विशिष्ट लोग थे। कुछ तो ऐसे थे जो भारतीय राष्ट्र की अवधारणा को काल्पनिक मानकर चल रहे थे।

पेरियार ई. वी. रामास्वामी की धारणा कांग्रेस छोड़ने के बाद यह हो गई कि भारतीय राष्ट्र की अवधारणा का निर्माण निम्न जातियों के दमन और स्थायी ब्राह्मण वर्चस्व के लिए हुआ है। ज्योतिबा फुले जिस तरह 1857 के दौर में इसके नेतृत्व में नाना साहेब पेशवा जैसे ब्राह्मण व्यक्तित्वों को देखकर क्षुब्ध थे, पेरियार राष्ट्रीय आंदोलन में ब्राह्मण नेतृत्व को ही विशेष रूप से सक्रिय पा रहे थे। उन्हें लगता था कि अंग्रेजों के जाने के बाद यह नेतृत्व द्रविड़ अंचल में ब्राह्मण हितों की रक्षा करेगा। वे यह भी कहते थे कि अंग्रेजों से पहले भारतीय राष्ट्र का कोई अस्तित्व नहीं था। इसलिए स्वाधीनता की घोषणा के साथ ही द्रविड़ों को ब्राह्मणवादी आर्य संस्कृति के केंद्रीय चिह्न 'उत्तर भारत' से स्वतंत्र हो जाना चाहिए। दक्षिण भारत में 'द्रविड़ राष्ट्र' बनना चाहिए। कहना न होगा कि उनकी धारणा तमिल प्रांत में बुद्धिपरक सोच को सीमित कर देनेवाली थी।

पेरियार नास्तिक थे। वे किसी धर्म को नहीं मानते थे, 'तथाकथित महान धर्मों ने मनुष्य जाति का किसी भी रूप में भला नहीं किया है। इन धर्मों से आम लोगों के साथ धोखा और दुर्व्यवहार करनेवाले पंडितों, पुरोहितों, धनवानों और सरकारों को ही मदद मिली है। इसके अलावा, हम पाते हैं कि धर्म आदमी की बुद्धि को ही दूषित कर देता है। ...धर्म मनुष्य के सोचने की शक्ति को ही कुंद कर देता है। यह लोगों को मिलाने की जगह एक-दूसरे से पृथक करने में सहायक सिद्ध होता है। यह मुनष्य के चरित्र और आंतरिक विकास पर बल न देकर बाह्याडंबर से ही तुष्टि दे देता है।' (धर्म अंधविश्वास को ही पुष्ट करता है, 1929)। पेरियार इस्लाम और ईसाई सहित सभी धर्मों के दावों को मिथ्या बताते हैं और मानते हैं कि दुनिया में अन्याय का मूल कारण धर्म है।

पेरियार जाति प्रथा के विरोधी थे। उन्होंने इस मोर्चे पर महान काम किए। वे मानते थे, 'हम जाति उन्मूलन तब तक नहीं कर सकते, जब तक लोगों में स्वतंत्रता और ज्ञान की पिपासा पैदा न कर दी जाए। समाज में ईश्वर, धर्मशास्त्र और ब्राह्मण ही गुलामी और अज्ञानता की उत्पत्ति और वृद्धि के लिए जिम्मेदार हैं। ये जाति को मजबूती देते हैं।' उनकी यह बात बुद्धिसम्मत थी और गलत नहीं थी। यह भी देखने की जरूरत है कि तमिलनाडु में हिंदू धर्म का प्रभाव कभी खत्म नहीं हो सका और हिंदू देवता आहत जन के शरणस्थल बने रहे।

गांधी 1927 में पेरियार से बैंगलोर में जाकर मिले थे, ताकि उन्हें राष्ट्रीय आंदोलन से फिर से जोड़ा जाए। उनसे पेरियार की हुई बातचीत के कुछ हिस्से इस प्रकार हैं—

पेरियार : हिंदुत्व को समाप्त कर देना चाहिए।

गांधी : क्यों?

पेरियार : ऐसा कोई धर्म नहीं है जिसे हिंदू धर्म कहा जाए।

गांधी : लेकिन यह तो है।

पेरियार : यह ब्राह्मणों द्वारा पैदा किया गया भ्रम है।

गांधी : क्या हम नहीं कह सकते कि सभी धर्म ही विश्वास और कल्पना पर आधारित हैं?

पेरियार : नहीं। अन्य धर्मों के ऐतिहासिक साक्ष्य हैं, सर्वस्वीकृत आदर्श और सिद्धांत हैं जिनका सभी पालन करते हैं।

गांधी : क्या हिंदू धर्म में ये चीजें नहीं हैं?

पेरियार : कहां हैं? इसने पूरे समाज को ब्राह्मण, शूद्र और अंत्यज में बांट दिया है। यहां तक कि ब्राह्मण उच्च-जन्मा हैं, जबकि शूद्र और अंत्यज निम्न-जन्मा।

गांधी : ठीक है, हिंदू धर्म में आदर्श सिद्धांत भी तो है।

पेरियार : हमारे लिए उसका क्या उपयोग? इस सिद्धांत के अनुसार ब्राह्मण उच्च जाति के हैं। हम और आप निम्न जाति के हैं।

गांधी : आप गलत हैं। वर्ण व्यवस्था में उच्च और निम्न जाति का कोई भेद नहीं है।

पेरियार : आप ऐसा कह सकते हैं। लेकिन व्यावहारिक रूप से यथार्थ वह नहीं है, जो आप कह रहे हैं।

गांधी : हम लोग धर्म को कुछ सिद्धांतों के आधार पर स्वीकार कर सकते हैं।

पेरियार : यह असंभव है: यदि लोग धर्म को स्वीकार कर लेते हैं तो उससे संबंधित किसी चीज को बदल नहीं सकते।

गांधी : आप जो कह रहे हैं, वह अन्य धर्मों के मामले में सही है, लेकिन हिंदू धर्म के मामले में नहीं। हिंदू धर्म को स्वीकार करने के बाद आप इसके भीतर अपने मत से कुछ भी करने के लिए स्वाधीन हैं। किसी को आपत्ति नहीं होगी।

पेरियार : यह आप कैसे कह सकते हैं? यह बात कौन मानेगा? क्या आप खुद धर्म में कोई महान भूमिका निभा सकते हैं?

गांधी : आप सही कह रहे हैं। ऐसा कोई हिंदू धर्म अभी नहीं है। मैं इस पर भी सहमत हूँ कि इसका कोई निश्चित नियम नहीं है। इसीलिए मैं कहता हूँ कि हम लोग यदि अपने को हिंदू कहने लगें, तो हम मिलकर कुछ सामान्य नियम-आदर्श बना सकते हैं, क्योंकि हमारे विचार समान हो सकते हैं। मैं यह निश्चित तौर पर कह सकता हूँ कि हिंदू धर्म ही लोगों को सही दिशाओं में ले जा सकता है, क्योंकि दूसरे धर्मों का इतिहास, सिद्धांत और दूसरे साक्ष्य निश्चित हैं और यदि कोई उन्हें बदलता है तो वह धर्म से बाहर निकाला जा सकता है। ईसाई उसी के अनुसार काम करेंगे जो ईसा और बाइबिल कहता है। इसी तरह मुस्लिम वैसे ही जीते हैं जैसे मुहम्मद नबी या कुरान कहता है। यह इन धर्मों के विरुद्ध माना जाएगा, यदि इनके निर्देशों में कोई परिवर्तन करना चाहता है। यदि कोई ऐसा करना चाहता है तो उसे इन धर्मों के बाहर आना होगा।

लेकिन भीतर रहकर वह कोई परिवर्तन नहीं कर सकता। यही दूसरे धर्मों की सच्ची दशा है। उनसे भिन्न हिंदू धर्म में कोई भी आगे आकर बिना किसी रोकटोक के कोई भी धर्मोपदेश दे सकता है, अपने विचार रख सकता है। इस धर्म में ऐसे कई महापुरुष हुए हैं, जिन्होंने नई बात कही है। इसलिए हिंदू धर्म में रहते हुए हम इसे सुधार सकते हैं और मानवता के फायदे के लिए बहुत-से परिवर्तन कर सकते हैं।

पेरियार : क्षमा करें, यह असंभव है।

गांधी : क्यों?

पेरियार : हिंदू धर्म में कई स्वार्थी गिरोह हैं जो इसके लिए अनुमति नहीं देंगे।

गांधी : आप ऐसा कह सकते हैं? क्या हिंदुओं ने यह मान नहीं लिया है कि हिंदू धर्म में छुआछूत के लिए कोई जगह नहीं है?

पेरियार : सिद्धांत में मान लेना एक बात है, व्यवहार में उतारना दूसरी बात! व्यवहार में यह बड़ा कठिन है।

गांधी : आखिर आपके विचार क्या हैं? क्या हम मान लें कि आप हिंदू धर्म का नाश इसलिए चाहते हैं कि ब्राह्मणों से छुटकारा मिल जाए?

पेरियार : यदि मिथ्या हिंदू धर्म मिट जाता है तो कोई ब्राह्मण नहीं रह जाएगा। हम शूद्र हैं! सारी क्षमता ब्राह्मणों के हाथ में है।

गांधी : यह सही नहीं है। क्या वे अब मेरी बात मानते नहीं हैं? हम हिंदू धर्म में इकट्ठा होकर इस धर्म के नकारात्मक तत्वों को मिटा देंगे।

पेरियार : मैं विनम्रता के साथ कहना चाहता हूँ कि आप सफल नहीं हो सकते। यदि आपने कुछ पा भी लिया, कुछ महान लोग भविष्य में पैदा होंगे जो आपके सारे किए पर पानी फेर देंगे।

गांधी : यह कैसे संभव है?

पेरियार : अभी आपने कहा कि हिंदू धर्म के नाम पर कोई भी जनता को अपनी तरह से सोचने के मार्ग पर ला सकता है। इसलिए कोई महान शक्तिशाली आदमी हिंदू धर्म के नाम पर भविष्य में कुछ भी मनमाना कर सकता है।

गांधी : यह व्यावहारिक नहीं है कि भविष्य में इस तरह से कोई कुछ बदल देगा।

पेरियार : माफ करें यह कहने के लिए कि आपके लिए ठोस रूप से कुछ भी करना असंभव है, ब्राह्मण कोई भी परिवर्तन करने नहीं देंगे।

गांधी : आपने ब्राह्मणों के प्रति मन में स्थायी घृणा पाल रखी है जो आपकी सोच पर हावी है। अभी तक हुई बात के बाद मुझे नहीं लगता कि हम किसी सामान्य समझौते तक पहुंच पाएंगे। हम भविष्य में दो-तीन बार फिर मिलेंगे और फैसला करेंगे कि हम क्या कर सकते हैं।

(इतना कहकर गांधी बिस्तर पर पूरी तरह लेट जाते हैं और अपना हाथ माथे पर रखकर सहलाने लगते हैं!)

पेरियार और गांधी की उपर्युक्त बातचीत से हम उस युग की आशंकाओं और चिंताओं को समझ सकते हैं। पेरियार की कुछ आशंकाओं को 21वीं सदी में सही होते हुए पाया जा सकता है। फिर भी साफ है कि पेरियार की ब्राह्मण-विरोधी द्रविड़ राष्ट्रीयता की आशंकाओं और गांधी की उपनिवेशवाद-विरोधी भारतीय राष्ट्र की चिंताओं में काफी फर्क था।

ऐसा नहीं है कि मद्रास उस दौर में राष्ट्रीय जागरण की घटनाओं से बाहर था या यह प्रांत अ-हिंदू या अ-धार्मिक हो गया था। सच यह है कि तमिलनाडु हिंदू धर्म का एक बड़ा केंद्र उस समय भी था—कई प्रकार के विश्वासों, अंधविश्वासों और रीति-रिवाजों से जकड़ा। देवदासी प्रथा से जर्जरित और जाति अवमानना से भरा। बाल विवाह जैसी कुप्रथाओं से कानून के बावजूद घिरा। निम्न जातियों में दैहिक यंत्रणादायक अंगच्छेदन जैसी रीतियां अलग से थीं। गरीबी के शिकार लोग भीषण अभाव में थे और अंधविश्वासों से घिरे थे।

इस परिदृश्य में पेरियार के आत्मसम्मान आंदोलन ने विवाह की नई रीति चालू की और पुरोहित की अनिवार्यता मिटा दी। इस आंदोलन ने शूद्रों में आत्मसम्मान का भाव पैदा किया, उन्हें उच्च शिक्षा के लिए प्रेरित किया। उल्लेखनीय है कि 1937-38 में जब मद्रास शहर में सद्भावना के साथ हिंदी शिक्षण शुरू हुआ तो द्रविड़ आंदोलन को एक बड़ा मुद्दा मिला। इसे तमिलों पर हिंदी थोपने का षड्यंत्र कहा गया। हिंदी-विरोधी आंदोलन स्वाभाविक वजहों से 60 के दशक में जोरदार हुआ और रह-रहकर सुलगता रहा।

पेरियार रामास्वामी के द्रविड़ आंदोलन को तब धक्का लगा, जब कुछ मतभेदों के कारण उनके युवा सहयोगी अन्ना दुरै (1909-1969) ने उनका साथ छोड़कर 1949 में द्रवित्र मुन्नेत्र कडजम की स्थापना कर ली, व्यावहारिक होते हुए 1962 में भारतीय राष्ट्र से पृथकता की नीति छोड़ दी और आगे चलकर माडरेट रुख अपना लिया। इससे तमिल जातीय चेतना द्रविड़वादी कट्टरता से एक हद तक मुक्त हुई।

राष्ट्रीय जागरण का आयाम

तमिलनाडु में पिछड़ी और दलित जातियों के लोग पूरी आबादी के करीब 80 प्रतिशत थे। उनमें ज्यादा लोग परंपरागत प्रथा से अछूत थे। पिछड़ेपन, वंचना और अक्षमता के स्तर पर वे समान न थे। शुरुआती राष्ट्रवादी चिंताओं में, यहां तक कि एनी बेसेंट के होम रूल आंदोलन (1916-17) में भी पिछड़ों और दलितों की दुर्दशा के मुद्दे पर चुप्पी थी। 1919-21 के प्रथम असहयोग आंदोलन में जाकर दलित जातियों और राष्ट्रीय आंदोलनों में संबंध बना। शिक्षा के कारण निम्न जातियों में स्वाधीनता भाव तीव्र होता जा रहा था। अंग्रेजों ने दक्षिण भारत में कुछ सुधार किए थे। उन सुधारों में विधान परिषद और स्थानीय सरकारी निकायों में दलितों के लिए आरक्षण लागू करना प्रमुख है। इस तरह का आरक्षण देश में पहली बार मद्रास प्रेसिडेंसी में लागू हुआ था। इसका एक लक्ष्य दलित वर्गों को राष्ट्रीय आंदोलन से अलग कर अपने पाले में लाना था।

राष्ट्रीय आंदोलन के नेताओं और मद्रास के दलित नेताओं के बीच बातचीत हुई, लेकिन दलितों की हिस्सेदारी के सवाल पर रजामंदी नहीं हो सकी।

यहां तक कि मद्रास में अंग्रेजों के प्रबंधन के अंतर्गत चलनेवाली 'बकिंघम एंड कर्नाटिक मिल्स' में मजदूरों पर अंग्रेजों के अत्याचारों के विरुद्ध हुई हड़ताल (1921) को भी उनका समर्थन नहीं मिला। अब तक सामाजिक विभाजन की विचारधारा राजनीतिक विचारधारा पर हावी हो चुकी थी। तमिल क्षेत्र की निम्न जातियों के हित के लिए बनी जस्टिस पार्टी के नेता उपर्युक्त मुद्दे पर अंग्रेजों के साथ थे। अंबेडकर से भिन्न, जस्टिस पार्टी का गैर-ब्राह्मणवाद द्रविड़वाद पर आधारित था। जाहिर है, यह अंग्रेजों की 'फूट डालो और राज करो' की नीति की सफलता थी। उल्लेखनीय है कि राष्ट्रीय आंदोलन के नेताओं की अछूत प्रथा दूर करने से संबंधित मांग पर अंग्रेज सरकार ने कोई कानून नहीं बनाया, क्योंकि यह उपनिवेशवाद-विरोधी आंदोलन के पक्ष में जाता।

तमिल प्रांत में पिछड़ी जातियों, शूद्रों और अंत्यज वर्गों के नेताओं के राष्ट्रीय आंदोलन से अलग हो जाने का नतीजा यह हुआ कि राष्ट्रीय आंदोलन मुख्यतः ब्राह्मण नेतृत्व के अंतर्गत चलनेवाले आंदोलन के रूप में दिखाई देने लगा, हालांकि सभी जातियों और वर्गों के लोग इसमें थे। मद्रास के मरीना समुद्र तट पर जिस जगह सभा होती थी, उसका नाम तिलक घाट था। कवि सुब्रह्मण्य भारती, सी. राजगोपालाचारी आदि यहां जो सभाएं करते थे, उनमें लाख-लाख लोग इकट्ठे होते थे और सभी ब्राह्मण नहीं होते थे।

मद्रास में राष्ट्रीय आंदोलन का तमिल जातीय स्वाभिमान और दलितों के आत्मसम्मान आंदोलन से विरोध नहीं था, जबकि पेरियार ई.वी. रामास्वामी ब्राह्मणवाद के साथ-साथ हिंदू देवी-देवताओं के विरोध में थे। उनकी बुद्धिपरकता तब स्थगित हो जाती थी, जब वे रावण को मिथक की जगह इतिहास के रूप में देखते थे। इसके अलावा, वे बौद्धिक उपनिवेशन का शिकार होकर द्रविड़ अंध-राष्ट्रवाद की तरफ, एक उल्टी दिशा में, बढ़ते जा रहे थे। निश्चय ही उनके नस्लवाद पर आधारित 'द्रविड़नाडु' की विचारधारा को आंध्र प्रदेश, कर्नाटक और केरल में भाषावार जातीय राज्य गठन की वजह से स्वीकृति नहीं मिली। यह भी एक घटना है कि पुराने विभाजनों और भेदभावों पर धर्मनिरपेक्ष भारतीय राष्ट्र की धारणा अंततः प्रबल हुई। उत्तर और दक्षिण भारत का कृत्रिम भेद ढह गया। इसके अलावा, तमिलनाडु सांप्रदायिक शांति की जगह बना रहा।

पेरियार रामास्वामी अपने 'द्रविड़नाडु' के निर्बुद्धिपरक नस्लीय सिद्धांत के भीतर समाजवाद के आदर्शों को प्रतिष्ठित करते हैं। उनके आत्मसम्मान आंदोलन का तमिलनाडु के लोगों पर असर पड़ा था। वे पुरोहितवाद के प्रपंच से बाहर निकल रहे थे। उपर्युक्त आंदोलन राष्ट्रीय स्वाधीनता संग्राम के समानांतर चला था। पेरियार के इन स्वप्नों की ओर भी दृष्टि जानी चाहिए, 'नई दुनिया में किसी को चोरी करने की जरूरत नहीं पड़ेगी। ...सभी के पास आवश्यकता की वस्तुएं प्रचुर मात्रा में होंगी। ...न कोई किसी की हत्या करने का विचार अपने दिमाग में लाएगा। ...दुर्व्यसन समाप्त हो जाएंगे। ...किसी को आर्थिक बरबादी नहीं झेलनी पड़ेगी। आत्मसम्मान से भरे समाज में कोई भी दूसरे पर शासन नहीं कर पाएगा। ...ऐसे समाज में जीवन और सेक्स संबंधों को लेकर लोगों का दृष्टिकोण उदार और मानवीय होगा। स्त्री-पुरुष दोनों एक-दूसरे की भावना का सम्मान करेंगे। स्त्री दासता के लिए कोई जगह नहीं होगी।' इन विचारों से पेरियार अपनी उदारवादी विश्वदृष्टि का निर्माण करते हैं।

दूसरी तरफ, पेरियार का आक्रोश इन पंक्तियों में व्यक्त होता है, 'उस ईश्वर को नष्ट कर दो जो तुम्हें शूद्र कहता है। उन पुराणों और महाकाव्यों को नष्ट कर दो जो हिंदू ईश्वर को सशक्त बनाते हैं।' यदि अन्य धर्मों के ईश्वर बचे हों तो अकेले हिंदू धर्म का ईश्वर कैसे नष्ट हो सकता था। ग्रंथों को जला देने भर से निर्बुद्धिपरक मानसिकता बदल नहीं सकती थी। दरअसल एक तरह की निर्बुद्धिपरकता का दूसरी तरह की निर्बुद्धिपरकता खड़ी करके सामना नहीं किया जा सकता, क्योंकि तब एक तीसरी तरह की निर्बुद्धिपरकता का रास्ता खुल जाता है।

सुब्रह्मण्य भारती (1882-1921) तमिल नवजागरण के एक प्रमुख राष्ट्रीय स्वर थे। उनके साहित्य में उपनिवेशवाद-विरोध और तमिल जातीय स्वाभिमान के बीच अंतर्विरोध नहीं है। वे ब्राह्मण थे, फिर भी उन्हें लंबे-लंबे समय तक गरीबी और भूख से जूझना पड़ा था। उनके लिए अंग्रेजी राज की गुलामी लज्जाजनक बात थी तो आर्थिक और जातिगत विषमता से भी वे कष्ट पाते थे। यह बिल्कुल संभव है कुछ लोगों के लिए एक ही चीज नहीं, एक साथ बहुत सारी चीजें लज्जाजनक और तकलीफदेह लगें।

वे कई समस्याओं से बौद्धिक और राजनीतिक तौर पर जूझें। भारती ने राष्ट्रीय एकता को जरूरी समझते हुए अपनी कविता 'वंदेमातरम्' में लिखा :

पराधीनता का जीवन है तो अति लज्जाजनक बात है
पराधीन जीवन पर लज्जित सारा भारत एक साथ है
दासवृत्ति का त्याग करेंगे
कभी नहीं परतंत्र रहेंगे
हम वंदेमातरम् कहेंगे।

ब्राह्मण-अब्राह्मण मुद्दे पर भारती का स्पष्ट मत है कि शूद्र को द्विज के बराबर स्थान देना होगा। वे सभी के लिए स्वतंत्रता की मांग करते हैं। स्त्री-पुरुष के बीच बराबरी और सभी धर्मों के लोगों के बीच सौहार्द चाहते हैं। उन्होंने अपने एक निबंध में लिखा, 'फ्रांस ने तीन मार्गदर्शक शब्द घोषित किए थे—स्वाधीनता, समानता और भाईचारा। जब मनुष्य इसे पूरी तरह समझ लेंगे, तभी वे विकास के सर्वश्रेष्ठ पथप्रदर्शक बनेंगे।' (सुबह्मण्य भारती : संकलित कविताएं और गद्य)। उस काल में जनतांत्रिक क्रांति के उपर्युक्त मूल्यों को लेकर सर्वत्र चिंता थी। इन्हें अपनाए बिना न उपनिवेशवाद-विरोध का कोई अर्थ था और न पिछड़ी-दलित जातियों के संघर्ष का। इसलिए भारती उपर्युक्त कविता में कहते हैं :

ब्राह्मण हो या अब्राह्मण, हम सब समान हैं,
इस धरती पर जन्मे सब मानव समान हैं
जाति-धर्म का दम न भरेंगे
ऊंच-नीच का भेद तजेंगे
हम वंदेमातरम कहेंगे।
जो अछूत हैं वे भी कोई और नहीं हैं
वे भी तो रहते हम सबके साथ यहीं हैं।

नवजागरण काल में ज्ञान को शक्ति समझा गया। सुब्रह्मण्य भारती ने अपनी एक रचना में कहा, 'ज्ञान है भगवान रूप/तुमने सुना नहीं यह पुष्ट वचन?' उस जमाने में सत्य, परोपकार और स्वच्छता में ईश्वर को देखने की बात कही जा रही थी। भारती ने कहा, 'ज्ञान ही ईश्वर है!'

उन्होंने एक तरफ तिरुवल्लुवर के 'कुरुल', कंबन की 'रामायण' और इलांगो की 'शिल्पदिकारम' की प्राचीन तमिल परंपरा पर गर्व व्यक्त किया—अतीत की जीवंत संस्कृति को स्वीकार किया। दूसरी तरफ, यूरोपीय विद्वानों की भारत-संबंधी औपनिवेशिक व्याख्याओं को ठुकराते हुए कहा, 'वे हमारे जातीय साहित्य की उच्चतर अवस्थाओं के बारे में कुछ नहीं जानते। उनके लिए यही अच्छा होगा कि ऊंचे आसन से हमारी भाषाओं के बारे में, संरक्षक की तरह लिखना और बोलना छोड़ दें। उनका यह ढंग हमें अच्छा नहीं लगता।' (वही)। भारती ज्ञान का अन-उपनिवेशन चाहते थे, क्योंकि तभी तमिल राष्ट्रीयता का व्यापक अर्थ स्पष्ट हो सकता था। पश्चिमी औपनिवेशिक दृष्टि तमिल राष्ट्रीयता को द्रविड़-आर्य का वितंडा खड़ा करके उत्तर भारत से लड़ा रही थी।

उपनिवेशवाद ने भारत की आर्थिक प्रगति को रोक रखा था। पिछड़ी और दलित जातियों का विकास सिर्फ उनके शिक्षित एलीट लोगों को सरकारी नौकरियां मिल जाने या प्रशासन में हिस्सेदारी से नहीं हो सकता था। भारतीय नवजागरण आर्थिक रूप से अविकसित स्थितियों में आ रहा था, 'फूट डालो और राज करो' की औपनिवेशिक दशा में। ऐसे हालात में सुब्रह्मण्य भारती बृहत्तर राष्ट्रीय परिवेश में औद्योगिक विकास का स्वप्न रच रहे थे : 'ऐसे यंत्र बनेंगे, कांचीपुरम बैठकर/काशी के विद्वज्जन का संवाद सुनेंगे.../यहां रेशमी वस्त्र बनाकर, उन वस्त्रों की/एक बहुत ऊंची-सी राशि लगा देंगे हम/इतना सूती वस्त्र यहां निर्माण करेंगे/वस्त्रों का ही एक पहाड़ बना देंगे हम/अस्त्र-शस्त्र का, कागज का उत्पादन होगा/औद्योगिक शिक्षा-शालाएं निर्मित होंगी .../कृषि के उपयोगी यंत्रों के साथ-साथ ही/इस धरती पर वाहन भव्य बनाएंगे हम.../हम उड़ान भर चंद्रलोक में चंद्रवृत्त का/दर्शन करके मन को आनंदित पाएंगे।'

उस जमाने में चांद में पहुंचने का स्वप्न देखना वैज्ञानिक विकास की अनोखी कल्पना है। देखा जा सकता है कि उपनिवेशवाद-विरोध के साथ राष्ट्रीय पुनर्निर्माण और वैज्ञानिक-औद्योगिक विकास के ऐसे लक्ष्य जुड़े हुए थे जिनकी अंध-राष्ट्रवादी आंदोलनों और सामुदायिक विमर्शों में अनदेखी की जा रही थी। वैज्ञानिक-औद्योगिक विकास का गहरा संबंध अंध-राष्ट्रवाद का अतिक्रमण करने के साथ, जाति-विषमता से मुक्त धर्मनिरपेक्ष सामाजिक

परिवेश से है। देश में ऐसे परिवेश की जितनी उन्नति होती, वैज्ञानिक-औद्योगिक विकास में उतनी तीव्रता आती।

भारतीय नवजागरण और इससे जन्मे स्वाधीनता आंदोलन में जनता के बीच सामान्यतः प्रभावशाली भूमिका उन्हीं महापुरुषों ने निभाई जो 'रैशनल' और 'धार्मिक' दोनों थे। वे धर्म की बुद्धिसम्मत व्याख्या करते थे। वे लोग जो नास्तिकता की हद तक बुद्धिवादी थे, प्रायः एकाकी थे या एक न एक तरह से उपनिवेशवाद की सेवा में थे। सुब्रह्मण्य भारती ईश्वर को मानते थे, ईश्वर को आध्यात्मिक महत्व देते थे, हालांकि कहते थे, 'मैं व्यक्त संसार से एकात्म हूँ।' उन्होंने धार्मिक भावना की उपेक्षा नहीं की, लेकिन यह भी कहा, 'धार्मिक मामलों में एकरूपता खतरनाक है।' वे धार्मिक रूढ़ियों और कूपमंडूकता के जबर्दस्त विरोधी थे। उन्होंने अपनी एक कविता में पुरोहित वर्गों पर प्रहार किया :

शास्त्रों को ये भूले से भी नहीं पढ़ा करते हैं
पाखंडी शास्त्राचार्यों का मत माना करते हैं।
शैव-वैष्णव का अंतर ही इन्हें भिड़ा देता है
व्याकुल हो उठता हूँ मुझसे रहा नहीं जाता है।

सुब्रह्मण्य भारती पेरियार रामास्वामी नायकर के जातिवाद-विरोधी अभियान को राष्ट्रीय विचारभूमि पर आगे बढ़ाते हैं। वे प्रेमचंद की तरह राष्ट्रीय भावना को सांप्रदायिकता, जाति प्रथा और ऊंच-नीच के भेदभाव का शत्रु मानते हैं। उनका एक लेख है 'जाति प्रथा का अपराध'। वे उग्रवादी रुख न अपनाते हुए भी लिखते हैं, 'हमारे अज्ञानी जन समुदायों को यह विश्वास दिलाया गया है कि जाति प्रथा का यह घपला दैवी वरदान है जो हमारे देश को मिला है और जो भी इस प्रथा का उल्लंघन करता है वह नरक जाता है। यह विश्वास लोगों को जाति प्रथा के दुष्परिणामों के प्रति अचेत कर देता है।' वे जाति प्रथा का खात्मा जरूरी मानते हैं। यह न होने पर देश आत्महत्या करेगा। उनकी नजर में इसका एक रास्ता विभिन्न जातियों के बीच विवाह-संबंध है और युवक-युवतियों के बीच प्रेम है। वे स्त्रियों से आह्वान करते हैं—'पहाड़ जैसी कठिनाइयां उठाते हुए भी प्रेम करो!'

भारती स्त्री मुद्दों पर बाल विवाह का विरोध करते हैं और प्रश्न उठाते हैं—'स्त्री पुरुष को सभ्य बनाती है तो वह दासी कैसे हो गई?' उनका एक लेख है 'नारी स्वाधीनता'। गौर किया जाना चाहिए कि वे संकीर्ण पुरुष मानसिकता की आलोचना करते हुए कहते हैं कि पुरुष स्त्रियों को शिक्षा देते हुए सिर्फ इतना चाहते हैं कि वे कुछ नैतिक उपदेशवाली कहानियां पढ़ लें, पतिव्रता धर्म की सराहना करनेवाले उपन्यास पढ़ लें और हारमोनियम पर कुछ घिसीपिटी धुन बजा लें। स्त्रियों का मुख्य धंधा भोजन बनाना समझा जाता है और मानवता की प्रगति में उनके योगदान का अर्थ बच्चे पैदा करना है।' वे यह भी उद्घाटित करते हैं कि स्त्रियों को कट्टरता और रूढ़िवाद का स्तंभ बनाकर रखा जाता है। पुरुष इस दशा का विरोध करने की जगह यह कहते हुए उनकी तारीफ करते हैं कि वे धर्म की रक्षा कर रही हैं!

सुब्रह्मण्य भारती सिर्फ एक समुदाय की चिंता और सिर्फ राजनीतिक मामलों से आगे बढ़कर विभिन्न सामाजिक मामलों में रूढ़ियों और कट्टरता का विरोध करके समावेशी राष्ट्रीयता की परियोजना रखते हैं। वे पूरे भारत की चिंता करते हैं। उनकी कविता 'अर्वाचीन नारी' की पंक्तियां हैं :

भारत के उन्नति साधन में यथाशक्ति श्रम
किया करेंगी ससिंदूर-सीमंतिनियां हम।
गृह कोटर में बंद समाज-विमूढ़ा रहने की
परंपरा को तोड़ेंगी हम वीर रमणियां।
हम आयात करेंगी विविध कला-विधाएं
हम रच देंगी विविध यंत्र-साधन सुविधाएं।
गतावधिक युगबाधित मिथ्या भाव मिटाकर
भग्न करेंगी हम विमूढ़ता के बंधन सब।

सुब्रह्मण्य भारती 1919 के मार्च महीने में सी. राजगोपालाचारी के घर पर महात्मा गांधी से मिलने गए थे। वे गांधी के बगल में बैठे थे। उन्होंने कहा, 'मैं ट्रिप्लीकेन के समुद्रतट पर आज एक भाषण देनेवाला हूँ, क्या आपके लिए यह संभव होगा कि चलकर उसकी अध्यक्षता करें।' गांधी ने महादेव देसाई से पूछकर कहा, 'मेरे लिए आज आना संभव नहीं है।

क्या आप मीटिंग कल कर सकते हैं?' सुब्रह्मण्य भारती ने जवाब दिया, 'नहीं, मैं घोषित सभा टाल नहीं सकता। आपके आंदोलन के लिए मेरी शुभकामनाएं हैं। मैं जाता हूँ।' सुब्रह्मण्य स्वामी के जाने के बाद गांधी ने राजगोपालाचारी से पूछा, 'ये कौन थे?' राजगोपालाचारी ने कहा, 'ये हमारे राष्ट्रीय कवि हैं।' मद्रास में इसी जगह 23 मार्च 1919 को गांधी के मन में विचार पैदा हुआ कि 6 अप्रैल को शांतिपूर्ण ढंग से देशव्यापी हड़ताल की जाए। इस तरह पहले असहयोग आंदोलन का जन्म हुआ। पहली बार पूरा देश एक साथ उठ खड़ा हुआ। राष्ट्रीय आंदोलन से कृषकों, दलितों और स्त्रियों के स्वप्न जुड़े हुए थे। उपनिवेशवाद-विरोधी राष्ट्रीय आंदोलनों के दौर में भारतीय राष्ट्र कभी एकरेखीय धारणा नहीं रहा है। राष्ट्रीय आंदोलनों में विभिन्न वर्चस्व मौजूद थे, पर साम्राज्यवाद-विरोधी संघर्ष की उपेक्षा करके सिर्फ उनसे ही टकराकर थम जाना कभी बुद्धिमत्तापूर्ण न था।

आंध्र प्रदेश : तेलुगु आत्मपहचान और राष्ट्रीय उदारवाद

द्रविड़ जनधाराओं में तेलुगु लोगों की संख्या सबसे अधिक है। विभिन्न युगों में कई तेलुगु लोग विस्थापन के कारण मद्रास शहर आकर बस गए थे। उल्लेखनीय है कि अंग्रेजों के शासन में आंध्र प्रदेश मद्रास प्रेसिडेंसी के अंतर्गत था और दक्षिण भारतीय ब्रिटिश प्रशासन में तमिलों की हिस्सेदारी सबसे ज्यादा थी।

महाभारत के अनुवाद (नन्नया, तिक्कणा और एर्रप्रगड की त्रिमूर्ति द्वारा), महाकवि रंगनाथ की रामायण और भक्त कवि पोतना के युगों के बाद तेलुगु साहित्य की परंपरा लंबे समय तक थमी हुई थी। निश्चय ही कृष्णदेव राय के शासन में इसका गौरव सबसे ज्यादा प्रगट हुआ था। लेकिन 19वीं सदी के पूर्वार्ध में तेलुगु भाषा और जातीयता बिखरी दशा में थी। तेलुगु समाज अन्य प्रांतों के लोगों की तरह अशिक्षा, धार्मिक रूढ़ियों और सामाजिक भेदभाव का शिकार था। यह राष्ट्रीय जागरण का नतीजा है कि 19वीं सदी के उत्तरार्ध में तेलुगु साहित्य की परंपरा को पुनर्जीवन मिला। इस भाषा में पत्र-पत्रिकाएं निकलने लगीं, साहित्य का प्रकाशन हुआ और शिक्षित मध्यवर्ग का ध्यान सामाजिक सुधारों की तरफ गया।

आंध्र का सामान्य अर्थ है दक्षिण। ऐतरेय ब्राह्मण में इस क्षेत्र का जिक्र है और इसका संबंध सातवाहनों से बताया गया है। रायलसीमा क्षेत्र में निजाम (असफजाह) ने 1724 में हैदराबाद राज्य की स्थापना की थी। एक दूसरा बड़ा राज्य विजयनगरम था। ब्रिटिश अधीनता में विभिन्न राज्यों में विभक्त आंध्र प्रदेश तेलुगु भाषा और तेलुगु जातीय संस्कृति के आधार पर काफी देर से,

1956 में एक स्वतंत्र राज्य के रूप में अस्तित्व में आया। यह एक लंबे राजनीतिक संघर्ष का नतीजा था।

आंध्र प्रदेश में तटीय इलाकों के दलितों के आंदोलन तथा तेलंगाना में कृषकों के आंदोलन का एक गौरवशाली इतिहास है। 19वीं सदी के सुधार आंदोलनों में तेलुगु नेतृत्व मद्रास और केरल की तरह पिछड़ी-निम्न जातियों के बीच से न उभर कर, उच्च जातियों के शिक्षित मध्यवर्ग से आया। उसमें से प्रायः सभी अंग्रेजी-शिक्षित थे। इस तरह मद्रास प्रेसिडेंसी में तेलुगु समाज एक भिन्न विचारभूमि पर आंदोलित हुआ। तेलुगु नवजागरण में जाति भेदभाव का विरोध निश्चय ही एक मुख्य स्वर है, पर ब्राह्मणवाद बड़ा मुद्दा नहीं है। सुधार आंदोलनों के केंद्र में स्त्री है और निशाने पर सभी तरह की धार्मिक रूढ़ियां हैं।

तेलुगु नवजागरण : ग्रंथिकमु बनाम जनभाषा

ईसाइयों ने धर्म प्रचार के लिए जिन प्रादेशिक भाषाओं को चुना, वे जातीय शिक्षा, आत्मपहचान और बहुमुखी उन्नति का माध्यम भी बनीं। शुरुआती छापेखाने धर्मप्रचार के उद्देश्य से स्थापित हुए थे। तेलुगु के मुद्रणालय की शुरुआत 1806 में हुई थी, हालांकि पहला तेलुगु पत्र 'सत्यदूत' 1833 में प्रकाशित हुआ। इसके अलावा 'दक्षिणी', 'दिन-वर्तनी', 'हितवादी', 'वर्तमान' जैसे तेलुगु पत्र निकले। मछलीपत्तनम में 'आंध्र भाषावर्द्धिनी समाजम' की स्थापना हुई। तेलुगु में सबसे पहले यात्रा वृत्तांत और आत्मकथा की पुस्तकें आईं। 1874 में उस दौर के सबसे महत्वपूर्ण तेलुगु पत्र 'विवेकवर्धिनी' का प्रकाशन वीरेश लिंगम द्वारा किया गया। वस्तुतः पत्र-पत्रिकाओं ने ही तेलुगु का सामान्य जातीय परिसर तैयार किया, जहां भाषा-साहित्य के अलावा धार्मिक सुधार और राष्ट्रीय सवालों पर तर्कपूर्ण चर्चा होती थी।

19वीं सदी में जिस तरह धार्मिक सुधार के प्रश्नों पर बहस थी, उसी तरह जातीय भाषाओं के स्वरूप पर भी। प्रादेशिक भाषाएं चौराहे पर खड़ी थीं। 19वीं सदी के उत्तरार्ध में तेलुगु प्रेस की सुविधाएं विस्तृत हुईं, शिक्षा के लिए पुस्तकें तैयार होने लगीं। इस दौर में धर्म प्रचारक ईसाइयों की तेलुगु भाषा अंग्रेजी छौंकवाली होती थी तो तेलुगु पंडितों की भाषा संस्कृतनिष्ठ थी।

वह 'ग्रंथिकमु' कहलाती थी। इसके समानांतर 'ग्राम्यमु' थी, जिसमें व्याकरण के नियम नहीं थे। वह अनपढ़ लोगों द्वारा व्यवहार में आती थी।

तेलुगु के जातीय सुधारकों ने उपर्युक्त तीन रूपों में भिन्न 'व्यावहारिक' को चुना, अर्थात—सामान्य पढ़े-लिखे लोगों द्वारा व्यवहार में लाई जानेवाली भाषा को। इसे ही सामान्य व्याकरणिक नियमों के अंतर्गत लाकर विकसित किया जाने लगा। अन्य भारतीय भाषाओं की तरह तेलुगु में भी लंबे समय तक 'ग्रंथवादी' और 'व्यावहारिक जनभाषा' के दो गुटों के बीच वैचारिक संघर्ष चला। प्राचीनता और नवीनता के बीच भी संघर्ष था। जमींदारों ने ग्रंथवादी तेलुगु पंडितों का साथ दिया, एक समय तक इनका ही वर्चस्व था। तेलुगु में 'ग्रंथिकमु' का प्रभाव तब तक बना रहा, जब तक कवि संस्कृत पंडितों की तरह राजाओं और जमींदारों को खुश करने के लिए लिखते रहे। जैसे ही तेलुगु जातीय चेतना जमीन से जुड़कर आकार लेने लगी और सुधार आंदोलन शुरू हुआ, तेलुगु 'ग्रंथिकमु' की जगह व्यावहारिक जनभाषा के नजदीक आने लगी। उल्लेखनीय है कि सत्ता और सामाजिक प्रतिष्ठा की दृष्टि से तेलुगु अंग्रेजी के आगे हीन समझी जाती थी, जिस तरह अन्य भारतीय भाषाएं भी।

तेलुगु के लेखकों को अपनी भाषा को जातीय आकार देने और इसकी सामाजिक प्रतिष्ठा के लिए काफी संघर्ष करना पड़ा। अपने समय के एक चर्चित महाकाव्यात्मक नाटक 'कन्याशुल्कम' (1897) की भूमिका में गुरजाड बेंकट अप्पाराव (1862-1915) ने लिखा है, 'तेलुगु भाषा में पुराने व्याकरणबद्ध रूपों का प्रभाव, अप्रचलित शब्दजाल और तकलीफदेह वाक्य-विस्तार रहता था। ...ऐसे दीर्घ समासों का प्रयोग होता था, जिनकी अब दूर-दूर तक कल्पना नहीं की जा सकती। इस तरह तेलुगु भाषा को दोनों तरफ से मृत बना दिया गया था। ...एक बात कहूंगा कि तेलुगु साहित्य की भाषा को अगर सभ्यता-विकास के साधन के रूप में तैयार करना है तो उसे व्यावहारिक भाषा के नजदीक लाना होगा। तेलुगु प्रदेश के विभिन्न हिस्सों में साधारण बोलचाल की तेलुगु में ज्यादा आंचलिक भिन्नता नहीं है। अगर सक्षम रचनाकार ठान लें तो एक नई साझी भाषा को आसानी से रूप दिया जा सकता है।' (सामाजिक क्रांति के दस्तावेज)। इस मामले को सामान्यतः तब 'शिष्ट भाषा बनाम ग्राम्य भाषा'

की लड़ाई के रूप में भी देखा गया था, जबकि राष्ट्रीय भाषाएं न अशिष्ट थीं और न कहीं से निरी ग्राम्य ही। वे औपनिवेशिक भेदभाव के बावजूद खड़ी हो रही थीं। वे देश की विकासशील जातियों की अपनी-अपनी साझा निर्मिति थीं। यह घटना राष्ट्रीय जागरण का एक ऐसा चिह्न है जिसे मानवता के ठोस सांस्कृतिक विकास के रूप में देखने की जरूरत है। इस घटना से 'राष्ट्र' को 'काल्पनिक समुदाय' के रूप में देखने (एंडरसन) की धारणा का खंडन होता है।

व्यावहारिक तेलुगु के प्रचार-प्रसार के लिए पी.टी. श्रीनिवास अय्यंगार (1863-1931) ने 'तेलुगु भाषा बोधन संस्करण समाजम' की स्थापना की। गुरजाड अप्पाराव उनकी सराहना करते हैं। वे तेलुगु को आधुनिक मंजिल तक पहुंचाने में उपनिवेशवाद की भूमिका से इनकार करते हैं, 'तेलुगु में गद्य रचना की शुरुआत और विकास राजाओं के आश्रय या विदेशी साहित्य के प्रभाव से नहीं हुआ।' ('कन्याशुल्कम' के दूसरे संस्करण की भूमिका)। हालांकि वे एक अंग्रेज बुद्धिजीवी कालिन मैकेंजी (1754-1821) की 'कैफियत' के योगदान को मानते हैं। वे कहते हैं, 'मेरी मातृभाषा सजीव रूप में हमें चाहिए। हमें इस भाषा में अपने दुख-सुख व्यक्त करने में किसी प्रकार की लज्जा नहीं है। किंतु इस भाषा में लिखने के लिए हममें से कुछ व्यक्ति शर्मिंदगी महसूस कर रहे हैं। मातृभाषा में साहित्य लिखकर हमें किसानों को जगाना होगा और अंग्रेजों को भी नींद से जगाना पड़ेगा।' (वही)। इस कथन से स्पष्ट है कि तेलुगु नवजागरण की मुख्य चिंताएं क्या थीं।

संस्कृतनिष्ठ तेलुगु भाषा को सहज, संप्रेषणीय और लोक ग्राह्य बनाकर आधुनिक जातीय भाषा का रूप देने में गिडुगु बेंकट राममूर्ति (1863-1940) का बड़ा योगदान है। उन्होंने विवादों के बीच से बोलचाल की व्यावहारिक तेलुगु को परिनिष्ठित किया और विचारपूर्ण बनाया। इस भाषा में पाठ्य पुस्तकें सुलभ कराई गईं। राममूर्ति एक भाषाविद् के अलावा इतिहासकार और समाज सुधारक भी थे। उनका तेलुगु भाषा के विकास में योगदान इतना बड़ा है कि उनके जन्मदिन (29 अगस्त) को तेलुगु लोग भाषा दिवस के रूप में मनाते हैं। इस तरह का प्रेम देश के कई जातीय क्षेत्रों में है, लेकिन हिंदी प्रदेश महज राजभाषा दिवस में फँस गए। इन्होंने भारतेंदु को वह मर्यादा नहीं दी जो उन्हें मिलनी चाहिए।

गिडुगि बेंकट राममूर्ति का एक और बड़ा योगदान श्रीकाकुलम क्षेत्र की जनजातीय भाषा सवर की लिपि तैयार करना है।

स्त्री के मुद्दे पर वीरेशलिंगम की विशिष्टता

तेलुगु नवजागरण पर बांग्ला नवजागरण का प्रभाव है, खासकर ब्रह्म समाज का। इस क्षेत्र के पहले सुधारक कंदुकुरि वीरेशलिंगम पंतुलु (1848-1919) को आंध्र प्रदेश का राजा राममोहन राय कहा जाता है। वे अंग्रेजी शिक्षा पाने के बावजूद तेलुगु के समर्थक थे। वे संस्कृत और हिंदी भी जानते थे। उनका जन्म ब्राह्मण परिवार में हुआ था। उन्होंने अपने समाज में स्त्री शिक्षा, विधवा पुनर्विवाह, बाल विवाह पर रोक और अन्य धार्मिक सुधारों के लिए काम किया। वे आधुनिक तेलुगु गद्य के प्रवर्तक कहे जाते हैं।

वीरेशलिंगम ने तेलुगु के पहले उपन्यास 'राजशेखर चरित्रमु' (1878) की रचना की। ब्राह्मण पुरोहितों की आलोचना करते हुए उन्होंने नाटक लिखे—'प्रह्लाद' और 'सत्य हरिश्चंद्र'। स्त्री शिक्षा के प्रचार के लिए 'विवेकवर्धिनी' पत्रिका (1876) का प्रकाशन शुरू किया। यह पहले मद्रास शहर से निकलती थी, फिर राजमंड्री से निकलने लगी। वीरेशलिंगम ने स्त्री चेतना की भी कुछ पत्रिकाओं का संपादन किया—'सती हितबोधिनी', 'सत्य संवर्द्धनी' और 'तेलुगु जनाना'! नवजागरणकालीन व्यक्तित्वों में हम आमतौर पर गहन अध्ययन करने, एक साथ कई विधाओं में रचना करने, सामाजिक सुधार के काम करने, पत्र-पत्रिकाएं निकालने, सामाजिक भेदभाव का विरोध करने और राष्ट्रीय जागरण के लिए अपना जीवन अर्पित कर देने की जो सामान्य प्रवृत्तियां पाते हैं, वे वीरेशलिंगम में भी थीं। उन्हें राजभक्ति के कारण ब्रिटिश सरकार से रायबहादुर की उपाधि मिली थी। वे भारतीय राष्ट्रीय कांग्रेस के पहले अधिवेशन (1885) में उपस्थित थे। इसके बाद मद्रास अधिवेशन (1898) के अवसर पर सामाजिक सुधार सम्मेलन के अध्यक्ष थे।

एक समय देश में ऐसे लोग ज्यादा थे, जो मानते थे कि शिक्षा से बुद्धि दूषित होती है। वे स्त्रियों की शिक्षा के संदर्भ में यह खासतौर से कहा करते थे। ऐसे व्यक्ति शिक्षा का उद्देश्य नौकरी मानते थे। वे कहते थे,

क्या स्त्रियों को नौकरी और अर्थोपार्जन के लिए भेजना है कि उन्हें पढ़ाया जाए। देश की आजादी के कुछ पहले तक अधिकांश परिवारों में लड़कियों को पढ़ाने को अच्छा नहीं माना जाता था। इससे समझ में आ सकता है कि नवजागरण काल में स्त्री शिक्षा कितना कठिन मामला था, हालांकि स्त्रीत्व और स्वत्व का अंतर्विरोध मिटने लगा था। वीरेशलिंगम ने लिखा, 'स्त्रियों के शिक्षित होने के कई प्रयोजन हैं। सबसे पहले शिक्षा से विवेक मिलता है, युक्तिसंगत ज्ञान मिलता है। उस ज्ञान से सत्कर्मों में प्रवृत्ति और दुष्कर्मों से निवृत्ति होती है। शिक्षित परिवार में लोग आपसी कलह छोड़कर एकता से रहेंगे। शिक्षित होकर स्त्रियां मूढ़ता छोड़कर एकता के भाव से रहेंगी। ग्रंथों के अध्ययन से स्त्रियां सतियों के चरित्र का अनुसरण कर उनके प्रभाव से पतिव्रता बनेंगी। सुशिक्षित अंग्रेज महिलाओं को देखिए। वे कितनी मिलजुल कर रहती हैं।' (स्त्री शिक्षा 1875, सामाजिक क्रांति के दस्तावेज)। स्त्रीवाद की दृष्टि से सती या पतिव्रता होने की बात करना पराधीनता का चिह्न माना जाएगा। झगड़ा न कर परिवार में एकता के साथ रहने भर के लिए पढ़ने को स्त्री स्वाधीनता मानने में दिक्कत होगी। लेकिन उस जमाने में स्त्री शिक्षा शुरू करना ही एक कठिन बात थी। स्त्री शिक्षा को स्त्री स्वाधीनता का पहला द्वार मानना चाहिए।

नवजागरण शुरुआत में भले पुरुष-केंद्रित मामला हो, वह स्त्री स्वाधीनता के मार्ग खोल रहा था। यह भी देखने की जरूरत है कि वह चुनौतियों से घिरा था। अंग्रेज धार्मिक सुधारों में हाथ डालना छोड़ चुके थे। वे सोचते थे कि अंग्रेजी शिक्षा और राजनीतिक सुधार आधुनिक लोगों को उपनिवेशवाद के करीब लाएंगे। ऐसे लोग 1857 के विद्रोहियों जैसे न होकर पश्चिम के प्रति सम्मोहित होते जाएंगे और अंग्रेजी राज को आशा से देखेंगे। वीरेशलिंगम अन्य प्रदेशों के सुधारकों की तरह ही अंग्रेजी राज के प्रति आशा से भरे थे, 'हमारे भाग्य से अंग्रेज सरकार के कारण फिर से कुछ अच्छे कार्य हो रहे हैं।'

फिर से कुछ अच्छे कार्य होने का अभिप्राय यह है कि प्राचीन काल में स्त्रियां सुशिक्षित होती थीं। राजा भोज के शासन में एक कुम्हार युवती ने श्लोकों की रचना की थी। कृष्णदेव राय (1471-1529) के शासन में स्त्री शिक्षा के अवसर थे। वीरेशलिंगम उच्च जातियों की स्त्रियों के लिए ही नहीं

निम्न जातियों की स्त्रियों के लिए भी शिक्षा का प्रश्न उठाते हैं, जो एक नई बात है। वे मुगलों के बुरे शासन के समानांतर तेलुगु क्षेत्र में कृष्णदेवराय के शासन को याद करते हैं।

नवजागरण काल में एक नए कोण से अतीत महत्वपूर्ण हो उठा था। यह पंडित वर्गों द्वारा अतीत के रूढ़िवादी महिमामंडन से भिन्न मामला था। एक धार्मिक वातावरण में, जहां सनातनता की जड़ें गहरी हैं, अतीत को मुक्ति का हथियार बनाने के नवजागरणकालीन प्रयासों को सकारात्मक दृष्टि से देखने की जरूरत है। नवजागरण के अग्रदूत अतीत के गौरव को भारत के धर्मनिरपेक्ष राष्ट्रीय भविष्य के संदर्भ में उद्घाटित कर रहे थे, जो 'ओरियंटलिस्ट विद्वत्ता' से एक भिन्न मामला है। यह औपनिवेशिक बौद्धिकता में आत्मसात न होने की दृढ़ता और राष्ट्रीय आत्मपहचान की खोज है।

वीरेशलिंगम स्त्री शिक्षा और विधवा पुनर्विवाह के पक्ष में बोलते हैं। वे धार्मिक पाखंडों का विरोध करते हैं। तर्क द्वारा जब उनका सामना करना मुश्किल हो गया, उन पर शारीरिक हमले हुए। उस युग की सामाजिक कठोरता को समझने की जरूरत है, वह लिंचिंग था। वीरेशलिंगम अपने लेख 'स्त्री शिक्षा, स्त्री पुनर्विवाह विषयक प्रथम प्रचार' में कूपमंडूकता से लोहा लेते हुए स्पष्ट करते हैं, 'हम जिन्हें पंडित मानते हैं, वे ही जाने-अनजाने प्रचार कर रहे हैं और सिद्ध करने की कोशिश कर रहे हैं कि स्त्री शिक्षा विनाशकारी और शास्त्र-विरुद्ध है। वे अपनी जिद में अनपढ़ लोगों को भ्रम में डाल रहे हैं।' (सामाजिक क्रांति के दस्तावेज)। उस समय पंडित समाज को चुनौती देना आसान बात नहीं थी। 19वीं सदी के रूढ़ि-पोषक संरक्षणवादियों के संगठनों की सामाजिक शक्ति बहुत ज्यादा थी। उनमें आक्रामक कूपमंडूकता थी।

वीरेशलिंगम सिर्फ पत्र-पत्रिकाओं के जरिए प्रचार तक सीमित नहीं रहते। उन्होंने कई स्कूल खोले। उन्होंने बाल विवाह का विरोध किया और विधवाओं के पुनर्विवाह के लिए 1880 में एक संगठन बनाया। उन्होंने ऐसे युवकों की खोज की जो विधवा से विवाह के लिए तैयार थे। उन्होंने 1881 में पहला विधवा पुनर्विवाह संपन्न कराया। उनके सुधार आंदोलन का प्रभाव रायलसीमा तक पहुंचा। 1882 में बेलारी में दो बाल विधवाओं का विवाह संपन्न हुआ।

इससे सर्वत्र एक नई लहर पैदा हुई। उन्होंने 1897 में मद्रास में एक विधवाश्रम की स्थापना की। इन कामों से उनकी ख्याति फैली।

वीरेशलिंगम ब्रह्म समाज से प्रभावित थे। उन्होंने केशवचंद्र सेन से प्रभावित होकर 1887 में राजमंड्री में 'ब्रह्म मंदिर' की स्थापना की। इस मंदिर में कोई मूर्ति नहीं थी और धर्म के आधार पर आदमी-आदमी के बीच भेद नहीं किया जाता था। इन कामों से हठी रूढ़िवादी पंडितों का क्रुद्ध होना स्वाभाविक था, लेकिन सामाजिक हवा उनके प्रतिकूल थी।

वीरेशलिंगम विधवा पुनर्विवाह के प्रश्न पर ईश्वरचंद्र विद्यासागर की तरह अतीत से उदाहरण ले आते हैं, 'वेदों में भी जिन्हें सभी ईश्वर प्रणीत और सर्वश्रेष्ठ मानते हैं, लिखा हुआ है—'दो बार विवाह करनेवाली ...स्त्री पुनर्भूः कहलाती है। उसका वरण करनेवाला दिधिषु कहलाता है। ...वेद में कहा गया है—हे नारी, इस प्राणरहित पति के पास इस तरह क्यों पड़ी हो? जो जीवित है, उसको देखकर उठो और जाओ! खुद देवर ही एक मंत्र में विधवा से यह कहता है। ...इस तरह श्रुति प्रमाण है कि स्त्री पुनर्विवाह के योग्य होती है। ...पराशर स्मृति ने स्त्री पुनर्विवाह की अनुमति दी है। अर्जुन विधवा स्त्री उलूची से विवाह करते हैं। नल दूसरे विवाह के लिए तैयार दमयंती के दूसरे स्वयंवर में जाता है।' (वही)। सिर्फ धर्मशास्त्र ही नहीं लोकजीवन से भी उदाहरण लाया जाता है, 'आंध्रप्रदेश में शास्त्रों से प्रतिबद्ध ग्वाला आदि जातियों में स्त्री पुनर्विवाह का विधान है। ...इस तरह स्त्री पुनर्विवाह श्रुति, स्मृति, पुराण, शिष्टाचार और तर्क सभी दृष्टियों से प्रमाणित है।' (वही, 1879)। वीरेशलिंगम पुणे में प्रचलित हो चुके पुनर्विवाह का उदाहरण देते हैं। वे हर तरफ से हिंदू कूपमंडूकता को घेरते और उस पर प्रहार करते हैं।

भारत जैसे देश में नवजागरण स्थानीयता-केंद्रित परिघटना नहीं है। उसका स्थानीय जातीयता के साथ-साथ हमेशा एक बृहत्तर भारतीय अंतःसंबंध है। वीरेशलिंगम अपने एक लेख में सिर्फ आंध्र के लोगों को संबोधित नहीं करते, 'मेरे देश के विवेकसंपन्न महानुभावो! मेरी सविनय प्रार्थना है कि मैं जो एक छोटा-सा प्रचार करने जा रहा हूँ उसको बड़ी सहृदयता से सुनकर, पक्षपातरहित बुद्धि और न्याय दृष्टि से सावधानीपूर्वक विवेचना करें। यदि आपके मन को

ठीक लगे तो स्वीकार करें।' यह स्थानीय जातीयता से ऊपर उठकर 'राष्ट्र' से संवाद है। उपर्युक्त भाषण उन्होंने—'स्त्री पुनर्विवाह विषयक प्रथम प्रचार' शीर्षक से प्रकाशित किया था। विधवा-पुनर्विवाह की जगह 'स्त्री-पुनर्विवाह' कहना यह संकेत देता है कि वे स्त्री को उसके अपने संदर्भ में देखना चाहते हैं, मृत पति के संदर्भ में नहीं! यह एक बड़ा अवधारणागत फर्क है। नवजागरण काल में विवेक, सहृदयता, पक्षपातरहित बुद्धि और न्याय दृष्टि ही मानवीय गुण माने जा रहे थे। आज ऐसे गुण कितने बचे हैं, इस पर सोचा जा सकता है।

19वीं सदी में कन्या के जन्म लेते ही परिवार की मजबूरियां ज्यादा बढ़ जाती थीं। वीरेशलिंगम ने उनमें से कुछ का उल्लेख किया है, 'ज्यादा धन नहीं जुटा सकने के कारण, विवाह में फिलूजखर्ची छोड़ने की जगह कन्या शिशु की बिना दया-माया के जन्मते ही हत्या कर दी जाती है। क्षत्रियों के इस दुराचार को न्याय के पक्षधर ब्रिटिश शासक अभी भी जड़ से उखाड़ने में असमर्थ हैं। देवी काली, शक्ति और ग्रामदेवता को प्रसन्न करने के लिए अपनी संतान की या साथी की बलि दी जाने की प्रथा रोकने के लिए अंग्रेज सरकार ने जो कुछ किया है, उसे कुछ महानुभाव देश में उपद्रवों की जड़ मानते हैं। आखिरकार पुण्य पाने के लिए हममें से कितनों ने अपने बच्चों को गंगा में फेंकने का दुराचार नहीं किया! ...इस तरह की कुप्रथाओं को छोड़ने के लिए आत्मनिरीक्षण और आरोप—ये दो साधन हैं। आत्मनिरीक्षण करने के लिए जरूरी है अपने मन से व्यर्थ अभिमान को हटाना।' (वही)। अंधविश्वास अज्ञानता के नतीजे हैं, ये गरीबी में रूढ़िवादी धार्मिक व्यवस्था के कारण ज्यादा पोषण पाते हैं। धार्मिक कट्टरता अंधविश्वासों का पोषण करती है, यह हर जमाने में देखा गया है।

देशप्रेम का एक रूप धार्मिक कट्टरता और अंधविश्वासों का त्याग है। इस संदर्भ में वीरेशलिंगम शब्द और कर्म के बीच फर्क खत्म करने का आह्वान करते हैं, 'जो अपने देश और इसकी जनता की चिंता करते हैं, उन्हें सत्य का शोध कर उन सिद्धांतों के आधार पर पहले स्वयं चलना चाहिए, तब दूसरों को ऐसे आचरण के लिए प्रेरित करना चाहिए।' (वही)। यह अंतर्विरोध सुधारकों में हर प्रांत में रहा है।

भारतवासियों की एक अन्य बड़ी समस्या आत्म-केंद्रिकता है। हिंदुस्तानियों की स्वार्थपरता पर भारतेंदु ने चिंता व्यक्त की थी—लोग छोटे चित्त के हैं। वे अपनी उदरपूर्ति या अपनी आवश्यकताओं की पूर्ति को ही जीवन का लक्ष्य बना लेते हैं। वीरेशलिंगम कहते हैं, 'सिर्फ अपनी उदरपूर्ति में लगे रहना उचित नहीं है। जिस मनुष्य को लोकोपकार की चिंता नहीं है, वह मनुष्य धरती के लिए भार स्वरूप है।' (वही)। भारतीय नवजागरण की प्रेरणा सामान्यतः ऐसा बुद्धिवाद है जो कट्टरता और अंधविश्वासों से लड़ने के अलावा एक उच्च मानवतावाद की ओर भी उन्मुख करता है। इसका एक महत्वपूर्ण रूप 'दूसरों की चिंता' है। दरअसल 'दूसरे' को 'हम' में शामिल करना ही मानवतावाद है, जबकि 'हम' और 'वे' का भेद चाहे जहां हो, हमेशा एक औपनिवेशिक कीटाणु है।

सुधारवाद, राष्ट्रवाद और नैतिक शुद्धता

वीरेशलिंगम के कामों को उनके शिष्य रघुपति वेंकटरत्नम नायडू (1862-1939) ने आगे बढ़ाया। इन्होंने उच्च शिक्षा पाई थी। वे मद्रास विश्वविद्यालय के कुलपति बने थे। वे भी ब्रह्म समाजी थे और ब्रह्मर्षि कहलाए। उन्हें भी धार्मिक रूढ़ियों और अंधविश्वासों का विरोधी होने की वजह से कट्टरवादी पंडितों का कोप झेलना पड़ा। उन्हें ब्रिटिश सरकार से नाइटहुड की उपाधि मिली थी। वेंकटरत्नम नायडू के अलावा गुरजडा अप्पा राव (1862-1915), गिडुगु वेंकट राममूर्ति (1863-1940) और उन्नव लक्ष्मीनारायण (1873-1958) उस दौर के प्रमुख बुद्धिजीवियों में थे। इन्होंने मुख्यतः अपने लेखन के जरिए सुधारों का प्रचार किया और धार्मिक कूपमंडूकता से वैचारिक संघर्ष किया। इन सभी ने जाति व्यवस्था पर प्रहार किए। फलतः आंध्र के इलाकों में सामाजिक खुलापन आना शुरू हुआ।

वेंकटरमण नायडू ने अस्पृश्यता का विरोध किया, बल्कि चार दलित बच्चों को अपने घर पर रखा और उन्हें पढ़ाया, जबकि अस्पृश्यता का उस जमाने में काफी कड़ाई से पालन होता था। उन्होंने एक अनाथालय भी खोला था।

वीरेशलिंगम सामाजिक मुद्दों पर मुखर थे और उन्हें पसंद नहीं करते थे जो अंग्रेजी राज की आलोचना करते थे। चिलकमूर्ति लक्ष्मीनरसिंहम (1876-1946) राष्ट्रवादी कवि थे, उन्होंने अंग्रेजी राज की आलोचना की।

विपिनचंद्र पाल ने 1907 में बंगाल से दक्षिण भारत आकर राष्ट्रीय भावना का प्रचार किया था। वे सावधान होकर शब्दों का चुनाव करते थे, ताकि राष्ट्रवाद का प्रचार करने के बावजूद 'देशद्रोह' का मामला न बने। आंध्र के विद्यार्थी और नौजवान उनके भाषणों से प्रभावित थे। राजमंड्री में सैकड़ों नौजवानों ने वंदेमातरम् आंदोलन में हिस्सा लिया था।

उस समय चिलकमूर्ति लक्ष्मीनरसिंहम ने विपिनचंद्र पाल के भाषणों का तेलुगु में अनुवाद किया था। इस असर में उन्होंने अंग्रेजों के आर्थिक शोषण पर एक कविता लिखी। इसमें कहा गया है, 'गोरे लोग ग्वालों की तरह बछड़ों (भारतीयों) का मुंह बांधकर गाय (भारत) का दूध दूहे जा रहे हैं।' लक्ष्मीनरसिंहम राष्ट्रवादी होने के साथ-साथ समाज सुधारक भी थे। उन्होंने जाति भेदभाव का विरोध किया और 1909 में राजामंड्री में निम्न जाति के बच्चों के पढ़ने के लिए एक पाठशाला खोली। इसका नाम 'राममोहन पाठशाला' था। वे भी ब्रह्म समाजी थे। तेलुगु लोगों के बीच ब्रह्म समाज का असर पहले से था। विपिनचंद्र पाल ब्रह्म समाजी थे। उनके राष्ट्रवादी विचारों का असर आंध्र प्रदेश के लोगों पर पड़ा। इस असर के कारण रायलसीमा क्षेत्र में राष्ट्रीय भावना के प्रचार के लिए कई डिबेटिंग क्लब और जन-संगठन बने। स्वदेशी आंदोलन का विस्तार होने लगा, साथ ही अंग्रेजी राज के प्रति असंतोष बढ़ने लगा।

1875 से ही भारतीय आध्यात्मिक विरासत का प्रचार करने के लिए थियोसोफिकल सोसाइटी मद्रास प्रेसिडेंसी में काम शुरू कर चुकी थी। एनी बेसेंट ने इसमें 1893 में योग दिया था। आंध्र में उसका प्रभाव फैला। सोसाइटी के प्रयत्न से आधुनिक शिक्षा का भारतीय राष्ट्रीय ढांचे में प्रसार हो रहा था। सामाजिक सुधारों के पीछे-पीछे आधुनिक राष्ट्रीय चेतना की जमीन बन रही थी।

1908 में आंध्र आंदोलन की नींव पड़ी। सुब्बा राव पुंतुल ने तेलुगु भाषियों के लिए पृथक राज्य की मांग के समर्थन में आवाज उठाई और तमिल प्रशासकों के प्रभुत्व से बाहर निकलने का आह्वान किया।

अंग्रेजों द्वारा थोपे गए तमिल प्रभुत्व का विरोध करते हुए स्थानीय राष्ट्रीय जागरण दक्षिण भारतीय नवजागरण की एक विशिष्ट घटना है।

20वीं सदी की शुरुआत से राष्ट्रीय भावना के साथ-साथ देश के प्रायः हर प्रदेश में स्थानीय जातीय आधार पर राजनीतिक आत्मपहचानें तैयार होने लगी थीं। जातीय भावना हमेशा सामंतवाद-विरोधी होती है—धर्म, जाति और स्थानीय भिन्नताओं से ऊपर उठी हुई। तमिल जाति के साथ-साथ तेलुगु, मलयालम और कन्नड़ जातीयता का बोध मुख्यतः भाषा-आधारित था। यह द्रविड़ मूलवाद को चुनौती देता हुआ वस्तुतः अवरुद्ध जातीयताबोध का प्रस्फुटन था। देश की नवोदित जातीयताएं न एक-दूसरे की विरोधी थीं और न भारतीय महाजातीयता से तटस्थ। इसमें संदेह नहीं कि यदि सुधार आंदोलन घटित नहीं होते तो प्रांतीय जातीयता और भारतीय महाजातीयता की सामाजिक ग्राह्यता पैदा नहीं होती।

भारत के लोग जब अपने को ब्रिटिश प्रजा समझ रहे थे, रघुपति वेंकट रत्नम नायडू ने उनमें नागरिक होने का बोध पैदा करना चाहा, 'मुनष्य केवल प्रजा नहीं होता, बल्कि एक नागरिक भी होता है। उसके अपने पड़ोसियों से बहुआयामी और जटिल संबंध होते हैं। ...यदि मनुष्य मशीन नहीं है जिसे हमेशा निर्देशित किया जाए, यदि वह भेड़ नहीं है जिसे हांका जाए तो उसकी सहजात वैयक्तिकता तमाम कठिन अवरोधों के बावजूद अपने को अभिव्यक्त कर ही लेगी। ...वैयक्तिकता के प्रति सजग होकर ही एक समुदाय असीम प्रगति और खुशहाली हासिल कर सकता है। वह स्वाभिमान और आत्मनिर्भरता की और कदम बढ़ा सकता है।' (सामाजिक सुधार और नाच विरोधी आंदोलन, वही)। स्पष्ट है, राष्ट्रीय भावना की और अग्रसर करने के लिए प्रजा की जगह नागरिक होने का बोध, वैयक्तिकता की इच्छा, स्वाभिमान का उदय और परजीविता की जगह आत्मनिर्भरता की चेतना जरूरी है।

वेंकटरत्नम नायडू पर पश्चिमी शिक्षा का असर था। वे पश्चिमी समाज के वैयक्तिकता, मानवीय स्वाभिमान और निजी विवेक के मूल्यों को महत्वपूर्ण मानते थे, जबकि भारतीय जीवन सामूहिक विश्वासों और गतिविधियों पर आधारित था। उस पर कानून द्वारा विधवा पुनर्विवाह को सही ठहराने और बाल

विवाह रोकने जैसे कदमों का ज्यादा असर नहीं पड़ता था। लोग पुराने ढर्रे पर चलते रहते थे। वैयक्तिक विवेक पर आधारित प्रबुद्ध नागरिक की अवधारणा जड़ सामूहिकता की काट थी। शहरों में ऐसे प्रबुद्ध और दायित्वबोध-संपन्न नागरिक वृत्त दिखाई देने लगे थे जो स्वार्थ से ऊपर उठकर सोचते थे। वेंकट रत्नम कहते हैं, 'कानून सती प्रथा को निषिद्ध करार देता है और विधवा के कानूनी हकों की व्याख्या करता है। लेकिन आम जनता का कठोर अभिमत विधवा पुनर्विवाह के खिलाफ है। इस प्रकार की क्रूर प्रथाओं के खिलाफ जागरूक वैयक्तिकता ही संघर्ष कर सकती है।' (वही)। नवजागरण युग में समाज सुधार आंदोलन की प्रेरणा से वैयक्तिकता की जिस सामंतवाद-विरोधी प्रवृत्ति का उदय हो रहा था, वह व्यक्तिवाद नहीं था, बल्कि वह मनुष्य के भीतर छिपी मनुष्यता को उजागर करने की एक आंतरिक शक्ति थी।

वेंकटरत्नम नायडू ने लिखा, 'राष्ट्र का अस्तित्व इस पर निर्भर करता है कि मानवीय आत्माओं के बीच पवित्र संबंधों को संकीर्ण विचारों की और उन्मुख उच्छृंखल कामनाओं से नष्ट न होने दिया जाए।' (वही)। नवजागरण काल के सुधारवादी शिक्षित बुद्धिजीवियों में अंग्रेजी राज के प्रति कम-ज्यादा वफादारी थी। लेकिन ब्रिटिश उपनिवेश में रहते हुए उनकी चेतना में 'राष्ट्र' का उदात्त भावनात्मक प्रस्फुटन हो रहा था। वे कमोबेश मान रहे थे कि राष्ट्र-निर्माण वस्तुतः स्त्री-पुरुष बराबरी, जाति भेदभाव से मुक्ति, आर्थिक आत्मनिर्भरता, वैयक्तिक स्वतंत्रता और मानवीय गरिमा के बिना अर्थहीन है। इन सबकी उपलब्धि के लिए संकीर्ण विचारों और उच्छृंखल कामनाओं को त्यागना होगा और एक उदार नैतिकता का विकास करना होगा। कहना न होगा कि भारत में एक समय 'राष्ट्रीय भावना' की ऐसी ही खोज प्रधान थी।

समस्या यह थी कि भारतीय लोगों की राष्ट्रीय भावना अभी विकासशील अवस्था में थी। इसमें प्रगति और ह्रास के मोड़ एक साथ मौजूद थे। वेंकट रत्नम नायडू जब यह कह रहे थे, 'पुरुष स्त्री का मस्तिष्क है और स्त्री पुरुष का हृदय है', तो वे साफ तौर पर स्त्री के प्रति आदर भावना के बावजूद पितृसत्तात्मक सोच के बाहर नहीं थे। वे राष्ट्र-निर्माण को इस बिंदु पर भी सीमित कर रहे थे, 'राष्ट्र की शक्ति घरों के आनंद पर ही निर्भर करती है,

...जहां शुद्धता और प्रेम नहीं वहां कोई घर नहीं।' वे वस्तुतः इंग्लैंड की उस कठोर एलिजाबेथीय नैतिकता से अपने आदर्श लेते हैं, जो रिनेसां की रोशनी में धार्मिक-सामंती कूपमंडूकता और बंधनों से बाहर आते हुए भी दांपत्य जीवन और 'राष्ट्र' के प्रश्नों पर अभी परंपरागत मर्यादावाद से बंधी हुई थी।

एलिजाबेथीय नैतिकता का युग शेक्सपियर का युग था। 16वीं सदी का परंपरागत 'मर्यादावाद' रोमांटिसिज्म के आने के पूर्व 17वीं-18वीं सदी तक मौजूद था। इस तरह के नैतिक मर्यादावादी लेखक निश्चय ही नवजागरण के असर में स्वाधीन होकर सोचने और जीने के अधिकारों के प्रति सजग थे। वे मानवीय क्षमताओं के नवोदय में विश्वास करते थे। वे वैयक्तिकता तथा सृष्टि से अपने नए संबंधों के प्रति भी सचेत हो रहे थे। वे मानव-केंद्रित थे, और मानवीय स्वतंत्रता का पक्षधर होते हुए भी अमेरिका, अफ्रीका और एशिया में उपनिवेशवाद को जरूरी मानते थे। भारत में नवजागरणकालीन धार्मिक सुधारों के दौरान कुछ वैसा ही नैतिक मर्यादावाद परिवार, स्त्री-पुरुष संबंध, चरित्र बल, देशप्रेम और भाषा के सवालों पर लक्षित किया जा सकता है। यही वजह है कि स्त्री को कई बुरी प्रथाओं और बंधनों से आजाद करके महिमामंडित करते हुए भी उसे गार्हस्थ्य जीवन से बाहर निकाल कर देखना संभव नहीं हो पा रहा था, जिस तरह निम्न जातियों के मामले में उनका उद्धार करने का मध्यवर्गीय बौद्धिक अहंकार मौजूद था।

यह स्वाभाविक है कि वेंकटरत्नम नायडू चरित्र की आदर्शवादी शुद्धता और उज्ज्वलता पर जोर दे रहे थे। इसके लिए उनके मानदंड उदार की जगह कठोर थे। उन्होंने 1891 में 'सोशल प्यूरिटी एसोसिएशन' नाम से एक संस्था स्थापित की। उन्होंने लिखा है, 'चरित्र के लिए उज्ज्वलता का वही महत्त्व है जो सौंदर्य के लिए सौष्ठव का है। ...वर्तमान भारत की शिक्षा प्रणाली में नैतिक चरित्र निर्माण, उच्च मूल्यों की शिक्षा, उच्च आशाओं आदि के लिए कोई जगह नहीं है। बच्चों और युवाओं में चारित्रिक स्वच्छता और नैसर्गिक श्रेष्ठता पैदा करना हमारा लक्ष्य होना चाहिए। ...हमें भी पश्चिमी देशों की तरह सम्मान संघ की स्थापना करनी चाहिए जिसकी सदस्यता व्यापक हो और बचपन की संभावनाओं को एक अनुशासन के अधीन तलाशना एक प्रमुख सिद्धांत हो।' (वही)।

वे अंततः निष्कर्ष देते हैं, 'व्यक्तित्व निर्माण, घरेलू और सामाजिक जीवन में चारित्रिक शुद्धता ही राष्ट्रीय महानता की कसौटी है।' (वही)। एक भ्रष्ट औपनिवेशिक माहौल में राष्ट्रीय महानता की कसौटी को वे परंपरागत नैतिक मर्यादावाद और अनुशासन में सीमित कर देते हैं, जबकि नए युग में नैतिकता के मुख्य स्रोत हो चुके थे—बंधुत्व, स्वतंत्रता और समानता। गौर कीजिए, उनका नैतिक मर्यादावाद अंग्रेजी राज के प्रति वफादारी को अनैतिक नहीं मानता!

फिर भी वेंकटरत्नम नायडू ने वीरेशलिंगम के बाद सामाजिक सुधारों को गति देने में एक बड़ी भूमिका निभाई। उनके शुद्धतावाद का एक रूप नाच-विरोधी आंदोलन को तीव्र करना रहा है। उस युग में मंदिरों में देवदासियां थीं, जो नाचती थीं और उनका इस्तेमाल सेक्स तृप्ति के लिए होता था। मंदिरों के अलावा पारिवारिक और धार्मिक उत्सवों में तथा छोटे-मोटे सभी अवसरों पर नाचनेवालियों को बुलाया जाता था। इसे सामाजिक प्रतिष्ठा और सभ्यता का चिह्न समझा जाता था। वे धार्मिक जुलूसों में आगे रखी जाती थीं। वेंकट रत्नम कहते हैं, 'किसी बुराई को दिया गया जन-समर्थन उसे एक फैशन में तब्दील कर देता है। ...यह प्रतिरोध के स्थान पर प्रतियोगिता को बढ़ावा देता है। इस हानिकारक दुर्व्यसन ने असीम धन और जीवनों का सत्यानाश किया है। इसने न जाने कितने घरों का नाश किया है और कितनी आशाओं को तोड़ा है। ...जो लोग इनकी तुलना पश्चिम की गायिकाओं से करते हैं, वे वस्तुतः दो काली चीजों को मिलाकर सफेद बनाने की कोशिश करते हैं।' (वही)। नाचनेवालियों से मनोरंजन एक धार्मिक आवरण में था।

वेंकटरत्नम ने मोनियर विलियम्स और भंडारकर जैसे विद्वानों के मत उद्धृत करते हुए कहना चाहा कि नाचनेवाली औरतें लोगों को नैतिक दुराचरण के लिए प्रेरित करती हैं और उन्हें कामुक इच्छाओं का गुलाम बनाती हैं। दरअसल इस तरह के नाच देश के कई हिस्सों में होते थे। आंध्र इलाकों में ये ज्यादा व्यापक रूप से प्रचलित थे। वेंकटरत्नम नायडू ने इस परंपरा का विरोध किया और नौजवानों के लिए एक शपथ पत्र जारी किया। शपथ पत्र में उन्हें कहना था, 'मैं ऐसे किसी समारोह में भाग नहीं लूंगा, जहां नाचनेवालियां उपस्थित हों।

...मैं अशोभनीय भाषा का प्रयोग नहीं करूंगा। भद्दे गीत, कहानी आदि नहीं कहूंगा और न सुनूंगा। ...मैं अशुद्ध आनंद के लिए कुछ न पढ़ूंगा, अशुद्ध आचरण नहीं करूंगा। ...मैं शरीर और मन दोनों शुद्ध बनाए रखूंगा और आमतौर पर शुद्धता का प्रचार करूंगा।' (वही)। यह वेंकटरत्नम नायडू का पतनशील हिंदू समाज पर नैतिक दबाव बनाने के लिए सामाजिक शुद्धता का अभियान था।

स्त्री की विडंबनापूर्ण हालत अलग-अलग प्रांतों में अलग-अलग थी। गुरजाड अप्पाराव (1862-1915) तेलुगु के प्रसिद्ध नाटककार, कवि और कथाकार थे। वे ब्रह्म समाज से जुड़े थे। उनका एक प्रसिद्ध काव्य-कथन है, 'मिट्टी भर नहीं है यह देश, मनुष्यों से बना है यह देश।' उन्होंने 1887 में विशाखापत्तनम के राष्ट्रीय कांग्रेस अधिवेशन में भाग लिया था। उन्होंने मध्यवर्ग में प्रचलित दहेज प्रथा का विरोध किया। इसके अलावा, वे अंतरजातीय विवाह के पक्ष में थे जो जातिवाद के उन्मूलन में सहायक था। उन्होंने देवदासी प्रथा का विरोध किया और स्त्री शिक्षा का प्रचार किया।

गुरजाड अप्पाराव का क्लासिक नाटक 'कन्या शुल्कम' (1892, 1897) अपने समय में काफी प्रसिद्ध हुआ था। आंध्र की कई जातियों में विवाह के लिए कन्याएं बेची जाती थीं। कहीं-कहीं गर्भस्थ शिशु का भी दाम लग जाता था। इस नाटक का समाज सुधार के अलावा तेलुगु भाषा के साहित्यिक उत्कर्ष की दृष्टि से भी महत्व है। इसके हजारों प्रदर्शन हुए। अप्पाराव ने इसके दूसरे संस्करण की भूमिका में लिखा है, 'समाज सुधार के आंदोलन में मदद करने के लिए यह नाटक है। लोगों के मन में यह विचार था कि तेलुगु भाषा में नाटक नहीं लिखे जा सकते—इस धारणा को दूर करने के लिए मैंने यह नाटक लिखा। महाराष्ट्र के घुमंतू नाटक दलों ने तेलुगु प्रांतों में हिंदी नाटकों का प्रदर्शन कर पैसे बटोरे। स्थानीय नाटक कंपनियों ने उनका अनुसरण किया। दर्शकों ने बिना कुछ समझे ही आनंद उठाया। अज्ञान से पैदा हुए आनंद का इससे सशक्त उदाहरण दूसरा नहीं हो सकता। 'कन्या शुल्कम' में वैसे चमकीले वस्त्र, श्रुति-कटु संगीत और फूहड़ नृत्य जैसे आकर्षक किंतु निकृष्ट रंगमंचीय साधनों को स्थान नहीं दिया गया है।' (वही)।

गुरजाड अप्पाराव पारसी रंगमंच की ओर संकेत कर रहे थे, जिससे उस युग के हिंदी साहित्यिक नाटक भी अपने को अलग कर रहे थे और वस्तुतः निकृष्ट मनोरंजन की जगह सुधारवाद से जुड़ रहे थे।

तेलुगु नवजागरण मद्रास प्रेसिडेंसी में घटित हुआ था। वह अपने में इस कारण विशिष्ट है कि इसके नेतृत्व में मध्यवर्गीय बुद्धिजीवी थे। वे अपनी भाषा और साहित्य के साथ अपने समाज के प्रति संवेदनशील थे। उन्होंने स्त्री को धार्मिक बंधनों से मुक्त कराने के अलावा जाति भेदभाव के विरुद्ध भी खुल कर प्रचार किया था, भले वे ब्राह्मणवाद-विरोधियों की तरह उग्र नहीं थे। वे धार्मिक और सामाजिक कुसंस्कारों से जूझते हुए उदार नैतिकता की ओर बढ़ रहे थे। कहीं-कहीं नैतिक मर्यादावादी शुद्धता की मांग भी थी। एक परंपरागत धार्मिक समाज में यह मांग स्वाभाविक है, साथ ही, यह जागरण की अंतिम मंजिल नहीं है। भारत की सामाजिक विविधता की रोशनी में नवजागरण के कामों को देखने की जरूरत है, अन्यथा एक वैचारिक कट्टरवाद से निकलकर एक दूसरे वैचारिक कट्टरवाद का शिकार हो जाने की संभावना है।

केरल : संरक्षणवाद और सांस्कृतिक प्रतिरोध

वास्कोडगामा के कालिकट पहुंचने (1498) के बाद से ही केरल के व्यापारिक और सांस्कृतिक जीवन में मोड़ आना शुरू हो गया था। कालिकट पुर्तगालियों के आने के पहले अरब व्यापारियों का केंद्र था। वे धार्मिक रूप से उदार थे। पुर्तगालियों ने अपना ईसाई प्रभाव बढ़ाना शुरू कर दिया, वे कठोर थे। यहां डच भी आए, पर अंततः ब्रिटिश ईस्ट इंडिया कंपनी ने अपना प्रभुत्व स्थापित कर लिया। इस तरह केरल व्यापारिक और राजनीतिक के साथ-साथ लंबे समय तक सांस्कृतिक उथल-पुथल का भी साक्षी है। भारत का कोई प्रदेश उतनी संस्कृतियों से होकर नहीं गुजरा, जितना केरल।

केरल में नवजागरण औपनिवेशिक प्रभाव से मुक्त नहीं था। मुख्य बात यह है कि इस प्रभाव के बावजूद केरल में राष्ट्रीय आत्मपहचान की व्यग्रता दिखती है। ईसाइयत के प्रचार, उपनिवेशिकों द्वारा देशी रूढ़िवाद के संरक्षण, ब्राह्मणवादी जमींदारी व्यवस्था, अंग्रेजी शिक्षा के प्रसार, पश्चिम की आक्रामक सार्वभौम आधुनिकता और समाज में फूट डालने की साम्राज्यवादी नीतियों का सामना करते हुए केरल के सुधारकों का पहला ध्यान अपनी जातीय भाषा मलयालम की उन्नति की तरफ गया।

अंग्रेजी का दबाव था, इसका यह अर्थ नहीं है कि केरल के लोग आत्म-उन्मूलित हो चुके थे। वस्तुतः उनमें गुलामी के दबाव के बावजूद एक आलोचनात्मक मानवीय विवेक जन्म ले चुका था। वे स्वभाषा, स्वजाति और स्वदेश के हितों को समझने लगे थे और इन्हें कसौटी बना रहे थे। हम कह सकते हैं कि मलयालम भाषा और जातीयता का उदय देशप्रेम की तरफ बढ़ा कदम है।

केरल नवजागरण को कला, साहित्य, संस्कृति और समाज व्यवस्था की औपनिवेशिक-सामंती संरचनाओं में हस्तक्षेप कहा जा सकता है।

केरल लंबे समय से कई धर्मों की भूमि रहा है। इसकी एक मुख्य पहचान सांस्कृतिक विरासत की बहुलता है। कई रियासतों में बँटे होने के बावजूद यह गोकर्णम से कन्याकुमारी तक एक विशेष प्रदेश के रूप में देखा जाता रहा है। महाभारत के अनुवादक तंपूरन (1751-1805) से लेकर रामायण का अनुवाद करनेवाले प्रसिद्ध कवि वल्लतोल नारायण मेनन (1878-1958) के काल तक एक न एक रूप में केरल में अपनी राजनीतिक-सांस्कृतिक अस्मिता के प्रति जागरूकता रही है। इस प्रदेश में मलयालम भाषा और साहित्य के विकास के साथ-साथ सुधार आंदोलन का खास तौर से महत्व है। ये दोनों घटनाएं मिलकर केरल में नवजागरण का परिदृश्य रचती हैं।

मलयालम भाषा और जातीय चेतना

केरल में ईसाई मिशनरियों का काम कई सदियों से चल रहा था। यहां 16वीं सदी में ही छापाखाना आ चुका था। मलयालम एक ऐसी भाषा है जिसकी उन्नति में ईसाइयों का बड़ा योगदान है। नंबूदिरि ब्राह्मणों के 'बेनमनि' स्कूल ने मलयालम को उस शास्त्रीय भाषा के नजदीक रखा था जो मलयालम के संस्कृतनिष्ठ भक्त कवियों की भाषा थी। हर्मन गुंटर्ड (1814-93) ने मलयालम व्याकरण की रचना करके और कई पुस्तकें लिखकर इस भाषा को लोकग्राह्य और आधुनिक रूप दिया। 19वीं सदी के आखिरी दशकों में मलयालम में परंपरागत और आधुनिक दोनों भाषा-रूप चल रहे थे। केरला वर्मा (1845-1922) की कृतियों में दोनों का मिश्रण है। उन्हें केरल का कालिदास कहा गया है। उन्होंने संस्कृत परंपरा से संबंध रखते हुए पश्चिमी प्रभावों को भी खुलकर स्वीकार किया। उन्होंने कालिदास के 'अभिज्ञान शाकुंतलम्' का मलयालम में अनुवाद किया था। उनकी काव्य कृति 'भ्रमर संदेशम' (1994) प्रसिद्ध है।

केरल में मलयालम का द्रविड़ भाषा परंपरा के अलावा संस्कृत के साथ भी संपर्क बना हुआ था। यह बात सिर्फ उन्हें खटकती है जो मूलवादी और विकास-विरोधी हैं। मलयालम की जड़ें दोनों जगहों पर थीं।

अंग्रेजी के अलावा संस्कृत के नाटकों का भी मलयालम में अनुवाद होता रहा। वे मंचित होते थे, अर्थात द्रविड़ अलगाववाद जैसी प्रवृत्ति तेलुगु और कन्नड़ की तरह मलयालम में भी नहीं थी। मलयालम ने कई स्रोतों से अपनी सांस्कृतिक खुराक ली। इस भाषा के जातीय विकास के एक खास मोड़ पर राजा वर्मा ने, जो एक शिक्षाविद् थे, शैक्षिक उद्देश्य से ऐसी कई पुस्तकें लिखी थीं जिनकी वजह से मलयालम नवजागरण अपने उत्कर्ष पर पहुंचा था। मलयालम के जातीय विकास में 'केरल चंद्रिका' (1879), 'केरल पत्रिका' (1884), 'केरल संचारी' (1898), 'केरल दर्पणम' (1899) आदि पत्रिकाओं ने महत्वपूर्ण भूमिका निभाई।

रामकृष्ण पिल्लै (1878-1916) 'केरल दर्पणम' में निर्भय होकर अंग्रेजी राज की नीतियों की आलोचना करते थे। उन्हें 'देशाभिमानी' कहा गया है। वे इस नाम से एक साम्राज्यवाद-विरोधी पत्र निकालते थे। मलयालम भाषा में सुधार के लिए 1891 में भाषा पोषिणी सभा की उसी तरह स्थापना हुई, जिस तरह उसी दौर में हिंदी की नागरी प्रचारिणी सभा आदि संस्थाएं बनी थीं। एक साल बाद 'भाषा पोषिणी पत्रिका' भी कंदाथिल वर्गीज मप्पिल्ला द्वारा निकलनी शुरू हुई। 19वीं सदी को भारत की राष्ट्रीय भाषाओं के पुनर्निर्माण का दौर मानना चाहिए जो सामंतवाद-उपनिवेशवाद से स्वतंत्र होने की पहली बड़ी घटना है।

उल्लेखनीय है कि केरल में मलयालम उपन्यासों ने राष्ट्रीय जागरण में हाशिये के पक्ष से हिस्सा लिया। 1877 में प्रकाशित रिचर्ड कालिन्स का 'घटकवधम' मलयालम की पहली कथाकृति मानी जाती है। इसमें शूद्रों के जीवन को विषय बनाया गया है। मलयालम का पहला उपन्यास अप्पु नेदुनगडी की रचना 'कुंडलता' को और पहला ऐतिहासिक महत्व का उपन्यास चंडु मेनन की 'इंदुलेखा' को बताया गया है। इन उपन्यासों में उपनिवेश और राष्ट्र के तनाव के बिंब हैं। मलयालम नवजागरण में इनके प्रकाशन ने एक बड़ी भूमिका निभाई।

19वीं सदी के मलयालम साहित्य में जाति विषमता के रूप प्रतिबिंबित हुए हैं। स्मरणीय है कि विवेकानंद ने केरल में उच्च जातियों के दलितों

पर अत्याचार और उनके धार्मिक पाखंड को देखकर इस प्रांत को 'धार्मिक पागलखाना' कहा था। ऐसी हालत में मलयालम उपन्यासकार पाथेरी कुन्हुब ने 'सरस्वती विजयम' में ईसाई धर्म अपनाने में सामाजिक बुराइयों का अंत देखा था, हालांकि उन्होंने खुद धर्मांतरण नहीं किया। 19वीं सदी में औपनिवेशिक आधुनिकता विस्मय और सम्मोहन के साथ उद्विग्नता भी पैदा कर रही थी, जिससे 'राष्ट्र' के साथ-साथ मानवीय आत्मपहचान की खोज जुड़ी थी।

केरल में जाति व्यवस्था और सुधार आंदोलन

इस प्रदेश के सामाजिक जीवन के केंद्र में मंदिर रहे हैं। प्राचीन केरल का प्रत्येक शहर किसी न किसी मंदिर के आसपास विकसित हुआ। उल्लेखनीय है केरल के सामाजिक जीवन में नंबूदिरि ब्राह्मणों का सर्वोच्च स्थान था। उनका धार्मिक प्रभुत्व और भू-स्वामित्व चुनौतीविहीन था। 8वीं सदी के शंकराचार्य (788-820) नंबूदिरि ब्राह्मण थे। माना जाता है कि यहां के ब्राह्मणों ने कभी बौद्धों को शास्त्रार्थ में पराजित किया था। ऐसी कई घटनाओं की नस्लवादी व्याख्या आर्यीकरण के रूप में की गई है, मानो बौद्ध दूसरी नस्ल के लोग हों! कभी भाषा और कभी मिथक के आधार पर उपनिवेशवाद और मूलवाद का पुराना बौद्धिक गठबंधन आज भी बना हुआ है। देखने की जरूरत है कि शंकराचार्य के अलावा, केरल के आलवार और नायनार भक्त कवियों का आंदोलन भी एक प्रमुख मामला है। उन भक्तों में सभी ब्राह्मण नहीं थे।

ज्ञान पर नंबूदिरि ब्राह्मणों के एकाधिकार ने जाति भेदभाव, कुरीतियों और अंधविश्वासों को बढ़ावा दिया। उन्हें केरल में राजाश्रय हासिल था। धर्मों की इस भूमि पर अज्ञानता बहुत अधिक फैली। केरल में ब्राह्मण और नायर (क्षत्रिय से थोड़ा निम्न) जातियों का संयुक्त वर्चस्व रहा है, हालांकि दोनों के बीच शोषणमूलक संबंध था।

नंबूदिरी ब्राह्मण समाज पितृसत्तात्मक था, जबकि नायर समाज मातृसत्तात्मक। नंबूदिरि परिवार में ज्येष्ठ पुत्र ही विवाह कर पाता था, ताकि उत्तराधिकार-संबंधी कोई विवाद न हो। बाकी पुत्र जाति से निम्न नायर स्त्रियों से 'संबंधम' स्थापित करते थे जिसे विवाह नहीं माना जाता था।

इस तरह केरल के समाज में विवाह-संबंधी कुरीतियां थीं। नायरों में नंबूदिरि-विशेषाधिकार के प्रति आक्रोश विलंब से पैदा हुआ, जबकि इन दोनों के सम्मिलित अत्याचारों के खिलाफ आवाज पहले उठी।

दरअसल निम्न जातियों के लोग ब्राह्मण और नायर दोनों से पीड़ित थे। वे शिक्षा और न्याय से वंचित थे। वे मंदिरों, बाजारों और उच्च जातियों के तालाबों के निकट नहीं जा सकते थे। जातियां पेशे के अनुसार बँटी हुई थीं। शूद्र जातियों के पुरुष ही नहीं, स्त्रियां भी कमर के ऊपर वस्त्र नहीं पहन सकती थीं। ब्राह्मणों के घर की स्त्रियों को भी कठोर नियमों के भीतर रहना पड़ता था। वे शिक्षा और सामाजिक जीवन से दूर थीं। उन्हें वैदिक मंत्र सुनने का अधिकार न था। बाल विवाह प्रथा के कारण भी स्त्रियों की बुरी दशा थी। विधवा जीवन दुर्दशाओं से भरा था। वर्ण व्यवस्था के नियम ईश्वर निर्मित बताकर लोगों के मन में बैठा दिए गए थे और स्त्रियों को पितृसत्ता से जकड़ दिया गया था।

19वीं सदी के तीसरे-चौथे दशक में ब्रिटिश मिशनरी स्कूलों की स्थापना के बाद केरल में आधुनिक शिक्षा के साथ-साथ ईसाइयत का भी व्यापक असर दिखने लगा। पहले संस्कृत, अरबी और देशी भाषाओं की पाठशालाएं थीं, जहां परंपरागत शिक्षा दी जाती थी। अंग्रेजी शिक्षा के साथ मलयालम भाषा के विकास और नई सोच की शुरुआत हुई। दरअसल शूद्र जातियों के काफी लोग बराबरी, आत्मसम्मान और आर्थिक अवसरों की आशा में पहले ही इस्लाम या ईसाई धर्म स्वीकार कर चुके थे। केरल की निम्न जातियों के नव-शिक्षित हिंदुओं ने बदली स्थितियों में ब्राह्मणवाद को चुनौती देना शुरू कर दिया। इन्होंने उच्च जातियों के क्रूर भेदभाव की तीखी आलोचना, विद्रोह और संगठित अभियान का सिलसिला खड़ा किया। इससे केरल में नवजागरण के विविध दृश्य बने।

केरल में हिंदू धार्मिक परंपरा के भीतर से सामाजिक बुराइयों को मिटाने के लिए जो सुधार आंदोलन हुए, उनमें बैकुंद स्वामीकल (1809-1851), ब्रह्मानंद स्वामी शिवयोगी (1852-1929), चत्तम्पि स्वामी (1853-1924), नारायण गुरु (1854-1928) और अय्यनकलि (1863-1941) प्रमुख हैं।

इन सभी ने ब्राह्मणवाद और जाति व्यवस्था की आलोचना की। इनके आंदोलन का असर केरल की नायर, एझवा, पुलया आदि कई प्रमुख गैर-ब्राह्मण जातियों पर पड़ा। केरल के सुधार आंदोलन के लक्ष्य थे—सामाजिक बराबरी, न्याय और वैयक्तिक स्वाधीनता। निश्चय ही केरल के नवजागरण पर ब्रह्म समाज, आर्य समाज और थियोसोफिकल सोसाइटी के विचारों का भी असर पड़ा था।

केरल में कई सामाजिक संगठन बने। उनमें 'समत्व समाजम्', 'नारायण धर्म परिपालन योगम', 'साधुजन परिपालन संघम' आदि प्रमुख हैं। इनके द्वारा चले सुधार आंदोलन का समाज पर असर पड़ा। केरल में व्यापक जागृति आई। सुधार आंदोलन का असर कुछ प्रबुद्ध नंबूदिरि ब्राह्मणों पर भी पड़ा। 1908 में 'योगक्षेम सभा' के नाम से उनका संगठन बना जिसमें इस पर जोर दिया गया कि ब्राह्मण अपने को धार्मिक कार्यों तक सीमित न रखकर अंग्रेजी शिक्षा लें, आधुनिक संसार के अंग बनें और सामाजिक बुराइयों से अपने को मुक्त करें—भेदभाव से ऊपर उठकर मनुष्य बनें। देखा जा सकता है कि बांग्ला और हिंदी प्रांतों से भिन्न केरल के सामाजिक संगठन जाति-आधारित थे और सुधार चाहते थे।

19वीं सदी के उत्तरार्ध में ब्राह्मण-प्रभुत्ववाद पर तीखे हमले की शुरुआत नायर जाति के चत्तम्पि स्वामीकल ने की। उनका मूल नाम कुंजन पिल्लई था। उन्होंने गरीबों और उत्पीड़ितों के पक्ष से आवाज उठाई और ब्राह्मणों द्वारा नायर लोगों के हो रहे शोषण का विरोध किया। वे संत थे। उनका केरल के सुधार आंदोलन पर बड़ा असर पड़ा। उन्होंने 'संबंधम' की उस कुप्रथा को खत्म करने की मांग की थी जिसके तहत ब्राह्मण उनकी जाति की स्त्रियों से अवैध संबंध रखते थे। ब्राह्मणों की जमींदारी की वजह से नायर डरे रहते थे। इसके अलावा, वे खुद आपस में ऊंच-नीच में विभाजित थे। सुधार आंदोलन से उनका स्तरभेद मिटना शुरू हुआ।

मलयालम का 1889 में प्रकाशित चर्चित उपन्यास 'इंदुलेखा' (चंडु मेनन) इसी समस्या पर आधारित है। इसमें शिक्षित और सुंदर स्त्री इंदुलेखा नायर है। वह अपने आत्मसम्मान और स्वतंत्रता के लिए संघर्ष करती है। उपन्यास केरल के सुधार आंदोलन का प्रतिबिंब है। यह व्यक्तिगत स्वाधीनता,

सामाजिक बराबरी और मलयालम जातीय चेतना के अलावा उपयोगिता की ऐसी आधुनिक कसौटी उपस्थित करता है जिसके आधार पर 'निरर्थक' और 'सार्थक' की पहचान होती है।

19वीं सदी की नंबूदिरि ब्राह्मण-वर्चस्ववाले जाति-विभाजित सामाजिक व्यवस्था को चुनौती देकर इंदुलेखा एक शिक्षित ब्राह्मण युवक माधवन से प्रेम करती है। इससे पता चलता है कि उस युग में पत्रकारिता के अलावा उपन्यास भी सुधार आंदोलन में कैसी भूमिका निभा रहे थे। उपन्यास भारत जैसे देश में जातीय आधुनिकता की रूपकात्मक खोज है।

'इंदुलेखा' में पश्चिम और पूर्व की सांस्कृतिक टकराहट के साथ सामंजस्य के भी उदाहरण हैं। एक वैचारिक बहस में गोविंदन कुट्टी कहता है, 'मैं सोचता हूँ जैसे-जैसे मनुष्य का ज्ञान बढ़ता है, धर्म में आस्था घटने लगती है।' गोविंद पणिक्कर जवाब देता है, 'इस तरह का क्रूर सिद्धांत सिर्फ अंग्रेजी शिक्षा का नतीजा ही हो सकता है।' उपन्यास का सामंजस्यवादी ब्राह्मण नायक माधवन कहता है कि महाभारत और भागवत वस्तुतः धर्म की जगह साहित्यिक कृतियां हैं। इन्हें मिल्टन और शेक्सपियर की साहित्यिक कृतियों की तरह देखना चाहिए। उसका दावा है कि भारत का धार्मिक दर्शन बुद्धिपरक और सौंदर्यपरक एक साथ दोनों है।

उपर्युक्त उपन्यास में उस युग की राष्ट्रीय कांग्रेस की नरम राष्ट्रीयता का समर्थन है। जातिवादी व्यवस्था और स्त्री-अवमानना के खिलाफ आवाज के साथ यह राजनीतिक चीज भी है। उसमें एक बृहत्तर राष्ट्रीय सोच है। यही वजह है कि यह उपन्यास इंदुलेखा और माधवन की साधारण प्रेमकथा नहीं है, बल्कि उपनिवेशित समाज के जातीय अंतर्द्वंद्वों का आईना है। उल्लेखनीय है कि माधवन नायर स्त्रियों से वफादारी चाहता है, जबकि इंदुलेखा लैंगिक समानता और स्वतंत्रता की समर्थक है। वह नंबूदिरि-नायर विवाह में निहित अन्याय को उद्‌घाटित करती है। दोनों के बीच वैचारिक संवाद सुधार आंदोलन के दौरान विवाह पर छिड़ी बहस का प्रतिबिंब है।

हम केरल के सामाजिक सुधार आंदोलन में आमतौर पर प्राचीन परंपरा से पूर्ण विच्छेद नहीं पाते। इसके दो बड़े उदाहरण चेत्तम्पि स्वामीकल

और नारायण गुरु हैं। चेत्तम्पि स्वामीकल अपनी नायर जाति तक सीमित न रहकर सभी उत्पीड़ित जातियों के पक्ष में खड़े हो गए थे। उनका व्यक्तित्व अपने समय में 'विरुद्धों के सामंजस्य' का था। उन्होंने हिंदू धर्म की पोंगापंथी व्याख्याओं को खारिज कर दिया। वे बौद्धिकता और आध्यात्मिकता के संगम थे। नारायण गुरु उनका आदर करते थे। वे शुरू के दिनों में छोटी-मोटी सरकारी नौकरी में थे, हालांकि ज्ञानार्जन जारी था। वे तमिल और संस्कृत के अच्छे जानकार थे और वेदांत के अद्वैतवाद से प्रभावित थे। उन्होंने एक पादरी से भी ज्ञान प्राप्त किया और ईसाई धर्म तथा दर्शन का अध्ययन किया। वे कुछ समय तक एक मौलवी के साथ थे और उससे कुरान की शिक्षा पाई। उन्होंने सूफी रहस्यवाद को भी जाना और योग साधना की। अवधूतों की तरह तमिलनाडु तथा देश के दूसरे हिस्सों में वे भ्रमण करते रहे। अंततः उन्होंने जो आध्यात्मिक ज्ञान प्राप्त किया, वह यह है कि सभी धर्म सार रूप में एक हैं, विभिन्न राहों से सभी एक ही सत्य तक पहुंचते हैं। वे 'विश्व मन' की बात करते थे—मानव एकता की।

चेत्तम्पि स्वामी कला बहुत कुछ बांग्ला नवजागरण के रामकृष्ण परमहंस से साम्य रखते हैं। उनकी नारायण गुरु से मुलाकात 1882 में हुई थी। नारायण गुरु उनके शिष्य बन गए थे। उन्होंने अपना अब तक अर्जित सारा ज्ञान नारायण गुरु को सौंप दिया। उन्होंने जीवन-भर अद्वैतवादी अध्यात्म का प्रचार किया, कुछ लेखन भी किया और अंततः 1924 में समाधि ले ली।

केरल नवजागरण में जाति आधारों की प्रधानता है। नारायण गुरु (1854-1928) एझवा जाति के थे जिसका पेशा ताड़ी निकालना था। केरल ताड़ के वृक्षों से पहचाना जाता है। एझवा बहुत निम्न नहीं, मध्यम स्तर की जाति है। नारायण गुरु ने 1883 से धार्मिक-सामाजिक सुधार का काम शुरू किया। उन्होंने अपनी जाति के लोगों के लिए एक अलग शिव मंदिर की स्थापना की और नदी से एक पत्थर लाकर शिवलिंग के रूप में स्थापित कर दिया। इस पर उन्हें ब्राह्मणों के विरोध का समना करना पड़ा। उन्होंने जवाब देते हुए कहा कि ये एझवा लोगों के शिव हैं, आपके नहीं। यह शिव मंदिर पिछड़ी और निम्न जातियों के सामाजिक अधिकार आंदोलन का प्रतीक बन गया।

नारायण गुरु ने कई मंदिरों की स्थापना की, जिसके पुजारी पिछड़ी जातियों के व्यक्ति होते थे। यह हिंदू धर्म का भीतर से विद्रोह था जो अंधविश्वासों, छुआछूत, बलि प्रथा, वैवाहिक फिजूलखर्ची और अन्य कुरीतियों, साथ-साथ उच्च जातियों के अत्याचार के विरोध तक विस्तृत था। 1903 में 'नारायण धर्म परिपालना योगम' की स्थापना हुई। नारायण गुरु की प्रधान शिक्षा है—'मनुष्य के लिए एक जाति, एक धर्म और एक ईश्वरवाला सनातन धार्मिक दृष्टि कोण ही हमारा धर्म है। मुझे यही सही लगता है कि इस सनातन दृष्टिकोण से सहमत सभी को इस संगठन से जोड़ना चाहिए।' (एसएनडीपी का 14वां वार्षिक समारोह)। केरल के सुधार आंदोलन में नारायण गुरु एक प्रभावशाली व्यक्तित्व के रूप में उभरे। उन्होंने अपने शिव मंदिर की दीवार पर यह अंकित कराया—'जातिभेद, धार्मिक विद्वेष से मुक्त होकर यहां सभी सहोदर भाव से रहते हैं।'

केरल में हिंदुओं के अलावा मुसलमान और ईसाई बड़ी संख्या में हैं। इसलिए केरल की पिछड़ी जातियों के जागरण में धार्मिक अंधविश्वासों और जाति-भेदभाव से मुक्ति के अलावा सांप्रदायिक सौहार्द एक महत्वपूर्ण तत्व है। नारायण गुरु ने कोल्लम में भाषण दिया था जो 'देशाभिमानी' (1916) में प्रकाशित हुआ था। उन्होंने जोर देकर कहा, 'मनुष्य द्वारा निर्मित जाति विभाजन का कोई महत्व नहीं है। वह दूषित है, उसका कोई मूल्य नहीं है। उसे मिटा देना चाहिए। ...किसी के धार्मिक विचारों में हस्तक्षेप नहीं करना चाहिए। मनुष्य विभिन्न तरह के होते हैं। प्रत्येक मनुष्य के हृदय की स्थिति और गति के अनुरूप भिन्न धर्मों का होना स्वाभाविक है। सभी स्वीकार करें, ऐसा कोई एक धर्म होना कठिन है। किसी को यह कहने का अधिकार नहीं है कि मेरा धर्म सत्य है और बाकी धर्म असत्य हैं। सभी धर्मों में सत्य के अंश हैं, उनकी स्थापना सदिच्छा के साथ हुई है।' (सामाजिक क्रांति के दस्तावेज)। वे उदारवाद का रास्ता चुनते हैं। उन्होंने अपने उपर्युक्त भाषण में यह भी कहा, 'धार्मिक सुधार का यह अर्थ नहीं है कि किसी एक धर्म को त्याग कर दूसरे धर्म को स्वीकार किया जाए। सामाजिक संगठनों का लक्ष्य होना चाहिए कि वे मानव जाति में एकता लाएं। धर्म वैचारिक स्वाधीनता का अवसर देता है।

वह ऐसा होना चाहिए जिसे सभ्य समाज स्वीकार कर सके और वह लोगों को उच्च आदर्शों की ओर ले जाए।' (वही)। वे आध्यात्मिक स्वतंत्रता और समाज सुधार के समर्थक थे। निश्चय ही उनका धर्म प्रचलित हिंदू धर्म से भिन्न है और स्थानीय जाति-बर्बरता से विद्रोह का नतीजा है। फिर भी नारायण गुरु ने यह कभी नहीं कहा कि वे हिंदू नहीं हैं। आज केरल के लोगों के भाव और तेवर वैसे नहीं हैं और न धार्मिक भावना वैसी विद्रोही है, जैसी नारायण गुरु के समय थी।

नारायण गुरु का मुख्य जोर धार्मिक पूजा-अर्चना की जगह आधुनिक शिक्षा और अधिकाधिक उद्योगों की स्थापना पर था। उन्होंने कहा, 'आवश्यक है तो छोटा मंदिर बनाएं। अब स्कूल ही प्रमुख देवालय हों। चंदा इकट्ठा करके विद्यालयों के निर्माण में लगना चाहिए। काफी पहले यह धार्मिक विचार था कि सफाई के ज्ञान के लिए, जाति-संप्रदाय से ऊपर उठकर लोगों के मिलने-जुलने के लिए मंदिर से बढ़कर दूसरा कोई स्थान नहीं है, लेकिन यह विचार गलत साबित हुआ। मंदिर जातिभेद बढ़ाता है। अब जनता के लिए विद्या की आवश्यकता है।' (नारायण गुरु और सी. वी. कुम्मिरामन के बीच संवाद, वही)। आमतौर पर देखा गया, शिक्षा तो बढ़ी, लेकिन इसके साथ बड़े-बड़े मंदिर भी बनने लगे और अंधविश्वास पुनः स्थापित हुए।

नारायण गुरु ने कुछ पदों की रचना की थी। उन्होंने एक पद में बताया है, 'इस जगत से इतर नहीं सत्य कुछ भी।' उन्होंने धार्मिक कृतियों— 'आत्मोपदेश शतकम', 'शिव शतकम' आदि की रचना की। उनके योग्य शिष्य थे कुमारन अशान। उनके प्रयत्न से योगम के मुखपत्र 'विवेकोदयम' का प्रकाशन शुरु हुआ। उल्लेखनीय है कि उन्होंने सामाजिक सुधारों के साथ राष्ट्रीय भावना को भी समर्थन दिया। इस तरह दलित चेतना और राष्ट्रीय जागरण के बीच संबंध बना।

2019 में केरल के सबरीमाला मंदिर में स्त्रियों के प्रवेश के मुद्दे पर धार्मिक मतांधता का ज्वार उमड़ते देखा गया है। इससे 20वीं सदी के तीसरे दशक के अछूतों के मंदिर-प्रवेश आंदोलन की कठिनाइयों को समझा जा सकता है।

वायकोम मंदिर प्रवेश सत्याग्रह

1924 में त्रावणकोर राज्य के कोट्टयम स्थित वायकोम शिव मंदिर के रास्ते पर नारायण गुरु और कुमारन अशान ब्राह्मणों के नियम को तोड़ते हुए चल रहे थे। इन्हें शराब पिए हुए सवर्णों द्वारा जबर्दस्ती हटा दिया गया और अपमानित किया गया, क्योंकि ये पिछड़ी जाति के थे। एक सरकारी आदेश द्वारा यह रास्ता सभी जातियों के लिए 1884 में खोल दिया गया था, हालांकि सवर्णों ने इसके खिलाफ अपील की थी। उनका अपना सामाजिक प्रतिबंध लागू था। एझवा और पुलय जाति के लोग पहले से सार्वजनिक सड़कों पर चलने के अधिकार की मांग कर रहे थे। त्रावणकोर के दीवान आंदोलनकारियों के पक्ष में थे, पर ब्राह्मण लोग खिलाफ थे। इस समय एसएनडीपी योगम सिर्फ एझवा तक सीमित न रहकर केरल की सभी निम्न-पिछड़ी जातियों के धार्मिक-सामाजिक अधिकारों के लिए संघर्ष करनेवाले संगठन का रूप ले चुका था। यह मामला सिर्फ रास्ते पर चलने के अधिकार से आगे बढ़कर वायकोम मंदिर प्रवेश तक बढ़ गया, हालांकि यह मुख्यतः मानवीय बराबरी के अधिकार का आंदोलन था।

23 सितंबर 1924 को निम्न जातियों की तरफ से योगम के प्रतिनिधि टी.के. माधवन महात्मा गांधी से मिले। आंदोलनकारियों तथा भारतीय राष्ट्रीय कांग्रेस के बीच संवाद स्थापित हुआ। कांग्रेस आंदोलन में शामिल हुई। छुआछूत के विरोध में आवाज उठी। मंदिर के आसपास तनाव के बावजूद मार्च 1924 में पिछड़ी और निम्न जातियों के लोगों के मंदिर प्रवेश के लिए सत्याग्रह शुरू हो गया। इसमें पिछड़ी-निम्न जातियों के साथ काफी सवर्ण भी थे। उल्लेखनीय है कि दूर-दूर से आए सत्याग्रहियों के बीच पंजाब से आए अकालियों का भी एक जत्था था, जो सत्याग्रहियों के भोजन की व्यवस्था कर रहा था। गांधी ने इस सत्याग्रह का समर्थन किया था और आह्वान किया था कि हिंदू अपने को छुआछूत के पाप से मुक्त करें।

नारायण गुरु ने वायकोम के सत्याग्रह का समर्थन किया था। उनके और महात्मा गांधी के बीच बताया जाता है, यह विवाद हुआ कि अहिंसात्मक उपायों से मंदिर प्रवेश हो या बलपूर्वक हो। इतना स्पष्ट है इस सत्याग्रह ने विभिन्न

जातियों के बीच सामाजिक दूरी मिटाने और सामाजिक उदारता के प्रसार में महत्वपूर्ण योगदान दिया। आंदोलन में शामिल होने के लिए पेरियार ई.वी. रामास्वामी मद्रास से आए। इस तरह सत्याग्रह में विवाद के बीच संवाद था। नारायण गुरु ने सत्याग्रह स्थल पर आकर गांधी के स्वास्थ्य के लिए पहली बार सार्वजनिक रूप से प्रार्थना की।

गांधी मार्च 1925 में जब केरल आए, वे नारायण गुरु से मिले और उनसे बात की। गांधी ने पूछा, 'क्या स्वामी जी का सत्याग्रह के संबंध में कोई भिन्न मत है?' नारायण गुरु ने कहा, 'मुझे लग रहा है कि सब अच्छी तरह चल रहा है और उसमें कुछ भी जोड़ने और बदलने का नहीं है।' समाज की पिछड़ी और निम्न जातियों के सुधार आंदोलन की इस खूबी की ओर ध्यान जाना चाहिए कि यह अपनी वैचारिक उग्रता में भी अहिंसक रहा है। नारायण गुरु ने गांधी से इस पर सहमति व्यक्त की, 'हिंसा अच्छी चीज नहीं है।' यह आंदोलन भीतरघात, सवर्ण गुंडागर्दी और अंग्रेजों की चालाकी-भरी उदासीनता की वजह से कुचल दिया गया। गांधी के प्रयास असफल हुए। उन्हें बातचीत के दौर में नंबूदिरि ब्राह्मणों का अपमान सहना पड़ा।

केरल के इस आंदोलन में ब्राह्मणवादी मतांधता का विकराल रूप सामने आया था। गांधी को टकराव की भयंकरता को देखकर पीछे हटना पड़ा, तुरंत वारा-न्यारा नहीं हुआ। आंदोलन की विफलता के बावजूद जाति की दीवारें दरकीं। मंदिर प्रवेश 1935 में जाकर संभव हुआ। उस युग में आज से कम खतरे नहीं थे। ये अंग्रेजी शासन और समाज व्यवस्था दोनों तरफ से थे। आज आंदोलनों या संघर्षों में कुछ आत्मप्रदर्शन करने वाले भी घुस जाते हैं। उस युग में आत्मप्रदर्शन की गुंजाइश नहीं थी, दिखावा संभव नहीं था। सब कुछ सच्चे मन से था।

अय्यनकलि के आंदोलन

एक अन्य उल्लेखनीय घटना है, त्रावणकोर में निम्न जातियों की स्त्रियों को कमर से ऊपर कपड़े पहनने और वक्ष ढकने की मनाही थी। इसके लिए 4 साल की उम्र पार करनेवाली लड़कियों को 'तलक्करम' और 'मुलक्करम'

टैक्स देना पड़ता था। गरीब लड़कियां दे नहीं पाती थीं। अपेक्षाकृत उच्च जाति की नायर युवतियों पर भी वक्ष ढकने की पाबंदी थी। नग्न वक्ष सम्मान प्रदर्शन का चिह्न था। जब नायर जाति के लोग बराबरी के दर्जे के लिए ईसाई होने लगे और स्त्रियां वक्ष ढकने लगीं तो इसकी वजह से संघर्ष हुए। ये संघर्ष बढ़ गए तो 1859 में मद्रास के अंग्रेज गवर्नर के दबाव पर त्रावणकोर के राजा को वक्ष ढकने की अनुमति देनी पड़ी, हालांकि तब भी वे उच्च जातियों की स्त्रियों की तरह के कपड़े नहीं पहन सकती थीं।

पिछड़ी-निम्न जातियों के आत्मसम्मान और समानाधिकार के लिए लड़नेवालों में अय्यनकलि (1863-1941) प्रमुख हैं। वे निम्न मानी जानेवाली पुलय जाति के थे, हालांकि समृद्ध। निम्न जातियों के अछूत लोगों के लिए स्तरभेद के अनुसार सामाजिक नियम बने हुए थे कि किस जाति के लोगों को ब्राह्मणों से कितने फुट की दूरी पर रहना होगा। यहां तक कि नायर जाति के लोग भी ब्राह्मणों के सामने आ सकते थे, पर वे छू नहीं सकते थे। निम्न जातियों को बाजार, दफ्तर, डाकघर या मंदिर की तरफ जानेवाली सड़कों पर आना मना था। केरल में जाति विभाजन के वीभत्सतम रूप थे। यह सब देखकर अय्यनकलि के भीतर क्षोभ पैदा हुआ। 1893 में वे उच्च जातियों के समान कपड़े पहनकर बैलगाड़ी पर शान से उन सड़कों पर निकल पड़े जिन पर निम्न जातियों के आने की मनाही थी। ऊंची जाति के लोगों ने रोकने की कोशिश की, पर वे सफल नहीं हुए। इस घटना से केरल की निम्न जाति के लोगों में आत्मविश्वास पैदा हुआ। पुलय जाति के लोगों पर सड़कों पर चलने का अधिकार मिला, हालांकि तब भी वे मंदिर की और जानेवाले रास्ते पर नहीं चल सकते थे।

अय्यनकलि ने लोकगीतों और नाटकों के जरिए दलित स्वाभिमान और सामाजिक बराबरी का प्रचार किया। भक्ति आंदोलन की तरह नवजागरण में भी लोक तत्वों का कैसे व्यापक उपयोग किया गया, यह अध्ययन का विषय है। भारतेंदु हरिश्चंद्र का 'अंधेर नगरी' नाटक लोककथा पर आधारित था। मराठा नवजागरण में पंवाड़ा और लावणियों का उपयोग हुआ था। लोक तत्त्व जीवन के नए स्वप्न देखने में सहायक हुए, वे जीवन के तत्त्व थे।

अय्यनकलि की एक बड़ी प्रेरणा हिंदू संन्यासी और सुधारक अय्यवु स्वामी थे। वे जाति भेद के विरुद्ध प्रचार करते थे, ताकि ऊंची जाति के हिंदुओं के जाति उत्पीड़न के कारण ईसाई बनने के प्रवाह पर रोक लगे। अय्यनकलि ने एक संगठन 'ब्रह्मनिष्ट मत्तम' की स्थापना की। हालांकि मुख्य है उनके द्वारा स्थापित संगठन 'साधुजन परिपालना संघम'। इसकी अपनी पंचायत बनी। इसका उद्देश्य गरीबों को शिक्षा और सुरक्षा देना था। उसी दौर में अय्यनकलि एझवा जाति के सुधारक नारायण गुरु के भी संपर्क में आए थे। दोनों के मिलने से एझवा और पुलय जातियों के बीच निकटता आई।

उस जमाने के ईसाई मिशनरी स्कूलों में निम्न जातियों के वे ही बच्चे पढ़ पाते थे जो धर्मांतरित ईसाई परिवारों के थे। सरकारी स्कूलों में दलित बच्चों का प्रवेश कठिन था। अय्यनकलि ने आम गरीबों के बच्चों के लिए 1904 में बैंगलूर में एक स्कूल खोला। हालांकि वे खुद अशिक्षित थे। उन्होंने एक पुलय लड़की को स्कूल में भर्ती कराया। सवर्णों ने उस स्कूल को यह कहकर जला दिया कि यदि निम्न जातियों के बच्चे पढ़ेंगे-लिखेंगे तो उनके खेतों में मजदूरी कौन करेगा। निम्न जाति के बच्चों के पढ़ने पर पाबंदी थी। अय्यनकलि ने कहा, 'यदि आप हमारे बच्चों को स्कूल में पढ़ने नहीं देंगे तो आगे से कोई भी आपके खेतों में काम नहीं करेगा और वहां घास उगेगी।' निम्न जातियों ने अय्यनकलि के नेतृत्व में एक साल तक संघर्ष किया। अंत में त्रावणकोर के राजा को समझौता करना पड़ा। अय्यनकलि ने एक दूसरा स्कूल भी खोला।

केरल की निम्न जातियों की स्त्रियों के लिए साधारण पत्थरों की माला और कान में लोहे का आभूषण पहनना जरूरी था। ये गुलामी के चिह्न थे। अय्यनकलि ने इन्हें त्यागने का आह्वान किया। उन्होंने दलितों के मंदिर प्रवेश का नेतृत्व किया। इस तरह निम्न जातियों में स्वाभिमान, सामाजिक अधिकार और शिक्षा के लिए उन्होंने जो काम किए, इनके कारण वे केरल नवजागरण के एक प्रमुख व्यक्तित्व के रूप में पहचाने गए।

केरल नवजागरण की एक और प्रमुख विशेषता सुधार-आंदोलनों का शिक्षा के अलावा आर्थिक बदलाव की लड़ाई से जुड़ना है। 1913 में खेतिहर मजदूरों की हड़ताल को नेतृत्व देने की वजह से अय्यनकलि ट्रेड यूनियन

आंदोलन के जनक के रूप में भी देखे जाते हैं। एक दलित नेता होते हुए वे एक बड़ी राष्ट्रीय सोच से जुड़े थे।

1937 में जब गांधी केरल के दौरे पर आए, वे अय्यनकलि से मिलने बैंगलोर गए थे। उन्होंने मिलते ही अध्ययनकलि को गले लगा लिया और बिल्कुल अपने बगल में बैठाकर बातें कीं। उन्होंने अय्यनकलि से स्नहेपूर्वक कहा, 'हम समान मत के व्यक्ति हैं। मैं आपके कामों से अच्छी तरह परिचित हूँ। हम दोनों आजादी के लिए लड़ रहे हैं। आप अपना काम जारी रखें।' अय्यनकलि ने अभिभूत होकर कहा, 'मैं आपके प्रेम को भूल नहीं सकता। हमने संघर्ष करके स्कूलों में पढ़ने की आजादी ली, मंदिरों में प्रवेश और पूजा-अर्चना का अधिकार लिया।' गांधी ने उनसे पूछा, 'आपको और क्या चाहिए?' अय्यनकलि ने जवाब दिया, 'मैं चाहता हूँ कि मरने से पहले दलित जातियों के कम से कम 10 ग्रेजुएट नौजवानों को देख सकूं।' इससे उस महान दलित व्यक्तित्व के स्वप्नों और इच्छाशक्ति का पता चलता है।

कुछ अन्य घटनाएं

केरल नवजागरण के दौर में बंगाल के ब्रह्म समाज का असर ऊंची जाति के हिंदू बुद्धिजीवियों पर पड़ा था। अपने समय के एक प्रसिद्ध सर्जन अयत्तन गोपालन (1861-1948) ने 1898 में मालाबार इलाके के कालिकट में ब्रह्म समाज की एक शाखा और ब्रह्म मंदिर की स्थापना की। उन्होंने रवींद्रनाथ टैगोर की ब्राह्मो धर्मपुस्तक का मलयालम में अनुवाद किया। उन्होंने अपने सुगणवर्धिनी आंदोलन के तहत मूर्ति पूजा, जाति भेदभाव, सामाजिक कुप्रथाओं और अन्यायों के विरुद्ध प्रचार किया था। स्कूल खोला और स्त्री-शिक्षा का भी प्रचार किया। उनका एक बड़ा काम अंतरजातीय विवाह और सभी जातियों के लोगों के साथ सहभोजन को प्रोत्साहन देना है। उन्होंने साहसपूर्वक शब्द और कर्म की एकता का परिचय देते हुए अपनी संतानों का अंतरजातीय विवाह कराया, जिससे केरल में सामाजिक खुलेपन को बल मिला। केरल शिक्षा के प्रसार के दृष्टिकोण से ही नहीं, जाति और नस्ल से ऊपर उठकर सोचने के मामलों में आगे रहा है।

केरल की स्त्रियों में अपने अधिकारों के प्रति सचेतनता सुधार आंदोलनों की देन है। अयत्तन गोपालन ने ब्रह्म समाज के धर्मनिरपेक्ष सुधार आंदोलन, शिक्षा, स्त्री स्वाधीनता तथा तर्क-वितर्क की परंपरा को स्वामी शिवयोगी (1852-1929) के सहयोग से आगे बढ़ाया। शिवयोगी ने मानव एकता के पक्ष में खड़ा होकर आध्यात्मिक आनंदवाद का सिद्धांत प्रतिपादित किया था। वे संस्कृत जानते थे, लेकिन सहज मलयालम के समर्थक तथा धार्मिक अंधविश्वास, बलि प्रथा और पाखंडों के विरोधी थे। केरल नवजागरण की ब्रह्म समाजी अंतर्धारा ने लोगों को धर्म और जाति से ऊपर उठकर अच्छा मनुष्य बनने और मानव सेवा की प्रेरणा दी। इसने स्त्रियों की स्वाधीनता भावना को मजबूत किया। यह भी एक घटना है कि इसी केरल में आगे चलकर गुजरात की तरह लोकप्रियतावादी धार्मिक प्रवचनकर्ताओं की बाढ़ आ गई।

उल्लेखनीय है कि मछुआरों की जाति के एक मलयालम लेखक और संस्कृत के विद्वान करुप्पन को जब एर्नाकुलम के ऊंची जातियों के एक स्कूल में शिक्षक नियुक्त (1912) किया गया, उच्च जातियों के हिंदुओं ने प्रचंड विरोध किया। ऐसी घटनाओं से यह यथार्थ सामने आता है कि सुधार आंदोलनों से आधुनिक चेतना का उदय हुआ था और मध्यवर्ग का एक हिस्सा जागरूक हो उठा था, लेकिन समाज में क्रूर सामंतवाद कम मजबूत न था।

ईसाई-मुसलमान ध्रुवीकरण

केरल के नवजागरण में ईसाई धर्म प्रचारकों ने शिक्षा के प्रसार में एक बड़ी भूमिका निभाई थी। ऐसे व्यक्तियों में कुरियाकोज एलियास चावरा (1805-1871) का नाम महत्वपूर्ण है। वे भारतीय कैथोलिक पादरी थे और उच्च ईसाई परिवार के थे। उन्होंने मन्ननम में एक संस्कृत शिक्षण संस्थान की स्थापना की थी, इसमें अछूतों को पढ़ाना शुरू किया था। उन्होंने ईसाई धर्म प्रचार के लिए शिक्षा और पिछड़ी-दलित जातियों के बीच सेवा कार्य को मुख्य आधार बनाया। स्कूल में गरीब दलित विद्यार्थियों के लिए दोपहर के भोजन की शुरुआत की। ईसाई धार्मिक ढांचे में ऐसे मिशनरी प्रयास अंग्रेजों को दलित अधिकारों के रक्षक के रूप में प्रदर्शित करते थे। चावरा ने 1846 में एक प्रेस की स्थापना की थी, जहां से मलयालम में उनका समाचार-पत्र प्रकाशित होता था।

उल्लेखनीय है कि भारत में ईसाइयत का प्रचार करनेवाले भारतीय धर्मगुरुओं ने ईसाई धर्म में सुधार या अंग्रेजी राज की आलोचना की जरूरत कभी महसूस नहीं की और हिंदू धर्मरक्षकों की कट्टरता का पूरा फायदा उठाया। ऐसे सभी ईसाई धर्मप्रचारक खुद संरक्षणवादी थे।

पोयकइल अप्पचन (1879-1939) केरल के एक दलित आंदोलनकारी थे। वे ईसाई बने लेकिन जल्दी ही महसूस कर लिया कि चर्च में दलितों के साथ बराबरी का व्यवहार नहीं होता। उन्होंने इसे ईसाइयत की भावना के विरुद्ध कहा। उन्होंने 1909 में 'प्रत्यक्ष रक्षा देवा सभा' के नाम से संगठन बनाकर अपना विद्रोही सुधार आंदोलन शुरू कर दिया। इसकी कई शाखाएं केरल के अलावा तमिलनाडु में स्थापित हुईं। इस संगठन की विचारधारा में आध्यात्मिक मुक्ति का आयाम शामिल है, लेकिन मुख्य जोर जाति भेदभाव के विरोध पर है। पोयकइल ने ईसाइयत और हिंदू धर्म दोनों को खारिज कर दिया था। वे अंधविश्वासों को समाज से मिटा देना चाहते थे। वे अय्यनकलि के संपर्क में आए थे और उनसे जुड़े हुए थे। पोयकइल मानते थे कि दलित गुलाम जाति के लोग हैं और इनका इतिहास दबा दिया गया है। उनके गीतों, भाषणों और सेवा कार्यों ने समाज को जाति के बंधन तथा अन्य निर्बुद्धिपरकताओं से मुक्त करने में एक बड़ी भूमिका निभाई थी।

केरल में महत्वपूर्ण मुस्लिम सुधारक हुए, जिनका इस प्रदेश के मुसलमानों को आंतरिक भेदभाव, कुप्रथाओं और अज्ञानता से बाहर निकालने में अविस्मरणीय योगदान है। आज जो भी हालत हो, 19वीं सदी में सईद सनुल्लाह मकती तंगल (1847-1912), वेक्कोम मौलवी (1873-1932) और वेक्कोम मजीद (1909-2000) ने मुस्लिम समाज में सुधार के कई काम किए थे। इससे एक बंद समाज में आत्मनिरीक्षण का विचार पैदा हुआ था और खुलापन आया था। इसके अलावा, केरल के मुसलमानों ने राष्ट्रीय आंदोलन में व्यापक रूप से हिस्सा लिया। उन्होंने देश के विभाजन का कट्टरवादियों की तरह समर्थन नहीं किया और कूपमंडूकता से काफी हद तक बाहर निकलकर आधुनिकीकरण से मुसलमानों के जीवन को जोड़ा।

सनुल्लाह मकती तंगल इस्लाम के विद्वान, आधुनिक शिक्षा के समर्थक तथा अंग्रेजी राज की नीतियों के विरोधी थे। 19वीं सदी में पश्चिम और इस्लाम के बीच दूरी बढ़ती जा रही थी। सनुल्लाह की नजर में आधुनिकीकरण और इस्लामी संरक्षणशीलता में कोई अंतर्विरोध न था। एक साथ इस्लामी संरक्षणशीलता और सुधारवाद से नाता और अंग्रेजी राज की आलोचना केरल के मुस्लिम सुधार आंदोलन की खूबियां हैं। सनुल्लाह मुसलमानों को ईसाई बनाने के विरोधी थे। वे इस्लामी उसूलों पर चलते हुए ही आधुनिकीकरण को अंगीकार करना चाहते थे। उन्होंने अंग्रेजों की सरकारी नौकरी छोड़ दी, क्योंकि उन्हें लगा, अंग्रेज सिर्फ मसालों और औषधियुक्त वनस्पतियों का औपनिवेशिक तरीकों से व्यापार करने और ईसाई धर्म का प्रचार करने के लिए देश को गुलाम बनाए रखना चाहते हैं। उन्होंने पूरी कोशिश की कि मुसलमान ईसाई न बनें। उन्होंने ईसाई धर्मप्रचारकों के इस्लाम -विरोधी रुख तथा पैगंबर मुहम्मद की छवि को धूमिल करने के प्रयास का विरोध किया। इसके समानांतर मुस्लिम स्त्रियों के सशक्तीकरण के लिए भी काम किया। खासकर गरीब और अज्ञानता के शिकार मालाबार के मोपलाओं के बीच उनका कार्य महत्वपूर्ण है। हिंदू जमींदारों तथा अंग्रेजों की मिलीभगत के विरोध में उन्होंने मोपला विद्रोह में सहयोग किया था। वे केरल में मुस्लिम नवजागरण के एक प्रमुख व्यक्तित्व के रूप में देखे जाते हैं।

वेक्कोम मौलवी ने मलयालम में 'स्वदेशाभिमानी' (1905) पत्र निकाला, जिस पर पांच साल बाद अंग्रेजों ने विद्रोही विचार व्यक्त करने का आरोप लगाकर प्रतिबंध लगा दिया। इस पत्र के संपादक रामकृष्ण पिल्लई थे। वेक्कोम मौलवी इस्लाम के एक बड़े जानकार और लोकप्रिय मुस्लिम नेता तथा स्वाधीनता सेनानी थे। उन्हें केरल में मुस्लिम नवजागरण का जन्मदाता कहा जाता है, क्योंकि आधुनिकीकरण तथा आधुनिक शिक्षा के प्रति खुला रुख रखने के बावजूद वे अंग्रेजों की गुलामी के विरोधी थे। उन्होंने इस्लाम धर्म के संदर्भ में कर्मकांड, खासकर दहेज और विवाह में फिजूलखर्ची जैसी प्रथाओं का विरोध करते हुए मुसलमानों की शैक्षिक, सामाजिक और आर्थिक उन्नति के सवालों को खास तौर से उठाया। वे सालाना उर्स और मुहर्रम के विरोधी थे और इसे गैर-इस्लामी कहते थे।

वेक्कोम मौलवी का इस्लामी सुधारवाद इस्लाम के बुनियादी सैद्धांतिक तत्वों पर आधारित था। उनका इस्लाम के संरक्षण और सुधारवाद में अंतर्विरोध नहीं था। वे पैगंबर मुहम्मद में सच्चे मन से आस्था रखते थे और केरल के मुसलमानों को मलयालम के साथ अरबी पढ़ाने के पक्ष में थे। वे मुस्लिम एकता चाहते थे। उन्होंने इस्लाम धर्म के अच्छे सिद्धांतों के प्रचार के लिए 'अल-इस्लाम' (1918) पत्र का प्रकाशन किया, जिसने केरल के पिछड़े मोपलाओं को जगाने का काम किया। इस पत्र को मुस्लिम कट्टरपंथियों के भारी विरोध का सामना करना पड़ा था। मौलवी के खिलाफ फतवा जारी हुआ था। उन्हें 'काफिर' तक कहा गया था। इन घटनाओं से कट्टरवादियों की शक्ति का पता चलता है। वे मामूली सुधार बर्दाश्त करने के लिए तैयार नहीं थे। केरल और भारत के अन्य प्रांतों के मुस्लिम सुधारकों की कोशिशों का ही फल है कि आज भी भारतीय मुसलमान आमतौर पर विश्व में सबसे अधिक उदार, आधुनिक और शांतिप्रिय मुसलमान हैं, जबकि कई तरह के उकसावे हमेशा मौजूद रहते हैं।

उल्लेखनीय है कि मुस्लिम सुधारवादियों को धर्मनिरपेक्ष चिंतन की और बढ़ने का मौका नहीं मिला। वे मानवजाति की एकता की जगह वैश्विक मुस्लिम एकता की बातों तक सीमित रह जाते थे। ईसाई और मुस्लिम पहचानों के औपनिवेशिक काल के ध्रुवीकरण ने सभ्यताओं के संवाद को कमजोर कर दिया था। इसने मानव जाति के घुलने-मिलने में समस्याएं पैदा कीं तथा आधुनिकीकरण को भौतिक स्तर पर ही रख दिया। इसका नतीजा है उत्तर-आधुनिक विश्व रूखी और सपाट पहचानों से बोझिल है।

फिर भी केरल के मुस्लिम सुधारकों की भूमिका इसलिए सराहनीय है कि उन्होंने युवकों-युवतियों को अज्ञानता से बाहर निकालने के द्वार खोले, कई कर्मकांडों और कुप्रथाओं के प्रति उन्हें सचेत किया। आगे चलकर ऐसी मुस्लिम आवाजें नहीं रह गईं जिनसे कठमुल्ले इस्लामवादी नाराज हों।

मुस्लिम नवजागरण की एक बड़ी सीमा आधुनिकीकरण की तरफ झुकाव के बावजूद परंपरागत धार्मिक नियम-कायदों में सुधार से बचना है। इसका नतीजा यह है कि उनके सुधारों से स्त्री-सशक्तीकरण के शैक्षिक-आर्थिक पहलू

जरूर उजागर होते हैं, लेकिन मुस्लिम समाज में स्त्री की बुनियादी स्थितियों में बदलाव तथा निर्बुद्धिपरकताओं से मुक्ति नहीं झलकती। यही वजह है कि 20वीं सदी में मुस्लिम समाज में कूपमंडूकता उनके असुरक्षाबोध की सहचर बन जाती है।

केरल के नवजागरण की खूबियां

केरल के सामाजिक सुधार आंदोलन बांग्ला, हिंदी और मराठी नवजागरण की गतिविधियों से कई अर्थों में भिन्न हैं। सर्वप्रथम ये मुख्यतः जाति-आधारित हैं। ये दरअसल क्रूरता में अद्वितीय एक ऐसी हिंदू धार्मिक व्यवस्था को चुनौती देते हैं जिसे मुख्यतः केरल के नंबूदिरि ब्राह्मणों ने निर्मित किया था और इसे मजबूत बनाए रखने के लिए उन्होंने अंग्रेजी प्रशासन और देशी राजाओं का सहयोग हासिल कर रखा था। दूसरी ओर, ईसाई उपनिवेशक श्रेष्ठता दंभ से भरे हुए थे। तीसरी ओर, इस्लाम धर्म में सुधार आंदोलन आधुनिक शिक्षा के प्रसार के बावजूद संरक्षणवाद से बाहर नहीं निकल सका था।

केरल के सुधार आंदोलन जाति-आधारित थे, पर ये अपनी-अपनी जाति तक सीमित न रहकर धार्मिक रूढ़ियों और पाखंडों से संपूर्ण मानवता की मुक्ति चाहते थे। उनकी एक सार्वभौम आवाज भी थी। सुधार आंदोलनों में हिंदू धर्म, देवी-देवताओं और पर्व-त्योहारों के विरुद्ध उच्छेदवादी दृष्टि नहीं थी और न ही आर्य-द्रविड़ विभाजन जैसा कोई नस्लवादी नजरिया था। केरल नवजागरण के प्रमुख सुधारवादी नेताओं के संबंध में कहा जा सकता है कि वे औपनिवेशिक प्रभाव की देन नहीं थे, बल्कि वे उपनिवेशवाद को, राजाओं-जमींदारों के रुख से भिन्न, नापसंद करते थे।

देश के इस हरे-भरे अंचल में राजाओं और जमींदारों का भारी अत्याचार रहा है। उनकी अंग्रेजी राज से सांठ-गांठ थी। अंग्रेजी राज के प्रति सुधारवादियों की आलोचनात्मक दृष्टि का परिचय 1921 के असहयोग आंदोलन और वायकोम सत्याग्रह (1924) से होता है। 19वीं सदी में दक्षिण त्रावणकोर में दलित शनार लोगों का आंदोलन स्त्रियों के पूरा वस्त्र पहनने के अधिकार को लेकर चल चुका था। 1891 में मलयाली जातीयता का विद्रोही प्रस्फुटन केरल में मद्रास से

प्रशासनिक पदों के लिए तमिल ब्राह्मणों के बुलाने पर हुआ। 1896 में एझवा लोगों ने सरकारी स्कूलों में प्रवेश के प्रश्न पर आंदोलन किया। सरकार से अनुनय-विनय की जगह वे आंदोलन की राह पर उतर रहे थे। शुरू की ये छोटी-छोटी लड़ाइयां ही विकसित होकर साम्राज्यवाद-विरोधी राष्ट्रीय जागरण बनीं।

केरल में निम्न और पिछड़ी जातियों के आंदोलन हाशिए की आवाज होते हुए भी राष्ट्र की धारणा के निर्माण में महत्वपूर्ण योग देते हैं। इतना ही नहीं, वे मानवता का नया द्वार खोलते हैं। कहना न होगा कि वे सिर्फ अपने लिए ही नहीं, दूसरों के लिए भी मानवता का द्वार खोलते हैं। मानवताबोध में प्रतिरोधशीलता अंतर्निहित है। सामाजिक भेदभावों, रूढ़ियों और पाखंडों से लड़े बिना और अपने प्रेम का बौद्धिक संसार विस्तृत किए बिना मानवताबोध संभव नहीं है। सामाजिक बुराइयों से छिड़ी लड़ाइयों की वजह से ही पूरे देश में वक्त बदल रहा था और लोग भी एक नई सोच के साथ बदल रहे थे।

नारायण गुरु के प्रमुख शिष्य कुमारन अशान ने जाति-बर्बरता पर चिंता व्यक्त करते हुए लिखा है, 'शिक्षा और अन्य सुविधाओं के कारण हमारे बीच अच्छी स्थिति में जीनेवाले नायर जाति के लोग तथा तमिल ब्राह्मण (अय्यर) आदि कुछ लोग हैं, जिनकी बुद्धि के दिग्भ्रमित होने से अब भी लोग रूढ़ियों को प्रधानता दे रहे हैं। यह देखकर हम राष्ट्रप्रेमियों का हृदय दुख रहा है।' यहां देखा जा सकता है कि जो निम्न और पिछड़ी जातियों के सामाजिक न्याय के लिए संघर्ष कर रहा है, वह 'राष्ट्र' से भी नाता रखता है।

बिल्कुल संभव है कि राष्ट्र से किसी बिंदु पर टकराव होने पर भी उसे 'दुश्मन' के रूप में देखा न जाए। निःसंदेह राष्ट्रप्रेम के लिए सबसे पहले जाति विषमता, धार्मिक रूढ़ियों और सांप्रदायिक विद्वेष से मुक्ति जरूरी है। यह काम सुधार आंदोलनों ने अपनी शक्ति भर किया। 'विवेकोदयम' (1908) के एक लेख में कुमारन अशान लाजपत राय के जाति-विरोधी विचारों की सराहना करते हैं। साथ ही 'लाजपत राय बिस्कुट', 'लाजपत राय शॉप' जैसे नाम लेकर चलनेवाले देशप्रेमियों पर व्यंग्य करते हैं। उस जमाने के राष्ट्रीय और सुधारवादी व्यक्तित्वों को वैचारिक आवाज की जगह कास्मेटिक्स की तरह व्यवहार करनेवाले लोग तब भी कम न थे।

कुमारन अशान एक बड़े संगठनकर्ता के अलावा मलयालम के महान कवि के रूप में भी याद किए जाते हैं। उनकी कविता में दलितों-पिछड़ों की आकांक्षाओं, संघर्षों और पीड़ाओं के सुंदर चित्र हैं। उनकी एक चर्चित कविता है—'चांडाल भिक्षुणी' (1922)। इसमें एक प्यासा बौद्ध भिक्षु चांडाल स्त्री से पीने के लिए जल मांगता है। इस प्रसंग को रवींद्रनाथ ने भी अपनी एक रचना (चंडालिका) का विषय बनाया था।

कुमारन अशान ने अपनी कविताओं को सामाजिक विषयों से, दलित और वंचित लोगों के जीवन की समस्याओं से जोड़ा था और वस्तुतः प्रेम का संदेश दिया था। वे धर्म को आध्यात्मिक ऊंचाई के रूप में देखते थे। उनके साहित्य में विद्रोह और प्रेम दोनों स्वर एक साथ हैं, मानो दोनों के दरवाजे एक-दूसरे की तरफ खुलते हों। उनकी एक कविता का अंश है :

सभी चीजों का सार है प्रेम
प्रेम का सार है खुद सत्य
सत्य से प्रेम करना ही आदर्श है
जो यह पा लेता है
उसे कोई विचलित नहीं कर सकता—
उसके होंठों से
तब पवित्र ध्वनि निकलती है—ओम्!
यह सभी वेदों का सार है।

केरल में देशज विज्ञान का उदय

अंग्रेजी राज में नई शिक्षा ने विज्ञान से परिचय कराया। विज्ञान को साम्राज्य के एक हथियार के रूप में देखते हुए बताया गया है कि किस तरह यह पश्चिमी दुनिया के विस्तार की एक एजेंसी के रूप में काम कर रहा था। विज्ञान पश्चिमी सभ्यता का अंग और आधुनिकीकरण का एक प्रमुख हथियार था। 19वीं सदी में स्पष्ट होता जा रहा था कि विज्ञान का ज्ञान ही अब दुनिया में प्रगति की राह पर ले जानेवाली चीज है।

भारत में वैज्ञानिक खोजों की एक प्राचीन परंपरा रही है। इसके बावजूद, धार्मिक अंधविश्वास, निरंकुश शासन और कई बार भ्रष्ट शासकों की वजह से वैज्ञानिक खोजों को प्रोत्साहन नहीं मिल पाया। धार्मिक आडंबरों ने वैज्ञानिक खोजों को रोका। इसलिए अंग्रेजी पढ़े-लिखे लोगों को लगा कि विज्ञान के आधार पर प्रगति के मार्ग पर चलने के लिए उपनिवेशवाद एक वरदान है।

पश्चिम में विकसित विज्ञान विश्व मानवता के लिए था, लेकिन गुलाम भारत में उसका उपयोग पूरी तरह औपनिवेशिक हित में हो रहा था। इन स्थितियों में देशज ज्ञान, विज्ञान की देशीय परंपराओं और देशीयता की तरफ ध्यान जाना स्वाभाविक था। निश्चय ही पिछड़ेपन से संबंधित 'नेटिविज्म' की धारणा और 'देशीयता' के बीच फर्क है। बाहर से आनेवाली सभ्यता का जब किसी देश की संस्कृति पर हमला होता है, तब उसके सिर्फ अनुकरण से—उसकी चीजों और मूल्यों को चुपचाप स्वीकार कर लेने का ही रिश्ता नहीं होता। अपने को सर्वनाश से बचाते हुए देश के ज्ञान और विज्ञान की स्थानीय उपलब्धियों के रक्षण, शोधन और विकास भी लक्ष्य होता है। इसको आधुनिकता से विमुख होकर पिछड़ेपन में डेरा डालना नहीं कहा जा सकता, क्योंकि एक तो नए वातावरण में देशीयता को भी एक प्रयोगशील जमीन मिलती है, दूसरे, यह उत्पीड़ितों के सांस्कृतिक प्रतिरोध की एक महत्वपूर्ण जमीन होती है।

केरल में देशज विज्ञान के उदय को सांस्कृतिक प्रतिरोध के उदाहरण के रूप में देखा गया है। केरल नवजागरण पर विचार करनेवाले प्रसिद्ध लेखक के.एन. पणिक्कर ने केरल में आयुर्वेद के पुनर्जीवन के प्रयासों को औपनिवेशिक आयुर्विज्ञान के समानांतर एक 'रचनात्मक आत्मनिरीक्षण' के रूप में देखा है। इस संबंध में उन्होंने 1902 में स्थापित 'आर्य वैद्य समाजम' का उदाहरण दिया। इस संस्था में आयुर्वेद-संबंधी ज्ञान का आदान-प्रदान होता था। वैद्यों का जोर इस पर था कि गर्म जलवायु वाले देश में देशी पद्धति ही देश के निवासियों की प्रकृति के अनुरूप है। पश्चिमी चिकित्सा पद्धति के आ जाने की वजह से देशी पद्धति हाशिए पर जा रही थी। वैद्य भी अब अल्प जानकार होते थे। पणिक्कर ने लिखा, 'पुनर्जीवन आंदोलन की एक सकारात्मक विशेषता खोए

ज्ञान को खोज निकालना और पुराने पाठों को व्यवस्थित रीति से संकलित करके प्रकाशित करना था।' ऐसी पोथियां आसानी से उपलब्ध नहीं थीं।

पणिक्कर का आगे कहना है, 'केरल में पुनरुज्जीवन आंदोलन का आरंभ सांस्कृतिक जागरण के संदर्भ में हुआ। कोट्टाक्कल इस जागरण का एक महत्वपूर्ण केंद्र बना। केरल की राजनीतिक एकता तथा सांस्कृतिक आत्मपहचान को साकार करने में इसका प्रमुख योगदान है। ...इस आंदोलन के इर्द-गिर्द कई अन्य बौद्धिक तथा सांस्कृतिक गतिविधियां आरंभ हुईं। एक इतिहास समिति, एक साहित्यिक पत्रिका, एक कथकलि नृत्य मंडली तथा एक नाटक कंपनी इसके उदाहरण हैं। आर्य वैद्यशाला वह नाभिकेंद्र बना, जिसके इर्द-गिर्द ये गतिविधियां परवान चढ़ीं। ...इसने मुख्य रूप से तीन मसलों पर ध्यान दिया—पुनरुत्थान, पेशेवरीकरण और अभिनवत्व। ...वे केवल पुनरुत्थानवादी आंदोलन नहीं थे जिसमें वर्तमान के विकल्प के रूप में अतीत के अवतरण का प्रयत्न किया गया है। यह वस्तुतः अपने तमाम प्रयासों में अतीत से प्रस्थान बिंदु है। ...यह परंपरा के लिए चिंता के द्योतक से अधिक समकालीन स्थितियों का मुकाबला करने का एक उपाय था।' (कोलोनियलिज्म, कल्चर एंड रेजिस्टेंस)।

केरल दक्षिण भारत का एक छोटा प्रदेश है, जिसमें काफी विविधता है। यह प्रदेश 19वीं सदी में जटिल धार्मिक-सामाजिक स्थितियों से गुजरा। फिर भी मलयालम भाषा, साहित्य और संस्कृति की नवजागरण के दौर में जो उन्नति हुई, वह शंकराचार्य की इस धरती पर ब्राह्मणवाद, अंध-राष्ट्रवाद और सामंती भेदभावों से संघर्ष की एक लंबी दास्तान है। यह आधुनिकीकरण की तरफ बढ़ते हुए संस्कृत और द्रविड़ दोनों परंपराओं से सार्थक इंटरैक्शन का भी एक अच्छा उदाहरण है।

कन्नड़ जातीय जागरण और नवोदय

अंग्रेजी राज में कर्नाटक बंबई और मद्रास प्रेसिडेंसियों में बंटा था। इसके अलावा, इसका एक हिस्सा निजाम के राज्य में था, दूसरा विजयनगरम और तीसरा मैसूर राज्य के अंतर्गत। इस बिखराव के कारण कन्नड़ नवजागरण में विलंब हुआ। इस बिखराव ने कन्नड़ जातीय आत्मपहचान को ही नहीं, धार्मिक-सामाजिक सुधार की तीव्रता को भी प्रभावित किया। कन्नड़ भाषी महसूस करते थे कि उन पर मराठी, तमिल और उर्दू थोपी जा रही है। एक घटना यह भी है कि इस प्रदेश में पिछड़ी और निम्न जातियों के भीतर से विद्रोही नेतृत्व नहीं उभरा, मुख्यतः शिक्षित ब्राह्मणों और उच्च जातियों ने ही नेतृत्व दिया। ब्राह्मणों की सत्ता, सामाजिक भेदभाव और निम्न जातियों की पीड़ा का एक चित्र यू.आर. अनंतमूर्ति के उपन्यास 'संस्कार' (1965) में है जो वस्तुतः नव्य-आधुनिक आंदोलन की देन है।

उल्लेखनीय है कि 19वीं सदी में धार्मिक-सामाजिक सुधार के जो अंग्रेजी कानून बने थे, उनको लागू करना-न करना बहुत कुछ कर्नाटक क्षेत्रों के राजदरबारों की मर्जी पर था, जहां ऊंची जातियों के पारंपरिक पदाधिकारी थे। अंग्रेजी शिक्षा के प्रभाव की वजह से शिक्षित ब्राह्मणों और अन्य ऊंची जातियों के पढ़े-लिखे लोगों ने ही कर्नाटक के विभिन्न इलाकों में सुधार आंदोलन का नेतृत्व किया था। उन पर महाराष्ट्र के सुधार आंदोलनों और बंगाल के ब्रह्म समाज का असर था। कर्नाटक के सुधार आंदोलनों को देख कर यह तथ्य भी उजागर होता है कि एक प्राचीन और समृद्ध कन्नड़ विरासत के बावजूद जातीय बिखराव किस तरह सुधार आंदोलन की परिवर्तन-शक्ति को प्रभावित करता है।

समृद्ध जातीय विरासत

कन्नड़ को संस्कृत और तमिल की तरह प्राचीन क्लासिकल भाषा की मान्यता है। हालांकि 19वीं सदी के पहले कुछ सौ सालों तक इस भाषा में प्रायः अंधकार काल था। बिखरे हुए आम कन्नड़ लोग लंबे समय से धार्मिक विडंबनाओं और सामाजिक उत्पीड़न के शिकार थे। वे अपनी साहित्यिक-सांस्कृतिक विरासत से विच्छिन्न भी थे। 12वीं सदी में बसवण्णा ने ब्राह्मण पुरोहितों के धार्मिक पाखंडों और सामाजिक रूढ़ियों के विरुद्ध जो आवाज उठाई थी, वह दबा दी गई थी।

बसवण्णा ब्राह्मण परिवार के थे और शिव के उपासक थे। वीरशैवों की परंपरा में उन्होंने धर्म की एक नई राह दिखाई थी और सामाजिक चिंतन में मोड़ ला दिया था। उन्होंने भक्ति के जो उपदेश दिए, उनमें वैदिक कर्मकांड, मूर्ति पूजा, जातिभेद और अंधविश्वासों का विरोध है। यह हिंदू धार्मिक परंपरा की 'भीतर से आलोचना' है। उनकी एक काव्य-पंक्ति है, 'ओह! इधर देवता, उधर देवता, हर तरफ देवता, पैर रखने की जगह नहीं!' उन्होंने 'कल्याणकारी राज्य' की कल्पना की, ताकि समाज के सभी तबके बंधुत्व, बराबरी और स्वतंत्रता के साथ रह सकें। वे कहते हैं, 'न्याय से अन्याय दूर होता है। ज्योति से अंधकार दूर होता है। सत्य से असत्य दूर होता है। पारस से लौहत्व दूर होता है।' बसव ने शिव की संकल्पना समता तत्व या 'कूडलसंगम देव' (कूडल संगम स्थान के शिव) के रूप में की। उन्होंने श्रम की महत्ता बताई, 'कर्म ही पूजा है'। वे स्त्री अधिकारों के समर्थक थे। इसके अलावा, उन्होंने अंतरजातीय विवाह का समर्थन किया और राजदरबार के ब्राह्मणों की परवाह न करते हुए ऐसा विवाह कराया भी। देखा जाए तो उनके वचनों में सिर्फ कन्नड़ जाति की नहीं, समूची भारतीय संस्कृति की आत्मा व्यक्त हुई है। उनके द्वारा रचा गया काफी साहित्य नष्ट हो गया, पर जो उपलब्ध है, उससे सामाजिक सुधार के एक महान प्राचीन स्वरूप का बोध होता है। कन्नड़ नवोदय ने बसवण्णा से प्रेरणा हासिल की थी।

बसवण्णा की परंपरा में अल्लमप्रभु, सिद्दरमा, चेन्न-बसवन्ना, अक्कमहादेवी, चेन्नय्या आदि भक्त कवियों ने सामाजिक भेदभाव दूर करने के अलावा मानव आत्मा की एकता का संदेश दिया था। अक्कमहादेवी ने ज्ञान का महत्व

प्रतिपादित करते हुए कहा था, 'प्रभु, तुम्हारे ज्ञान से परिपूर्ण नरक मोक्ष है और तुम्हारे ज्ञान से रहित मुक्ति भी नरक है।' भौतिक जीवन की श्रेष्ठता बताते हुए उन्होंने कहा, 'सांप के दांत निकाल कर सांप को खिला सकें तो सांप का संग ही अच्छा है।' इन कवियों का आधुनिक युग में भी सामाजिक प्रभाव पड़ा जिससे कन्नड़ जातीय जीवन में फिर से प्राण संचार हुआ।

देखने की जरूरत है कि 20वीं सदी में आधुनिकीकरण के पहले न वीरशैव परंपरा और लिंगायत के बीच खास सांस्कृतिक भिन्नता थी और न वेदों के विरोध के आधार पर लिंगायत के एक स्वतंत्र धर्म हो जाने का उदाहरण था। इनके बीच सांप्रदायिक टकराहट नहीं थी। यह भी एक वास्तविकता है कि विजयनगरम साम्राज्य के पतन के बाद 16वीं-19वीं सदी (पूर्वार्ध) के बीच लगभग साढ़े तीन सौ सालों तक कन्नड़ भाषा और साहित्य की प्रगति लगभग अवरुद्ध थी।

कन्नड़ नवोदय के आयाम

कहना न होगा कि मलयालम और तेलुगु की ही तरह कन्नड़ में भी स्थानीय विशिष्टता के साथ जातीय चेतना का उदय हुआ। मद्रास के सेंट जार्ज कॉलेज में अन्य दक्षिण भारतीय भाषाओं के साथ कन्नड़ के लिए भी पाठ्य पुस्तकें बनी थीं। पहला कन्नड़ प्रेस 1824 में बल्लारी में खुला था। कन्नड़ का पहला समाचार-पत्र 'मैंगलुरू समाचार' 1843 में निकला था। प्राचीन भाषा होते हुए भी कन्नड़ क्षेत्र में नवजागरण अपेक्षाकृत देर से शुरू हुआ, क्योंकि वर्तमान कर्नाटक बिखरा था। इस खंडित दशा का कन्नड़ भाषा और जातीय चेतना के विकास पर भी असर पड़ा। 1890 में कन्नड़ भाषा और जातीय उत्थान के लिए धारवाड़ में 'विद्यावर्धक संघ' बना जो कन्नड़ आंदोलन का प्रमुख केंद्र था।

कन्नड़ नवजागरण को 'नवोदय' कहा गया है। इसमें मराठी और बांग्ला संपर्कों का बड़ा योगदान है। इस घटना से भारत के सुधार आंदोलनों के अंतःसंपर्कों का बोध होता है। 19वीं सदी में बंबई प्रेसिडेंसी के एक शिक्षा अधिकारी डब्ल्यू.ए. रसेल ने कन्नड़ भाषा में नवजीवन के लिए महत्वपूर्ण काम किया।

मद्रास शहर के सेंट जॉर्ज कॉलेज में कन्नड़ पाठ्य पुस्तकें 1846 में छपीं। कन्नड़ का पहला मासिक पत्र वेंकट रंगो कट्टि का 'ज्ञानबोधक' है, जो 1861 में प्रकाशित हुआ था। कन्नड़ भाषा का विकास और कन्नड़ नवजागरण में तीव्रता वस्तुतः 1890 में उत्तर कर्नाटक के धारवाड़ में 'विद्यावर्धिनी संघ' की स्थापना के बाद आती है, अन्यथा इसके पहले लोकभाषा में ही साहित्य की रचना ज्यादा हो रही थी। उदुपि से 1886 में 'सुदर्शन' नाम की कन्नड़ पत्रिका शुरू हुई। यह स्त्री शिक्षा और स्त्री-अधिकारों के लिए चल रहे सुधार कार्यों का समर्थन करती थी। इसने बाल विवाह के विरोध में आवाज उठाई थी। आरंभ से ही कन्नड़ के पत्र-पत्रिकाओं का सुधार आंदोलन से संपर्क स्थापित हो गया था।

केंपु नारायण की कृति 'मुद्रामंजूषा' (1823) को कन्नड़ का आरंभिक उपन्यास माना जाता है। हालांकि सामाजिक उपन्यासों की शुरुआत लक्ष्मण गाड़कर के 'सूर्यकांत' (1892) और कई बार गुलवाड़ी वेंकटराव के 'इंदिरा बाई' (1899) से मानी गई है।

पहले दौर में कन्नड़ पर संस्कृत का प्रभाव ज्यादा था। कन्नड़ में संस्कृत के अलावा अंग्रेजी से भी काफी अनुवाद हुए थे। मराठी और बांग्ला से भी कुछ अनुवाद हुए, जिससे कन्नड़ जातीयता के उदारवादी रुझान का बोध होता है। सुरी वेंकटरमण शास्त्री का नाटक 'लग्गप्पा हेग्गदेय विवाह प्रहसन' 1887 में छपा था। मुदन्ना के दो प्रहसनपरक नाटक 'अद्‌भुत रामायण' (1895) और 'रामस्व मेधम' (1898) रामायण की कथाओं की नई व्याख्या पर आधारित थे। इसका अर्थ है कि मिथकीय कथाओं की आधुनिक पुनर्रचना अन्य प्रांतों की तरह कन्नड़ में भी एक प्रवृत्ति के रूप में मौजूद थी।

वस्तुतः आधुनिक कन्नड़ साहित्य की शुरुआत बी.एम. श्रीकांतैया से मानी जाती है। उन्होंने कन्नड़ भाषा को संस्कृत और अंग्रेजी दोनों के असर से बाहर निकाला और 'नवोदय' की साहित्यिक नींव रखी। टी. पी. कैलाशम ने नाटक के आधुनिक रूप को विकसित किया। कन्नड़ जातीय स्वाभिमान पैदा करने में अलुरु वेंकटराव (1880-1964) की कृति 'कर्नाटक गाथा वैभव' ने एक बड़ी भूमिका निभाई। उन्होंने 'जय कर्नाटक' के नाम से एक पत्र निकाला।

औपनिवेशिक शासन के अंतर्गत बुरी तरह बिखरे कन्नड़ भू-क्षेत्र के जातीय एकीकरण के लिए भी उन्होंने आंदोलन छेड़ा। इस तरह कन्नड़ भाषी लोगों के लिए अलग कर्नाटक राज्य का आंदोलन शुरू हुआ। अलुरु वेंकटराव का बालगंगाधर तिलक से संपर्क था। उन्होंने इनके 'गीता रहस्य' का कन्नड़ में अनुवाद किया था।

कर्नाटक जातीय एकीकरण का इस क्षेत्र की स्थानीय जनजातीय अस्मिताओं (कुर्ग, टुल आदि) और दलितों-पिछड़ों से तनाव एक समस्या रहा है। यहां गरीबों तथा वंचितों की उपेक्षा करके छोटे राजनीतिक हितों के लिए टकराहट एक समस्या रही है।

कर्नाटक के नवोदय काल में इसके सभी इलाकों में शिक्षा का प्रसार हुआ और एक विशिष्ट वर्ग पैदा हुआ। दक्षिण कर्नाटक के बैंगलोर में लंदन मिशन नाम की एक संस्था ने 1840 में लड़कियों के लिए पहला मिशनरी स्कूल खोला था। 1833 में धारवाड़ में लिंगायत एजुकेशन एसोसिएशन की स्थापना हुई थी। इसी जिले में कर्नाटक लिबरल एजुकेशन सोसाइटी (1916) की भी स्थापना हुई। इन संस्थाओं ने जो स्कूल खोले, उनसे कन्नड़ की शिक्षा का तो प्रसार हुआ ही, स्वतंत्र कन्नड़ जातीय भावना भी पनपी।

19वीं सदी में नई शिक्षा के प्रसार का महत्व कई दृष्टियों से है। इसने कन्नड़ जातीय चेतना पैदा करने के अलावा नए साहित्य के सृजन, संगीत और अन्य कलाओं की उन्नति तथा विभिन्न सांस्कृतिक गतिविधियों के लिए एक नया वातावरण तैयार किया।

कर्नाटक दक्षिण भारत का एकमात्र ऐसा क्षेत्र रहा है जहां कर्नाटक संगीत, हिंदुस्तानी संगीत और लोक संगीत एक साथ पनपे थे। दक्षिण भारत में नवजागरण काल में चित्रकला की तरह ही संगीत भी काफी फला-फूला। कुमार गंधर्व, मल्लिकार्जुन मंसूर, अब्दुल करीम खां, गंगूबाई हंगल आदि इसी क्षेत्र की देन हैं। इसमें संदेह नहीं कि कर्नाटक क्षेत्रों में शिक्षा प्रसार और धार्मिक-सामाजिक आंदोलनों ने कला-साहित्य की नए सिरे से उन्नति के लिए एक बड़ी जमीन तैयार की। इसने संगीत और अन्य कलाओं को मंदिरों से बाहर निकाला, उन्हें उच्च संस्कारों और सार्वभौम नागरिक वृत्त से जोड़ा।

सुधार आंदोलन और कन्नड़ जातीय जागरण

कर्नाटक के करीब-करीब सभी क्षेत्रों में शिक्षा, जाति भेदभाव के खात्मे और विधवा पुनर्विवाह के लिए आंदोलन शुरू हो गया था। इस मामले में दक्षिण कर्नाटक के कुडुमल रंगा राव (1859-1928) के कामों का खास महत्व है। उनके प्रयत्न से 1870 में मंगलोर में बंगाल के ब्रह्म समाज की एक शाखा स्थापित हुई। उत्तर कर्नाटक पर महाराष्ट्र के सुधार आंदोलनों और लिंगायतों का ज्यादा प्रभाव था तो दक्षिण कर्नाटक पर बंगाल के सुधार आंदोलनों का। कुडमल रंगा राव मध्यवर्गीय ब्राह्मण परिवार के थे। उनकी ख्याति गरीबों के अधिवक्ता के रूप में थी।

कुडुमल रंगा राव का सबसे बड़ा काम दलित-पिछड़ी जातियों के लिए स्कूल खोलना है। यह काम उन्होंने कई नगरों में किया, यहां तक कि धद्दल के जंगलों में भी। इन स्कूलों को वे 'पंचमा स्कूल' कहते थे। बड़े लोगों के लिए पहले से कई मिशनरी स्कूल थे, लेकिन दलित-पिछड़ी जातियों के लिए नहीं थे। उस समय कुडुमल रंगा राव का स्कूल खोलना एक चुनौती भरा काम था। उनका उच्च जातियों के प्रतिष्ठित व्यक्तियों द्वारा विरोध होता था, क्योंकि वे स्कूल खोलकर ही नहीं रह जाते थे। वे दलित-पिछड़े परिवारों में जाकर उन्हें समझाते थे कि वे बच्चों को स्कूल भेजें। इनके लिए वे दोपहर के भोजन की व्यवस्था करते थे। कहा जाता है कि कई दिनों के बेनहाए दलित बच्चों को वे अपने हाथों से नहलाते थे। उन्होंने कई बंधुआ मजदूरों को उनके मालिकों के चंगुल से आजाद कराया। कुडुमल रंगा राव को उनके ऐसे कामों के लिए धमकियां मिलती थीं। ऐसे व्यक्तित्व इसलिए भी प्रेरणास्रोत होते हैं कि वे कभी झुकते नहीं हैं और बिना किसी स्वार्थ के निर्भय होकर सामाजिक काम करते हैं।

कुडुमल रंगा राव के शब्द और कर्म में एकता का एक बड़ा सबूत यह है कि उन्होंने अपनी विधवा पुत्री का विवाह कराया, जो एक अंतरजातीय विवाह भी था। उन्हीं की प्रेरणा से महात्मा गांधी के एक बेटे ने राजगोपालाचारी की बेटी से विवाह किया था। गांधी ने एक बार कहा था, 'मुझे समाज के प्रति अपने दायित्व की शिक्षा कुडुमल रंगा राव से मिली है। मैं उनसे प्रेरणा पाता रहा हूँ।'

विधवा पुनर्विवाह पर आधारित गुलवडी वेंकट राव (1844-1913) के उपन्यास 'इंदिरा बाई' में धार्मिक पाखंडों की आलोचना करते हुए स्त्री शिक्षा और विधवा पुनर्विवाह का समर्थन है, अंग्रेजी प्रशासन के भीतर मौजूद भ्रष्टाचार का अनावरण भी है। उत्तर कर्नाटक के ब्राह्मण परिवारों में विवाह के लिए कन्या खरीदने की कुप्रथा थी। इसका अपने-अपने नाटक में कर्कि वेंकटरत्नम शास्त्री और शिवराम नरसप्पा हेगड़े ने 1897 में विरोध किया। उत्तर कर्नाटक के कीलरा गणेश हेगडे ने विधवा पुनर्विवाह का प्रचार किया। बंबई शहर से प्रकाशित एक कन्नड़ पत्रिका 'कन्नड़ सुवर्ते' में सुब्बरयप्पा ने बाल विवाह, विधवा पुनर्विवाह, समुद्र यात्रा आदि विषयों पर लेख लिखे। कर्नाटक क्षेत्र में इन मुद्दों पर लंबी बहस छिड़ी हुई थी, जिससे ब्राह्मणों में हलचल मच गई थी।

उल्लेखनीय है कि ब्राह्मण समुदाय के कई व्यक्ति नई शिक्षा के असर में सुधारों के पक्ष में खड़े होने लगे थे। उन्हें सामाजिक बहिष्कार झेलना पड़ता था, लेकिन उन्होंने कदम पीछे नहीं हटाए। इस परंपरा में अक्कदास गणपति भट्ट ने विधवा पुनर्विवाह आंदोलन का नेतृत्व किया। उन्होंने खुद विधवा विवाह किया, 1932 में शिमोगा जिले में 25 ब्राह्मण विधवाओं का विवाह संपन्न कराया। यह आसान न था, लेकिन यह एक ऐतिहासिक युग से दूसरे ऐतिहासिक युग में संक्रमण का एक गौरवमय गवाह था।

उत्तर कर्नाटक के धारवाड़ इलाके में वेंकट रंगो कट्टि (1833-1910) ने सुधार आंदोलन में महत्वपूर्ण भूमिका निभाई। वे बंबई में 1849 में दादोबा पांडुरंग द्वारा स्थापित परमहंस सभा से जुड़े हुए थे। वेंकटरंगो कट्टि कन्नड़ के एक प्रखर लेखक थे। उन्होंने बाल विवाह, विधवाओं की दुर्दशा और अन्य सामाजिक बुराइयों को केंद्र में रखकर कई रचनाएं लिखीं। दरअसल 19वीं सदी में ऐसा साहित्य बड़े पैमाने पर लिखा जाने लगा जिसका समाज के यथार्थों से संबंध था।

सुधार आंदोलनों ने साहित्य को प्रभावित किया था। साहित्य को उन आंदोलनों ने पुरानी रीतियों, श्रृंगारिकता और धार्मिक आग्रहों से मुक्त करके एक लौकिक जमीन दी थी। इससे स्त्रियों में भी सामाजिक जीवन की आकांक्षा पैदा हुई। गांधी के सत्याग्रह से प्रभावित होकर 1924 में वेलगाम के

राष्ट्रीय कांग्रेस अधिवेशन में 150 लड़कियां स्वयंसेवक के रूप में उपस्थित थीं। 1928 में धारवाड़ में वनिता सेवा समाज की स्थापना हुई, जिससे स्त्री अधिकारों के लिए लड़ाई आगे बढ़ी। इस तरह सुधार आंदोलनों ने भावी स्त्री संगठनों के लिए और स्त्रीवाद के लिए भी एक बड़ी ऐतिहासिक पृष्ठभूमि का निर्माण किया।

कर्नाटक में नवजागरण की कई विचारधाराओं का सह-अस्तित्व था। उदाहरण के तौर पर ब्रह्म समाज की शाखा थी। आर्य समाज ने भी 1880 में मैसूर में काम शुरू कर दिया था। हैदराबाद-कर्नाटक क्षेत्र में भी आर्य समाज सक्रिय था। थियोसोफिकल सोसाइटी का काम 1886 में बैंगलोर से शुरू हुआ।

थियोसोफिकल सोसाइटी की मार्गरेट कूजिंस (1878-1954) ने बैंगलोर में सामाजिक जागरण का कार्य किया। वह आयरलैंड मूल की कवयित्री थीं। उन्होंने 1927 में 'ऑल इंडिया वीमेंस कान्फ्रेंस' की स्थापना की थी जिसमें विभिन्न सामाजिक स्रोतों और समुदायों की स्त्रियों ने भाग लिया था।

1927 में ही भारतीय स्त्रियों की दुर्दशा का दुर्भावनापूर्ण चित्र उपस्थित करते हुए उपनिवेशवाद की समर्थक केथरिन मेयो की 'मदर इंडिया' किताब आई थी। इसका राष्ट्रवादियों ने विरोध किया था। मार्गरेट कूजिंस स्त्री-प्रश्न और राष्ट्रीय स्वाधीनता आंदोलन के बीच खाई नहीं, बल्कि पुल थीं। उन्होंने 'अवेकनिंग ऑफ एशियन वूमैनहुड' पुस्तक 1922 में लिखी थी। उनकी दृष्टि सुधारवादी थी और वे स्त्री शिक्षा के लिए काम कर रही थीं। वे बाल विधवा कमलादेवी चट्टोपाध्याय को सांस्कृतिक क्षितिज पर ले आई थीं और स्त्री-अधिकारों के लिए चले संघर्षों की एक बड़ी प्रेरणा थीं, जबकि केथरिन मेयो सुधार की संभावना से ही इनकार करती थीं।

मैसूर राज्य ब्राह्मणों के प्रभाव में था और सामान्यतः शांत था। रूढ़िवादी ब्राह्मण सुधारों में बाधा डालते थे। 1880 के बाद यहां रानाडे सोसाइटी के नाम से एक संस्था बनी जिसने सुधारों के लिए प्रचार शुरू किया। इसकी स्थापना बी.वी. सुब्बरयप्पा ने की थी। इस राज्य के सुधारक महादेव गोविंद रानाडे के विचारों से प्रभावित थे। कुछ अंग्रेजी राज के दबाव और कुछ इस राज्य के

दीवान शेषाद्रि अय्यर की पहल पर इस राज्य में 1894 में बाल विवाह पर थोड़ी-सी रोक लग गई। लड़कियों के विवाह की न्यूनतम उम्र 8 साल हो गई, जबकि अंग्रेजी सरकार के 1860 के कानून के अनुसार न्यूनतम उम्र 10 साल स्थिर की गई थी। राज्य में 1894 में एक कानून बना जिसके अनुसार 50 साल के ऊपर के व्यक्ति 19 साल से नीचे की लड़की से शादी नहीं कर सकते थे। इन कानूनों से मैसूर राज्य के सुधारों की सीमा स्पष्ट हो जाती है।

मैसूर राज्य में एम. वेंकटकृष्णय्या (1844-1933) स्त्री शिक्षा के साथ-साथ पत्रकारिता के क्षेत्र में व्यापक योगदान के लिए याद किए जाते हैं। उन्होंने 'हितबोधिनी' (1883), 'वृत्तांत चिंतामणि' (1885), 'साध्वी' (1899) जैसे पत्र निकाले थे। इस राज्य में आगे चलकर स्त्री मुक्ति का प्रचार करनेवाली एक महत्वपूर्ण पत्रिका 'सरस्वती' निकली थी। यदि नवोदित स्त्रीवाद के दृष्टिकोण से नवजागरण काल के स्त्री प्रश्न पर विचार किया जाए, तो पहली दृष्टि में सुधार आंदोलनों और स्वाधीनता संघर्षों का रुख पितृसत्ता के निषेध की जगह सुधारवादी ही नजर आएगा। सोचने की जरूरत है कि जब 21वीं सदी में भी स्त्रीवाद भारत में पितृसत्ता के ध्वंस में सफ़ल नहीं है, 19वीं सदी के सुधार कार्यों की महत्ता को छोटा करके कैसे देखा जाए। जाहिर है, उन सुधारवादी घटनाओं को ऐतिहासिक परिप्रेक्ष्य में देखने की जरूरत है।

उस जमाने के सुधारक जोखिम के बीच साहस के साथ स्त्रियों की शिक्षा, राष्ट्रीय आंदोलन में सक्रियता, कला-साहित्य की उन्नति में भागीदारी, पत्र-पत्रिकाओं में लेखन आदि के जरिए आंदोलनात्मक काम कर रहे थे। उस साहस का महत्व है। यह साधारण बात नहीं है कि कर्नाटक-क्षेत्र में 20वीं सदी के शुरू के दशकों में स्त्रियां अच्छे पदों पर जाने लगी थीं। वे सामाजिक कामों में आगे आकर हिस्सा लेती थीं।

मैसूर राज्य के मंदिरों में भी देवदासी प्रथा थी और नाचने-गानेवाली स्त्रियां थीं। उनका यौन शोषण होता था। इस प्रथा पर रोक लग गई। इस कदम का समर्थन करते हुए के. सुब्बाराव ने लिखा, 'यदि नर्तकियों का गाना-बजाना और संभ्रांत-सुसंस्कृत लोगों का उनके पैरों पर लोटना अच्छा है

तो हम क्यों नहीं अपनी पत्नी, बहनों-बेटियों को उनके तौर-तरीकों का अनुसरण करने के लिए कहते हैं? हमारी बेटियों के लिए जो अच्छा है, दूसरों की बेटियों के लिए भी वही अच्छा होना चाहिए।' (रिवाइज्ड मेमोरीज)। मैसूर के राजा नैतिक स्तर पर शुद्धतावादी थे। इसलिए उन्हें देवदासी प्रथा को रोकने में मुश्किल नहीं हुई।

कर्नाटक के इलाकों में नवजागरण बहुकेंद्रिक था। यहाँ सुधार आंदोलनों, सांस्कृतिक रूपांतरणों और सम्मिश्रणों का एक दीर्घ सिलसिला है। नवजागरण आधुनिकता के साथ बहुलता का भी दर्पण है।

दक्षिण भारत में, खासकर कर्नाटक में पिछड़ी जातियों को संगठित होने में देर लगी। इन्होंने 1918 में मैसूर के राजा को एक मांगपत्र सौंपा था, जिसमें शिक्षा और नौकरी में जगह की मांग की गई थी। इसके अलावा, पश्चिमी घाट के जिलों में जनजातियों ने अंग्रेजी राज के प्रति असंतोष व्यक्त किया था जिसके अलग से अध्ययन की जरूरत है।

1865 तथा 1878 के वन कानूनों के जरिए ब्रिटिश आधिपत्य के विस्तार ने संपूर्ण पश्चिमी घाट के आदिवासियों में अस्मिता की बेचैनी पैदा कर दी थी। अंग्रेज आदिवासियों के विद्रोह को 'सैवेज एटैक' कहते थे। इस तरह कर्नाटक क्षेत्र एक साथ कई प्रकार के असंतोषों और आंदोलनों से गुजरा। वह लगातार अधिक आंदोलित होता गया। पूरे क्षेत्र में राष्ट्रीय स्वाधीनता आंदोलन के साथ-साथ कर्नाटक राज्य के एकीकरण और स्वतंत्र राज्य की मांग भी जोर पकड़ती जा रही थी।

'कर्नाटक विद्यावर्धिनी सभा' की स्थापना (1890) कन्नड़ भाषा, साहित्य और शिक्षा के विकास के लिए हुई थी। यह कर्नाटक के एकीकरण का मंच बन गया था। इसकी स्थापना के समय इस पर ब्राह्मणों का असर ज्यादा था, पर 1931 तक इस पर लिंगायतों की प्रधानता हो गई।

1920 में अलुरु वेंकटराव ने 'कर्नाटक एकीकरण सभा' की स्थापना की। इस संगठन ने मद्रास और बंबई प्रेसिडेंसी तथा हैदराबाद रायलसीमा से अलग करके स्वतंत्र कर्नाटक राज्य की स्थापना की मांग उठाई। यह आंदोलन राष्ट्रीय आंदोलनों के साथ ही चल रहा था। राज्य की जातीय आकांक्षा के साथ

सामाजिक शक्तियों के अपने आदर्श जुड़े होते हैं। नवजागरण कर्नाटक में स्थानीय जातीय भावना, भारतीय राष्ट्रीयता और नागरिक उदारवाद की जिस समवेत चेतना का निर्माण कर रहा था, उसमें सामंती-धार्मिक तत्व शक्तिशाली थे। फलतः यह प्रांत अपनी उत्तर-औपनिवेशिक तीव्रता के बावजूद सामाजिक अंतर्विरोधों से मुक्त नहीं हो पा रहा था। इस क्षेत्र में पुराना सामाजिक अंतर्विरोध फिर तीव्र होता गया और वह सुलग भी उठा।

कर्नाटक प्रदेश में सत्ता की राजनीतिक रस्साकशी की वजह से हिंदू धर्म और लिंगायत के बीच तनाव बढ़ा। वोक्कालिगा और लिंगायत के बीच सामुदायिक टकराहट हुई। माना जाता है कि कर्नाटक में लगभग 20 प्रतिशत लिंगायत हैं जिनके बीच यह प्रचार है कि वे हिंदू धर्म से अलग हैं। इस तरह उत्तर-नवजागरण काल में धार्मिक और जातिवादी मुद्दे फिर प्रधान होते गए और नवजागरण की उपलब्धियां पृष्ठभूमि में जाने लगीं। सुधार के बचे विपुल काम अधूरे रह गए।

नवजागरण युग के राष्ट्रीय उदारवाद ने एक नए राष्ट्र की ही कल्पना नहीं की थी, एक नई मानवतावादी सभ्यता की नींव भी रखी थी। इसने धार्मिक कूपमंडूकता से संघर्ष किया था तथा पश्चिमी सभ्यता और भारतीय अतीत से विवेकपूर्ण रिश्ते की नींव रखी थी। इसने औपनिवेशिक दौर में सुदृढ़ किए गए सामाजिक-सांस्कृतिक विभाजनों और 'दूसरे' के बहिष्कार की दृष्टि को एक हद तक किनारे कर दिया था। हम दक्षिण भारत में खासतौर से देखते हैं कि आधुनिकता की परियोजना के साथ बहुलता और विशिष्टता के सम्मान की प्रवृत्ति भी जुड़ी रही है। यही वजह है कि द्रविड़ चेतना उग्र रूप धारण नहीं कर पाई, स्थानीय जातीयताओं को अवसर मिला। निम्न-पिछड़ी जातियों की पुरानी रीतियां बदलने लगीं। इन जातियों के लोगों ने सामाजिक सुधारों के साथ अपनी शैक्षिक, राजनीतिक और प्रशासनिक क्षमताओं का विकास किया।

दक्षिण भारत में स्थानीय जातीयता से लगाव के साथ-साथ राष्ट्रीय भावना कहीं से कम नहीं रही है। यहां के लोगों ने राष्ट्रीय स्वाधीनता आंदोलनों में

बड़े पैमाने पर हिस्सा लिया है। उनमें पूर्व और पश्चिम को समझने, पश्चिमी सभ्यता से मिश्रण और राष्ट्रीय आत्मपहचान के संरक्षण की व्यापक चेतना है और प्रचुर बौद्धिक क्षमताएं हैं। दक्षिण भारतीय लोग नवजागरण के बहुआयामी सुधारों के कारण सामान्यतः उदार, स्वच्छ और कर्तव्यनिष्ठ देखे जाते हैं। उनमें मौजूद संरक्षणशीलता की प्रवृत्ति उन्हें हमेशा रूढ़िवाद की ओर अभिमुख नहीं करती बल्कि अपनी कला, अपने साहित्य और धर्मनिरपेक्ष सांस्कृतिक विरासत के संरक्षण की ओर ले जाती है।

खंड-5

- प्रति-नवजागरण की संरक्षणवादी परंपराएं
- गांधी, सुधार आंदोलन और राष्ट्रवाद

प्रति-नवजागरण की संरक्षणवादी परंपराएं

19वीं सदी के नवजागरण, सुधार आंदोलन और राष्ट्रीय जागरण के बारे में यह न मान लेना चाहिए कि वह सब बाधाहीन था। उन्हें चुनौती देने वाली ताकतें कमजोर न थीं। दरअसल धार्मिक रूढ़िवादियों द्वारा प्रतिरोध न केवल जबर्दस्त था, बल्कि इस प्रक्रिया में वे अपने संगठन बनाने लगे थे। राजा राममोहन राय ने कलकत्ता में सती प्रथा के विरोध में जितने लोगों के हस्ताक्षर सहित अपना मांगपत्र विलियम बेंटिक को सौंपा था, राधाकांत देव ने सती प्रथा के समर्थन में उसके तिगुने लोगों के हस्ताक्षर के साथ अपना प्रतिवेदन पेश किया था। इन्होंने विधवा पुनर्विवाह के समर्थन में विद्यासागर द्वारा 987 लोगों के हस्ताक्षर-युक्त मांगपत्र के जवाब में सरकार को 36,763 लोगों के हस्ताक्षर के साथ अपना विरोध पत्र सौंपा कि विधवा पुनर्विवाह नहीं होना चाहिए। 1830 में पुरानी धार्मिक परंपराओं के संरक्षण के लिए उन्होंने 'धर्म सभा' की स्थापना की और संगठित संरक्षणवाद की नींव डाली। इसकी वार्षिक सभा के आयोजनों में बड़े-बड़े जमींदारों और धर्मरक्षकों की शोभायात्रा से कलकत्ता की सड़कें जाम हो जाती थीं।

सामाजिक सुधार और नवजागरण की गतिविधियों के विरोध में हिंदू और मुस्लिम संरक्षणवाद का जो सिलसिला 19वीं सदी में चला था, वह 20वीं सदी में भी जारी था, बल्कि वह लगातार राजनीतिक उग्रता पाता गया और 21वीं सदी में चरम भारतीय विडंबना बन गया।

भारत में प्रति-नवजागरण के कामों का अब तक व्यवस्थित अध्ययन नहीं हो पाया है। इसकी वजह से 19वीं सदी की न हिंदू और न ही मुस्लिम रूढ़िवादी गतिविधियों का इतिहास हमारे सामने है। हमारे सामने उन औपनिवेशिक

रणनीतियों का भी कोई अध्ययन नहीं है जो रूढ़िपोषक संरक्षणवाद की सहायक थीं। इसलिए आश्चर्य नहीं है, यदि 19वीं सदी के हिंदू धार्मिक सुधारवाद को बिना ठीक से समझे उसे एक नकारात्मक अवधारणा के रूप में देखा गया। इतना ही नहीं, उसे नवजागरण के अवरोधक के रूप में देखा गया। इस रस्साकशी में उपनिवेशवाद-संरक्षणवाद गठबंधन पर पर्दा पड़ा रह गया और अंग्रेजी राज की प्रगतिशील भूमिका बताई जाती रही।

हिंदू धर्म और रूढ़िपोषक संरक्षणवाद

नवजागरण काल में जो धार्मिक सुधार घटित हुए, उन्हें न संरक्षणवाद कहा जा सकता है और न पुनरुत्थानवाद। धार्मिक सुधार को भारतीय नवजागरण की एक बड़ी प्रवृत्ति के रूप में देखा जाना चाहिए। इसकी शुरुआत राममोहन राय द्वारा सती प्रथा के विरोध के अलावा ब्रह्म समाज की स्थापना से हुई थी। यह सिलसिला महाराष्ट्र में प्रार्थना समाज की स्थापना से लेकर दक्षिण भारत में नव-धार्मिक आंदोलनों तक बना हुआ था। यह हिंदू धर्म को आधुनिक शिक्षा और ज्ञान से जोड़ने तथा सामाजिक सुधार की ओर बढ़ने का मामला है। देखा जा सकता है कि दयानंद सरस्वती, विवेकानंद, श्री अरविंद और गांधी के अभियानों तक यह मामला जारी है। यह अतीत की हर पुरानी चीज को आंख मूंदकर मानना नहीं है। इसमें जाति-भेदभाव का विरोध है। भारत जैसे देश में यह विरोध असाधारण है। उल्लेखनीय है कि भारत में धार्मिक सुधार आंदोलन विविध और विस्तृत आध्यात्मिक ढांचे में शुरू हुआ, और इसमें काफी स्पेस था।

19वीं सदी का धार्मिक सुधार, जिसे कई बार पुनरुत्थान कह दिया जाता है, वस्तुतः हिंदू धर्म का बहुआयामी पुनर्निर्माण था। इसे रूढ़िपोषक संरक्षणवादी स्वीकार करने के लिए तैयार नहीं थे। ब्रिटिश राज ने भी इसे कई बार संदेह से देखा। 20वीं सदी में बहुआयामी सुधारवाद ने औपनिवेशिक बुद्धिवाद से नाता तोड़ लिया। वह नए दौर में ब्रिटिश दासता से मुक्ति की आकांक्षा में बदलने लगा। यही वजह है कि जर्जर अतीत के साथ-साथ अंग्रेजी राज को भी एक भिन्न नजरिए से देखा जाने लगा था। उस युग में जब यह सब घट रहा था,

रूढ़िपोषक संरक्षणवादी क्या कर रहे थे? वे अंग्रेजी राज का समर्थन कर रहे थे, अर्थात—उपनिवेशवाद-संरक्षणवाद का गठबंधन चिरकालिक घटना है।

19वीं सदी में अधिकांश हिंदू जानते ही नहीं थे कि हिंदू धर्म क्या है, इसका सारतत्व क्या है और वे किस तरह हिंदू हैं। आम हिंदू भिन्न-भिन्न धार्मिक रीतिरिवाजों से बंधे थे। वे सांस्कृतिक रूप से अचेतावस्था में थे। वे सिर्फ पेट भरने के लिए काम करते थे और छोटी खुशियों और बड़े दुखों में जीते हुए अपने-अपने देवी-देवता, कुल देवता, रीति-रिवाज, तीरथ-व्रत और प्रार्थनाओं तक सीमित थे। वे अज्ञान और सांस्कृतिक आत्मविस्मृति के शिकार थे। उनके अंधविश्वास का रूढ़िपोषक संरक्षणवादी सदियों से फायदा उठा रहे थे। इन्हीं स्थितियों में धार्मिक सुधारवादी लोग रूढ़ियों और कुप्रथाओं से लड़ रहे थे। उन्होंने दुनिया की प्रगति से बेखबर लोगों के बीच धार्मिक सुधार और जागरण लाने का काम किया। वे धार्मिक पुनरुत्थान को एक तरफ पुरानी रूढ़ियों और बंधनों से मुक्ति का द्वार बना रहे थे, दूसरी तरफ लोगों को आधुनिक शिक्षा, सामाजिक सुधार, ज्ञान-विज्ञान और राष्ट्रीय जागरण से भी जोड़ने की कोशिश कर रहे थे। धार्मिक पुनरुत्थान और बुद्धिपरकता को एक-दूसरे के बिल्कुल विरोधी के रूप में देखने की पिछले कुछ दशकों से पनपी एलीट दृष्टि ने वस्तुतः गैर-पश्चिमी समाजों में आए नवजागरण की व्याख्या में कई भ्रामक निष्कर्ष दिए।

संरक्षणशील सुधारवाद और रूढ़िपोषक संरक्षणवाद के बीच फर्क है। स्पष्ट हो चुका है कि हिंदू धार्मिक सुधारवाद के प्राचीनता से संबंध को 'हिंदू फंडामेंटलिज्म' नहीं कहा जा सकता, क्योंकि उपर्युक्त धार्मिक सुधार या धर्म के नए दृष्टिकेंद्रों का सामाजिक रूढ़ियों और बंधनों को तोड़ने से संबंध है, आधुनिक शिक्षा और नए ज्ञान से भी संबंध है। संरक्षणशील सुधारवाद का एक उदाहरण पंजाब के पं. श्रद्धाराम फिल्लौरी (1837-1881) हैं। उन्होंने 'ओम जय जगदीश हरे' की लोकप्रिय आरती लिखी थी और 'भाग्यवती' (रचनाकाल, 1877) उपन्यास भी लिखा था जिसमें स्त्री शिक्षा और विधवा पुनर्विवाह का समर्थन तथा बाल विवाह का विरोध है। उन्होंने ब्रिटिश सरकार के खिलाफ आवाज उठाई थी। इसकी वजह से उन्हें अपने शहर फिल्लौरी से कुछ समय

के लिए निष्कासित कर दिया गया था। उनका यह उदारवाद उल्लेखनीय है कि उन्होंने पंजाबी में सिख धर्म पर भी किताबें लिखीं और अपने एक मित्र पादरी के कहने पर बाइबिल के कुछ हिस्सों का अनुवाद किया। इन चीजों से उस धार्मिक व्यक्ति के साहित्य से लगाव का बोध होता है। इन्हीं वजहों से उनके हिंदू चित्त में संकीर्णतावाद का प्रवेश नहीं हुआ।

हिंदू धर्म शुरू से बहुकेंद्रिक रहा है। कोई एक केंद्र न होने के कारण इसकी कोई परिधि भी नहीं है। इस धर्म के भीतर ईश्वर चिंतन भी बहुलतापरक है, उसमें एकरूपता नहीं है। इसलिए 19वीं सदी के भारत में जो धार्मिक सुधारवाद आया, उसमें भी बहुलता है। हम बांग्ला नवजागरण में कई धार्मिक मत, कई सामाजिक संगठन और कई दृष्टियां पाते हैं। महाराष्ट्र में धार्मिक सुधार एक तरह से हुआ, तो आंध्र प्रदेश, केरल, तमिलनाडु में अलग-अलग ढंग से। 19वीं सदी के हिंदू धार्मिक सुधारों की बहुलता उन्हें तथाकथित पुनरुत्थानवाद, अंध-राष्ट्रवाद और 'फंडामेंटलिज्म' की बनी इकहरी राजनीतिक कोटियों से अलग कर देती है।

पार्थ चटर्जी ने धार्मिक सुधारकों को आधुनिकता के देशी आलोचक के रूप में चिह्नित किया है। वास्तविकता यह है कि धार्मिक पुनरुत्थान से जुड़े होने पर भी आधुनिकीकरण के प्रति राममोहन राय, भारतेंदु हरिश्चंद्र, महादेव गोविंद रानाडे, विवेकानंद, नारायण गुरु आदि का आकर्षण कोई छिपा मामला नहीं है। इनसे संबंधित तथ्य पार्थ चटर्जी के उपर्युक्त निष्कर्ष का खंडन कर देते हैं। भारत में धार्मिक सुधार आंदोलन आधुनिकता के विरोधी नहीं सहयात्री हैं, बल्कि उनके भीतर से औपनिवेशिक आधुनिकता की जगह ले लेती है 'आलोचनात्मक आधुनिकता' और वह एक व्यापक राष्ट्रीय भावना पैदा करती है। उल्लेखनीय है कि हिंदू धर्म के 'फंडामेंटल्स' उस तरह घोषित और निर्धारित नहीं हैं, जिस तरह ईसाइयों और मुसलमानों के लिए उनके धर्मग्रंथों में निर्धारित हैं।

दरअसल 'हिंदू फंडामेंटलिज्म' जैसी चीज का कोई वस्तुगत आधार नहीं है। ईसाइयों और मुसलमानों के संदर्भ में 'फंडामेंटलिज्म' का एक तात्पर्य है, क्योंकि उनके धर्म के मूल तत्व निर्धारित हैं। उन तत्वों से भटकने को

अच्छा नहीं माना जाता। इन धर्मों में धर्मग्रंथ के अनुसार चलने को कहा गया है, हालांकि यहां भी समय और स्थितियों के अनुसार बहुत कुछ बदला है।

आजादी के बाद हिंदू सांप्रदायिक शक्तियों के भार को जिन राजनीतिक मुहावरों से पहचाना गया, उनमें एक 'हिंदू फंडामेंटलिज्म' है। एक तरह से देखा जाए तो यह एक निराधार कल्पना है। इस शब्दावली का व्यवहार हिंदू धर्म के राजनीतिकरण और हिंदू कट्टरवाद के अर्थ में होने लगा, जो सही नहीं है और वस्तुतः आत्मघातक सिद्ध हुआ। कहना न होगा कि नए युग में सांप्रदायिकता और धार्मिक कट्टरवाद का संबंध नवजागरण काल के धार्मिक सुधार की विचारधाराओं से न होकर रूढ़िपोषक संरक्षणवाद की परंपराओं और उसके संगठनों से है। हिंदू धर्म का राजनीतिकरण करनेवाले कट्टरवादियों का 'हिंदू फंडामेंटल्स' से कोई संबंध नहीं है, क्योंकि ऐसी कोई चीज ही नहीं है!

नवजागरण काल में हर धर्म के भीतर जो सचमुच शिक्षित और ज्ञानवान लोग रहे हैं, वे अपने-अपने समाज की बुराइयों के प्रति सचेत होकर बंधुत्व, सहिष्णुता और स्वतंत्रता के मूल्यों को समझने लगे थे। वे संरक्षणशील सुधारवादी थे।

हम संरक्षणशील सुधारवाद उस सुधारवाद को कहेंगे जो आधुनिक दिशा में सामाजिक सुधारों की तरफ बढ़ते हुए अपनी उच्च भारतीय परंपराओं का संरक्षण चाहता है। उसका लक्ष्य मानवता की श्रेष्ठ परंपराओं का सांस्कृतिक पुनर्निर्माण करते हुए सुधार लाना रहा है, जबकि निरा संरक्षणवाद निकृष्ट रूढ़ियों और बंधनों का पोषक होता है। वह सामाजिक सुधार का विरोधी होता है।

प्रति-नवजागरण की गतिविधियां

19वीं सदी के रूढ़िपोषक संरक्षणवादियों में पहला महत्वपूर्ण नाम राधाकांत देव का है। वे एक संपन्न जमींदार थे। वे अंग्रेजी शिक्षा और अंग्रेजी राज के एक बड़े समर्थक थे तथा सती प्रथा बंद करने के विरोधी थे। स्पष्ट हो जाना चाहिए कि पुरानी हिंदू प्रथाओं के उनके समर्थन का अर्थ राष्ट्रीय चेतना नहीं है। उन्होंने सामाजिक सुधारों को रोकने के लिए 'धर्म सभा' नाम से एक संगठन बनाया, जिसका विस्तार हिंदी क्षेत्र और मुंबई प्रांत में भी हुआ। कलकत्ता में

बने इस संगठन का उद्देश्य राजा राममोहन राय के ब्रह्म समाज, 19वीं सदी के धार्मिक सुधारों और हेनरी डिरोजियो के बुद्धिवादी विचारों का विरोध करना था। राममोहन राय के प्रयास से जब सती प्रथा कानूनी रूप से बंद कर दी गई, राधाकांत देव ने इस प्रतिबंध को देशी लोगों के धार्मिक मामलों में हस्तक्षेप माना। इसके विरोध में प्रिवी कौंसिल में अपील की गई। अपील 1832 में खारिज हो गई। इसी तरह जब ईश्वरचंद्र विद्यासागर विधवा पुनर्विवाह के पक्ष में कानून बनाने के लिए आंदोलन कर रहे थे, राधाकांत देव ने तब इस सुधार का भी विरोध किया और पूरा प्रयास किया, विधवा पुनर्विवाह कानून न बन सके। इससे अंदाजा लग सकता है कि समाज में संरक्षणवादियों की सक्रियता कितनी बढ़ी-चढ़ी थी और संरक्षणवादी प्रति-नवजागरण को कितना अधिक समर्थन था।

विधवा पुनर्विवाह कानून (1856) हिंदू कूपमंडूकता को गहरी चोट पहुँचानेवाला था। इसलिए विधवाओं को, भले वे बाल विधवा हों, पारिवारिक मर्यादा का प्रश्न बना दिया गया था। कानून बन जाने पर भी विधवा पुनर्विवाह कठिन था। इस पर दलित और पिछड़ी जातियों में भी रोक थी। इसलिए कानून बन जाने पर भी विधवा पुनर्विवाह को सामाजिक स्वीकृति नहीं मिल पा रही थी। बंगाल के एक सामाजिक विद्रोही दक्षिणा रंजन मुखर्जी ने एक विधवा से विवाह किया था, ऊपर से विधवा दूसरी जाति की थी। सामाजिक बहिष्कार और उत्पीड़न के डर से भागकर वे अवध क्षेत्र में चले गए थे।

उस जमाने में अपनी जाति से हाथ धो देना एक बड़ी सजा मानी जाती थी, खासकर ऊंची जातियों में। आम जनता धर्मशास्त्र के पक्षधर पंडितों से लड़ नहीं सकती थी। वह पंडितों की व्याख्या पर विश्वास करती थी, क्योंकि संस्कृत जानती नहीं थी। इसलिए 19वीं सदी में स्त्री को केंद्र में रखकर हुए सुधारों का रूढ़िवादी हिंदू समाज पर बहुत कम असर हुआ। अधिकांश लोग मौखिक परंपरा से बताई जा रही रीति पर चलते थे और संरक्षणवादी पंडित उनके अज्ञान और जाति-बहिष्कार के भय का फायदा उठाते थे। लोगों को अपने समाज और जाति पंचायत के निर्देशों के अनुसार चलना पड़ता था। पारिवारिक-सामाजिक संरक्षणवाद इतना मजबूत था कि भारतीय नवजागरण को एक छोटे मध्यवर्गीय दायरे में सीमित हो जाना पड़ा।

1855 में 'हिंदू पैट्रियट' ने लिखा है, 'हिंदू समाज में संरक्षणवाद एक प्रधान चारित्रिक विशेषता है। स्थापित नियम-कायदों के जरा-से उल्लंघन का गंभीर नतीजा होता है। ...नई राह पर चलनेवाले की भारी बदनामी होती है और उसे सामाजिक जीवन में बहिष्कार झेलना पड़ता है।' दरअसल उस जमाने में राजाओं, जमींदारों और पंडितों द्वारा अपने स्वार्थों की रक्षा के लिए बनाया गया सुधारवाद-विरोधी गठबंधन बड़ा मजबूत था। उस पर सामाजिक सुधार के कानूनों का असर न था। विद्यासागर ने अपनी पहल पर जो विधवा विवाह कराए, इसके लिए उन्हें कई बार पुलिस बुलानी पड़ी, ताकि विधियां शांतिपूर्वक हो जाएं। (वीमेन सोशल रिफार्म इन इंडिया, सुमित सरकार तनिका सरकार)। इसके अलावा रूढ़िवादी प्रेस विधवाओं को धमकी देता रहता था। समाज पर हिंदू रूढ़िवादियों का इतना दबदबा था कि अधिकांश सुधारक खुद अपने जीवन में अपने विचारों को लागू नहीं कर पाते थे। उनका दोहरा चरित्र आम शिक्षित व्यक्तियों को साहसहीन कर देता था।

कलकत्ता से प्रकाशित हिंदी के प्रथम दैनिक पत्र 'समाचार सुधावर्षण' में एक बार छपा, 'विधवा पुनर्विवाह को हिंदू शास्त्र मान्यता नहीं देता। अधिकांश धार्मिक मनोभाव के लोग इतने साहसी नहीं हैं कि यह जोखिम उठा सकें।' (6 नवंबर, 1855)। हालांकि उसी जमाने में बांग्ला में प्रकाशित 'तत्वबोधिनी पत्रिका' ने पक्ष में लिखा कि विधवा पुनर्विवाह युवतियों की ऐंद्रिक जरूरतें पूरी करने के लिए जरूरी है। यह पत्र बताता है कि स्त्रियों में पुरुषों की तुलना में आठ गुणा ज्यादा यौन-आकांक्षा होती है। ऐसे समर्थनों के बावजूद पुराने हिंदू रीति-रिवाजों का इतना अधिक दबाव था कि नैतिक दृष्टि से विधवा पुनर्विवाह बीसवीं सदी के पूर्वार्ध तक बुरा माना जाता रहा है। विधवाओं को चार-पांच दशक पहले तक कठोर प्रतिबंधों के बीच बड़ा यातनामय जीवन जीना पड़ा है। एक तरह से विद्यासागर की मृत्यु के बाद विधवा पुनर्विवाह आंदोलन करीब-करीब शांत हो गया था। इसी तरह, भारतेंदु के बाद हिंदी क्षेत्र में इसके लिए प्रभावशाली आवाज उठानेवाला कोई न था।

उस काल में विभिन्न जाति-बिरादियों के जो सामाजिक संगठन बने थे, उनकी महिला शाखा की सभाओं में स्त्री शिक्षा की बात उठती थी,

लेकिन उन सभाओं में भी इसी तरह के प्रचार किए जाते थे कि पति के मरने के बाद विधवा के मुँह से किसी दूसरे पुरुष का नाम भी उच्चरित नहीं होना चाहिए। स्त्रियों की सभा में विधवा पुनर्विवाह या बाल विवाह के मुद्दे पर कोई चर्चा नहीं होती थी। इतना व्यापक था हिंदू संरक्षणवाद का अवरोध।

स्त्री की स्वाधीनता का बहुत अधिक संबंध जाति व्यवस्था के बंधनों से है। जब तक ये बंधन हैं, स्त्री मुक्त नहीं हो सकती। सखाराम गणेश देउस्कर (1869-1912) एक क्रांतिकारी देशभक्त और पत्रकार थे। 1910 में उन्होंने लिखा, 'इन दिनों इस देश के लोगों की नजर में जाति प्रथा का ध्वंस हिंदू धर्म के ध्वंस का समानार्थी हो गया है।' दरअसल देउस्कर बंगाल के तिलक कहे जाते थे। वे संरक्षणवादी राष्ट्रभक्त थे और उपनिवेशवाद को बड़ा शत्रु मानते थे। गौर करने की चीज है कि 'संरक्षणशीलता' एक चीज है और 'संरक्षणवाद' बिल्कुल दूसरी चीज। 'संरक्षणवादी' होना सुधार आंदोलन को नकारना है।

20वीं सदी की शुरुआत में 'प्राथमिकताओं में राष्ट्रीय परिवर्तन' एक घटना है। पहले दशक से लक्षित किया जा सकता है कि सामाजिक सुधारों के प्रश्न पर जो व्यक्ति संरक्षणशील है, वह उपनिवेशवाद के प्रश्न पर विद्रोही है। उपनिवेशवाद बर्बर होता जा रहा था, जिससे नवजागरण की परियोजनाओं को धक्का पहुँच रहा था, खासकर सुधार आंदोलनों को। उसकी उपस्थिति से संरक्षणवाद को अप्रत्यक्ष मजबूती मिल रही थी।

आर्य समाज (स्थापित 1875) वेदों में आस्था व्यक्त करता है और दूसरे धर्मों के प्रति असहिष्णु है। इसके बावजूद, इसमें हिंदू धर्म की जाति और लैंगिक विषमता, धार्मिक अन्यायों और मूर्ति पूजा का विरोध जिस तरह व्यक्त हुआ है, उसे ब्रह्म समाज की ही तरह संरक्षणशील सुधारवाद की कोटि में रखा जाना चाहिए। आर्य समाज की संरक्षणशीलता के समानांतर संरक्षणवाद का नमूना देखना हो तो 17 नवंबर 1869 को काशी नरेश के प्रांगण में वेद के प्रचारक दयानंद सरस्वती के काशी के पंडितों से मूर्ति पूजा के संबंध में शास्त्रार्थ को उदाहरण बनाया जा सकता है। उस समय आर्य समाज की स्थापना नहीं हुई थी, लेकिन मूर्ति पूजा के प्रश्न पर वाद-विवाद शुरू हो गया था। उपर्युक्त सभा में काशी नरेश भी उपस्थित थे। काशी के पंडित ताराचरण लगभग 300 दूसरे

मूर्तिपूजक पंडितों के साथ दयानंद का मुकाबला करने के लिए उपस्थित थे। एक प्रसिद्ध वेदांती विशुद्धानंद गौड़स्वामी अपनी साधना छोड़कर रूढ़िवादी सनातनियों के पक्ष में लड़ने चले आए थे। यह विचित्र इसलिए है कि अद्वैतवादी वेदांत में मूर्तिपूजा के लिए स्थान नहीं है। इस शास्त्रार्थ का इतना प्रचार हुआ कि बनारस के ब्राह्मण और नव-शिक्षित बुद्धिजीवी शास्त्रार्थ देखने के लिए काशी नरेश के प्रांगण में उमड़ पड़े थे।

उपर्युक्त शास्त्रार्थ का आँखों देखा हाल घटना के 6 महीनों के बाद 'क्रिश्चियन मिशनरी जरनल' में छपा था। यह एक यूरोपवासी ईसाई धर्मप्रचारक की रपट है जिसे लाला लाजपत राय ने अपनी किताब 'हिस्ट्री ऑफ आर्य समाज' (1914) में उद्धृत किया है। रपट रोचक है और हिंदी क्षेत्र में संरक्षणवाद के प्रभुत्व, उसके कला-कौशल तथा संरक्षणवादी प्रति-आक्रमण का अच्छा सबूत है।

यूरोपीय धर्मप्रचारक ने लिखा है, 'काशी के पंडितों ने आरंभ से ही तय कर लिया था कि सही या गलत उपाय से उन्हें इस अवसर पर विजय हासिल करनी है।' रपट में बताया गया है कि दयानंद ने पहले पूछा कि काशी के पंडित वेदों को प्रमाण मानते हैं या नहीं। उन्होंने जब स्वीकार किया, दयानंद ने चुनौती दी कि वे वेदों से मूर्ति पूजा और पाषाण पूजा के प्रमाण दें। ताराचरण ने ऐसा न करके पुराणों से साक्ष्य दिया। दयानंद के स्वीकार न करने पर पंडितों की भीड़ हल्ला करने लगी। दयानंद के साथ उनके चंद इने-गिने शिष्य थे। उन्होंने कह दिया था कि वे 'मनुस्मृति' और 'शारीरिक सूत्र' को मानते हैं। विशुद्धानंद गौड़स्वामी ने बीच में हस्तक्षेप किया। उन्होंने 'शारीरिक सूत्र' से वेदांत का एक कथन उद्धृत करते हुए दयानंद से पूछा, 'आप बताएं यह वेद में कहां है?' दयानंद ने जवाब दिया कि उन्हें पूरा संदर्भ याद नहीं है। कोई ज्ञानी पूरा वेद याद नहीं रख पाता। गौड़स्वामी ने उसी समय दयानंद पर फब्ती कसी, 'वेद याद नहीं है तो काशी में उपदेश देने नहीं आना चाहिए था। काशी के पंडित पूरा वेद अपनी जुबान पर रखते हैं।' इस पर सभी पंडितों ने हल्ला मचाते हुए विजयोल्लास व्यक्त किया। काशी नरेश ने घोषित कर दिया कि दयानंद सरस्वती पराजित हो गए हैं। कबीर के समय बनारस में

ऐसी हिंसात्मक स्थिति नहीं थी। राजा-पंडित गठबंधन ने दयानंद सरस्वती के आंदोलन को बनारस में रोक दिया। हिंदी क्षेत्र वैसे भी धार्मिक मतांधता का पुराना गढ़ रहा है। यहाँ आर्य समाज का उस तरह प्रभाव नहीं पड़ा, जिस तरह ब्रह्म समाज का बांग्ला समाज पर पड़ा था।

19वीं सदी में आर्य समाज ने कई धार्मिक रूढ़ियों और ब्राह्मण पुरोहित तंत्र को चुनौती दी, लेकिन इसके शुद्धि आंदोलन और धर्मांतरण के आयोजनों ने सामाजिक तनाव बढ़ाया। ब्रह्म समाज की तरह आर्य समाज ने सभी के लिए अपना द्वार खोल दिया था, पर वह ब्रह्म समाज से भिन्न एक आक्रामक धार्मिक सत्ता की तरह ज्यादा दिखाई पड़ रहा था। दलितों और मुसलमानों को शुद्ध करके हिंदू (आर्य) बनाने का उसका आंदोलन एक दंभ था और वह सफल नहीं हो सका। शुद्धि के बाद भी दलित दलित रह गए और मुसलमान मुसलमान। लेकिन इन घटनाओं ने सामाजिक जहर जरूर फैलाया। आर्य समाज ने 'जात-पांत तोड़क मंडल' बनाया। जाति व्यवस्था भयंकर वज्र, क्यों टूटे! इन घटनाओं से कुछ मामलों में सुधार की प्रवृत्ति के बावजूद, आर्य समाज के संरक्षणवादी झुकावों का बोध हो जाता है। यही वजह है कि वह अंततः हिंदू धर्म के रूढ़िवादियों द्वारा आत्मसात कर लिया गया।

हिंदी क्षेत्र में कई अन्य धार्मिक संगठन बने, जिनका लक्ष्य धार्मिक सुधारों से हिंदू समाज को दूर रखना था। उनमें एक 'सनातन धर्म सभा' है जिसकी स्थापना 1885 में हुई। इसी उद्देश्य से एक अन्य बड़े संगठन 'भारत धर्म महामंडल' की स्थापना मथुरा में 1902 में हुई। इससे मदन मोहन मालवीय जुड़े हुए थे। इसका एक उद्देश्य आर्य समाज के उभार को रोकना था। ऐसे सभी संगठन ब्राह्मण वर्चस्व और हिंदी क्षेत्र में धार्मिक मतांधता को बढ़ावा देने के लिए थे। उसी दौर में विवेकानंद द्वारा स्थापित रामकृष्ण मिशन (1897) के उद्देश्य अलग थे। उनका संबंध वेदांत के प्रचार के अलावा आधुनिक शिक्षा, नए ज्ञान-विज्ञान के प्रसार तथा सामाजिक सुधार से था।

उल्लेखनीय है कि रूढ़िपोषक संरक्षणवाद का संबंध यदि एक तरफ राजा-महाराजाओं से था, तो दूसरी तरफ अंग्रेजी राज से भी था। अंबिका प्रसाद वाजपेयी ने अपनी पत्रिका 'नृसिंह' (1907) के एक अंक में लिखा है,

'हिंदू धर्म के सिरधरू 'भारत धर्म महामंडल' को तो राजभक्ति के डेपुटेशन ले जाने से ही छुट्टी नहीं है।' उनके इस कथन से ब्रिटिश उपनिवेशवाद और हिंदू संरक्षणवाद के संबंध का पता चल सकता है। भारतेंदु हरिश्चंद्र से लेकर अंबिका प्रसाद वाजपेयी तक कई लेखकों ने उपनिवेशवाद-संरक्षणवाद की सांठगांठ का उल्लेख किया है। इससे साफ होता है कि संरक्षणवादी शक्तियाँ राजा-महाराजाओं और ऊंची जातियों की ही नहीं साम्राज्यवाद की भी, जो राष्ट्रीय गौरव का वास्तविक शत्रु है, स्वाभाविक पिट्ठू होती हैं।

19वीं सदी की रूढ़िवादी धर्म सभाओं और महामंडलों का विकसित रूप हिंदू महासभा (1915) है। इसने हिंदू धर्म के भावी बौद्धिक-राजनीतिक सैन्यीकरण की नींव रखी। इसने हिंदू धर्म को सीमित करते हुए इसके 'फंडामेंटल्स' तय करने शुरू कर दिए जो काम इस महान धर्म के इतिहास में पहले कभी नहीं हुआ था। राजनीतिक दूरदर्शिता लेकर चलनेवाले ऐसे धार्मिक संगठनों ने आधुनिकता, सामाजिक सुधार और धर्मनिरपेक्षता में 'बेगानेपन' का अनुभव करनेवाले समृद्ध रूढ़िवादी हिंदुओं के लिए संकीर्ण सांस्कृतिक राष्ट्रवाद का राजनीतिक शरणस्थल बनाया। राष्ट्रीय स्वाधीनता आंदोलन के दौर में जब उपनिवेशवाद-विरोधी राष्ट्रीय भावना 'दूसरेपन' का बोध मिटा रही थी, उपनिवेशवाद से संबंध रखते हुए और इसकी अप्रत्यक्ष साजिशों में फँसते हुए अंध-राष्ट्रीय संरक्षणवाद तरह-तरह से 'दूसरेपन' का विध्वंसक निर्माण कर रहा था।

'दूसरापन' हमेशा भय का एक निष्ठुर संसार रचता रहा है। इस भय से धार्मिक सुधारों को दबाकर धार्मिक राष्ट्रवाद निकलता है। सामाजिक रूप से पिछड़े और धार्मिक बहुलतावाले देश भारत में इसके लिए उर्वरक की कमी नहीं रही है।

मुस्लिम संरक्षणवादी अभियान

इसकी ओर भी ध्यान जाना चाहिए कि 19वीं सदी के बांग्ला नवजागरण में एक भी मुस्लिम समाज सुधारक शामिल नहीं था। पश्चिमोत्तर प्रांत के सर सैयद अहमद खां (1817-1898) एकमात्र ऐसे सुधारक थे जिन्होंने मुसलमानों

को इस्लाम धर्म की रूढ़ियों और कुरीतियों से मुक्त करके उन्हें पश्चिमी शिक्षा और ज्ञान-विज्ञान की रोशनी में खड़ा करने का प्रयास किया था। उन्होंने नवजागरण के मूल्यों के अनुसार कुरान की पुनर्व्याख्या करते हुए विज्ञान की जरूरत पर बल दिया था। उनके काम को अलीगढ़ आंदोलन के नाम से जाना जाता है। सैयद अहमद खां को इसके लिए इस्लामी कट्टरपंथियों का कोपभाजन होना पड़ा। उदारवादी अलीगढ़ आंदोलन के जवाब में 1868 में देवबंद आंदोलन का सूत्रपात हुआ। बरेलवी आंदोलन अस्तित्व में आया। वहाबियों का उभार हुआ। ये सभी संरक्षणवादी मुस्लिम संगठन थे। (अन्यत्र देखें—'मुस्लिम नवजागरण, औपनिवेशिक आधुनिकता और कट्टरवाद' शीर्षक लेख)। ये सामाजिक सुधार और आधुनिक शिक्षा की तरफ खुले रुख के बिल्कुल खिलाफ थे। अंग्रेज कट्टरवादियों की तुलना में आधुनिक शिक्षा पाए मुसलमानों को अपना स्वाभाविक संगी समझते थे।

यह एक ट्रैजिक घटना है कि सैयद अहमद खां आधुनिक शिक्षा और ज्ञान-विज्ञान की तरफ झुकाव के बावजूद अंततः कठोर इस्लामिक सामाजिक नियमों के मामले में चुप हो गए। वे परिस्थितिवश इस्लाम के भीतर मौजूद समानता की भावना को स्त्री-पुरुष बराबरी तक न ले जा सके। उनके बुद्धिवाद और उदारवाद की आग धीमी हो गई, धार्मिक राष्ट्रवाद की आग सुलग उठी। उन्होंने 1867 से ही उर्दू के पक्ष में हिंदी का विरोध करना शुरू कर दिया था, सांप्रदायिक विभाजन की नींव डाल दी थी। वे लोकतंत्र और व्यापक राष्ट्रीय हित की जगह मुस्लिम सांप्रदायिक हितों की तरफ झुकते चले गए।

सैयद अहमद खां अंग्रेजों के कृपापात्र थे, क्योंकि 1857 के संग्राम में उन्होंने कई अंग्रेजों की जान बचाने में महत्वपूर्ण भूमिका निभाई थी। 1877 में उन्होंने दिल्ली दरबार में हिस्सा लिया था। निश्चय ही वे लंबे समय तक 'एक भारत' की धारणा के समर्थक थे और हिंदू और मुसलमान को एक ही दुल्हन की दो आंखों की तरह देखते थे। कालांतर में उनकी यह धारणा बदल गई। 1885 में भारतीय राष्ट्रीय कांग्रेस की स्थापना के बाद वे इस्लामी सामाजिक सुधार के मुद्दों से पीछे हटकर पूरी तरह सांप्रदायिक राजनीति के अंग बन गए, जैसा कि अंग्रेज चाहते थे। प्रत्युत्तर में हिंदू संरक्षणवाद को भी

पनपने का अवसर मिला जो दुर्भाग्यपूर्ण था। उल्लेखनीय है कि 1857 में जो अंग्रेज़ आम मुसलमानों के प्रधान दुश्मन थे, अब वे धीरे-धीरे उनके प्रधान संगी बनते जा रहे थे। 19वीं सदी के अंतिम दशक में यह प्रचार भी चलाया गया कि ब्रिटिश सरकार हिंदुओं के विरुद्ध है और मुसलमानों की रक्षक है। दरअसल भारत सांप्रदायिक आधार पर जितना अधिक विभाजित होता, उपनिवेशवाद के लिए उतना सुविधाजनक होता।

भारतीय मुस्लिम समाज बहुपरतदार रहा है और हिंदू समाज की तरह बुराइयों से काफी जकड़ा भी रहा है। यह कठोर पितृसत्तात्मक समाज है जिसमें पुरुषों को चार शादियां करने की छूट और अपेक्षाकृत जल्दी तलाक का प्रावधान है जिसके दुरुपयोग होते रहे हैं। मुस्लिम संरक्षणवादी संगठनों की सक्रियता के साथ ही शिक्षित एलीट वर्गों में अपने सुल्तानों और बादशाहों के लगभग 600 सालों तक भारत के एक बड़े हिस्से पर राज करने का पुनरुत्थानवादी दंभ पैदा होने लगा था। उनकी अंग्रेजी शिक्षा उन्हें उपर्युक्त मामलों में बुद्धिपरक और उदारवादी नहीं बना पा रही थी। यही वजह है कि शुरू में ब्रिटिश सत्ता में अधिक हिस्सेदारी का दावा उनका प्रमुख सांप्रदायिक एजेंडा बना। मुस्लिम समाज में एक समय का साम्राज्यवाद—विरोध और सांस्कृतिक सुधार का एजेंडा पिछड़ गया। मुस्लिम संरक्षणवाद अपनी पुरानी कुप्रथाओं के साथ प्रायः चुनौतीविहीन था। राष्ट्रीय सुधारवादी मानसिकता के कुछ ही मुस्लिम बुद्धिजीवी सक्रिय थे। उनका समाज पर ज्यादा असर नहीं था। पश्चिमोत्तर प्रांत में हिंदू संरक्षणवाद और मुस्लिम संरक्षणवाद की प्रतिस्पर्धा ने 19वीं सदी के आखिरी दशकों में सांस्कृतिक सुधारों के आगे अवरोध पैदा किया।

1885 में एलेन ह्यूम के नेतृत्व में भारतीय राष्ट्रीय कांग्रेस की स्थापना से भारत में राष्ट्रवाद की शुरुआत मानी जाती है। इसे अंग्रेजी राज के 'सेफ्टी वाल्व' के रूप में भी देखा जाता है। बंबई में 28 दिसंबर 1885 को डब्लू. सी. बैनर्जी की अध्यक्षता में इसके स्थापना समारोह में देश के ब्रिटिश-शासित प्रायः सभी राज्यों से कुल 73 आधिकारिक और 10 सामान्य प्रतिनिधि आए थे। उनमें 54 हिंदू, सिर्फ 2 मुसलमान और बाकी अधिकांशतः पारसी-जैन थे। सभी प्रतिनिधि अंग्रेजी बोलनेवाले एलीट थे।

पहले सम्मेलन से आगामी कई सम्मेलनों तक राष्ट्रीय कांग्रेस की मुख्य मांगें फौज पर खर्च घटाने, देश में ही प्रतियोगी परीक्षा की सुविधा देने, अंग्रेजी प्रशासन में भारतीय हिस्सेदारी बढ़ाने और विधानसभाओं में प्रतिनिधित्व के मुद्दों तक सीमित थीं।

भारतीय राष्ट्रीय कांग्रेस में अंग्रेजी सत्ता में हिस्सेदारी और कौंसिल के लिए प्रतिनिधियों के चुनाव के प्रश्न जैसे ही उठने शुरू हुए, मुसलमान नेताओं ने कांग्रेस से दूरी रखने के साथ-साथ सांप्रदायिक गोलबंदी तेज कर दी। भारतीय राष्ट्रीय कांग्रेस का गठन और मुसलमान नेताओं की सांप्रदायिक गोलबंदी—दोनों ही अप्रत्यक्ष औपनिवेशिक कारीगरी हैं। इस दौर में अंग्रेजी राज से मुक्ति का प्रश्न वस्तुतः पृष्ठभूमि में जा चुका था और औपनिवेशिक प्रजातंत्र में विशिष्टवर्गीय भागीदारी की राजनीति प्रमुख बना दी गई थी। हिंदुओं की बहुसंख्यकता का भय अप्रत्यक्ष रूप से मुसलमानों में पैदा किया जाने लगा था। 1887 के मद्रास अधिवेशन में अध्यक्ष बने बदरुद्दीन तैयबजी भी हिंदू भय को रेखांकित करने से अपने को रोक नहीं पाए थे। हालांकि उन्होंने मुसलमानों से आह्वान किया था, 'वे कौम और संप्रदाय से ऊपर उठकर देशवासियों के कंधा से कंधा मिलाकर काम करें।' इसके बावजूद, आम मुस्लिम जनाधार पर संरक्षणवादी नेताओं का प्रभाव बढ़ता गया था।

20वीं सदी के शुरू के दशक में आधुनिक शिक्षा के विकास तथा नई जीवन-शैली के प्रसार के साथ नवजागरण उतार-चढ़ाव से भरा था। समाज में बहसें थीं, तर्क थे और सुधारों में सामाजिक सघनता आई थी। नवजागरण का नए इलाकों और समुदायों में प्रसार हो रहा था, लेकिन उसे औपनिवेशिक चालाकियों का शिकार होने के अलावा संरक्षणवादी धार्मिक संगठनों के भारी धक्के झेलने पड़ रहे थे। फिर भी समावेशी राष्ट्रवाद के बन रहे नए माहौल में काफी लोग धर्म के बाहर झांकना शुरू कर चुके थे, हालांकि उनके पैर रूढ़िवाद के कीचड़ में फँसे रहते थे।

बंग-भंग (1905) के बाद मुस्लिम लीग (1906) का गठन हुआ। उसने उपनिवेशवाद-विरोधी राष्ट्रीय आंदोलन से अपने को ज्यादातर अलग रखा। उसमें अलीगढ़ आंदोलन की सुधारवादी गरमाहट नदारद थी।

मुस्लिम लीग को अंततः ब्रिटिश राज की वफादारी में अपना भविष्य दिखा। अंग्रेजों के लिए यह अच्छा अवसर था। सांप्रदायिक और अंध-राष्ट्रवादी विचारों ने हिंदू और मुस्लिम दोनों समाज में बुद्धिवादी चेतना के प्रसार, सामाजिक सुधार और राष्ट्रीय अंतर्मिश्रण में भारी अवरोध पैदा किया। 19वीं सदी से हिंदू-उर्दू तनाव बना हुआ था। मुस्लिम नेताओं को पुरानी धार्मिक व्यवस्था और कूपमंडूकता में सुरक्षा नजर आ रही थी। फिर भी इस दौर में उपनिवेशवाद से संघर्ष एक मुख्य ऐतिहासिक परिघटना बनती जा रही थी। बड़ी संख्या में मुसलमान स्वतंत्रता आंदोलन में हिस्सा ले रहे थे, भले जटिल स्थितियों में अंध-राष्ट्रवाद बुद्धिवाद को पीछे धकेल रहा था।

उल्लेखनीय है कि राष्ट्रीय स्वाधीनता आंदोलन से हिंदू और मुस्लिम कट्टरवादी तत्व समान रूप से दूर थे।

प्रथम विश्वयुद्ध के दौरान ब्रिटेन का तर्की के ऑटोमन राज से युद्ध ठना। भारतीय मुसलमान वहां के खलीफा के समर्थन में थे। सभी मुस्लिम नेता पहली बार एक साथ अंग्रेजी राज से नाराज थे। मुस्लिम एकता का आधार संरक्षणवाद था। 1919 में खिलाफत आंदोलन उनके लिए एक जेहाद था। इस दौरान हिंदू और मुसलमान 1857 के बाद दूसरी बार बड़े पैमाने पर एक-दूसरे के नजदीक आए। दोनों धर्मावलंबी मिलकर ब्रिटिश राज के खिलाफ सत्याग्रह में उतरे। गांधी मुसलमानों का समर्थन पाने के लिए खिलाफत आंदोलन के पक्ष में हो गए जो उनके विचारों के अनुरूप नहीं था। इस आंदोलन में मुस्लिम लीग को रूढ़िवादी मुसलमानों के बीच अपना सांप्रदायिक जनाधार बढ़ाने का मौका मिला, हालांकि हिंदू-मुस्लिम सौहार्द के कुछ अभूतपूर्व उदाहरण थे। हिंदू महासभा के कुछ नेताओं ने खिलाफत का समर्थन किया। मदन मोहन मालवीय और लाला लाजपत राय उसके पक्ष में हो गए। आर्य समाजी शिक्षाविद् श्रद्धानंद ने दिल्ली की जामा मस्जिद में खलीफा के पक्ष में भाषण दिया। यह सब बहुत छोटे वक्त का खेल था।

उपर्युक्त साम्राज्य-विरोधी हिंदू-मुस्लिम एकता अल्पकालिक सिद्ध हुई। चौरी-चौरा की हिंसा के बाद जैसे ही गांधी ने 1922 में सत्याग्रह वापस लिया, मुस्लिम नेताओं को लगा कि उन्हें धोखा दिया गया है।

उन्होंने 1923 से सांप्रदायिक आंदोलन छेड़ दिया जिसे 'तन्जीम' और 'तबलीग' के नाम से जाना जाता है। इसी दौर में जिन्ना ने पाकिस्तान की मांग की। दार्शनिक और कवि इकबाल ने उसका समर्थन किया। एक अद्‌भुत घटना यह है कि तुर्की के खलीफा को उस देश के ही जनतांत्रिक आंदोलन के नेता मुस्तफा कमाल पाशा ने 1924 में हटा दिया। उस देश में इस्लामी संरक्षणवाद की जगह सामाजिक सुधार का पहिया घूमा, जबकि भारत में यह पहिया बिल्कुल जाम हो गया। भारत में मुस्लिम सामाजिक सुधार की चर्चा करना भी मुश्किल हो गया।

वस्तुतः इस्लामी कट्टरता को हिंदू बहुमतवाले देश हिंदुस्तान में आत्मरक्षा और पृथकता का हथियार बना दिया गया था, जैसा कि अंग्रेज चाहते थे। मुस्लिम समाज में नवजागरण को कट्टरवादी मुस्लिम संगठनों तथा मुल्ला-मौलवियों ने रोका। पुराने नियम-कायदों में कोई सुधार नहीं हो पाया। पहले असहयोग आंदोलन के बाद अंग्रेजी राज और कई बड़े मुस्लिम नेताओं की निकटता बढ़ती गई, समानांतर रूप से सांप्रदायिक तनाव भी बढ़ा। हालांकि मौलाना अबुल कलाम आजाद आदि के नेतृत्व में बड़ी संख्या में आम मुसलमान समावेशी राष्ट्रवाद के साथ थे। आजाद भारत में सैयद अहमद खां जैसा व्यक्तित्व फिर न होने की वजह से मुस्लिम सामाजिक सुधार का मामला दब गया या साहित्यिक आवाजों तक सीमित रह गया।

औपनिवेशिक दुश्चक्र में नवजागरण

19वीं सदी के नवजागरण को प्राक-राजनीतिक दौर के रूप में देखा जाता है जो सही नहीं है। औपनिवेशिक स्थितियों में नवजागरण का अ-राजनीतिक होना असंभव है। उतना ही सुनिश्चित है उसका औपनिवेशिक दुश्चक्रों में फँसना।

वह ऐतिहासिक संक्रमण का दौर था। एक युग बीत रहा था और एक नया युग आधुनिक शिक्षा, सामाजिक सुधार और देशप्रेम के विचारों के साथ आ रहा था, हालांकि जटिलताओं से भरा हुआ। यह निश्चय ही अतीत के प्रति एक भिन्न बौद्धिक-सांस्कृतिक रुख के साथ आ रहा था। लेकिन यह भी समझने की जरूरत है कि नवजागरण काल की बौद्धिक-सांस्कृतिक गतिविधियों

पर अंग्रेजी राज की औपनिवेशिक छाया थी। इस वजह से सुधारवादियों की राजनीतिक तटस्थता संभव नहीं थी। यह कई देशप्रेमियों की उपनिवेशवाद की पक्षधरता और कई देशप्रेमियों के उपनिवेशवाद-विरोधी राष्ट्रीय झुकाव से स्पष्ट है।

अंग्रेजी राज में आधुनिकीकरण की झलक इस रूप में मिलती है–नई शिक्षा नीति, कृषि का व्यापारीकरण, सड़क तथा रेल जैसी यातायात की नई सुविधाओं और डाक-तार जैसे साधनों का उपयोग। आधुनिकीकरण देश पर औपनिवेशिक पकड़ मजबूत करने के लिए था भले वह देशप्रेम, सुधारवाद और राष्ट्रीय जागरण का भी औजार बना। आधुनिकीकरण का एक रूप उदारवाद है जो व्यक्ति की महत्ता बढ़ाता है, लेकिन उदारवाद के लिए एक उदार वातावरण चाहिए, जो न था। इसका विस्तृत अध्ययन बाकी है कि औपनिवेशिक आधुनिकीकरण भारत के सामाजिक-सांस्कृतिक आंदोलनों को कुछ मामलों में एक जमीन देते हुए भी उन पर किस तरह नकारात्मक प्रभाव डाल रहा था और उसका उद्देश्य नवजागरण की वास्तविक परियोजनाओं को किस तरह विफल कर देना था। नवजागरण काल के सुधार आंदोलनों में औपनिवेशिकता एक अमर वायरस की तरह थी।

19वीं सदी में संरक्षणवादी प्रति-आंदोलनों का इतिहास भारतीय समाज को विभाजित रखने का इतिहास है। इसके निर्माण में बहुरूपिया उपनिवेशवाद सहायक था। संरक्षणवादी प्रति-आंदोलन के नेताओं के अंग्रेज पदाधिकारियों से उतने ही मधुर संपर्क रहे हैं जितने सुधारवादियों के। इसकी स्पष्ट झलक 20वीं सदी के कट्टरवादी हिंदू और मुस्लिम धर्मध्वजधारियों की राजनीतिक गतिविधियों में मिलती है। आखिरकार उनके संरक्षणवादी प्रति-आंदोलनों का लक्ष्य क्या था? उनका लक्ष्य था अपनी सत्ता के लिए समाज में सदियों से मौजूद पितृसत्तात्मकता, धार्मिक रूढ़ियों, जाति व्यवस्था तथा तनाव को बरकरार रखना। अंग्रेजी राज 1856 तक कुछ सुधारों का समर्थन करते हुए भी प्रत्यक्ष तथा अप्रत्यक्ष रूप से ऐसे प्रति-आंदोलनों को कितनी मदद दे रहा था, इसे कुछ उदाहरणों से स्पष्ट किया जा सकता है।

ब्रिटिश उपनिवेशवादियों ने भारतीय शासक वर्गों का उपयोग अपने आर्थिक, व्यापारिक और तकनीकी विकास के एजेंट के रूप में किया था। उन्होंने अंग्रेजी दवाओं और अंग्रेजी शिक्षा का प्रचार किया। पश्चिमी सभ्यता के पक्ष में सांस्कृतिक एकरूपीकरण चाहा। उनके ईसाई धर्म के प्रचार का उद्देश्य भी मुख्यतः औपनिवेशिक हित-साधन था।। यह सब करके वे राजभक्त पैदा कर रहे थे। दूसरी तरफ, अंग्रेज शासकों का भारतीय राजाओं, जमींदारों और उच्च श्रेणी के प्रतिष्ठित ब्राह्मणों से अच्छा संबंध भर नहीं था, यह सोच-समझ कर निर्मित एक गठबंधन था जो रूढ़िवादी सांप्रदायिक नियमों और प्रथाओं को मजबूती देता था। फलतः देश के सुधारवादी बुद्धिजीवियों द्वारा नए विचारों का प्रचार मध्यवर्ग के मुट्ठी भर शिक्षित लोगों तक सीमित रह जाता था। आम लोगों पर राजाओं, जमींदारों, उच्च श्रेणी के ब्राह्मणों और कट्टर मुस्लिम नेताओं का प्रभाव था, बल्कि यह बढ़ गया था।

एक उदाहरण तमिलनाडु की रामनाथपुरम रियासत का लें। इसके अंतर्गत रामेश्वरम का इलाका आता है। यहां के सेतुपति (राजा) प्राचीन परंपरा के अनुसार हर साल अपने राज्य के प्रतिष्ठा दिवस का पालन धूमधाम से महाशिवरात्रि के दिन करते थे। 1892 में सेतुपति भास्कर स्वामी ने अपने राजमहल रामलिंगम विलास को महारानी विक्टोरिया सहित उच्च अंग्रेज पदाधिकारियों के चित्रों से सजाया। उन्होंने धार्मिक कर्मकांड के अलावा वैदिक विद्वानों और नर्तकों-संगीतज्ञों का सम्मान किया। इन्हें महंगे बनारसी कपड़े, शाल वगैरह दिए गए। ब्राह्मणों का विराट भोज हुआ। प्रतिष्ठा दिवस के 13वें दिन ब्रिटिश उच्च अधिकारी अतिथि के रूप में आए और जैसे सेतुपति का मुख्य लक्ष्य इन्हीं अंग्रेजों का आवभगत करना हो। उत्तर भारत की अन्य देशी रियासतों और खासकर कलकत्ता में भी ऐसे आयोजन होते रहते थे। इन्हें आम लोग बड़ी लालसा से देखते थे। वे सुधार आंदोलनों की जगह इन्हें ही बड़ी घटना समझते थे। समाज में जड़ धार्मिक प्रथाएं उच्च ब्राह्मणों और अंग्रेजों से मधुर संबंध रखनेवाले राजाओं की छाया में बनी रहती थीं।

19वीं सदी में राजस्थान की कुछ रियासतों में निरंकुशता ज्यादा थी। वहाँ सामाजिक सुधार आंदोलन का प्रवेश बिल्कुल नहीं हो पा रहा था। आज भी सभी प्रदेशों में मृत राजतंत्र का प्रेत शक्तिशाली है।

हम देख सकते हैं कि 1790 से 1830 के बीच रोमानी सोच के थामस मुनरो, जॉन मेलकॉम, कालिन मेकेंजी, चार्ल्स मेटकॉफ जैसे ब्रिटिश नौकरशाह 'आर्गेनिक कंसरवेटिज्म' पसंद करते थे। वे सरकार को सलाह देते थे कि वह भारत के पुराने नियम-कायदों और रीति-रिवाजों का पुनरुत्थान करे, जबकि विलियम बैंटिक, मैकाले और डलहौजी सुधारों के पक्ष में थे।

उत्तर-1857 के दौर में ब्रिटिश दृष्टि बदल गई। यह आभिजात्यवादी शिक्षित भारतीय एलीट को एकरूपतावादी आधुनिकीकरण से लुभाने और शेष समाज को रूढ़िवादी, विभाजित और पिछड़ा रखने की दृष्टि थी। अंग्रेजों को लगने लगा कि सामाजिक सुधार ब्रिटिश राज के लिए अंततः अहितकर हैं। क्रिस्टोफर बेली ने अपने एक अध्ययन में बताया है, 'ब्रिटिश राज की नीतियों और प्रशासन का मुख्य इरादा भारतीय समाज, संस्कृति और अर्थतंत्र को वस्तुतः रूढ़ियों से जकड़कर रखने का था। इरादतन अन-उद्योगीकरण और विनगरीकरण भी हुआ।' (इंडियन सोसाइटी एंड द मेकिंग ऑफ द ब्रिटिश एंपायर, 1989)।

निकोलस डिर्क्स ने अपनी किताब 'कास्ट्स ऑफ मांइड' में इस सवाल पर विचार किया है कि भारत में जाति प्रथा प्राचीन सामाजिक व्यवस्था का ही अवशेष है या वस्तुतः ब्रिटिश औपनिवेशिक शासन से भारत के संपर्कों का नतीजा भी है। इसमें संदेह नहीं कि अंग्रेजी राज ने भारत में जातिवाद को दृढ़ता दी।

1870-80 में ब्रिटिश नीति निर्माता सोचने लगे थे कि इस देश में पुराने रूढ़िवादी सामाजिक नियमों को आधुनिक मजबूती दी जाए और ऐसे नियमों का कठोर आधार तैयार किया जाए। दरअसल अंग्रेज शासक वहीं तक आधुनिकीकरण के पक्ष में थे जहाँ तक उनके औपनिवेशिक हित पूरे होते थे। उन्होंने पुराने रूढ़िवादी नियमों और इनके अनुसार सामाजिक विभाजन को प्रतिष्ठित करने के उद्देश्य से 1871 में जन-सर्वेक्षण शुरू कराया और जाति प्रथा को मजबूत बनाने के साथ आर्य-द्रविड़ नस्लीय सिद्धांत को भारतीय सामाजिक पहचान का मुख्य अंग बना देना चाहा।

1 जनवरी 1877 को अंग्रेजों ने दिल्ली दरबार लगाया था, ठीक मुगल दरबार की शैली में। अवसर था महारानी विक्टोरिया के भारत की साम्राज्ञी बनने के समारोह का। इसमें देश की सभी रियासतों के राजा-महाराजा जिस तरह हास्यास्पद ढंग से बन-ठन कर उपस्थित थे, इसका चित्र भारतेंदु हरिश्चंद्र ने 'दिल्ली दरबार दर्पण' में व्यंग्यात्मक अंदाज में खींचा है, 'कोई तो दूर से ही हाथ जोड़े आए और दो-एक ऐसे थे कि जब एडिकांग के बदन झुकाकर इशारा करने पर भी उन्होंने सलाम न किया तो एडिकांग ने पीठ पकड़कर उन्हें धीरे से झुका दिया। कोई बैठकर उठना जानते ही न थे। यहां तक कि एडिकांग को 'उठो' कहना पड़ता था। कोई ब्रिटिश राज का झंडा, तमगा, सलामी और खिताब पाने पर भी एक शब्द 'धन्यवाद' नहीं बोल सका।' कई राजाओं को कुर्सी के नीचे चबूतरे पर बैठना पड़ा था। ऐसी शर्मनाम हालत थी, फिर भी वे वफादार थे। ऐसे दरबार लगाने का औपनिवेशिक उद्देश्य था इन राजाओं-महाराजाओं के प्रति भक्ति भावना रखनेवाली साधारण जनता को यह संदेश देना कि देश को गुलाम बनाने के बावजूद हम तुम्हारे राजाओं का सम्मान करते हैं और तुम सबको इनके नियमों और आदर्शों के अनुसार चलना है। यह भारत को सामंती आदर्शों से जकड़े रखने की परियोजना थी जो नवजागरण के लिए घातक थी।

दिल्ली दरबार में महारानी विक्टोरिया का यह संदेश पढ़ा गया था, 'यह अवसर हमारे और हमारी प्रजा के बीच आपसी संबंधों को मधुर और प्रगाढ़ करने का प्रयास करेगा। इससे सभी को यह प्रतीत होगा कि वे एक शासन के अधीन हैं जिसमें स्वतंत्रता, हिस्सेदारी और न्याय सबके लिए निश्चित है। प्रजा की खुशहाली बढ़ाने, उसकी संपन्नता बढ़ाने और उसके हितों के संरक्षण हमारे साम्राज्य के ध्येय और लक्ष्य सदा बने रहेंगे।' निःसंदेह इस घोषणा में 'प्रजा' से आशय उन राजाओं, रानियों और रईसों से था जो दिल्ली दरबार में उपस्थित थे, अन्यथा शेष भारतीय जनता तो इस प्रजा की प्रजा थी। निश्चय ही भारतीय प्रजा को वे जरा भी अधिकार नहीं मिलने थे, जो विक्टोरिया के शासन में इंग्लैंड की आम जनता को हासिल थे।

कठोर अंग्रेज शासक लार्ड लिटन के काल में दिल्ली दरबार हुआ था। उसने उपनिवेशवाद की महत्ता बताते हुए कहा था, 'किसानों की दशा सुधार कर, सिंचाई के लिए विपुल धन व्यय कर, न्याय व्यवस्था लागू करके हम भारत पर शासन नहीं कर सकते। राजनीतिक रूप से भारतीय कृषक वर्ग एक जड़ जनसमूह है। यदि वह काबू में रखा जा सकता है तो सिर्फ देशी प्रधानों और राजाओं द्वारा ही, ये चाहे जितने बड़े अत्याचारी हों। वे अभी भी समाज पर प्रभाव रखनेवाले अभिजात लोग हैं। यदि अभिजात वर्गों का अच्छी तरह उपयोग हो सकता है तो मैं निश्चित रूप से कह सकता हूँ कि हमें करना चाहिए।' (द हिस्ट्री ऑफ लार्ड लिटन)। तीन बार हुए दिल्ली दरबार (1877, 1903, 1911) का उद्देश्य था देशी रियासतों के सभी राजाओं को बुलाकर उनके सिर पर महारानी विक्टोरिया के चढ़े होने का संकेत देना और उपनिवेशवाद-सामंतवाद के दमनमूलक गठबंधन को मजबूत करते हुए स्वतंत्रता, समान हिस्सेदारी और न्याय का मुखौटा बना कर रखना।

1857 के बाद ब्रिटिश नीति औपनिवेशिक ढांचे में संरक्षणवादी आधुनिकीकरण की थी। यह भीतर से कूपमंडूकता और बाहर से आधुनिकता की वृद्धि करना है। इसका सबसे बड़ा सबूत यह है कि 1857 के बाद सती प्रथा पर प्रतिबंध और विधवा पुनर्विवाह जैसे सामाजिक सुधार के कानून बनने बंद हो गए। मुस्लिम सामाजिक सुधार में अंग्रेजों ने हाथ ही नहीं डाला। बाद के सुधार मुख्यतः प्रशासनिक सुधार (1861, 1883, 1892, 1909 आदि) थे। अब महज इंडियन पैनेल कोड (1860) जैसे सुधार हो रहे थे। दरअसल अंग्रेज शासक भारत की निरक्षर जनता में राजाओं-जमींदारों के प्रति अंध भक्ति पैदा करना और धार्मिक रूढ़िवाद को मजबूत करना चाहते थे। ये चीजें आमतौर पर हमेशा के लिए स्थापित हो गईं। आज भी भारत के आम लोगों के मन में राजा, महाराजाओं और शासकों के वंश के प्रति भारी आकर्षण है। कई राजघराने आज भी राजनीतिक रूप से शक्तिशाली हैं और संसदीय लोकतंत्र पर उनका भारी असर है।

अंग्रेज एक तरफ भारत की शिक्षित जनता को राजभक्त और पश्चिमी बनाना चाहते थे, तो दूसरी तरफ राजाओं और संरक्षणवादियों से उनका गठबंधन था। यह दुधारी तलवार थी। इससे वे एक तरफ स्वतंत्रता और

न्याय का कत्ल करते थे और दूसरी तरफ धर्म, जाति आदि के आधार पर सामाजिक विभाजन पैदा करते थे। उनका लक्ष्य उपनिवेशवाद का तर्क बुनना था कि भारत इसके बिना आधुनिकता और प्रगति के महाख्यानों की ओर बढ़ नहीं सकता और लोग अपने को सुरक्षित महसूस नहीं कर सकते। वे भारतीय परंपराओं के बीच जाति-धर्म के नाम पर दीवारें खड़ी कर रहे थे। कहा जा सकता है कि भारतीय नवजागरण के मार्ग में तरह-तरह से अवरोध पैदा करना ब्रिटिश उपनिवेशवाद का बुनियादी मकसद था। वह अपने मकसद में काफी हद तक कामयाब हुआ।

दरअसल भारत में प्रति-नवजागरण की संरक्षणवादी परंपराओं और उनके औपनिवेशिक संरक्षण का विस्तृत अध्ययन जरूरी है। ऊपर कुछ नमूने और संकेत भर हैं। खासकर 19वीं सदी के आखिरी तीन दशकों के प्रति-नवजागरण की औपनिवेशिक-सामंती गतिविधियां इतनी व्यापक थीं कि इन्होंने कूपमंडूकता का एक विराट जाल बनाकर न सिर्फ भारतीय नवजागरण को प्रभावित किया, बल्कि राष्ट्रवाद की संकुचित धार्मिक-जातिवादी-जातीय धारणाओं को कठोर शिलाओं–जैसा बना दिया। उनका असर 20वीं सदी में था ही, 21वीं सदी में भी देखा जा सकता है।

गांधी : सुधार आंदोलन और राष्ट्रवाद

भारतीय नवजागरण और स्वाधीनता आंदोलन के संबंध का अध्ययन खास तौर से महत्वपूर्ण है, क्योंकि इस देश में नवजागरण औपनिवेशिक स्थितियों में घटित हुआ था। ऐसे अध्ययन के लिए महात्मा गांधी (1869-1948) के विचार और उनके नेतृत्व में राष्ट्रीय आंदोलन खास महत्व रखते हैं। उन्होंने नवजागरण के बारे में विस्तृत रूप से कभी कुछ नहीं कहा, लेकिन उनके काम नवजागरण की सुधारवादी और राष्ट्रवादी अंतर्धाराओं को जोड़ने के दृष्टि कोण से महत्वपूर्ण हैं। उन्होंने सामाजिक सुधार, देशप्रेम, बौद्धिक स्वाधीनता, आध्यात्मिक-नैतिक उत्थान तथा नवजागरण के अन्य उच्च मूल्यों को एलीट वर्गों के दायरे से बाहर निकालकर जन-साधारण तक पहुंचाया, देश में नवजीवन का संचार किया। 'हिंद स्वराज' (1909) में उन्होंने लिखा था कि स्वाधीनता अधूरी है, यदि वह व्यापक सामाजिक परिवर्तनों के साथ हासिल नहीं होती।

गांधी जब 1915 में भारतीय राजनीतिक क्षितिज पर सक्रिय हुए, वे कई परस्पर विरोधी विचारधाराओं के बीच खड़े थे। उस समय संपूर्ण देश आलोड़ित था, लेकिन अनगिनत परस्पर टकराते सामुदायिक हितों के बीच सामान्य राष्ट्रीय लक्ष्य निर्मित नहीं हो पा रहे थे। अंग्रेजी राज के प्रति भारतीय आक्रोश दिखाई दे रहा था। गांधी तब तक एक भिन्न सभ्यता के चिंतक के रूप में अंतरराष्ट्रीय ख्याति पा चुके थे। दक्षिण अफ्रीका में भेदभाव के खिलाफ उनके सिविलनाफरमानी को पश्चिम में राजनीति से अधिक मानवीय प्रतिरोध के रूप में देखा जा रहा था। इसलिए वहां से लौटकर जब उन्होंने बंबई बंदरगाह पर कदम रखे, उनका स्वागत एक महानायक के रूप में हुआ।

दूरदर्शी सुधारवादी गोपाल कृष्ण गोखले के विशेष आग्रह पर वे उदारवादी राष्ट्रीय नेतृत्व में शामिल होने के लिए आए थे। उन्होंने गोखले की यह शर्त मान ली थी कि एक साल तक देश में राजनीति से अलग रहकर काम करेंगे और कोई राजनीतिक वक्तव्य नहीं देंगे। उन्होंने अपनी नई जीवन यात्रा अ-राजनीतिक रूप से शुरू की और 15 सालों के भीतर पूरे देश की राजनीति के प्राणकेंद्र बन गए।

सुधारवाद और असहयोग आंदोलन

गांधी ने 1915 में पहला काम यह किया कि उन्होंने अहमदाबाद के नजदीक के एक गांव में सत्याग्रह आश्रम खोला जो 1917 में साबरमती नदी के किनारे आ गया और साबरमती आश्रम के नाम से प्रसिद्ध हुआ। उनके आश्रम में छुआछूत निषिद्ध था। 1916 में उन्होंने गुजराती भाषा के महत्व का प्रचार किया। इन घटनाओं से स्पष्ट हो सकता है कि गांधी 19वीं सदी के नवजागरण और सुधार आंदोलन से अपने को किस तरह जोड़ रहे थे और किस शैली में उन्हें विकसित करना चाहते थे। जाहिर है, उनके सुधारवादी अभियान पर दक्षिण अफ्रीकी अनुभवों का असर था। वे चाहते थे कि उनके आश्रम में ऐसे व्यक्ति रहें जो एक व्यापक धार्मिक भावना के साथ सत्य, अहिंसा और नैतिकता के मार्ग पर चलने वाले हों। वे अस्पृश्यता दूर करने का संकल्प लें, शारीरिक श्रम को तुच्छ मानने की जगह उसे गरिमा दें, अर्थात्–कुछ न कुछ करें। निर्भयता का अभ्यास करें। गांधी अपने साबरमती आश्रम में बिना किसी भेदभाव के साथ रहने वाले लोगों के लघु भारत को मूर्त कर रहे थे। उनके इस सुधारवाद में भारत की सामाजिक जटिलता को समझने, श्रम को महत्ता देने और अंग्रेजी राज से मुठभेड़ के लिए निर्भय मन बनाने के तत्व देखे जा सकते हैं। हम इसे औपनिवेशिक सुधारवाद से राष्ट्रीय सुधारवाद की तरफ बढ़ी यात्रा कह सकते हैं। इसका संबंध महज भाषण देने की जगह भारत के लोगों की सामाजिक और बौद्धिक प्रगति के लिए किए जानेवाले रचनात्मक कार्यों से था।

1915-19 की घटनाएं गांधी के विचारों में विकास के दृष्टिकोण से महत्वपूर्ण हैं। प्रथम विश्व युद्ध (1914-1919) चल रहा था। इसी समय बाल गंगाधर तिलक और एनी बेसेंट ने मिलकर होमरूल आंदोलन (1916-1918) चलाया। इसमें मुस्लिम लीग का भी समर्थन था। होमरूल आंदोलन एलीट वर्गीय था। गांधी इस आंदोलन से एक दूरी पर थे। गांधी 1916 में मदनमोहन मालवीय द्वारा स्थापित बनारस हिंदू विश्वविद्यालय गए थे, जिसका वायसराय चार्ल्स हार्डिंग ने बड़े तामझाम से उद्घाटन किया था। इस अवसर पर तीसरे दिन 4 फरवरी को अपनी बारी आने पर गांधी ने राजा-महाराजाओं और अंग्रेज अधिकारियों के बीच अपने भाषण में विश्वनाथ मंदिर की गंदगी, दुरवस्था और संकरी गलियों की आलोचना की। मंच पर हीरे-जवाहरात से लदकर बैठे हुए राजाओं-महाराजाओं को खरी-खोटी सुनाते हुए यह कहा कि उन्हें इन कीमती आभूषणों को बेचकर गरीबों की भलाई में लगाना चाहिए। उन्होंने देश के आम लोगों की सामाजिक दुर्दशा की और ध्यान आकर्षित किया और साफ कहा कि इस सभागार में अंग्रेजी में भाषण हुए हैं और उन्हें भी मजबूरी में एक विदेशी भाषा में अपनी बात रखनी पड़ रही है, 'लेकिन इस भाषा में लोगों के हृदय को छूने की क्षमता नहीं है। सिर्फ हिंदुस्तानी ही लोगों के हृदय को छू सकती है। हिंदुस्तानी और हिंदी में कोई बड़ा फर्क नहीं है। मुझे विश्वास है कि इस विश्वविद्यालय के विद्यार्थी अपनी भाषा में उच्च शिक्षा पाएंगे। ...क्या आज भी कोई ऐसा है जो अंग्रेजी के राष्ट्रभाषा बनने का स्वप्न देखता है?' (सेलेक्टेड वर्क्स ऑफ महात्मा गांधी, खंड-6) उन्होंने इस विचार का खंडन किया कि अंग्रेजी शिक्षित लोग ही भारत को नेतृत्व दे सकते हैं और राष्ट्र के लिए कुछ कर सकते हैं।

एनी बेसेंट सहित कुछ विघ्नकर्ताओं ने उनके भाषण के बीच कई बार टोका-टोकी की। उनके वक्तव्य पर मुग्ध दर्शकों ने उनसे भाषण जारी रखने को कहा। गांधी साफ शब्दों में कह रहे थे, 'सिर्फ भाषणों से स्व-शासन नहीं होगा।' वे यह भी कह गए, 'ब्रिटिश राज्य के इतिहास को जरा देखें। यह स्वतंत्रता का प्रेमी है, पर अंग्रेज भारत के लोगों को स्वतंत्रता कभी नहीं देंगे। हमें खुद उनसे आजादी हासिल करनी होगी।' बार-बार के विघ्न के कारण

उन्हें अपना भाषण अचानक बीच में रोक देना पड़ा। इससे स्पष्ट है कि शिक्षित एलीट और समृद्ध वर्ग साधारण धोती, काठियावाड़ी कुर्ता और पगड़ी में आए गांधी का राष्ट्रीय तेज के साथ बोलना बर्दाश्त नहीं कर पा रहे थे।

गांधी राजा राममोहन राय की जगह विद्यासागर की ज्यादा सराहना करते हैं। वे नवजागरण-दौर के अंग्रेजी प्रेम और पश्चिम-भक्ति के अलावा तिलक के संरक्षणवादी रुझानों के भी विरोध में थे, 'राजा राममोहन राय तथा स्वर्गीय तिलक का यदि अंग्रेजी शिक्षा से संपर्क नहीं होता तो वे लोग इससे भी अधिक बड़े लोग होते। ...मैं अंग्रेजी शिक्षा की निंदा नहीं करना चाहता। मुझे उससे घृणा नहीं है। मैं अंग्रेजी के शासन का अंत चाहता हूँ, अंग्रेजी भाषा का नहीं। ...शंकराचार्य, चैतन्य महाप्रभु, कबीर, नानक आदि साधु पुरुषों के सामने राजा राममोहन राय और लोकमान्य तिलक कुछ भी न थे। इनका उनके समान जनता पर प्रभाव न था। उन महापुरुषों के सामने राजा राममोहन राय तथा स्वर्गीय तिलक खद्योत के समान थे। ...क्या गुरु गोबिंद सिंह अंग्रेजी पढ़े हुए थे? क्या गुरुनानक की तुलना में कोई अंग्रेजी दां भारतीय है? राजा राममोहन राय और स्वर्गीय तिलक के प्रति मेरे मन में गौरव का भाव है, लेकिन ...उन्होंने यदि नैसर्गिक रीति से शिक्षा पाई होती तो चैतन्य की तरह उन्होंने भी बड़ा कार्य किया होता।' (पुरी में भाषण, 13 अप्रैल 1921)। साफ है, गांधी नवजागरण को एलीटवर्गीय सोच से मुक्त कर भारत के आम लोगों से कनेक्ट करना चाहते थे। इस देश में नवजागरण अंग्रेजी-उन्मुखता की जगह जनता की राष्ट्रीय भाषाओं, भारतीय संस्कृतियों और उदात्त धार्मिक भावनाओं के भीतर से ही संभव था।

1917 के चंपारन सत्याग्रह में नीलहे अंग्रेजों के विरोध और कृषकों के समर्थन में खड़ा होकर गांधी ने अपनी निर्भयता का उदाहरण पेश किया, बल्कि सुधारवाद को एलीट वर्गों से बाहर निकाल कर एक व्यापक जनाधार देने का उनका विचार अधिक पुख्ता हो गया। ट्रेन की यात्रा करते हुए उन्होंने खेतों में अधनंगे कृषकों को देखा जिनकी देह पर बहुत कम कपड़े थे। बच्चे नंगे ही थे। यह देखकर गांधी ने अपना पुराना लिबास और चमड़े का जूता त्याग दिया। वे साधारण कपड़ों में और प्रायः अधनंगे रहने लगे ताकि उनमें

और आम लोगों के बीच दूरी न रह जाए। उन्होंने चरखा और खद्दर का प्रचार शुरू किया। उनके समग्र चिंतन और आचरण में त्याग हो या ग्रहण, उसके ठोस राष्ट्रीय संदर्भ थे। दरअसल वे खुद को ही नहीं बदल रहे थे, भारतीय सभ्यता को भी नजदीक से पढ़ रहे थे।

गांधी लगभग बीस सालों तक दक्षिण अफ्रीका में न्याय और आत्मसम्मान के लिए संघर्ष करने के बाद जब भारत आए थे, वे पश्चिम और पूर्व का अनोखा 'सिंथीसिस' बन चुके थे। वे जितने 'आलोचनात्मक' थे, उतने ही 'निर्माणात्मक'। बालगंगाधर तिलक की मृत्यु से कुछ पहले वे भारतीय राजनीति में आ गए थे और तब वस्तुतः नवजागरण की आड़ी-बेड़ी धाराओं के बीच खड़े थे, हालांकि वे सैकड़ों वर्षों की महान भारतीय विरासत की रोशनी से दीप्त थे।

भारत का नवजागरण जिन कुछ व्यक्तित्वों में सर्वाधिक उत्कर्ष पर पहुंचा, उनमें गांधी अन्यतम हैं। खासकर हिंदी क्षेत्र में स्त्रियों और अछूतों का आरंभिक जागरण उन्हीं के प्रयासों का फल है। उन्होंने 'सुधार' और 'स्वतंत्रता' को आपस में जोड़ा। इसमें संदेह नहीं कि गांधी के मंच पर आने से पहले देश के लोगों में विभिन्न शक्लों में स्वतंत्रता की आकांक्षा पैदा हो चुकी थी। गांधी ने सभी आकांक्षाओं को समायोजित किया। उन्होंने प्रेम और समझाने-बुझाने का रास्ता चुना। भारतीय स्थितियां ऐसी नहीं थीं कि 1857 के हिंसात्मक रास्ते पर चलकर स्वतंत्रता हासिल की जा सके, हालांकि उसकी एक अंतर्धारा भगत सिंह, चंद्रशेखर आजाद, सुभाषचंद्र बोस आदि में थी। गांधी ने राष्ट्रीय स्वाधीनता संग्राम के लिए वह रास्ता चुना, जिस पर भारत की आम जनता चल सके और उसकी सोई आत्मा जाग सके।

1920 में जब असहयोग आंदोलन शुरू हुआ, गांधी भारतीय सभ्यता का सार समझ चुके थे। वे भारत की प्रकृति और आत्मा को किसी से भी ज्यादा जान चुके थे। अंग्रेजी राज से मुक्ति के लिए शुरू किया गया उनका सत्याग्रह देश का पहला समावेशी राष्ट्रवादी कदम था जो अहिंसक था। असहयोग आंदोलन की समावेशिकता का मुख्य चिह्न है सुधारवाद और राष्ट्रीय भावना का मिलन। सत्याग्रह एक तरफ सुधारवाद को औपनिवेशिक से

राष्ट्रीय और लोकोन्मुख बना रहा था तो दूसरी तरफ राष्ट्रवाद को अधिकाधिक मानवीय बना रहा था।

असहयोग आंदोलन की एक खूबी यह है कि इसमें कृषकों, स्त्रियों, निम्न-पिछड़ी जातियों, हिंदुओं-मुसलमानों और सभी जातीयताओं की सम्मिलित भागीदारी थी। उसे देश में फैले असंतोष का प्रचुर ईंधन मिला। इसने एक भिन्न विचारभूमि पर देश में एक ऐसा जागरण लाना शुरू कर दिया, जहां नवजागरण और राष्ट्रवाद का महामिलन हुआ।

असहयोग आंदोलन विफल हुआ और गांधी अव्यावहारिक थे, ऐसी बातों से ज्यादा महत्वपूर्ण यह है कि देश के आंदोलन एलीट शिक्षित वर्गों की दुनिया से बाहर निकले और पूरे भारत ने ऐक्यबद्ध होकर करवट बदलना शुरू कर दिया।

गांधी के अहिंसक सत्याग्रह में दक्षिण अफ्रीका के प्रयोगों को विस्तार मिला था। इसके अलावा, लोगों में धर्म, प्रांतीयता और जाति से ऊपर उठकर राष्ट्रीय एकता पनपने लगी थी। सत्याग्रह के सफल नहीं होने के बावजूद लोगों में यह आत्मविश्वास पैदा हो गया कि वे उपनिवेशवाद को चुनौती दे सकते हैं। जलियांवाला बांग (1919) की पृष्ठभूमि में शुरू हुए इस सत्याग्रह ने 19वीं सदी के उदारवाद और राष्ट्रवाद को जोड़ने का काम किया ही था, दोनों को मिथ्या औपनिवेशिक छायाओं से बाहर निकाला था। उदारवाद औपनिवेशिक आधुनिकता से बाहर निकल रहा था तो राष्ट्रवाद धार्मिक कठोरता से बाहर निकल रहा था। देश में आ रहे इस बदलाव को समझने की जरूरत है, वह एक नया रास्ता दिखा रहा था।

काका कालेलकर ने असहयोग आंदोलन पर रवींद्रनाथ और गांधी की मत-भिन्नता का उल्लेख करते हुए लिखा है, 'श्री ऐंड्रूज जो रवींद्रनाथ ठाकुर और महात्मा गांधी दोनों के मित्र थे, ने बापू से कहा—गुरुदेव इस बात से दुखी हैं कि आप ऐसे समय असहयोग की बात कर रहे हैं जब वे सभी राष्ट्रों से आपसी सहयोग बढ़ाने का आग्रह कर रहे हैं।' गांधी जी ने अपने मित्र से कहा—'कृपया आप गुरुदेव से कहिए कि मैं सहयोग के लिए विह्वल हूँ, लेकिन यह बराबर के लोगों और पारस्परिक आदर भाव रखनेवालों के बीच होना चाहिए।

आप एक गुलाम और मालिक के बीच सहयोग की बात सोच नहीं सकते। मुझे मालूम है कि मेरे असहयोग से किसी दिन अंग्रेजों को साम्राज्यवाद से उत्पन्न हेकड़ी छोड़ने में मदद मिलेगी। तब हम बहुत अच्छे मित्र और सहयोगी बन सकेंगे।' (1920 के असहयोग आंदोलन की झांकियां)। यहां नवजागरण के औपनिवेशिक रुझान और राष्ट्रीय रुझान का फर्क देखा जा सकता है और औपनिवेशिक अंतरराष्ट्रीयतावाद से प्रस्थान को भी बखूबी पहचाना जा सकता है।

पहले विश्व युद्ध में अंध-राष्ट्रवाद के उभार के बाद दुनिया में राष्ट्रवाद को बुरा माना जाने लगा। लेकिन भारत की औपनिवेशिक स्थितियों में राष्ट्रवाद की जरूरत थी। राष्ट्रवाद के दो रूप हैं—बहिष्कारपरक राष्ट्रवाद और समावेशी राष्ट्रवाद। भारत में कृत्रिम धार्मिक, नस्लीय और जातीय आधार पर बहिष्कारपरक राष्ट्रवाद का काफी प्रचार रहा है। लेकिन महात्मा गांधी जैसे सत्याग्रहियों, भगत सिंह जैसे क्रांतिकारियों, सुभाषचंद्र बोस, जवाहरलाल नेहरू, अबुल कलाम आजाद जैसे राजनीतिज्ञों के प्रयास से अंततः समावेशी राष्ट्रवाद की आवाज ही प्रबल होती गई। देश में विश्व मानवता, भारतीय राष्ट्रीयता और प्रादेशिक जातीय अस्मिता के बौद्धिक त्रिआयाम बने।

गांधी राष्ट्र की अवधारणा को रवींद्रनाथ की तरह त्याज्य नहीं समझते थे। विश्व मानवता को एक ऊंचा आदर्श मानते हुए भी 'भारतीय राष्ट्र' उनके चिंतन के केंद्र में था। विचित्र स्थिति थी कि पश्चिम के कारखाने में राष्ट्र की धारणा बनी थी, पर पश्चिम 'भारतीय राष्ट्र' बनने नहीं दे रहा था और देश को गुलाम बनाकर रखा जा रहा था। राष्ट्र के निर्माण को पर्याप्त महत्व न देकर सिर्फ सर्वहारा के अंतरराष्ट्रीयतावाद की तरफ झुकाव खुद वामपंथी आंदोलनों के लिए महंगा पड़ा।

प्रेमचंद ने 1919 में लिखा था, 'वर्तमान सभ्यता का सबसे अच्छा पहलू राष्ट्रीयता की भावना का जन्म लेना है। ...उसकी बुनियाद न व्यक्तिगत सत्ता पर है, न धार्मिक प्रचार पर, बल्कि निश्चित समुदायों की भलाई और सेवा, शांति और दृढ़ता पर आधारित है और आंतरिक रूप से उद्देश्यों की एकता पर।' (पुराना जमाना-नया जमाना)। जाहिर है, यह रवींद्रनाथ से भिन्न दृष्टि है।

प्रेमचंद ने 1934 में अंध-राष्ट्रवाद का विरोध किया, राष्ट्रीय भावना का नहीं। उन्होंने यह सवाल उठाया, 'क्या हम वास्तव में राष्ट्रवादी हैं?' इस लेख में उन्होंने कहा है, 'हम जिस राष्ट्रीयता का स्वप्न देख रहे हैं उसमें तो जन्मगत वर्णों की गंध तक नहीं होगी। वह हमारे श्रमिकों और किसानों का साम्राज्य होगा, जिसमें न कोई ब्राह्मण होगा, न हरिजन, न कायस्थ, न क्षत्रिय। उसमें सभी भारतवासी होंगे। ...राष्ट्रीयता की पहली शर्त वर्ण व्यवस्था, ऊंच-नीच के भेद और धार्मिक पाखंड की जड़ खोदना है।' साफ है कि गांधी के नेतृत्व में राष्ट्रीय आंदोलन के उभार ने नवजागरण की भारतीय परियोजना को पूरी शक्ति से लोकव्यापी बना दिया था।

प्रेमचंद एक बनते हुए महान राष्ट्र के उद्वेलनों के साक्षी थे और निश्चय ही रुकावटों के भी। उन्होंने 1932 में सवाल उठाया था, 'सभी दल अपनी-अपनी रक्षा करेंगे। राष्ट्र की रक्षा कौन करेगा?' आज भी यह प्रश्न ताजा है क्योंकि भारत एक अधजन्मा राष्ट्र है। भारतीय राष्ट्र अभी निर्माणाधीन है। धर्म, जाति, जातीयता, प्रादेशिकता के अलावा व्यक्तिवाद की रुकावटों के कारण यह कई असह्य पीड़ाओं से भरा राष्ट्र है। ऊपर से भूमंडलीकरण है, जिसमें राष्ट्र सिकुड़ रहा है। क्या आज देशप्रेमी और बड़े मन का राष्ट्रवादी होना आसान है?

1920 में गांधी ने जो असहयोग आंदोलन शुरू किया, उसमें राजनीतिक मुद्दों के अलावा सामाजिक सुधार के मुद्दे भी थे, जैसे— सभी धर्मों के प्रति आदर भावना, अहिंसा, अस्पृश्यता निवारण, शारीरिक आलस्य का त्याग, मद्य निषेध, स्वदेशी वस्तुओं का व्यवहार, ईमानदारी, सादा जीवन-उच्च विचार, स्त्रियों की राजनीतिक आंदोलन में हिस्सेदारी आदि। नवजागरण के गांधीय दौर में पहली बार यह आवाज बड़े भारी असर के साथ सुनाई दी –'सभी धर्मों के प्रति आदर', अन्यथा इससे पहले 19वीं सदी के सुधार आंदोलनों में संप्रदायवादी प्रचार की प्रधानता थी। कहना न होगा कि गांधी राष्ट्रीय स्वाधीनता आंदोलन को विस्तृत करने के लिए नवजागरण के सुधारवादी आधार को एक तरफ औपनिवेशिक जाल से बाहर निकालना चाहते थे, दूसरी तरफ राष्ट्रवाद को रूढ़िपोषक संरक्षणवाद से मुक्त करके विस्तृत बनाना चाहते थे और

तीसरी तरफ, बुद्धिपरकता को सांस्कृतिक उच्छेदवाद से छुड़ाकर लोकग्राह्य बना देना चाहते थे। इसे अच्छी तरह समझने के लिए हमें पहले उनके धर्म-संबंधी चिंतन पर गौर करना होगा।

गांधी का धर्म

नवजागरण की धुरी है बुद्धिवाद। इसका प्रमुख औजार है तर्क। अंग्रेजी-शिक्षित होने और अंग्रेजी माहौल में रचे-बसे होने के बावजूद गांधी ने एक समय कहा था, 'मैं हिंदू पहले हूं...।' वे तर्क के युग में आस्था की शक्ति को समझते थे, क्योंकि कम पढ़े-लिखे या अनपढ़ भारतीयों के पास तर्क की जगह आस्था की शक्ति ज्यादा थी। यह 'पर्वतों को हिला' सकती थी और आजादी की लड़ाई में इस शक्ति की जरूरत थी। नवजागरण का कोई आंदोलन धर्म के बाहर नहीं निकल पाया था। आर्थिक रूप से अविकसित और अल्पशिक्षित लोगों से संवाद के लिए तर्क के अलावा आस्था की राह काम की थी। इसलिए गांधी ने एक बड़े उद्देश्य से धर्म, आध्यात्मिक शक्ति, ईश्वर में विश्वास, राम राज्य, प्राकृतिक चिकित्सा, प्रार्थना, उपवास जैसे धार्मिक मुहावरों को बड़े पैमाने पर चुना। उनके जीवन से स्पष्ट हो जाता है कि वे हिंदू होते हुए भी धार्मिक कर्मकांडी न थे और न उनका विश्वास मूर्तिपूजा में था।

गांधी 'रैशनल' थे, इसका यह अर्थ नहीं है कि उनकी धार्मिकता मुखौटा थी। वस्तुतः उन्होंने धर्म के अर्थ को अतीत के कुएं से बाहर निकाला था और धार्मिक होने को एक बृहत्तर अर्थ से जोड़ा था। उन्होंने कभी नहीं कहा कि वे धर्मनिरपेक्ष हैं, क्योंकि उनकी नजर में धर्मनिरपेक्ष होने का मतलब था मूल्यनिरपेक्ष होना। गांधी किस तरह के धार्मिक थे, यह समझना हो तो सबसे पहले देखना होगा कि उनकी नजर में हिंदू धर्म और आमतौर पर धर्म का क्या अर्थ है। उनकी समझ यह है कि आमतौर पर जो धर्म है, वही हिंदू धर्म है। उन्होंने कहा है, 'धर्मों से मेरा आशय हिंदू धर्म से नहीं है, यद्यपि मैं इसे सभी धर्मों से अधिक आदर देता हूँ, बल्कि वह धर्म है जो हिंदुत्व से भी परे है ...जो सभी धर्मों का मूल है और जो हमारे स्रष्टा से हमारा साक्षात कराता है।' (महात्मा गांधी के विचार, राव और प्रभु)। गांधी का हिंदू पहले

होना और अपने आशय को विस्तृत करते हुए अपने धर्म को सभी धर्मों के सार या 'फंडामेंटल्स' से जोड़ना वस्तुतः धार्मिक ढांचे में आत्मपरिष्कार का आह्वान था। उनके धार्मिक होने का अर्थ प्रेम, अहिंसा, त्याग, ईमानदारी, स्वच्छता जैसे गुणों से संपन्न होना था।

21वीं सदी में धर्म का अर्थ तेजी से बदला है। गांधी के धर्म में सद्‌गुणों, मानवाधिकार और स्वाधीनता की चेतना थी तो इस समय धर्म में राजनीतिक हिंसा चरम मूल्य है। बड़े-बड़े मंदिर बनाने और कर्मकांड की प्रधानता है। कहना न होगा कि हिंदू धर्म को दिखावा में सीमित करना या सांप्रदायिक विद्वेष और ध्रुवीकरण का राजनीतिक औजार बनाना एक राष्ट्रीय क्षति ही नहीं है, सभ्यतागत क्षति भी है। अब धर्म नहीं, धार्मिक पहचान ही जैसे मुख्य मुद्दा है।

हिंदू धर्म में बहुलता, आस्था की स्वाधीनता और बहसें जिस तरह शुरू से रही हैं, 'एकोऽहम द्वितीयो नास्ति' का हिंसक कट्टरवाद भी शुरू से रहा है। फिर भी हिंदू धर्म का दार्शनिक आधार लो!कतंत्र है। इसमें तरह-तरह के मत रहे हैं, विभिन्न तरह के लोग रहे हैं। इस धर्म का कोई केंद्र नहीं रहा है। गांधी ने अपने युग की जरूरतों को देखते हुए बताया कि हिंदू धर्म क्या है। उन्होंने राष्ट्रीय स्वाधीनता आंदोलन के भीतर से धार्मिक सुधार आंदोलन को लोकोन्मुख बनाना चाहा, नवजागरण की विभिन्न अंतर्धाराओं का मिलन बिंदु है। उन्होंने अपने विचारों और त्यागपूर्ण जीवन से धार्मिक सुधारों की सामाजिक स्वीकार्यता बढ़ा दी जो पहले संभव नहीं हो पाई थी।

गांधी के धर्म-संबंधी विचारों का कोई अच्छा अध्ययन सामने नहीं आया है। गांधी हिंदू धर्म से अधिक 'धर्म' पर जोर देते हैं, निश्चय ही धार्मिक स्वाधीनता पर भी। हिंदू धर्म की विलक्षणता यह है कि इसके कुछ अन्य धर्मों, जैसे—ईसाई और इस्लाम धर्मों की तरह कोई एक धर्मग्रंथ नहीं है। यह कई अंतर्धाराओं के साथ एक सामासिक धर्म है। गांधी के चिंतन पर वेदांत के अलावा बुद्ध का गहरा प्रभाव है, लेकिन उन्होंने जिस ग्रंथ पर बाकायदा लिखा, वह 'गीता' है। तिलक के 'गीता रहस्य' के समानांतर उनकी 'गीता-माता' एक अद्‌भुत रचना है। यह यरवदा जेल में लिखी गई थी।

गांधी ने भारत के अतीत को राष्ट्रीय बुद्धिवाद की आंख से देखा। उन्होंने 'गीता' से निःस्वार्थ कर्म का संदेश ग्रहण किया और हिंदू धर्म की एक बुराई 'भाग्यवाद' का विरोध किया। उन्होंने साहस के साथ कहा कि 'गीता' का सारा संदेश शुरू के तीन अध्याय में आ गया है, बाकी के अध्यायों में दुहराव है। उन्होंने 'गीता' का सार अपने शब्दों में बताया, 'सच्चा कुरुक्षेत्र हमारा शरीर है। यही कुरुक्षेत्र भी है और धर्मक्षेत्र भी। इस क्षेत्र में कुछ न कुछ लड़ाई नित्य चलती रहती है और ऐसी अधिकांश लड़ाइयां मेरा-तेरा को लेकर होती हैं। वे अपने-पराए के भेदभाव से पैदा होती हैं। इसलिए मेरे-तेरे का भेद भूलना चाहिए या यों कहिए कि राग-द्वेष को तजना चाहिए। गीता और सभी धर्मग्रंथ पुकार-पुकार कर यही कहते हैं।' (वही)। यह गीता की सही समझ है।

गांधी ने धर्म का एक बड़ा अर्थ दिया, 'मैं चाहूंगा कि विभिन्न धर्मों के माननेवाले लोग—केवल भारत नहीं, बल्कि दुनिया भर के लोग एक-दूसरे के संपर्क में आकर बेहतर मनुष्य बनें। धर्म एक-दूसरे को पृथक करने के लिए नहीं है, एक-दूसरे को जोड़ने के लिए है। मैं अधिकतम सहिष्णुता का हिमायती हूँ।' (महात्मा गांधी के विचार)। गांधी कभी नहीं कहते थे कि दूसरे धर्मों में सत्य नहीं है और हिंदू धर्म ही सर्वश्रेष्ठ है। यह हिंदू परंपराओं की विलक्षणता है कि ईश्वर की उपासना के सभी मार्गों को समान रूप से सत्य माना गया है। अतीत के सत्ता की राजनीति से प्रेरित हिंदू-जैन संघर्ष, शैव-वैष्णव संघर्ष तथा अन्य तरह के कट्टरवाद के समानांतर 'जितने मत उतने पथ' का धार्मिक उदारवाद ही हिंदू धर्म का केंद्रीय सत्य रहा है। सभी महान धर्मोपदेशकों और भक्त कवियों ने 'बेहतर मनुष्य' बनने की राहों को ही धर्म माना और भेदभाव से मुक्त प्रेम का संदेश दिया।

गांधी की धर्म की धारणा में 19वीं सदी के बुद्धिवाद की छाप है, 'मैं नहीं मानता कि वेद ही दिव्य हैं। मेरी मान्यता है कि बाइबिल, कुरान और जेंदअवेस्ता भी वेदों के समान ईश्वरीय प्रेरणा से प्रकट हुए हैं। हिंदू धर्मग्रंथों में मेरे विश्वास का तात्पर्य यह नहीं है कि मैं एक-एक शब्द और श्लोक को दैवी प्रेरणा से उद्भूत मानता हूँ। ...मैं ऐसी किसी भी व्याख्या को मानने से इनकार करता हूँ जो तर्क या नैतिक दृष्टि के प्रतिकूल हों।' (वही)। गांधी रूढ़िपूजक नहीं थे, वे रूढ़िपूजक होने और धार्मिक होने में फर्क करते थे।

गांधी यह भी कहते हैं, 'मैं ईश्वर को साकार नहीं मानता। ईश्वर एक विचार है, स्वयं नियम है। ...ईश्वर हमारी तरह देहधारी नहीं है। ...ईश्वर ने मनुष्य को अपने जैसा बनाया था। यह हमारा दुर्भाग्य है कि मनुष्य ने ईश्वर को अपने जैसा बनाने का प्रयास किया। ...मैं उस महान शक्ति को अल्लाह या खुदा या ईश्वर के नाम से नहीं बल्कि सत्य के नाम से पुकारता हूँ। सत्य ही ईश्वर है।' (वही)। इस अर्थ में गांधी का ईश्वर सभी धर्मों में है तथा मनुष्य की उच्चता, श्रेष्ठता और मानवजाति की महान एकता में मौजूद है। ऐसे विचारों से गांधी की धर्म, ईश्वर और सत्य के बारे में धारणा के खुलेपन का बोध होता है।

गांधी तुलसीदास के 'राम राज्य' की बात करते हैं। इसके बारे में कहा जाता है कि इसका लक्ष्य अंग्रेजी शासन के अत्याचारों से पीड़ित भारतीय जनता की आंखों में एक स्वप्न पैदा करना था। उनके राम राज्य के स्वप्न में पौराणिक व्यवस्था के तत्व न होकर आधुनिक लोकतंत्र के स्वतंत्रता, न्याय, बराबरी और बंधुत्व जैसे आधुनिक तत्व थे। दूसरी तरफ, वे कबीर के चरखे (आठ कंवल दल चरखा डोले) को भी प्रतीक बना रहे थे। वे चरखे के जरिए घरेलू उद्योग और मानव श्रम को महत्व देना चाहते थे।

गांधी के राम राजनीतिक विचारधारा नहीं हैं। भारत में उपनिषदों से लेकर महावीर और बुद्ध तक, शंकर से लेकर कबीर और तुलसी तक एक दीर्घ गौरवशाली परंपरा है धर्म को जड़ीभूत आस्था से मुक्त कर एक उच्चतर परिप्रेक्ष्य में देखने की।

गांधी राम के बारे में कहते हैं, 'हम जिस राम के गुण गाते हैं, वे वाल्मीकि के राम नहीं, तुलसी रामायण के राम भी नहीं हैं। हालांकि तुलसीदास की रामायण मुझे अत्यंत प्रिय है और उसे मैं अद्वितीय ग्रंथ मानता हूँ तथा एक बार पढ़ना शुरू करने पर कभी उकताता नहीं। तो भी हम आज तुलसी के राम का स्मरण करनेवाले नहीं हैं और न गिरधरदास के राम को। तब फिर कालिदास और भवभूति के राम का तो कहना ही क्या। भवभूति के 'उत्तररामचरित' में बहुत सौंदर्य है, किंतु हममें वे राम नहीं हैं। मैं असह्य वेदना से पीड़ित व्यक्ति से कहता हूँ कि राम का नाम लो। अगर नींद नहीं आती है तो भी कहता हूं

कि राम का नाम लो। हम किसी देहधारी राम की पूजा नहीं करते हैं। हम तो अपने निरंजन-निराकार राम को पूजते हैं। हम उसके पास सीधे नहीं पहुंच सकते। इसलिए जिनमें ईश्वर की मूर्तिमंत कल्पना की गई है, उन भजनों को गाते हैं। ...मेरा राम मुझे तारेगा, आपको नहीं। आपका राम आपको तारेगा, मुझे नहीं। हम सब तुलसीदास के समान सुंदर काव्य नहीं लिख सकते, किंतु जीवन में ईश्वर को उतार कर उसे काव्यमय बना सकते हैं।' (हिंदू धर्म क्या है)। तुलसीदास ने कहा था, 'ब्रह्म राम ते नाम बड़'। कई लोग अपने को तुलसी से भी बड़ा रामभक्त समझते हैं!

गांधी दूसरों की तरह ईश्वर तक पहुंचने, ईश्वर से मिलने की बात नहीं करते। वे 'मनुष्य जीवन में ईश्वर को उतारने' की बात करते हैं, अर्थात—मनुष्य में ईश्वरता के प्रस्फुटन की, श्रेष्ठ गुणों की प्रतिष्ठा की। नए समय की विडंबना है कि धार्मिक पूजा-अनुष्ठान होते हैं श्रेष्ठ गुण अर्जित करने के लिए नहीं, बल्कि भय या लोभ से!

धर्म आत्मोपलब्धि का विषय है। इस अर्थ में यह निजी मामला है। गांधी धर्म को मंदिर-गिरजा-मस्जिद, पंडितों-मौलवियों आदि के हाथों में सौंपना नहीं चाहते थे। वे हिंदू धर्म की दूसरी बड़ी बुराई 'कर्मकांड' के विरोधी थे। वे कहते हैं, 'मैं मूर्तिपूजा में विश्वास नहीं करता। मूर्ति मेरे अंदर श्रद्धा भाव नहीं जगाती, पर मैं समझता हूँ कि मूर्ति पूजा मानव प्रकृति का अंग है। हम प्रतीकों के पीछे भागते हैं। आदमी किसी अन्य जगह की अपेक्षा चर्च में शांति का ज्यादा अनुभव क्यों करता है या लोग पत्थरों से बनी या कैनवास अथवा शीशे पर चित्रित ईसाई संतों या काल्पनिक आकृतियों को नमन करते हैं तो यह क्या है?' (वही)। गांधी अपने सवाल हिंदू धर्म तक सीमित नहीं रखते। वे नवजागरण के एक बड़े संदर्भ में बोल रहे थे, 'मैं इस अर्थ में मूर्तिभंजक हूँ कि मैं कट्टरता के रूप में उस मूर्तिपूजा का खंडन करता हूँ जो देवता की आराधना के अपने तरीके के अलावा अन्य किसी तरीके को निस्सार मानती है।' (महात्मा गांधी के विचार)। गांधी एक व्यापक फलक पर धार्मिक कट्टरवाद का विरोध करते हैं, जो हिंदू धर्म तक सीमित नहीं है। वे साफ तौर पर कहते हैं, 'मैं मूर्तियों से युक्त मंदिरों या रोमन कैथोलिक गिरजों को अनिवार्यतः बुरा

और केवल मूर्तियां न होने के कारण मस्जिद या प्रोटेस्टेंट गिरजे को अच्छा या अंधविश्वास-मुक्त नहीं मानता।' (वही)।

गांधी प्रार्थना में विश्वास करते थे। वे 'रघुपति राघव राजा राम' में अल्लाह और ईश्वर दोनों को देखते थे। गांधी आजकल की तरह मंदिर-मंदिर घूम कर अपने धार्मिक होने का सबूत पेश नहीं कर रहे थे और न इफ्तार पार्टियों में जाते थे। वे उपासक की प्रवृत्ति को पूजा पाठ से आगे ले जाकर प्रेम, सत्य और त्याग की और उन्मुख करना चाहते थे। उनके विचारों और आचरण का असर था कि आम हिंदू इस नई धार्मिक भावना को अपना रहे थे।

गांधी ने अपने विचारों को अपने जीवन में उतारा था। यह भी उल्लेखनीय है कि धर्म की अपनी विशिष्ट धारणा और कल्पना के आगे उन्होंने दूसरों की आस्था को कभी तुच्छ नहीं ठहराया। वे अपने धर्म और राम का मंत्र आम लोगों को पकड़ा कर भी यह कहना नहीं भूलते, 'मैं मूर्ति पूजा को पाप नहीं मानता।' यह भी देखना होगा कि उनकी बुद्धिपरकता उनमें अहंमन्यता पैदा नहीं करती, उन्हें सभी धार्मिक आस्थाओं और पद्धतियों का सम्मान करना सिखाती है। वे आदिवासियों की वृक्ष पूजा को संपूर्ण वनस्पति जाति के प्रति आदर का प्रतीक मानते हैं। वे सभी धार्मिक रीतियों के प्रति आदर व्यक्त करते हैं, 'मैं यह मानता हूँ कि परमात्मा अपने आपको इस विश्व में असंख्य रूपों में प्रकट करता है। उसका प्रत्येक रूप मेरे लिए सहज प्रणम्य है।' (वही)।

हम सोच सकते हैं कि गांधी जब कहते हैं, 'मैं धर्म के बिना एक पल नहीं रह सकता', तो उनका आशय किस धर्म से है। वे वस्तुतः कह रहे थे कि वे मूल्यविहीन होकर नहीं रह सकते। देखा जा सकता है कि धर्म के शोर के बीच सबसे बड़ा संकट खुद धर्म पर होता है।

कोई देश सिर्फ धर्म से नहीं चलता, एक व्यापक संस्कृति भी चाहिए। सांस्कृतिक पतन होता जाए और धर्म उन्नत हो, यह संभव नहीं है। गांधी एक मिली-जुली संवादप्रिय संस्कृति चाहते थे, 'भारतीय संस्कृति उन विभिन्न संस्कृतियों का संश्लेषण है जो इस देश में रच-बस गई हैं। भारतीय सभ्यता भिन्न-भिन्न धर्मों का प्रतिनिधित्व करनेवाली और अपने-अपने भौगोलिक परिवेश और पर्यावरणों से प्रभावित संस्कृतियों का संगम है। यह न पूरी तरह हिंदू है,

न इस्लामी और न कोई अन्य। यह इन सबका मिला-जुला रूप है और मूलतः पूर्वी है। हमारे युग की भारतीय संस्कृति अभी निर्माणाधीन है।' (वही)। स्पष्ट है, वे भारतीय संस्कृति का कोई पूर्व-निर्धारित या अंतिम रूप नहीं मानते, बल्कि इसे 'निर्माणाधीन' बताते हैं।

भारत के लोग गहरी धार्मिक वृत्ति के हैं, लेकिन जहां दो या दो से अधिक धर्म प्रभावशाली हों वहां धार्मिक दिखने की होड़ ज्यादा होती है। गांधी धर्म को बुद्धि से जोड़ना चाहते थे। इसलिए स्वाभाविक है कि वे धर्मांधता और सांप्रदायिकता का विरोध करते हैं। उन्होंने कहा था, 'हिंदू सोचते हैं कि मुसलमानों से लड़कर वे हिंदू धर्म का भला कर रहे हैं। मुसलमान सोचते हैं कि हिंदुओं से लड़कर वे इस्लाम का भला कर रहे हैं। वस्तुतः ऐसे लोग अपनी आस्था को मिटा रहे हैं।' (द वे ऑफ कम्यूनल हार्मोनी)। यदि कोई धार्मिक आस्था सत्य और उच्च गुणों की ओर न ले जाए तो वह आस्था नहीं है।

गांधी धार्मिक कट्टरवाद के विरोध में थे। वे कहते थे, 'धर्म राष्ट्रीयता की कसौटी नहीं है, बल्कि यह व्यक्ति और उसके ईश्वर के बीच का निजी मामला है। राष्ट्रीयता के अर्थ में हम सबसे पहले भारतीय हैं और सबसे अंत में भी भारतीय ही हैं, भले हमारा मान्य धर्म कोई हो।' (वही)। उनके युग के धर्म, संस्कृति और राजनीति में जो कुछ निर्जीव था, वह धीरे-धीरे मिट रहा था। गांधी का मकसद आजादी पाना था, लेकिन इसके साथ देश को एक नई सभ्यता की ओर ले जाना भी था।

धार्मिक कट्टरवाद सुरुचि को प्रदूषित कर देता है। वह इतिहास और साहित्य को ही नहीं, पूरी संस्कृति को पुराने और नए कचरे से भर देता है। 21वीं सदी में धार्मिक कट्टरवाद का असर कलाओं, खासकर फिल्मों पर भी पड़ा। कई फिल्में बनीं जिनका काम राजनेताओं को गिराना-उठाना था। फिल्में इतिहास बताने लगीं। कुछ उपन्यासों ने यही किया। मीडिया पीछे क्यों रहता। यह अनोखी बात है कि इनका मकसद अपने माध्यम द्वारा भेदभाव का प्रचार करना हो गया। धार्मिक कट्टरवाद का असर कला-संस्कृति से आगे बढ़कर न्याय व्यवस्था पर भी पड़ा।

अत्याधुनिक युग में हर जगह धार्मिक मतांधता बढ़ गई। वे लोग भी दिखाने के लिए 'हनुमान चालीसा' पढ़ने लगे जो इसे छूते तक नहीं थे। धर्मनिरपेक्ष लोगों को भी अपने को आम लोगों से कनेक्ट करने के लिए धार्मिक चिह्नों का इस्तेमाल करना पड़ा। चिकने गालों पर लंबी दाढ़ियां छाने लगीं। धवल ललाटों पर लाल तिलक चमकने लगे। धार्मिक कूपमंडूकता के बढ़ने का असर स्त्रियों और दलितों के प्रति दृष्टिकोण पर पड़ा। वे पहले से अधिक दबाए जाने लगे। हर राज्य में धार्मिक अल्पसंख्यक ही नहीं, जातीयता और भाषा के आधार पर जो अल्पसंख्यक हैं, वे भी भेदभाव और घृणा के शिकार होने लगे। संविधान की शब्दावली के 'हम भारत के लोग' विघटित होने लगे। हर तरफ एक बहुपरतदार भय छाता गया, नई विकृतियां आ गईं और मानसिक पीड़ा बढ़ गई।

21वीं सदी एक आशाजनक सदी के रूप में देखी गई थी। यह चिंताजनक है कि आशाओं को तोड़ते हुए समाज में निम्न बौद्धिक प्रवृत्तियां तेजी से उदात्त बौद्धिक प्रवृत्तियों पर हावी हो गईं। निम्न बौद्धिक प्रवृत्तियां रूढ़ियों को विज्ञान बना कर पेश करती हैं। वे इस तरह के दबाव बनाती हैं—घृणा को बचा कर रखो, कुछ समुदायों को हमेशा भयभीत रखो और बुद्धिहीन बातें करो। भौतिक ताकत भयंकरता के साथ फैलती है तो वह अपनी पहली चपेट में बुद्धि को लेती है। सवाल है, समाज का कैसे विकास होगा यदि बौद्धिक-सांस्कृतिक ह्रास घटित हो। ऐसा विकास बबूल के पेड़ पर आम खोजना है।

हर तरफ जब सिर्फ सौदागर हैं, गांधी की एक बात याद आती है, 'मैं अर्थशास्त्र और नीतिशास्त्र में भेद नहीं करता।' (वही)। वे अपने विचारों को आगे बढ़ाते हैं, 'वह अर्थशास्त्र जो नैतिक और भावनात्मक दृष्टिकोण की अनदेखी करता है, मोम की मूर्ति के समान है।' (वही)। गांधी बेईमानी को हिंसा मानते थे। वे उस अर्थव्यवस्था को हिंसक कहते थे जो भ्रष्टाचार, विषमता और बेरोजगारी को बढ़ावा देती है।

हम देख सकते हैं कि गांधी को नकारने की एक पुरानी प्रवृत्ति है। उन्हें 'राजनीतिक कारीगर' (सलमान रुश्दी) ही नहीं 'नस्लवादी' (अरुंधती राय) भी कहा गया। उन्हें समझने की जगह बार-बार खलनायक बनाया गया। एलीट बुद्धिवादी सोच की वजह से देश की जीवंत परंपराओं और महान

व्यक्तित्वों के प्रति उच्छेदवादी रुख समाज को बार-बार खतरे की तरफ ले गया है। गांधी से आलोचनात्मक संबंध बनाने की जगह उन्हें पूरी तरह नकार कर किसी को फायदा नहीं हुआ। ऐसे बुद्धिजीवी यदि अपने को देश की उच्च परंपराओं से 'कनेक्ट' करके रखते और गांधी की शक्ति का इस्तेमाल करते तो शायद कुछ भिन्न नतीजे हो सकते थे। कई तो गांधी को पाखंडी कहते-कहते खुद पाखंड के प्रतीक बन गए।

गांधी के जीवन से कोई उदाहरण नहीं है कि उन्होंने कभी धार्मिक पूजा-पाठ का दिखावा किया हो। उनके लिए अध्यात्म इंद्रियातीत ध्यान नहीं है, बल्कि महान भारतीय परंपराओं के भीतर से अपनी आत्मशक्ति की मूल्यपरक खोज है। गांधी का अध्यात्म आंख मूंदना नहीं है, आंख खोलना है। वह मूल्य-उन्मुख अध्यात्म है। यदि कोई दो घंटे के लिए धार्मिक या आध्यात्मिक है और बाकी समय हिंसा से भरा हुआ, लालची और बेईमान है तो न वह सच्चा धार्मिक है और न आध्यात्मिक। गांधी चाहते थे कि समाज के अंतिम आदमी में बोलने की शक्ति पैदा हो और इसके लिए धर्म, चाहे वह जो हो, उसे आत्मशक्ति दे।

गांधी ने राजा राममोहन राय और दयानंद सरस्वती की तरह कोई धार्मिक संगठन नहीं बनाया, बल्कि उन्होंने इन दोनों की अतिरंजनाओं को छांटा। वे हिंदू धर्म में रहते हुए एक तरफ करोड़ों रूढ़िवादी हिंदुओं को उदार बनाने में सफल हुए, दूसरी तरफ सभी धर्मों के प्रति अपने उदार और सहिष्णुतापूर्ण दृष्टिकोण के कारण मुसलमान सहित दूसरे धर्मावलंबियों के हृदय में वे विश्वास और प्रेम पैदा कर सके। वे धार्मिक विद्वेष मिटाने और सौहार्द बढ़ाने के लिए खतरे मोल लेकर हिंदुओं के लिए नोआखाली और मुसलमानों के लिए कलकत्ता गए। वे कहां-कहां नहीं दौड़ जाते थे। इससे उनकी प्रतिबद्धता उजागर होती है। यह राजनीतिक कारीगरी न होकर एक सच्ची नैतिक बेचैनी है। यह जैसे एक बड़ी राष्ट्रीय जिम्मेदारी का मामला है। उन्होंने दरअसल 19वीं सदी के धार्मिक सुधार आंदोलन में 'सहिष्णुता' का तत्व जोड़कर बढ़ती जा रही सामाजिक जटिलताओं के नए दौर में मानवतावाद की परियोजना को आगे बढ़ाया। इसके लिए यदि उन्हें व्यापक समर्थन मिला तो कट्टरवादियों का प्रचंड विरोध भी झेलना पड़ा और गोली खानी पड़ी।

गांधी को आखिरी समय में अहसास हो गया था कि अंग्रेजों की 'फूट डालो' की कूटनीति सफल हो गई है, लेकिन अपने नैतिक तकाजों की वजह से वे इस यथार्थ को स्वीकार नहीं कर पा रहे थे। वे भारत की तरफ से त्याग की बढ़-चढ़कर बातें करते थे। हर आततायी सत्ता अपनी रक्षा के लिए 'फूट डालो' की नीति अपनाती है जो कहीं भी ऊपर से नीचे तक देखी जा सकती है। गांधी ने लिखा है, 'वे (अंग्रेज) भारत पर अपना शासन 'फूट डालो और राज करो' की नीति पर चलकर ही बरकरार रख सकते हैं।' (हरिजन, 1940)। हम देख सकते हैं कि राजनीतिक-आर्थिक विफलता का खमियाजा भुगतने से बचने के उद्देश्य से भविष्य में भी धार्मिक कूपमंडूकता, नस्लीय जातीय विद्वेष तथा जातिभेद बड़े राजनीतिक हथियार बने।

गांधी का भारत से ब्रिटिश साम्राज्य को हटाने के अलावा एक बड़ा उद्देश्य रहा है राष्ट्रीय पुनर्निर्माण। इसका एक प्रमुख तत्व हिंदू-मुस्लिम एकता है। यदि आज भी भारत में बड़े पैमाने पर सांप्रदायिक सौहार्द, सभी धर्मों के प्रति आदर भावना और सामाजिक भेदभाव से ऊपर उठा हुआ मानवताबोध बचा है तो यह नवजागरण और सुधार आंदोलनों की देन है। इसमें गांधी की एक खास भूमिका है।

इस पर आश्चर्य नहीं होता कि गांधी ने एक बार कहा था, 'मैं हिंदू हूँ, मुसलमान हूँ, ईसाई हूँ, पारसी हूँ, यहूदी हूँ।' इस पर मुहम्मद अली जिन्ना ने व्यंग्य किया था, 'सिर्फ एक हिंदू ही इस तरह की बात सोच सकता है।' हालांकि उस जमाने में इस उदात्त भावना से लाखों लोग भरे हुए थे। आम लोगों के मन में गांधी थे और प्रयत्नों के बावजूद उनके मन से गांधी को बाहर निकालना कभी संभव नहीं हो सका। फिर भी खासकर 21वीं सदी में अपने को मनुष्य समझने की भावना को गहरे झटके लगे हैं।

गांधी की सभी बातें सही नहीं हैं, पर हर बात गलत नहीं है। निःसंदेह वे सभी लोगों के दुखों और भयों को दूर करना चाहते थे और सभी के लिए जीना चाहते थे, सिर्फ हिंदू समुदाय के लिए नहीं। वे जगह-जगह की यात्रा करते रहे और अपने विरोधियों से मिलते रहे, इससे उनकी संवेदनशीलता और समावेशी मन का बोध होता हे। उन्होंने अपनी संपत्ति नहीं बढ़ाई और कभी कुर्सी नहीं चाही। इससे उनके त्याग का परिचय मिलता है।

उनके व्यक्तित्व में 'इंटीग्रिटी' है। वे धार्मिक रूढ़ियों और पाखंडों का जीवन भर विरोध करते रहे, इससे उनके आलोचनात्मक विवेक का पता चलता है। निश्चय ही उनकी आलोचनाओं में उच्छेदवाद नहीं है, उनमें हृदय और बुद्धि मिलकर बोलते हैं। हमारे युग में ये गुण त्याज्य हैं, यह नहीं कहा जा सकता।

स्त्री और गांधी

गांधी ने राष्ट्रीय कांग्रेस के मंच पर सामाजिक सुधार के मुद्दों के लिए स्पेस निर्मित किया। 19वीं सदी में कांग्रेस का राष्ट्रीय अधिवेशन समाप्त हो जाने के बाद सोशल कॉफ्रेंस का आयोजन होता था। राजनीतिक मंच पर सामाजिक प्रश्न लाने की इजाजत नहीं थी। गांधी ने नवजागरण और राष्ट्रीय आंदोलन के बीच रिश्ता पैदा किया। उन्होंने राष्ट्रीय कांग्रेस को अपने युग की सीमा में समाज सुधार का भी मंच बनाया। वे दोनों के बीच पुल बने, क्योंकि बुद्धिवाद और राष्ट्रवाद को एक अविरोधी युग्म के रूप में देखते थे।

नवजागरण के अधिकांश सुधार आंदोलनों के केंद्र में स्त्री है। गांधी ने स्त्री शिक्षा सहित स्त्री से संबंधित सभी सुधारों का समर्थन किया। उनके स्त्री-संबंधी दृष्टिकोण और सुधार की चिंताओं को अविकसित समाज की उन कठोर परंपरागत मान्यताओं के संदर्भ में देखने की जरूरत है जिनसे वस्तुतः आज भी भारत मुक्त नहीं है। आज भी स्त्री यौन-उत्पीड़न और हिंसा की शिकार होती है। उसके पास आज भी आत्मनिर्भर होने के अवसरों की कमी है। वह कार्यस्थल पर भेदभाव की शिकार होती है। वह आज भी घरेलू हिंसा से बच नहीं पा रही है। शिक्षा के बावजूद वह धार्मिक कूपमंडूकता से छुटकारा नहीं पा सकी है। आज भी स्त्री दरअसल पुरुष और बाजार की उपनिवेश है।

नवजागरण के दौर में सती प्रथा का खात्मा, विधवा पुनर्विवाह, बाल विवाह तथा बहुविवाह की समाप्ति, स्त्री-मताधिकार आदि सुधार आंदोलन के प्रमुख मुद्दे थे। इधर कुछ दशक पहले स्त्रीवाद आया। इसने सामंती अत्याचारों के विरुद्ध सचेत करते हुए शिक्षित स्त्रियों को पहले से अधिक मुखर जरूर बनाया, पर यह मामला एलीटवर्गी अधिक रहा है। स्त्रीवाद स्त्रियों की एक बड़ी दुनिया को छू नहीं पाया है। स्त्री आज भी बहुत से उत्पीड़न मौन होकर सह रही है।

वह शाम के बाद ज्यादा देर तक घर से बाहर नहीं रह सकती। यौन हिंसा बढ़ी है। स्त्री आज भी पितृसत्तात्मकता और पुरुष-वर्चस्व से न सिर्फ मुक्त नहीं है, बल्कि उसकी दुनिया में संरक्षणवाद पहले से ज्यादा है। सबरीमाला मंदिर में स्त्रियों को प्रवेश न दिया जाए, इसके लिए स्त्री ही बड़े पैमाने पर आंदोलन करती है। देखा जा सकता है कि धार्मिक कट्टरवाद की वृद्धि ने स्त्रियों का बौद्धिक स्पेस काफी घटा दिया, व्यक्तिगत स्वतंत्रता कम कर दी। मुसलमान स्त्रियों के बीच शिक्षा के प्रसार ने उन्हें थोड़ी स्वच्छंदता दी, लेकिन वे इस्लामी कट्टरवाद के संदर्भ में आमतौर पर चुप हैं। यदि आज भी ऐसी हालत है, हम गांधी से उम्मीद नहीं कर सकते कि वे स्त्रीवाद के स्वर में स्वर मिलाएं।

देखने की जरूरत है कि उस जमाने के उदार और समावेशी राष्ट्रवाद में स्त्री के लिए कितनी और क्या जगह रही है? स्त्री का सवाल उठते ही कई बार मुख्य रूप से गांधी के ब्रह्मचर्य-संबंधी प्रयोग और स्त्रियों के साथ उनके संबंध पर चर्चा होने लगती है। गांधी पर लिखी कई पुस्तकों के कुछ चमत्कारपूर्ण बिंदुओं में एक यह भी है। ऐसे लेखन और विचारों में वर्तमान युग का बौद्धिक क्षय प्रतिबिंबित हुआ है। दरअसल गांधी को धार्मिक कट्टरवादियों और अति-बुद्धिवादियों दोनों का समान रूप से निशाना बनना पड़ा।

गांधी ने 1921 में लिखा था, 'स्त्री को चाहिए कि वह स्वयं को पुरुष के भोग की वस्तु मानना बंद कर दे। इसका इलाज पुरुष की अपेक्षा स्त्री के हाथों में ज्यादा है। उसे पुरुष की खातिर, जिसमें पति शामिल है, सजने से इन्कार कर देना चाहिए। तभी वह पुरुष के साथ बराबर की साझीदार बन सकेगी। मैं इसकी कल्पना नहीं कर सकता कि सीता ने राम को अपने रूप-सौंदर्य से रिझाने में अपना एक क्षण भी बरबाद किया होगा।' (महात्मा गांधी के विचार)। 19वीं सदी के धार्मिक सुधार आंदोलनों में स्त्री को कुछ बड़ी क्रूरताओं से छुटकारा दिलाने के प्रयास हुए, लेकिन पितृसत्ता को चुनौती देकर स्त्री के स्वाभिमान से भरे व्यक्तित्व की राष्ट्रीय प्रतिष्ठा 20वीं सदी के प्रथम सत्याग्रह की देन है। न कोई आम औपनिवेशिक सुधारवादी और न ही कोई कंसरवेटिव राष्ट्रवादी स्त्री के बारे में वैसा सोच सकता था, जैसा गांधी सोचते थे।

19वीं सदी की तरह 20वीं सदी के सुधारक भी प्राचीन साहित्य के कथा-प्रसंगों के उदाहरण देते थे। गांधी ने सीता का उपर्युक्त उदाहरण दिया। इसका उद्देश्य अपने को उन आम लोगों से कनेक्ट करना है, क्योंकि भारत के आम लोग प्राचीनता को महत्व दिए बिना कुछ नया सोच नहीं सकते थे।

20वीं सदी के आरंभिक दशकों की हालत यह थी कि बृहत्तर समाज आमतौर पर 19वीं सदी के सुधार आंदोलन से अप्रभावित था। 99 प्रतिशत स्त्रियां शिक्षा से दूर गृहकैद में थीं। बाल विवाह उनकी जिंदगी का सबसे बड़ा अभिशाप था। स्त्रियों की औसत जीवन आयु 27 साल के करीब थी। बहुत-सी स्त्रियां अभाव और अज्ञान के कारण प्रसूति-दशा में मारी जाती थीं। पितृसत्तात्मक समाज में स्त्री के अबला होने की धारणा कठोरता से जमी हुई थी, 'अबला जीवन हाय तुम्हारी यही कहानी/आंचल में है दूध और आंखों में पानी' (मैथिलीशरण गुप्त)। घूंघट या पर्दा प्रथा मजबूत थी। स्त्रियां परिवार के बड़े-बुजुर्गों की अनुमति के बगैर अपनी मर्जी से कुछ नहीं कर सकती थीं। यह समझना मुश्किल नहीं है कि स्त्रियों की पोशाक में क्यों जेब नहीं होती थी!

कृषक परिवारों की स्त्रियां खेतों में काम करने जाती थीं, लेकिन पुरुष के साथ होती थीं। वे नई चेतना से काफी दूर थीं। औपनिवेशिक अदालतों में कई पारिवारिक फैसले सामुदायिक कानूनों के आधार पर होते थे। भारत में स्त्री जीवन एक समान न था। वह स्वाभाविक रूप से विविधतापूर्ण था, लेकिन सामान्यतः स्त्रियां 'आवाजहीन वस्तु' थीं। प्रेमचंद के 'वरदान' (1912) में घर में घुटती एक मध्यवर्गीय स्त्री है विरजन। वह अपनी खिड़की से खेतों में काम पर गाते हुए जा रही स्त्रियों को निहारती है, 'स्त्रियां अनाज का खेत काटने जा रही थीं। झांककर देखा तो दस-बारह स्त्रियों का गोल था। सबके हाथों में हँसिया, कंधों पर गठिया बांधने की रस्सी और सिर पर भुने हुए मटर की छबड़ी थी। ये इस समय जाती थीं, कहीं बारह बजे लौटेंगी। आपस में गाती, चुहलें करती जाती थीं।' स्त्रियों के साथी और रक्षक रहे हैं तो बस उनके लोकगीत। वे गंगा नहाने भी इसी तरह गाती हुई गोलबंद होकर जाती थीं। ऐसी स्त्रियों तक अंग्रेजी राज का औपनिवेशिक-सामंती शोषण जरूर पहुंच गया था, सामाजिक सुधार नहीं पहुंचे थे। वे मुट्ठी भर शिक्षित एलीट परिवारों के मामले बने हुए थे।

ज्यादातर सुधारक 'शारदा सदन', 'सेवासदन', 'विधवा आश्रम' आदि बनाकर उद्धारक की भूमिका में थे। राष्ट्रीय जागरण स्त्रियों के उद्धार का प्रतीक्षालय बना हुआ था।

गांधी ने पहले सत्याग्रह में आह्वान किया कि स्त्रियां राजनीतिक आंदोलनों में हिस्सा लें। निश्चय ही वे अपनी सामाजिक दशाओं की सीमा में ऐसा कर सकती थीं। बंबई में नवंबर 1921 में प्रिंस ऑफ वेल्स आनेवाले थे। इस अवसर पर लगभग 1000 स्त्रियों ने विरोध में सभा और जुलूस में भाग लिया था। सरोजिनी नायडू और कमला देवी चट्टोपाध्याय ऐसे आंदोलनों में आगे थीं। स्त्रियों की राजनीतिक आंदोलनों में भागीदारी के लिए गांधी ने जो प्रयत्न किए, उनका उद्देश्य स्वाधीनता प्राप्ति में उनकी साझेदारी तक सीमित नहीं था, बल्कि इसका एक प्रमुख उद्देश्य राष्ट्रीय भावावेग लेकर उनका गृहकैद से छुटकारा पाना भी था। सभाओं, आंदोलनों और रचनात्मक कार्यों में हिस्सा लेने से पर्दा प्रथा से मुक्ति संभव थी। इस तरह राष्ट्रीय आंदोलन समाज सुधार के लिए प्रेरित करने वाला कदम बना। यह आपसी समझदारी से पुरुषों के आधिपत्य को तोड़ने वाला एक बड़ा कदम था।

स्त्रियां सामाजिक उद्देश्य और रचनात्मक कार्यक्रम लेकर घर से बाहर निकलने लगें तो सुधार का आधा काम ऐसे ही संपन्न हो जाना था। यह उनमें आत्मविश्वास पैदा करना था कि वे गृहकार्य और मातृत्व के बाहर बहुत कुछ कर सकती हैं। राष्ट्रीय आंदोलनों ने उन्हें खुद एक ताकत और आवाज बन जाने का मौका दिया। निश्चय ही इसकी एक सीमा खींच दी गई थी, पर इसका उद्देश्य पारिवारिक स्वीकार्यता का विस्तार करना था। हम देख सकते हैं कि 1920-21 के पहले सत्याग्रह की तुलना में 1929-31 के दूसरे सत्याग्रह में स्त्रियों की भागीदारी और पारिवारिक स्वीकार्यता में विस्तार आया।

गांधी ने 1930 में करीब 200 मील का साबरमती से नमक सत्याग्रह के लिए दांडी मार्च किया था। उन्होंने कष्ट और खतरों को देखते हुए इस यात्रा में स्त्रियों के भाग लेने पर पाबंदी लगा दी थी। इसके बावजूद, उन्होंने 12 मार्च को जब यात्रा शुरू की, राह में दोनों तरफ सैकड़ों स्त्रियां खड़ी थीं। वे घरों से बाहर निकली थीं। एक जगह सभा हुई, उसमें 5000 व्यक्तियों में 2000 स्त्रियां थीं।

दो स्त्रियां नहीं मानीं—खुर्शेद बेन नौरोजी और मृदुला साराभाई। वे कठोर बंधन के बावजूद नमक सत्याग्रह में कूद पड़ीं और गिरफ्तार हुईं। इस दौर में बड़े पैमाने पर स्वयंसेविकाएं तैयार हुईं। इन घटनाओं से राष्ट्रीय जागरण में स्त्रियों की भागीदारी से जो विस्तार आया, उसका असर सामाजिक बंधनों पर पड़ा।

20वीं सदी के आरंभिक दशकों में शिक्षा, राष्ट्रीय स्वतंत्रता आंदोलन और रचनात्मक कार्य में स्त्रियों की सक्रिय भागीदारी बढ़ती गई। वे आपस में संपर्क बनातीं, मिलतीं-जुलतीं, लेखन करतीं और एक अटूट स्नेह भाव से बंधी महसूस करतीं। उनके भीतर से कई मुखर सुधारक बनीं।

स्त्रियों की एक बड़ी समस्या उनके स्वास्थ्य को लेकर थी, जिस पर वे हमेशा चुप रहती थीं और पारिवारिक बुजुर्ग उनकी तकलीफों को आई-गई चीज मानते थे। स्त्रियों का मूक कष्ट सहन परिस्थितियों से मुकाबला न कर पाने के कारण अपने से लिया जानेवाला बदला था। निश्चय ही कई बार बड़े मौकों पर उनका मौन उनके प्रतिरोध का एक कारुणिक रूप होता था। राष्ट्रीय आंदोलन के दौर में स्त्रियों ने अपनी स्वास्थ्य-संबंधी समस्याओं को लेकर चिंता व्यक्त करनी शुरू कर दी। उनके निजी दुखों-कष्टों की तरफ ध्यान जाने लगा। इस दौर में स्त्री सुधारकों ने स्त्रियों की शिक्षा के अलावा उनके स्वास्थ्य, प्रसूति, बच्चों की देखभाल, उत्तराधिकार-संबंधी कानून, स्त्री-मताधिकार आदि मुद्दों पर जागरूकता अभियान चलाया। उन्होंने स्त्रियों को स्वत्व का बोध कराना शुरू कर दिया। गांधी की प्रेरणा से वे गांव की स्त्रियों के बीच जाने लगी थीं। 'गोदान' (प्रेमचंद) की मालती समाज सेवा के लिए धनिया के गांव जाती है। दरअसल स्त्रियों की तत्युगीन सामाजिक गतिविधियों का राष्ट्रीय आंदोलन की गतिविधियों से संबंध था। दोनों एक-दूसरे के लिए स्पेस बना रही थीं। इन सबके साथ सीता, द्रौपदी, दमयंती जैसी पौराणिक स्त्रियां महिमामंडित की जा रही थीं, ताकि स्त्रियों की नई सामाजिक-राजनीतिक गतिविधियां इस देश के महान सांस्कृतिक अतीत से विच्छिन्न दिखाई न दें।

राजा राममोहन राय सती प्रथा के विरोध में और ईश्वरचंद्र विद्यासागर विधवा पुनर्विवाह के पक्ष में अपने प्रतिवेदनों पर एक भी स्त्री का हस्ताक्षर हासिल नहीं कर पाए होंगे। स्त्री शिक्षा लंबे समय तक कुशल गृहिणी बनने

के लिए दी जाती थी। गांधी के नेतृत्व में हुए सत्याग्रह की वजह से यह बड़े पैमाने पर संभव हुआ कि स्त्रियां अपना स्वत्व और महत्व पहचानने लगीं।

राष्ट्रीय स्वाधीनता आंदोलन का राष्ट्रवाद पितृसत्ता को ढीला कर सकता था, उसे तोड़ नहीं सकता था। उसे तोड़ने में आजादी के बाद के राजनीतिक आंदोलन भी असमर्थ रह गए। गांधी ने 1932 में लिखा, 'यदि पुरुष ने अपने अविवेकपूर्ण स्वार्थ के वशीभूत होकर स्त्री को इस तरह कुचला न होता और स्त्री आनंदोपभोग की शिकार न बन गई होती तो उसने संसार को अपनी अंतर्निहित शक्ति का परिचय दे दिया होता। जब स्त्री को पुरुष के बराबर अवसर प्राप्त हो जाएंगे और वह परस्पर सहयोग और संबंध की शक्तियों का पूरा विकास कर लेगी तो संसार स्त्री-शक्ति का उसकी संपूर्ण विलक्षणता और गौरव के साथ परिचय पा सकेगा।' (वही)। स्त्री के स्वत्व को जगाने में नवजागरण की निश्चय ही एक बड़ी भूमिका है। स्त्रियां अचानक सब पा गईं, ऐसा नहीं है।

अंग्रेजी राज और पश्चिमी सभ्यता से मोहभंग का अर्थ आधुनिक दृष्टियों से विमुख होकर पिछड़ा रह जाना नहीं है। 19वीं सदी के सुधारकों ने स्त्री को अबला के रूप में देखा और उसका उद्धार करना चाहा। 20वीं सदी में गांधी और प्रेमचंद जैसे व्यक्तियों ने पुरुषों के ढकोसलों को पहचाना, स्त्री को सबला के रूप में देखा और उद्धारकर्ता के रूप में अवतरित होने की जगह स्त्री की 'अंतर्निहित शक्ति' को जाग्रत करने का काम किया—स्त्री को सक्रिय बनाया। कहा जा सकता है कि नए दौर के उदारवादी राष्ट्रीय आंदोलनों के साथ नवजागरण की परियोजना का विस्तार हुआ।

गांधी कहते थे, 'उन्हें अबला पुकारना महिलाओं की आंतरिक शक्ति को दुत्कारना है।' (वही)। उनका अबला के संदर्भ में मानना था कि बल यदि पशुबल है तो निश्चय ही यह पुरुष में अधिक है। लेकिन इसका अर्थ यदि नैतिक बल है तो पुरुषों से ज्यादा यह बल स्त्रियों में है। वे कहते हैं, 'स्त्रियों की मानसिक शक्ति पुरुषों से जरा भी कम नहीं है।' (वही)। गांधी निश्चय ही स्त्रियों को गर्भ निरोधक गोलियां लेने से वर्जित करते थे, पर यह भी कहते थे, "वे अपने पतियों के कामासक्त होकर पास आने पर 'न' कहना सीख लें।"

वे जानते थे, 'असल समस्या यह है कि वे उनका प्रतिरोध करना नहीं चाहतीं। मैं चाहता हूँ कि स्त्रियां प्रतिरोध के मूल अधिकारों के बारे में जानें।' (वही)। स्त्री-पुरुष संबंध की ऐसी बातें 19वीं सदी का समाज सुधारक नहीं कह सकता था। वास्तविकता यह है कि विवाह कई बार एक क्रूर संस्था का रूप धारण कर लेता है। स्त्री के लिए कई बार विवाह बलात्कार का कानून-सम्मत बिस्तर बन जाता है। स्त्री सब कुछ अपना धार्मिक कर्तव्य समझकर स्वीकार कर लेती है। प्रेम का स्थान धार्मिक कर्तव्य ले लेता है। स्त्री की धार्मिक आस्था उसे प्रतिरोध करने से रोकती है।

गांधी कहते थे कि स्त्रियां मंदिरों में जाकर पूजा-अर्चना में समय बरबाद न करके चरखा कातें और उपार्जन करें। चरखा एक प्रतीक है आत्मनिर्भरता का, रोजगारमूलक श्रम का। गांधी समझ गए थे कि स्वावलंबी बने बिना स्त्री अन्याय का प्रतिरोध नहीं कर सकती। उन्होंने बाल विवाह, विधवाओं के प्रति क्रूरता आदि सामाजिक कुरीतियों के साथ दहेज प्रथा का भी विरोध किया जो समाज सुधार की तरफ बढ़ा एक बड़ा कदम था। उन्होंने दहेज प्रथा को 'हृदयहीनता' कहा और लड़कियों से साफ कहा कि वे दहेज मांगनेवाले लड़के से शादी करने से इनकार कर दें और अपने आत्मसम्मान की रक्षा करें। उनकी दृष्टि में विवाह का आधार परस्पर प्रेम और आदर होना चाहिए। उन्होंने कई सवर्ण-हरिजन विवाह अपनी देखरेख में संपन्न कराए।

कई लेखक गांधी को वर्ण व्यवस्था का समर्थक घोषित करते रहे। उन्होंने नहीं देखा कि गांधी ने यह भी कहा, 'लड़के-लड़कियों और माता-पिता को जाति-बंधन तोड़ने होंगे।' एक कठोर जातिवादी समाज व्यवस्था में यह कहना जोखिम से कम न था। गांधी मानते थे कि मां-बाप गलती करते हैं यदि वे अपनी लड़कियों को इस लायक नहीं बनाते कि वे अपनी जीविका खुद कमा सकें। यह भी कहते थे कि माता-पिता का कोई हक नहीं है कि उनकी मर्जी से शादी न करने पर लड़कियों को घर से निकाल दें। विवाह में लड़कियों की पसंद का बराबर का महत्व हो। कहना न होगा कि राष्ट्रीय आंदोलन के दौर में इन मुद्दों पर सामाजिक आलोड़न पैदा हो रहा था।

कुछ आधुनिक स्त्रियां अपने आदर्श पश्चिमी सभ्यता से ले रही थीं। एक अंग्रेज महिला कैथरीन मेयो ने अपनी किताब 'मदर इंडिया' (1926) में भारतीय स्त्रियों की दुर्दशा का चित्र खींचने के बहाने कई बीभत्स बातें लिखी थीं। गांधी ने उन्हें 'हिंदुस्तान की नालियों का इंस्पेक्टर' कहकर आलोचना की थी। प्रेमचंद ने 'मिस मेयो की आत्मा एक पारसी महिला के वेष में' शीर्षक से एक टिप्पणी लिखी (1932, विविध प्रसंग)। इसमें उन्होंने दिखाया कि किस तरह उस पारसी महिला की तरह भारत के समृद्ध घरानों की कई साम्राज्य-भक्त आधुनिकाएं इंग्लैंड जाती-आती रहती हैं और आम भारतीय स्त्रियों को हिकारत से देखती हुई उन्हें दुत्कारती रहती हैं। ऐसी औपनिवेशिक सुधारवादी स्त्रियां देश की स्त्रियों को सभ्य बनाने के लिए योजनाएं बनाती रहती हैं। यह उनका शगल है। गांधी ने भारतीय स्त्रियों के संदर्भ में 1936 में लिखा, 'उन्हें पश्यिम के उन तरीकों का अनुकरण नहीं करना है जो शायद वहां के वातावरण के अनुकूल है। उन्हें भारत की प्रकृति और यहां के वातावरण को देखकर अपने तरीके लागू करने होंगे। उनके कदम मजबूत, नियंत्रणकारी, शुचिकारी और संतुलित होने चाहिए। वे हमारी संस्कृति के उत्तम तत्वों को बचाकर रखें और जो कुछ निकृष्ट तथा अपकर्षकारी है, उसे बेहिचक निकाल फेंकें।' (वही)। संस्कृति के निकृष्ट और अपकर्षकारी तत्वों को बाहर निकाल कर श्रेष्ठ को बचाना बुद्धिसम्मत सांस्कृतिक संरक्षणशीलता है। संरक्षणवाद और बुद्धिसम्मत संरक्षणशीलता में फर्क किया जाना चाहिए।

भारतीय स्त्रियां उत्कृष्ट के ग्रहण और निकृष्ट के त्याग का आलोचनात्मक विवेक विकसित करें, यह जितना गांधी के समय में जरूरी था, उतना ही आज भी है। उसी तरह पश्चिम के अंधानुकरण से बचना जितना गांधी के समय जरूरी था, उतना ही आज भी है।

गांधी सीता के अलावा द्रौपदी को भी पसंद करते हैं, 'स्त्रियों को अपनी सुरक्षा के लिए पुरुषों पर निर्भर नहीं रहना है। उन्हें द्रौपदी की भांति अपने चरित्र की शक्ति और निर्मलता पर तथा ईश्वर पर भरोसा करना है।' वे स्त्रियों के संदर्भ में आत्मनिर्भरता, पुरुष अन्याय के प्रति प्रतिरोधशीलता और उत्कृष्ट के ग्रहण तथा निकृष्ट के त्याग की बात कहकर एक तरह से क्रांतिकारी सुधारों

का आह्वान करते हैं। वे ललकारते हैं, 'यदि मैं स्त्री जन्मता तो पुरुष के इस दंभ के विरुद्ध विद्रोह कर देता कि स्त्री उसके खेलने की चीज है।' (वही)।

गांधी पुरुष थे, वे स्त्रीवादी नहीं हो सकते थे। लेकिन स्त्री के संबंध में परंपरागत रूढ़िवादी धारणाओं को उन्होंने अपनी ऐतिहासिक सीमा में सबल चुनौती दी। वे राष्ट्रीय आंदोलन के भीतर से स्त्रियों में विचारशक्ति पैदा करना चाहते थे, क्योंकि सदियों से दबाए जाने और 'मूक दुख सहन' की वजह से उनकी खुद सोचने की क्षमता बहुत हद तक मिटा दी गई थी।

गांधी के सत्याग्रह में स्त्रियों की भागीदारी का उन स्त्रियों के परिवार के पुरुषों ने इस कारण विरोध नहीं किया कि सत्याग्रह का संबंध स्वाधीनता के लिए आंदोलन से था। दूसरे, गांधी सांस्कृतिक उच्छेदवादी नहीं थे। वे 'परिवार' की धारणा को तोड़ने की जगह उसे मानवीय बनाना चाहते थे। उन्होंने परंपरागत पारिवारिक भावना, स्त्री के घरेलू कर्तव्यों और उसके विशिष्ट गुणों को जरूरी बताया, क्योंकि वे देशप्रेम और परिवार में टकराव नहीं चाहते थे। उन्होंने कुछ ऐसी बातें भी कही हैं—'जीवन में जो कुछ पवित्र और धार्मिक है, स्त्रियां उनकी विशिष्ट अभिरक्षक हैं। ...पुरुष परिवार के भरण-पोषण का उत्तरदायित्व ले और महिला घर-गृहस्थी के प्रबंध देखे...। ...मुख्यतया वह गृहस्वामिनी है। ...मुझे आश्चर्य है कि वे भटक कर किधर जा रही हैं और उनके घरों में घृणा का वातावरण फैल गया तो वे अपने बच्चों को क्या सिखाएंगी या सिखा सकेंगी। ...उन्हें पुरुष का पूरक बनना है।' (वही)। ये एक तरह की बातें थीं।

गांधी ने यह सब भी कहा, 'जहां तक स्त्रियों के अधिकार का सवाल है, मैं कोई समझौता नहीं करूंगा। ...मैं स्त्री और पुरुष में कोई भेद नहीं करता। ...स्त्रियों को भी पुरुषों के समान स्वयं को स्वाधीन अनुभव करना चाहिए। वीरता केवल पुरुषों की बपौती नहीं है। ...स्त्रियों को मेरी सलाह है कि वे सभी अवांछनीय और निकम्मी बंदिशों के खिलाफ सविनय विद्रोह करें। ...जिस देश और समुदाय में स्त्री का आदर नहीं होता, उसे सुसंस्कृत नहीं कहा जा सकता। ...जिस यौन शिक्षा का मैं समर्थन कर रहा हूँ उसका उद्देश्य काम के आवेग को जीतना और उसका उदात्तीकरण होना चाहिए।

...जब स्त्री पर आक्रमण हो तो उसे हिंसा-अहिंसा की बात नहीं सोचनी चाहिए। अपनी आबरू बचाने के लिए जो भी राह उसको सूझे, वह अपनाए। ...स्त्री की कोई रक्षा करनेवाला नहीं है, उसे अपनी रक्षा खुद करनी है।' (वही)। ये दूसरी तरह की बातें थीं।

उपर्युक्त दो तरह के कथनों को गांधी के अंतर्विरोध के रूप में देखा जा सकता है और एक ऐसे अनोखे संवाद के रूप में भी जो वे ऐक्यबद्ध साम्राज्य-विरोधी संघर्ष की प्रक्रिया में अतीतमुखी लोगों और भविष्योन्मुख पीढ़ियों दोनों से एक साथ करना चाहते थे। उनका लक्ष्य बिना उच्छेदवादी बड़बोलेपन के रूढ़िवादी भारतीय समाज का शांतिपूर्ण बौद्धिक रूपांतरण था।

गांधी कई बार परस्पर विरोधी बातें कहते थे और उनके बीच सामंजस्य बैठाने की कोशिश भी करते थे, क्योंकि वे बड़े जटिल भारतीय यथार्थों के बीच काम कर रहे थे। वे एक विचित्र बात कहते हैं, 'वैधव्य हिंदू धर्म का आभूषण है।' वे अन्यत्र यह भी कहते हैं, 'धर्म या प्रथा द्वारा आरोपित वैधव्य एक असहनीय भार है। ...यदि हमें हिंदुत्व की रक्षा करनी है तो हमें बलात वैधव्य के विष से अपने आपको मुक्त करना चाहिए। इस प्रकार की शुरुआत उन घरों से की जानी चाहिए जिनमें बाल विधवाएं हैं।' (वही)। इन दो विपरीत कथनों से हम समझ सकते हैं कि गांधी एक संरक्षणवादी समाज में विद्रोहपूर्ण बातें किस शैली में कहते हैं। वे विधवा पुनर्विवाह में हिंदू धर्म की रक्षा देखते हैं। इस मामले में बना कानून (1856) गांधी के समय तक भी सामाजिक स्वीकृति नहीं पा सका था। उस दौर में बाल विधवाओं, बल्कि आम विधवाओं को कठोर बंधनों, वर्जनाओं और नियंत्रण में कैसा असहनीय जीवन बिताना पड़ता था, हम आज उसकी कल्पना नहीं कर सकते। गांधी कहते थे कि सिर्फ कानून बना देने से समाज नहीं सुधरेगा, इसके लिए तरह-तरह से सामाजिक जागरण पैदा करना होगा।

हम देख सकते हैं कि एक अच्छा और अकाट्य सिद्धांत खड़ा कर देना या उसका नगाड़ा बजाना आसान है। उसे व्यापक सामाजिक अंतःकरण में उतारना, अधिक लोगों तक पहुंचाना कठिन है। इसके लिए ईमानदारी और कौशल दोनों की जरूरत होती है, निश्चय ही इरादे की भी।

गांधी पर चर्चा करते समय हम राजनीतिक स्वतंत्रता और जाति के मुद्दे के साथ स्त्री के मुद्दे को भी ध्यान में रख सकते हैं।

जातिवाद, गांधी और अंबेडकर

गांधी ने अपनी राजनीतिक और रचनात्मक गतिविधियों के बीच से प्रधान सामाजिक संदेश देना चाहा, 'बिना सहकार नहीं उद्धार।' यदि शांति, प्रेम, स्वतंत्रता, समानता और न्याय चाहिए तो सत्याग्रह में सहकार हो। वे सभी किस्म के नवजाग्रत और देशप्रेमी व्यक्तियों को साथ लेकर चलना चाहते थे, सामंजस्यवादी थे। वे जा-जाकर सभी से मिलते थे, बातें करते थे। उन्होंने कहना चाहा कि इतने बड़े देश में स्वतंत्रता, परिवर्तन और प्रगति के लिए एक बड़े मन की जरूरत है। उन्होंने भारत के इस स्वभाव को समझ लिया था कि यह देश सामान्यतः उद्धतता या उग्रता पसंद नहीं करता। इस़ देश के लोग न्याय के लिए अहिंसक आंदोलन और समावेशिकता के प्रेमी हैं। निश्चय ही गांधी पुराने धर्म, दर्शन और राजनीति के प्रसिद्ध कथनों से नहीं, जनजीवन के ताजा अनुभवों से अपना सत्य पाते हैं।

हमें गांधी की उन लड़ाइयों को समझना होगा जो धर्म और जाति के आधार पर भेदभाव के खिलाफ थीं। वे सभी के भयों और दुखों को दूर करना चाहते थे। उन्होंने अपनी लड़ाइयों में भारत के स्वतंत्रता-प्रेमी आम लोगों को बड़े पैमाने पर शामिल करने में सफलता पाई थी। इस सफलता से गांधी की दौड़धूप ही नहीं, उनकी संवादशीलता और समावेशिकता की शक्ति का भी बोध होता है। निश्चय ही संघर्ष में उतनी निरंतरता, प्रचंडता, उद्देश्यपरकता और व्यापकता के साथ फिर एक वैसी लड़ाई की जरूरत महसूस हो सकती है जिसका लक्ष्य महज सत्ता-बदल न हो, आर्थिक-सांस्कृतिक पुनर्निर्माण हो।

19वीं सदी में ज्योतिबा फुले ने जाति का जो महत्वपूर्ण सवाल उठाया था, वह 20वीं सदी में खासकर महाराष्ट्र और तमिलनाडु में धधक रहा था। इस जागरण ने उन मूक निम्न जातियों को वाणी दी जो सैकड़ों साल से ब्राह्मण तंत्र में पिस रही थीं। इस विडंबना पर संत कवि सैकड़ों साल से चोट करते आ रहे थे।

19वीं और 20वीं सदी के दलित आंदोलन सिर्फ ब्राह्मण-तंत्र को निशाना बना रहे थे जो जरूरी था, पर देश में सिर्फ यही समस्या नहीं थी। पिछले सौ साल के विस्तृत सामाजिक अनुभव के आधार पर कहा जा सकता है कि जब समाज में कई समस्याएं, विडंबनाएं और वर्चस्व हों, सिर्फ एक पर केंद्रित रहकर उस समस्या, विडंबना या वर्चस्व को कभी मिटाया नहीं जा सकता। इससे एक पृथक पहचान-वृत्त बन सकता है और मुट्ठी भर व्यक्ति लाभान्वित हो सकते हैं, समस्या या वर्चस्व का अंत नहीं होगा। वर्चस्व का नई राजनीतिक शक्तियों से पोषण पाकर समय-समय पर सिर्फ रूपांतरण होगा।

गांधी ने नवजागरण-दौर के आंदोलनों के परस्पर अलगाव को दूर करना चाहा। उन्होंने अधिक से अधिक समस्याओं, विडंबनाओं और वर्चस्वों को संबोधित किया। उनके विचारों में व्यापकता थी, इकहरी उग्रता नहीं थी। उनकी तरह का एक बड़ा विजन, आत्मानुशासन के साथ निरंतर जुझारूपन और त्यागमय जीवन आज भी एक आदर्श है।

गांधी को अरुंधती राय जैसे कुछ बुद्धिजीवियों ने अपने फुटकर अध्ययन के आधार पर दक्षिण अफ्रीकी संदर्भ का हवाला देते हुए नस्लवादी और कुछ ने उन्हें वर्ण व्यवस्था का समर्थक माना है। एक वीडियो में गांधी की प्रशंसा करनेवाले आइंस्टाइन से व्यंग्यपूर्वक पूछा गया, 'आइंस्टाइन सर, क्या आपको मालूम है कि गांधी ने दक्षिण अफ्रीका में क्या किया और क्या कहा है?'

गांधी 1893 में 24 साल की उम्र में दक्षिण अफ्रीका गए थे। वे उस समय अंग्रेजी ढांचे में शिक्षित एक पश्चिमी मिजाज के वकील थे। वे जन्म से महात्मा न थे और वस्तुतः संपन्न भारतीयों का मुकदमा लड़ने के लिए दक्षिण अफ्रीका गए थे। वे काले अफ्रीकियों के नहीं बल्कि काले एशियाइयों, विशेषतः आप्रवासी हिंदू-मुसलमान भारतीयों के प्रवक्ता थे। वे गोरों का अपमान झेलते हुए इनकी तरफ से लड़ रहे थे। उनके मुद्दे सीमित थे, पर इससे वे नस्लवादी नहीं हो जाते। दक्षिण अफ्रीका के अपने जीवन काल को गांधी ने स्पष्ट तौर पर 'वकालत के पेशे का काल' कहा था।

उल्लेखनीय है कि दक्षिण अफ्रीका में नेल्सन मंडेला ने जिस गांधी को अपनी प्रेरणा के रूप में देखा, उन्हें नस्लवादी कहना आभिजात्यवादी शैतानी है।

निश्चय ही गांधी अफ्रीकियों के प्रति हो रहे नस्लवादी रंगभेद के विरुद्ध तब बोले, जब वे दक्षिण अफ्रीका छोड़ चुके थे। वे वकालत भी छोड़ चुके थे। 1920 में गांधी ने कहा, 'दक्षिण अफ्रीका की श्वेत नीति में विश्व युद्ध के बीज निहित हैं।' उन्होंने आगे चलकर नस्लवाद के विरोध में कहा, 'यह नई नस्ल व्यवस्था भारत की प्राचीन जाति व्यवस्था से भी बुरी है। यह बेहयाई से घोषणा करती है कि श्वेत सभ्यता को एशियाइयों और अफ्रीकियों से अपनी रक्षा करने के लिए कानूनी अवरोध खड़े करने जरूरी हैं।' 21वीं सदी में अमेरिका जैसे देश में नस्लवाद बार-बार उभरा है और दूसरे देशों से आए लोगों की स्वतंत्रता पर वहां आज भी कानूनी अवरोध हैं।

गांधी का लिखा और बोला गया साहित्य लगभग 50,000 पृष्ठों का है। उसमें असंगति और अंतर्विरोध स्वाभाविक हैं, क्योंकि गांधी दार्शनिक नहीं थे। वे सामाजिक-राजनीतिक कार्यकर्ता थे। उनके सभी विचारों से सहमति नहीं हो सकती, लेकिन सभी विचारों से असहमति एक तरह का वैचारिक अहंकार है और बौद्धिक आत्मघात भी। हम जानते हैं कि कई मुद्दों पर गांधी के विचार बदले हैं। वे बार-बार आत्मनिरीक्षण करते थे। जो व्यक्ति कहता हो—'मेरा जीवन ही मेरा संदेश है', उसे महज लिखे और बोले गए विचार के आधार पर नहीं समझा जा सकता। उन्होंने यह भी कहा था कि जब उनके विचारों में असंगति दिखे, सबसे अंत में व्यक्त किए गए उनके विचार को ही प्रामाणिक माना जाए।

गांधी ने अपने बचपन का एक संदर्भ देते हुए लिखा है, "मेरी मां ने कहा—'इस बच्चे को न छूना, यह अछूत है।' 'क्यों न छुऊं?' मैंने पलट कर पूछा और उसी दिन से मेरा विद्रोह आरंभ हो गया।" उनका छुआछूत-विरोधी आंदोलन जातिवाद पर एक बड़ी चोट है। 20वीं सदी के आरंभिक 20-25 सालों तक हिंदी प्रदेश सहित कई प्रदेश दलित आंदोलन से अछूते थे। महाराष्ट्र की लहर वहां नहीं पहुंची थी। गांधी के छुआछूत-विरोध का व्यापक प्रचार 1920 के असहयोग आंदोलन से शुरू हुआ था। उस दौर के एक प्रसिद्ध क्रिकेट खिलाड़ी पी. बालू को 1919 में धार्मिक टीमों की एक प्रतियोगिता में हिंदू टीम से निम्न जाति का होने की वजह से बाहर निकाल दिया गया था।

रानाडे और तिलक भी उनका सम्मान करते थे। गांधी ने उनका नाम न लेते हुए भी इस छुआछूत का विरोध जोरदार शब्दों में किया था। बालू प्रतियोगिता में शामिल किए गए थे।

जाति के प्रश्न पर गांधी का पहला आंदोलनात्मक हस्तक्षेप केरल के वायकोम मंदिर के रास्ते पर दलितों के चलने की स्वतंत्रता को लेकर था (1924-25)। उन्होंने नंबूदिरि ट्रस्टियों से पूछा—जिस रास्ते पर अहिंदू, अपराधी, दुश्चरित्र, यहां तक कि कुत्ते-सियार भी आते-जाते हैं, उस पर निम्न जाति के लोग क्यों नहीं चल सकते? ट्रस्टियों ने जवाब दिया—निम्न जाति के लोग अपने पूर्वजन्म के कर्मों का दंड पा रहे हैं। गांधी ने फिर पूछा—उनका निम्न जाति में जन्म हुआ तो क्या वे इस जन्म में अपराधी हैं और क्या पशुओं से भी गए-बीते हैं? ट्रस्टी चुप थे और अडिग थे। गांधी ने 1921 में 'यंग इंडिया' में लिखा था, 'मैं पुनर्जन्म में विश्वास नहीं करता, लेकिन मेरा पुनर्जन्म हो तो मैं चाहूंगा कि मैं अछूत के घर जन्म लूं।'

गांधी 5 बार मदुरै गए थे, लेकिन एक बार भी मीनाक्षी मंदिर नहीं गए, क्योंकि उसमें अछूतों का प्रवेश वर्जित था। उन्हें 1925 में कन्याकुमारी के भगवती मंदिर के गर्भगृह में प्रवेश करना चाहा, पर उन्हें प्रवेश नहीं मिला, क्योंकि उन्होंने समुद्र पार की यात्राएं की थीं। उन्होंने लिखा, 'यह कैसे सहन किया जा सकता है? क्या कन्याकुमारी अपवित्र हो जाती? क्या यह रीति प्राचीन काल में थी?' इन घटनाओं से हम सोच सकते हैं कि भारत कहां खड़ा था। जातिवाद से आक्रांत केरल में शुरू हुआ छुआछूत-विरोधी आंदोलन 1920 से तेज हो गया था और स्थितियां बदलने लगी थीं।

गांधी पर आरोप लगता रहा है कि वे हिंदू-मुस्लिम और स्वराज के प्रश्नों पर मुखर थे, लेकिन दलितों के लिए कुछ नहीं किया। देखा जा सकता है कि यह आरोप बेबुनियाद है।

गांधी के छुआछूत-विरोधी आंदोलन ने काशी के पंडितों को नाराज कर दिया था। पंडितों ने बनारस की सड़कों पर उनका प्रतिवाद किया जो आंधी में 'पतंग उड़ाने के समान' था। गांधी स्वाधीनता संग्राम को निम्न और अस्पृश्य समझी जानेवाली जातियों की दुख और अपमान से मुक्ति से जोड़कर देखते थे।

उन्होंने इन्हें सद्‌भावना से 'हरिजन' कहा। ये बाद में 'दलित' कहे गए और विकास के नए मोड़ पर अब दलित की जगह 'अनुसूचित जाति' कहे जाने लगे हैं, क्योंकि अब स्थापित दलितों को 'दलित' शब्द अपमानजनक लगता है।

नवजागरण में स्त्री के अलावा दलित एक प्रमुख संदर्भ है। महाराष्ट्र में ज्योतिबा फुले ने एक आवाज उठाई थी। बाद में दलितों के सबसे बड़े प्रवक्ता बी. आर. अंबेडकर हुए। गांधी गोलमेज कॉफ्रेंन्स की पहली मुलाकात में अंबेडकर को ब्राह्मण समझ बैठे थे। उन्होंने अस्पृश्य जातियों को हिंदू समाज से अलग करने की साम्राज्यवादी चाल का विरोध किया। इसका समाधान अंततः अंबेडकर के राजी हो जाने पर 1932 में पूना पैक्ट के रूप में सामने आया। गांधी अपने से भिन्न मत रखनेवाले से संवाद करते थे, क्योंकि उनका मुख्य मकसद साम्राज्यवाद-विरोधी संघर्ष में 'विरुद्धों में सामंजस्य' स्थापित करना था। उस दौर में यह भारत की आवाज थी। वे पेरियार रामास्वामी से मिलने मद्रास गए, पर अपनी बात उन्हें समझा नहीं पाए। वे अपने समय के अतिवादों के बीच भारत के स्वभाव को पहचाननेवाले एक सामंजस्यवादी इन्सान थे।

गांधी ने वर्णाश्रम व्यवस्था के उस प्राचीन रूप का कई बार समर्थन किया था, जिसमें तथाकथित रूप से ऊंच-नीच का विचार नहीं था। वे उसके आधुनिक रूप के विरोधी थे, 'मैं समझता हूँ कि वर्ण व्यवस्था गड्डमड्ड हो गई है और अच्छा हो यदि सभी हिंदू स्वेच्छा से अपने को शूद्र कहना प्रारंभ कर दें।' (वही)। वे जातिवाद का विरोध करते हुए कहते हैं, 'मैं, जाति का जो आधुनिक अर्थ है, उसमें विश्वास नहीं करता। यह अनावश्यक है और प्रगति में बाधक है। न मैं मनुष्यों के बीच असमानताओं में विश्वास करता हूँ। हम सब बिल्कुल बराबर हैं।' (वही)। वे जातिवाद के दोष को इस रूप में भी देखते हैं, 'जातिभेद ने हमारे अंदर इतनी गहरी जड़ें जमा ली हैं कि उससे भारत के मुसलमान, ईसाई और अन्य धर्मावलंबी भी प्रभावित हो गए हैं।' (वही)। नवजागरण के दौर में स्त्री की तुलना में जाति के मुद्दे ने ध्यान अधिक आकर्षित किया। दलित अपने दुख-कष्ट और अपमान के विरुद्ध खुद मुखर हो रहे थे। गांधी उनकी सामाजिक मुक्ति और अधिकारों के समर्थक थे, लेकिन राजनीतिक खाइयां नहीं चाहते थे।

जाति के मुद्दे पर गांधी के वैचारिक विकास को समझने की जरूरत है, साथ ही यह देखने की भी कि निम्न जातियों के अधिकारों के लिए अपनी ऐतिहासिक सीमा में लड़ते हुए वे किस तरह उच्च जातियों के लोगों के मन को बदलने की कोशिश भी कर रहे थे। वे अंग्रेजी राज के खिलाफ छेड़ी गई अहिंसक जंग के दौर में भारतीय समाज के विभाजन के पक्ष में नहीं थे। उन्होंने पितृसत्ता के मुद्दे की तरह वर्ण व्यवस्था के मुद्दे पर भी कटु टकराहट से बचते हुए निम्न जातियों के लिए न्याय की आवाज उठाई और उच्च जातियों से अपनी कई बातें मनवा लीं। यह सुधारवाद का ही एक रूप था, सामाजिक क्रांति का नहीं, फिर भी भारतीय स्थितियों में यह एक बड़ी बात थी। सामाजिक क्रांति आज भी संभव नहीं हो पाई है, क्योंकि समाज में आधुनिक शिक्षा और विकासों के बावजूद जाति भेदभाव की मनोवृत्ति और खुद दलित जातियों के भीतर स्तर-विभाजन का अंत नहीं हुआ है।

अंबेडकर की लड़ाई दलितों की उन्नति, आत्मसम्मान और राजनीतिक अधिकार के लिए थी। उन्होंने 1927 में महाड़ के चवदार तालाब पर दलितों को लेकर सत्याग्रह किया था और सवर्ण हिंदुओं के विरोध के बावजूद हजारों दलितों के साथ उन्होंने इस तालाब से लेकर पानी पिया था। इस आंदोलन में गांधी की तस्वीर का इस्तेमाल हुआ था जिससे अंबेडकर का उनके प्रति सम्मान स्पष्ट होता है। महाराष्ट्र में अंबेडकर ने फुले के आंदोलन को आगे बढ़ाया और इसे आक्रामक रूप दिया।

1932 के पूना समझौता से साल भर पहले उन्होंने गांधी से पूछा था—'मेरा देश कहां है?' उनके मन में गांधी के अछूतोद्धार और हिंदू धर्म के दायरे में इस समस्या के समाधान के प्रति संदेह था। वे अछूतों को 'बहिष्कृत भारत' कहते थे। अंबेडकर को लगा कि अछूतों को अपनी हजारों साल की जिल्लत, अवमानना और यंत्रणा से मुक्ति की लड़ाई खुद लड़नी होगी। गांधी के सामने अछूतों की मुक्ति का प्रश्न था, लेकिन साम्राज्यवाद से मुक्ति का प्रश्न भी था।

बीसवीं सदी के तीसरे दशक में दलित प्रश्न पर एक बड़ा सामाजिक आलोड़न शुरू हो गया था। अंबेडकर के आंदोलन का असर यह पड़ा कि 1932 में सवर्ण हिंदुओं ने 'अस्पृश्यता विरोधी मंडल' (हरिजन सेवक संघ) गठित किया।

देखा जा सकता है कि अछूतों के अधिकार की लड़ाई गांधी के राष्ट्रीय आंदोलन का हिस्सा थी।

भारतीय राष्ट्रवाद का सामाजिक आधार जैसे-जैसे विस्तृत हो रहा था और स्वतंत्रता संग्राम के साथ बदलाव के लघु आख्यान बन रहे थे, वैसे-वैसे भारत में नए ढंग के राष्ट्र और नए समाज की चाहत बढ़ रही थी। स्पष्ट होता जा रहा था कि भारतीय राष्ट्रीयता की आधुनिक परियोजना सामाजिक क्रांति के बिना अधूरी है। अंबेडकर ने भी कहा था, 'हम ब्राह्मणों के विरुद्ध नहीं हैं, हमारा आक्रमण ब्राह्मणवाद पर है। हमें ब्राह्मणवादग्रस्त ब्राह्मणेतर आदमी दूर प्रतीत होता है और ब्राह्मणवाद-रहित ब्राह्मण नजदीक लगता है।' उनका दलित प्रश्न पर चिंतन इकहरा नहीं है। इसलिए वे यह भी कहते हैं, 'अस्पृश्य लोग भी आपस में अब तक छूतछात मानते हैं, ब्राह्मणों से भी बड़ा प्लेग हमारे अंदर है।' भारत के सामाजिक ताने-बाने में दलित उसी तरह शामिल हैं, जिस तरह परिवार के ताने-बाने में स्त्री। इसमें संदेह नहीं कि भारत में जाति प्रथा पूरी तरह कभी नहीं टूटी, पर यह 20वीं सदी में काफी शिथिल हुई। अंतरजातीय विवाह करनेवाले लोगों के अपने नए ढांचे के परिवार बने। यह चीज हर भारतीय नगर में देखी जा सकती है और ऐसे लोगों के साहस को पहचाना जा सकता है।

गांधी बनाम अंबेडकर के मुद्दे पर पुनर्विचार होना चाहिए। इनके रिश्ते की एकतरफा व्याख्या से बाहर निकलने की जरूरत है। गांधी से अंबेडकर की असहमति थी। लेकिन असहमति का अर्थ विचारधारा के विपरीत ध्रुव पर खड़ा होना नहीं है—शत्रु होना नहीं है। अंबेडकर खुद उन्हें 'प्रतिपक्ष' मानते थे, 'शत्रु' कहने से इनकार करते थे।

सुभाषचंद्र बोस के फौजी राष्ट्रवाद का समर्थन करते हुए या अंबेडकर का समर्थन करते हुए गांधी पर अंधे आरोप लगाए जाते हैं। इसी तरह गांधी के अंध-समर्थन में बहुत कुछ कहा जाता है। आजादी के लिए लड़नेवालों को खलनायक बना देने या नायक पूजा की प्रवृत्तियों ने देश की बड़ी क्षति की है। भावावेग-प्रधान या सीमित तथ्यों के आधार पर अंध-आरोप या अंध-समर्थन को मूल्यांकन नहीं कहा जा सकता।

किसी ऐतिहासिक व्यक्तित्व, सांस्कृतिक निर्माण या समाज के एक हिस्से का विशेष अध्ययन हो सकता है। खंड-खंड अध्ययन से कई दबे तथ्य या छिपी बातें ज्ञात होती हैं, लेकिन खंड-खंड अध्ययन और खंडित अध्ययन में फर्क है। खंडित अध्ययन मिथ्या विभाजन पैदा करता है, प्रतिकूल तथ्यों को छिपाता है और तब अध्ययन नहीं होता, रंग पोता जाता है। कर्मकांड की तरह एक ही चीज बार-बार दुहराई जाती है, नई स्थितियों और समस्याओं की ओर दृष्टि नहीं जाती।

यह जरूरी है कि गांधी और अंबेडकर इन दो बड़े व्यक्तित्वों की सिर्फ दूरियों को नहीं, उनके संबंधों को भी समझा जाए। बी.आर.अंबेडकर ने जब पहली बार 1935 में अपने धर्म परिवर्तन की बात कही तो जमना लाल बजाज ने 4 मार्च 1936 को एक कार्यक्रम में गांधी से उनकी राय जाननी चाही। गांधी ने कहा, 'अंबेडकर की जगह अगर मैं होता तो मुझे भी उतना ही क्रोध आता।' उन्होंने इसी साल 21 मार्च के 'हरिजन' में लिखा, 'ऐसे समय में (सवर्ण) सुधारकों का अपना हृदय टटोलना जरूरी है।' निम्न जाति के लोगों के मन में पैदा हो रही कटुता के संदर्भ में गांधी कहते थे, 'इसके लिए जिम्मेदार हिंदू लोग हैं, हिंदू धर्म नहीं।' गांधी ने दलित और सवर्ण के अंतरजातीय विवाह का समर्थन किया था।

अंबेडकर ने दलितों के अधिकार की बात की, तो गांधी ने सवर्णों को उदार बनाने में एक बड़ी भूमिका निभाई। यदि अंबेडकर ने छुआछूत को 'अपराध' और गांधी ने उसे 'पाप' कहा तो दोनों बातों में फर्क होते हुए भी इन्हें एक-दूसरे का विपरीत समझना गलत है। गांधी और अंबेडकर दोनों ही जाति-भेदभाव के विरोधी थे। दोनों व्यक्ति शांतिपूर्ण आंदोलन, बौद्धिक स्वतंत्रता और अल्पसंख्यकों की सुरक्षा में विश्वास करते थे। निश्चय ही दोनों में बड़ा मतांतर था और दोनों ही कुछ चीजों को संपूर्ण परिप्रेक्ष्य में नहीं देख रहे थे।

1920-21 में गांधी ने वर्ण व्यवस्था का समर्थन किया था और इसकी निंदा नहीं की थी। लेकिन यह नहीं देखा जाता कि मदुरै की एक सभा (1939) में गांधी ने वर्ण व्यवस्था और मनुस्मृति का स्पष्ट विरोध किया। उन्होंने कहा, 'मनुस्मृति में स्त्रियों और तथाकथित निम्न जातियों के बारे में बहुत अन्यायपूर्ण बातें कही गई हैं।' (मदुरै में अब्राह्मणों से एक संवाद, गांधी वाङ्मय, खंड 35, पृ. 540-43)। निश्चय ही उपनिवेशवाद-विरोधी राष्ट्रीय सामंजस्य की जमीन

पर खड़ा होने की वजह से उनका तरीका अंबेडकर से अलग था। इसका यह अर्थ नहीं कि वे अंबेडकर के विरोधी थे। हर आंदोलन को एक खलनायक की जरूरत होती है। गांधी बार-बार खलनायक बनाए गए। वे जिन-जिनको खलनायक दिखते हैं, यदि उनकी सूची बनाई जाए तो उन्हें गोडसे की कतार में देखकर उन पर हँसी आ सकती है।

गांधी मदुरै की उपर्युक्त सभा में प्रतिवाद करते हैं, 'मैंने खादी, हिंदू-मुस्लिम एकता और अस्पृश्यता निवारण को स्वराज के तीन खंभों के रूप में देखा है, पर मैंने वर्णाश्रम धर्म को कभी उसका चौथा खंभा नहीं माना। इसलिए वर्णाश्रम धर्म से संबंधित मेरे कथनों के आधार पर आप मुझ पर गलत आरोप नहीं लगा सकते।' (वही)। दरअसल गांधी को उनके समग्र वैचारिक विकास और उनके आचरण के आधार पर परखना चाहिए। कहने की जरूरत है कि नए परिदृश्य में अंबेडकरवादियों को वंचितों, दलितों और मुसलमानों के संदर्भ में गांधी की चिंताओं को सकारात्मक दृष्टि से देखना चाहिए। क्या आज कोई उसके बारे में जिससे असहमत है, उस तरह सोच सकता है जैसा गांधी प्रेम और आदर के साथ अंबेडकर के बारे में सोचते थे? उन्होंने अंबेडकर को संविधान निर्माता बनाने और कांग्रेस के पहले मंत्रिमंडल में स्थान देने की जरूरत समझी। देख कर दुख होता है कि इस देश में असहिष्णुता पर धार्मिक फासीवादियों का एकाधिकार नहीं है।

किसी समय राजनेता एक-दूसरे को पत्र लिखते थे, वे सीधा संवाद रखते थे। गांधी ने 6 अगस्त 1944 को सेवाग्राम से अंबेडकर को पत्र लिखा था, 'हिंदू-मुस्लिम प्रश्न मेरे लिए जीवन पर्यंत चलने वाला प्रश्न है। कभी मुझे लगता था कि इस प्रश्न का हल हो जाएगा और भारत की राजनीतिक कठिनाइयां हल हो जाएंगी। अनुभव से ज्ञात हुआ कि यह आंशिक रूप से सत्य है। अस्पृश्यता का विरोधी तो मैं बचपन से था। लेकिन मेरे लिए यह धार्मिक और सामाजिक सुधार का प्रश्न है। हालांकि इसका राजनीतिक महत्व स्थापित हो चुका है, (पर) इसका धार्मिक और सामाजिक मूल्य भी मेरे लिए है। मैं अच्छी तरह जानता हूँ कि आपके और मेरे विचार इस संबंध में अलग-अलग हैं। मैं यह भी जानता हूँ कि देश की व्यापक राजनीति के संदर्भ

में भी हम भिन्न दृष्टिकोण रखते हैं। मुझे अच्छा लगेगा, यदि उपर्युक्त दोनों ही प्रश्नों (हिंदू-मुस्लिम तथा जातिभेद) पर हम सोच की सामान्य भूमि बना सकें। मैं आपकी व्यापक क्षमता से परिचित हूँ। मुझे अच्छा लगेगा, यदि मैं आपको सहयोगी के रूप में पा सकूँ और हम साथ मिलकर काम कर सकें। मैं अपनी असफलता स्वीकार करता हूँ कि मैं आपकी निकटता हासिल न कर सका। यदि आप मुझे बता सकें कि हमारे मिलकर चलने की सामान्य भूमि क्या हो सकती है, तो मैं उस पर जरूर विचार करूंगा। फिलहाल मैं वर्तमान दुर्भाग्यजनक मतभेद मिटाने के लिए मेलमिलाप की आशा में हूँ। (गांधी वाङमय, खंड 84)। इसी तरह से अतिवाद के त्याग और मेल-मिलाप तथा साझा संघर्ष की उम्मीद आज भी की जा सकती है।

अंबेडकर ने भारतीय संविधान में जनता की जिन आशाओं और आकांक्षाओं को मूर्त किया है, उनके निर्माण में नवजागरण काल के सुधार आंदोलनों के अलावा गांधी के नेतृत्व में चले अहिंसक स्वाधीनता संग्राम की ऐतिहासिक भूमिका से इन्कार नहीं किया जा सकता। गांधी ने जिन चीजों को आध्यात्मिक नैतिकता के स्तर पर देखा था, उन्हें अंबेडकर ने संवैधानिक नैतिकता का रूप दिया। गांधी और अंबेडकर की सिर्फ दूरियों को देखना और संबंधों को खारिज करना आत्मघात है। आज कहा जाना चाहिए कि अंबेडकर पर आक्रमण गांधी पर आक्रमण है तो गांधी पर आक्रमण भी अंबेडकर पर आक्रमण है। विचारों की दुनिया में मतभेद होते हैं, पर घृणा फासीवाद की संतान है।

पिछले 50 सालों में दुनिया भर में कई आशाएं भ्रम साबित हुई हैं और टूटी हैं। कई सपने टूटे हैं और दुःस्वप्न छाए हैं। पहले के दिखाए गए रास्ते, चाहे वे मार्क्स के हों, गांधी के हों, अंबेडकर के या अन्य किसी के हों, वे अब अपर्याप्त लग सकते हैं। हम इस छोर से उस छोर तक अब एक विस्तृत बाजार में खड़े हैं। इसका यह अर्थ नहीं है कि उन सभी महापुरुषों की खोज, उनके सपने और उनकी लड़ाई व्यर्थ थी या उनके सभी वैचारिक औजार बीती चीजें हैं। मामला सिर्फ यह है कि उनके किसी भी कथन को अंतिम नहीं समझ लेना चाहिए और आज की टकराहटों को उस युग की टकराहटों में

सीमित करके देखना उचित नहीं है। आज की चुनौतियां नई हैं तो संघर्ष के रास्ते भी नए होंगे, बल्कि विविध होंगे।

देश को कौन बचाएगा

गांधी का एक प्रसिद्ध कथन है, 'पृथ्वी के पास सभी की जरूरतें पूरी करने के लिए पर्याप्त सामग्री है, लेकिन किसी एक के भी लालच के लिए निश्चय ही नहीं।' दुनिया में लालच बढ़ा है और लालच पर आधारित व्यवस्था में भय बढ़ा है। एक भयमुक्त समाज के लिए लालच को कम करना होगा।

वर्तमान परिदृश्य में कबीर की एक पंक्ति याद आती है, 'कौन ठगवा नगरवा लूटल हो'। गांधी ने जिसे 'शैतानी सभ्यता' कहा था, वह अब साक्षात कारपोरेट सभ्यता के रूप में मौजूद है। इसकी चतुराई शकुनि को, प्रलोभन टके सेर भाजी टके सेर खाजा' वाले बाजार को, भेदभाव विगत औपनिवेशिक समय को और तकनीकी अंतर्जाल में असुरक्षा जंगल को मात करता है। राष्ट्र का कारपोरेट हाथों की कठपुतली बन जाना जनहित के विरुद्ध है, देश की आजादी के विरुद्ध है। कारपोरेट कल्चर की बड़े गर्व से सराहना की जाती है, क्योंकि उसे स्मार्ट, स्वप्नदर्शी, दायित्व-सचेत और समय को महत्व देनेवाली उत्पादक संस्कृति के रूप में देखा जाता है। लेकिन इसके भीतर मौजूद चक्रव्यूह शायद ही समझ में आता है। दरअसल कारपोरेट कल्चर एक अदृश्य चक्रव्यूह है।

घटना यह है कि राष्ट्र संवेदनहीन होता जा रहा है। हर तरफ लूट है या मार है, लूट-मार है। नेता अपराधी और अपराधी नेता बनते रहे हैं। घरेलू उपनिवेश के भीतर उपनिवेश बनते रहे हैं—बहुपरतदार उपनिवेश! 'हम-वे' में 'हम' लगातार खंडित होता गया। 'वे' का कई टुकड़ों में विस्तार हुआ। उच्च लक्ष्यों को हाशिए पर ठेल कर संकीर्णता पनपी। मुक्त बाजार में तेजी से दी गई छूट और खैरात भुलावा बन गए। आर्थिक मुद्दों पर खोखले शब्दों से जनता को धोखा दिया जाने लगा। बगुला एक पक्षी नहीं, राजनीतिक संस्कृति बन गया।

21वीं सदी में व्यक्तिवाद बढ़ा, आत्मप्रदर्शन बढ़ा, सुख-सुविधाओं की चाह बढ़ी तथा अवसर घटे। सुख के पीछे दौड़नेवाला व्यक्ति तर्क या आदर्श की परवाह नहीं करता। वह अतृप्ति में एक न एक तरह की हिंसा का रास्ता चुनता है।

प्रसाद ने 'कामायनी' में सचेत किया था, 'अपने में सब कुछ भर कैसे व्यक्ति विकास करेगा/यह एकांत स्वार्थ भीषण है अपना नाश करेगा।' हम नाश के कगार पर खड़े हैं, भले चारों तरफ सभ्यता के रंगीले दृश्य हों। ऐसी घड़ियों में जरूरी हो जाता है अपनी उदारवादी राष्ट्रीय जड़ों का सम्मान करना, अपनी विफलताओं को स्वीकार करना, शब्द तथा समय के महत्व को समझना।

आपकी नजर से वह चित्र गुजरा होगा जिसमें एक बच्चा समुद्र तट पर गांधी की लाठी का आखिरी सिरा पकड़े लगभग दौड़ रहा है। गांधी भी उसके पीछे-पीछे दौड़ रहे हैं। यह चित्र गांधी के पौत्र कनु रामदास का बताया जाता है जो बाद में नासा का वैज्ञानिक बना। गांधी बच्चे के पीछे चल सकते थे। वे नौजवानों से कहते थे, 'निर्भय बनो'। आज दुनिया भर में बच्चे और युवा ही आंदोलनों के अगुआ हैं, भरोसा हैं। 'युवा' की श्रेणी में स्त्री, दलित, आदिवासी, कृषक और सभी समुदाय के लोग होते हैं। वे भेदभाव से ऊपर उठी आवाजें हैं, सभ्यता की नई लहरें हैं।

निश्चय ही बाजार ने नौजवानों की एक कृत्रिम छवि बनाई है, 'हमें आजादियों की परवाह नहीं है, सिर्फ बर्गर और कोक दो!' वस्तुतः नौजवान कह रहे हैं, 'हमें आजादी चाहिए या मृत्यु!' कैसी आजादी? वे आत्मलिप्त नहीं हैं। वे उपभोग की आजादी की बात नहीं करते, बल्कि भेदभाव से आजादी की बात करते हैं। वे अच्छी शिक्षा और अच्छे इलाज पर होते भारी खर्चे को लेकर परेशान हैं। वे बौद्धिक आजादी, नागरिक अधिकार, रोजगार, पर्यावरण सुरक्षा की मांग कर रहे हैं। उनके भीतर एक हरी आग है। आग का यह हरापन गांधी की देन है।

इस दौर में नौजवान खोखले नारों से बाहर निकल आए हैं। वे हर जगह हैं—स्त्रियों के बीच, दलितों के बीच, कृषकों के बीच, आदिवासियों के बीच और कोने-कोने में। वे राष्ट्रीय अखंडता और न्याय चाहते हैं। वे पाखंडों के विरोधी हैं। निश्चय ही परंपरागत दलों के बुजुर्ग नेताओं द्वारा वे अक्सर ओवरटेक कर लिए जाते हैं, उनके विचार और आकांक्षाएं बार-बार पीछे ठेल दी जाती हैं।

फिर भी 1960 के दशक और 1972-77 के बाद 21वीं सदी में युवाओं का नया हस्तक्षेप अपने भीतर विराट संभावनाएं छिपाए है।

उन्होंने साबित किया है कि प्रेम में घृणा से ज्यादा शक्ति होती है और मनुष्य की बुनियादी मानवीय स्वतंत्रताओं को उपभोक्ता वस्तुओं के बदले छीना नहीं जा सकता। निश्चय ही जब बड़े नेता पुरानी लड़ाइयों में उलझे होते हैं और लोकप्रियतावादी जुमलों में फँसे होते हैं, तब नौजवान ही महान विचारों, जातियों और धर्मों के बीच पुल बनाते हैं। वे प्रयोगशील होते हैं। वे ही स्वाधीनता आंदोलनों के अधूरे रह गए कार्यों को पूरा करेंगे।

निःसंदेह भारतीय नवजागरण, राष्ट्रीय स्वाधीनता संग्राम और जन आंदोलन के ऐसे कई रूप हैं, जो गांधी के सत्याग्रह के बाहर रहे हैं और विशिष्ट हैं। इन सभी को लेकर ही भारतीय नवजागरण है।

गांधी नए-नए सपने देखते थे। उनका सपने देखना और इनके भीतर से एक भिन्न सभ्यता की कल्पना करना आभास दे सकता है कि वे एक दिवास्वप्न-द्रष्टा थे। लेकिन यह कल्पना करने की क्षमता ही है जो मनुष्य को बचाकर रखती है। गांधी अपने सपनों के लिए ईमानदारी से लड़ते थे। कोई मनुष्य सपने देखे बिना भिन्न नहीं सोच सकता। गांधी के सपने निजी नहीं, उत्पीड़ित मनुष्यता के थे।

उनकी भारतीय राष्ट्रीयता के भीतर जो विश्व भाव है, इसका कुछ अंदाजा उनके इन विचारों से हो सकता है, 'एशिया सिर्फ एशिया निवासियों के लिए न होकर पूरी दुनिया के लिए हो। इसके लिए आवश्यक है कि एशिया बुद्ध के संदेश (अहिंसा, शांति और मैत्री) को फिर से समझे। ...अगर दुनिया को एक नहीं होना है तो मैं उसमें रहना नहीं चाहूंगा। ...संपूर्ण विश्व एक मानव शरीर की भांति है। एक अंग को पीड़ा होने पर पूरे शरीर को होती है। ...मैं इस बात को समझता हूँ कि दुनिया के राष्ट्रों के बीच आज जो घोर शैक्षिक और सांस्कृतिक असमानताएं हैं, वे जब तक दूर नहीं होंगी, तब तक सच्ची सुरक्षा और स्थायी शांति सुनिश्चित नहीं की जा सकती। ...जिस राष्ट्रभक्त में मानवतावाद के प्रति उत्साह कम है, वह उतना ही कम राष्ट्रभक्त माना जाएगा। ...मेरी राष्ट्रभक्ति में सामान्यतया सारी मानव जाति की भलाई समाविष्ट है। ...देश सेवा और विश्व सेवा में कोई विरोध नहीं है।' (महात्मा गांधी के विचार)। रिनेसां या नवजागरण में जो विश्व भावना थी,

या रवींद्रनाथ जिस अंतरराष्ट्रीयतावाद से प्रभावित थे, गांधी अपनी राष्ट्रीय चेतना में उसके लिए पर्याप्त स्पेस बनाते हैं। वे इन दोनों में अंतर्विरोध नहीं देखते। ऊपर की बातों से साफ है कि वे एशिया की एक सम्मिलित गौरवशाली भूमिका का स्वप्न देखते हैं।

गांधी एक 'महान भारतीय सिंथीसिस' थे—कई संस्कृतियों और विचारों में सामंजस्य बना कर काम करनेवाले। वे सभी धर्मों, जातियों और तबकों को अपनी ऐतिहासिक सीमा में जोड़ रहे थे। इसके अलावा, वे व्यक्तिवाद के जबर्दस्त विरोधी थे। वे मन से चाहते थे कि देश के लोग निर्भय हों। गांधी देश की एक बड़ी 'नैतिक शक्ति' बन कर उभरे, भले वे आगे चलकर राजनीतिक शक्ति बन नहीं पाए। फिर भी उन्होंने अपने विचारों और संघर्षों के बीच से जो 'भारतीय विजन' दिया, उसका संबंध भारत के अस्तित्व से है, उसकी आत्मा से है।

21वीं सदी आशा की जगह भय की सदी बनती जा रही है। पहले लोग मार-मारकर गुलाम बनाए जाते थे, अब सभ्यता के सुख देकर। जाहिर है, लूट के नए कारपोरेट रूप हैं और ये ज्यादातर अदृश्य हैं। अब गांधी ही नहीं, नवजागरणकालीन सभी उच्च आदर्श जीवन से गायब होकर पत्थर की मूर्तियां हैं। आज ज्ञान में शक्ति नहीं है, साहित्य हाशिए पर है। अब उसके पास शक्ति है जिसके पास अज्ञानता-निर्माण और प्रचार के बड़े-बड़े साधन हैं, कौशल हैं। समाज में निर्बुद्धिपरकताएं, खाइयां और दीवारें बढ़ी हैं। 'हम-वे' की भावना बढ़ी है, हिंसा बढ़ी है। बाजार में एकता है, समाज विभाजित है। पहले की 'निम्न टेक्नोलॉजी-उच्च संस्कृति' से भिन्न अब 'उच्च टेक्नोलॉजी-निम्न संस्कृति' का जमाना है। यह रचना-विरोधी ही नहीं, जीवन-विरोधी समय है। अब पूरी तरह स्पष्ट है कि सांस्कृतिक सुधारों की तरफ फिर से गंभीरतापूर्वक बढ़े बिना हम अपने लोकतंत्र को बचा नहीं सकते।

यदि 20वीं सदी की आजादी की शांतिपूर्ण लड़ाइयों में एक महान भारतीय सिंथीसिस की जरूरत थी और वह बनी थी तो समझने की जरूरत है कि विपर्यय के वर्तमान दौर में धार्मिक कूपमंडूकता, जातीय घृणा, सामाजिक भेदभाव और मनुष्य की नगण्यता के विरुद्ध लड़ाइयों में भी एक वैसी ही